山东省
标准地名诠释

济南市卷

《山东省标准地名诠释》编纂委员会 编

山东城市出版传媒集团·济南出版社

《山东省标准地名诠释》

编纂委员会

主　　编　　冯建国

副 主 编　　于建波　张子龙

编　　委　（以姓氏笔画排序）

丁志强　王为民　王玉磊　王晓迪　付振民　庄茂军

刘兴宝　孙树光　张西涛　张屹卿　张兴军　张鲁宁

陈　芳　陈效忠　陈朝银　陈德鸿　徐希超　徐帮杰

黄贤峰　崔继泽

编辑部主任　　孙凤文

编辑部成员　（以姓氏笔画排序）

马　瑞　王书清　王成明　王红艳　巩铁军　刘　玲

李成尧　杨　军　张义勇　张亚萍　张光耀　林　锋

赵文琛　倪　语　倪春雷　高洪祥

前　言

地名是重要的基础地理信息和社会公共信息，与经济社会发展、人们日常生产生活息息相关。编纂出版《山东省标准地名诠释》是地名管理服务工作的一项基础工程，对进一步推行山东省地名标准化，推广普及地名知识，适应改革开放和高质量发展的需要，以及国家和社会治理、经济发展、文化建设、国防外交等方面具有重要的意义和作用。

2014 年 7 月，国务院印发通知开展第二次全国地名普查。2015 年，国务院地名普查办印发《第二次全国地名普查成果转化规划（2015—2020 年）》（国地名普查办发〔2015〕6 号），山东省地名普查办依此制定了《山东省第二次全国地名普查成果转化规划（2016—2020 年）》（鲁地名普查办发〔2016〕4 号），部署开展成果转化相关工作，其中包括组织编制出版标准地名图、录、典、志等出版物。编纂出版《山东省标准地名诠释》是贯彻落实"边普查、边应用"指示要求，及时发布并推动第二次全国地名普查成果社会应用的重要举措，也是落实规划目标任务的重要内容。

《山东省标准地名诠释》编纂委员会按照公开出版的要求，在全省第二次全国地名普查成果数据基础上，进行成果的整理挖掘（包括资料收集、数据考证等），编辑出版《山东省标准地名诠释》，并将本书定位为第二次全国地名普查重要的省级成果，是一部以"地名"为主题的省级标准地名工具书。

本书在资料整理和编辑加工的过程中力求做到内容权威、文字精练、编写精心、编辑独到、设计新颖，以期达到当前编辑出版水平的先进行列。在词目释义编写上，本书着力突出"三个重点"（即地名基本要素、地名文化属性、地名所指代地理实体性质与特征），具备四个特点（即广、新、准、实）。其中，"广"即收词广泛，应录尽录，要涵盖重要地名类别及其主要地名；"新"即资料新、信息新，要充分利用地名普查最新成果，反映全省各地地名的新情况、发展建设取得的新成就；"准"即实事求是、表述准确、考证严谨，要求词目释文中的资料、数据翔实有据，表述准确、规范，做到地名拼写准确无误、词条诠释准确无误；"实"即具有实用性。在采词、释文内容和词目编排上都力求符合读者需要，便于读者使用，使之有较高的实用和收藏价值。

　　本次《山东省标准地名诠释》编纂得到多方面的支持，全省各级地名主管部门的领导和地名工作者，不辞辛苦，埋头于本书所需资料的搜集、整理，根据《山东省标准地名诠释》的编写要求，认真组织撰稿，力求做到精益求精。在此，我们对为本书的编纂、出版工作提供了帮助和支持的所有单位、领导和工作人员，表示诚挚的感谢。编纂出版《山东省标准地名诠释》工作任务重、涉及内容多、标准要求高，限于我们的人员专业水准和时间等因素，书中难免存在错误或不足，恳请广大读者批评指正。

凡　例

一、《山东省标准地名诠释》采收山东省 17 市 137 县（市、区）范围内，包括乡镇以上行政区划名称、主要的居民点和自然实体及主要社会、经济设施等重要地名词条，按照行政区域划分和地名类别特点分列 18 卷。

二、采收地名分为六个大类：

1. 政区类：包括山东省政区建制镇、乡、街道及以上全部行政区划单位；国家和省正式批准的各类经济功能区（含开发区、高新区、工业区、保税区、科技园区、新区等）；1949—2014 年间曾经设立而现已废置的地区行署、县级和乡级行政区，特指被撤销建制、被合并或拆分不继续使用原专名的情况。另，城乡社区是社会治理的基本单元，故也收录了部分建有综合服务中心且统一开展基本公共服务的社区名称。

2. 居民点类：具有地标意义或文化意义的住宅区；镇、乡人民政府驻地居民点；经省级以上人民政府或有关部门批准的"历史文化名村""传统村落"；具有明显特点的非镇、乡驻地的居民点（如：文化底蕴浓厚、存续历史悠久、人口数量多、占地面积广、重要历史事件发生地、名人故里、重要少数民族聚居地、交通要口、物资集散地、土特产品产地等）等。

3. 交通运输类：包括城市道路与城镇街巷、铁路、公路、航道、桥梁、车站、港口、机场等。城市道路收录市辖区城区内的快速路、主干道、次干道，县和县级市驻地城区主干道，及其他具有突出特色的一般街巷；铁路收录公开运营的国有铁路（含高铁、干线、支线和专用线）和地方铁路；公路收录省级以上普通公路、高速公路；桥梁和立交桥只收录规模大、历史久、有特色的；隧道只收录 500 米以上的及其他有特色的；港口只收年吞吐量在 10 万吨以上的；码头、船闸只收录大型的、特别重要的；渡口只收录正在使用的重要渡口。

4. 自然地理实体类：包括平原、盆地、山地、丘陵、沼泽、洞穴、河流、峡谷、三角洲、湖泊、陆地岛屿、瀑布、泉、海、海湾、海峡、海洋岛屿、半岛、岬角等。其中河流主要收录长度在 30 千米及以上的，以及具有航运价值的人工水道；湖泊主要收录面积在 3 平方千米及以上的。

5. 名胜古迹、纪念地和旅游地类：包括纪念地、重点文物保护单位、风景名胜区、重要景点和一般名胜古迹、自然保护区。其中纪念地收录市级及以上级别的；重点文物保护单位收录经过正式批准的市级（含）以上的；城市公园收录 AAA 级以上的；风景名胜区、自然保护区收录经过正式批准的国家和省级的词条。

6. 农业和水利类：包括农场、牧场、林场、渔场、水利枢纽、水库、灌区、渠道、堤防（海塘）等。其中水库收录库容 0.5 亿立方米以上的，灌区收录 3 平方千米以上的。

三、词目排列按分市与分类相结合的原则。即先将全部词目按市大类划分，大类下面分亚类，亚类下面再分小类。在同一亚类或小类词目中，先排全市性的大条目，再按区、县、街道、镇、乡的顺序排出市内条目。各市跨区县的条目在市本级单独排列。

四、本地名诠释资料截止日期为 2014 年 12 月 31 日，所选地名主要来源于第二次全国地名普查成果，主要兼顾反映普查成果和普查期间地名的存量情况，其中少量地名为非标准地名，此类地名需标准化处理，不作为判定标准名称的依据。

五、按照词条释文编写规则，本书相关词条中所列人口数做了技术处理，均为约数，不作为人口统计的依据。

六、本地名诠释中地名罗马字母拼写，遵从《中国地名汉语拼音字母拼写规则（汉语地名部分）》的规定。一般地名的专名与通名分写。专名和通名中的修饰、限定成分，单音节的与其相关部分连写，双音节和多音节的与其相关部分分写；通名已专名化的，按专名处理；居民点中的村名均不区分专名和通名，各音节连写。

地名用字的读音以普通话法定读音为主，同时适当考虑地方读音，如"崖"我省部分地区的地名中读"yái"，标准读音为"yá"；"垓"我省部分地区的地名中读"hǎi"，标准读音为"gāi"；"国"我省部分地区的地名中读"guī"，标准读音为"guó"；"郝"我省部分地区的地名中读"hè"，标准读音为"hǎo"，等等。

七、在每卷卷首，均有本卷地名的词目表。为方便读者检索，在每卷卷末，设有本卷地名的汉语拼音音序索引。

济 南 市 卷   目 录

市中区

山东省

山东省 37
[Shāndōng Shěng]

简称鲁。北纬34°23′—38°15′，东经114°20′—122°43′。在中国东部，黄河下游，东北、东南分别与渤海、黄海相邻，西部连接内陆，从北向南分别与河北、河南、安徽、江苏四省接壤，东隔黄海与朝鲜半岛相望。面积16万平方千米（含岛屿面积174平方千米）。人口9 789.4万，汉族为主。辖济南、青岛、淄博、枣庄、东营、烟台、潍坊、济宁、泰安、威海、日照、莱芜、临沂、德州、聊城、滨州、菏泽17地市，51个市辖区、28个县级市、58个县，省会济南。殷商时期为商王朝的主要活动区域之一，亳、庇、奄曾为商都。西周为齐、鲁、曹、滕、薛、莒、邾、郯、杞等诸侯国地。春秋主要分属齐、鲁两国。战国时期，鲁为楚所灭，齐国大兴，山东之名已见于文献，泛指崤山、函谷关以东广阔地域。秦置齐、东、薛、琅玡4郡。西汉设11郡、6国，分属青州、兖州、徐州3刺史部。西晋增至21个郡国，分属青、兖、徐、冀、豫5州。北魏置济、光、北徐、东徐、西兖、胶、南青诸州。隋大业年间设东平、济北、东、北海、东莱、鲁、琅邪、高密、济阳、渤海、平原等郡。唐初改郡为州，分属河南、河北2道，辖13州。宋时分属京东东路、京东西路和河北东路。金改称山东东路、山东西路，山东作为行政区划名称始于此。元直属中书省，分置6路，后又在路之上设山东东西道宣慰司和山东东西道肃政廉

访司。明为山东布政使司，辖6府。清为山东省，辖10府，另3直隶州。1912年废府、州、厅制，全省设济南、济宁、胶东、东临4道。1925年增为11道。1928年道废，各县直属于省。1937年设7个行政督察区，旋以抗日战争起而废，同年于抗日根据地成立山东省抗日民主政府。1949年山东省人民政府成立。1952年平原省撤销，将聊城、菏泽、湖西3专区划入；徐州市及临沂、滕县2专区部分县划归江苏省。1963年河南省东明县划入，次年范县划归河南省。1965年馆陶县划归河北省，河北省宁津、庆云2县划入，成今境。1967年专区更名为地区，全省共辖德州、惠民、昌潍、烟台、临沂、泰安、济宁、菏泽、聊城9个地区，济南、青岛、淄博、枣庄4个省辖市。1981年昌潍地区更名为潍坊地区。1983年，东营市（县级）升地级市，撤销烟台地区、潍坊地区、济宁地区，设立地级烟台市、潍坊市、济宁市。1985年撤销泰安地区，设立地级泰安市。1987年威海市升为地级市。1988年日照市升为地级市。1992年惠民地区更名为滨州地区，莱芜市升为地级市。1994年撤销临沂地区、德州地区，设立地级临沂市、德州市。1998年撤销聊城地区，设立地级聊城市。2000年撤销滨州地区、菏泽地区，设立地级滨州市、菏泽市。（资料来源：《中华人民共和国地名大词典》、网络资料）山东省地名有其悠久的历史文

化背景，又受复杂的地理因素影响。在地名的渊源和发展、专名和通名、命名方式及地域分布等方面都具有显著特点。古老的地名沿用较多，如《禹贡》九州的青州与兖州，即今青州市（原益都县）和兖州市。蒙、峄、岱和汶、沂、泗等山川名称，亦见于《禹贡》。曲阜、邹县、费县、莒县、诸城、高密、临淄、聊城、阳谷、曹县、郓城等，皆出现于先秦时代，当时或为诸侯国名，或为重要城邑名。两汉于今省境设置的郡县，名称沿用至今的占今县市地名的1/3以上。有些汉县虽已久废，但名称仍为现在的重要村镇名，如济南市平陵城、肥城市汶阳、苍山县兰陵、诸城市昌城、乳山县育黎等。山东省的经济开发与山、河、湖、海关系密切，行政区、居民点、自然地理实体与山、河、湖、海互名十分常见。苍山、乳山、崂山、梁山、蒙阴、泰安等市县，皆以山得名；商河、泗水、沂水、汶上、沂源、临沭、临沂等，则以河得名；巨野、微山、菏泽等县市，分别以大野泽、微山湖、菏泽等古今湖泊得名；海阳、威海、龙口、青岛、长岛等市县，则或因面海、或系海港、或为海岛而得名。在以山河湖海命名的地名中，同样遵循山南为阳、山北为阴和水南为阴、水北为阳的原则，如莱阳在莱山之南，蒙阴在蒙山之北，济阳在济水之北，海阳则南面黄海。鲁山以鲁国得名，东平湖（原名安山湖）则因东平县得名，莱州湾、胶州湾、荣成湾等皆因古今行政建置得名。至于平原、茌平、东平、邹平等县名，皆为反映当地坦荡平衍的地貌景观。以人文地理特征和驻军卫所命名的地名也不少见。烟台是因古代海防而修筑的烽火台（以烟火报警）得名，桓台、鱼台2县及武台、金台、朱台、官台、双台、凉台等村镇的命名与烟台相类似。在诸多的村镇地名中，凡以楼、亭、堤、桥、寺、庙、宫、窑、墩、店、铺、驿、集、寨、屯、渡、

津、城等为通名者，无不与人文地理特征有关。明代山东为加强边防，于临边和沿海要地设置众多卫、所，派军驻防。安东卫、石臼所、灵山卫、鳌山卫、海阳所、靖海卫、宁津所、寻山所、威海卫等，皆由此而来。全省市县地名还有许多以方位和寄托美好意愿命名。莱西因在莱阳之西而名，莒南、沂南、胶南分别在莒县、沂水、胶县之南。这种新旧地名双双结对的特点，在山东省较为突出。泰安、济宁、惠民、嘉祥、金乡、博兴、昌乐、文登、荣成、长清、福山等，皆为吉祥美好之意。全省村镇名，有的反映当地自然地理特征，有的采用了特殊的命名方式，而姓氏加通名尤为多见，如孙氏店、张官屯、邹坞、韩集、孙镇、唐坊、李栖、崔家峪、孟寺、陈坡、陆圈、马营、郭家寨等。莒县到沂水县间有十里铺、二十里铺、三十里铺、四十里铺等村，是以距莒县城的里程依次命名。淄博市石碳坞、广饶县稻庄、沂南县蒲汪、宁阳县磁窑、泗水县柘沟、平邑县铜石、诸城市桃林、章丘市枣园等，是以当地物产命名。定陶县王浩屯、惠民县皂户李、临沂市相公庄等，是以历史人物命名。肥城市安驾庄、宁阳县歇马亭、莒县招贤等，是以历史典故命名。宁阳县南驿、汶上县康庄驿、沂水县马站、莱州市驿道等，是以古代驿道和驿站命名。胶东半岛的一些村镇地名多见"夼"字，如荫子夼、刘家夼、大夼等。"夼"意为洼地，是地名专用字，为山东省地名独有。全省地名分布有明显特点和规律。县、市地名分布较均匀，无论是山地丘陵还是平原地区，相邻各市、县的直线距离最大不超过100千米，但平原地区密度略高于山地丘陵。从村镇地名的分布看，既有普遍性，又有区域性。如以"集"为通名的村镇地名，虽全省各地都有，但以鲁西南最多。诸如郑官屯、杨官屯、李官屯、蒋官屯、夏官屯等类地名，则只见于距运河不远的地带，

这与明清有些官员沿运河两岸购置田产、设立屯庄有关。以"店"为通名的村镇地名，各地皆有，但沿古今主要交通线分布的为最多，如胶济铁路沿线自西向东有果店、好生店、张店、辛店、淄河店、朱刘店、马店等，便是典型例证，这类地名皆因当地设有供往来行旅食宿、购物的店铺而得名。在西部平原沿黄河多有称某"口"的地名，如董口、阎什口、红船口、肖皮口、小路口、添口、鸭旺口、史口、刁口、夏口、埕口等，皆因近河水汇纳之口，或设有渡口，或处入海口而得名。半岛沿海也有一些如沧口、金口、乳山口、浪暖口、龙口等"口"字地名，多因在河流入海处而得名，有的则因系港口而命名。带有山、崖、峪、岩、沟、坡、石、泉等字的地名，大都分布在山地丘陵；带有湾、岛、角、滩字的地名，则多见于半岛沿海。地形以平原为主，海拔和相对高度不大，鲁中南和半岛地区多为低山丘陵，鲁西、北为冲积平原。泰山主峰海拔 1 532.7 米，为全省最高点。黄河三角洲海拔 2～10 米，为全省陆地最低处。山地约占全省总面积的 15.5%，丘陵占 13.2%，平原占 55%。降水集中，雨热同期，春秋短暂，冬夏较长。年平均气温 11～14℃，1 月平均气温 −1～−4℃，7 月平均气温 24～27℃。多年平均降水量 676.5 毫米，60%～70% 集中于夏季。全省河流分属黄河、海河、淮河三大流域，胶东沿海诸河独流入海。黄河斜穿西部，其流域有金堤河、大汶河、南北沙河、玉符河、浪溪河等；海河流域有漳卫河、马颊河、漳卫新河、徒骇河等；淮河流域有万福河、沂河、沭河等。大运河纵贯南北。平均河网密度大于 0.7 千米／平方千米。长度在 10 千米以上的河流有 1 500 多条，有 300 多条在山东境内入海。在鲁西平原与鲁中南低山丘陵边缘的低洼地带上，分布着西北—东南向的带状湖群，分为南四湖（微山湖、昭阳湖、独山湖、南阳湖）和北五湖（东平湖、南旺湖、马踏湖、蜀山湖、马场湖）两群。土壤以棕壤、褐土和潮土为主，棕壤主要分布在胶东半岛和沭河以东丘陵地区。褐土主要分布在鲁中南低山丘陵、山麓平原、山间盆地和河谷平原。潮土集中分布在鲁西北黄泛平原区。在自然土壤基础上改造形成的农业土壤面积 11.6 万平方千米，占全省土地总面积的 73.3%。植被以北温带落叶阔、针叶林为主，有各类植物 3100 多种，其中，野生经济植物 645 种。树木 600 多种，分属 74 种 209 属。常见主要树种有赤松、油松、泡桐、杨、栎、槐、柳、榆等。陆栖野生脊椎动物 500 多种，其中，兽类 73 种，鸟类 406 种（含亚种），爬行类 28 种，两栖类 10 种。国家一类保护动物有 16 种。在崂山、昆嵛山、泰山、蒙山、沂山、徂徕山等地设森林保护型、水源涵养型自然保护区。在荣成市沿海港湾、日照、庙岛群岛和微山湖设鸟类自然保护区。现已发现 147 种矿产资源，已探明储量的 85 种。黄金、铪、自然硫、石膏等储量居全国第一位。是全国四大海盐产地之一。有山东大学、中国海洋大学、中国石油大学、山东师范大学等普通高等学校 142 所，其中，研究生培养机构 33 所。各类文化、文物机构共计 15363 个，国家级文化产业示范基地 15 个，国家级文化产业示范园区、试验园区各 1 个。卫生机构 7.7 万所。省级体育系统机构 33 个，在全国最高水平比赛上获得金牌 55 枚，在国际大赛上获得金牌 9 枚。泰山风景名胜区 1987 年被联合国教科文组织列为世界文化与自然双重遗产。孔庙、孔府及孔林 1994 年被列为世界文化遗产。国家级重点文物保护单位有蓬莱阁、孝堂山郭氏墓石祠、四门塔、武氏墓群石刻、灵岩寺、孔府、孔庙、城子崖龙山文化遗址、大汶口文化遗址、临淄齐国故城和曲阜鲁国故城、孔林古墓葬等 195 处。有山旺古生物化石、黄河三角洲等国家级自然保护区 7 个。齐鲁文化自先秦时期形成和发展，包括儒家文化、道家文化、兵家文化、法家文化、墨家文化以及阴阳、纵横、方术、刑、名、农、医等。主要旅游资源有泰山、青岛崂山、胶东半岛海滨、淄博博山、青州、滕州等国家重点风景名胜区，曲阜、济南、青岛、聊城、临淄、周村、邹城等国家历史文化名城，章丘市官庄乡朱家峪村等中国历史文化名村。三次产业占地区生产总值的比重呈"二、三、一"格局，第二产业在山东省经济发展中占据重要地位，第三产业产值占地区生产总值比重不断上升，接近第二产业，第一产业比重持续下降。农业以种植业和渔业为主，粮食、棉花、花生、大豆、水果、蔬菜、肉类、水产品、烟叶等产量均居全国前列。名产有烟台苹果、莱阳梨、阳信梨、肥城桃、青州蜜桃、乐陵金丝小枣、大泽山葡萄、曹州木瓜、山东大花生、龙山小米、明水香稻、章丘大葱、潍县萝卜、仓山大蒜等。近海海域面积约 17 万平方千米，盛产鱼、虾、贝、藻类等 60 多种海产品，其中，对虾、扇贝、鲍鱼、刺参、海胆等海珍品出口量全国第一。工业形成以能源、化工、冶金、建材、机电、纺织、食品等为支柱产业的工业体系。兖滕矿区是全国十大煤炭基地之一。胜利油田是全国第二大油田。胶东半岛是全国重要的黄金生产基地，黄金产量居全国首位。知名企业有中国重汽、海尔、海信、浪潮、山东电力集团等。手工艺品以面塑、风筝、刺绣、草柳编织、麻布绣花、抽纱网扣、料器、贝雕石雕、内画瓶等著称。高端装备制造、高新技术、新兴服务业等新产业以及电子商务、智能制造、个性定制、分享经济等新业态、新模式快速发展。京九、京沪及渤海轮渡—蓝烟—胶新三条纵向铁路和邯济—胶济、新石线两条横向通道贯通，铁路营业里程 5 029 千米。公路通车里程 26 万千米。公路网密度 166 千米/百平方千米。二级以上公路里程 4 万千米。104、105、106、204、205、206、308、309、327、220 等国道和国家高速公路组成全省陆上交通骨干。高速公路总里程 5108 千米，通达 94% 的县市区。境内有国家高速公路 17 条，包括 2 条首都放射线（京沪高速、京台高速）、3 条北南纵线（沈海高速、长深高速、京广高速）、3 条东西横线（荣乌高速、青银高速、青兰高速）、7 条联络线（秦滨高速、青新高速、日兰高速、东吕高速、荷宝高速、威青高速、潍日高速）、1 条并行线（德上高速）、1 条城市绕城线（济南绕城高速）。海港形成以青岛港为龙头，烟台、日照港为两翼，威海、东营、潍坊、滨州港为补充的发展格局，港口吞吐量 12.9 亿吨。内河航运体系以京杭运河高等级通道和济宁、枣庄港为主体，内河通航里程 1150 千米。小清河是唯一河海联运河道。现有济南、青岛、烟台、威海、东营、潍坊、临沂、济宁 8 个运输机场，蓬莱、大高、平阴和雪野 4 个通用机场，其中，济南遥墙机场、青岛流亭机场、烟台莱山机场和威海文登机场为国际机场。"三干五支"运输机场共执飞航线 300 余条，其中，国际、地区航线 37 条。有日东管线、黄潍管线、莱昌管线等输油管道。

一　政区

济南市

济南市 370100
[Jǐnán Shì]

　　简称济。别名泉城。山东省辖地级市。北纬 36°02′—37°32′，东经 116°11′—117°44′。在省境中部。面积 8098 平方千米。户籍人口 621.6 万，常住人口 706.8 万。以汉族为主，还有回、满、苗、蒙古、哈尼、朝鲜等民族。辖历下、市中、槐荫、天桥、历城、长清 6 区，平阴、济阳、商河 3 县，章丘市 1 县级市。市人民政府驻历下区。春秋属齐国，战国名历下。秦置历城县，属济北郡。西汉初分齐郡置济南郡，治所在东平陵县（今章丘市西北）。文帝十六年（前164）改为济南国。景帝二年（前 155）复为济南郡。西晋永嘉末移治历城（今济南市）。南朝宋元嘉九年（432）于郡侨置冀州。北魏皇兴三年（469）改为齐州。隋大业二年（606）改齐州为齐郡。唐武德元年（618）复改齐州。天宝元年（742）改名临淄郡。天宝五年（746）复名齐郡。乾元元年（758）复名齐州。北宋政和六年（1116）升为济南府。元为中书省济南路、山东东西道彦访使驻地。明为济南府，为山东行省布政使司治所。清因之。1913 年为岱北道（1914 年更名济南道）治。1928 年废道，直属于省。1929 年析历城县城和城外商埠及其四邻置济南市。市、县政府同驻济南城（1937 年县治迁城东王舍人庄）。1948 年人民政权置济南特别市。1949 年改称济南市。1958 年泰安市划入。1960 年撤长清县，同年析新泰县部分地置新汶市。1961年原辖县、市除历城县外，均划属泰安专区。1978 年章丘、长清 2 县划入。1985 年平阴县划入。1989 年济阳、商河 2 县划入成今境。（资料来源：《中华人民共和国地名大词典》为主）因地处古济水之南得名。地势南高北低。北部为黄河、小清河冲积平原，海拔 17~100 米；中部为山前平原，海拔 100~500 米；南部属低山丘陵，海拔500~900 米。梯子山最高峰海拔 976 米。年均气温 13.8℃，1 月平均气温 −3.2℃，7月平均气温 27.2℃。年均降水量 685 毫米。年均无霜期 178 天。有四大泉域、十大泉群、七十二名泉。有黄河、小清河流经。有铁、煤、钾、花岗石、耐火黏土、石灰石等矿产资源。有野生植物 300 多种。有野生动物 360 余种。有长清寒武纪地质遗址和大寨山 2 个省级自然保护区。森林覆盖率 35.24%。有国家级科研单位 23 个，省级科研单位 15 个。有山东大学、山东师范大学、山东财经大学等高等院校 42 所，中小学 797 所。有省级图书馆 12 个，博物馆 59 个，档案馆 15个，文化馆（站）及群众艺术馆 155 个、知名文艺团体 15 个。有济南奥林匹克体育中心、济南市全民健身中心等体育场馆 21个。有山东大学齐鲁医院、山东省立医院等三级以上医院 29 个。有孝堂山郭氏墓石祠、四门塔、城子崖遗址、灵岩寺、千佛崖造像等国家级文物保护单位 21 个、省级文物保护单位 92 个。有山东省博物馆、济南革命烈士陵园 2 个国家级爱国主义教育基地。有章丘市相公庄镇、平阴县东阿镇 2 个省级历史文化名镇，国家级历史文化名村朱家峪村，省级历史文化名村 4 个。有皮影戏、章丘芯子、吕剧、济阳鼓子秧歌、商河鼓子秧歌、东阿阿胶制作技艺、花鞭鼓舞等国家级非物质文化遗产 8 个、省级非物质文化遗产 13 个。有趵突泉、大明湖、千佛山、百脉泉、柳埠佛教古迹、长清灵岩寺、孝堂山郭氏墓石祠、红叶谷、金象山及九如山瀑布群等风景名胜区。三次产业比例为 5.2∶38.4∶56.4。农业以粮食、蔬菜水果种植为主，主产小麦、玉米、花生、蔬菜等，有"章丘大葱""章丘鲍芹""商河大蒜""商河彩椒""平阴玫瑰""平阴阿胶""仁风西瓜""曲堤黄瓜""张而草莓""张夏玉杏""马山栝楼""香玲核桃"等国家地理标志产品。工业以机械、钢铁、电子、化工、冶金、纺织、食品、建材、造纸等为主，另有新材料、新医药、建筑产业化等新兴产业。服务业以文化创意产业、会展业、现代服务业、高新技术产业、金融业等为主。有国家级开发区 1 个、省级开发区 3 个。境内有铁路 523 千米，公路 12 846 千米，高速 419 千米。有京沪铁路、邯济铁路、胶济铁路、德大铁路等，京沪、京台、济广、青银、青兰、济东、济南绕城、济聊高速公路，省道济德公路、济枣公路、济微公路等过境。有黄河、小清河 2 条水运航线。有民用机场 1 个，民航航线 103 条，通往国内大部分主要城市，新加坡、韩国首尔、泰国曼谷等地。

济南 370100-Z01
[Jǐnán]

别名泉城。济南市聚落。在市境中部。面积 1 022 平方千米。人口 434 万。以汉族为主，还有回、满、苗、蒙古等民族。商周时期成邑。齐国在历山（今千佛山）之下、泺水（今趵突泉）之滨修筑历下城。汉代设置历城县，是济南城垣的开始；晋永嘉末年（313）济南郡治移至历城，扩大城垣，东至历水（今舜井），西至四望湖（今五龙潭），西南至泺水（今趵突泉），北至孝感水（今省府南门）；明洪武四年（1371）修府城，将宋元以来所扩大之土城改砌以砖石，城墙"周围十二里四十八丈，高三丈二尺"。护城河"阔五丈，深三丈"。清咸丰十年（1860）环绕城垣东、南、西三面建郭，俗称圩子。同治六年（1867）又改筑石墙。1904 年开商埠，开埠范围"东起城外西关十王殿（纬一路），西至北大槐树（纬十路），南沿赴长清大路（经七路），北以铁路为限（与胶济铁路平行展开）"。主干道以经、纬命名，以东西干道为经路，由北向南依次为经一路至经七路，以南北干道为纬路，由东向西依次为纬一路至纬十路。1918、1926 年两次拓展商埠界。1918 年将普利门沿顺河街一线向西至纬一路拓宽，1926 年增开北商埠。1948 年济南解放时，面积 158 平方千米，市区建成面积 23 平方千米。今市区即在旧城区与商埠基础上发展建成。1952 年修筑工业北路土路基，1966 年将全路改建成沥青混凝土路，1995 至 2001 年间，分路段进行拓宽改造。1956 年建趵突泉公园，1964—1966 年、1999 年数次扩建，面积达 10.5 公顷，为国家 AAAAA 级旅游景区。1958 年建大明湖公园，2003 年大明湖换水，2007 年动工扩建大明湖公园，2009 年完成，面积增至 103.4 公顷，并实现西护城河与大明湖通航。1959 年建成千佛山公园，1981、1996、1999 年数次扩建。1991 年开工建遥墙机场路，1992 年建成。1998 年开工建泉城广场，1999 年建成，占地 17.4 公顷，自西向东分别由济南名士林、雕塑广场、下沉广场、四季花苑、历史文化广场、荷花音乐广场、齐鲁文化中心等 10 个部分组成。1999 年始建洪楼广场，同年建成开放。2001 年扩建改造泉城路商业街，2002 年竣工并开街，以商业、文化、旅游、休闲功能为主，兼具交通功能。2002—2003 年综合整治环城公园，完成护城河清淤和人行道铺设改造。2002 年珍珠泉大院对外开放。2006 年对西起坝王路、东至济钢铁路桥段进行改造，2007 年竣工。2006 年在济南东部建济南奥林匹克体育中心，2009 年上半年试运行，总体呈"三足鼎立""东荷西柳"布局，满足全国运动会和世界单项体育赛事的功能要求。2011 年将遥墙路并入荷花路。2005 年在西部新城核心区建大学科技园，有 10 所大学入驻。商代末期帝乙、帝辛（纣）克东夷时甲骨文卜辞中的"泺（luò）"字即代表今日的趵突泉，从而把济南泉水有文字记载的历史上溯至 3 500 余年前。汉代改称济南（《史记》）。因地处古四渎之一"济水"（故道为今黄河所据）之南而得名。有黄河、北大沙河、玉符河、小清河等流经，趵突泉、珍珠泉、黑虎泉等 72 名泉，千佛山、崮山、五峰山、锦屏山、翠屏山、胡庄圣母山等山脉。有济南奥林匹克体育中心、绿地中心、山东省博物馆、解放阁、泉城广场泉标等标志性建筑物。依托南部山区自然山体、自然保护区和风景名胜区，形成 6 个文化遗产聚集区。北有黄河、小清河及主要支流玉符河、绣江河，串联形成文化遗产廊道，诠释黄河厚重文化。内有中心城内的古城区、商埠区、四大泉群、历史文化街区，塑造市域"南山、北水、山水融城"特色格局。以经十路为主线，串联泉城特色风貌带、燕山和腊山新区及东、西部城区，形成"山、泉、湖、河、城"相融的城市特色。建立了市、地区和片区—社区三级商业服务中心体系。商业主副中心在历下区和槐荫区，泉城路为市级商业主中心，燕山、腊山为两个市级商业副中心。科教区有旧城区的文东教育科研中心区、西部城区的崮山教科研区（长清大学城）、中心城区的二环南路高等教育集中区、东部城区的彩石等高等教育集中区。政府办公区集中在龙奥大厦和山东省人民政府。住宅区分布较分散。工业区形成包括经济开发区、王舍人工业区等在内的"五区六园"的集中格局。总体分为主城区、西部城区、东部城区。主城区为玉符河以东、绕城高速公路东环线以西、黄河与南部山体之间地区；西部城区为玉符河以西地区；东部城区为绕城高速公路东环线以东地区。在主城区内，东部位于济青产业聚集带，发展重型汽车、先进制造业及高新技术产业，商务金融、文化教育、旅游休闲等功能。北部位于济盐产业聚集带，发展能源、机械、化工、农副产品精深加工、轻工工业和加工制造业，利用温泉资源发展度假休闲、会议商务等功能。西南部位于济郑产业聚集带，发展为济南工业生产配套服务的加工制造业、绿色农副产品精深加工、旅游及商贸物流等功能。交通便利，有铁路、公路、航空等多种交通方式，道路街巷纵横交错呈规则棋盘状，干支线交错、街巷密布。

旧地名

杨忠县（旧） 370000-U01
[Yángzhōng Xiàn]

在山东省北部。原名三边县，1946 年改为杨忠县。1949 年更名惠济县。

惠济县（旧） 370000-U02
[Huìjǐ Xiàn]

在山东省北部。1949 年由杨忠县改名。1950 年撤销，分别划归惠民、济阳、商河 3 县。

河西县（旧） 370000-U03

[Héxī Xiàn]

在山东省中部。1946年设县，属泰西专区。1950年5月撤销，并入长清县。

章历县（旧） 370000-U04

[Zhānglì Xiàn]

在山东省中部。1945年设县，属泰山专区。1953年撤销，并入章丘县。

历城县（旧） 370000-U05

[Lìchéng Xiàn]

在山东省中部。属济南市。1987年撤销，与济南市郊区合并设济南市历城区。

章丘县（旧） 370000-U06

[Zhāngqiū Xiàn]

在山东省中部。属济南市。1992年8月撤销，改设章丘市（县级）。

泺源区（旧） 370000-U07

[Luòyuán Qū]

在市区中部。济南市辖区。原名济南市第二区。1955年9月改泺源区。1956年7月撤销，辖区分别并入济南市历下、市中、天桥三个区。

市东区（旧） 370000-U08

[Shìdōng Qū]

在市区东部。济南市辖区。1959年12月置，1961年5月撤销，划归历城县。

郊区（旧） 370000-U09

[Jiāo Qū]

在市区四周，黄河下游南岸。济南市辖区。1956年7月合并黄台、北园、段店、玉符、药山五区及梁家庄直属乡置郊区办事处。1958年撤销，辖区划归历城县。

1978年5月又建郊区，1987年4月撤销，所辖区域分别划归历下、天桥、槐荫、市中、历城五区。

历下区

历下区 370102

[Lìxià Qū]

济南市人民政府驻地。在市境中部。面积101平方千米。人口53.9万。以汉族为主，还有回、满、蒙古、朝鲜等民族。辖14街道（其中舜华路街道由高新区管委会代管）。区人民政府驻姚家街道。1954年前分属济南市第一区、第二区，1955年两区合并，始称今名。1966年改名红卫区。1973年复称今名。区西北部战国时曾置历下邑，故名。东泺河、柳行河、全福河、大辛河等河流从区境内穿过。有趵突泉、黑虎泉、珍珠泉三大泉群及大明湖、百花洲等湖泊。有燃煤污染物减排国家工程实验室、国家辅助生殖与优生工程技术研究中心、"分子与纳米探针"教育部重点实验室等国家级科研单位3个，省级工程技术研究中心18个。有山东财经大学、山东师范大学等高等院校10所，中小学37所，图书馆、文化馆50余个，体育场馆3个，知名文艺团体6个，三级以上医院9个。有国家级重点文物保护单位原齐鲁大学近现代建筑群1个，省级重点文物保护单位32个。解放阁、"五三"惨案纪念园为省级爱国主义教育基地。"大舜的传说"为省级非物质文化遗产。有风景名胜区2个。1956年建趵突泉公园。1958年建大明湖公园。1959年建成千佛山公园。1999年建成泉城广场。2001年扩建改造泉城路商业街，2002年竣工并开街。2006年建济南奥林匹克体育中心。2014年济南（奥体）中央商务区项目落户历下区。形成泉城路中心商业区、泺源大街中心商务区、经十路与文化西路文化创意产业区、山大路信息科技商务区、大明湖文化旅游、东部新城中央商务区的城市功能分区。二、三次产业比例为 15：85。工业以机械设备制造、汽摩配件、精细化工、建筑、电子元件产业为主。服务业以金融保险业、软件信息业、房地产业为主。胶济铁路、309 国道、104 国道过境。有大明湖站，有多条公交线路。

姚家街道 370102-A01
[Yáojiā Jiēdào]

历下区人民政府驻地。在区境东部。面积 17 平方千米。人口 8.5 万。以汉族为主，还有回、满、蒙古、苗、彝、土家、壮等民族。2007 年设立。因办事处机关位于姚家庄一带得名。2008 年先后对姚家庄、浆水泉庄进行了旧村改造，对华阳路、丁家东路、燕新东路以及友谊苑小区北区等有破损的道路和区域进行了翻建。2012 年对辖区 4 条河道进行了排查整治，清理河道淤泥。全福河、大辛河从境内穿过，有老虎山、平顶山、回龙山、鳌角山、燕翅山、五顶茂陵山等。有省级科研单位山东省冶金科学研究院标准样品研究所、山东省医疗器械研究所、山东省冶金科学研究院，市级科研单位济南市化工研究所，大中专院校 8 所，中小学 10 所，省博物馆、档案馆 2 个，体育场馆 1 个，医院 3 个。有纪念地济南战役战场遗址，重要名胜古迹砚池泉、三宝寺、关帝庙、马超井。有五顶茂陵山山体公园、燕翅山山体公园、浆水泉公园、砚池泉、十里河天主教堂等旅游资源。有山东省博物馆、山东省美术馆、山东省档案馆等标志性建筑物。经济以现代金融服务业和房地产业主，有中润世纪广场总部集群、中润世纪峰文创和电商集群、"CBD"商务集群、留学生创业园商贸集群 4 个商务楼宇集群，并形成山东大润黄金珠宝交易中心、

山东国际珠宝交易中心和银座黄金珠宝交易中心的产业聚集区。通公交车。

解放路街道 370102-A02
[Jiěfànglù Jiēdào]

属历下区管辖。在区境西部。面积 2 平方千米。人口 4.9 万。1955 年设立。因解放路得名。2014 年，文华园二期改造项目的拆迁工作完成并开始实施地质勘探。2014 年 7 月，绿城金融中心项目开工。护城河从境内穿过。有省级科研单位山东省水利科学研究院，山东建筑大学解放桥校区、中小学 3 所，文化馆 5 个，图书馆 6 个，体育场馆 1 个。有良友富临大厦、新闻大厦、颐正大厦及历山宾馆等标志性建筑物。经济以现代服务业为主，以特色知识经济产业为培育重点，金融保险业、文化娱乐业和规划设计咨询业集聚发展。通公交车。

千佛山街道 370102-A03
[Qiānfóshān Jiēdào]

属历下区管辖。在区境西南部。面积 5 平方千米。人口 5.0 万。以汉族为主，还有回、满、朝鲜等族。1955 年设立。因千佛山得名。1991 年佛山苑片区开始拆迁，1994 年完成安置房回迁。1992 年棋盘街片区开始拆迁，1997 年完成安置房回迁。有千佛山、佛慧山。有省级科研单位山东省计量科学研究院，有山东大学（南校区）等高等院校 3 所，中小学 5 所，有济南市博物馆，山东省文化馆等文化馆、图书馆 9 个，体育场馆 1 个，医疗卫生机构 1 个。有省级文物保护单位辛亥革命烈士陵园，有千佛山公园、佛慧山公园等旅游资源。有银座索菲特大酒店、CCPARK 创意港、银座商城等标志性建筑物。依托南部千佛山形成南部生态观光旅游区、北部泺源大街商业和居住区。经济以旅游业、住宿餐饮业、批发零售业、金

融业为主。通公交车。

趵突泉街道 370102-A04
[Bàotūquán Jiēdào]

属历下区管辖。在区境西部。面积 3 平方千米。人口 5.1 万。以汉族为主，还有回、满、蒙古等民族。1990 年设立。因趵突泉公园位于辖区内得名。1998 年扩建趵突泉公园，1999 年建成泉城广场并多次改造。广场东沟从境内穿过，境内有趵突泉泉群。有大学 1 所，小学 2 所，历下区图书馆分馆 4 个，体育场馆 1 个，有山东齐鲁医院、省中医药大学附属医院。有省级文物保护单位老舍故居，省级爱国主义教育基地"五三惨案"纪念园。有趵突泉公园、泉城公园等旅游资源。有泉城广场泉标、银座购物广场、鲁商广场等标志性建筑。形成北部以趵突泉、泉城广场文化旅游区，中部大学园区，南部以泉城公园为主的生态观光带的功能分区，分区之间穿插住宅、商业区的布局特点。经济以金融业、广告影视制作业和旅游业为主。通公交车。

泉城路街道 370102-A05
[Quánchénglù Jiēdào]

属历下区管辖。在区境西北部面积 2 平方千米。人口 1.6 万。以汉族为主，还有回、满、蒙古、朝鲜等民族。1985 年设立。2001 年至 2010 年，先后完成泉城路商业步行街拓宽改造、永安大厦、天业国际、恒隆广场、开元广场、泰府广场、红尚坊等重点项目建设，2007 年完成天下第一泉大明湖风景区扩建工程。因泉城路得名。护城河从境内穿过，有大明湖，王府池子、芙蓉泉等名泉 52 处。有小学 1 所，图书馆 1 个，医疗卫生机构 1 个。有省级爱国主义教育基地"五三"惨案纪念碑、山东省图书馆国学分馆，重要名胜古迹府学文庙、关帝庙、升阳观、题壁堂等。

有恒隆广场、永安大厦等标志性建筑物。形成北部大明湖风景区、中部"家家泉水、户户垂杨"风貌的老城区、南部芙蓉街和泉城路片区商业区的功能分区。经济以旅游业为主，兼具金融业、批发零售业。通公交车。

大明湖街道 370102-A06
[Dàmínghú Jiēdào]

属历下区管辖。在区境西部。面积 1 平方千米。人口 2.3 万。2003 年设立。因大明湖得名。2007 年大明湖小东湖扩建，并开通了环大明湖航线。有大明湖。有中小学 3 所，图书馆 1 个，体育场馆 1 个，医疗卫生机构 1 个。有省级文物保护单位解放阁、济南督城隍庙、钟楼寺钟楼台基、宽厚所街金家大院、路大荒故居，还有解放阁、珍珠泉、舜井等名胜，以及曲水亭街、后宰门街等老街巷。有解放阁、世贸国际商场等标志性建筑。形成以齐鲁国际大厦、华能大厦等为主的都市经济商务区，以世茂广场宽厚里、贵和购物中心和贵和商厦为主的特色商贸区，以大明湖、百花洲明府城片区以及曲水亭街为主的休闲旅游区。经济以住宿和餐饮业、租赁和商务服务业以及旅游业为主。通公交车。

东关街道 370102-A07
[Dōngguān Jiēdào]

属历下区管辖。在区境北部。面积 2.6 平方千米。人口 5.4 万。1981 年设立。旧时济南建设有城墙，开通有东南西北等出口，此处位于城东关，故名。东泺河从境内穿过。有省级科研单位省环保科研院、省地矿实验研究院等，有高等院校齐鲁师范学院，小学 4 所，图书馆 1 个，体育场馆 2 个，知名文艺团体 1 个，医疗卫生机构 3 个。有老东门万货汇购物广场、中泰大厦等标志性建筑。经济以住宿和餐饮业、租赁和商务服务业、批发和零售业为主，建有东门小商品市场。通公交车。

文化东路街道 370102-A08
[Wénhuàdōnglù Jiēdào]

属历下区管辖。在区境南部。总面积7平方千米。人口11.0万。1983年设立。因辖区主要街道文化东路得名。有燕子山、平顶山、羊头山、佛慧山。有省级科研单位山东省科学院、山东省食药局、山东省质监局，山东师范大学等大学3所，中小学8所，文化馆、图书馆12个，体育场馆11个，知名文艺团体2个，有山东千佛山医院、省中医药大学附属医院东院。有佛慧山旅游区。形成文化东路大学科教区，诚基中心、万豪国际、山大路创展中心、山师东路商业街等商业区的功能分区。经济以交通运输、房地产业、技术服务、环境和公共设施管理业、居民服务业和其他服务业为主。通公交车。

建筑新村街道 370102-A09
[Jiànzhùxīncūn Jiēdào]

属历下区管辖。在区境西北部。面积3平方千米。人口5.0万。1988年成立。因街道兴建之初，建筑行业企事业单位、院校及宿舍居多，故名。进行棚户区改造。有省级科研单位山东省经济信息研究所、山东省国土测绘院、山东省水利勘测设计院东院，小学2所，图书馆1个，知名文艺团体1个，医疗卫生机构2个。有华强广场、济南建工大厦、正大时代广场、山东国际饭店等标志性建筑。形成以山大路信息科技商务区、"山东硅谷"产业基地为核心的商务区。经济以电子科技行业、批发和零售为主，兼具金融业。通公交车。

甸柳新村街道 370102-A10
[Diànliǔxīncūn Jiēdào]

属历下区管辖。在区境中部。面积1平方千米。人口5.3万。1986年设立。因甸柳新村得名。2008年启动甸柳辖区济南市第二汽车改装厂拆迁项目，2012年完成。有省级科研单位山东省轻工业设计院有限公司、山东电力工程咨询院有限公司、山东省城乡规划设计研究院，高等院校3所，中小学4所，图书馆3个，知名文艺团体1个，医疗卫生机构4个。经济以房地产业、科学研究、技术服务和地质勘查业和其他服务业为主。通公交车。

燕山街道 370102-A11
[Yànshān Jiēdào]

属历下区管辖。在区境中部。面积3平方千米。人口4.5万。以汉族为主，还有回、满、蒙古、朝鲜等民族。2004年设立。因辖区位于燕子山脚下，故名。境内有燕子山。有部级科研单位中华全国供销合作总社济南果品研究院、省级科研单位山东省食品发酵工业研究设计院、市级科研单位济南石油化工设计院，中小学3所，图书馆5个，知名文艺团体1个，医疗卫生机构3个。有省级文物保护单位北齐古墓。有银座数码广场、华能大厦、华电大厦等标志性建筑。有燕子山小区中心公园。经济以批发零售业和金融业为主。通公交车。

智远街道 370102-A12
[Zhìyuǎn Jiēdào]

属历下区管辖。在区境东北部。面积26平方千米。人口5.0万。2007年设立。因其辖区范围为原刘智远村一带得名。2000年至2014年先后完成林家庄、盛福庄旧村改造项目。2014年起开展刘智远村旧村改造项目。大辛河从境内穿过。有中小学 9 所,图书馆 1 个,医疗卫生机构 4 个。有林家天主教堂等标志性建筑。经济以房地产为主。第二产业以石油化工业、小型加工制造业为主,第三产业以百货零售业、房地产业为主。通公交车。

龙洞街道 370102-A13
[Lóngdòng Jiēdào]

属历下区管辖。在区境南部。面积 24 平方千米。人口 4.4 万。2007 年设立。因辖区内龙洞风景区得名。2008 年完成对老石沟村、孟家庄、龙洞庄、西蒋峪、石河岭的旧村改造。境内有老君崖、扁石山、野峪顶、回龙山等。有中小学 3 所,图书馆 10 个,体育场馆 1 个,医疗卫生机构 1 个。有重要名胜古迹东佛峪摩崖石刻造像、龙洞造像。有龙洞风景区等旅游资源。有济南龙奥大厦、济南奥林匹克体育中心、黄金时代广场、鲁商国奥城等标志性建筑。居民区及商业区多集中于街道境北部,南部以龙洞山为依托形成生态观光旅游区。经济以房地产业、金融业、保险业为主。通公交车。

舜华路街道 370102-A14
[Shùnhuálù Jiēdào]

属历下区管辖,高新区代管。在区境东部。面积 43 平方千米。人口 29.0 万。2008 年设立。因舜华路得名。有国家一类科研机构中国重汽集团。有中小学 41 所,医疗卫生机构 29 个。有省级非物质文化遗产 1 个、区级非物质文化遗产 1 个。有齐鲁软件园、汉峪金谷、浪潮集团、重汽研发楼等标志性建筑。经济以软件开发、高新技术产业、物流业为主。通公交车。

社区

三箭平安苑社区 370102-A01-J01
[Sānjiànpíng'ānyuàn Shèqū]

属姚家街道管辖。在历下区东部。面积 2.1 平方千米。人口 11 500。因辖区内居民点三箭平安苑而得名。2008 年成立。有楼房 88 栋,现代建筑风格。驻有山东省人力资源和社会保障厅、山东省档案馆、万斯达集团等单位。有志愿者服务、日间照料中心,开展创城、走访、宣讲、义诊等活动。通公交车。

中润世纪城社区 370102-A01-J02
[Zhōngrùnshìjìchéng Shèqū]

属姚家街道管辖。在历下区东南部。面积 0.3 平方千米。人口 10 000。因辖区内居民点中润世纪城而得名。2008 年成立。有楼房 113 栋,现代建筑风格。驻有山东省检察院、山东航空集团等单位。有综合文化活动中心、志愿者服务,开展志愿服务、文体等活动。通公交车。

十里河社区 370102-A01-J03
[Shílǐhé Shèqū]

属姚家街道管辖。在历下区东北部。面积 1.2 平方千米。人口 2 200。因辖区主要为十里河及其周边地区而得名。2002 年成立。有楼房 13 栋,现代建筑风格。驻有星河民营科技园、科苑小学等单位。有志愿者服务,开展红色音乐党课,"信物无声 精神永恒"红色信物展览主题党日,"关注身体健康 品味幸福生活"口腔、眼科义诊等活动。通公交车。

华阳社区 370102-A01-J04
[Huáyáng Shèqū]

属姚家街道管辖。在历下区东北部。

面积 0.05 平方千米。人口 8 300。因辖区内道路华阳路而得名。2011 年成立。有楼房 16 栋，现代建筑风格。有未成年人活动中心、多功能会议室，开展家长学校、舞蹈展演等活动。通公交车。

友谊苑社区 370102-A01-J05
[Yǒuyìyuàn Shèqū]

属姚家街道管辖。在历下区东南部。面积 0.4 平方千米。人口 14 000。因辖区内居民点友谊苑小区而得名。2008 年成立。有楼房 46 栋，现代建筑风格。驻有济南市 ABC 幼儿园等单位。有志愿者服务、党群服务中心、日间照料中心，开展重阳节文艺演出、七一建党文艺演出等活动。通公交车。

名士豪庭社区 370102-A01-J06
[Míngshìháotíng Shèqū]

属姚家街道管辖。在历下区东南部。面积 0.2 平方千米。人口 13 000。因辖区内居民点名士豪庭而得名。2008 年成立。有楼房 36 栋，现代建筑风格。驻有名士小学等单位。有"全科社工"服务模式、志愿者服务，开展"墨香艺海"展演等活动。通公交车。

名士豪庭第二社区 370102-A01-J07
[Míngshìháotíng Dì'èr Shèqū]

属姚家街道管辖。在历下区东南部。面积 0.5 平方千米。人口 7 000。因辖区主要为名士豪庭二、三区，且已有名士豪庭社区，故依序列化命名。2013 年成立。有楼房 40 栋，现代建筑风格。驻有山东省妇幼保健院、名士大地幼儿园等单位。有志愿者服务，开展法律大讲堂、上门义诊、为独居老人送温暖、四点半课堂等活动。通公交车。

现代逸城社区 370102-A01-J08
[Xiàndàiyìchéng Shèqū]

属姚家街道管辖。在历下区东部。面积 0.6 平方千米。人口 32 000。因辖区内居民点现代逸城而得名。2011 年成立。有楼房 155 栋，现代建筑风格。驻有历下区第三实验幼儿园、历下区公安分局、济南华圣肿瘤医院、山东边防医院等单位。有文体活动队伍、志愿者服务，开展腰鼓队表演、消夏晚会等活动。通公交车。

解放东路社区 370102-A01-J09
[Jiěfàngdōnglù Shèqū]

属姚家街道管辖。在历下区东部。面积 0.8 平方千米。人口 7 000。因辖区内重要道路解放东路而得名。2013 年成立。有楼房 76 栋，现代建筑风格。驻有山东冶金科学研究院、山东政法学院、红黄蓝幼儿园等单位。有舞蹈队、书画协会、剪纸班等，开展科普、文艺展演等活动。通公交车。

蓝天苑社区 370102-A01-J10
[Lántiānyuàn Shèqū]

属姚家街道管辖。在历下区南部。面积 0.3 平方千米。人口 8 100。因辖区内居民点蓝天航空苑而得名。2013 年成立。有楼房 47 栋，现代建筑风格。驻有山东省人民防空办公室、德润中学、景山小学、景城幼儿园等单位。有志愿者服务、党群志愿服务站、科普大学等，开展科普等活动。通公交车。

十亩园社区 370102-A02-J01
[Shímǔyuán Shèqū]

属解放路街道管辖。在历下区西部。面积 0.4 平方千米。人口 7 200。因辖区主要为十亩园及附近居民点而得名。1956年成立。有楼房52栋，现代建筑风格。驻有山东省粮食局、良友富临大酒店、十亩园小学、十亩园幼儿园等单位。有志愿者服务，开展"爱心益家亲""爱心童成长""幸福来敲门"等活动。通公交车。2011年被评为省文明社区。

后坡街社区 370102-A02-J02

[Hòupōjiē Shèqū]

属解放路街道管辖。在历下区西部。面积0.4平方千米。人口6 500。因辖区内重要道路后坡街而得名。2004年成立。有楼房49栋，现代建筑风格。驻有历下区人防办公室、历下区水务局、山东省化工厅幼儿园、山东省军区幼儿园等单位。有志愿者服务，开展消夏晚会、春节联欢会等活动。通公交车。2012年被评为省文明社区。

青龙街社区 370102-A02-J03

[Qīnglóngjiē Shèqū]

属解放路街道管辖。在历下区西部。面积0.4平方千米。人口6 900。因辖区内重要道路青龙街而得名。2004年成立。有楼房48栋，现代建筑风格。驻有济南市青龙街小学、山东黄河工程集团有限公司、历下区房管局等单位。有志愿者服务，开展走访孤寡老人等活动。通公交车。

解放桥社区 370102-A02-J04

[Jiěfàngqiáo Shèqū]

属解放路街道管辖。在历下区西部。面积0.5平方千米。人口6 400。因辖区内重要地理实体解放桥而得名。2004年成立。有楼房73栋，现代建筑风格。驻有山东省农业厅、山东省水利厅、山东建筑大学、颐正大厦、东关中心幼儿园、山东建筑大学幼儿园等单位。有志愿者服务，开展文化宣传等活动。通公交车。

历山路社区 370102-A02-J05

[Lìshānlù Shèqū]

属解放路街道管辖。在历下区西部。面积0.7平方千米。人口9 500。因辖区内重要道路历山路而得名。2004年成立。有楼房61栋，现代建筑风格。驻有山东省监狱管理局、山东省供销社、山东省冶金工业总公司、山东省大众报业集团等单位。有高跷文化艺术团，开展党员教育、科技普及、文化宣传等活动。通公交车。

历山名郡社区 370102-A03-J01

[Lìshānmíngjùn Shèqū]

属千佛山街道管辖。在历下区西南部。面积0.3平方千米。人口5 600。因辖区内居民点历山名郡而得名。2008年成立。有楼房43栋，现代建筑风格。驻有北京银行文化西路支行、小海豚幼儿园等单位。有志愿者服务、老年人活动中心，开展"订单式"志愿服务等活动。通公交车。2013年被评为省文明社区。

棋盘街社区 370102-A03-J02

[Qípánjiē Shèqū]

属千佛山街道管辖。在历下区西南部。面积0.5平方千米。人口12 600。因辖区内道路棋盘街而得名。2000年成立。有楼房72栋，现代建筑风格。驻有千佛山派出所、棋盘街小学、山东实验初级中学、银座商城等单位。有志愿者服务，开展民生救助、居家养老、残疾人帮扶等活动。通公交车。2013年被评为省文明社区。

佛山苑社区 370102-A03-J03

[Fóshānyuàn Shèqū]

属千佛山街道管辖。在历下区西南部。面积0.2平方千米。人口9 500。因辖区内居民点佛山苑而得名。2000年成立。有楼房 94 栋，现代建筑风格。驻有山东省教育厅、济南热力公司、佛山苑幼儿园等单位。有志愿者服务，开展为贫困家庭、老年人、青少年儿童、家庭妇女提供志愿服务等活动。通公交车。2007 年被评为省文明社区。

千佛山西路社区 370102-A03-J04
[Qiānfóshānxīlù Shèqū]

属千佛山街道管辖。在历下区西南部。面积 0.3 平方千米。人口 6 900。因辖区内重要道路千佛山西路而得名。2000 年成立。有楼房 108 栋，现代中式建筑风格。驻有山东省交通厅港航局、济南市广播电视台、济南市博物馆等单位。有志愿者服务、日间照料中心，开展爱心助老、安全巡查、医疗服务等志愿服务活动。通公交车。

千佛山社区 370102-A03-J05
[Qiānfóshān Shèqū]

属千佛山街道管辖。在历下区西南部。面积 1.0 平方千米。人口 5 800。因辖区附近的千佛山而得名。2008 年成立。有楼房 54 栋，现代中式建筑风格。驻有山东大学千佛山校区等单位。有志愿者服务，开展舞蹈展演、书画展览等活动。通公交车。

济柴社区 370102-A03-J06
[Jǐchái Shèqū]

属千佛山街道管辖。在历下区西南部。面积 0.5 平方千米。人口 6 700。因辖区内驻有济南柴油机股份有限公司，且主要服务于济南柴油机厂文化西路宿舍区居民点而得名。2008 年成立。有楼房 38 栋，现代中式建筑风格。驻有大润发历下店、济南长虹医院等单位。有志愿者服务，开展老年人扶助等活动。通公交车。

千佛山东路社区 370102-A03-J07
[Qiānfóshāndōnglù Shèqū]

属千佛山街道管辖。在历下区西南部。面积 1.4 平方千米。人口 19 600。因辖区内重要道路千佛山东路而得名。2000 年成立。有楼房 121 栋，现代建筑风格。驻有山东省文旅厅、山东省文化馆、山东省计量科学研究院、山东省方志馆、山东省技术开发服务中心、山东省工艺美院千佛山校区、济南东方双语实验学校等单位。有志愿者服务、综合养老服务中心，开展惠民暖心、日间照料、健康理疗等活动。通公交车。

泺文路社区 370102-A04-J01
[Luòwénlù Shèqū]

属趵突泉街道管辖。在历下区西部。面积 0.4 平方千米。人口 8 000。因辖区内主要道路泺文路而得名。2000 年成立。有楼房 57 栋，现代建筑风格。驻有山东省中医院、审计署驻济办事处、山东省实验幼儿园、香格里拉大酒店等单位。有志愿者服务，开展零距离温情服务等活动。通公交车。2009 年被评为省文明社区。

青年东路社区 370102-A04-J02
[Qīngniándōnglù Shèqū]

属趵突泉街道管辖。在历下区西部。面积 0.4 平方千米。人口 6 200。因辖区内重要道路青年东路而得名。2004 年成立。有楼房 47 栋，现代建筑风格。驻有山东省电视台、山东省美术馆、山东省石刻馆、山东省农展馆等单位。有志愿者服务、"无围墙养老院"，开展泉水文化宣讲、居家养老服务等活动。通公交车。2013 年被评为省文明社区。

文化西路社区 370102-A04-J03
［Wénhuàxīlù Shèqū］

属趵突泉街道管辖。在历下区西部。面积 0.2 平方千米。人口 9 800。因辖区内重要道路文化西路而得名。2008 年成立。有楼房 47 栋，现代建筑风格。驻有山东大学趵突泉校区、山东大学附属中学小学部、山东大学第二幼儿园、山东省医学科学院、济南市全民健身中心等单位。有志愿者服务，开展"学雷锋、树新风"，关爱老、弱、病、残等活动。通公交车。

朝山街社区 370102-A04-J04
［Cháoshānjiē Shèqū］

属趵突泉街道管辖。在历下区西部。面积 0.7 平方千米。人口 4 300。因辖区内重要道路朝山街而得名。2000 年设立。有楼房 42 栋，现代建筑风格。驻有山东省科技馆、山东省科技咨询中心有限公司、山东省实验小学、银座购物广场等单位。有艺术社团，开展学雷锋志愿服务、趣味运动会、读书会等活动。通公交车。

舜耕路社区 370102-A04-J05
［Shùngēnglù Shèqū］

属趵突泉街道管辖。在历下区西部。面积 0.6 平方千米。人口 5 300。因辖区内重要道路舜耕路而得名。2014 年成立。有楼房 64 栋，现代建筑风格。驻有山东省宏观经济研究院、山东省广播电视大学、济南职业学院、山东大厦、南郊宾馆、济南市老年人大学、泉城公园等单位。有志愿者服务和"泉润夕阳、乐享舜耕""银翼天使"等养老服务模式，开展红色党建、国学传承、传统节日庆典、助老等活动。通公交车。

趵突泉社区 370102-A04-J06
［Bàotūquán Shèqū］

属趵突泉街道管辖。在历下区西部。面积 0.5 平方千米。人口 6 000。因辖区内重要旅游景点趵突泉而得名。2004 年成立。有楼房 67 栋，现代建筑风格。驻有山东省民政厅、趵突泉小学、齐鲁医院等单位。开展红色党建、传统节日庆典等活动。通公交车。

芙蓉街社区 370102-A05-J01
［Fúróngjiē Shèqū］

属泉城路街道管辖。在历下区西北部。面积 0.3 平方千米。人口 2 500。因辖区内重要街巷芙蓉街而得名。2000 年成立。有楼房 14 栋，现代中式建筑风格。驻有济南市新华书店泉城路店、中国农业银行等单位。有志愿者服务、日间照料中心，开展心理疏导、"清清泉水 护泉联盟"、养老扶助等活动。通公交车。2012 年被评为省文明社区。

贡院墙根社区 370102-A05-J02
［Gòngyuànqiánggēn Shèqū］

属泉城路街道管辖。在历下区西部。面积 0.9 平方千米。人口 3 200。因辖区内重要道路贡院墙根街而得名。2000 年成立。有楼房 18 栋，现代建筑风格。驻有山东省人民政府、山东省政府机关医院、大明湖幼儿园等单位。有泉韵艺术团，开展艺术展演等活动。通公交车。

临湖社区 370102-A05-J03
［Línhú Shèqū］

属泉城路街道管辖。在历下区西部。面积 0.2 平方千米。人口 1 600。因北邻大明湖，辖区内湖、河流、桥梁众多，故名。2000 年成立。有楼房 11 栋，现代建筑风格。

驻有中铁十局、山东省工业展览馆、汇波小学等单位。有志愿者服务。通公交车。

鞭指巷社区　370102-A05-J04
[Biānzhǐxiàng Shèqū]

属泉城路街道管辖。在历下区西北部。面积 0.3 平方千米。人口 4 300。因辖区内重要道路鞭指巷而得名。2004 年成立。有楼房 7 栋，现代建筑风格。驻有工商银行泉城路支行、浙商银行、山东省邮政公司等单位。有山东省巾帼志愿服务点、综合养老服务中心，开展养老助老等活动。通公交车。

县东巷社区　370102-A06-J01
[Xiàndōngxiàng Shèqū]

属大明湖街道管辖。在历下区西部。面积 0.1 平方千米。人口 7 000。因辖区内重要道路县东巷而得名。2014 年成立。有楼房 51 栋，现代建筑风格。驻有大明湖派出所、济南市历下区泉北民用公房管理所、济南市历下区东仓民用公房管理所、济南市历下区市场监督管理局大明湖市场监督管理所等单位。有志愿者服务，开展为空巢老人互助当管家等养老服务和书画、合唱等活动。通公交车。2009 年被评为省文明社区。

按察司街社区　370102-A06-J02
[Ànchásìjiē Shèqū]

属大明湖街道管辖。在历下区西部。面积 0.3 平方千米。人口 5 400。因辖区内重要道路按察司街而得名。2000 年成立。有楼房 34 栋，现代建筑风格。驻有中国人保济南分公司、泉城中学、历下交警大队、大明湖小学、建金大厦等单位。有志愿者服务、日间照料中心，开展党员志愿服务、大学生志愿服务、文体展演等活动。通公交车。2013 年被评为省文明社区。

曲水亭街社区　370102-A06-J03
[Qūshuǐtíngjiē Shèqū]

属大明湖街道管辖。在历下区西部。面积 0.4 平方千米。人口 4 300。因辖区内道路曲水亭街而得名。2004 年成立。有楼房 21 栋，中式建筑风格。驻有山东省人民代表大会常务委员会、珍珠泉宾馆等单位。有志愿者服务，开展科普、法律普及，书画展、帮扶等活动。通公交车。2010 年被评为省文明社区。

县西巷社区　370102-A06-J04
[Xiànxīxiàng Shèqū]

属大明湖街道管辖。在历下区西部。面积 0.3 平方千米。人口 3 900。因辖区内重要道路县西巷而得名。2004 年成立。有楼房 9 栋，现代建筑风格。驻有济南市第一人民医院等单位。有志愿者服务、日间照料中心，开展"一个屋檐下"志愿服务、老年人餐饮照料和舞蹈、合唱等活动。通公交车。2010 年被评为省文明社区。

南北历山社区　370102-A06-J05
[Nánběilìshān Shèqū]

属大明湖街道管辖。在历下区西部。面积 0.03 平方千米。人口 1 400。因辖区内道路南北历山街（历史地名）而得名。1997 年成立。驻有天下第一泉风景区管理处、济南山旅酒店管理咨询有限公司明湖路分公司等单位。有志愿者服务，开展"守护黑虎泉北路"志愿服务等活动。通公交车。

舜井社区　370102-A06-J06
[Shùnjǐng Shèqū]

属大明湖街道管辖。在历下区西部。面积 0.4 平方千米。人口 2 100。因辖区内道路舜井街而得名。2000 年成立。有楼房

13 栋，中式建筑风格。驻有贵和洲际酒店、中国人民政治协商会议山东省委员会、皇亭竞技体育学校等单位。有社区文艺团体，开展京剧展演等活动。通公交车。

泺河社区 370102-A07-J01
[Luòhé Shèqū]

　　属东关街道管辖。在历下区西北部。面积 0.3 平方千米。人口 5 900。因辖区范围在泺河河道附近，且辖区主要为东泺河小区等居民点，故名。2004 年成立。有楼房 44 栋，现代建筑风格。驻有保利北师大幼儿园等单位。有志愿者服务，开展养老扶助等活动。通公交车。

菜市新村社区 370102-A07-J02
[Càishìxīncūn Shèqū]

　　属东关街道管辖。在历下区西北部。面积 0.1 平方千米。人口 3 800。因辖区内居民点菜市新村而得名。2004 年成立。有楼房 33 栋，现代建筑风格。驻有济南市汇波小学、历下区第一实验幼儿园、历下区东关街道办事处、济南市历下区菜市新村军休所等单位。有志愿者服务、老年日间照料中心，开展党员巡逻、"益启学"、"红心护苗队"志愿服务等活动。通公交车。

长盛北区社区 370102-A07-J03
[Chángshèngběiqū Shèqū]

　　属东关街道管辖。在历下区西北部。面积 0.2 平方千米。人口 10 600。因主要辖区为长盛小区北片区，为区别于长盛南区，故名。2002 年成立。有楼房 79 栋，现代中式建筑风格。驻有汇泉小学、山东省黄河设计院、山东省黄河信息勘测中心、历下区第二人民医院等单位。有志愿者服务、社区日间照料中心，开展志愿巡逻、"社区和事佬"、扶老助老等活动。通公交车。2013 年被评为省文明社区。

长盛南区社区 370102-A07-J04
[Chángshèngnánqū Shèqū]

　　属东关街道管辖。在历下区西北部。面积 0.2 平方千米。人口 6 700。因主要辖区为长盛小区南片区，为区别于长盛北区社区，故名。2004 年成立。有楼房 75 栋，现代建筑风格。驻有济南医院等单位。有志愿者服务，开展便民服务、志愿巡逻等活动。通公交车。

东仓社区 370102-A07-J05
[Dōngcāng Shèqū]

　　属东关街道管辖。在历下区西北部。面积 0.1 平方千米。人口 3 900。因辖区内居民点东仓小区而得名。2004 年成立。有楼房 24 栋，现代建筑风格。驻有济南市花园小学、东关工商所、济南市花园小学附属幼儿园等单位。有志愿者服务，开展乐享夕阳志愿服务、"多带一"结对帮扶等活动。通公交车。

历园新村社区 370102-A07-J06
[Lìyuánxīncūn Shèqū]

　　属东关街道管辖。在历下区西北部。面积 1.0 平方千米。人口 19 800。因辖区内居民点历园新村而得名。2005 年成立。有楼房 77 栋，现代建筑风格。驻有历下软件园等单位。有党群服务中心、志愿者服务，开展医养结合的养老服务等活动。通公交车。

历山社区 370102-A07-J07
[Lìshān Shèqū]

　　属东关街道管辖。在历下区西北部。面积 0.6 平方千米。人口 10 400。因辖区内重要道路历山路而得名。2004 年成立。有楼房 79 栋，现代建筑风格。驻有山东省胸科医院、山东省京剧院、齐鲁师范学院、山东省物化探勘查院、山东省地矿局等单位。有志愿者服务，开展"心动能"志愿服务、"方寸间"心理服务等活动。通公交车。

中创开元山庄社区 370102-A08-J01
［Zhōngchuàngkāiyuánshānzhuāng Shèqū］

属文化东路街道管辖。在历下区西部。面积0.3平方千米。人口5 000。因辖区内居民点中创开元山庄而得名。2002年成立。有楼房27栋，现代建筑风格。驻有创信物业公司、康慧幼儿园等单位。有志愿者服务、科普大学，开展"红马甲"志愿服务、"邻里节"等活动。通公交车。2008年被评为省文明社区。

和平路社区 370102-A08-J02
［Hépínglù Shèqū］

属文化东路街道管辖。在历下区中部。面积0.5平方千米。人口8 600。因辖区内重要道路和平路而得名。2000年成立。有楼房55栋，现代建筑风格。驻有济南轻骑摩托车有限公司、山东省水利工程总公司、济南市文化东路小学等单位。有志愿者服务、老年日间照料中心，开展心理健康服务、养老助老等活动。通公交车。2010年被评为省文明社区。

环山路社区 370102-A08-J03
［Huánshānlù Shèqū］

属文化东路街道管辖。在历下区西部。面积0.9平方千米。人口7 100。因辖区内重要道路环山路而得名。2000年成立。有楼房73栋，现代建筑风格。驻有山东省食品药品监督管理局等单位。有志愿者服务、综合养老服务中心，开展庆"三八"趣味运动会、庆"六一"故事大王比赛、消夏晚会、老年艺术课堂等活动。通公交车。

山师东路社区 370102-A08-J04
［Shānshīdōnglù Shèqū］

属文化东路街道管辖。在历下区西部。面积0.5平方千米。人口10 400。因辖区内重要道路山师东路而得名。2000年成立。有楼房115栋，现代建筑风格。驻有历山剧院等单位。有志愿者服务，开展扶老助老等活动。通公交车。

山师大社区 370102-A08-J05
［Shānshīdà Shèqū］

属文化东路街道管辖。在历下区西部。面积0.7平方千米。人口10 400。因辖区内山东师范大学而得名。2000年成立。有楼房53栋，现代建筑风格。驻有山东师范大学、山东师范大学附属中学、山东师范大学附属小学、山东师范大学幼儿园、山东省标准化研究院等单位。有志愿者服务，开展公益课堂等活动。通公交车。

师东新村社区 370102-A08-J06
［Shīdōngxīncūn Shèqū］

属文化东路街道管辖。在历下区西部。面积0.5平方千米。人口6 500。因辖区内有师东村等居民点，且"新"寓意新面貌、新气象，故名。2000年成立。有楼房45栋，现代建筑风格。驻有山东师大二附中、山东通信技术学院等单位。有科普大学、老年协会，开展科普讲座等活动。通公交车。

山大路社区 370102-A08-J07
［Shāndàlù Shèqū］

属文化东路街道管辖。在历下区西部。面积0.5平方千米。人口5 700。因辖区内重要道路山大路而得名。2000年成立。有楼房132栋，现代建筑风格。驻有山东省司法厅、山东重工集团等单位。有志愿者服务，开展文化宣传等活动。通公交车。

文化东路社区 370102-A08-J08
[Wénhuàdōnglù Shèqū]

属文化东路街道管辖。在历下区西部。面积 0.8 平方千米。人口 7 600。因辖区内重要道路文化东路而得名。2004 年成立。有楼房 56 栋，现代建筑风格。驻有山东艺术学院、山东电影洗印厂、山东省杂技团、山东省体育训练中心、山东省化工研究院、山东省新安监狱、山东警察学院、济南市出入境检验检疫局等单位。有科普大学、志愿者服务，开展科普讲座等活动。通公交车。

羊头峪社区 370102-A08-J09
[Yángtóuyù Shèqū]

属文化东路街道管辖。在历下区西部。面积 0.6 平方千米。人口 7 200。因辖区范围原为羊头峪，故名。2000 年成立。有楼房 49 栋，现代建筑风格。驻有历下区自然资源局、东方双语实验学校等单位。有社区艺术团、老年协会、志愿者服务，开展扶老助老、消夏晚会等活动。通公交车。

清华园社区 370102-A08-J10
[Qīnghuáyuán Shèqū]

属文化东路街道管辖。在历下区西部。面积 0.5 平方千米。人口 5 700。因辖区内居民点永大清华园而得名。2004 年成立。有楼房 51 栋，现代建筑风格。驻有济南外国语学校开元国际分校、山东省文博有限公司等单位。有志愿者服务，开展公益课堂等活动。通公交车。

万豪社区 370102-A08-J11
[Wànháo Shèqū]

属文化东路街道管辖。在历下区西部。面积 0.4 平方千米。人口 6 600。因辖区内居民点万豪小区而得名。2013 年成立。有楼房 14 栋，现代建筑风格。驻有丽山幼儿园等单位。有志愿者服务，开展双报到等活动。通公交车。

解放路社区 370102-A09-J01
[Jiěfànglù Shèqū]

属建筑新村街道管辖。在历下区西北部。面积 0.5 平方千米。人口 8 900。因辖区内重要道路解放路而得名。1989 年成立。有楼房 48 栋，现代建筑风格。驻有山东省工信院、山东省话剧院、济南市中心医院等单位。有养老日间照料中心、志愿者服务，开展养老助老等活动。通公交车。2007 年被评为省文明社区。

绿景嘉园社区 370102-A09-J02
[Lùjǐngjiāyuán Shèqū]

属建筑新村街道管辖。在历下区西北部。面积 0.5 平方千米。人口 9 300。因辖区内居民点绿景嘉园而得名。2002 年成立。有楼房 61 栋，现代建筑风格。驻有济南市小清河管理处、济南市泉城公证处等单位。有志愿者服务，开展养老助老等活动。通公交车。2008 年被评为省文明社区。

和平新村社区 370102-A09-J03
[Hépíngxīncūn Shèqū]

属建筑新村街道管辖。在历下区西北部。面积 0.8 平方千米。人口 11 100。因辖区内居民点和平路新村而得名。2004 年成立。有楼房 94 栋，现代建筑风格。驻有中国共产党中国铁路济南局集团有限公司党校、山东省水利勘测设计院（东院）、济南市童装厂、山东省电子信息产品检验院、济南市解放路第一小学等单位。有长者日间照料中心，开展"益心益行"等活动。通公交车。

历山东路社区 370102-A09-J04
[Lìshāndōnglù Shèqū]

属建筑新村街道管辖。在历下区西北部。面积 0.7 平方千米。人口 10 400。因辖区内重要道路历山东路而得名。2002 年成立。有楼房 78 栋，现代建筑风格。驻有济南市解放路第二小学、济南市港华燃气责任有限公司、太阳雨幼儿园等单位。有志愿者服务、日间照料中心，开展"传承雷锋精神，争当时代先锋"、"红心向党"文艺汇演、养老助老等活动。通公交车。

花园路社区 370102-A09-J05
[Huāyuánlù Shèqū]

属建筑新村街道管辖。在历下区北部。面积 0.6 平方千米。人口 16 900。因辖区内重要道路花园路而得名。2004 年成立。有楼房 102 栋，现代建筑风格。驻有济南卫生科技交流服务中心、育才幼儿园、历下实验幼儿园数码港分园等单位。有志愿者服务、老年活动中心，开展文艺宣传、助残、敬老、环境卫生整治等活动。通公交车。

甸北社区 370102-A10-J01
[Diànběi Shèqū]

属甸柳新村街道管辖。在历下区中部。面积 0.2 平方千米。人口 5 900。因位于甸柳新村街道北部而得名。2000 年成立。有楼房 42 栋，现代建筑风格。驻有山东电力工程咨询院有限公司、山东城乡规划设计院、泉城医院等单位。有志愿者服务，开展楼长志愿服务、党员志愿服务等活动。通公交车。2010 年被评为省文明社区。

甸南社区 370102-A10-J02
[Diànnán Shèqū]

属甸柳新村街道管辖。在历下区中部。面积 0.3 平方千米。人口 8 600。因位于甸柳新村街道南端而得名。2004 年成立。有楼房 31 栋，现代建筑风格。驻有山东省地震局、山东省传媒学院、中建八局等单位。有志愿者服务。通公交车。

甸柳第一社区 370102-A10-J03
[Diànliǔdìyī Shèqū]

属甸柳新村街道管辖。在历下区中部。面积 0.4 平方千米。人口 10 300。因甸柳新村有多个居民委员会，从北向南，依序数而得名。1988 年成立。有楼房 42 栋，现代建筑风格。驻有济南市公交总公司、济南市甸柳第一小学等单位。有志愿者服务、社区活动中心，开展养老助老志愿服务等活动。通公交车。2007 年被评为省文明社区。

甸柳第二社区 370102-A10-J04
[Diànliǔdì'èr Shèqū]

属甸柳新村街道管辖。在历下区中部。面积 0.1 平方千米。人口 6 900。因甸柳新村有多个居民委员会，从北向南，依序数而得名。2000 年成立。有楼房 42 栋，现代建筑风格。驻有山东省轻工业设计院、济南市甸柳一中、济南市妇科医院等单位。有志愿者服务、邻里互助等养老模式，开展心理健康服务等活动。通公交车。2013 年被评为省文明社区。

甸柳第三社区 370102-A10-J05
[Diànliǔdìsān Shèqū]

属甸柳新村街道管辖。在历下区中部。面积 0.1 平方千米。人口 4 900。因甸柳新村有多个居民委员会，从北向南，依序数而得名。2000 年成立。有楼房 35 栋，现代建筑风格。驻有甸柳中心幼儿园、甸柳新村派出所、甸柳新村街道办事处等单位。有志愿者服务、综合养老中心，开展助老爱老等活动。通公交车。

甸柳第四社区 370102-A10-J06
[Diànliǔdìsì Shèqū]

属甸柳新村街道管辖。在历下区中部。面积 0.1 平方千米。人口 5 000。因甸柳新村有多个居民委员会，从北向南，依序数而得名。2000 年成立。有楼房 37 栋，现代建筑风格。有邻里尽至互助关爱服务、爱心义剪服务，开展养老助老等活动。通公交车。

甸柳第五社区 370102-A10-J07
[Diànliǔdìwǔ Shèqū]

属甸柳新村街道管辖。在历下区中部。面积 0.1 平方千米。人口 5 300。因甸柳新村有多个居民委员会，从北向南，依序数而得名。2000 年成立。有楼房 37 栋，现代建筑风格。驻有济南市燕柳小学、济南市军队离休退休干部第二休养所等单位。有志愿者服务，开展助老爱老、欢庆中秋、学雷锋志愿服务等活动。通公交车。

吉祥苑社区 370102-A10-J08
[Jíxiángyuàn Shèqū]

属甸柳新村街道管辖。在历下区中部。面积 0.1 平方千米。人口 4 600。因辖区内居民点三箭吉祥苑而得名。2004 年成立。有楼房 19 栋，现代建筑风格。驻有历下区城管局、济南市地方税务历下分局、中国储备粮管理集团有限公司山东分公司、山东高速实业发展有限公司、七彩路幼儿园等单位。有志愿者服务，开展匠心筑梦志愿服务、瞬影时光志愿服务等活动。通公交车。

和平路北社区 370102-A11-J01
[Hépínglùběi Shèqū]

属燕山街道管辖。在历下区中部。面积 0.8 平方千米。人口 7 700。因辖区位置在和平路以北而得名。2000 年成立。有楼房 49 栋，现代建筑风格。驻有山东省食品发酵工业研究设计院、济南七中等单位。有志愿者服务，开展合唱、舞蹈、戏曲、器乐等文艺活动。通公交车。

益寿路社区 370102-A11-J02
[Yìshòulù Shèqū]

属燕山街道管辖。在历下区中部。面积 0.4 平方千米。人口 6 700。因辖区内重要道路益寿路而得名。2000 年成立。有楼房 60 栋，现代建筑风格。驻有山东省吕剧院、山东省荣军总医院、济南市历下实验小学等单位。有志愿者服务，开展合唱、舞蹈等活动。通公交车。

燕南社区 370102-A11-J03
[Yànnán Shèqū]

属燕山街道管辖。在历下区中部。面积 0.7 平方千米。人口 11 300。以汉族为主，还有回、满、蒙古、朝鲜等民族。因辖区内居民点燕子山小区南区而得名。2004 年成立。有楼房 92 栋，现代建筑风格。驻有中国华电集团有限公司山东分公司、华电国际电力股份有限公司山东分公司、山东省林业局、山东省冶金宾馆、山东省电影学校、山东省军区济南第二离职干部休养所、山东省军区济南第三离职干部休养所、山东省军区济南第一退休干部休养所等单位。有志愿者服务，开展合唱、舞蹈等活动。通公交车。

燕北社区 370102-A11-J04
[Yànběi Shèqū]

属燕山街道管辖。在历下区中部。面积 0.04 平方千米。人口 3 200。以汉族为主，还有回、满、蒙古、朝鲜等民族。因辖区内居民点燕子山小区北区而得名。2004 年成立。有楼房 20 栋，现代建筑风格。驻有山东燕山集团总公司、超然幼儿园等单位。有志愿者服务，开展文化展演、趣味运动会等活动。通公交车。

燕子山小区社区 370102-A11-J05
[Yànzishānxiǎoqū Shèqū]

属燕山街道管辖。在历下区中部。面积0.2平方千米。人口6 300。以汉族为主，还有回、满、蒙古、朝鲜等民族。因辖区内居民点燕子山小区而得名。2000年成立。有楼房51栋，现代建筑风格。驻有历下区燕山街道办事处、山东省禁毒管理局、济南燕山学校小学部、大地幼儿园、山东省供销合作社幼儿园等单位。有志愿者服务，开展合唱、舞蹈等活动。通公交车。1992年被评为省文明社区、国家文明社区。

燕文社区 370102-A11-J06
[Yànwén Shèqū]

属燕山街道管辖。在历下区中部。面积0.7平方千米。人口7 400。因辖区内道路燕子山路和文化东路而得名。2008年成立。有楼房44栋，现代建筑风格。驻有山东省工商局、山东省精神卫生中心等单位。有志愿者服务，开展文化展演等活动。通公交车。

燕子山路社区 370102-A11-J07
[Yànzishānlù Shèqū]

属燕山街道管辖。在历下区中部。面积0.3平方千米。人口6 400。以汉族为主，还有回、满、蒙古、朝鲜等民族。因辖区内道路燕子山路而得名。2000年成立。有楼房56栋，现代建筑风格。驻有济南融通公司东源分公司、山东省假肢矫形康复中心等单位。有志愿者服务、日间照料中心，开展合唱、书法展览等活动。通公交车。

济炼社区 370102-A12-J01
[Jíliàn Shèqū]

属智远街道管辖。在历下区东北部。面积0.5平方千米。人口14 000。因辖区内济南炼油厂而得名。2006年成立。有楼房81栋，现代建筑风格。驻有中国石油化工股份有限公司济南分公司、山东省济南历元学校等单位。有志愿者服务、日间照料中心，开展文明养犬劝导、交通协管志愿服务等活动。通公交车。2014年被评为省文明社区。

盛福花园社区 370102-A12-J02
[Shèngfúhuāyuán Shèqū]

属智远街道管辖。在历下区东北部。面积0.4平方千米。人口6 800。因辖区内居民点盛福花园而得名。2008年成立。有楼房56栋，现代建筑风格。驻有历下区第二实验幼儿园、盛福花园齐鲁银行小微支行、历下区智远街道办事处盛福社区卫生服务中心等单位。有志愿者服务、"老年帮帮团"互助模式，开展舞蹈、太极拳展演等活动。通公交车。

中海紫御东郡社区 370102-A12-J03
[Zhōnghǎizǐyùdōngjùn Shèqū]

属智远街道管辖。在历下区东北部。面积2.23平方千米。人口10 200。因辖区内居民点中海紫御东郡而得名。2014年成立。有楼房53栋，新古典主义建筑风格。驻有北京大风车幼儿园、济南市历下区盛景小学等单位。通公交车。

奥体西苑社区 370102-A13-J01
[àotǐxīyuàn Shèqū]

属龙洞街道管辖。在历下区东南部。面积0.5平方千米。人口7 100。因辖区内居民点奥体西苑而得名。2011年成立。有楼房 33 栋，现代建筑风格。驻有济南市建设监理有限公司、山东省信息产业服务有限公司、济南市福利彩票发行中心、历下区紫苑幼儿园等单位。有志愿者服务、日间照料中心，开展剪纸、书画等活动。通公交车。

全运村社区 370102-A13-J02
[Quányùncūn Shèqū]

属龙洞街道管辖。在历下区东南部。面积 3.8 平方千米。人口 13 700。因辖区内居民点海尔绿城全运村而得名。2011 年成立。有楼房 135 栋，现代建筑风格。驻有济南市公安局、济南市检察院、山东高速集团、大地幼儿园、济南市历下区龙奥学校等单位。有志愿者服务，开展太极拳展演、合唱、舞蹈等活动。通公交车。

燕山新居社区 370102-A13-J03
[Yànshānxīnjū Shèqū]

属龙洞街道管辖。在历下区东南部。面积 0.9 平方千米。人口 2 000。因辖区内居民点燕山新居而得名。2011 年成立。有楼房 17 栋，现代建筑风格。驻有山东省高级人民法院、山东省慈善总会、济南市交通指挥中心、山东省立医院东院区等单位。有志愿者服务，开展合唱、乐器、太极拳、舞蹈等活动。通公交车。

转山西路社区 370102-A13-J04
[Zhuànshānxīlù Shèqū]

属龙洞街道管辖。在历下区东南部。面积 0.5 平方千米。人口 7 900。因辖区内重要道路转山西路而得名。2008 年成立。有楼房 76 栋，现代建筑风格。驻有易通市政、转山西路卫生服务站、卓雅幼儿园等单位。有志愿者服务，开展心理咨询、科普公益课堂等活动。通公交车。2012 年被评为省文明社区。

银座花园社区 370102-A13-J05
[Yínzuòhuāyuán Shèqū]

属龙洞街道管辖。在历下区东南部。面积 0.4 平方千米。人口 6 400。因辖区内有居民点银座怡景园，且附近小区绿化环境好，美若花园，故名。2008 年成立。有楼房 38 栋，现代建筑风格。驻有山东鲁商物业服务有限公司、银座双语幼儿园等单位。有社区文化活动室，开展舞蹈、书画展示等活动。通公交车。

牛旺社区 370102-A14-J01
[Niúwàng Shèqū]

属舜华路街道管辖。在历下区东北部。面积 0.1 万平方千米。人口 4 000。2014 年设立。有楼房 35 栋，现代建筑风格。驻有济南海德图文有限公司、山东优士科技发展有限公司等单位。开展文艺演出等活动。通公交车。2008 年被评为省文明社区。

黄金时代社区 370102-A14-J02
[Huángjīnshídài Shèqū]

属舜华路街道管辖。在历下区东部。面积 0.3 平方千米。人口 5 200。以建设单位山东黄金置业有限公司名称命名。2003 年成立。有楼房 35 栋，现代建筑风格。驻有中国农业银行等单位。开展"读经典，为童心筑梦"等活动。2012 年被评为省文明社区。

市中区

市中区 370103
[Shìzhōng Qū]

济南市辖区。在市境中部。面积 280 平方千米。人口 59.5 万。以汉族为主，还有回、满、蒙古、朝鲜、土家、壮等民族。辖 17 街道。区人民政府驻杆石桥街道。

1955 年为第四区，同年 9 月将郊六区所辖王家、四里、二七新村 3 乡划入，更名市中区。1956 年泺源区撤销，西青龙街、普利门街 2 街道办事处划入，五里沟街道办事处划归槐荫区。1987 年七贤镇划入。1994 年增设王官庄街道；撤销西青龙街和共青团路 2 个街道，设立泺源街道。1999 年，原历城区十六里河镇划入。2000 年原历城区党家庄镇划入。2001 年经二路街道并入大观园街道；馆驿街街道并入魏家庄街道；经七路街道和岔路街街道并入杆石桥街道；撤销玉函路街道。2001 年撤销七贤镇，设立舜耕、白马山、七贤 3 个街道。2007 年撤销十六里河镇和党家庄镇，设立十六里河、兴隆、党家和陡沟街道。因地处济南市区中部得名。有兴济河、夹河、西护城河、南圩壕、新生大沟、玉符河等从区境穿过，有登州泉、望水泉、东高泉、杜康泉等名泉，境内有槲子山、马鞍山、英雄山、郎茂山、青龙山、簸箕山、马武寨北峰、狼窝顶山、青桐山、珍珠山、凤凰山。有省级科研单位航天建筑设计研究院有限公司山东分公司、山东省考古研究所 2 个。有高等院校 4 个，中小学 81 个，图书馆 37 个，体育场馆 2 个，知名文艺团体 3 个、三级以上医院 6 个。有国家级文物保护单位 10 个，省级文物保护单位 13 个，省级爱国主义教育基地 2 个。有万字会旧址、清真南大寺、清真北寺、长春观等重要古迹。有英雄山风景区、斗母泉、佛峪风景旅游区、济南南部山区旅游风景区等旅游资源。1988 年 8 月，八一立交桥建成。同年建成山东省体育中心。1991 年建成泺源大街。1992 年建成英雄山文化市场。1993 年建成新世界商城。1998 年建设赤霞广场。2004 年，经一路拓宽。同年，明珠商务港建成。2005 年 10 月建设济南海鲜大市场，2007 年正式营业。2007 年 9 月，馆驿街南棚户区开始动迁。2007 年，胶济宿舍街片区改造。2008 年，经三路南、西沿线进行老商埠项目拆迁改造。2008 年，魏家庄片区拆迁改造，是济南市迎接第十一届全运会重点建设项目之一。2009 年开始顺河街道拓宽改造工程，是济南市迎接第十一届全运会重点建设项目之一。2008—2013 年，自由大街棚户区改造完成，2009 年，经八路拓宽改造完成。2010 年，对庆祥街、岔路街、建国小经五、建国小经六等多条道路进行整治。2010 年，山东新华印刷厂拆迁。2011 年，证券大厦建设完成。有济南大厦、八一立交桥等标志性建筑，中山公园、赤霞广场等重要设施。三次产业比例为 0.7：21.3：78。农业以特色农业为主，建有葡萄、红杏等种植基地。工业以交通装备制造、电力设备制造等为主。服务业主要有金融业、旅游业、餐饮娱乐业、批发零售业等。有济南长途汽车南站，有多条公交线路。

杆石桥街道 370103-A01
[Gānshíqiáo Jiēdào]

市中区人民政府驻地。在区境北部。面积 2 平方千米。人口 5.6 万。2001 年设立。以辖地"杆石桥"而得名。2008—2013 年，自由大街棚户区改造完成。2009 年，经八路拓宽改造完成。2010 年，整治庆祥街、岔路街、建国小经五路、建国小经六路等多条道路。有山东省实验中学、济南实验中学、济南育英中学、济南胜利大街小学等中小学 11 所，文化馆 1 个，知名文艺团体 30 个，医疗卫生机构 7 个。有省级文物保护单位斜马路梨花公馆，市级爱国主义教育基地山东省实验中学。有银河大厦、济南房产大厦、八一立交桥、八一大礼堂厦等标志性建筑。经济以服务业为主，主要有金融业、餐饮娱乐业、批发零售业、文化产业等。通公交车。

大观园街道 370103-A02
[Dàguānyuán Jiēdào]

　　属市中区管辖。在区境北部。面积 1 平方千米。人口 2.7 万。1956 年设立。因辖区内有历史悠久的大观园商场而得名。2014 年，全面整顿改造通惠街小吃街。有中小学 4 所，知名文艺团体 1 个，医疗卫生机构 2 个。有交通银行济南分行旧址、德国领事馆旧址等国家级文物保护单位 9 个，原隆祥布店西记、原瑞蚨祥鸿记、津浦铁道公司旧址等省级文物保护单位 8 个，北洋大戏院等市级文物保护单位 8 个。有老商埠特色街区。有山东商会大厦、泉景恒昌大厦、明珠国际商务港、东图大厦、汇宝大厦、山东电力大厦、大观园商场等标志性建筑。经济以商业为主。第二产业以医疗器械制造、食品加工、建筑建材为主。第三产业以软件、金融、楼宇经济为主。通公交车。

四里村街道 370103-A03
[Sìlǐcūn Jiēdào]

　　属市中区管辖。在区境北部。面积 4 平方千米。人口 4.1 万。1977 年设立。因辖区内有四里村而得名。有中小学 3 所，体育场馆 1 个，医疗卫生机构 1 个。有国家级文物保护单位和爱国主义教育基地英雄山革命烈士陵园。有英雄山风景区等旅游资源。有英雄山烈士纪念碑、山东省体育中心、济南市新世界商城、英雄山文化市场等标志性建筑物。形成西部高技术产业集聚区、东部老城区、英雄山文化市场周边休闲文化娱乐特色街区，南部英雄山生态观光区的城市面貌特点。第一产业以信息传输为主。第二产业以金融为主。第三产业以批发零售等为主。通公交车。

魏家庄街道 370103-A04
[Wèijiāzhuāng Jiēdào]

　　属市中区管辖。在区境北部。面积 1 平方千米。人口 2.2 万。1955 年设立。2008 年魏家庄片区开始棚户区改造工程，2013 年建成。2007 年凤翔片区进行棚户区改造，2009 年建成馆驿街新区。有中小学 4 所，体育场馆 4 个，医疗卫生机构 1 个。有市级文物保护单位山东省红十字会旧址。有宏济堂中号、长春里基督教堂等旅游资源。有万达广场、丝绸大楼等标志性建筑。形成由酒店、写字楼、购物中心组成集商业、休闲、旅游、文化推广于一体的综合性城市面貌。经济以销售、餐饮、旅馆业为主。第二产业以机械设备制造、塑料化工、建筑等为主。第三产业以金融、商贸、楼宇经济为主。通公交车。

二七新村街道 370103-A05
[Èrqīxīncūn Jiēdào]

　　属市中区管辖。在区境北部。面积 2 平方千米。人口 5.1 万。1979 年设立。因辖区内有铁路职工宿舍区二七新村得名。兴济河从境内穿过。有中小学 3 所。有济南军休大厦、济南泉景鸿园商务大厦等标志性建筑。形成高档封闭式小区与开放式老旧小区并存的城市面貌特点。第二产业以生物技术、医疗器械生产、环保设备制造、重汽离合器生产等为主。第三产业以商务外贸、证券交易等为主。有济南旅游汽车站，通公交车。

七里山街道 370103-A06
[Qīlǐshān Jiēdào]

　　属市中区管辖。在区境北部。面积 2.4 平方千米，人口 3.8 万。1987 年设立。因七里山得名。有中小学 5 所，图书馆 1 个，体育场馆 1 个，知名文艺团体 4 个。有郎茂山公园等旅游资源。经济以建筑、服装制造、教育培训、餐饮等为主。通公交车。

六里山街道 370103-A07
[Liùlǐshān Jiēdào]

属市中区管辖。在区境北部。面积 4 平方千米。人口 6 万。1986 年设立。因辖区有六里山而得名。境内有六里山。有国家级科研单位重汽集团。有小学 2 所，图书馆 1 个，医疗卫生机构 7 个。有山东省新华传媒大厦等标志性建筑。经济以商务楼宇、酒店餐饮为主。工业以自动化仪表生产、建筑等为主。服务业以商务楼宇经济、酒店餐饮业等为主。通公交车。

舜玉路街道 370103-A08
[Shùnyùlù Jiēdào]

属市中区管辖。在区境北部。面积 5 平方千米。人口 5.1 万。1988 年设立。因舜玉路得名。2003 年伟东新都开工建设，2004 年银丰山庄开工建设。境内有七里山、金鸡岭。有山东省社会主义学院、山东财经大学等高等院校 3 所，中小学 6 所，文化馆、图书馆 2 个，体育场馆 2 个，医疗卫生机构 3 个。有舜玉公园等旅游资源。有天舜大厦、舜耕山庄、济南舜耕国际会展中心等标志性建筑。沿舜耕路形成大学科教区与省企事业单位集聚区，以济大路和八里洼路为中心形成两条金融街。经济以服务业为主。工业以建筑、食品加工、生物技术等为主。服务业以商务楼宇经济、金融为主。通公交车。

泺源街道 370103-A09
[Lùòyuán Jiēdào]

属市中区管辖。在区境东北部。面积 2 平方千米。人口 3.5 万。1995 年设立。因泺源大街贯穿辖区而得名。1994 年至 1996 年，济南市回民小区启动拆迁回迁工程，钱龙大厦与回民小区同步建成。2000 年趵突泉公园西扩，同年建成金龙大厦。2005 年启动建设银座晶都国际广场项目，2008 年建成商住一体的大型建筑综合体。2009 年普利街路南双号、郝家巷、西券门巷、西凤凰街及共青团路路北单号拆迁。2010 年绿地中心开工，2014 年建成。西、南圩子壕从境内穿过。有省级科研单位山东省科学技术协会、山东省考古研究所、航天建筑设计研究院山东分公司等，小学 2 所，医疗卫生机构 3 个。有国家级文物保护单位万字会旧址，省级重点文物保护单位上新街 108 号近现代建筑、清真南大寺，市级重点文物保护单位清真北大寺、景园等近现代建筑群，老舍、方荣翔、黑伯龙等的故居。有省级爱国主义教育基地中共山东早期历史纪念馆。有济南绿地普利中心等标志性建筑。经济以金融保险、文教服务为主。服务业以餐饮、娱乐、培训、零售为主。通公交车。

王官庄街道 370103-A10
[Wángguānzhuāng Jiēdào]

属市中区管辖。在区境西部。面积 6 万平方千米。人口 5.4 万。1994 年设立。因辖区内有王官庄小区得名。2009 年改造大众广场。有省级科研单位山东建筑材料工业设计研究院，中小学 5 所，文化馆、图书馆 2 个，体育场馆 1 个，知名文艺团体 2 个，医疗卫生机构 2 个。经济以服务业为主。通公交车。

舜耕街道 370103-A11
[Shùngēng Jiēdào]

属市中区管辖。在区境东部。面积 9 平方千米。人口 3.0 万。2001 年设立。因大舜耕作于历山下而得名。有中小学 1 所，图书馆 2 个，体育场馆 1 个，知名文艺团体2个，医疗卫生机构1个。有市级重点文物保护单位黄石崖石窟造像。有历阳湖、龟山、小卧虎山山体公园等旅游资源。有太和广场等标志性建筑。经济以服务业为主。通公交车。

白马山街道 370103-A12
[Báimǎshān Jiēdào]

属市中区管辖。在区境西部。面积11平方千米。人口9.5万。2001年设立。因辖区有白马山得名。2013年启动二环西路高架南延工程。腊山河、袁柳河、大涧沟河从境内穿过，境内有白马山。有高等院校1所，中小学5所，医疗卫生机构2个。经济以二、三产业为主。第二产业以工业、机电设备制造、压力容器制造、新型材料、生物制药、家用纺织、医疗器械等为主。第三产业以服务业为主。通公交车。

七贤街道 370103-A13
[Qīxián Jiēdào]

属市中区管辖。在区境西南部。面积19平方千米。人口3.4万。2001年设立。因驻地邻近七贤庄而得名。2004年新铺道路约2万平方米。2007年进行104国道拓宽改造工程。2008年推动九曲社区项目、七贤齐鲁文化城项目等，并启动七贤综合市场项目。2011年文庄新居开工建设，2012年完成文庄片区公租房项目剩余480米施工道路上的地上附着物清理，全力开展文庄村旧村闭合圈以外的拆迁工作。2013年启动二环西路南延、二环南路快速路、腊山热源厂和山水物流港地块等项目的拆迁。2014年阳光南路主干道基本完成。境内有青龙山、万灵山、簸箕山、皇上岭。有济南大学等高等院校2所，中小学9所，图书馆1个，医疗卫生机构4个。有古迹马武寨山遗址。有七贤广场等标志性建筑。经济以工业为主。工业以机械、化工、建材、

五金家具、金属制品为主。服务业以物流、餐饮等业为主。通公交车。

十六里河街道 370103-A14
[Shíliùlǐhé Jiēdào]

属市中区管辖。在区境南部。面积45平方千米。人口5.4万。2007年设立。因街道办事处驻地在十六里河东河、西河之间而得名。有中小学17所，图书馆1个，医疗卫生机构3个。有市级重点文物保护单位玉函山石窟造像。有佛峪景区、大石崮森林公园等旅游资源。有英雄山立交桥等标志性建筑。形成领秀城周边中央商务区、西河绿地新都汇周边服务业总部集聚区、石崮都市农业生态区的城市面貌。经济以房地产为主。农业以种植小麦、蔬菜、果树为主，产红荷包杏、大樱桃、桃等水果。工业有工程机械、建筑、电子器材、食品加工等。服务业以生态观光旅游为主。通公交车。

兴隆街道 370103-A15
[Xīnglóng Jiēdào]

属市中区管辖。在区境东部。面积57平方千米。人口3.9万。2008年设立。因驻地位于兴隆一村而得名。2009年兴隆泛旅游综合项目在片区落地实施。境内有斗母宫、斗母泉。有中小学5所，体育场馆5个，医疗卫生机构2个。有古迹怀晋墓、白云观、东佛峪古般若寺遗址。有郊野公园、佛峪、青桐山、兴隆水库等旅游资源。有山大科技园等标志性建筑。形成山大科技园周边中央商务区、华润紫云府周边服务业总部集聚区和佛峪、斗母宫、斗母泉生态区的城市面貌。经济以种植业为主，产小麦、玉米、蔬菜等。通公交车。工业以建筑业为主。服务业以劳务输出为主。通公交车。

党家街道 370103–A16
[Dǎngjiā Jiēdào]

　　属市中区管辖。在区境西部。面积79平方千米。人口4.2万。2008年设立。因党家庄得名。玉符河从境内穿过。有中小学7所，体育场馆1个，医疗卫生机构1个。有区级文物保护单位党西村清真寺、党东清真寺，有古迹刘家林村清真寺、寨而头村关胜墓、催马村西周墓地遗址。有渴马崖风景区、土屋村吴家泉、黑峪泉风景区等旅游资源。形成以中部重汽、山水、党家三大工业园区、玉龙山、九龙涧生态园区为重点的城市面貌。经济以工业为主。农业以种植蔬菜、水果为主，盛产小麦。工业以汽车配件、建筑材料、机械制造、农副产品加工等为主。服务业以仓储物流、农业生态观光等为主。有党家庄站，通公交车。

陡沟街道 370103–A17
[Dǒugōu Jiēdào]

　　属市中区管辖。在区境西部。面积41平方千米。人口2.9万。2008年设立。因陡沟村得名。2012年融汇城动工，2012年大庙屯拆迁。玉符河从境内穿过。有中小学6所，知名文艺团体1个，医疗卫生机构1个。有省级文物保护单位殷士儋墓，区级文物保护单位杨台遗址，古迹大北庙。形成以济南济西二手车市场、西山汽配城为重点的城市面貌。经济以农业为主。农业以种植小麦、玉米为主，盛产多肉花卉。工业以汽车配件、机械制造、农副产品加工等为主。服务业以农业生态观光等为主。通公交车。

旧地名

岔路街街道（旧） 370103–U01
[Chàlù Jiē Jiēdào]

　　属市中区管辖。1956年设立，2001年撤销，并入杆石桥街道。

经七路街道（旧） 370103–U02
[Jīng 7 Lù Jiēdào]

　　属市中区管辖。1956年设立，2001年撤销，并入杆石桥街道。

玉函路街道（旧） 370103–U03
[Yùhánlù Jiēdào]

　　属市中区管辖。1987年设立，2001年撤销，分别并入四里村街道和舜玉街道。

馆驿街街道（旧） 370103–U04
[Guǎnyìjiē Jiēdào]

　　属市中区管辖。1955年设立，2001年5月撤销，并入魏家庄街道。

共青团路街道（旧） 370103–U05
[Gòngqīngtúanlù Jiēdào]

　　属市中区管辖。1963年设立，1994年撤销，并入泺源街道。

西青龙街街道（旧） 370103–U06
[Xīqīnglóngjiē Jiēdào]

　　属市中区管辖。1955年设立，1994年撤销，并入泺源街道。

经二路街道（旧） 370103–U07
[Jīng 2 Lù Jiēdào]

　　属市中区管辖。1956年设立，2001年5月撤销，并入大观园街道。

社区

春元里社区 370103-A01-J01
[Chūnyuánlǐ Shèqū]

属杆石桥街道管辖。在市中区西部。面积 0.3 平方千米。人口 7 500。因地理位置及管辖区域而得名。1985 年成立。有楼房 43 栋，中式建筑风格。驻有济南市口腔医院、济南市按摩医院、济南三中、济南实验初中等单位。有志愿者服务，开展"蓝马甲"党员志愿治安服务巡逻等活动。通公交车。2010 年被评为省文明社区。

自由大街社区 370103-A01-J02
[Zìyóudàjiē Shèqū]

属杆石桥街道管辖。在市中区北部。面积 0.3 平方千米。人口 5 900。因居民居住在自由大街附近而得名。1998 年成立。有楼房 12 栋现代建筑风格。驻有山东省委员会、市中区委员会、市中区政府、山东书城、山东出版集团等单位。有志愿者服务，开展读书交流会、亲子教育课堂等活动。通公交车。

乐山小区社区 370103-A01-J03
[Lèshānxiǎoqū Shèqū]

属杆石桥街道管辖。在市中区北部。面积 0.3 平方千米。人口 11 000。因辖区内有乐山小区而得名。1999 年成立。有楼房 59 栋，现代建筑风格。驻有华夏银行济南分行、济南市房地产大厦、国家税务总局济南市税务局稽查局、山东教育出版社等单位。有志愿者服务，开展党员义诊、法律咨询、再就业指导等活动。通公交车。

德胜街社区 370103-A01-J04
[Déshèngjiē Shèqū]

属杆石桥街道管辖。在市中区北部。面积 0.3 平方千米。人口 10 000。根据德胜街而命名。1998 年成立。辖区有楼房 100 栋，现代建筑风格。驻有山东省机要通信局、济南市国税局、济南回民中学、济南民生大街小学、济南市妇幼保健院、铁路南郊幼儿园等单位。开展"行走的党课""健康家庭""温暖帮扶在邻里"等活动。通公交车。

启明里社区 370103-A01-J05
[Qǐmínglǐ Shèqū]

属杆石桥街道管辖。在市中区北部。面积 0.4 平方千米。人口 10 100。韩复榘时期，商人孔曰鲁等人在此建房，形成街巷，取名启明里。社区以此命名。2002 年成立。有楼房 64 栋，现代建筑风格。驻有济南经八路小学、济南市天禧舜和大酒店等单位。有日间照料服务，开展文体活动。通公交车。

七一小区社区 370103-A01-J06
[Qīyīxiǎoqū Shèqū]

属杆石桥街道管辖。在市中区北部。面积 0.2 平方千米。人口 5 000。因位于经七路、纬一路附近而得名。2003 年成立。有楼房 34 栋，现代建筑风格。驻有山东省城镇劳动就业训练中心、山东东方大厦、山东省实验中学、中国光大银行济南分行、济南市中区教育局、济南育英中学等单位。有志愿者服务，开展宣传教育等活动。通公交车。

新市区社区 370103-A01-J07
[Xīnshìqū Shèqū]

属杆石桥街道管辖。在市中区北部。面积 0.3 平方千米。人口 5 300。取新城区之意，故名。1995 年成立。有楼房 56 栋，现代建筑风格。驻有济南中学、山东电力中心医院等单位。有文体队伍，开展艺术展演、书画展览等活动。通公交车。

聚善街社区 370103-A01-J08
［Jùshàn Shèqū］

属杆石桥街道管辖。在市中区北部。面积0.3平方千米。人口5 100。因辖区内聚善街得名。1990年成立。有楼房35栋，现代建筑风格。驻有中国人民银行济南分行、山东省农业银行、山东省纪律监察委员会、山东省金融干部培训中心、济南市法律援助中心、济南市直机关幼儿园等单位。有志愿者服务，开展老少同乐会、庆重阳茶话会等活动。通公交车。

纬一路社区 370103-A02-J01
［Wěi 1 Lù Shèqū］

属大观园街道管辖。在市中区北部。面积0.3平方千米。人口5 600。因位于纬一路中段一带而得名。1956年成立。有楼房47栋，中式建筑风格。驻有济南市经五路小学、济南市纬二路小学、济南第二十七中学等单位。有老年人日间照料中心。通公交车。

睦和苑社区 370103-A02-J02
［Mùhéyuàn Shèqū］

属大观园街道管辖。在市中区西北部。面积0.1平方千米。人口3 800。因睦邻关系和谐安定，得名睦和苑社区。2002年成立。有楼房27栋，中式建筑风格。驻有山东省住房和城乡建设厅、济南城乡公共客运管理服务中心、济南市经五路幼儿园等单位。有志愿者服务，开展党史知识竞答赛、四点半课堂等活动。通公交车。

纬五路社区 370103-A02-J03
［Wěi 5 Lù Shèqū］

属大观园街道管辖。在市中区北部。面积0.2平方千米。人口4 500。2001年成立。有楼房32栋，中式建筑风格。驻有山东省工商银行、山东省建筑设计研究院等单位。有志愿者服务，开展党史知识竞答、"我"为群众办实事等活动。通公交车。

经二路社区 370103-A02-J04
［Jīng 2 Lù Shèqū］

属大观园街道管辖。在市中区北部。面积0.2平方千米。人口5 800。因经二路系社区主干道，故名。2002年成立。有楼房54栋，中式兼欧式建筑风格。驻有中国银行业监督管理委员会山东银监局、山东省公安厅、山东省总工会、山东电力集团等单位。有志愿者服务。通公交车。

万紫巷社区 370103-A02-J05
［Wànzǐxiāng Shèqū］

属大观园街道管辖。在市中区西北部。面积0.3平方千米。人口3 400。因辖区内有万紫巷商场而得名。有楼房44栋，现代建筑风格。驻有济南市公安局市中分局、济南市中山公园服务中心、济南新视界眼科医院、济南市第一百货商店幼儿园等单位。有志愿者服务，开展党史学习教育、爱老慰老帮扶等活动。通公交车。

玉函路社区 370103-A03-J01
［Yùhánlù Shèqū］

属四里村街道管辖。在市中区东北部。面积0.2平方千米。人口7 600。因位于玉函路周边而得名。1989年成立。有楼房206栋，现代建筑风格。驻有新华社山东分社、山东科技出版社、山东省中小企业办公室等单位。有志愿者服务，开展社区互助学堂、"义教助学、入户探访、义工创城"等活动。通公交车。

英雄山社区 370103-A03-J02
［Yīngxióngshān Shèqū］

属四里村街道管辖。在市中区东北部。

面积 1.1 平方千米。人口 11 000。因位于英雄山路周边而得名。有楼房 96 栋,现代建筑风格。驻有济南市战役纪念馆、英雄山烈士陵园等单位。有志愿者服务,开展党员教育等活动。通公交车。

建设路社区 370103-A03-J03
[Jiànshèlù Shèqū]

属四里村街道管辖。在市中区中部。面积 0.5 平方千米。人口 7 200。因靠近建设路,故名。1980 年成立。有楼房 54 栋,现代建筑风格。驻有济南市农业局、济南市城管执法局等单位。有济南广友书画院,开展书法精讲,国画、剪纸学习等活动。通公交车。

小梁庄社区 370103-A03-J04
[Xiǎoliángzhuāng Shèqū]

属四里村街道管辖。在市中区西北部。面积 0.7 平方千米。人口 5 200。因位于小梁庄附近得名。1946 年成立。有楼房 197 栋,现代中式建筑风格。驻有济南市第十四中学等单位。有志愿者服务,开展法律咨询等活动。通公交车。

信义庄社区 370103-A03-J05
[Xìnyìzhuāng Shèqū]

属四里村街道管辖。在市中区中部。面积 0.47 平方千米。人口 8 700。因辖区内信义庄小区得名。1957 年成立。有楼房 47 栋,现代建筑风格。驻有共青团山东省委、山东省国防科学技术工业办公室、中国联通济南分公司等单位。有志愿者服务。通公交车。2008 年被评为省文明社区。

永庆街社区 370103-A04-J01
[Yǒngqìngjiē Shèqū]

属魏家庄街道管辖。在市中区北部。面积 0.2 平方千米。人口 7 400。因位于永

庆街一带而得名。2005 年成立。有楼房 49 栋,现代建筑风格。驻有济南教育电视台、济南市教研室等单位。有志愿者服务,开展环境保护、助老爱幼、宣传教育等活动。2003 年被评为省文明单位。

麟祥街社区 370103-A04-J02
[Línxiángjiē Shèqū]

属魏家庄街道管辖。在市中区北部。面积 0.1 平方千米。人口 3 600。因位于麟祥街一带而得名。2005 年成立。有楼房 8 栋,现代建筑风格。驻有万达凯悦酒店、网瑞信谊酒店、万达商场等单位。有志愿者服务。通公交车。

魏家庄社区 370103-A04-J03
[Wèijiāzhuāng Shèqū]

属魏家庄街道管辖。在市中区北部。面积 0.1 平方千米。人口 6 700。因位于魏家庄一带而得名。2005 年成立。有楼房 12 栋,现代建筑风格。驻有宏济堂、工商银行、兴业银行等单位。有志愿者服务,开展环境保护、助老爱幼、宣传教育等活动。通公交车。

人民商场社区 370103-A04-J04
[Rénmínshāngchǎng Shèqū]

属魏家庄街道管辖。在市中区北部。面积 0.2 平方千米。人口 3 300。因位于人民商场一带而得名。2005 年成立。有楼房 8 栋,现代建筑风格。驻有济南中级人民法院、济南市基督教协会、济南振华商厦、济南普利中学、济南经纬小学等单位。有志愿者服务,开展环境保护、助老爱幼、宣传教育等活动。通公交车。

馆驿街社区 370103-A04-J05
[Guǎnyìjiē Shèqū]

属魏家庄街道管辖。在市中区北部。

面积 0.2 平方千米。人口 8 300。因辖区内馆驿街得名。有楼房 30 栋，现代建筑风格。驻有济南市馆驿街小学等单位。有志愿者服务，开展环境保护、助老爱幼、宣传教育等活动。通公交车。

陈庄社区 370103-A05-J01

[Chénzhuāng Shèqū]

属二七新村街道管辖。在市中区西南部。面积 0.7 平方千米。人口 13 800。日伪时期，开辟南商埠时，拓建马路，陈家庄大街由今日的自由大街处迁建于该地，名西陈家庄大街。陈庄社区因位于附近而得名。1978 年成立。有楼房 83 栋，现代建筑风格。驻有南郊热电厂、小鸭集团等单位。有志愿者服务，开展三八妇女节、六一儿童节、八一建军节、重阳节、中秋节、元宵节庆祝等活动。通公交车。

梁南社区 370103-A05-J02

[Liángnán Shèqū]

属二七新村街道管辖。在市中区中部。面积 0.3 平方千米。人口 5 300。因位于梁庄大街以南，故名。2002 年成立。有楼房 39 栋，现代建筑风格。驻有济南市育明小学、市中区环保局、市中区离退休干部休养所等单位。有梁南书画协会、梁南好声音合唱团，开展八一建军节茶话会、梁南社区朗诵比赛等活动。通公交车。

梁北社区 370103-A05-J03

[Liángběi Shèqū]

属二七新村街道管辖。在市中区西南部。面积 0.4 平方千米。人口 4 600。因位于梁庄大街以北，故名。2002 年成立。有楼房 27 栋，现代建筑风格。驻有市中区建设委员会等单位。有志愿者服务，开展义务巡逻，安全用电、用气宣传，法制宣传，消防安全宣传等活动。通公交车。

建南社区 370103-A05-J04

[Jiànnán Shèqū]

属二七新村街道管辖。在市中区中部。面积 0.3 平方千米。人口 5 600。因位于建设路南端而得名。1980 年成立。有楼房 38 栋，现代建筑风格。驻有济南市中区教育局、济南市慈善总会等单位。有志愿者服务，开展传统文化宣传等活动。通公交车。

铁路第一社区 370103-A05-J05

[Tiělùdìyī Shèqū]

属二七新村街道管辖。在市中区中部。面积 0.2 平方千米。人口 5 300。因辖区内有铁路第一小区而得名。1998 年成立。有楼房 70 栋，现代建筑风格。驻有济南铁路二七幼儿园、济南市燃料公司市中分公司、中国工商银行陈庄大街支行等单位。开展春节联欢会、科普知识学习等活动。通公交车。

铁路第二社区 370103-A05-J06

[Tiělùdì'èr Shèqū]

属二七新村街道管辖。在市中区中部。面积 0.2 平方千米。人口 5 600。因辖区内有铁路第二小区而得名。2003 年成立。有楼房 61 栋，中式建筑风格。驻有济南市科学技术协会、济南市长途汽车南站、济南市育新小学、济南育文中学等单位。有志愿者服务，开展三八妇女节、母亲节、中秋节、元宵节庆祝，中国传统文化宣传等活动。通公交车。

建新社区 370103-A05-J07

[Jiànxīn Shèqū]

属二七新村街道管辖。在市中区西部。面积 0.4 平方千米。人口 14 000。因位于建设路附近，且是新成立的社区，故名。

2005 年成立。有楼房 70 栋，现代建筑风格。驻有济南市工商管理局等单位。通公交车。2011 年被评为省文明社区。

泉景社区 370103-A06-J01
[Quánjǐng Shèqū]

属七里山街道管辖。在市中区西南部。面积 0.4 平方千米。人口 10 100。因辖区内的泉景天沅小区得名。2014 年成立。有楼房 32 栋，现代建筑风格。驻有山东省建设监理咨询有限公司、山东省建设发展研究院、济南市博雅幼儿园等单位。有志愿者服务，开展国画、书法公益课程等活动。通公交车。

郎北社区 370103-A06-J02
[Lángběi Shèqū]

属七里山街道管辖。在市中区西南部。面积 0.2 平方千米。人口 7 200。社区因地处郎茂山脚下，郎茂山小区北区，故名。2005 年成立。有楼房 76 栋，现代建筑风格。驻有济南市市中区育晖幼儿园、市中区社区教育学院、济南市残疾人联合会等单位。有党群服务中心，开展"爱心乐助"等活动。通公交车。

卧龙社区 370103-A06-J03
[Wòlóng Shèqū]

属七里山街道管辖。在市中区西南部。面积 0.5 平方千米。人口 9 200。因辖区内有卧龙花园小区，故名。2011 年成立。有楼房 84 栋，现代建筑风格。驻有泉景中学等单位。有志愿者服务，开展书法、绘画培训等活动。通公交车。

明珠社区 370103-A06-J04
[Míngzhū Shèqū]

属七里山街道管辖。在市中区西南部。面积 0.4 平方千米。人口 9 800。因辖区内有明珠花园小区，故名。2008 年成立。有楼房 69 栋，现代建筑风格。驻有济南市市中区残疾人联合会、济南市市中区人民检察院、明珠大地幼儿园、山东水林医药有限公司等单位。开展慰问困难党员、非遗手工艺术进社区等活动。通公交车。

阳光南路社区 370103-A06-J05
[Yángguāngnánlù Shèqū]

属七里山街道管辖。在市中区西南部。面积 0.6 平方千米。人口 5 300。位于阳光新路南部，故名。2008 年成立。有楼房 90 栋，现代建筑风格。驻有齐鲁银行、海珀幼儿园、颐和养老院等单位。有志愿者服务，开展书画、声乐、手工等活动。通公交车。

郎南社区 370103-A06-J06
[Lángnán Shèqū]

属七里山街道管辖。在市中区西南部。面积 0.3 平方千米。人口 8 900。因辖区内有郎茂山小区南区而得名。2005 年成立。有楼房 52 栋，现代建筑风格。驻有振兴汽修厂、佳运运输公司、济南市残疾人康复中心等单位。有志愿者服务，开展科普教育、法制教育等活动。通公交车。

二七南路社区 370103-A06-J07
[Èrqīnánlù Shèqū]

属七里山街道管辖。在市中区西南部。面积 0.2 平方千米。人口 6 100。因紧邻二七新村南路而得名。2008 年成立。有楼房 54 栋，现代建筑风格。驻有山东省商务发展研究院、山东燃料集团等单位。有志愿者服务，开展新时代文明实践志愿服务等活动。通公交车。

七东社区 370103-A06-J08
[Qīdōng Shèqū]

属七里山街道管辖。在市中区西南部。

面积 0.7 平方千米。人口 8 400。因辖区附近有七里山，且以七里山中路为分界，社区位于整片居民小区的东部片区，故名。2005 年成立。有楼房 69 栋，现代建筑风格。驻有济南市军队离退休干部第一休养所等单位。有志愿者服务、居家养老护理服务，开展助老、助餐、助医等活动。通公交车。

蓝天社区 370103-A06-J09
[Lántiān Shèqū]

属七里山街道管辖。在市中区西南部。面积 0.3 平方千米。人口 2 300。因服务对象主要是空军军人军属，故名。2012 年成立。有楼房 48 栋，现代建筑风格。驻有水发明悦国际酒店等单位。有志愿者服务，开展书法、绘画、手工等活动。通公交车。

七西社区 370103-A06-J10
[Qīxī Shèqū]

属七里山街道管辖。在市中区西南部。面积 0.6 平方千米。人口 5 900。因辖区附近有七里山，且以七里山中路为分界，社区位于整片居民小区的西部片区，故名。2005 年成立。有楼房 55 栋，现代建筑风格。驻有济南思迈尔制衣有限公司、济南第六十八中学、济南市七里山小学等单位。有志愿者服务，开展非遗课堂、传统文化课堂、心理辅导、红色传承教育等活动。通公交车。2014 年被评为省级文明社区。

六里山路社区 370103-A07-J01
[Liùlǐshānlù Shèqū]

属六里山街道管辖。在市中区北部。面积 0.4 平方千米。人口 5 900。因位于六里山路附近而得名。1998 年成立。有楼房 154 栋，现代建筑风格。驻有济南市骨科医院、施尔明眼科医院等。有志愿者服务，开展助老等活动。通公交车。

六里山南路社区 370103-A07-J02
[Liùlǐshānnánlù Shèqū]

属六里山街道管辖。在市中区北部。面积 0.5 平方千米。人口 7 600。因辖区为六里山南路分布的小区而得名。1998 年成立。有楼房 71 栋，现代中式建筑风格。驻有济南市退役军人事务局、济南市老干部活动中心、济南市六里山小学、济南市市中区老干部局等单位。有志愿者服务，开展书法、声乐、舞蹈、摄影等活动。通公交车。

七里山路社区 370103-A07-J03
[Qīlǐshānlù Shèqū]

属六里山街道管辖。在市中区北部。面积 0.5 平方千米。人口 5 700。因位于七里山路附近而得名。1998 年成立。有楼房 85 栋，现代中式建筑风格。驻有山东省警官总医院、济南市市中财政局、济南市卫生健康信息中心、济南市卫生健康人才交流中心等单位。通公交车。

英西南路社区 370103-A07-J04
[Yīngxīnánlù Shèqū]

属六里山街道管辖。在市中区北部。面积 0.7 平方千米。人口 7 800。因辖区内的英西南路而得名。1998 年成立。有楼房 153 栋，现代建筑风格。驻有山东新华书店集团有限公司、济南市质量技术监督局、国家税务总局山东省税务局、市中区人民法院等单位。有志愿者服务、综合文化中心，开展舞蹈艺术、医疗保健讲座等活动。通公交车。2013 年被评为省级文明社区。

玉函北区社区 370103-A07-J05
[Yùhánběiqū Shèqū]

属六里山街道管辖。在市中区北部。

面积 0.4 平方千米。人口 9 900。因辖区内的玉函小区北区而得名。1995 年成立。有楼房 46 栋，现代建筑风格。驻有济南市离退休干部第五休养所、山东省医科院第二附属医院、济南市玉函小学等单位。有志愿者服务，开展科普宣传等活动。通公交车。

玉函南区社区 370103-A07-J06
[Yùhánnánqū Shèqū]

属六里山街道管辖。在市中区南部。面积 0.4 平方千米。人口 7 100。因辖区内的玉函小区南区而得名。1997 年成立。有楼房 55 栋，现代中式建筑风格。驻有济南市公交二公司车队、济南市特殊教育中心等单位。有志愿者服务，开展心理疏导、便民服务等活动。通公交车。

铁路玉函社区 370103-A07-J07
[Tiělùyùhán Shèqū]

属六里山街道管辖。在市中区北部。面积 0.1 平方千米。人口 7 200。因辖区内的铁路玉函小区宿舍而得名。2010 年成立。有楼房 35 栋，现代建筑风格。有志愿者服务，开展义务巡逻等活动。通公交车。

西八里洼南社区 370103-A07-J08
[Xībālǐwānánnán Shèqū]

属六里山街道管辖。在市中区南部。面积 0.1 平方千米。人口 1 200。因辖区位于西八里洼南而得名。1990 年成立。有楼房 5 栋，现代建筑风格。驻有爱义行汽车服务有限公司等单位。通公交车。

西八里洼北社区 370103-A07-J09
[Xībālǐwāběi Shèqū]

属六里山街道管辖。在市中区南部。面积 0.4 平方千米。人口 1 200。因辖区位于西八里洼北而得名。1990 年成立。有楼房 28 栋，现代、中式建筑风格。驻有山东

东方男科医院等单位。通公交车。

舜园社区 370103-A08-J01
[Shùnyuán Shèqū]

属舜玉路街道管辖。在市中区北部。面积 2.1 平方千米。人口 10 000。因辖区内有舜玉公园而得名。2002 年成立。有楼房 158 栋，现代建筑风格。驻有山东省交通运输厅、济南大学等单位。有文化活动中心，开展舞蹈、太极拳展演等活动。通公交车。

舜绣社区 370103-A08-J02
[Shùnxiù Shèqū]

属舜玉路街道管辖。在市中区东北部。面积 0.2 平方千米。人口 6 100。因北邻舜玉路，西邻玉绣河，故名。2005 年成立。有楼房 40 栋，现代建筑风格。驻有舜玉路派出所、舜玉路房管所等单位。有志愿者服务，开展老年人心理关爱和照料等活动。通公交车。

舜玉社区 370103-A08-J03
[Shùnyù Shèqū]

属舜玉路街道管辖。在市中区东北部。面积 0.5 平方千米。人口 9 000。因位于舜玉路街道中心地带，是舜玉路街道辖区而得名。2005 年成立。有楼房 108 栋，现代建筑风格。驻有山东省财政厅、山东科技报社、济南市市中区舜玉北区幼儿园等单位。有志愿者服务，开展老年人心理关爱和照料等活动。通公交车。

舜中社区 370103-A08-J04
[Shùnzhōng Shèqū]

属舜玉路街道管辖。在市中区东北部。面积 0.4 平方千米。人口 6 700。因位于舜玉路街道的中心位置得名。2005 年成立。有楼房 108 栋，现代建筑风格。驻有济南市舜玉小学、济南市市中区舜南幼儿园等

单位。有志愿者服务，开展老年人心理关爱和照料等活动。通公交车。

舜岭社区 370103-A08-J05
[Shùnlǐng Shèqū]

属舜玉路街道管辖。在市中区东南部。面积1.8平方千米。人口8 200。因辖区地理位置从南到北依金鸡岭山脉而得名。2005年成立。有楼房82栋，现代建筑风格。驻有山东省海洋局、山东省社会科学院、山东省商务厅济南市金鸡岭热电厂、济南艺术学校等单位。有志愿者服务，开展关爱老年人心理健康等活动。通公交车。

舜函社区 370103-A08-J06
[Shùnhán Shèqū]

属舜玉路街道管辖。在市中区南部。面积0.7平方千米。人口9 200。取舜玉路的"舜"字和玉函路的"函"字命名。2002年成立。有楼房102栋，现代建筑风格。驻有济南市计划生育委员会、山东省计划生育委员会、西藏中学、山东省作家协会、山东省国家安全厅、山东财经学院等单位。有志愿者服务，开展老年人心理关爱和照料等活动。通公交车。

伟东新都第一社区 370103-A08-J07
[Wěidōngxīndū Dìyī Shèqū]

属舜玉路街道管辖。在市中区东南部。面积0.2平方千米。人口10 300。因靠近伟东新都一区，故名。2008年成立。有楼房56栋，现代建筑风格。驻有中信银行济南舜玉支行、交通银行济南舜耕支行、招商银行济南舜耕支行等单位。有志愿者服务，开展老年人心理关爱和照料等活动。通公交车。

普利街社区 370103-A09-J01
[Pǔlìjiē Shèqū]

属泺源街道管辖。在市中区东北部。面积0.4平方千米。人口5 300。因普利街得名。1998年成立。有楼房25栋，现代建筑风格。驻有济南水务集团有限公司、山东省审计厅、济南市中医医院等单位。有助老服务、文化服务等，开展普利之韵诗书画艺联谊、普利之韵京剧联谊等活动。通公交车。2009年被评为省文明社区。

饮虎池街社区 370103-A09-J02
[Yǐnhǔchíjiē Shèqū]

属泺源街道管辖。在市中区东北部。面积0.4平方千米。人口7 100。因位于饮虎池一带而得名。2001年成立。有楼房35栋，现代建筑风格。驻有财政部驻山东省财政监察专员办事处、中共山东早期历史纪念馆、航天建筑设计研究院有限公司山东分公司等单位。开展同心热线、小博士爱心辅导站等活动。通公交车。

永长街社区 370103-A09-J03
[Yǒngchángjiē Shèqū]

属泺源街道管辖。在市中区东北部。面积0.5平方千米。人口7 900。因位于永长街而得名。1990年成立。有楼房28栋，现代建筑风格。驻有济南市永长街回民小学、泺源幼儿园、济南能源环保科技有限公司等单位。开展社区老年大学等活动。通公交车。

青年西路社区 370103-A09-J04
[Qīngniánxīlù Shèqū]

属泺源街道管辖。在市中区东北部。面积0.6平方千米。人口7 900。因位于青年西路而得名。2003年成立。有楼房96栋，现代建筑风格。驻有山东歌舞剧院、山东剧院、济南市上新街小学、济南市民族医院等单位。开展一家人互助组、吕剧票友会等活动。通公交车。

科技街社区 370103-A09-J05
[Kējìjiē Shèqū]

属泺源街道管辖。在市中区东北部。面积 0.6 平方千米。人口 8 200。20 世纪 80 年代时，市中区科技局曾规划将民族大街的中段建设成科技产品一条街并将此街命名为科技街，后因各种原因终未建成，但此街名一直沿革至今，社区因此得名。2004 年成立。有楼房 91 栋，现代建筑风格。驻有山东中医药大学第二附属医院、胶济铁路客运专线有限公司等单位。有志愿者服务，开展阳光志愿服务等活动。通公交车。

王官庄四区第一社区 370103-A10-J01
[Wángguānzhuāngsìqū Dìyī Shèqū]

属王官庄街道管辖。在市中区北部。面积 0.7 平方千米。人口 8 300。王官庄四区居民较多，便将四区分为两个社区，靠东的社区为第一社区。1994 年成立。有楼房 23 栋，现代建筑风格。驻有济南市育贤第二小学、尖尖角幼儿园东园区等单位。有志愿者服务，开展优抚救济、为老服务、文明宣传等活动。通公交车。

王官庄四区第二社区 370103-A10-J02
[Wángguānzhuāngsìqū Dì'èr Shèqū]

属王官庄街道管辖。在市中区北部。面积 0.6 平方千米。人口 6 500。王官庄四区居民较多，便将四区分为两个社区，靠西的社区为第二社区。1994 年成立。有楼房 29 栋，现代建筑风格。驻有济南市市中区交通局、济南市市中区文化局、济南市市中区体育局、济南育贤中学等单位。有志愿者服务，开展以党性、艺术、宜老等为主旨的活动。通公交车。

王官庄八区社区 370103-A10-J03
[Wángguānzhuāngbāqū Shèqū]

属王官庄街道管辖。在市中区北部。面积 0.5 平方千米。人口 4 400。王官庄社区以数字由东向西排列，王官庄八区为第八个社区，故名。1994 年成立。有楼房 39 栋，现代建筑风格。驻有电力设备厂等单位。有志愿者服务，开展优抚救济、社会保障、治安调解、环境治理等活动。通公交车。

王官庄九区社区 370103-A10-J04
[WángguānzhuāngJiǔqū Shèqū]

属王官庄街道管辖。在市中区北部。面积 0.7 平方千米。人口 4 300。王官庄社区以数字由东向西排列，王官庄九区为第九个社区，故名。1994 年成立。有楼房 26 栋，现代建筑风格。驻有济南育贤小学、济南育贤幼儿园等单位。有志愿者服务，开展优抚救济、环境治理、邻里互助、公益演出、文明宣传等活动。通公交车。

王官庄十区社区 370103-A10-J05
[Wángguānzhuāngshíqū Shèqū]

属王官庄街道管辖。在市中区北部。面积 0.4 平方千米。人口 3 200。王官庄社区以数字由东向西排列，王官庄十区为第十个社区，故名。1994 年成立。有楼房 43 栋，现代建筑风格。驻有济南市市中区建筑安装工程公司、山东省建筑材料工业设计研究院等单位。有志愿者服务，开展优抚救济、环境治理、公益演出等活动。通公交车。

英华苑社区 370103-A10-J06
[Yīnghuáyuàn Shèqū]

属王官庄街道管辖。在市中区北部。面积 0.2 平方千米。人口 8 300。以落英缤纷、四季芳华之意命名。1994 年成立。有楼房 36 栋，现代建筑风格。驻有济南市市中区前程幼儿园、名士幼儿园等单位。有志愿者服务，开展文化娱乐、社区教育等活动。通公交车。

诚品苑社区 370103-A10-J07
[Chéngpǐnyuàn Shèqū]

属王官庄街道管辖。在市中区北部。面积0.05平方千米。人口5 500。寓意这是具有人文关怀、适宜居住的社区而命名。2013年成立。有楼房29栋，现代建筑风格。驻有济南王冠集团有限责任公司、济南童贝尔幼儿园等单位。有志愿者服务。通公交车。

西十里河社区 370103-A10-J08
[Xīshílǐhé Shèqū]

属王官庄街道管辖。在市中区北部。面积2.0平方千米。人口4 100。因靠近西十里河街而得名。1994年成立。有楼房10栋，现代建筑风格。驻有济南华海建设集团有限公司、济南丁字山热电厂等单位。有志愿者服务，开展"微传统""微艺术""微丹青""微雏鹰""微银龄""微志愿"六微等活动。通公交车。

青龙山社区 370103-A10-J09
[Qīnglóngshān Shèqū]

属王官庄街道管辖。在市中区北部。面积0.2平方千米。人口4 700。因南邻青龙山而得名。1995年成立。有楼房32栋，现代建筑风格。驻有济南育贤第二幼儿园、山东省建材设计院山东水泥质监站等单位。有社区服务中心、老年日料中心，开展优抚救济、社会保障、治安调解、环境治理等活动。通公交车。2010年被评为省文明社区。

王官庄社区 370103-A10-J10
[Wángguānzhuāng Shèqū]

属王官庄街道管辖。在市中区北部。面积0.2平方千米。人口8 700。因辖区内原王官庄村民较多而得名。1994年成立。有楼房18栋，现代建筑风格。驻有王官庄工业园区、育翔幼儿园等单位。通公交车。

舜雅社区 370103-A11-J01
[Shùnyǎ Shèqū]

属舜耕街道管辖。在市中区东部。面积0.9平方千米。人口6 700。因地处俊雅路，且归舜耕街道，故名。2005年成立。有楼房52栋，现代建筑风格。驻有济南舜文中学、银座双语幼儿园等单位。有日间照料中心，开展邻里同乐文化文艺演出等活动。通公交车。

舜世社区 370103-A11-J02
[Shùnshì Shèqū]

属舜耕街道管辖。在市中区东部。面积0.3平方千米。人口3 100。因位于舜世路附近，故名。2007年成立。有楼房37栋，现代建筑风格。驻有山东省水文局、济南阳光贝尔幼儿园、舜耕学堂等单位。有日间照料中心，开展文化宣传教育等活动。通公交车。

舜华社区 370103-A11-J03
[Shùnhuá Shèqū]

属舜耕街道管辖。在市中区东部。面积0.9平方千米。人口6 200。因地理位置取"舜"字，又因大舜字重华取"华"字，故名。2007年成立。有楼房74栋，现代建筑风格。驻有山东省教育社、哈罗幼儿园、舜耕环境卫生管理所、舜耕食品药品监管所等单位。有日间照料中心，开展弦乐、书画展示等活动。通公交车。2008年被评为省文明社区。

舜和社区 370103-A11-J04

［Shùnhé Shèqū］

属舜耕街道管辖。在市中区东部。面积 3.0 平方千米。人口 6 700。以大舜文化为主题，加以和顺和睦之意，故名。2011年成立。有楼房 46 栋，现代建筑风格。驻有山东省能源局、山东人文艺术研究院、济南市工程咨询院等单位。有书画研究会、艺术团、合唱团，开展书法、绘画、舞蹈、合唱等活动。通公交车。

舜德社区 370103-A11-J05

［Shùndé Shèqū］

属舜耕街道管辖。在市中区东部。面积 1.3 平方千米。人口 5 100。秉承大舜道德，以"德行善举，慈为大爱"的理念命名。2014年成立。有楼房 42 栋，现代建筑风格。驻有济南市市中区国税局、济南市市中区地税局、济南市城市道路桥梁管理处等单位。有志愿者服务，开展各时令节气庆祝、学习教育等活动。通公交车。

铁路新村社区 370103-A12-J01

［Tiělùxīncūn Shèqū］

属白马山街道管辖。在市中区西南部。面积 2.2 平方千米。人口 3 900。因辖区内为铁路职工的宿舍，故名。1957年成立。有楼房 51 栋，现代建筑风格。有老年人日间照料中心，开展篮球、扭秧歌、广场舞、各类政策宣传等活动。通公交车。

白马山二居社区 370103-A12-J02

［Báimǎshān'èrjūShèqū］

属白马山街道管辖。在市中区西南部。面积 0.1 平方千米。人口 4 100。因辖区内有白马山 14 个村居的非集体经济组织，有白马山一居，故名白马山二居。1989年成立。

有志愿者服务，开展为民服务、邻里互助、广场舞展演等活动。通公交车。

前魏华庄社区 370103-A12-J03

［Qiánxèihuázhuāng Shèqū］

属白马山街道管辖。在市中区西南部。面积 2.4 平方千米。人口 2 000。村改居时沿用原村名。有楼房 8 栋，现代建筑风格。驻有博远物流公司等单位。有志愿者服务，开展健身、科普、厨艺、分享生活技巧交流等活动。通公交车。

后魏华庄社区 370103-A12-J04

［Hòuwèihuázhuāng Shèqū］

属白马山街道管辖。在市中区西南部。面积 0.9 平方千米。人口 2 600。村改居时沿用原村名。1984年成立。有楼房 33 栋，现代建筑风格。驻有白马山办事处、西门子公司等单位。有志愿者服务、日间照料中心，开展舞蹈、书画展示等活动。通公交车。

韩家庄社区 370103-A12-J05

［Hánjiāzhuāng Shèqū］

属白马山街道管辖。在市中区西南部。面积 0.4 平方千米。人口 1 000。村改居时沿用原村名。1983年成立。有楼房 16 栋，现代建筑风格。驻有山东玉合赢农业科技有限公司等单位。有志愿者服务，开展文艺、电影放映、读书、党史学习、趣味运动会等活动。通公交车。

东红庙社区 370103-A12-J06

［Dōnghóngmiào Shèqū］

属白马山街道管辖。在市中区西南部。面积 0.3 平方千米。人口 3 500。村改居时沿用原村名。1983年成立。有楼房 34 栋，现代建筑风格。驻有东红庙康桥水厂、济南育才中学等单位。有志愿者服务，开展献爱心送温暖、广场舞展演等活动。通公交车。

南红庙社区 370103-A12-J07
［Nánhóngmiào Shèqū］

属白马山街道管辖。在市中区西南部。面积2.2平方千米。人口1 000。村改居时沿用原村名。1984年成立。有楼房9栋，现代建筑风格。驻有解放军960医院西院等单位。有志愿者服务，开展为民服务、邻里互助等活动。通公交车。

西红庙社区 370103-A12-J08
［Xīhóngmiào Shèqū］

属白马山街道管辖。在市中区西南部。面积0.43平方千米。人口2 000。村改居时沿用原村名。1984年成立。有楼房17栋，现代建筑风格。有志愿者服务，开展舞蹈比赛等活动。通公交车。

朱家庄社区 370103-A12-J09
［Zhūjiāzhuāng Shèqū］

属白马山街道管辖。在市中区西南部。面积0.6平方千米。人口1 100。村改居时沿用原村名。1983年成立。有楼房38栋，现代建筑风格。有志愿者服务，开展广场舞展演、党员活动日等活动。通公交车。

尹家堂社区 370103-A12-J10
［Yǐnjiātáng Shèqū］

属白马山街道管辖。在市中区西南部。面积0.3平方千米。人口1 200。村改居时沿用原村名。1983年成立。有楼房31栋，现代建筑风格。驻有山东拓帆建材有限公司等单位。有志愿者服务，开展广场舞展演、社区查体等活动。通公交车。

白马山一居社区 370103-A12-J11
［Báimǎshānyījū Shèqū］

属白马山街道管辖。在市中区西南部。面积0.2平方千米。人口1 200。村改居时沿用原村名。1985年成立。有楼房24栋，现代建筑风格。驻有国源电力石化设备有限公司、济南新力给水设备有限公司等单位。有志愿者服务，开展广场舞展演、党员活动日等活动。通公交车。

谷庄居社区 370103-A12-J12
［Gǔzhuāngjū Shèqū］

属白马山街道管辖。在市中区西南部。面积0.7平方千米。人口1 000。村改居时沿用原村名。1942年成立。有楼房31栋，现代建筑风格。有志愿者服务，开展篮球比赛、广场舞展演等活动。通公交车。

袁柳东居社区 370103-A12-J13
［Yuánliǔdōngjū Shèqū］

属白马山街道管辖。在市中区西南部。面积1.1平方千米。人口1 100。村改居时沿用原村名。1990年成立。有楼房24栋，现代建筑风格。驻有山东残疾人康复中心、济南豪达摩托车厂有限公司、济南铁路职工培训学校、中国中铁十局等单位。有志愿者服务，开展广场舞展演等活动。通公交车。

袁柳西居社区 370103-A12-J14
［Yuánliǔxījū Shèqū］

属白马山街道管辖。在市中区西南部。面积1.5平方千米。人口1 900。村改居时沿用原村名。1989年成立。有楼房42栋，现代建筑风格。驻有鲜乐福超市等单位。有志愿者服务，开展秧歌舞展演、安全巡逻等活动。通公交车。

山凹居社区 370103-A12-J15
[Shānwājū Shèqū]

属白马山街道管辖。在市中区西南部。面积 0.3 平方千米。人口 1 500。村改居时沿用原村名。1985 年成立。有楼房 17 栋，现代建筑风格。有志愿者服务，开展广场舞展演等活动。通公交车。

槐荫街居社区 370103-A12-J16
[Huáiyīnjiējū Shèqū]

属白马山街道管辖。在市中区西南部。面积 0.03 平方千米。人口 400。大约 100 年前，此地有一棵大槐树，取名槐荫街，故名。1989 年成立。有楼房 5 栋，现代建筑风格。驻有济南压铸厂等单位。有志愿者服务，开展跳绳、唱歌、老年人茶话会等活动。通公交车。

仁贤社区 370103-A13-J01
[Rénxián Shèqū]

属七贤街道管辖。在市中区西南部。面积 2.0 平方千米。人口 27 000。"仁"字来源于《论语》"为仁者能好人，能恶人"，"贤"字取自七贤街道的"贤"字，故名。2014 年成立。有楼房 82 栋，现代建筑风格。驻有市中区城管局、市中区婚姻登记处、济南市市中区泉海学校、济南市市中区泉海小学等单位。有志愿者服务，开展时令节气庆祝、书法、绘画、舞蹈、合唱等活动。通公交车。

兴济河社区 370103-A14-J01
[Xīngjìhé Shèqū]

属十六里河街道管辖。在市中区南部。面积 0.8 平方千米。人口 10 300。因位于兴济河周边而得名。1996 年成立。有楼房 76 栋，现代建筑风格。驻有济南十六里河中学、邯济铁路有限责任公司等单位。有老年活动中心。通公交车。

北苑社区 370103-A14-J02
[Běiyuàn Shèqū]

属十六里河街道管辖。在市中区南部。面积 23.7 平方千米。人口 9 800。因位于南苑社区北面，故名北苑社区。2013 年成立。有楼房 73 栋，现代、中式建筑风格。驻有市中区国土资源局、英华园幼儿园等单位。有志愿者服务，开展唱歌、画画、书法等文化活动和关爱老人等活动。通公交车。

秀文社区 370103-A14-J03
[Xiùwén Shèqū]

属十六里河街道管辖。在市中区西南部。面积 1.8 平方千米，人口 13 000。以领秀城的"秀"与文化教育的"文"两字命名。2013 年成立。有楼房 52 栋，现代、中式、欧式建筑风格。驻有山东省实验幼儿园、济南市市中区育秀小学等单位。开展艺术展演、传统文化教学等活动。通公交车。

丘山社区 370103-A16-J01
[Qiūshān Shèqū]

属党家街道管辖。在市中区西南部，面积 0.3 平方千米，人口 1 200。由于依附大丘山，故名。1996 年成立。有楼房 10 栋，现代建筑风格。驻有山东省济南第三中学、山东力明科技职业技术学院等单位。通公交车。

警苑社区 370103-A17-J01
[Jǐngyuàn Shèqū]

属陡沟街道管辖。在市中区西南部。面积 80 平方千米。人口 2 000。因是以民警职工家属院为主体的居民社区，故名。2013 年成立。有楼房 23 栋，现代建筑风格。通公交车。

槐荫区

槐荫区 370104
[Huáiyīn Qū]

济南市辖区。在市境西部。面积 151 平方千米。人口 39.5 万。以汉族为主，还有回、满等民族。辖 16 街道。区人民政府驻兴福街道。1955 年前为第五区，同年置槐荫区，以区内古有大槐树庄（今槐荫街）得名。1966 年后改东风区。1978 年复称槐荫区。1987 年段店镇、吴家堡镇划入成今境。黄河、玉符河、小清河、兴济河从区境内穿过，境内有腊山和匡山。有省级重点实验室 1 个、省级技术研究中心 6 个。有高等院校 1 个，中小学 59 个、图书馆 1 个，体育场馆 29 个、山东省立医院等三级以上医院 4 个。有兴福寺、"五·三"惨案蔡公时殉难地、宏济堂西记等省级文物保护单位 11 个，有省级爱国主义教育基地济南轨道交通装备有限责任公司厂史馆和蔡公时纪念馆 2 个，省级非物质文化遗产石家老陶，重要名胜古迹基督教自立会礼拜堂、三教堂、峨嵋山古建筑群等 13 个。2009 年济南西站奠基开工，2011 年正式通车。2011 年济南市图书馆、济南市群众艺术馆、济南市美术馆和山东省会大剧院开工建设，2013 年竣工。有礼乐广场、绿地缤纷城、山东高速广场等标志性建筑。三次产业比例为 8∶27∶65。农业以粮食作物种植、畜牧业为主，吴家堡大米、双龙湾白莲藕为土特产。工业以机电、轻工、化工为主。服务业以批发零售和旅游业为重点，有匡山汽车大世界、匡山蔬菜批发市场、广友茶城批发市场等专业交易市场和商品集散地。有省级开发区 1 个。有济南西站、济南长途汽车西站，有多条公交线路。

济南槐荫工业园区 370104-E01
[Jǐnán Huáiyìn Gōngyè Yuánqū]

在区境北部。东至槐荫区界，南至济齐路、粟山路，西至美里东路、七支渠，北至美里路。面积 200 公顷。原为济南民营科技产业园，2006 年 3 月 6 日，经山东省政府核准设立为省级经济技术开发区，同时更名为济南槐荫工业园区，由区级政府管理。园区分为北区和南区，是以高新技术业、现代服务业为产业重点，以智能型小家电、机械制造、新材料为产业特色的民营科技企业园。已建设成为产业特色鲜明、综合配套能力强的现代制造业聚集区，为济南市和山东省范围内重要的经济发展带。入驻企业有山东九阳股份有限公司、山东天宝翔基机械有限公司、山东天岳先进材料科技有限公司等 456 家企业，主要产品有数控机械、锅炉附件、试验仪器等。园区内道路纵横交错，通公交车。

兴福街道 370104-A01
[Xīngfú Jiēdào]

槐荫区人民政府驻地。在区境中部。面积 18 平方千米。人口 3.4 万。2013 年设立。因辖区内兴福寺得名。2014 年，先后建设聊城路便民市场和大金便民市场，切实改善了脏、乱、差的现象，有效地解决了群众买菜、商贩经营问题；在兴福佳苑建设了槐荫区第一处消防体验馆。小清河、腊山河从境内穿过，境内有峨嵋山。有省级科研单位山东省核与辐射安全监测中心，中小学 7 所，文化馆 1 个、图书馆 1 个，知名文艺团体 12 个，医疗卫生机构 1 个。有省级文物保护单位兴福寺，重要名胜古迹峨嵋山古建筑群。有绿地美利亚、西城大厦、荣宝斋、浙商大厦等标志性建筑。经济以商业为主，形成以物流运输为主的担山物流园商圈。有济南西站、济南长途客运西站，通公交车。

振兴街街道 370104-A02
[Zhènxīngjiē Jiēdào]

属槐荫区管辖。在区境东部。面积 4 平方千米。人口 3.6 万。1955 年设立。因辖区内振兴街得名。2007 年至 2008 年进行棚户区改造，建设振兴花园、和谐广场、兴盛小区、连城广场等。兴济河从境内穿过。有大学 1 所，中小学 6 所，知名文艺团体 4 个，医疗卫生机构 2 个。有省级文物保护单位侵华日军细菌部队原驻地、纬九路日本宪兵队旧址、济南明星电影院，市级文物保护单位经六路德鑫里传统民居。境内有和谐广场、连城广场等标志性建筑。经济以商业为主，形成以和谐广场、银座佳悦酒店、连城广场为中心的西部商业圈。通公交车。

中大槐树街道 370104-A03
[Zhōngdàhuáishù Jiēdào]

属槐荫区管辖。在区境东北部。面积 1 平方千米。人口 1.5 万。1955 年设立。因原中大槐树街而得名。1995 年中大槐树北街进行旧城改造，1998 年建成裕园小区。2008 年，重汽嘉瑞苑小区竣工。2012 年底，东方新天地花园小区竣工。2012 年，八里桥新居廉租住房项目正式交付使用。2014 年，路劲御景城小区竣工。有小学 2 所，知名文艺团体 5 个，医疗卫生机构 3 个。有济南广友茶城、八里桥菜市场等标志性建筑。经济以商业为主，形成以茶叶集散市场为中心的商业圈和以钢材、百货批发市场为主的中大都市经济园。通公交车。

道德街街道 370104-A04
[Dàodéjiē Jiēdào]

属槐荫区管辖。在区境东部。面积 1 平方千米。人口 1.5 万。1955 年设立。因辖区内道德街而得名。有中小学 3 所，图书馆 6 个，体育场馆 1 个，知名文艺团体 13 个，医疗卫生机构 1 个。有华联广场、槐荫区体育场、槐荫区文化活动中心、裕仁里教堂等标志性建筑。经济以金融业、保险业、住宿餐饮业、文化创意产业等为主，有国家级动漫文化产业基地——齐鲁动漫基地。通公交车。

西市场街道 370104-A05
[Xīshìchǎng Jiēdào]

属槐荫区管辖。在区境东部。面积 1 平方千米。人口 1.5 万。1955 年设立。因辖区内西市场而得名。2010 年进行北大槐树棚户区拆迁改造。有嘉华购物中心、华联商厦、西市场小商品批发市场、北大槐树清真寺等标志性建筑。经济以商业为主，形成以箱包、鞋袜、玩具等百货用品批发、零售为主的特色商业圈。通公交车。

五里沟街道 370104-A06
[Wǔlǐgōu Jiēdào]

属槐荫区管辖。在区境东部。面积 1 平方千米。人口 2.5 万。1960 年属槐荫人民公社经三路分社，1962 年成立五里沟分社，后几经易名，1978 年复成为五里沟街道。因辖区内五里沟（排洪沟）而得名。2007 年启动发祥巷片区棚改项目，2009 年正式使用。有小学 1 所，图书馆 1 个，知名文艺团体 2 个，医疗卫生机构 5 个。有省级文物保护单位 8 个、市级文物保护单位 4 个，爱国主义教育基地 2 个。有宏济堂中医药博物馆、山东丰大银行旧址、经四路基督教堂等标志性建筑。经济以金融、住宿餐饮等服务业为主。通公交车。

营市街街道 370104-A07
[Yíngshìjiē Jiēdào]

属槐荫区管辖。在区境东部。面积 2

平方千米。人口 3.6 万。1955 年设立。因辖区内营市街而得名。2001 年全面开展退路进厅工程，完成槐荫市场整体迁移。2002 年配合经六路拓宽工程，整合辖区内闲置厂区和老旧宿舍区，新建一批现代住宅区。有中小学 4 所，医疗卫生机构 2 个。有济南铁路大厂厂史馆、经六路跨铁路桥和经十路津浦铁路桥等标志性建筑。经济以金融、文化创意产业为主，山东省省级文化产业示范基地——西街工坊创意文化产业园位于境内。通公交车。

青年公园街道 370104-A08
[Qīngniángōngyuán Jiēdào]

属槐荫区管辖。在区境东部。面积 1 平方千米。人口 2.6 万。1962 年成立青年公园分社，1963 年设青年公园街道，后几经易名，1978 年复称青年公园街道。因原青年公园（现为槐荫广场）而得名。2003 年经十路拓宽改造，2004 年完成。2009 年改造槐荫广场，建成综合性群众健身广场。有中小学 3 所，知名文艺团体 8 个，医疗卫生机构 1 个。有市级文物保护单位 1 个，市级爱国主义教育基地"四五"烈士纪念碑。有槐荫广场、胜利石油大厦等标志性建筑。经济以银行、保险等为主的现代服务业和商贸、餐饮传统服务业为主。通公交车。

南辛庄街道 370104-A09
[Nánxīnzhuāng Jiēdào]

属槐荫区管辖。在区境东部。面积 2 平方千米。人口 2.7 万。1979 年设立。因辖区内原南辛庄生产大队而得名。1985 年，济南市供销社贸易大楼建成。2010 年，南辛庄棚户区改造工程全面启动。2012 年，南辛庄棚改回迁安置房全面动工。兴济河从境内穿过，境内有丁字山、琵琶山。有中小学 2 所，知名文艺团体 15 个，医疗卫生机构 2 个。有爱国主义教育基地琵琶山

万人坑遗址。有吉尔大厦等标志性建筑。经济以第二产业为主，主要有机械加工、金属制品、装备制造业。通公交车。

段店北路街道 370104-A10
[Duàndiànběilù Jiēdào]

属槐荫区管辖。在区境中部。面积 7 平方千米。人口 2.7 万。1989 年设立。因辖区内段店北路而得名。兴济河从境内穿过。有小学 3 所，图书馆 1 个，体育场馆 1 个，医疗卫生机构 3 个。有舜和国际酒店、关帝阁等标志性建筑。经济以批发零售业为主，有茶叶市场、济南陶瓷大市场、八里桥副食调料批发市场、华东汽车配件市场。通公交车。

张庄路街道 370104-A11
[Zhāngzhuānglù Jiēdào]

属槐荫区管辖。在区境东部。面积 14 平方千米。人口 2.5 万。1989 年设立。因辖区内张庄路而得名。2011 年进行腊山河改造，2013 年山东省会大剧院交付使用，2017 年所属辖区内张庄村以及刘庄村进行拆迁。有山东省会大剧院、济南市图书馆、济南市群众艺术馆、济南市美术馆等标志性建筑。经济以房屋租赁、餐饮服务、文化产业等为主。有段店长途客运汽车站。通公交车。

匡山街道 370104-A12
[Kuāngshān Jiēdào]

属槐荫区管辖。在区境东部。面积 9 平方千米。人口 3.3 万。1989 年设立。因济南著名景观"齐烟九点"之一的匡山而得名。2006 年重点整治 8 条主要街道、整修苗圃和匡山小区内的两条道路。兴济河从境内穿过，境内有匡山。有中小学 5 所，图书馆 1 个，知名文艺团体 20 个，医疗卫生机构 5 个。有济南森林公园等标志性建筑。

经济以第二、三产业为主，主要产业有商业批发、制造业和文化产业，有匡山农产品综合交易市场、匡山汽车大世界、匡山蔬菜批发市场等专业批发市场。通公交车。

美里湖街道 370104-A13
[Měilǐhú Jiēdào]

属槐荫区管辖。在区境西北部。面积22平方千米。人口 1.6 万。1996 年设立。因辖区内美里村和美里湖而得名。2011 年小清河拓宽工程美里湖段改造完成，2012 年二环西路高架桥美里湖段建成通车。黄河、小清河从境内穿过，境内有美里湖。有中小学 4 所，图书馆 1 个，医疗卫生机构 1 个。有海那城总部公园和百联奥特莱斯购物广场等标志性建筑。北依"百里黄河公园"景观带，西有美里湖湿地公园。经济以高新技术产业、蓝宝石和碳化硅晶体生产为主，有济南槐荫工业园。农业种植水稻、养鱼种藕，形成鱼、米、藕特色产业链。通公交车。

玉清湖街道 370104-A14
[Yùqīnghú Jiēdào]

属槐荫区管辖。在区境西部。面积20平方千米。人口 2.6 万。2013 年设立。因辖区内玉清湖水库而得名。2014 年开展"乡村连片整治"试点项目，建设街道综合文化站。小清河、玉符河从境内穿过。有文化馆 1 个、图书馆 1 个，知名文艺团体 1 个，医疗卫生机构 1 个。有西王府清真寺和常旗屯清真寺等标志性建筑，有济西湿地公园。经济以汽车销售产业、钢材批发业、餐饮业、旅游业等为主，有公园景区、农家乐、乡村菜馆等民俗旅游产业。通公交车。

腊山街道 370104-A15
[Làshān Jiēdào]

属槐荫区管辖。在区境南部。面积13平方千米。人口 1.7 万。2013 年设立。因辖区内腊山而得名。2014 年启动腊山便民市场工程，切实解决了腊山片区蔬菜摊脏、乱、差的问题。玉符河从境内穿过，境内有卧牛山、玉皇山、腊山。有中小学 7 所，医疗卫生机构 1 个。有腊山公园、玉符河景观带等著名景点，"腊山云屏"为槐荫区八景之一。经济以工业、贸易、服务业为主，工业主要有机械制造、轧钢，服务业以汽车销售、批发零售、商贸物流业、旅游业为主，有重汽特种车制造、大友汽车销售等重点企业。通公交车。

吴家堡街道 370104-A16
[Wújiāpù Jiēdào]

属槐荫区管辖。在区境北部。面积34平方千米。人口 2.8 万。2013 年设立。因辖区内原吴家堡镇而得名。2014 年国家非物质文化遗产博览园主园区开园。小清河、南太平河、北太平河、黄河从境内穿过。有中小学 6 所，文化馆、图书馆 2 个，体育场馆 2 个，知名文艺团体 30 个，医疗卫生机构 1 个。有市级非物质文化遗产西张村绣球灯。有黄河大桥、济南方特东方神话（非物质文化遗产博览园）等标志性建筑。经济以生态农业为主，有双龙湾莲藕生态园区、"五洲"农业示范园等，盛产吴家堡大米、黄河鲤鱼、白莲藕。工业有木质加工、机械加工制造业。通公交车。

旧地名

段店镇（旧） 370104-U01
[Duàndiàn Zhèn]

在槐荫区西部。属槐荫区管辖。1985 年 9 月设立，2013 年 1 月撤销，设立兴福、玉清湖、腊山 3 个街道。

社区

济西铁路生活区社区 370104-A01-J01
[Jǐxītiělù Shēnghuóqū Shèqū]

属兴福街道管辖。在槐荫区中部。面积 4.2 平方千米，人口 5 000。因辖区为铁路单位及单位宿舍而得名。2004 年成立。有楼房 10 栋，现代建筑风格。驻有中铁建工集团济南基地管理处等单位。有志愿者服务，开展舞蹈公益演出、老年门球比赛等活动。通公交车。

顺安社区 370104-A01-J02
[Shùn'ān Shèqū]

属兴福街道管辖。在槐荫区中部。面积 0.166 平方千米。人口 4 500。因辖区内顺安苑而得名。2014 年成立。有楼房 6 栋，现代建筑风格。驻有济南西站、兴福街道办事处等单位。有志愿者服务，开展舞蹈、合唱公益演出等活动。通公交车。

振兴社区 370104-A02-J01
[Zhènxīng Shèqū]

属振兴街街道管辖。在槐荫区东部。面积 0.6 平方千米。人口 5 800。因辖区内振兴街而得名。2004 年成立。有楼房 23 栋，现代建筑风格。驻有济南市杂技团、济南市德兴街小学、槐荫区实验幼儿园等单位。有"梅兰邻里"志愿者服务、便民服务中心、社区文化中心，开展文化宣传等活动。通公交车。2013 年被评为省文明社区。

纬九路社区 370104-A02-J02
[Wěi 9 Lù Shèqū]

属振兴街街道管辖。在槐荫区东部。面积 0.5 平方千米。人口 1 800。因辖区内纬九路而得名。2005 年成立。有楼房 36 栋，现代建筑风格。驻有山东省物资集团、济南市小辛庄小学、济南第十九中学等单位。有志愿者服务、"立体照护、医养结合"养老模式，开展"大手拉小手"公益演出等活动。通公交车。2007 年被评为省文明社区。

阳光新城第一社区 370104-A02-J03
[Yángguāngxīnchéng Dìyī Shèqū]

属振兴街街道管辖。在槐荫区东部。面积 0.26 平方千米。人口 6 600。因辖区内阳光 100 国际新城而得名。2014 年成立。有楼房 28 栋，现代建筑风格。驻有阳光 100 小学、阳光 100 中学等单位。有志愿者服务、老年活动中心，开展合唱、舞蹈、太极拳展演等活动。通公交车。2009 年被评为省文明社区。

德兴社区 370104-A02-J04
[Déxīng Shèqū]

属振兴街街道管辖。在槐荫区东部。面积 1.0 平方千米。人口 11 000。因辖区内德兴街而得名。2004 年成立。有楼房 47 栋，现代建筑风格。驻有山东省济南第九中学、山东劳动职业技术学院、济南市社会福利院等单位。有志愿者服务，开展朗诵、合唱等活动。通公交车。2011 年被评为省文明社区。

丁字山社区 370104-A02-J05
[Dīngzìshān Shèqū]

属振兴街街道管辖。在槐荫区东部。面积 1.2 平方千米。人口 9 200。因丁字山路而得名。1998 年成立。有楼房 36 栋，现代建筑风格。驻有越驰出租有限公司、山东省银河伟业管理有限公司等单位。有少年先锋志愿者服务，开展学雷锋文明实践等活动。通公交车。2004 年被评为省文明单位。

阳光新城第二社区 370104-A02-J06
[Yángguāngxīnchéng Dìèr Shèqū]

属振兴街街道管辖。在槐荫区东部。面积 0.2 平方千米。人口 3 800。因辖区内阳光 100 国际新城而得名。2014 年成立。有楼房 20 栋，现代建筑风格。驻有济南市阳光 100 房地产开发有限公司、雅思贝尔幼儿园等单位。开展社区党员教育、普法宣传、科学教育等活动。通公交车。

裕园社区 370104-A03-J01
[Yùyuán Shèqū]

属中大槐树街道管辖。在槐荫区东部。面积 0.2 平方千米。人口 5 900。社区名取富裕家园之意。2004 年成立。有楼房 28 栋，现代建筑风格。驻有槐荫区纪委、中信银行槐荫支行等单位。有社区"公益银行""云香激励基金""一元互助金"等平台，开展温暖助成长、老年节、重阳共欢乐、邻里一家亲、合唱、舞蹈、手工制作等活动。通公交车。2013 年被评为省文明社区。

昆仑街社区 370104-A03-J02
[Kūnlúnjiē Shèqū]

属中大槐树街道管辖。在槐荫区东部。面积 0.1 平方千米。人口 3 900。因辖区内昆仑街而得名。1989 年成立。有楼房 38 栋，现代建筑风格。驻有济南市昆仑小学等单位。有社区文娱活动中心，开展剪纸、戏剧、合唱、手工制作、插花等活动。通公交车。2012 年被评为省文明社区。

御景社区 370104-A03-J03
[Yùjǐng Shèqū]

属中大槐树街道管辖。在槐荫区东部。面积 0.5 平方千米。人口 11 800。因辖区内御景城而得名。2014 年成立。有楼房 46 栋，现代建筑风格。有志愿者服务，开展合唱、舞蹈、曲艺等活动。通公交车。

绿地新城社区 370104-A04-J01
[Lǜdìxīnchéng Shèqū]

属道德街街道管辖。在槐荫区东部。面积 0.2 平方千米。人口 4 900。因绿地新城小区而得名。2012 年成立。有楼房 10 栋，现代建筑风格。驻有中国建设银行济南槐荫支行经三纬十路分理处、华夏银行济南分行绿地新城社区支行等单位。有志愿者服务，开展书画展览、民族舞、合唱、时装秀等活动。通公交车。2014 年被评为省文明社区。

新世界阳光花园社区 370104-A04-J02
[Xīnshìjièyángguānghuāyuán Shèqū]

属道德街街道管辖。在槐荫区东部。面积 0.2 平方千米。人口 5 800。因新世界阳光花园而得名。2004 年成立。有楼房 31 栋，现代建筑风格。驻有山东世博动漫产业集团、中国邮储银行济南分行、新世界小学等单位。有志愿者服务，开展舞蹈、合唱、手工等活动。通公交车。2007 年被评为省文明社区。

北辛街社区 370104-A04-J03
[Běixīnjiē Shèqū]

属道德街街道管辖。在槐荫区东部。面积 0.3 平方千米。人口 4 400。因辖区内北小辛庄西街、北小辛庄东街而得名。2004 年成立。有楼房 35 栋，徽派建筑风格。驻有济南市槐荫区人力资源和社会保障局、济南市槐荫区妇女联合儿童会、济南市槐荫区文体活动中心、济南市槐荫区市政服务中心、济南市槐荫区老年大学、济南市槐荫区总工会等单位。有助残助老志愿者服务，开展书画展览、民族舞、合唱、时装秀等活动。通公交车。2010 年被评为省文明社区。

华联社区 370104-A05-J01
[Huálián Shèqū]

属西市场街道管辖。在槐荫区东部。面积 0.5 平方千米。人口 2 400。因辖区内济南华联商厦而得名。2001 年成立。有楼房 15 栋，现代建筑风格。驻有中国信达资产管理股份有限公司山东省分公司等单位。有志愿者服务，开展合唱、舞蹈展演等活动。通公交车。2008 年被评为省文明社区。

纬十路社区 370104-A05-J02
[Wěi áě Lù Shèqū]

属西市场街道管辖。在槐荫区东部。面积 0.4 平方千米。人口 4 600。因辖区内纬十路而得名。2004 年成立。有楼房 26 栋，现代建筑风格。驻有济南市槐荫人民医院等单位。有志愿者服务，开展文艺演出等活动。通公交车。2012 年被评为省文明社区。

平安里社区 370104-A06-J01
[Píng'ānlǐ Shèqū]

属五里沟街道管辖。在槐荫区东部。面积 0.2 平方千米。人口 9 200。因辖区内平安里胡同而得名。2002 年成立。有楼房 55 栋，现代建筑风格，有平房 48 套。驻有山东省立医院等单位。有党员志愿服务，开展医疗知识讲座、歌舞培训等活动。通公交车。2012 年被评为省文明社区。

发祥巷社区 370104-A06-J02
[Fāxiángxiàng Shèqū]

属五里沟街道管辖。在槐荫区东部。面积 0.1 平方千米，人口 6 300。因辖区内发祥巷而得名。2009 年成立。有楼房 20 栋，现代建筑风格，有院落 18 个。有志愿者服务，开展"小手拉大手""雏鹰起航"等活动。通公交车。

凯旋新城社区 370104-A07-J01
[Kǎixuánxīnchéng Shèqū]

属营市街街道管辖。在槐荫区东部。面积 0.1 平方千米。人口 8 200。因凯旋新城小区而得名。2010 年成立。有楼房 27 栋，现代建筑风格。驻有山东钢铁集团房地产有限公司济南分公司等单位。有社区文化活动中心。通公交车。2012 年被评为省文明社区。

绿园社区 370104-A07-J02
[Lùyuán Shèqū]

属营市街街道管辖。在槐荫区东部。面积 0.1 平方千米。人口 3 700。因辖区内绿园小区而得名。2005 年成立。有楼房 21 栋，现代建筑风格。驻有济南绿园供热有限公司等单位。有志愿者服务，开展"社区朗读日"、"小雏鹰训练营"、"蒲公英"老年教育、"四季科普"等活动。通公交车。2007 年被评为省文明社区。

机车社区 370104-A07-J03
[Jīchē Shèqū]

属营市街街道管辖。在槐荫区东部。面积 0.8 平方千米。人口 10 800。因辖区内中车山东机车车辆有限公司而得名。2013 年成立。有楼房 75 栋，现代建筑风格。驻有济南兴济中学、济南兴济小学、中车山东机车车辆有限公司等单位。有志愿者服务，开展七夕花艺等活动。通公交车。

营市东街社区 370104-A07-J04
[Yíngshìdōngjiē Shèqū]

属营市街街道管辖。在槐荫区东部。面积 0.3 平方千米，人口 5 700。因在营市街东侧而得名。1998 年成立。有楼房 51 栋，现代建筑风格。驻有济南市槐荫区人才服务中心、济南营市东街小学、济南南辛庄小学等单位。有志愿者服务，开展粽情端午等活动。通公交车。

营市西街社区 370104-A07-J05
[Yíngshìxījiē Shèqū]

属营市街街道管辖。在槐荫区东部。面积0.4平方千米。人口11 300。因在营市街西侧而得名。1998年成立。有楼房72栋，现代建筑风格。驻有西街工坊创意文化产业园等单位。有志愿者服务，开展文艺演出等活动。通公交车。

槐荫广场社区 370104-A08-J01
[Huáiyīnguǎngchǎng Shèqū]

属青年公园街道管辖。在槐荫区东部。面积0.2平方千米。人口6 500。因辖区内槐荫广场而得名。2004年成立。有楼房39栋，现代建筑风格。驻有济南青年学校、济南第二十中学、槐荫区实验幼儿园等单位。有"墨香驿站""四点半课堂""泉学驿站"，开展文艺演出等活动。通公交车。2006年被评为省文明社区。

前卫街社区 370104-A08-J02
[Qiánwèijiē Shèqū]

属青年公园街道管辖。在槐荫区东部。面积0.9平方千米。人口7 100。因辖区内前卫街而得名。2000年成立。有楼房27栋，现代建筑风格。驻有济南市人才服务中心、槐荫区国税局、槐荫区工商局等单位。有志愿者服务，开展文艺演出等活动。通公交车。2010年被评为省文明社区。

汇统社区 370104-A08-J03
[Huìtǒng Shèqū]

属青年公园街道管辖。在槐荫区东部。面积0.1平方千米。人口4 600。因辖区内汇统大厦而得名。2006年成立。有楼房36栋，现代建筑风格。有志愿者服务，开展

舞蹈展演等活动。通公交车。

南辛苑社区 370104-A09-J01
[Nánxīnyuàn Shèqū]

属南辛庄街道管辖。在槐荫区东部。面积0.2平方千米。人口7 200。因辖区内南辛苑小区而得名。2004年成立。有楼房40栋，现代建筑风格。驻有济南军区工程兵维护大队等单位。有法律服务工作室、未成年人活动室，开展家长课堂、科普讲座等活动。通公交车。2013年被评为省文明社区。

南辛北街社区 370104-A09-J02
[Nánxīnběijiē Shèqū]

属南辛庄街道管辖。在槐荫区东部。面积0.4平方千米。人口7 200。因辖区内南辛北街而得名。2004年成立。有楼房53栋，现代建筑风格。驻有齐鲁儿童医院等单位。有志愿者服务、老年人日间照料中心、泉学e站、妇女之家和残疾人康复中心，开展文艺汇演等活动。通公交车。2009年被评为文明社区。

济微路社区 370104-A09-J03
[Jǐwēilù Shèqū]

属南辛庄街道管辖。在槐荫区东部。面积1.0平方千米。人口12 600。因辖区内济微路而得名。2008年成立。有楼房84栋，现代建筑风格。驻有济南二机床集团有限公司、济南济微中学、济南二机床集团有限公司技工学校等单位。有志愿者服务。通公交车。

东路社区 370104-A09-J04
[Dōnglù Shèqū]

属南辛庄街道管辖。在槐荫区东部。面积0.2平方千米。人口5 600。因辖区道路东路而得名。2011年成立。有楼房35栋，

現代建筑风格。驻有济南市质检院等单位。有志愿者服务，开展节日文艺汇演、慰问退伍老兵等活动。通公交车。

欣园社区 370104-A09-J05
[Xīnyuán Shèqū]

属南辛庄街道管辖。在槐荫区东部。面积 0.2 平方千米。人口 3 400。2012 年成立。有楼房 20 栋，现代建筑风格。驻有南辛庄街道办事处、南辛庄派出所等单位。有志愿者服务，开展"绿动欣园"、贴心讲坛等活动。通公交车。

前屯社区 370104-A10-J01
[Qiántún Shèqū]

属段店北路街道管辖。在槐荫区中部。面积 0.1 平方千米。人口 5 000。因原前屯村而得名。1992 年成立。有楼房 30 栋，现代建筑风格。有党员雷锋志愿者服务，开展舞蹈展演等活动。通公交车。2008 年被评为省文明社区。

八里桥社区 370104-A10-J02
[Bālǐqiáo Shèqū]

属段店北路街道管辖。在槐荫区中部，面积 0.2 平方千米。人口 3 500。因靠近八里桥而得名。1989 年成立。有楼房 14 栋，现代建筑风格。有志愿者服务，开展节日文艺演出等活动。通公交车。

段店社区 370104-A10-J03
[Duàndiàn Shèqū]

属段店北路街道管辖。在槐荫区中部，面积 0.4 平方千米。人口 15 000。因地处段店而得名。1958 年成立。有楼房 49 栋，现代建筑风格。驻有中共济南市槐荫区委党校等单位。有党员志愿者服务，开展锣鼓表演等活动。通公交车。

景绣荣祥社区 370104-A11-J01
[Jǐngxiùróngxiáng Shèqū]

属张庄路街道管辖。在槐荫区东部。面积 1.0 平方千米。人口 8 900。因辖区内景绣苑和荣祥花园两个较大的小区而得名。2008 年成立。有楼房 45 栋，现代建筑风格。驻有中国邮政机械厂、济南市槐荫区鄰湖居小学等单位。有志愿者服务，开展元宵节演出、端午包饺子等活动。通公交车。

桃园南社区 370104-A11-J02
[Táoyuánnán Shèqū]

属张庄路街道管辖。在槐荫区东部。面积 1.3 平方千米，人口 7 500。因辖区内桃园小区南区而得名。2007 年成立。有楼房 154 栋，现代建筑风格。驻有济南市槐荫区人民法院、山东省皮肤病医院、济南军都医院等单位。有志愿者服务，开展文艺演出等活动。通公交车。

桃园北社区 370104-A11-J03
[Táoyuánběi Shèqū]

属张庄路街道管辖。在槐荫区东部。面积 8.7 平方千米。人口 8 300。因辖区内桃园小区北区而得名。2008 年成立。有楼房 54 栋，现代建筑风格。驻有济南第三十中学、济南市机场小学、济南市机场小学幼儿园等单位。有党员志愿服务，开展扭秧歌、抖空竹等活动。通公交车。

明星社区 370104-A11-J04
[Míngxīng Shèqū]

属张庄路街道管辖。在槐荫区东部。面积 1.6 平方千米。人口 16 800。2004 年成立。因辖区内明星小区而得名。有楼房 99 栋，现代建筑风格。驻有济南市优抚医院、济南市明星小学等单位。有志愿者服务，开展踏春等活动。通公交车。

老屯东路社区 370104-A12-J01

[Lǎotúndōnglù Shèqū]

属匡山街道管辖。在槐荫区东部。面积 0.8 平方千米。人口 16 900。因位于老屯村的东邻而得名。2005 年成立。有楼房 94 栋，现代建筑风格。驻有槐荫区财政局、槐荫区教育局、槐荫区人民检察院等单位。有志愿者服务，开展文艺演出等活动。通公交车。

匡山小区西街社区 370104-A12-J02

[Kuāngshānxiǎoqūxījiē Shèqū]

属匡山街道管辖。在槐荫区东部。面积 0.2 平方千米。人口 11 200。因匡山而得名。2002 年成立。有楼房 54 栋，现代建筑风格。有志愿者服务，开展文艺演出等活动。通公交车。

泉城花园社区 370104-A12-J03

[Quánchénghuāyuán Shèqū]

属匡山街道管辖。在槐荫区东部。面积 0.3 平方千米。人口 14 000。因辖区内泉城花园小区而得名。2008 年成立。有楼房 73 栋，现代建筑风格。驻有济南市泉城花园小学等单位。有志愿者服务，开展文艺演出等活动。通公交车。

美里花园社区 370104-A13-J01

[Měilǐhuāyuán Shèqū]

属美里湖街道管辖。在槐荫区西北部。面积 0.6 平方千米。人口 7 000。因辖区内美里村而得名。2008 年成立。有楼房 41 栋，现代建筑风格。有志愿者服务，开展文艺演出等活动。通公交车。

西沙社区 370104-A13-J02

[Xīshā Shèqū]

属美里湖街道管辖。在槐荫区西北部。面积 2.0 平方千米。人口 10 000。因西沙村而得名。2007 年成立。有楼房 67 栋，现代建筑风格。驻有济南市美里湖第一小学、济南美里湖中心幼儿园等单位。有志愿者服务，开展舞蹈展演等活动。通公交车。

天桥区

天桥区 370105

[Tiānqiáo Qū]

济南市辖区。在市境北部。面积 259 平方千米。人口 50.6 万。以汉族为主，有回、蒙古、苗、壮等民族。辖 13 街道、2 镇。区人民政府驻无影山街道。1950 年 12 月，天桥区分属第三区、第四区、郊一区、郊二区、郊三区、郊四区和泺口镇辖领。1955 年第四区更名为天桥区。1966 年更名为向阳区。1973 年复今名。因境内横跨胶济、津浦两条铁路的立交桥而得名。黄河、小清河从区境内穿过。小清河、柳行河、东泺河、齐济河、徒骇河从境内穿过。有省级科研单位 3 个。有山东交通学院等高等院校 2 个，中小学 46 个，图书馆 1 个，体育场馆 1 个，三级以上医院 3 个。有中共山东省委秘书处旧址纪念地、毛主席视察北园公社纪念地等省级文物保护单位 6 个，重要古迹元代作家张养浩墓、景点五龙潭泉群、金牛公园。1992 年拆除济南老火车站，进行改扩建，2013 年投入运营。1955 年始建济南长途汽车总站，1964 年、1994 年、2012 年重建、扩建。1984 年辟建无影潭公园。有天桥等标志性建筑。三次产业比例为 1：25.5：73.5。农业以种植业和畜牧业为主，大桥镇冬枣基地和黄金梨基地为科技示范基地和经济林种植基地，名产有"泺口醋""鹊华风味醋"。工业有食品、纺织、皮革、造纸、橡胶、化学、医药、机械、电子、通信等门类，有省级工业园济南新材料产业园区、中国重汽集团，有省内较大的服装和果品专业批发市场。服务业以金融保险业等为主，有黄台、凤凰山、时代总部基地等电子产业集聚区。有济南站、济南长途汽车总站，有多条公交线路。

济南新材料产业园区 370105-E01
[Jǐnán Xīncáiliào Chǎnyèyuánqū]

在区境北部。东至 104 国道，西至京沪高速铁路，南至北展堤，北至青银高速。面积 2 180 公顷。原名济南化工产业园区，2013 年 8 月更名为"济南新材料产业园区"，意为以"高科技、新材料"为重点，把园区建设成为"在全省具有重要地位的新材料产业基地"。2006 年 3 月经山东省人民政府正式批准建立省级开发区，由区级人民政府管理。园区以新材料为主导产业，同时重点发展新能源汽车、光电通讯、智能制造、现代物流、健康医疗、文化旅游等战略新兴产业，是国家火炬济南新型功能材料特色产业基地、国家级海峡两岸青年创业基地、国家级小微企业创新创业示范基地、山东省体制机制创新试点开发区，为产城融合、业居一体的现代化产业新城区。园区注册企业 700 余家，其中，新材料生产研发企业 300 余家，规模以上企业 14 家，高新技术企业 27 家，有济南传化泉胜公路港物流有限公司、济南赛邦石油化学有限公司、济南裕兴化工有限责任公司等知名企业。园区内道路纵横交错，通公交车。

无影山街道 370105-A01
[Wúyǐngshān Jiēdào]

区人民政府驻地。在区境西南部。面积 2 平方千米。人口 3.3 万。以汉族为主，还有回、蒙古、苗、壮等民族。1985 年设立。因无影山坐落于辖区内而得名。2001 年建中环花园小区。2007 年建重汽嘉和苑、

嘉兴苑小区。2008 年建翡翠郡小区。2010 年先后建军秀花园小区、四建美林苑小区。有省级科研单位 1 个，中等专科院校 1 所，中小学 4 所，医疗卫生机构 6 个。有景点无影潭公园。有美林大厦等标志性建筑。经济以服务业、房地产业为主。有济南市长途客运中心，通公交车。

天桥东街街道 370105-A02
[Tiānqiáodōngjiē Jiēdào]

属天桥区管辖。在区境南部。面积 1 平方千米。人口 1.1 万。1980 年设立。因地处天桥东侧而得名。2011 年对辖区内道路及沿街步行区域进行提升改造。东工商河从境内穿过。有小学 1 所，医疗卫生机构 2 个。有汇鑫大厦等标志性建筑。经济以现代服务业为主。通公交车。

工人新村北村街道 370105-A03
[Gōngrénxīncūn Běicūn Jiēdào]

属天桥区管辖。在区境西北部。面积 3 平方千米。人口 2.8 万。1981 年设立。因位于工人新村北部而得名。先后开展路灯设置、墙面整修、楼体美化、立体绿化等。小清河从境内穿过。有中小学 3 所，知名文艺团体 20 个，医疗卫生机构 2 个。有纪念地小清河工程竣工纪念碑、济南动物园、凤凰山、标山等旅游资源。经济以服务业为主，有齐鲁鞋城、山东通讯城、缤纷五洲商城、太阳城、济南窗帘城等。通公交车。

工人新村南村街道 370105-A04
[Gōngrénxīncūn Náncūn Jiēdào]

属天桥区管辖。在区境中南部。面积 2 平方千米。人口 4.7 万。以汉族为主，还有满、回等民族。1981 年设立。因地处工人新村南部而得名。2008 年建成青年居易小区。2008 年至 2013 年，先后建成泉星小区和碧水尚景小区。2002 年和 2012 年对辖

区济泺路进行两次大的改造。有小学4所、重要名胜古迹药王楼。有鲁鼎大厦等标志性建筑。经济以服务业、建筑业为主。有济南长途汽车总站，通公交车。

堤口路街道 370105-A05
[Dīkǒulù Jiēdào]

属天桥区管辖。在区境西南部。面积5平方千米。人口8.4万。以汉族为主，还有回等民族。1976年设立。因辖区内堤口路得名。2002年建成万盛园小区。2004年五环花园小区建成。2005年先后建成齐鲁花园小区、金色阳光小区、香港国际小区等住宅区。2009年整修堤口路。有省级科研单位山东省交通规划设计院、山东省建筑科学研究院、山东省交通规划设计院等，山东交通学院、山东科技大学等高等院校2个，中小学5所，医疗卫生机构1个。经济以工业、服务业为主。通公交车。

北坦街道 370105-A06
[Běitǎn Jiēdào]

属天桥区管辖。在区境东南部。面积1.3平方千米。人口2.0万。1955年设立。因辖区的北坦庄而得名。1996年北坦小区建成。2003年经一路拓宽改造，建成明湖西路、明湖北路。2008年实施棚户区改造。2014年建设明湖广场、银座好望角两座商务楼，建成北坦纪念景观工程。有小学1所，知名文艺团体1个，医疗卫生机构1个。有市级文物保护单位济南北关火车站。有明湖广场、银座好望角等标志性建筑。经济以现代服务业为主。通公交车。

制锦市街道 370105-A07
[Zhìjǐnshì Jiēdào]

属天桥区管辖。在区境东南部。面积1平方千米。人口2.1万。1926年设立。因辖区内有制锦市街而得名。1965年建成济

南市青少年宫。1972年少年路建成通车。1997年顺河高架桥建成通车。1984年建五龙潭公园，2009年完成第二次扩建。2013年启动铜元局后街改造提升工程。2014年对周公祠街、三圣街进行亮化改造工程。2014年启动"菜宜园"便民市场提升改建工程。有中小学2所，医疗卫生机构1个有省级文物保护单位中共山东省委秘书处旧址，市级文物保护单位张东木故居及东元盛染坊旧址、五龙潭秦琼故居，爱国主义教育基地中共山东早期历史纪念馆，重要古迹共青团路关帝庙。有顺河高架桥等标志性建筑。有五龙潭公园等旅游资源。经济以服务业为主，有"铜元里"文化产业园和节能产业服务等重点项目。通公交车。

宝华街街道 370105-A08
[Bǎohuájiē Jiēdào]

属天桥区管辖。在区境西南部。面积2平方千米。人口1.7万。1954年设立。由宝丰面粉厂和华庆面粉厂各取一字而得名。2008年全面启动棚户区改造工程。2013年宝华新区回迁小区、名泉春晓小区建成。有小学1所，重要古迹通和塔。有南益名泉中心、通和塔、K88广场等标志性建筑。经济以现代服务业为主。工业以机械、食品、建材化工为主。通公交车。

官扎营街道 370105-A09
[Guānzhāyíng Jiēdào]

属天桥区管辖。在区境南部。面积1.5平方千米。人口2.5万。1978年设立。因古地名官扎营而得名。1984年改造济泺路南段。1987年拓宽堤口路。工商河从境内穿过。有小学2所，图书馆1个，体育场馆1个。经济以贸易、房地产开发为主，有中恒商城、济南晨光市场等商品批发零售市场。设有济南长途汽车总站南区，通

公交车。

纬北路街道 370105-A10
[Wěiběilù Jiēdào]

属天桥区管辖。在区境南部。面积4平方千米。人口5.2万。1987年设立。因辖区有小纬北路而得名。2011年改造仁丰片区，对仁丰前街铁路沿线同步改造。2012年改造纬北广场，整治小纬北路、铁道北街、铁道南街。2013年建设聚贤商业街、影壁后街菜市场。有山东幼儿师范高等专科学校、山东商业职业技术学院，中小学3所，图书馆1个，知名文艺团体23个，医疗卫生机构4个。有国家级文物保护单位3个、省级文物保护单位2个、市级文物保护单位1个，国家级非物质文化遗产3个、省级非物质文化遗产2个。有济南站、陈家楼圣若瑟堂、三孔桥街等标志性建筑。经济以现代服务业为主，发展房地产业。有济南站，通公交车。

药山街道 370105-A11
[Yàoshān Jiēdào]

属天桥区管辖。在区境西北部。面积19.2平方千米。人口4.9万。1997年设立。因辖区有药山而得名。2002年始，先后建设天福苑小区、药山花园等住宅区。2010年开始小鲁城中村等旧村改造。黄河、小清河从境内穿过。境内有药山、粟山、北马鞍山。有中小学9所，图书馆1个，体育场馆1个，知名文艺团体22个，医疗卫生机构4个。有药山、粟山、北马鞍山、黄河南堤等旅游资源。有天桥立交桥、济南建邦黄河大桥等标志性建筑。经济以工业为主，有食品加工、机械制造、精密化工、生物制药、家具制造等产业，建有药山工业小区、黄岗工业园、元易工业园、东宇工业园等。通公交车。

北园街道 370105-A12
[Běiyuán Jiēdào]

属天桥区管辖。在区境东南部。面积22平方千米。人口16万。以汉族为主，还有回等民族。2011年设立。因在济南城北，有城北菜园之称，故名。2002年始先后建设大明翠庭小区、舜清苑小区等住宅区。2007年改造历山北路，同年10月北园高架路建成通车。小清河、柳行河、东泺河、西泺河、东工商河从境内穿过。有省级科研单位山东省农药科学研究院，山东外事翻译学院、山东艺术设计学院等高等院校，中小学6所，文化馆1个，医疗卫生机构1个。有省级文物保护单位毛主席视察北园纪念地、张养浩墓，重要古迹五柳闸遗址、盛宣怀石碑。有齐烟九点中的标山和凤凰山、五柳岛等旅游资源。经济以商贸服务业为主。工业以机械、建材、食品、包装、印刷、化工等行业为主，有黄台、凤凰山电子商务产业园区。通公交车。

泺口街道 370105-A13
[Luòkǒu Jiēdào]

属天桥区管辖。在区境北部。面积24平方千米。人口8.6万。以汉族为主，还有回等民族。2001年设立。因辖区内古泺水与古济水交汇形成的千年古渡泺口而得名。黄河、小清河从境内穿过。有中小学6所，知名文艺团体39个，医疗卫生机构2个。有国家级文物保护单位济南泺口黄河铁路大桥、省级近现代重要史迹及代表性建筑周恩来总理视察泺口黄河铁桥纪念地、市级文物保护单位王士栋烈士纪念碑，市级爱国主义教育基地"泺口九烈士"纪念碑、"鹊山惨案"纪念地，重要古迹泺口清真寺、兴隆寺、鹊山扁鹊墓。有鹊山、黄河风景区、黄河森林公园等旅游资源。有铂尔大酒店、鑫福盛大酒店等标志性建筑。经济以工业和服务业为主，有鹊山都市农业示范园、鹊华烟雨生态观光园、鹊山北大都市农业生态观光园等农业园区，泺口服装城、山东建材市场、山东太平石材市场、银座家具广场、泺口旧机动车市场五大市场群。通公交车。

桑梓店镇 370105-B01
[Sāngzǐdiàn Zhèn]

天桥区辖镇。在区境西北部。面积73平方千米。人口3.8万。以汉族为主，还有回、满等民族。辖48村委会，有52自然村。镇人民政府驻小马村。1949年属齐河县第六区。1957年改桑梓店乡。1958年改公社。1984年改置镇，隶属齐河县。1990年由齐河县划归历城区，仍称桑梓店镇。2001年由历城区划归天桥区。因辖区内的桑梓店村而得名。齐济河、徒骇河从境内穿过。有中小学6所、图书馆49个、文化馆49个、医院1个、体育馆2个、广场49个。有省级文物保护单位小寨村，重要古迹老寨村清真寺、小寨清真寺。经济以农业为主，主要物产有有机水稻、大棚蔬菜，土特产有黄金梨、白莲藕。工业以高新技术材料、化工业等为主。有济南市化工工业园。有邯济铁路、京沪高铁、青银高速、济青高速、京福高速过境。

大桥镇 370105-B02
[Dàqiáo Zhèn]

天桥区辖镇。在区境北部。面积111平方千米。人口5.3万。以汉族为主，还有回、满等民族。辖72村委会，有72自然村。镇人民政府驻马店村。1968年隶属德州市齐河县大吴公社。1969年大吴公社分为两处公社，仍称大吴公社。1984年撤销公社改为乡镇，称大王乡。1990年，划归济南市历城区管辖。1995年，大王乡改为大桥镇。2000年划归济南市天桥区管辖，2001年靳家乡并入。因济南黄河公路大桥建于境内而得名。有中小学12所、图书馆1个、医院1个、公共绿地2个、广场2个。有重要古迹刘光照村清朝民居。经济以种植业为主。农业以种植业和养殖业为主，有黄河大米、大棚蔬菜、三倍体毛白杨、冬枣、黄金梨、红提葡萄六大基地和肉食牛养殖基地等。工业以塑料制品、机械设备制造为主。服务业以农业观光旅游为主。有银青高速，104、220、308国道过境。

社区

无影潭社区 370105-A01-J01
[Wúyǐngtán Shèqū]

属无影山街道管辖。在天桥区西南部。面积0.6平方千米。人口9 700。因位于无影潭泉东畔而得名。1984年成立。有楼房95栋，现代建筑风格。驻有山东省气象局、山东省医科院附属医院、天桥区人力资源和社会保障局、天桥局教育局等单位。有志愿者服务，开展书画展示等活动。通公交车。2008年被评为省文明社区。

北村西社区 370105-A03-J01
[Běicūnxī Shèqū]

属工人新村北村街道管辖。在天桥区北部。面积0.4平方千米。人口5 400。因位于工人新村西边而得名。2002年成立。有楼房40栋，现代建筑风格。驻有山东省济南汇文实验学校等单位。有志愿者服务，开展"温馨365"扶老助残等活动。通公交车。2009年被评为省文明社区。

北村东社区 370105-A03-J02
[Běicūndōng Shèqū]

属工人新村北村街道管辖。在天桥区东北部。面积0.6平方千米。人口4 800。

以地理实体所在的位置命名。2002年成立。有楼房38栋，现代建筑风格。驻有济南动物园等单位。有志愿者服务，开展科普讲座等活动。通公交车。

毕家洼社区　370105-A03-J03
[Bìjiāwā Shèqū]

属工人新村北村街道管辖。在天桥区中部。面积0.1平方千米。人口2 600。因原北园公社毕家洼庄大队而得名。1979年成立。有楼房21栋，现代建筑风格。有志愿者服务、日间照料中心，开展科普讲座等活动。通公交车。

北区社区　370105-A04-J01
[Běiqū Shèqū]

属工人新村南村街道管辖。在天桥区中部。面积0.2平方千米。人口5 900。因位于工人新村南村街道北区而得名。2004年成立。有楼房59栋，现代建筑风格。驻有济南市天桥区米子蓝幼儿园等单位。有志愿者服务，开展社区助残帮扶等活动。通公交车。

泉星社区　370105-A04-J02
[Quánxīng Shèqū]

属工人新村南村街道管辖。在天桥区东北部。面积0.4平方千米。人口8 100。因辖区内泉星小区而得名。2004年成立。有楼房52栋，现代建筑风格。驻有济南市泉星小学等单位。有居家养老服务中心。通公交车。

东区社区　370105-A04-J03
[Dōngqū Shèqū]

属工人新村南村街道管辖。在天桥区东北部。面积0.5平方千米。人口7 500。因位于工人新村南村街道东区而得名。2004年成立。有楼房39栋，现代建筑风格。

驻有国家税务总局济南市天桥区税务局、济南宏济堂医药集团等单位。通公交车。

南区社区　370105-A04-J04
[Nánqū Shèqū]

属工人新村南村街道管辖。在天桥区北部。面积0.4平方千米。人口7 800。因位于工人新村南村街道南区而得名。2004年成立。有楼房45栋，现代建筑风格。驻有济南市天桥区实验小学、济南长途汽车总站等单位。通公交车。

西区社区　370105-A04-J05
[Xīqū Shèqū]

属工人新村南村街道管辖。在天桥区中部。面积0.3平方千米。人口9 200。因位于工人新村南村街道西区而得名。2004年成立。有楼房69栋，现代建筑风格。驻有济南师范附属小学、济南汇才小学、天桥区工人新村南村中心幼儿园等单位。通公交车。

绿地社区　370105-A04-J06
[Lǜdì Shèqū]

属工人新村南村街道管辖。在天桥区北部。面积0.4平方千米。人口8 700。因二棉绿地超市而得名。2013年成立。有楼房62栋，现代建筑风格。驻有济南第二棉纺厂、天桥区幼教中心第三实验幼儿园。通公交车。

益康社区　370105-A05-J01
[Yìkāng Shèqū]

属堤口路街道管辖，在天桥区西部。面积0.1平方千米。人口5 700。因辖区内益康家园小区而得名。2004年成立。有楼房64栋，中式建筑风格。驻有济南市博文小学、济南市博文中学、济南市益康食品厂有限公司等单位。有志愿者服务。通公交车。

堤口路南社区 370105-A05-J02

[Dīkǒulùnán Shèqū]

属堤口路街道管辖。在天桥区西南部。面积 0.5 平方千米。人口 6 600。因位于堤口路以南而得名。2004 年成立。有楼房 82 栋，现代建筑风格。有志愿者服务。通公交车。

堤口庄社区 370105-A05-J03

[Dīkǒuzhuāng Shèqū]

属堤口路街道管辖。在天桥区西南部。面积 0.3 平方千米。人口 5 700。因玉符河堤坝而得名。1978 年成立。有自建房屋 997 栋。通公交车。

金色阳光社区 370105-A05-J04

[Jīnsèyángguāng Shèqū]

属堤口路街道管辖。在天桥区西南部。面积 0.2 平方米。人口 6 700。因辖区内金色阳光小区而得名。2010 年成立。有楼房 42 栋，现代建筑风格。驻有天桥区供电公司、济南水务集团有限公司等单位。开展"巾帼心向党"等活动。通公交车。

矿院路社区 370105-A05-J05

[Kuàngyuànlù Shèqū]

属堤口路街道管辖。在天桥区西部。面积 0.4 平方千米。人口 3 200。因辖区内矿院路而得名。1994 年成立。有楼房 47 栋，现代建筑风格。驻有山东煤矿安全监察局、山东科技大学济南校区、济南市堤口路小学等单位。开展"平平安安渡新春、利利索索过大年"、"三八妇女节"趣味运动会等活动。通公交车。

胜利庄社区 370105-A05-J06

[Shènglìzhuāng Shèqū]

属堤口路街道管辖。在天桥区西南部。面积 0.3 平方千米。人口 5 600。因在战争时期，此地曾取得一场胜利，且当时还属于农村地区，故名。1978 年成立。有楼房 61 栋，现代建筑风格，平房 152 套。开展"平平安安渡新春、利利索索过大年"、"三八妇女节"趣味运动会等活动。通公交车。

无影山中路社区 370105-A05-J07

[Wúyǐngshānzhōnglù Shèqū]

属堤口路街道管辖。在天桥区西北部。面积 0.6 平方千米。人口 7 500。因辖区内主干道无影山中路而得名。1992 年成立。有楼房 60 栋，现代建筑风格。驻有山东省建筑科学研究院，山东建勘集团有限公司、中国人民解放军第九六〇医院等单位。开展社区学堂、扶贫助残等活动。通公交车。

生产路社区 370105-A06-J01

[Shēngchǎnlù Shèqū]

属北坦街道管辖。在天桥区东南部。面积 0.3 平方千米。人口 4 400。因辖区内主干道生产路而得名。2004 年成立。有楼房 23 栋，中式建筑风格。驻有济南明湖热电厂、济南市特种风机厂、济南丝绸印染厂等单位。有老年人日间照料服务，开展学雷锋，妇女、儿童维权等活动。通公交车。2013 年被评为省文明社区。

北关社区 370105-A06-J02

[Běiguān Shèqū]

属北坦街道管辖。在天桥区东南部。面积 0.3 平方千米。人口 4 700。因北关火车站而得名。2004 年成立。有楼房 35 栋，现代建筑风格。驻有山东格瑞德输变电工程有限公司等单位。有老年义务巡逻、邻里调解等志愿者服务和老年人日间照料中心，开展党员学习教育，学雷锋，妇女、儿童维权等活动。通公交车。2012年被评为省文明社区。

济安社区 370105-A06-J03
[Jǐ'ān Shèqū]

属北坦街道管辖。在天桥区东南部。面积0.2平方千米。人口7 000。因辖区内济安街而得名。2004年成立。有楼房29栋，现代建筑风格。驻有国家税务总局济南市天桥区税务局、北京红缨济南天桥区聚贤幼儿园等单位。有志愿者服务，开展"阳光济安"志愿服务等活动。通公交车。

华黎社区 370105-A06-J04
[Huálí Shèqū]

属北坦街道管辖。在天桥区东南部。面积0.2平方千米。人口3 900。因辖区内华黎花园小区而得名。2011年成立。有楼房25栋，现代建筑风格。驻有济南中医风湿病医院等单位。有志愿者服务，开展"我爱我家"系列庆端午、迎中秋、庆国庆等活动。通公交车。

双井社区 370105-A06-J05
[Shuāngjǐng Shèqū]

属北坦街道管辖。在天桥区东南部。面积0.3平方千米。人口3 600。因附近有两口井而得名。2001年成立。有楼房16栋，现代建筑风格。驻有北坦街道办事处等单位。有志愿者服务，开展走访困难群众、残疾人、失独家庭、困境儿童等活动。通公交车。

制锦市街社区 370105-A07-J01
[Zhìjǐnshìjiē Shèqū]

属制锦市街道管辖。在天桥区东南部。

面积0.2平方千米。人口5 400。因辖区内制锦市街而得名。2004年成立。有楼房42栋，现代建筑风格。驻有济南第十三中学等单位。有志愿者服务，开展日间照料、助餐、助残等活动。通公交车。2012年被评为省文明社区。

铜元局后街社区 370105-A07-J02
[Tóngyuánjúhòujiē Shèqū]

属制锦市街道管辖。在天桥区东南部。面积0.1平方千米。人口4 000。因辖区内铜元局后街而得名。1955年成立。有楼房36栋，现代建筑风格。驻有济南市制锦市小学、济南市青少年宫等单位。有志愿者服务，开展日间照料、助餐、助残等活动。通公交车。2009年被评为省文明社区。

朝阳街社区 370105-A07-J03
[Cháoyángjiē Shèqū]

属制锦市街道管辖。在天桥区东南部。面积0.1平方千米。人口4 000。因辖区内朝阳街而得名。2004年成立。有楼房54栋，现代建筑风格。驻有五龙潭公园、济南市生态环境局天桥分局、济南市天桥区实验幼儿园等单位。有养老机构，开展日间照料、助餐、助残等活动。通公交车。

三角线社区 370105-A08-J01
[Sānjiǎoxiàn Shèqū]

属宝华街道管辖。在天桥区西南部。面积0.4平方千米，人口4 000。因位于供火车头转向使用的三角形铁路线地带，故名。2013年成立。有楼房39栋，现代建筑风格。驻有山东济铁机务装备集团有限公司东风分公司、阳光苗苗幼儿园等单位。有志愿者服务。不通公交车。

名泉春晓社区 370105-A08-J02
[Míngquánchūnxiǎo Shèqū]

属宝华街道管辖。在天桥区西南部。面积 2.1 平方千米。人口 7 200。因辖区内名泉春晓小区而得名。2013 年成立。有楼房 12 栋，现代建筑风格。驻有银座集团股份有限公司济南银座堤口路购物广场等单位。有老年大学、科普大学、科普体验中心，开展科普讲座、党员教育、未成年人科普体验等活动。通公交车。

宝华新居社区 370105-A08-J03
[Bǎohuáxīnjū Shèqū]

属宝华街道管辖。在天桥区西南部。面积 0.2 平方千米。人口 6 500。取"物华天宝，人杰地灵"之意而得名。2013 年成立。有楼房 6 栋，现代建筑风格。驻有小童星幼儿园等单位。有志愿者服务，开展科普讲座等活动。通公交车。

万盛社区 370105-A08-J04
[Wànshèng Shèqū]

属宝华街道管辖。在天桥区西南部。面积 0.5 平方千米。人口 3 100。因万盛街而得名。2004 年成立。有楼房 17 栋，现代建筑风格。驻有济南金至纸业有限公司等单位。有志愿者服务，开展党员教育、侯氏社火脸谱传承等活动。不通公交车。

天保新居社区 370105-A08-J05
[Tiānbǎoxīnjū Shèqū]

属宝华街道管辖。在天桥区西南部。面积 0.6 平方千米。人口 3 500。因居委会在天保新居而得名。2013 年成立。有楼房 11 栋，现代建筑风格。驻有济南小鸭肯达燃气具有限公司等单位。有志愿者服务，开展党员教育等活动。通公交车。

交通厅街社区 370105-A09-J01
[Jiāotōngtīngjiē Shèqū]

属官扎营街道管辖。在天桥区南部。面积 0.3 平方千米。人口 3 100。以辖区内街道交通厅街命名。2008 年成立。有楼房 33 栋，现代建筑风格。驻有济南晨安商贸有限公司、山东省交通工业集团等单位。有志愿者服务，开展养老送餐、司法调解等活动。通公交车。2011 年被评为省文明社区。

制革街社区 370105-A09-J02
[Zhìgéjiē Shèqū]

属官扎营街道管辖。在天桥区南部。面积 0.2 平方千米。人口 2 700。因辖区内街道制革街命名。2003 年成立。有楼房 25 栋，现代建筑风格。驻有济南四建（集团）有限责任公司、济南卢堡啤酒有限公司、济南长途汽车总站南区等单位。有志愿者服务，开展养老送餐等活动。通公交车。2012 年被评为省文明社区。

官扎营后街社区 370105-A09-J03
[Guānzhāyínghòujiē Shèqū]

属官扎营街道管辖。在天桥区南部。面积 0.3 平方千米。人口 3 700。因棚改前居委会位于官扎营后街而得名。2004 年成立。有楼房 8 栋，现代建筑风格。有志愿者服务，开展文艺宣传、科普讲座等活动。通公交车。

官中街社区 370105-A09-J04
[Guānzhōngjiē Shèqū]

属官扎营街道管辖。在天桥区南部。面积 0.2 平方千米。人口 3 700。因棚改前居委会位于官扎营中街而得名。2004 年成立。有楼房 8 栋，现代建筑风格。有志愿者服务，开展科普讲座等活动。通公交车。

刘家庄社区 370105-A10-J01
[Liújiāzhuāng Shèqū]

属纬北路街道管辖。在天桥区东南部。面积0.4平方千米。人口5 500。因辖区内有刘家庄而得名。2001年成立。有楼房25栋，现代建筑风格。驻有济南市第三职业中专、济南市行知小学等单位。有志愿者服务，开展普法宣传、"我们的节日"为主题的共驻共建等活动。通公交车。2014年被评为省文明单位。

康桥社区 370105-A10-J02
[Kāngqiáo Shèqū]

属纬北路街道管辖。在天桥区东南部。面积0.3平方千米。人口10 400。因鲁能康桥小区而得名。2002年成立。有楼房47栋，现代建筑风格。驻有山东振邦保安服务有限责任公司天桥分公司、济南红领汽车服务有限公司等单位。有志愿者服务，开展红帽子服务、春节送对联、大型文艺消夏晚会等活动。通公交车。2009年被评为省文明社区。

陈家楼社区 370105-A10-J03
[Chénjiālóu Shèqū]

属纬北路街道管辖。在天桥区东南部。面积0.2平方千米。人口3 000。因陈家楼小区而得名。1987年成立。有楼房15栋，现代建筑风格。驻有济南第十五中学、山东开放大学、天桥区桥西桥东房管所等单位。有志愿者服务，开展中秋吟诗会、安全知识进课堂等活动。通公交车。

馆驿街西社区 370105-A10-J04
[Guǎnyìjiēxī Shèqū]

属纬北路街道管辖。在天桥区南部。面积0.1平方千米。人口4 500。因邻近馆驿街而得名。2011年成立。有楼房21栋，

现代建筑风格。驻有山东济铁陆港集团、山东济铁旅行服务有限公司、山东通达出租汽车有限公司等单位。有志愿者服务，开展安全知识普及、正月十五灯谜会、端午节包粽子、居民趣味运动会等活动。通公交车。

火车站社区 370105-A10-J05
[Huǒchēzhàn Shèqū]

属纬北路街道管辖。在天桥区西南部。面积1.1平方千米。人口6 100。因地处济南火车站而得名。2002年成立。有楼房34栋，现代建筑风格。驻有济南铁路局、济南站、济南市明珠小学等单位。有志愿者服务，开展邻里互助、元宵节猜灯谜、端午包粽子等活动。通公交车。

聚贤社区 370105-A10-J06
[Jùxián Shèqū]

属纬北路街道管辖。在天桥区东南部。面积0.2平方千米。人口4 700。因辖区内聚贤街而得名。2001年成立。有楼房38栋，中式建筑风格。驻有济南市影壁后街学校等单位。有志愿者服务，开展安全巡逻、扶幼助残等活动。通公交车。

茂新街社区 370105-A10-J07
[Màoxīnjiē Shèqū]

属纬北路街道管辖。在天桥区东南部。面积5.6平方千米。人口4 300。因茂新街而得名。2001年成立。有楼房21栋，现代建筑风格。驻有济南市天桥区拆迁办公室等单位。有志愿者服务，开展老年模特大赛、科技小发明、环保大动员等活动。通公交车。

仁丰社区 370105-A10-J08
[Rénfēng Shèqū]

属纬北路街道管辖。在天桥区东南

部。面积0.2平方千米。人口5 700。因辖区内老字号国企仁丰纺织有限公司而得名。2001年成立。有楼房20栋，现代建筑风格。驻有仁丰社区卫生服务站等单位。有志愿者服务，开展学习老党员、垃圾变废为宝公益小集市等活动。通公交车。

永和社区 370105-A10-J09
[Yǒnghé Shèqū]

属纬北路街道管辖。在天桥区南部。面积0.2平方千米。人口4 300。因辖区内后永和街而得名。2001年成立。有楼房22栋，中式建筑风格。驻有济南市卫生局、天桥区交警大队等单位。有志愿者服务，开展环保宣传、爱老助残等活动。通公交车。

凤凰山社区 370105-A12-J01
[Fènghuángshān Shèqū]

属北园街道管辖。在天桥区东北部。面积0.2平方千米。人口7 900。因位于凤凰山山脚下而得名。2002年成立。有楼房21栋，现代建筑风格。驻有天桥区图书馆凤凰山社区分馆、天桥区税务局北园税务所等单位。有志愿者服务，开展教育培训、养老助老等活动。通公交车。2014年被评为省文明和谐社区。

黄台社区 370105-A12-J02
[Huángtái Shèqū]

属北园街道管辖。在天桥区东北部。面积3.0平方千米。人口3 600。因黄台山而得名。1956年成立。有楼房9栋，中式建筑风格。驻有济南第二中学、济南市黄台小学、山东外事翻译学院等单位。有志愿者服务、日间照料中心，开展全面健身运动会、消夏晚会等活动。通公交车。1991年被评为省文明社区。

黄桥社区 370105-A12-J03
[Huángqiáo Shèqū]

属北园街道管辖。在天桥区南部。面积0.4平方千米。人口4 500。村改居时沿用原村名。2000年成立。有楼房54栋，现代建筑风格。驻有尚客优酒店等单位。有养老服务、志愿者服务，开展党员学习、社区运动会、消夏晚会等活动。通公交车。

柳行社区 370105-A12-J04
[Liǔháng Shèqū]

属北园街道管辖。在天桥区东南部。面积0.7平方千米。人口3 000。"柳行"来源于柳树成行、春意盎然的景象。1981年成立。有楼房4栋，中式建筑风格。驻有金行宾馆、济南金德利新时代食品快餐配送中心等单位。有日间照料中心、志愿者服务，开展趣味健身运动会等活动。通公交车。

狮子张社区 370105-A12-J05
[Shīzizhāng Shèqū]

属北园街道管辖。在天桥区北部。面积1.4平方千米。人口1 200。因很久以前有一户张姓人家来到此地，土地庙前有一对石狮子而得名，取名为狮子张。村改居时沿用原村名。2001年成立。有楼房59栋，现代建筑风格。有志愿者服务、日间照料中心，开展敬老代代传、消夏晚会、纪念五四运动红色徒步等活动。通公交车。

白鹤社区 370105-A12-J06
[Báihè Shèqū]

属北园街道管辖。在天桥区东南部。面积0.3平方千米。人口4 300。以辖区内白鹤厨具市场命名。1984年成立。有楼房31栋，现代建筑风格。驻有白鹤厨具门艺市场、大明家居、济南市天桥区白鹤大明之星幼儿园等单位。有志愿者服务。通公交车。

香磨李社区 370105-A13-J01
[Xiāngmòlǐ Shèqū]

属泺口街道管辖。在天桥区南部。面积0.6平方千米。人口1 500。因此地李姓人家以磨香为业，故名。1985年成立。有楼房22栋，现代建筑风格。驻有泺口服装城市场等单位。有志愿者服务，开展戏曲进社区等活动。通公交车。2007年被评为省文明社区。

金牛社区 370105-A13-J02
[Jīnniú Shèqū]

属泺口街道管辖。在天桥区西北部。面积0.3平方千米。人口2 100。因位于金牛山山脚下而得名。2001年成立。有楼房14栋，现代中式建筑风格。驻有金牛建材家居市场、济南鑫福胜祥云酒店等单位。有志愿者服务，开展消夏晚会、科普等活动。通公交车。2008年被评为省文明社区。

北闸子社区 370105-A13-J03
[Běizházi Shèqū]

属泺口街道管辖。在天桥区北部。面积0.2平方千米。人口1 100。因原为北闸子庄而得名。2001年成立。有楼房11栋，现代中式建筑风格。有济南圣得利经贸有限公司等单位。有义务巡逻服务，开展科普等活动。通公交车。2001年被评为省文明社区。

李庄社区 370105-A13-J04
[Lǐzhuāng Shèqū]

属泺口街道管辖。在天桥区东北部。面积1.0平方千米。人口1 600。村改居时沿用原村名。2001年成立。有楼房19栋，现代建筑风格。有志愿者服务，开展科普等活动。通公交车。

林桥社区 370105-A13-J05
[Línqiáo Shèqū]

属泺口街道管辖。在天桥区中部。面积0.3平方千米。人口500。因林家桥而得名。1990年成立。有楼房25栋，现代建筑风格。有志愿者服务，开展科普等活动。通公交车。

南徐社区 370105-A13-J06
[Nánxú Shèqū]

属泺口街道管辖。在天桥区东北部。面积0.2平方千米。人口2 700。因原为南徐家庄而得名。1993年成立。有楼房13栋，现代建筑风格。有志愿者服务，开展科普等活动。通公交车。

尚品清河社区 370105-A13-J07
[Shàngpǐnqīnghé Shèqū]

属泺口街道管辖。在天桥区北部。面积0.1平方千米。人口8 300。因辖区内尚品清河小区而得名。2013年成立。有楼房26栋，现代建筑风格。驻有尚品清河幼儿园等单位。有志愿者服务，开展尚品清河文化季、科普讲座等活动。通公交车。

新城社区 370105-A13-J08
[Xīnchéng Shèqū]

属泺口街道管辖。在天桥区东北部。面积0.2平方千米。人口10 000。因新城兵工厂而得名。2001年成立。有楼房30栋，现代建筑风格。驻有北郊热电厂东院工程公司等单位。有志愿者服务，开展驻地单位联谊等活动。通公交车。

赵庄社区 370105-A13-J09
[Zhàozhuāng Shèqū]

属泺口街道管辖。在天桥区东北部。面积0.5平方千米。人口3 000。村改居时沿用原村名。2001年成立。有楼房52栋,现代建筑风格。驻有天桥区治安大队等单位。有志愿者服务,开展科普等活动。通公交车。

历城区

历城区 370112
[Lìchéng Qū]

济南市辖区。在市境东南部。面积1 298平方千米。人口95.0万。以汉族为主,还有回、满、蒙古、朝鲜等民族。辖15街道、6镇。区人民政府驻山大路街道。1950年属泰安专区。1956年彩石、唐王、孙村3区自章丘县划入。1958年属济南市,济南市郊区并入历城县,同年县治迁今址。1980年析东郊、西郊、北园、南郊4区地复置济南郊区。1987年撤郊区和历城县,以原历城县及郊区洪家楼、华山、王舍人3镇地置历城区。因地处历山(千佛山)下而得名。黄河、小清河、玉符河、大辛河、巨野河、全福河、窑头大沟从区境内穿过,境内有梯子山、华山、鲍山、围子山等。有山东省农业科学院、山东省科学院高新技术产业(中试)基地等省级科研单位8个。有山东大学、山东建筑大学、山东青年政治学院等高等院校6个,中小学137个,文化馆1个、图书馆1个、体育场馆1个。有国家级文物保护单位洪家楼天主教堂、大辛庄遗址、齐长城(历城段)、四门塔等7个,省级文物保护单位大佛寺石刻造像等13个,省级非物质文化遗产梆鼓秧歌等4个,重要景点红叶谷、跑马岭野生动物世界等24个。1999年3月建设洪楼广场。2005年始建唐冶新区。2011年,整修闵子骞路、华能路,始建华山北片区项目。形成"一带四区"城市格局,一带为二环东路两侧及周边区域,聚集高端商务、总部基地、金融证券、房地产业、现代物流、科研信息产业等现代服务业;四区为以花园路和二环东路为纵横两轴,建有花园商业街、东环科技城、七里堡综合市场,为泉城东部商贸中心区;以唐冶新区为核心区,港沟、彩石和郭店片区为现代服务业、科技研发、生活居住于一体的现代化商住区;以临港开发区为核心区,董家、唐王2镇和遥墙、华山、荷花路、鲍山、王舍人等街道,是制造业、临空产业和现代都市农业聚集区;南部山区为休闲旅游业和观光农业区。三次产业比例为5.86∶42.55∶51.59。农业以种植业、畜牧业为主,有无公害农产品示范区,特产泰山小白梨、红玉杏、鸡爪绵核桃、芦笋等。工业形成冶金钢铁、汽车配件、生物制药、食品加工、包装印刷、新型建材等6大产业集群,有以新能源、新医药、新信息、高端装备制造等为主的新兴产业。现代服务业以金融证券、房地产业、现代物流、科研信息产业为主。有省级经济开发区1个。有济南国际机场和济南长途汽车东站,有多条公线路。

济南临港经济开发区 370112-E01
[Jǐnán Língǎng Jīngjìkāifāqū]

在区境北部。东至马家村,南至新码头村,西至大码头村,北至小清河。面积300公顷。因毗邻济南国际机场和开发区性质而得名。1993年3月经省政府正式批准建立省级开发区,由区级政府管理。开发区以外向型、开放型经济为发展导向,涉及汽车电子及零部件、生物医药、电器制造、高端印刷、高端物流等重点产业,是山东省科学发展园区和山东省汽车零部件产业发展基地。开发区有企业 400 余家,有德国大陆汽车电子(济南)有限公司、东港股份有限公司等企业。毗邻济南国际机场,境内有高速公路贯穿而过,道路纵横交错。通公交车。

山大路街道 370112-A01
[Shāndàlù Jiēdào]

历城区人民政府驻地。在区境西部。面积 3 平方千米。人口 4.5 万。2001 年设立。因辖区内山大路而得名。2013 年推进招待所片区拆迁。全福河从境内穿过。有山东大学中心校区,小学 1 所,体育场馆 1 个,知名文艺团体 1 个,医疗卫生机构 1 个。有省级文物保护单位闵子骞墓、原天主教方济各会神甫修士宿舍,省级非物质文化遗产闵子骞传说。有百花公园等标志性建筑。经济以服务业为主。工业以高端装备制造、生物制药为主。服务业以旅游业、信息服务、物流为主,形成以经营高科技产品为主的山大路科技一条街。通公交车。

洪家楼街道 370112-A02
[Hóngjiālóu Jiēdào]

属历城区管辖。在区境西部。面积 2 平方千米。人口 2.7 万。2001 年设立。因辖区内洪家楼村而得名。2013 年进行旧城改造拆迁。窑头大沟从境内穿过。有山东大学老校区,中小学 5 所,医疗卫生机构 4 个。有国家级文物保护单位洪家楼天主教堂。有洪家楼天主教堂、洪楼广场等标志性建筑。经济以文化教育、餐饮服务等为主。通公交车。

东风街道 370112-A03
[Dōngfēng Jiēdào]

属历城区管辖。在区境西部。面积 6 平方千米。人口 5.5 万。2001 年设立。因辖区内东风铁矿而得名。2000 年七里河、2001 年祝甸、2002 年辛甸、2003 年西周先后进行了旧村改造。大辛河、窑头大沟从境内穿过。有省级科研单位山东省葡萄研究所,中小学 7 所,图书馆 1 个,医疗卫生机构 7 个。有东环国际广场等标志性建筑物。经济以第三产业为主,主要有花卉艺术品市场、商品批发市场,商贸服务业,形成高档餐饮、商业金融、建材家居市场等 3 条特色商业街。有济南长途汽车东站,通公交车。

全福街道 370112-A04
[Quánfú Jiēdào]

属历城区管辖。在区境西部。面积 5 平方千米。人口 4.1 万。2001 年设立。因辖区内南、北全福庄而得名。先后进行山东汽车城等项目建设和旧城改造。全福河从境内穿过。有省级科研单位山东省农业科学院,中小学 10 所,医疗卫生机构 4 个。有省级文物保护单位毛主席视察山东省农科院纪念地。有南全福广场、山东汽车城等标志性建筑。经济以工业为主,主要有机械及行业设备、机床、精细化学品等产业。通公交车。

荷花路街道 370112-A05
[Héhuālù Jiēdào]

属历城区管辖。在区境西北部。面积 35 平方千米。人口 2.3 万。2010 年设立。因辖区内荷花路而得名。2012 年开工建设济乐高速延长线,2013 年开工建设石济客运专线。黄河、小清河从境内穿过。有小学 3 所,医疗卫生机构 1 个。有纪念地三清殿、张氏祠堂。经济以二、三产业为主,主要有建材、信息产业、现代制造、火车内饰服务业、高档餐饮住宿、高端物流业等。通公交车。

鲍山街道 370112-A06

[Bàoshān Jiēdào]

属历城区管辖。在区境东北部。面积45平方千米。人口8.0万。2010年设立。因辖区内鲍山而得名。2010年以来，先后进行了殷陈村等旧村改造项目。韩仓河、小清河从境内穿过，区境内有白泉泉群。有小学5所，体育场馆1个，知名文艺团体1个，医疗卫生机构2个。有市级文物保护单位鲍叔牙墓，爱国主义教育基地大王山革命烈士陵园。有鲍山公园等标志性建筑。经济以工业为主，主要有冶金、石化、制造加工等产业。通公交车。

唐冶街道 370112-A07

[Tángyě Jiēdào]

属历城区管辖。在区境中部。面积37平方千米。人口2.5万。2010年设立。因辖区内唐冶村而得名。2010年对程家庄、合二庄等7村进行拆迁整合。2011年底对安家庄等4村进行拆迁整合。韩仓河、刘公河、土河从境内穿过，境内有围子山、雪山、将山。有小学5所，医疗卫生机构3个。有重要古迹灵鹫寺、白衣殿、三义阁。经济以第三产业为主，主要有房地产开发、电子加工等。通公交车。

临港街道 370112-A08

[Língǎng Jiēdào]

属历城区管辖。在区境东北部。面积51平方千米。人口3.3万。2010年设立。因临港经济开发区而得名。小清河、巨野河、刘公河、杨家河、土河从境内穿过。有小学4所，医疗卫生机构1个。有李敬铨烈士墓、辛弃疾纪念馆。农业种植小麦、玉米为主。工业以汽车零部件、机械制造、纸制品制造和木材加工为主。第三产业以物流加工为主。有济南国际机场，通公交车。

华山街道 370112-A09

[Huáshān Jiēdào]

属历城区管辖。在区境西北部。面积26平方千米。人口4.6万。2010年设立。因辖区内华山而得名。2013年华山片区拆迁启动，2014年全面展开。黄河、小清河从境内穿过，境内有华山、卧牛山等。有中小学8所，医疗卫生机构1个。有省级文物保护单位华阳宫古建筑群，重要名胜古迹华阳宫、华泉。有华山风景区等旅游资源。经济以第二、三产业为主。工业以纸制品加工、家具制造为主。第三产业以物流加工为主，有零点物流港。通公交车。

王舍人街道 370112-A10

[Wángshěrén Jiēdào]

属历城区管辖。在区境东北部。面积26平方千米。人口5.2万。2010年设立。因驻地王舍人庄而得名。2013年完成田园新城5村的拆迁整合，万象新天、恒大城等项目逐步完工，同时济乐高速公路连接线工程等重点工程顺利开展。龙脊河、张马河、小汉峪沟、大辛河从境内穿过。有国家级科研单位中国科学院空天信息创新研究院齐鲁研究院，中小学9所，医疗卫生机构2个。有国家级文物保护单位殷商文化遗址，省级文物保护单位毛主席视察省农科院纪念地，纪念地苏轼题词的读书堂，国家级爱国主义教育基地济南市第三人民医院老城墙夯土筑围墙。有重要名胜古迹大辛庄遗址。经济以第二、三产业为主。工业以机械加工制造、建材为主。第三产业主要有房地产开发等。通公交车。

郭店街道 370112-A11

[Guōdiàn Jiēdào]

属历城区管辖。在区境中部。面积25平方千米。人口1.8万。2010年设立。因驻地郭店村而得名。2003年进行了郭西村等旧村改造项目。2013年新修虞山周边道路，完成郭店片区集中供水水厂工程。杨家河、土河、刘公河从境内穿过。有山东省协和学院，中小学4所，医疗卫生机构1个。经济以第二、三产业为主。工业主要有钢铁、建材等行业，已成为钢材、生产、生活用品等商品的专业交易市场和集散地。服务业以物流业等为主。通公交车。

港沟街道 370112-A12
[Gǎnggōu Jiēdào]

属历城区管辖。在区境中部。面积108平方千米。人口6.3万。2010年设立。因辖区内港沟村而得名。韩仓河从境内穿过。有中小学9所，医疗卫生机构1个。有重要名胜古迹"江北第一洞"蟠龙山龙洞、"凤山仙境"朱凤山以及淌豆寺、云台寺等。经济以第二、三产业为主。农业以现代都市农业为主，有特色产品红芽香椿等。工业以医药等为主。服务业以餐饮、旅游为主。通公交车。

遥墙街道 370112-A13
[Yáoqiáng Jiēdào]

属历城区管辖。在区境东北部。面积52平方千米。人口2.9万。2010年设立。因辖区内遥墙村而得名。小清河从境内穿过。有中小学6所，纪念地王氏民居。有万亩荷柳风情园等旅游资源。经济以农业为主，农作物主要种植小麦、玉米，经济作物以莲藕、花生、瓜果、蔬菜为主。工业以建材、机械制造为主。通公交车。

巨野河街道 370112-A14
[Jùyěhé Jiēdào]

属历城区管辖。在区境东部。面积59平方千米。人口3.4万。2009年设立。因地处巨野河畔而得名。巨野河从境内穿过。

有高等院校4所，小学4所。经济以农业为主，农作物有小麦、玉米、甘薯，经济作物以苹果、核桃、葡萄为主。工业以石料加工、线缆制造为主。通公交车。

孙村街道 370112-A15
[Sūncūn Jiēdào]

属历城区管辖。在区境东部。面积46平方千米。人口3.6万。2009年设立。因境内孙村而得名。进行旧村改造、信息通信国际创新园等建设。巨野河从境内穿过。有中小学6所。经济以工业为主，主要有电子信息设备、机械加工等业，有国家信息通信国际创新园。通公交车。

仲宫镇 370112-B01
[Zhònggōng Zhèn]

历城区辖镇。在区境西南部。面积256平方千米。人口11.5万。辖129村委会，有159自然村。镇人民政府驻仲宫村。1950年为第九区。1955年改称仲宫区。1959年成立仲宫公社。1961年为仲宫区。1968年复为仲宫公社。1985年改设仲宫镇。2005年高而乡、锦绣川乡并入成今境。因镇政府驻地仲宫村而得名。玉符河从境内穿过，境内有卧虎山、穆柯寨、康云顶等。有中小学23所、文化馆1个。有省级文物保护单位大佛寺石刻造像。有AAAA级景区红叶谷生态文化旅游区、卧虎山水库、锦绣川水库和药乡国家森林公园。经济以农业为主，主要种植玉米、小麦、棉花、蔬菜，有桃、杏、苹果等名优特产。工业以粮食加工、机械制造、包装印刷为主。有省道济南—临沂公路、仲宫—临朐公路过境。

柳埠镇 370112-B02
[Liǔbù Zhèn]

历城区辖镇。在区境南部。面积173

平方千米。人口 6.0 万。辖 87 村委会，有 158 自然村。镇人民政府驻柳埠村。1950 年设第八区柳埠乡。1956 年为柳埠区。1958 年撤乡建柳埠公社。1961 年改柳埠区。1965 年复为柳埠公社。1984 年复为柳埠区。1985 年改设柳埠镇。因镇政府驻地柳埠村而得名。锦阳川从境内穿过，境内有跑马岭等。有中小学 9 所。有国家省级文物保护单位四门塔、龙虎塔、千佛崖、九顶塔。有柳埠国家森林公园、济南九顶塔中华民俗欢乐园、槲树湾、山青世界等景区。经济以农业为主，主要种植玉米、小麦、花生、蔬菜，有山楂、樱桃、桃、杏等名优特产。工业以农产品深加工、机械制造为主。有省道济南—临沂公路过境。

董家镇 370112-B03
[Dǒngjiā Zhèn]

历城区辖镇。在区境东北部。面积 52 平方千米。人口 4.1 万。辖 39 村委会，有 41 自然村。镇人民政府驻董家庄。1950 年设董家乡。1958 年设平原公社。1961 年改为董家区。1968 年撤区复改公社。1984 年复为董家区。1985 年撤区设董家镇。因镇政府驻地董家庄而得名。杨家河、巨野河、刘公河、土河从境内穿过。有中小学 10 所、卫生院 1 个、广场 2 个。有省级文物保护单位董家城子遗址，市级非物质文化遗产"福顺酱园"酱菜腌制技艺。经济以农业为主，主要有大棚无公害瓜果产业，有草莓、大棚翠蜜香瓜等名优产品。工业以机械加工业为主，初步形成以塑料、食品、化工、机械、建材为主的工业体系，头孢菌素、青霉素制剂、服装等外贸产品销往德国、法国等。服务业以餐饮业为主。有济青高速公路、绕城高速、省道济南—青州公路过境。

唐王镇 370112-B04
[Tángwáng Zhèn]

历城区辖镇。在区境东北部。面积 73 平方千米。人口 6.3 万。辖 46 村委会，有 43 自然村。镇人民政府驻韩家庄。1950 年为章丘县第三区。1956 年由章丘县唐王区划属历城县。1958 年属平原公社唐王管理区。1961 年属董家区唐王公社。1968 年改称红卫公社。1972 年改称唐王公社。1984 年改设唐王区。1985 年改设唐王镇。相传唐王李世民东征时在此地安营而得名。小清河、巨野河从境内穿过。有中小学 7 所、卫生院 2 个、公共绿地 2 个，广场 40 个。有省级文物保护单位娄家庄娄家祠堂。有平原森林公园。经济以农业为主，主要种植小麦，水稻，特产大白菜，建有万亩三鲜（鲜食花生、鲜食玉米、鲜食大豆）基地，有唐王林场、周家银杏园等园林。工业以熔炼、搪瓷、发电为主。服务业以餐饮业为主。有青银高速公路经此。

西营镇 370112-B05
[Xīyíng Zhèn]

历城区辖镇。在区境东南部。面积 127 平方千米。人口 3.3 万。辖 38 村委会，有 99 自然村。镇人民政府驻西营村。1950 年为西营乡。1959 年建西营公社。1961 年改西营区。1965 年复设公社。1984 年复设西营区。1985 年撤区设西营镇。因镇政府驻地西营村而得名。玉符河从境内穿过，境内有高尖山、梯子山等。有中小学 12 所、文化馆 1 个。重要名胜古迹白云洞、阁老阁、古长城、真武庙。有国家 AAAA 级景区、国家森林公园九如山瀑布群风景区，藕池水库、枣林水库等众多水库。经济以农业为主，盛产苹果、核桃、板栗、花椒、中药材、小杂粮等。工业以家具制造、塑料加工为主。省道仲宫—临朐公路过境。

彩石镇 370112-B06
[Cǎishí Zhèn]

历城区辖镇。在区境东南部。面积 92 平方千米。人口 3.1 万。辖 42 村委会，有 50 自然村。镇人民政府驻东彩石村。1956 年划归历城县。1957 年撤区设大龙堂乡。1958 年为红旗公社。1961 年属孙村区。1965 年分为大龙堂、彩石公社。1968 年合为红旗公社。1972 年改称彩石公社。1976 年改称大龙堂公社。1984 年政社分开设彩石区。1985 年撤区改为彩石乡。2001 年撤乡设彩石镇。因东、西彩石村而得名。巨野河从境内穿过，境内有蟠龙山、空心山等。有中小学 7 所、图书馆 3 个、文化馆 1 个、卫生院 1 个、广场 1 个。有省级文物保护单位房彦谦墓、市级文物保护单位九峰桥，重要名胜古迹灵官庙遗址、东彩石遗址、碧霞宫、石佛殿造像等。有济南蟠龙山省级地质公园、狼猫山水库等景区。经济以农业为主，盛产蔬菜、苹果、杏、梨等，有玉龙雪桃等名优特产。工业以机械制造、服装加工等为主。服务业以外贸和餐饮业为主，汽车坐垫等销往俄罗斯、德国等国家和地区。有济青高速公路过境。

旧地名

洪家楼镇（旧） 370112-U01
[Hóngjiālóu Zhèn]

属历城区管辖。1984 年设立，2001 年撤销，并入山大、洪家楼、东风、全福 4 个街道。

华山镇（旧） 370112-U02
[Huáshān Zhèn]

属历城区管辖。1984 年设立，2010 年撤销，并入华山、荷花路 2 个街道。

王舍人镇（旧） 370112-U03
[Wángshěrén Zhèn]

属历城区管辖。1984 年设立，2010 年撤销，并入王舍人、鲍山 2 个街道。

郭店镇（旧） 370112-U04
[Guōdiàn Zhèn]

属历城区管辖。1985 年设立，2010 年撤销，并入郭店、唐冶、鲍山 3 个街道。

港沟镇（旧） 370112-U05
[Gǎnggōu Zhèn]

属历城区管辖。1984 年设立，2010 年撤销，并入港沟、唐冶 2 个街道。

社区

利农社区 370112-A01-J01
[Lìnóng Shèqū]

属山大路街道管辖。在历城区西部。面积 0.2 平方千米。人口 2 400。因原利农庄村而得名。2001 年成立。有楼房 17 栋，现代建筑风格。驻有山东大学中心校区等单位。有一站式诚信服务模式，开展书画教学等活动。通公交车。2007 年被评为省文明社区。

殷家小庄社区 370112-A01-J02
[Yīnjiāxiǎozhuāng Shèqū]

属山大路街道管辖。在历城区西部。面积 0.1 平方千米。人口 1 300。因原殷家小庄村而得名。2001 年成立。有楼房 16 栋，现代建筑风格。有志愿者服务，开展书画教学等活动。通公交车。2011 年被评为省文明社区。

洪家楼社区 370112-A02-J01
[Hóngjiālóu Shèqū]

属洪家楼街道管辖。在历城区西部。面积 1.1 平方千米。人口 3 000。因原洪家楼村而得名。1985 年成立。有楼房 19 栋，现代建筑风格。驻有中铁十局等单位。有社区抗震救灾志愿者服务、老年人日间照料服务，开展书画教学等活动。通公交车。2008 年被评为省文明社区。

辛甸社区 370112-A03-J01
[Xīndiàn Shèqū]

属东风街道管辖。在历城区西部。面积 0.8 平方千米。人口 6 800。因原辛甸村而得名。2001 年成立。有楼房 34 栋，现代建筑风格。有志愿者服务，开展书画教学等活动。通公交车。2007 年被评为省文明社区。

七里河社区 370112-A03-J02
[Qīlǐhé Shèqū]

属东风街道管辖。在历城区西部。面积 1.0 平方千米。人口 9 200。因原七里河村而得名。2001 年成立。有楼房 34 栋，现代建筑风格。有志愿者服务，开展书画教学等活动。通公交车。2011 年获被评为省文明社区。

烟厂社区 370112-A04-J01
[Yānchǎng Shèqū]

属全福街道管辖。在历城区西部。面积 0.1 平方千米。人口 3 500。因原济南卷烟厂宿舍区而得名。2002 年成立。有楼房 24 栋，现代建筑风格。有志愿者服务，开展科普讲座等活动。通公交车。2013 年被评为省文明社区。

南全福社区 370112-A04-J02
[Nánquánfú Shèqū]

属全福街道管辖。在历城区西部。面积 0.4 平方千米。人口 3 000。因原南全福庄村而得名。2000 年成立。有楼房 23 栋，现代建筑风格。驻有历城南全福小学、山东昇辉幼儿园等单位。有志愿者服务，开展书画教学等活动。通公交车。2007 年被评为省文明社区。

小辛社区 370112-A04-J03
[Xiǎoxīn Shèqū]

属全福街道管辖。在历城区西部。面积 0.4 平方千米。人口 2 000。因原小辛庄村而得名。2001 年成立。有楼房 12 栋，现代建筑风格。有志愿者服务，开展敬老爱老等活动。通公交车。2010 年被评为省文明社区。

长清区

长清区 370113
[Chángqīng Qū]

济南市辖区。在市境西南部。面积 1 178 平方千米。人口 55.7 万。以汉族为主，还有回等民族。辖 4 街道、6 镇。区人民政府驻文昌街道。1950 年隶属于泰安专署。1958 年改属济南市。1959 年撤销长清县。1961 年恢复长清县后划归泰安地区。1978 年复划归济南市。2001 年撤县设区。2002 年长清区正式成立。因境内齐长城和清水而得名。南、北大沙河从区境内穿过，区境内有摩天岭、灵岩山、黄巢寨山系。有山东师范大学等高等院校 11 个，中小学 107 个、图书馆 1 个、体育场馆 1 个、知名文艺团体 1 个。有国家级文物保护单位孝堂山郭氏墓石祠等 4 个、省级文物保护单位 8 个，省级非物质文化遗产手龙绣球灯等2个。有国家AAAA级旅游景区济南国际园博园、灵岩寺2个,国家AAA级旅游景区2个。20世纪70年代起,在石麟山北水鸣庄东规划建设文化教育区,东关大街建设为商业区。1985年起,长清县城实施东迁。2005年,大学城9所高校开工建设。2014年,轨道交通R1线、黄河大桥正式开工建设,新建改造城区阜新街、莲台山路中段、玉符街东段等5条道路。有人口大厦、华新大厦、银河商厦、汇富大厦、供销大厦、银东大厦等标志性建筑物。三次产业比例为11.8:42.5:45.7。农业以种植业和畜牧业为主,主要经济作物有棉花、花生、地瓜、蔬菜、茶叶等。畜牧业以饲养猪、羊、蛋鸡、肉鸡、奶牛、肉牛为主。土特产品主要有长清大素包、马蹄烧饼、孝里米粉、崮山馍馍、木鱼石、长清绿茶、马山栝楼等。工业以机械设备制造业、电子电气制造业、新型建筑建材业、食品医药业为主。服务业以旅游、餐饮为主。省级开发区1个。有多条公交线路。

济南经济开发区 370113-E01
[Jǐnán JīngjìKāifāqū]

在区境东北部。东至济菏高速公路,南至北大沙河,西至大于庄、桥子里村,北至藤屯村。面积1189.82公顷。因借助创建"国家新旧动能转换综合实验区"和实施"济南市十大千亿产业振兴计划"的历史机遇实现经济发展而得名。1999年6月经省政府正式批准建立省级开发区,由区级人民政府管理。是山东省新型工业化产业示范基地,山东(长清)电子信息产业园建有中国重汽长清工业园、鲁能工业园、晶恒工业园等。园区道路与道路间以十字形或丁字形交叉为主,布局整齐,通公交车。

文昌街道 370113-A01
[Wénchāng Jiēdào]

长清区人民政府驻地。在区境西北部。面积98平方千米。人口10.8万。2003年设立。因辖区内的文昌山而得名,寓文明昌盛之意。2004年建成东王商城、明珠新世纪广场。2005年,东铺村启动旧村改造工程。2009年,长泰大厦二期、长兴南区、明珠二期等工程项目开工建设,同时开始旧村拆迁和安置房建设。2013年,旧城改造C3地块开工建设。2014年,14个村居开展美丽乡村建设工作。境内有文昌山、凤凰山、卧牛山。有中小学8所,文化馆1个、图书馆1个、体育场馆1个,知名文艺团体1个,医疗卫生机构57个。有省级文物保护单位1个,重要名胜古迹玉皇庙、三眼井、丈九佛等。有华新大厦、银东大厦、汇富大厦等标志性建筑物。经济以建筑建材、机械制造、医药化工、饲料制品为主。农业以种植业为主,主产水果、苗木花卉。工业以新型建材、机械制造、电力设备、医药化工为主。通公交车。

崮云湖街道 370113-A02
[Gùyúnhú Jiēdào]

属长清区管辖。在区境东部。面积94平方千米。人口9.8万。2003年设立。因辖区内崮云湖水库而得名。2005年起先后有小梁、魏庄等17个村庄整体搬迁,2008年建成9所院校、2栋居民小区、2个游乐园区,开辟4个商业住宅区境内有来佛山、北大山、开山。有山东师范大学、山东女子学院、山东工艺美术学院等高等院校9所,中小学4所,医疗卫生机构24个。有重要古迹衔草寺、唐王寨、玉皇山、九女寨。有济南国际园博园、黄金高尔夫旅游区等景点。有山东数娱大厦等标志性建筑物。经济以工业设备安装、建材产品加工为主。

农业以种植业和畜牧业为主，特产有崮山馍馍。工业以环保设备制作、工业设备安装、建材产品加工、建筑装饰施工为主。服务业以租赁和商务服务为主。通公交车。

平安街道 370113-A03
[Ping'ān Jiēdào]

属长清区管辖。在区境北部。面积78平方千米。人口5.8万。2003年设立。因原镇政府驻地得名。有国家级企业技术中心1个、省级工程技术中心7个，中小学7所，文化馆1个，医疗卫生机构50个。有省级非物质文化遗产手龙绣球灯。有泉城农业公园、济西湿地公园、玉清湖水库等景点。经济以加工制造为主，主要有机械加工制造、食品医药、生物兽药、新型建材等产业。通公交车。

五峰山街道 370113-A04
[Wǔfēngshān Jiēdào]

属长清区管辖。在区境东南部。面积90平方千米。人口3.2万。2003年设立。因五峰山坐落于境内而得名。2006年对石窝村进行旧村改造，五峰、李店、葛条峪公路竣工通车。2008年，41个行政村全部实现村村通公路。境内有五峰山。有中小学7所，医疗卫生机构18个。有省级文物保护单位明德王墓群、五峰山洞真观、莲花洞石窟造像，重要古迹明德王陵、仙人台遗址。有国家AAA级景区五峰山景区。经济以压力容器、钢结构安装为主。农业以种植业为主，特产有花生、大樱桃、核桃、玉杏等。通公交车。

归德镇 370113-B01
[Guīdé Zhèn]

长清区辖镇。在区境中部。面积148平方千米。人口8.4万。辖106村委会，有106自然村。镇人民政府驻归北村。1956年设小屯区、归德区。1958年改小屯乡、归德乡，后合并设归德公社。1985年改置镇。因镇政府驻地得名。南大沙河从境内穿过，境内有神山。有中小学11所、文化馆1个，卫生院1个，公共绿地2个，广场2个。有国家级文物保护单位双乳山汉墓，省级文物保护单位小屯商周遗址、月庄遗址、张官遗址，重要名胜古迹卢故城遗址。经济以种植业和畜牧业为主，主产小麦、玉米、菠菜、大蒜，养殖生猪、羊。工业以铸管、化工、机械、建筑、建材、塑胶为主。有济荷高速公路、220国道、省道济微公路过境。

孝里镇 370113-B02
[Xiàolǐ Zhèn]

长清区辖镇。在区境西南部。面积125平方千米。人口5.3万。辖57村委会，有60自然村。镇人民政府驻常庄。1956年设孝里区。1958年改设乡，后改公社。1985年改置镇。因汉孝子郭巨孝母典故发源于此，故名。黄河从境内穿过。有中小学9所，卫生院1个，公共绿地3个，广场3个。有国家级文物保护单位孝堂山郭氏墓石祠、齐长城遗址，省级文物保护单位石佛堂，有张营遗址、广里遗址等多处新石器时代到商周时期遗址。经济以种植业为主，主产小麦、玉米、西瓜、芹菜、西红柿、白菜等。工业以机械装备制造业、高新环保技术产业、清洁能源产业为主。有220国道、济荷高速公路过境，设孝里镇客运站。

万德镇 370113-B03
[Wàndé Zhèn]

长清区辖镇。在区境东南部。面积217平方千米。人口5.5万。辖1居委会、75村委会，有54自然村。镇人民政府驻万北村。1956年设万德区。1958年改设乡，后改公社。1985年改置镇。因原镇政府驻地万德村而得名。北大沙河从境内穿过，境内有摩天岭、灵岩山、黄巢寨山。有中小学 20 所、文化馆 1 个，医院 1 个，公共绿地 1 个，广场 1 个。有国家级文物保护单位灵岩寺，重要名胜古迹黄巢寨遗址。经济以林业、种植业为主，主产小麦、玉米、茶叶。工业以机械装备制造业、建材业、高新技术产业为主。服务业以商贸、旅游业为主。有京沪高速铁路、京福高速公路、104 国道过境。

张夏镇　370113-B04

[Zhāngxià Zhèn]

长清区辖镇。在区境东南部。面积 135 平方千米。人口 4.8 万。辖 53 村委会，有 75 自然村。镇人民政府驻张夏村。1956 年设张夏区。1958 年改设乡，同年改公社。1985 年改置镇。以驻地村而得名。北大山河从境内穿过，境内有世界地质标本馒头山。有中小学 12 所、文化馆 1 个，卫生院 1 个，公共绿地 1 个，广场 1 个。有省级文物保护单位小娄峪古建筑群、王泉摩崖造像，重要名胜古迹四禅寺遗址、真武阁。经济以种植业为主，主产小麦、玉米、核桃、玉杏、泰山小白梨、柿子、枣、樱桃等。名优特产有核桃、玉杏、青杨香油、马蹄烧饼、八宝峪乒乓球鸡蛋等。工业以冶金化工、铸造、机械加工、供水消防设备、木鱼石加工、建筑安装、建筑材料为主。有京沪高速铁路、京福高速公路、104 国道过境，设张夏站、青杨站。

马山镇　370113-B05

[Mǎshān Zhèn]

长清区辖镇。在区境南部。面积 87 平方千米。人口 3.3 万。辖 53 村委会，有 68 自然村。镇人民政府驻郭庄。1956 年设马东区。1958 年改设马山乡，后改公社。1985 年复设乡。1995 年改乡建马山镇。因辖区内有历史名山马山而得名。南大沙河

从境内穿过。有重要名胜古迹丰施侯庙。经济以制造业为主。农业以种植业为主，主要农作物有小麦、花生、玉米、甘薯、谷子、高粱等，特产有马山栝楼、野生灵芝、山参、何首乌、金银花、野菊花等中草药。工业以建工建材、机械加工、搪瓷化工、特种锅炉、建筑安装为主。服务业以旅游业为主。有津沪铁路、京福高速公路、104 国道、220 国道、省道济微公路过境。

双泉镇　370113-B06

[Shuāngquán Zhèn]

长清区辖镇。在区境西南部。面积 96 平方千米。人口 3.2 万。辖 48 村委会，有 58 自然村。镇人民政府驻段店村。1958 年设双泉乡，后改公社。1985 年改设乡。2010 年撤乡设双泉镇。因镇内双泉庵得名。有中小学 7 所、文化馆 1 个，卫生院 1 个，公共绿地 3 个，广场 3 个。有省级文物保护单位大柳杭遗址，重要名胜古迹万德西南遗址、神宝寺遗址。经济以种植业为主，农作物有小麦、玉米、豌豆、高粱、洋芋等，经济作物有党参、红芪、黄芪、板蓝根等中药材和胡麻、甜菜。工业以发展散热器、机械制造业为主。有济菏高速、104 国道过境。

社区

大柿子园社区　370113-A01-J01

[Dàshìziyuán Shèqū]

属文昌街道管辖。在长清区东南部。面积 0.2 平方千米。人口 2 300。以村南山下柿树林命名，后为区别村西柿子园，更名大柿子园。2007 年成立。有楼房 24 栋，现代建筑风格。驻有阳光大姐家政服务中心等单位。有志愿者服务、日间照料中心，开展文体等活动。通公交车。2014 年被评

为省文明社区。

东关社区 370113-A01-J02
[Dōngguān Shèqū]

　　属文昌街道管辖。在长清区西部。面积2.0平方千米。人口1 600。地处古城齐川门（俗称东门）外，旧时俗称东关，故名。1991年成立。有1100个院落，现代建筑风格。驻有长清区财政局、长清区烟草公司等单位。有志愿者服务、日间照料中心，开展文体等活动。通公交车。2006年被评为省文明社区。

东铺社区 370113-A01-J03
[Dōngpù Shèqū]

　　属文昌街道管辖。在长清区东南部。面积0.9平方千米。人口1 300。据传，村改居时沿用原村名。2005年成立。有楼房14栋，现代建筑风格。驻有济南市长清区银东生态园等单位。有老年人日间照料服务，开展宣讲、义诊等活动。通公交车。2010年被评为省文明社区。

华新社区 370113-A01-J04
[Huáxīn Shèqū]

　　属文昌街道管辖。在长清区北部。面积0.1平方千米。人口300。因由华新集团投资而得名。2005年成立。有楼房5栋，现代建筑风格。驻有长清区妇幼保健院等单位。有社区养老服务中心，开展老人节等活动。通公交车。

小柿子园社区 370113-A01-J05
[Xiǎoshìziyuán Shèqū]

　　属文昌街道管辖。在长清区南部。面积0.8平方千米。人口1 600。以小柿子园村得名。2005年成立。有楼房10栋，现代建筑风格。驻有长清区中医院、长清区第二实验中学、长清石麟小学等单位。有志

愿者服务，开展文体等活动。通公交车。2005年被评为省文明社区。

东三里社区 370113-A01-J06
[Dōngsānlǐ Shèqū]

　　属文昌街道管辖。在长清区北部。面积0.1平方千米。人口500。以东三里庄得名。2006年成立。有楼房161栋，现代建筑风格。驻有长清区实验小学等单位。有日间照料中心、志愿者服务，开展为独居老人送温暖等活动。通公交车。2010年被评为省文明社区。

文昌社区 370113-A01-J07
[Wénchāng Shèqū]

　　属文昌街道管辖。在长清区东部。面积0.5平方千米。人口8 500。因文昌小区得名。2006年成立。有楼房32栋，现代建筑风格。驻有中国移动通信集团长清分公司、济南市长清区自来水服务中心、北辰集团、长泰集团、宏达集团等单位。有志愿者服务、日间照料中心，开展走访、宣讲、义诊等活动。通公交车。

小梁庄社区 370113-A02-J01
[Xiǎoliángzhuāng Shèqū]

　　属崮云湖街道管辖。在长清区东部。面积0.4平方千米。人口500。以小梁庄得名。2005年成立。有楼房5栋，现代建筑风格。驻有长清区人民检察院、山东长清国家粮食储备库、济南恒大绿洲置业有限公司等单位。有志愿者服务、日间照料中心，开展走访孤寡老人等活动。通公交车。2008年被评为省文明社区。

务子前社区 370113-A02-J02
[Wùziqián Shèqū]

　　属崮云湖街道管辖。在长清区东部。面积0.6平方千米。人口900。以务子前村

得名。2006 年成立。有楼房 10 栋，现代建筑风格。驻有山东管理学院等单位。有日间照料中心，开展为孤寡老人送温暖送福等活动。通公交车。2011 年被评为省文明社区。

石围子王庄社区 370113-A02-J03
[Shíwéiziwángzhuāng Shèqū]

属崮云湖街道管辖。在长清区东部。面积 1.2 平方千米。人口 1 200。以石围子王庄得名。2005 年成立。有楼房 11 栋，现代建筑风格。有乐天幼儿园等单位。有老年人照料服务、志愿者服务，开展走访孤寡老人、送福等活动。通公交车。2013 年被评为省文明社区。

章丘市

章丘市 370181
[Zhāngqiū Shì]

山东省直辖县级市，由济南市代管。北纬 36°42′，东经 117°31′。在济南市境东部。面积 1 719 平方千米。人口 103.0 万。以汉族为主，还有回、满、朝鲜等民族。辖 6 街道、14 镇。市人民政府驻双山街道。西周时，为谭国地。春秋时，入齐。西汉时，属济南郡。东汉时，废阳丘县，属济南国。西晋时，废土鼓县。南朝宋时，置高唐、顿丘、卫国等县。隋开皇六年（586）改卫国县为亭山县，置朝阳县（治今临济村）。开皇十六年（596）改朝阳县为临济县，改高唐县为章丘县，属齐州。唐元和十五年（820）废亭山县入章丘县，属齐郡。宋咸平四年（1001）废临济县入章丘，属济南府。元属济南路，明、清属济南府。民国初，废府属岱北道。1914 年，改属济南道。1945 年，划为章丘、章历 2 县，属泰山专区。1950 年，两县划归淄博专区。1953 年，并入章丘县（治旧章丘城，今绣惠街道驻地），划归泰安专区。1958 年 8 月，县治迁明水。同年 11 月，泰安专区撤销，属济南市。1961 年，泰安专区恢复，划归。1979 年，复属济南市。1992 年，撤县设市，辖区不变，由济南市代管。（资料来源：《山东省地名志》）因境内章丘山而得名。至 2005 年，新建、改建道路 40 余条，形成"三横六纵"道路框架。2010 年，展开济青高铁章丘站、济青高速北线扩建、城市南北外环等重大规划研究，2012 年实施建设。2014 年建设中心商贸区唐人中心、绣江河旅游综合体、章丘百脉现代农业示范园、龙山文化遗址公园、白云湖国家湿地公园、漯河湿地公园等。有章丘市文博中心等标志性建筑。章丘市以绣源河为界，绣源河以东主城区以生活居住为主，绣源河以西圣井新城以高科技技术研发为主，城区北部以农业观光为主。地处泰沂山区北麓，地势自东南向西北倾斜。山丘多分布在南部，长城岭绵延于此。北部多平原洼地。平均海拔 300 米。年平均气温 13.2℃，1 月平均气温 2℃，7 月平均气温 28℃。年平均降水量 609.7 毫米。有黄河、小清河、绣江河流经。有野生植物 184 种。有野生动物 100 种，其中国家重点保护野生动物有一级 3 种、二级 15 种。森林覆盖率 26.17%。有煤炭、铝土、石灰石、花岗石等矿产资源。有高等院校 15 个，中小学 255 个，国家一级图书馆 1 个，国家二级档案馆 1 个，知名文艺团体 6 个，体育场馆 3 个，国家级青少年体育培训基地 1 个，三级以上医院 1 个。有国家级文物保护单位城子崖遗址、东平陵故城、齐长城章丘段 3 个，市级文物保护单位洛庄汉墓、圣井危山汉王陵，有国家级历史文化名村朱家峪，国家级非物质文化遗产 2 个、省级非物质文化遗产 1 个，风景名胜区和重要景点有百脉泉景区、济南植物园、朱家峪旅游度假区、七星台旅游度假区、三王峪山水风景区、锦屏山休闲旅游度假区等10个。三次产业比例为9.7∶60.3∶30。农业以发展种植业和畜牧业为主，主要农产品有小麦、玉米、水稻、棉花、花生、蔬菜、食用菌等，特产章丘大葱、明水香稻、龙山小米，畜牧养殖生猪、牛、家禽。建有章丘大葱文化产业园、东方商人生态农庄等30个现代农业园区。工业以交通装备、机械制造、精细化工、食品饮料、生物医药、新材料为主。服务业以餐饮住宿业和旅游业为主。有国家级开发区1个。境内有铁路30.5千米，公路50千米，高速32千米。有胶济铁路、济青高速公路、省道济青公路过境。

明水经济技术开发区 370181-E01
[Míngshuǐ Jīngjìjìshù Kāifāqū]

在市境中部。东临淄博，西接济南高新技术产业开发区，南至经十东路，北至龙泉大道。面积9 600公顷。以位置得名。2012年10月经国务院批准升级为国家级开发区，由市级政府管理。是连接山东半岛蓝色经济区与省会半小时经济圈的重要支点，是济南重点产业转移和工业经济发展的集聚地。是国家级新型工业化产业示范基地、国家级先进机械制造业特色产业基地、国家级重型汽车特色产业基地、国家级有机高分子材料基地、山东省科学发展示范园区。已形成主项目区、空港产业园、化工产业园、城东工业园、赭山工业园"一区四园"发展格局。培育形成交通装备、机械制造、精细化工、食品饮料四大主导产业。美国可口可乐、美国特雷克斯、重汽德国曼项目、日本三井物产、上海宝钢、华电集团、中国中铁集团、中国重汽、三一重工、青岛海尔、娃哈哈、银鹭等规模以上278家国内外知名企业入区，有重

点出口企业36家。有立体交通网络，通公交车。

双山街道 370181-A01
[Shuāngshān Jiēdào]

章丘市人民政府驻地。在市境中部。面积72平方千米。人口6.1万。2001年设立。因境内有两座小山屯而得名。有高等院校15所，中小学6所，图书馆1个，博物馆1个，体育场馆1个，知名文艺团体2个，医疗卫生机构1个。有省级森林公园胡山森林公园、青云岭休闲观光农业园等旅游资源。有龙泉大厦、龙盘山公园等标志性建筑物。经济以制造业为主。农业发展生态农业。工业已形成机械加工、锻打铸造、化工建材、资源开发为主。服务业以房地产开发、餐饮、住宿为主。境内有明水经济技术开发区。通公交车。

明水街道 370181-A02
[Míngshuǐ Jiēdào]

属章丘市管辖。在市境中部。面积55平方千米。人口12.6万。2001年设立。以泉水清澈净明而得名。2003年双泉路改造提升，工业二路、环湖路、眼明泉公园（南）拆迁改造。2004年完成电气化铁路、城建路拆迁改造，济青路整治提升，秀水排洪沟改造。2005年完成眼明泉旧村改造，建设眼明泉公园（北）。2006年百脉泉公园扩建。2007年胶济铁路客运专线拆迁。2013年，唐人中心片区拆迁改造。境内有明水、绣水、西麻湾三大泉系，绣江河从境内穿过。有中小学7所，文化馆1个，图书馆1个，体育场馆1个，知名文艺团体2个，医疗卫生机构1个。有百脉泉景区等旅游资源。有百脉泉广场、荷花广场等标志性建筑物。经济以制造业为主。农业主产小麦、玉米、豆类、蔬菜，特产明水香米、白莲藕等。工业有中森汽车零部件制造等高新技术项

目。服务业以生态观光旅游为主，有明水香稻示范园和千亩荷花园。有章丘客运总站，通公交车。

枣园街道 370181-A03
[Zǎoyuán Jiēdào]

属章丘市管辖。在市境中部。面积51平方千米。人口3.5万。2005年设立。因明代的枣园寺而得名。2008年4月始建摩天岭社区，2009年3月建设芙蓉街及芙蓉街广场。绣源河从境内穿过。有中小学8所，知名文艺团体1个，医疗卫生机构1个。有市级文物保护单位洛庄汉墓，建有汉王陵遗址公园。有为民服务中心等标志性建筑物。经济以制造业为主。农业以种植小麦、玉米、大葱为主，是农业部命名的"大葱之乡"。工业以钢铁、汽车、机械加工、建工建材为四大主导产业，驻有中国重汽、三一重工、山东棉麻公司、台湾大华制罐等多家大型企业。服务业以餐饮为主。通公交车。

龙山街道 370181-A04
[Lóngshān Jiēdào]

属章丘市管辖。在区境西部。面积90平方千米。人口6.1万。2005年设立。以境内龙山文化城子崖遗址得名。2006年进行政府驻地广场改造。2007年建成龙山敬老院。2008年分期建设龙山花苑13栋商品居民楼。2008年，进行济青公路拓宽工作。2014年进行党石路的改造拓宽。东、西巨野河汇成龙山湖。有中小学14所，医疗卫生机构1个。有国家级文物保护单位西河遗址、城子崖及平陵城遗址，省级文物保护单位焦家遗址。有龙山文化博物馆等标志性建筑物。经济以制造业为主。农业以种植小麦、玉米、谷物为主，特色农作物有大葱、大樱桃、草莓、核桃、食用菌等，龙山黑陶、龙山小米、龙山豆腐被誉为"龙

山三珍"。工业以生化轻工、节能环保产品制造为主，建有龙山工业园，驻有司邦得制药、万斯达新型建材、膜源水科技等企业。服务业以文化服务、现代物流为主。通公交车。

埠村街道 370181-A05
[Bùcūn Jiēdào]

属章丘市管辖。在区境中部。面积44平方千米。人口3.6万。2005年设立。以原镇名命名。绣源河从境内穿过。有中小学10所，医疗卫生机构1个。有省级文物保护单位李开先纪念馆。有济南动植物园等旅游资源。有金星大厦等标志性建筑物。经济以制造业为主。农业以种植小麦、玉米为主，主要经济作物有棉花、花生、果品、蔬菜等。畜牧业有养殖专业村，以养殖生猪、羊、家禽为主，发展养殖、屠宰、加工牛羊肉产业链。工业以钻探机械、树脂、机械加工、化工为主。服务业以餐饮业为主。通公交车。

圣井街道 370181-A06
[Shèngjǐng Jiēdào]

属章丘市管辖。在市境西部。面积64平方千米。人口4.2万。2005年设立。因"章丘八大景"之一危山圣井坐落于此而得名。境内有危山、黄旗山。有山东财经大学，中小学6所，医疗卫生机构1个。有古迹南栗园村孝子碑。有紫缘香草园、危山风景区等旅游资源。有危山大佛等标志性建筑物。经济以制造业为主。农业以种植业和养殖业为主，建有蔬菜种植区、林果采摘区、生态养殖区、休闲观光区、科技培训区、餐饮住宿区等新型农业绿色生态园，有专业标准养殖小区；注册有中华鲟、黄金梨两个农业品牌商标。工业有圣井工业园、重汽产业园，以生物制药、新型材料、机械电子等为主。旅游业以危山圣井为依

托，发展农业生态观光、采摘旅游业。通公交车。

普集镇 370181-B01
[Pǔjí Zhèn]

章丘市辖镇。在市境东部。面积 112 平方千米。人口 5.6 万。辖 68 村委会，有 76 自然村。镇人民政府驻普集村。1948 年设普集区。1950 年改为章丘县第十区。1958 年撤区分设普集、杨官、祖营坞、官庄 4 乡，同年底成立普集公社。1984 年撤公社改普集区。1985 年撤区设普集镇。因镇政府驻地普集村得名。东巴漏河从境内穿过。有中小学 12 所，卫生院 1 个，公共绿地 2 个，广场 2 个。有名胜古迹袭家大院、博平古村、杏林遗址、明代碑刻、郎王坟等。经济以制造业为主。农业以种植小麦、玉米、杂粮为主，主要经济作物有棉花、花生、蔬菜等，盛产苹果、桃、杏、樱桃、核桃、牛心柿等干鲜果品，有苗木花卉、植桑养蚕、养狐、蛋鸡、生猪、水果等特色种养专业村。工业以锻打、矿山开采、冶金建材、石化配件、机械加工为主。服务业以餐饮业为主。有济青高速过境。

绣惠镇 370181-B02
[Xiùhuì Zhèn]

章丘市辖镇。在市境中部。面积 55 平方千米。人口 5.7 万。辖 61 村委会，有 65 自然村。镇人民政府驻西南隅村。1958 年 9 月建绣江人民公社，12 月公社合并改名绣惠人民公社。1984 年改置绣惠镇。因绣江河贯穿境域南北而得名。绣江河、漯河从境内穿过。有中小学 9 所，卫生院 1 个，公共绿地 1 个，广场 1 个。有市级非物质文化遗产章丘大葱种植技术、女郎山庙会、黄家烤肉。经济以加工制造业为主。农业主产小麦、玉米、棉花、蔬菜等，畜牧业以猪、羊、家禽养殖为主，特产有章丘大葱、

黄家烤肉、绣惠煎饼。工业有建筑机械、铸锻加工、耐火材料产业集群，有桃花山工业园。服务业有依靠大葱种植基地打造的集种植、旅游文化开发为一体的特色农业旅游文化基地。有济青高速、枣徐高速过境。

相公庄镇 370181-B03
[Xiànggōngzhuāng Zhèn]

章丘市辖镇。在市境中部。面积 85 平方千米。人口 6.2 万。辖 57 村委会，有 55 自然村。镇人民政府驻相公庄。民国时为第五区，1949 年改名相公庄区。1958 年撤区并乡，同年建相公庄公社，12 月撤入明水公社。1961 年由明水公社分设相公庄公社。1984 年改相公庄区。1985 年改置镇。因镇政府驻相公庄而得名。东巴漏河、漯河从境内穿过。有中小学 8 所，卫生院 1 个，公共绿地 2 个，广场 1 个。经济以制造业为主。农业以畜牧业为主导，蔬菜、天鹰椒、草莓、食用菌、杂果同步发展，主要经济作物有棉花、金银花、蔬菜等，有现代农业示范园 1 个。畜牧业以猪、羊、家禽养殖为主，建有蛋鸡基地、饲料厂、养猪场、兔业研究基地等。工业以锻压铸造、机械加工、印刷包装、精细化工四大产业为主，特产相公陈醋。服务业以餐饮业为主。有公路经此。

垛庄镇 370181-B04
[Duòzhuāng Zhèn]

章丘市辖镇。在市境西南部。面积 129 平方千米。人口 3.1 万。辖 42 村委会，有 57 自然村。镇人民政府驻南垛庄。1949 年属章丘县第四区。1958 年设垛庄乡，9 月属海山公社，12 月并海山、群山、上游 3 公社为垛庄公社。1984 年改垛庄区。1985 年 9 月撤区设镇。因镇政府驻垛庄村而得名。西巴漏河从境内穿过，境内有三屏山、

海山湖。有中小学 11 所，卫生院 1 个，公共绿地 2 个，广场 2 个。经济以种植业为主，主要经济作物有蔬菜、核桃、板栗、花椒、棉花等，有板栗、核桃、花椒三大经济林带。畜牧业以猪、羊、牛等养殖为主，淡水养殖鲤鱼、鲢鱼、罗非鱼等。注册有海山牌山核桃和山水涧牌山鸡蛋商标，土特产品有垛庄板栗、薄皮核桃等。工业有采矿、运输等业。服务业以旅游业为主，打造有莲花山、百丈崖、芙蓉山庄、温馨港湾、七星谷等旅游风景区。有公路经此。

水寨镇 370181-B05
[Shuǐzhài Zhèn]

章丘市辖镇。在市境西北部。面积 61 平方千米。人口 3.7 万。辖 32 村委会，有 40 自然村。镇人民政府驻郝家楼村。1958 年 9 月建水寨公社，12 月并入刁镇公社。1961 年复设水寨公社。1984 年改为水寨区。1985 年改水寨镇。因镇政府原驻水寨水北村而得名。小清河、绣江河从境内穿过。有中小学 4 所，卫生院 1 个，公共绿地 2 个，广场 1 个。经济以加工制造业为主。农业以种植小麦、玉米为主，主要经济作物有棉花等。畜牧业以猪、羊、家禽养殖为主。工业以化工、机械加工、塑料制品为主。服务业以餐饮业为主。有省道寿济公路、潘王公路过境。

文祖镇 370181-B06
[Wénzǔ Zhèn]

章丘市辖镇。在市境南部。面积 119 平方千米。人口 4.3 万。辖 32 村委会，有 28 自然村。镇人民政府驻文祖村。1949 年后，为文祖镇，属十三区。1956 年底改为文祖区。1958 年设文祖乡，12 月成立文祖公社。1984 年，改公社为区。1985 年改置文祖镇。因镇政府驻文祖村得名。有中小学 8 所，卫生院 1 个，公共绿地 1 个，广场 1 个。

有国家级文物保护单位齐长城遗址，国家级非物质文化遗产三德范芯子、省级非物质文化遗产青野五音戏。经济以农业为主，粮食作物以小麦、玉米、谷子、高粱等为主，主要经济作物有花椒、核桃、蔬菜等，形成了葱系列、菜豆系列、菌菇系列、蒜薹、大蒜、菜花规模种植，建有蔬菜生产基地，有棉蒜套、棉薯套基地。畜牧业以猪、羊、牛、家禽养殖为主。工业以化工、铸造、机械加工、建筑材料为主。服务业以餐饮业为主。有济莱高速过境。

刁镇 370181-B07
[Diāo Zhèn]

章丘市辖镇。在市境北部。面积 77 平方千米。人口 6.6 万。辖 51 村委会，有 54 自然村。镇人民政府驻刁西村。民国时期，属章丘县二区、四区。1945 年属章历县。1946 年属渤海行署清河专区。1950 年属淄博专区。1953 年属泰安专区。1954 年设刁镇。1955 年划归邹平县。1958 年 3 月，撤区成立刁镇乡，9 月成立刁镇人民公社。1984 年撤销刁镇公社设刁镇区。1985 年撤区设镇。因镇政府驻地得名。境内有芽庄湖。有中小学 14 所，卫生院 1 个，公共绿地 2 个，广场 1 个。有国家级文物保护单位小荆山文化遗址。经济以制造业为主。农业以种植业为主，粮食作物以小麦、玉米为主，主要经济作物有棉花、蔬菜等。畜牧业以猪、羊、家禽养殖为主。工业以化工、铸造、机械加工、塑料制品、建筑材料为主。服务业以餐饮业为主。有济青高速，省道寿济阳公路、岚济公路、枣徐公路过境。

曹范镇 370181-B08
[Cáofàn Zhèn]

章丘市辖镇。在市境西部。面积 120 平方千米。人口 3.6 万。辖 48 村委会，有 64 自然村。镇人民政府驻北曹范村。

1949 年后属章丘县第九区。1958 年 9 月，设铁山人民公社，同年底并入埠村公社。1984 年属埠村区，辖南曹范、北曹范 2 乡。1985 年南、北曹范乡暨横河乡部分村、赵庄乡合并成立曹范乡。1995 年撤乡设曹范镇。因镇政府驻北曹范村而得名。巨野河从境内穿过。有中小学 11 所，卫生院 1 个，公共绿地 2 个，广场 1 个。有省级重点文物保护单位兴国寺。经济以加工制造业为主。农业以种植小麦、玉米为主，形成薄壳核桃、章丘水蜜桃、金太阳杏、曹范小米等名优特经济作物开发基地，特产核桃、蜜桃、太阳杏、小米。工业有石料开采、煤炭开采、型钢制造、建筑材料、化工产品、水口铝型材等主导产业。服务业以餐饮业为主。有济莱高速过境。

白云湖镇 370181-B09
[Báiyúnhú Zhèn]

章丘市辖镇。在章丘市西北部。面积 56 平方千米。人口 3.5 万。辖 22 村委会，有 27 自然村。镇人民政府驻牛码头村。1985 年 9 月撤区并乡，名白云湖乡。1996 年 10 月撤乡设镇。因境内白云湖而得名。有中小学 5 所，卫生院 1 个，公共绿地 3 个，广场 1 个。经济以种植业、旅游业为主。农业主产小麦、玉米、蔬菜，特色农作物有白莲藕，盛产蒲、苇、鱼、虾。工业以包装、加工业为主。服务业以旅游、餐饮业为主，有白云湖国家湿地公园。有济青高速、省道潘王公路过境。

高官寨镇 370181-B10
[gāoguānzhài Zhèn]

章丘市辖镇。在市境北部。面积 100 平方千米。人口 4.2 万。辖 39 村委会，有 76 自然村。镇人民政府驻高官寨。1945 年属章历县。1953 年并入章丘县，属第四区。1958 年属黄河人民公社。1961 年从黄河公社析出建高官寨公社。1985 年建高官寨乡。1996 年撤乡设镇。因镇政府驻高官寨村而得名。黄河、小清河从境内穿过。有中小学 5 所，卫生院 1 个，公共绿地 2 个，广场 1 个。经济以种植业、畜牧业为主。农业以特色品牌生产基地为依托，发展现代奶业，有奶业合作社和罗家标准化奶、牛养殖场。产优质瓜果、蔬菜、芦笋等，有马庄核桃基地。特色农产品有芦笋、香瓜、甜瓜。工业以济南空港产业园为核心，以空港产业为主。服务业以餐饮业为主。有省道寿济公路过境。

宁家埠镇 370181-B11
[Nìngjiābù Zhèn]

章丘市辖镇。在市境中部。面积 36 平方千米。人口 3.4 万。辖 25 村委会，有 26 自然村。镇人民政府驻宁家埠村。1945 年，南部、西部属章历县。1953 年改属章丘县第一区。1958 年属宁家埠乡。1958 年改建运河公社，同年底与绣江公社合并，成立绣惠公社。1961 年析出改建宁家埠公社。1984 年改设宁家埠区。1996 年撤乡设宁家埠镇。因镇政府驻宁家埠村而得名。有中小学 11 所，卫生院 1 个，公共绿地 2 个，广场 1 个。有省级文物保护单位王推官遗址，市级文物保护单位宁家埠镇遗址、马彭遗址、大桑遗址，重要古迹张舜臣碑楼等。经济以加工制造业为主。农业以种植业、畜牧业为主，是章丘大葱主产区，有徐家养殖小区定单养鸡项目。工业以铜铝铸造、机械加工、汽车配件、建工建材、家用电器、纺织服装、畜牧饲料等为主。服务业以餐饮业为主。有济青高速、省道潘王公路过境。

官庄镇 370181-B12
[guānzhuāng Zhèn]

章丘市辖镇。在市境东南部。面积 186 平方千米。人口 4.9 万。辖 60 村委会，有

33 自然村。镇人民政府驻官庄村。1950 年属章丘县第十区。1955 年改属第十二区。1958 年撤区设官庄乡，9 月建官庄人民公社。1985 年改建乡。2010 年撤乡设官庄镇。因镇政府驻地官庄村得名。东巴漏河从境内穿过。有中小学 11 所，卫生院 1 个，公共绿地 1 个，广场 1 个。经济以加工制造业为主。农业形成苗木花卉、特种养殖、林果开发等农业产业化经营框架，主产小麦、玉米、棉花、蔬菜，建有农业观光示范园以及花椒、香椿、干鲜果等林果基地。畜牧业以生猪、羊、家禽养殖为主。工业以机械铸锻、建筑材料、耐火材料、食品加工为主。服务业以餐饮业为主。有 309 国道过境。

辛寨镇　370181-B13
[Xīnzhài Zhèn]

章丘市辖镇。在市境北部。面积 53 平方千米。人口 3.6 万。辖 46 村委会，有 47 自然村。镇人民政府驻辛中村。1945 年东南部属刁镇区，西北部属旧军区。1958 年属灯塔人民公社，年底并入刁镇公社。1961 年从原灯塔公社分出建辛寨公社。1984 年并入刁镇区。1985 年分出建辛寨乡。2010 年撤乡设镇。因原乡政府驻辛寨村得名。有中小学 6 所，卫生院 1 个。经济以加工制造业为主。农业以种植小麦、玉米、鲍芹为主，建成鲍芹标准化生产基地，"鲍家芹菜"为山东省著名商标。工业以生产电梯、铸造、烤漆设备为主。服务业以交通运输为主。有省道台莱公路过境。

黄河镇　370181-B14
[Huánghé Zhèn]

章丘市辖镇。在市境西北部。面积 121 平方千米。人口 5.4 万。辖 72 村委会，有 89 自然村。镇人民政府驻吕家寨。1950 年属第五区。1958 年建黄河人民公社。1983 年与高官寨合并成立黄河区。1985 年原高官寨公社分出，黄河区更名为黄河乡。2011 年撤乡设黄河镇。因黄河贯穿全镇而得名。黄河从境内穿过。有中小学 16 所，卫生院 1 个。经济以种植业为主。农业以粮食、瓜果种植及畜牧养殖为主，有黄河鲤鱼、黄河西瓜、黄河大米等特产。工业以机械加工、轻工化工、手工制作等为主。服务业以物流业为主。有公路经此。

旧地名

旭升乡（旧）　370181-U01
[Xùshēng Xiāng]

属章丘市管辖。1985 年成立，2001 年撤销，并入双山街道。

党家镇（旧）　370181-U02
[Dǎngjiā Zhèn]

属章丘市管辖。1995 年成立，2005 年 1 撤销，并入龙山街道。

阎家峪乡（旧）　370181-U03
[Yánjiāyù Xiāng]

属章丘市管辖。1985 年成立，2005 年撤销，并入官庄乡。

社区

新世纪社区　370181-A01-J01
[Xīnshìjì Shèqū]

属双山街道管辖。在章丘市中部。面积 2.0 平方千米。人口 26 000。因辖区内新世纪小区而得名。2013 年设立。有楼房 78 栋，现代建筑风格。驻有章丘市地方税务局等单位。有"民情流水线"联动服务、志愿者服务，开展心理咨询课堂、书画展示等活动。通公交车。2014 年被评为省文明社区。

东山社区 370181-A01-J02
［Dōngshān Shèqū］

属双山街道管辖。在章丘市中部。面积 2.4 平方千米。人口 22 000。因辖区内东山而得名。2013 年成立。有楼房 90 栋，现代建筑风格。驻有章丘市东山小学等单位。有志愿者服务，开展心理咨询课堂、书画展示等活动。通公交车。

龙盘山社区 370181-A01-J03
［Lóngpánshān Shèqū］

属双山街道管辖。在章丘市中部。面积 1.0 平方千米。人口 24 000。因辖区内龙盘山而得名。2014 年成立。有楼房 68 栋，现代建筑风格。驻有章丘体育公园管理处、龙盘山森林公园管理处等单位。有志愿者服务，开展心理咨询课堂、书画展示等活动。通公交车。

文化路社区 370181-A01-J04
［Wénhuàlù Shèqū］

属双山街道管辖。在章丘市中部。面积 4.7 平方千米。人口 40 000。因辖区内文化路而得名。2014 年成立。有楼房 60 栋，现代建筑风格。驻有双山第二派出所、章丘市新华书店等单位。有志愿者服务，开展心理咨询课堂、书画展示等活动。通公交车。

百脉泉社区 370181-A02-J01
［Bǎimàiquán Shèqū］

属明水街道管辖。在章丘市中部。面积 1.8 平方千米。人口 12 000。因辖区内百脉泉景区而得名。2014 年成立。有楼房 70 栋，现代建筑风格。驻有章丘市市政工程处、章丘市邮政局等单位。有志愿者服务，

开展心理咨询课堂、书画展示等活动。通公交车。

汇泉社区 370181-A02-J02
［Huìquán Shèqū］

属明水街道管辖。在章丘市中部。面积 0.3 平方千米。人口 9 000。因驻汇泉路而得名，2014 年成立。有楼房 65 栋，现代建筑风格。驻有章丘市交警大队城区中队、章丘市第二建筑公司等单位。有志愿者服务，开展心理咨询课堂、书画展示等活动。通公交车。

桃花山社区 370181-A02-J03
［Táohuāshān Shèqū］

属明水街道管辖。在章丘市中部。面积 0.5 平方千米。人口 10 000。因辖区内桃花山公园而得名。2014 年成立。有楼房 55 栋，现代建筑风格。驻有章丘市民政局、章丘市国土资源局等单位。有志愿者服务，开展心理咨询课堂、书画展示等活动。通公交车。

龙山花苑社区 370181-A04-J01
［Lóngshānhuāyuàn Shèqū］

属龙山街道管辖。在章丘市西部。面积 2.4 平方千米。人口 1 800。因辖区内龙山花苑而得名。2012 年成立。有楼房 50 栋，现代建筑风格。驻有龙山派出所、龙山邮政所等单位。有志愿者服务，开展心理咨询课堂、书画展示等活动。通公交车。

平阴县

平阴县 370124
［Píngyīn Xiàn］

济南市辖县。北纬 36°1'，东经 116°12'。在市境西南部。面积 715 平方千米。

人口 37.4 万。辖 2 街道、6 镇。县人民政府驻榆山街道。春秋为齐周首邑、平阴邑地。三国魏为卢县地。北齐省卢县入肥城县。隋开皇十四年（594），析肥城县置榆山县，为榆山县地。大业二年（606），榆山县徙治平阴邑，改名平阴县，属济北郡。唐属济州。北宋属郓州。金属东平府。元属东平路。明属兖州府。清属泰安府。1913 年属济西道（次年更名东临道）。1928 年属省。1939 年属泰西专区。1943 年属冀鲁豫行政区第十六专区。1946 年复属泰西专区。1948 年属鲁中南行政区第七专区。1949 年属泰西专区。1950 年属泰安专区。1958 年并入东平县，属聊城专署。1959 年恢复平阴县，属济南市。1960 年属菏泽专区。1961 年 2 月属济南市，同年 4 月由济南复属泰安专区。1985 年属济南市。（资料来源:《中华人民共和国地名大词典》）因地处古东原之阴，东原砥平，故名平阴。平阴县地处鲁中山地西部边沿地区，山势多呈立岭状分布。平均海拔 35.5 米。年均气温 15℃，1 月平均气温 −1.9℃，7 月平均气温 26.8℃。年均降水 680 毫米。有浪溪河、龙柳河、紫柳河、玉带河、锦水河、安栾河流经。有铁矿、地热、矿泉水等矿产资源。有野生植物酸枣、黄荆、胡枝子、本氏木蓝等。有野生动物 155 种。有省级自然保护区 1 个。森林覆盖率 27.53%。有中小学 25 个，图书馆 1 个，博物馆 1 个，档案馆 1 个，体育场馆 1 个，二级以上医院 2 个。有国家级文物保护单位 2 个、省级文物保护单位 13 个，有市级爱国主义教育基地平阴县委旧址、平阴县烈士陵园，有省级历史文化名镇东阿镇，古村落贤子峪、东峪南崖，国家级非物质文化遗产 1 个、省级非物质文化遗产 3 个，重要景点胡庄天主教堂、翠屏山、山东黄河玫瑰湖国家湿地公园等。三次产业比例为 14.5∶56.9∶28.6。农业以种植业为主，平阴玫瑰入选全省知名农产

品区域公用品牌。工业以机械装备、碳素电极、医药食品、水泥建材四大传统产业为支撑，环保、果蔬深加工、电气等项目加快推进，名优特产有玫瑰花及其加工品、阿胶、平阴豆腐皮、东阿镇酱菜、圣井牛肉、东阿镇白豆腐等。服务业以观光农业为主，利用果木园林、农村民居、古村落生态原貌建设技术示范园区，发展旅游业，建有圣母山生态农业观光园。有省级开发区 1 个。有济菏高速、泰聊高速 105 国道、220 国道过境。

山东平阴工业园区　370124-E01
[Shāndōng Píngyīn Gōngyèyuánqū]

在县境西部。北起翠屏街，南至 105 国道，东起青龙路，西至堡子村。面积 3 003.2 公顷。以所在行政区域命名。2006 年 3 月由山东省政府批准为省级开发区，并正式更名为山东平阴工业园区，由县级政府管理。中心片区（济西、玫瑰）发展机械加工、食品加工、医药化工产业集群。东部片区（安城）发展水泥建材产业集群。南部片区（孝直）发展机械加工产业。阿胶产业园（东阿）发展阿胶特色产业。碳素产业园（孔村）发展全国知名的碳素产业。是济南市着力打造的"西部工业区"，发挥县域经济发展的"车头"带动作用。驻有玫德铸造、济南二机床、福胶集团、伊利乳业、澳海碳素、海川碳素、山水集团等知名企业 14 个。开发区内部交通便利，通公交车。

榆山街道　370124-A01
[Yúshān Jiēdào]

平阴县人民政府驻地。在县境中部。面积 66 平方千米。人口 9.5 万。2010 年设立。因曾处榆山县城而得名。2010 年后，进行城中村改造和棚改整村拆迁。有中小学 3 所。有市级非物质文化遗产胡庄天主教华化音

乐、白庄花棍秧歌等，重要名胜古迹古村贤子峪、孙官庄孙氏墓。经济以加工业为主。农业主产小麦、玉米、杂粮、棉花、蔬菜等。工业以机械制造、食药加工、饲料加工、新型建材等业为主，建有榆山街道中小企业孵化园。服务业以旅游业为主，有龙岗梦幻乐园、古村落贤子峪。有平阴汽车站、锦东客运中心。通公交车。

锦水街道 370124-A02
[Jǐnshuǐ Jiēdào]

属平阴县管辖。在县境西部。面积34平方千米。人口2.4万。2010年设立。因地处锦水河南端得名。2010年后，进行城中村改造和棚改整村拆迁。锦水河从境内穿过，境内有玫瑰湖湿地。有中小学4所，图书馆1个，体育场馆1个。有莲花山旅游观光长廊。形成"一园、一带、一山、一湖、一城"布局特点，即平阴工业园区、以220国道为新的经济轴、莲花山旅游观光长廊、玫瑰湖湿地、西部宜居生态新城。经济以农业为主。农业主产小麦、玉米、谷子、花生、大豆、玫瑰花等，特色林果有"紫云珠"葡萄。工业以彩印、数控、厨房设备、木业制造等为主，有山东平阴工业园区。服务业以旅游业为主，有莲花山特色生态农业观光链。有平阴西站站。通公交车。

东阿镇 370124-B01
[Dōng'ē Zhèn]

平阴县辖镇。在县境西南部。面积82平方千米。人口3.8万。辖55村委会，有49自然村。镇人民政府驻东门村。明洪武八年（1375）始为东阿县县城。1956年置东阿镇，后改公社。1984年撤公社成立东阿区。1985年撤区并乡，复为东阿镇。因曾为东阿县驻地得名。黄河、浪溪河从境内穿过。有中小学2所、图书馆56个、文化馆1个、卫生院1个、体育馆1个，公

共绿地30个，广场60个。有国家级文物保护单位永济桥、省级文物保护单位平阴孟庄东汉画像石墓，国家级非物质文化遗产阿胶制作工艺、市级非物质文化遗产黄石公祭祀日，重要名胜古迹虎窟秋风、石门晚照、三归台遗址、黄石山。经济以一、二、三产业综合发展为主。农业以林果、畜牧、桑蚕、玫瑰花、食用菌为主。工业以阿胶、肥料、机械、建材等为主，有"阿胶原产地"标志认证。服务业以旅游业为主。有泰聊高速、220国道过境。

孝直镇 370124-B02
[Xiàozhí Zhèn]

平阴县辖镇。在县境南部。面积126平方千米。人口6.3万。辖64村委会，有64自然村。镇人民政府驻孝直村。1956年置孝直镇。1958年改公社。1985年复置镇。2005年店子乡并入。因镇政府驻地孝直村得名。汇河从境内穿过，境内有九峪山、尤寨山、平安寨等。有中小学5所，卫生院1个，广场1个。有马跑圈、拔剑泉等景点。经济以一、二、三产业综合发展为主。农业以"南桑北菜西林果"为主。工业以机械加工与制造、纺织印染、建筑建材、农副产品加工为主。服务业以旅游业为主。有济菏高速、105国道过境。

孔村镇 370124-B03
[Kǒngcūn Zhèn]

平阴县辖镇。在县境南部。面积100平方千米。人口4.1万。辖1居委会、46村委会，有55自然村。镇人民政府驻孔村。1956年设孔村乡，后并入孝直公社。1962年析设孔村公社。1985年改置镇。2005年李沟乡并入。因镇人民政府驻孔村得名。玉带河、汇河从境内穿过。有中小学3所，卫生院1个，广场46个。有市级文物保护单位廉家故居，市级爱国主义教育基地中

共平阴历史陈列馆，省级非物质文化遗产太平拳、王皮戏。经济以三大产业综合发展为主。农业以种植红提葡萄、食用菌为主。工业以碳素产业为主。服务业以餐饮、商业为主。有济菏高速、泰聊高速、105国道过境。

洪范池镇 370124-B04
[Hóngfànchí Zhèn]

平阴县辖镇。在县境西南部。面积96平方千米。人口2.6万。辖34村委会，有36自然村。镇人民政府驻西池村。1962年从东阿公社划出，为洪范池公社。1984年改为洪范区。1985年改设洪范池乡。1993年改设洪范池镇。因境内洪范池得名。浪溪河从境内穿过，境内有大寨山及其支脉和洪顶山支脉河洪范池泉群、书院泉。有小学1所，卫生院1个，广场1个。有省级文物保护单位周河北辛文化遗址、市级文物保护单位于慎行墓，重要古迹云翠山南天观。经济以一、二、三产业综合发展为主。农业以苹果种植、畜牧养殖为主。工业以矿泉开发利用、山石加工、食品生产为主。服务业以旅游业、商贸服务为主。有公路经此。

玫瑰镇 370124-B05
[Méigui Zhèn]

平阴县辖镇。在县境西南部。面积98平方千米。人口4.7万。辖48村委会，有59自然村。镇人民政府驻焦庄。1960年夏沟公社改玫瑰公社。1993年玫瑰乡改为玫瑰镇。因当地特产玫瑰得名。玉带河从境内穿过，境内有翠屏山、亭山、凤凰山、青龙山等。有中小学2所、图书馆1个、卫生院1个，广场44个。有省级文物保护单位新屯汉墓群，国家级文物保护单位翠屏山巅的唐代多佛塔，重要名胜古迹18个。有翠屏山景区等旅游资源。经济以一、二、

三产业综合发展为主。农业以玫瑰花种植为主。工业以玫瑰花加工与建材业为主。服务业以商贸为主。有泰聊高速、220国道过境。

安城镇 370124-B06
[Ānchéng Zhèn]

平阴县辖镇。在县境东部。面积113平方千米。人口4.1万。辖44村委会，有53自然村。镇人民政府驻安城村。1956年撤区并乡。1958年为安城乡，同年并为栾湾公社。1963年设安城公社。1978年并入栾湾公社。1984年归栾湾区。1985年撤区并乡。2005年撤栾湾乡并为安城乡。2011年改为安城镇。因曾为北安故城所在地而得名。黄河、安栾河从境内穿过，境内有天堂山、馒头山、黄麓山、寨山。有中小学2所、图书馆分馆1个、文化馆分馆1个，医院1个，广场46个。有省级文物保护单位1个，市级非物质文化遗产1个。经济以一、二、三产业综合发展为主。农业以种植西瓜、地瓜为主。工业以元首针织、福胶产业、华阳紧固件等为主。服务业以旅游业为主。有济菏高速、220国道过境。

旧地名

平阴镇（旧） 370124-U01
[píngyīn Zhèn]

属平阴县管辖。1985年9月更名为平阴镇，2010年5月撤销平阴镇，设立榆山街道、锦水街道。

刁山坡镇（旧） 370124-U02
[Diāoshānpō Zhèn]

属平阴县管辖。1984年设立，2005年撤销，并入玫瑰镇。

李沟乡（旧） 370124-U03
[Lǐgōu Xiāng]

属平阴县管辖。1984 年设立，2005 年撤销，并入孔村镇。

店子乡（旧） 370124-U04
[Diànzi Xiāng]

属平阴县管辖。1984 年设立，2005 年撤销，并入孝直镇。

栾湾乡（旧） 370124-U05
[Luánwān Xiāng]

属平阴县管辖。1984 年设立，2005 年撤销，并入安城镇。

社区

南门社区 370124-A01-J01
[Nánmén Shèqū]

属榆山街道管辖。在平阴县南部。面积 0.8 平方千米。人口 3 200。因原为南门村，故名。2002 年成立。有楼房 226 栋，现代建筑风格。驻有盼盼安全门、金德管业等单位。开展普法宣传、居民自治教育、爱老助残帮困等活动。通公交车。2009 年被评为省文明社区。

白庄社区 370124-A01-J02
[Báizhuāng Shèqū]

属榆山街道管辖。在平阴县西南部。面积 0.8 平方千米。人口 1 000。村改居时沿用原村名。2002 年成立。有楼房 5 栋，欧式建筑风格。开展普法宣传、居民自治教育、爱老助残帮困等活动。通公交车。2009 年被评为省文明社区。

龙山社区 370124-A01-J03
[Lóngshān Shèqū]

属榆山街道管辖。在平阴县南部。面积 0.4 平方千米。人口 11 000。因辖区内龙山小区而得名。2008 年成立。有楼房 78 栋，现代建筑风格。驻有平阴县交通局、平阴县龙山小学等单位。开展普法宣传、十星级文明户评选等活动。通公交车。

环秀社区 370124-A01-J04
[Huánxiù Shèqū]

属榆山街道管辖。在平阴县东部。面积 1.0 平方千米。人口 16 300。因辖区内环秀小区而得名。2008 年成立。有楼房 138 栋，现代建筑风格。驻有中共平阴县委员会、平阴县人民政府、平阴县实验小学、平阴县实验幼儿园等单位。有志愿者服务，开展普法宣传、扶贫助困等活动。通公交车。

翠屏社区 370124-A01-J05
[Cuìpíng Shèqū]

属榆山街道管辖。在平阴县南部。面积 2.6 平方千米。人口 8 900。因驻翠屏街而得名。2008 年成立。有楼房 93 栋，现代建筑风格。驻有平阴县实验中学、榆山中心幼儿园等单位。开展普法宣传、文化讲座、重阳节走访慰问困难老年人等活动。通公交车。

五岭社区 370124-A01-J06
[Wǔlǐng Shèqū]

属榆山街道管辖。在平阴县东南部。面积 1.0 平方千米。人口 15 600。因地处五岭路而得名。2008 年成立。有楼房 140 栋，现代建筑风格。驻有平阴县水务局、平阴县自来水公司、平阴县粮食局等单位。开展普法宣传、助老助残帮扶、居民自治教育等活动。通公交车。

文汇社区 370124-A01-J07
[Wénhuì Shèqū]

　　属榆山街道管辖。在平阴县东部。面积 0.8 平方千米。人口 7 600。因地处文笔山路而得名。2008 年成立。有楼房 96 栋，现代建筑风格。驻有平阴县第一中学、平阴县第四中学等单位。开展世界环境日宣传、走访慰问困难学生等活动。通公交车。

东关社区 370124-A01-J08
[Dōngguān Shèqū]

　　属榆山街道管辖。在平阴县北部。面积 0.9 平方千米。人口 3 300。因原为东关村，故名。2002 年成立。有居民独栋楼房 1020 栋，现代建筑风格。驻有中共平阴县委党校、平阴县妇幼保健站、平阴县民政局、平阴县畜牧局等单位。开展普法宣传、助残帮困等活动。通公交车。

东南沟社区 370124-A01-J09
[Dōngnángōu Shèqū]

　　属榆山街道管辖。在平阴县北部。面积 0.8 平方千米。人口 1 500。因原为东南沟村，故名。2002 年成立。有居民独栋楼房 660 栋，现代建筑风格。驻有中国人寿保险公司平阴分公司等单位。开展普法宣传、助老帮困等活动。通公交车。

西关社区 370124-A01-J10
[Xīguān shèqū]

　　属榆山街道管辖。在平阴县北部。面积 0.4 平方千米。人口 700。因原为西关村，故名。2002 年成立。有居民独栋楼房 220 栋，现代建筑风格。开展普法宣传、爱老助残帮困等活动。通公交车。

北门社区 370124-A01-J11
[Běimén Shèqū]

　　属榆山街道管辖。在平阴县北部。面积 0.4 平方千米。人口 300。因原为北门村，故名。2002 年成立。有居民独栋楼房 131 栋，现代建筑风格。驻有平阴县人民医院等单位。通公交车。

北山东社区 370124-A01-J12
[Běishāndōng Shèqū]

　　属榆山街道管辖。在平阴县北部。面积 0.4 平方千米。人口 400。因原为北山东村，故名。2002 年成立。有居民独栋楼房 143 栋，现代建筑风格。驻有济南市玫苑老年公寓、榆山敬老院等单位。有日间照料中心，开展普法宣传、敬老助残帮困等活动。通公交车。

北山西社区 370124-A01-J13
[Běishānxī Shèqū]

　　属榆山街道管辖。在平阴县北部。面积 0.4 平方千米。人口 400。因原为北山西村，故名。2002 年成立。有居民独栋楼房 96 栋，现代建筑风格。驻有平阴县光荣院等单位。开展普法宣传、敬老助残帮困等活动。通公交车。

东三里社区 370124-A01-J14
[Dōngsānlǐ Shèqū]

　　属榆山街道管辖。在平阴县西南部。面积 1.0 平方千米。人口 1 800。村改居时沿用原村名。2002 年成立。有居民独栋楼房 541 栋，现代建筑风格。开展普法宣传、敬老助残帮困等活动。通公交车。

卧龙山社区 370124-B03-J01
[wòlóngshān Shèqū]

　　属孔村镇管辖。在平阴县东南部。面

积 0.1 平方千米，人口 2 900。因坐落在卧龙山下，故名。2007 年成立。有楼房 22 栋，现代建筑风格。有志愿者服务，开展普法宣传等活动。通公交车。

济阳县

济阳县 370125
[Jǐyáng Xiàn]

济南市辖县。北纬 36°59′，东经 117°13′。在市境西北部。面积 1099 平方千米。人口 57.5 万。以汉族为主，还有回、蒙古、藏、维吾尔、苗、彝、壮、朝鲜、满、哈尼、独龙等民族。辖 2 街道、8 镇。县人民政府驻济北街道。春秋为齐犁邑地。秦置著县于今县西北，又置漯阴县于今县西，同属济北郡。两汉漯阴属平原郡，著县属济南郡（国）。三国时期，为魏国辖区。西晋属济南府。金太宗天会七年（1129），割章、临邑 2 县地置一新县，属济南府。1928 年后，直属山东省。1940 年属鲁北第二专区。1946 年属渤海行政区第二专区。1946 年属泺北专区。1950 年惠济县部分地并入，属德州专区。1956 年属惠民专区。1958 年并入临邑县，1961 年复置，属德州专区。1967 年属德州地区。1989 年划属济南市。（资料来源：《中华人民共和国地名大词典》）。因其位于济水之北，水之北为阳，故名。处鲁西北黄泛冲积平原，境内岗、坡、洼相间分布，呈微波状起伏。平均海拔 14~28 米。年均气温 13.1℃，1 月平均气温 −0.4℃，7 月平均气温 26℃。年均降水量 585.1 毫米。有黄河、徒骇河、齐济河、牧马河、大寺河等河流经。有石油、天然气、煤炭、地热等矿产资源。有野生植物 50 多种，野生动物 20 多种。有高等院校 1 所，中小学 156 所，图书馆 1 个，博物馆 1 个，档案馆 1 个。有省级文物保护单位新石器时代玉皇冢遗址等，有省级爱国主义教育基地 1 个、纪念地 1 个，国家级非物质文化遗产济阳鼓子秧歌。三次产业比例为 15.9：51.3：32.8。农业以种植优质粮棉、瓜菜、畜牧、林果为主，有圆铃大枣、"太平宝"牌西瓜、"稍门"牌黄河大米、"仁风"牌西瓜、"曲堤"牌黄瓜、"垛石"牌樱桃西红柿、"绿阳"牌香瓜等特色农产品。工业形成以食品饮料、纺织服装、机械制造、电子信息、生物化工为主的结构。服务业以旅游业为主。有省级开发区 1 个。有 220 国道、104 国道、青银高速、济南—乐陵高速、济南—东营高速和省道济阳—乐陵公路、济阳—宁津公路过境。

济南济北经济开发区 370125-E01
[Jǐnán Jǐběi Jīngjìkāifāqū]

在县境西部。东至 220 国道，西跨省道 248 公路，南至沟阳路，北至西八里居。面积 600 公顷。以行政区域和单位性质命名。2003 年 6 月经省政府批准升级为省级开发区，由县级政府管理。以"大、高、外"工业项目为主，配套建设生活服务、行政办公、文化教育设施，区内设有台湾工业园、韩国工业园、华侨工业园、电子信息产业园四个区中园，形成了食品饮料、机械装备、电子信息、纺织服装四大支柱产业，园区规模以上工业企业 119 家。通公交车。

济北街道 370125-A01
[Jǐběi Jiēdào]

济阳县人民政府驻地。在县境东部。面积 35 平方千米。人口 3.8 万。2007 年设立。因位于山东省济北经济开发区而得名。2009 年 10 月，因修建澄波湖，毛官从原址搬入新建住宅小区。2012 年 8 月，马家、姚家、三官庙等 6 个村回迁安置到汇鑫苑社区。2013 年，徐家、于谦两村拆迁。有中小学 3 所，医疗卫生机构 1 个。有澄波湖风景区、济北公园等旅游资源。农业以种植业为主。工业形成了食品饮料、机械电子、纺织服装、医药化工四大支柱产业。有济阳长途汽车站，通公交车。

济阳街道 370125-A02
[Jǐyáng Jiēdào]

属济阳县管辖。在县境东部。面积92平方千米。人口7.9万。2007年设立。因地处济水之北，故名。有中小学7所，图书馆1个，医疗卫生机构1个。有县级爱国主义教育基地济阳烈士陵园。有海棠湾温泉度假村、黄河风景区等旅游资源。经济以制造业为主。农业以环保农业、生态农业为主，种植水稻、大棚蔬菜、食用菌等，"稍门牌"黄河大米是农业部认定的绿色无公害农产品。工业有以苟王家具城为中心的木材加工业、以富国建筑公司为龙头的建筑业，以及以液压升降平台为主的机械制造业。服务业以餐饮为主。通公交车。

垛石镇 370125-B01
[Duǒshí Zhèn]

济阳县辖镇。在县境西北部。面积175平方千米。人口7.5万。辖130村委会，有150自然村。镇人民政府驻垛石桥村。1957年建垛石桥乡。1958年改人民公社。1984年建垛石桥镇。2001年改名垛石镇。以镇政府驻地村得名。徒骇河、土马河、大寺河从境内穿过。有中小学3所，卫生院1个。有市级非物质文化遗产董家伞棍鼓舞。农业以蔬菜种植、培育种苗为主，"垛石"牌商标获国家工商行政管理总局地理标志认证。工业以牛羊肉加工、机械制造、建材加工为主。服务业以商贸、金融等为主。有济乐高速、济东高速和省道济阳—乐陵公路、济阳—宁津公路过境。

孙耿镇 370125-B02
[Sūngěng Zhèn]

济阳县辖镇。在县境西南部。面积109平方千米。人口5.1万。以汉族为主，还有回、蒙古、藏、维吾尔、苗、彝、壮、朝鲜、满、哈尼、独龙等民族。辖71村委会，有74自然村。镇人民政府驻西街村。北宋属临邑县，宋初为临邑县城。清朝属济阳。1946年划齐河县。1950年划回济阳县。1958改为孙耿人民公社。1984年撤销公社设镇。2001年辛集乡并入成今境。因孙耿村得名。牧马河、齐济河从境内穿过。有中小学3所，卫生院1个。经济形成食品医药、彩印包装、能源环保三大支柱产业。有104国道、省道回河—孙耿公路经此。

曲堤镇 370125-B03
[Qūdī Zhèn]

济阳县辖镇。在县境北部。面积151平方千米。人口7.8万。辖128村委会，有170自然村。镇人民政府驻闻韶街。清代属北乡。春秋时期属齐国。东汉时期为阳丘朔镇。1946年称曲堤区。1957年撤销曲堤区建立曲堤乡。1958年撤乡建立曲堤人民公社。1984年撤销公社建镇。2001年原姜集乡、三教乡并入成今境。因漯水绕镇而过，挡水之堤弯曲而得名。黄河、徒骇河从境内穿过。有中小学4所，卫生院1个。有省级文物保护单位刘台遗址。农业主产小麦、水稻、玉米、黄瓜、棉花、大蒜、露地菜等，有冬暖式蔬菜大棚，特色农产品密刺黄瓜、以色列甜椒、曲堤大蒜、冬枣、黄河大米等。工业以化工产业为主，有曲堤化工工业园。服务业以蔬菜批发等为主。有220国道、济东高速过境。

仁风镇 370125-B04
[Rénfēng Zhèn]

济阳县辖镇。在县境东北部。面积 126 平方千米。人口 6.3 万。辖 82 村委会，有 96 自然村。镇人民政府驻西街村。1937 年属济阳县。1944 年属三边县。1945 年归属济阳县。1958 年成立人民公社。1959 年属商河县。1960 年归乐陵县管辖。1962 年属济阳县。1984 年改称仁风镇。2001 年王圈乡并入成今境。取"仁义之风"之意而得名。黄河、徒骇河从境内穿过。有中小学 4 所，卫生院 1 个。有国家级非物质文化遗产济阳鼓子秧歌。经济以种植小麦、玉米、棉花、水稻、西瓜、蔬菜为主，有名优特产富硒西瓜、甜瓜等，"仁风"牌商标荣获国家地理商标标志，被农业部认证为"无公害农产品"。有 220 国道、济东高速过境。

回河镇 370125-B05
[Huíhé Zhèn]

济阳县辖镇。在县境西南部。面积 88 平方千米。人口 4.6 万。辖 94 村委会，有 97 自然村。镇人民政府驻北街村。自金始属济阳县。1946 年称回河区。1958 年撤回河区建回河人民公社。1984 年建回河乡。1995 年撤回河乡建回河镇。2001 年回河镇并入济阳镇。2007 年从济阳镇划出，复建立回河镇。因济水河在境内回流，取河水回流之意，故名。有中小学 3 所，卫生院 1 个。有省级文物保护单位大汶口文化遗址玉皇冢。经济以机械制造、蔬菜加工、生物农药为主，建有机械工业园、液压升降平台产业园两大园区。有 220 国道、省道济阳—乐陵公路经此。

崔寨镇 370125-B06
[Cuīzhài Zhèn]

济阳县辖镇。在县境南部。面积 97 平方千米。人口 6.5 万。辖 69 村委会，有 99 自然村。镇人民政府驻崔寨村。民国时期属历城县。1950 年划归济阳县管辖。1958 年改崔寨人民公社。1959 年与青宁人民公社合并为崔寨人民公社。1984 年撤社建乡。2001 年与青宁镇合并置崔寨镇。因镇政府驻地村得名。有山东英才学院北校区，中小学 4 所，卫生院 1 个。有重要古迹风铃寺遗址、孙氏祠堂遗址。经济以种植业为主。农业主产香瓜、红提葡萄、蔬菜，名优特产有崔寨香瓜、青宁牌红提葡萄等。有青宁工业园、煤化工产业园。服务业以现代物流业为主。有 220 国道、青银高速、济乐高速过境。

太平镇 370125-B07
[Tàipíng Zhèn]

济阳县辖镇。在县境西部。面积 126 平方千米。人口 5.8 万。辖 91 村委会，有 104 自然村。镇人民政府驻二太平村。民国时期属齐临县管辖。1949 年属济阳县新市（三区）和孙耿（四区）管辖。1958 年成立二太平人民公社。1984 年撤销公社改设二太平乡。2001 年 5 月撤乡建镇。因镇政府驻地得名。徒骇河从境内穿过。有中小学 3 所，卫生院 1 个。经济以机械装备产业和种植业为主。种植业以种植早春大拱棚西瓜、秋延迟蔬菜为主工业有机械装备工业园、太平工业园和彩色印刷、生物技术、金属制品等企业。服务业以商贸业和观光旅游业为主。有 104 国道、济乐高速、济东营高速过境。

新市镇 370125-B08
[Xīnshì Zhèn]

济阳县辖镇。在县境西北部。面积 101 平方千米。人口 4.0 万。辖 77 村委会，有 79 自然村。镇人民政府驻大庄村。南北朝时被置为新市县。1265 年并入济阳县。

1946 年称新市区。1957 年称乡。1958 年建人民公社。1984 年改乡。2001 年原江店乡并入。2010 年改新市镇。因位于古城新市街而得名。徒骇河、土马河从境内穿过。有中小学 3 所。有纪念地济阳县第一党支部诞生地史家寺村。有土马河湿地公园等旅游资源。经济以化工染料、建材制造、食品加工及奶牛养殖为主,"小圈"牌豆腐皮列为名优小吃。有济乐高速、省道济阳—宁津公路过境。

旧地名

稍门乡（旧） 370125-U01

[Shāoménxiāng]

在济阳县东北部。属济阳县管辖。1990 年设立,2001 年 3 月撤销,并入济阳镇。

新市乡 （旧） 370125-U02

[Xīnshì Xiāng]

在济阳县西北部。属济阳县管辖。1984 年 4 月设立,2010 年 5 月撤销,并入新市镇。

崔寨乡（旧） 370125-U03

[Cuīzhài Xiāng]

在济阳县南部。属济阳县管辖。1984 年 5 月设立,2001 年 3 月撤销,并入崔寨镇。

姜集乡（旧） 370125-U04

[Jiāngjí Xiāng]

在济阳县东北部。属济阳县管辖。1957 年设立,1990 年撤销,并入曲堤镇。

二太平乡（旧） 370125-U05

[Èrtàipíng Xiāng]

在济阳县西部。属济阳县管辖。1984 年 4 月设立,2002 年 1 月撤销,并入二太平镇。

社区

韩家居社区 370125-A02-J01

[Hánjiājū Shèqū]

属济阳街道管辖。在济阳县东部。面积 0.5 平方千米。人口 300。村改居时沿用原村名。2001 年成立。有楼房 25 栋,现代建筑风格。驻有济南金利置业有限公司等单位。有志愿者服务。通公交车。2011 年被评为省文明社区。

商河县

商河县 370126

[Shānghé Xiàn]

济南市辖县。北纬 37°06′,东经 116°58′。在市境北部。面积 1 163 平方千米。人口 63.6 万。以汉族为主,还有回、满、蒙古等民族。辖 1 街道、9 镇、2 乡。县人民政府驻许商街道。战国为齐麦邱邑地。西汉为平原郡之枨县、千乘郡之湿沃地。东汉为平原郡之般县地。三国魏、晋、南北朝为乐陵郡湿沃县地。隋开皇十六年（596）于滴河流域置滴河县,治今商河镇,因北有滴河得名。北宋改滴为商。金元属棣州,一度并入无棣,旋复置属沧州。明属济南府。清属武定府。1914 年属济南道。1925 年属武定道。1928 年属省。1937 年属第五行政督察区。1941 年属冀鲁边区第三专区。1942 年属冀鲁边区第二专区。1944 年属渤海行政区第二专区。1949 年属泺北专署。1950 年属德州专署。1956 德州专署撤销,划归惠民专署。1958 年商河、乐陵合并（1960 年改称乐陵县）,属聊城专署。1959 年改属淄博专署。1961 年两县分治,复属德州专署。1990 年归属济南市。(资料来源:《中华人民共和国地名大词典》)因境内有滴水流经,故名。属华北黄泛冲积平原,地势自西南向东北微倾,洼地面积占全县总面积的 22.5%,有"七十二洼"之称。平均海拔 13 米。年均气温 13.1℃,1 月平均气温 -2.8℃,7 月平均气温 26.9℃;年均降水量 584.8 毫米。有徒骇河、土马河、德惠新河、商西河、商中河、商东河流经。有石油、天然气、地热等矿产资源。有中小学 103 所,图书馆 1 个,体育场 35 个,二级以上医院 2 个。有省级文物保护单位梁王冢遗址等 11 个,省级爱国主义教育基地 1 个,国家级非物质文化遗产鼓子秧歌、花鞭鼓舞 2 个,省级非物质文化遗产 2 个。三次产业比例为 29:38:33。农业以种植小麦、玉米、棉花为主,在全县形成优质粮、棉、畜牧、大蒜、大棚菜、浅水藕、速生林和果品八大主导产业,建起六大农业出口基地和蔬菜集散地。工业以农副产品加工、纺织服装、玻璃制造和医药化工等产业为主。服务业以温泉特色旅游为主,形成以"泡温泉、享生态、乐采摘、赏民俗"为特色的旅游发展格局。主要特产有商河老豆腐、马蹄烧饼、糖酥火烧、老粗布等。有省级开发区 1 个。有德龙烟铁路、济乐高速、省道永莘公路、省道盐济公路过境。

山东商河经济开发区 370126-E01

[Shāndōng Shānghé Jīngjì Kāifāqū]

在商河县南部。南区范围为东至 240 省道,西至玉皇西路,南至与济阳交汇的行政边界和规划道路,北至盛源街、清源街和朱洼沟;北区范围为东至商中河,西至西环路向西 400 米,南至新兴南街,北至南环路。面积 2 147 公顷。因所在政区和功能命名。2006 年 3 月经省政府正式批准建立省级开发区,由县级政府管理。结合全省和当地经济与社会发展规划、土地利用总体规划、城市总体规划等,科学制定园区发展规划,明确功能定位,合理布局,集约用地,协调发展,把园区真正建设成为产业特色鲜明、综合配套能力强的现代制造业聚集区。主要产业为高端医药化工、智能制造与高端装备、新材料、绿色智能建筑。入驻企业 99 家,以科源制药为代表的高端医药化工产业、以海耀能源为代表的现代制造业、以绿霸为代表的农药产业等发展势头迅猛。建设完成"五纵四横"道路网,区内交通以自有车辆为主,通公交车。

许商街道 370126-A01

[Xǔshāng Jiēdào]

商河县人民政府驻地。在县境中部。面积 115 平方千米。人口 10.6 万。2005 年设立。为纪念汉朝许商治理夹马河命名。2007 年,进行城区自来水管网改造。2007 年至 2008 年,实施商中路改造项目、长青河景观整治项目。2009 年,建设滨河公园,改造文昌河。2009 年至 2014 年,实施商中河生态景观整治项目。2010 年至 2014 年,先后实施人民公园南片区、油管委片区、全民健身广场周边片区、银桥北、西三里片区、力诺新材料、彭家片区旧城改造项目。商中河、土马河、商东河、备战河从境内穿过。有中小学 14 所,图书馆 2 个,体育场馆 1 个,知名文艺团体 1 个,医疗卫生机构 3 个。经济以旅游业为主。农业以种植小麦、玉米、棉花为主。工业以铁编、纺织、制作、加工为主。服务业以餐饮业等为主。有商河汽车总站,通公交车。

殷巷镇 370126-B01

[Yīnxiàng Zhèn]

商河县辖镇。在县境北部。面积 124 平方千米。人口 6.3 万。辖 104 村委会,有 111 自然村。镇人民政府驻殷巷村。1945 年前，隶属八区，俗称"老八区"，区公所在殷巷街。1950年至1957年，全区有高级社12个。1958年成立殷巷人民公社，公社驻地为殷巷街。1984年殷巷人民公社改为殷巷镇。2005年赵魁元乡并入。因镇政府驻地位于殷巷而得名。商中河、改碱河、德惠新河、大沙河从境内穿过。有中小学11所，图书馆105个，卫生院1个，公共绿地2个，广场106个。有市级文物保护单位郭八社古墓、商家汉墓。经济以种植业、轻工业和服务业为主。农业以棉花种植和畜牧养殖为主，特产金丝魁王小枣、李桂芬梨、张六真杏。工业以树脂生产、棉花加工、面粉生产、商砼加工、锦纶生产为主。服务业以商品贸易为主。有德龙烟铁路、济乐高速、省道盐济公路过境，设商河站。

怀仁镇 370126-B02
[Huáirén Zhèn]

商河县辖镇。在县境西北部。面积60平方千米。人口3.5万，以汉族为主，还有满、蒙古等民族。辖58村委会，有59自然村。镇人民政府驻怀仁村。原为古汉平昌地，民国时为德平县东南重镇。1947年起为第四区区公所驻地。1956年德平县撤销，划归商河县。1960年至1984年称怀仁公社。1968年至1979年怀仁革命委员会成立。1984年怀仁公社改名为怀仁镇。因镇政府驻地得名。大沙河、临商河从境内穿过。有中小学4所，图书馆1个，卫生院1个，广场57个。有省级文物保护单位古城遗址麦丘邑、东信家和耿家家，省级非物质文化遗产3个。经济以种植业为主。粮食作物以小麦、玉米为主，主要经济作物有棉花、葡萄等。工业以棉花加工、木器加工、塑料、丝网、化工、扎毯、合金铸造为主。服务业以信息咨询为主。有德龙烟铁路、济乐高速过境。

玉皇庙镇 370126-B03
[Yùhuángmiào Zhèn]

商河县辖镇。在县境西南部。面积154平方千米。人口6.7万。辖96村委会，有96自然村。镇人民政府驻玉西村。1934年玉皇庙属商河县第五区，区公所驻玉皇庙。1945年建立玉皇庙区委。1957年全县撤区设乡。1958年建立玉皇庙乡。1960年改为玉皇庙公社。1984年由玉皇庙公社改为玉皇庙镇。2005年设立玉皇庙街道办事处。2009年改为玉皇庙镇。因辖区内流传"张玉皇"传说，并原有一庙，名为"玉皇庙"，故以此命名。徒骇河、土马河、商中河、商西河从境内穿过。有中小学6所、图书馆6个、文化馆1个，卫生院1个，体育馆2个，公共绿地23个，广场60个。有省级文物保护单位东温桥遗址、西瓦屋头遗址、张大人村张九叙墓，纪念地1个，国家级非物质文化遗产鼓子秧歌，重要名胜古迹吕东民居、玉皇庙古槐、张宝三处士碑。农业以小麦、玉米、大蒜及蔬菜种植为主，有瓦西冬瓜、商南彩椒等特色农产品。工业以玻璃制造、机械加工、包装印刷、绿色建材、农副产品加工为主。服务业以餐饮等为主。有济乐高速、省道盐济公路过境。

龙桑寺镇 370126-B04
[Lóngsāngsì Zhèn]

商河县辖镇。在县境东北部。面积93平方千米。人口4.3万。辖94村委会，有104自然村。镇人民政府驻付杨村。1965年由常庄公社析设龙桑寺公社。1984年改置镇。2005年常庄乡并入。因镇政府原驻地有龙桑寺得名。大沙河从境内穿过。有中小学7所，卫生院1个，广场1个。经济以农业为主。农业主产小麦、玉米、棉花、小杂粮、白莲池藕等。工业以食品加工、机械制造等为主。服务业以集市商贸为主。有 316 省道过境。

郑路镇 370126-B05

[Zhènglù Zhèn]

商河县辖镇。在县境东南部。面积 128 平方千米。人口 6.3 万。辖 97 村委会，有 105 自然村。镇人民政府驻李家坊村。1944 年属三边县（商惠济）原商河县三区。1945 年改名惠济县郑路区。1947 年改属杨忠县郑路区。1949 年改为惠济县郑路区。1950 年为商河县第十一区。1955 年改称商河县郑路区。1957 年撤区建郑路乡。1960 年改为郑家公社。1984 年改为郑路镇。因原镇政府驻地位于郑家与路家交界处得名。徒骇河、土马河、丰收河从境内穿过。有中小学 9 所，卫生院 1 个，广场 2 个。有省级文物保护单位梁王冢遗址。经济以农业为主。农业以大蒜种植、蔬菜大棚种植、珍珠红西瓜种植为主。工业以绳网行业为主。服务业以商品零售、餐饮住宿、旅游采摘为主。有公路经此。

贾庄镇 370126-B06

[Jiǎzhuāng Zhèn]

商河县辖镇。在县境西部。面积 109 平方千米。人口 5.5 万。以汉族为主，还有回等民族。辖 91 村委会，有 92 自然村。镇人民政府驻后贾庄。1945 年划归商河。1949 年设 6 区。1955 年改称胡集区。1960 年成立胡集人民公社。1965 年全县公社规模调整，增设贾庄公社。1984 年改为贾庄乡。1996 年贾庄乡撤乡设镇。因镇人民驻地后贾庄得名。临商河、甜辛沟从境内穿过。有中小学 8 所，文化馆 1 个，卫生院 1 个，公共绿地 1 个，广场 3 个。有省级文物保护单位秦始皇点将台。经济以工业为主。农业以花卉苗木、畜禽养殖为主。工业以纺织服装、化工、塑料、造纸、玻璃、建材、

磁性材料、生物技术和农副产品加工为主。服务业以旅游、商贸、餐饮为主。有济乐高速、340 省道过境。

白桥镇 370126-B07

[Báiqiáo Zhèn]

商河县辖镇。在县境东南部。面积 83 平方千米。人口 4.5 万。辖 81 村委会，有 82 自然村。镇人民政府驻白桥村。1947 年属杨忠县。1949 年属惠济县。1958 年商乐两县合并，属商河县潘桥人民公社。1960 年改称乐陵县潘桥人民公社。1961 年商乐分开，复称商河县潘桥公社。1965 年新置白桥公社。1984 年改乡。2011 年撤乡建立白桥镇。因镇政府驻地白桥村得名。徒骇河、商东河从境内穿过。有中小学 6 所，图书馆 6 个，文化馆 1 个，医院 1 个，公共绿地 5 个，广场 1 个。经济以农业为主。农业以粮食、大蒜生产及畜牧养殖为主。工业以纺织业、服装加工业、食品加工业为主。服务业以物流、商贸、金融等为主。有公路经此。

孙集镇 370126-B08

[Sūnjí Zhèn]

商河县辖镇。在县境东部。面积 106 平方千米。人口 5.3 万。辖 95 村委会，有 107 自然村。镇人民政府驻园里村。1947 年起为第二区区公所驻地。1958 年原大刘乡、古城乡组成孙集乡。1965 年成立孙集公社。1984 年孙集公社改为孙集乡。2005 年牛堡乡并入。2013 年撤乡改孙集镇。因镇政府原驻地孙集得名。商东河、改碱河从境内穿过。有中小学 10 所，图书馆 1 个，文化馆 1 个，卫生院 1 个，公共绿地 1 个，广场 1 个。有国家级非物质文化遗产鼓子秧歌。有国家 AAA 级景区秧歌古村。经济以第一、二产业为主。农业以种植业为主。工业以制造业为主。服务业以旅游业为主。

有 340 国道过境。

韩庙镇 370126-B09
[Hánmiào Zhèn]

商河县辖镇。在县境东北部。面积 68 平方千米。人口 3.7 万。以汉族为主,还有回等民族。辖 45 村委会,43 自然村。镇人民政府驻韩家庙村。清朝属武定府商河县。1912 年改属岱北道。1958 年成立韩庙公社。1968 年成立韩庙革命委员会。1979 年由韩庙革命委员会更名为韩庙公社。1984 年设韩庙乡。2013 年撤乡设镇。因镇政府驻地得名。德惠河、商东河从境内穿过。有中小学 7 所、图书馆 1 个、文化馆 1 个,卫生院 1 个,公共绿地 1 个,广场 30 个。有省级文物保护单位小官庄汉墓群,市级非物质文化遗产鼓香情小磨香油,重要名胜古迹小官庄大冢、小官庄磨冢等 13 个。经济以种植业、养殖业为主。粮食作物以小麦、玉米为主,主要经济作物有苗木、蒜黄、葡萄等。畜牧业以饲养獭兔、肉羊为特色。工业以农产品加工、服装、机械制造等为主。服务业以住宿、餐饮、批发零售为主。有德龙烟铁路过境。

沙河乡 370126-C01
[Shāhé Xiāng]

商河县辖乡。在县境东北部。面积 87 平方千米。人口 4.2 万。以汉族为主,还有回等民族。辖 66 村委会,有 70 自然村。乡人民政府驻沙河村。1945 年为沙河区。1957 年撤区建乡。1958 年改为公社。1984 年撤销公社,设沙河乡。2005 年燕家乡并入。因乡政府驻地沙河村得名。大沙河从境内穿过。有小学 3 所,图书馆 66 个,文化馆 1 个,卫生院 1 个,公共绿地 1 个,广场 1 个。有省级文物保护单位梁家汉墓群。经济以花卉、果蔬种植为主。农业以种植业

和畜牧业为主。工业以棉花加工、木材加工、食品加工为主。服务业以商贸、餐饮为主。有 316 省道过境。

张坊乡 370126-C02
[Zhāngfāng Xiāng]

商河县辖乡。在县境西北部。面积 38 平方千米。人口 2.3 万。以汉族为主,还有回等民族。辖 42 村委会,有 49 自然村。乡人民政府驻张坊村。1965 年成立张坊公社。1984 年设立张坊乡。因乡政府驻地得名。商中河、商西河、丰源河从境内穿过。有中小学 5 所,卫生院 1 个,公共绿地 20 个,广场 8 个。有省级非物质文化遗产白集村鼓子秧歌、苟家村花鞭鼓舞,重要古迹大姜古城遗址。经济以农业为主。粮食作物以小麦、玉米为主,主要经济作物有棉花等。工业以纺织、冷藏、建材、农副产品加工为主。服务业以旅游业为主。有济乐高速、省道盐济公路过境。

旧地名

商河镇(旧) 370126-U01
[shānghé Zhèn]

属商河县管辖。1958 年成立,2005 年撤销,并入许商街道。

燕家乡(旧) 370126-U02
[yānjiā Xiāng]

属商河县管辖。1965 成立,2005 年撤销,并入沙河乡。

牛堡乡(旧) 370126-U03
[niúpù Xiāng]

属商河县管辖。1965 年成立,2005 年撤销,并入孙集镇。

常庄乡（旧） 370126-U04
[chángzhuāng Xiāng]

属商河县管辖。1958 年成立，2005 年撤销，并入龙桑寺镇。

展家乡（旧） 370126-U05
[zhǎnjiā Xiāng]

属商河县管辖。1965 年成立，2005 年撤销，并入郑路镇。

杨庄铺乡（旧） 370126-U06
[yángzhuāngpù Xiāng]

属商河县管辖。1965 年成立，2005 年撤销，并入玉皇庙镇。

岳桥乡（旧） 370126-U07
[yàqiáo Xiāng]

属商河县管辖。1946 年成立，2005 年撤销，并入白桥镇。

胡集乡（旧） 370126-U08
[hújí Xiāng]

属商河县管辖。1958 年成立，2005 年撤销，并入贾庄镇。

赵奎元乡（旧） 370126-U09
[zhàokuíyuán Xiāng]

属商河县管辖。1965 年成立，2005 年撤销，并入殷巷镇。

钱铺乡（旧） 370126-U10
[qiánpù Xiāng]

属商河县管辖。1958 年成立，2005 年撤销，并入许商街道。

社区

新兴社区 370126-A01-J01
[Xīnxīng Shèqū]

属许商街道管辖。在商河县中部。面积 0.4 平方千米。人口 4 800。因紧靠繁华的新兴商业街，故名。2002 年成立。有楼房 14 栋，现代中式建筑风格。驻有商河县人民政府、商河县残联、商河县工会、商河县第一实验小学、商河县文体中心等单位。有志愿者服务，开展关爱残疾人、留守儿童、孤寡老人等活动。通公交车。2010 年被评为省文明单位。2013 年被评为省文明社区。

力诺社区 370126-A01-J02
[Lìnuò Shèqū]

属许商街道管辖。在商河县西南部。面积 0.6 平方千米。人口 24 800。以原来的力诺新材料公司命名。2002 年成立。有楼房 274 栋，现代中式建筑风格。驻有山东力诺新材料有限公司、商河县绿源有限公司、山东金捷燃气有限责任公司等单位。有志愿者服务，开展鼓子秧歌表演等活动。通公交车。

彩虹社区 370126-A01-J03
[Cǎihóng Shèqū]

属许商街道管辖。在商河县西南部。面积 0.4 平方千米。人口 10 600。以彩虹路命名。2002 年成立。有楼房 48 栋，现代建筑风格。驻有商河县供电公司、商河县公路管理局、商河县市场监督管理局等单位。有志愿者服务，开展鼓子秧歌表演等活动。通公交车。

幸福湖社区 370126-A01-J04
[Xìngfúhú Shèqū]

属许商街道管辖。在商河县东南部。

面积20.0平方千米。人口20 000。以原幸福湖水库命名。2002年成立。有楼房164栋，现代建筑风格。驻有商河县文昌实验学校、商河县图书馆等单位。有志愿者服务，开展慰问60岁以上老人、棋牌、公益电影播放、法律宣传等活动。通公交车。

轻骑社区　370126-A01-J05
[Qīngqí Shèqū]

属许商街道管辖。在商河县南部。面积3.5平方千米。人口14 000。因轻骑集团命名。2002年成立。有楼房162栋，现代建筑风格。驻有商河县弘德中学、商河县第二中学等单位。有志愿者服务，开展合唱、书法比赛等活动。通公交车。

公园社区　370126-A01-J06
[Gōngyuán Shèqū]

属许商街道管辖。在商河县南部。面积1.3平方千米。人口15 500。因人民公园命名。2002年成立。有楼房60栋，现代中式建筑风格。驻有商河县图书馆、帝景城分馆等单位。有志愿者服务，开展棋牌、公益电影播放等活动。不通公交车。

银河社区　370126-A01-J07
[Yínhé Shèqū]

属许商街道管辖。在商河县东南部。面积1.5平方千米。人口4 500。以银河路命名。2006年成立。有楼房12栋，现代建筑风格。驻有商河县水务局、济南明顺纺织品有限公司等单位。有志愿者服务，开展好媳妇好婆婆评选，慰问老党员、贫困户，节日慰问老人等活动。通公交车。

明辉社区　370126-A01-J08
[Mínghuī Shèqū]

属许商街道管辖。在商河县西部。面积0.9平方千米。人口5 600。以明辉路命名。

2002年成立。有楼房26栋，现代中式建筑风格。驻有山东省商河县第一中学等单位。有日间照料服务。通公交车。2010年被评为省文明社区。

实中社区　370126-A01-J09
[Shízhōng Shèqū]

属许商街道管辖。在商河县中部。面积1.5平方千米。人口5 600。因辖区内有县实验中学，故名。2002年成立。有楼房34栋，现代中式建筑风格。驻有商河县人民医院、商河县国土资源局、商河县实验中学等单位。有志愿者服务，开展重阳节为老年人发放慰问品、每年为应届大学生发放助学金等活动。通公交车。2010年被评为省文明社区。

鑫源社区　370126-A01-J10
[Xīnyuán Shèqū]

属许商街道管辖。在商河县北部。面积0.9平方千米。人口14 500。鑫，代表财富和潜力；源，以联系居民、服务居民为源头，故名。2002年成立。有楼房110栋，现代中式建筑风格。驻有商河县图书馆鑫源社区分馆等单位。有志愿者服务，开展好媳妇好婆婆评选，慰问老党员、贫困户，节日慰问老人等活动。通公交车。

宏业社区　370126-A01-J11
[Hóngyè Shèqū]

属许商街道管辖。在商河县北部。面积2.5平方千米。人口5 000。因辖区内宏业集团得名。2002年成立。有楼房46栋，现代中式建筑风格。驻有齐鲁宏业纺织集团有限公司等单位。有志愿者服务，开展羽毛球赛、趣味运动会、少幼儿才艺大比拼等活动。通公交车。

富东社区 370126-A01-J12
[Fùdōng Shèqū]

属许商街道管辖。在商河县东部。面积1.6平方千米。人口4 700。原为东关村，村改居时以东关富强之意命名。2002年成立。有楼房205栋，现代中式建筑风格。驻有商河县中医医院、商河县特殊教育学校、商河县烟草专卖局、商河县国税局等单位。有志愿者服务，开展广场舞、健身操等活动。通公交车。

银东社区 370126-A01-J13
[Yíndōng Shèqū]

属许商街道管辖。在商河县东部。面积0.02平方千米。人口1 800。因辖区位于银河路以东而得名。2002年成立。有楼房1栋，现代中式建筑风格。驻有商河县五金公司、商河县百货公司、商河县农机公司、商河县副食品公司等单位。有志愿者服务，开展好媳妇好婆婆评选、公益电影放映等活动。通公交车。

柳行社区 370126-A01-J14
[Liǔháng Shèqū]

属许商街道管辖。在商河县东部。面积0.8平方千米。人口1 500。以原夏家柳行为名。2002年成立。有楼房1栋，现代中式建筑风格。驻有商河县粮食储备库、商河县民建面粉厂等单位。有志愿者服务，开展好媳妇好婆婆评选、公益电影放映等活动。通公交车。

二　居民点

历下区

城市居民点

科苑小区 370102–I01
[Kēyuàn Xiǎoqū]

在区境中部。人口 4 000。总面积 5.3
公顷。因小区地处济南市科技城片区，拥
有济南高新技术产业开发区所开发的配套
服务设施，故名。1993 年始建，北区 1998
年正式使用，南区 2000 年正式使用。建筑
总面积 330 000 平方米，多层住宅楼 35 栋，
现代建筑风格。绿化率 35%，有小学、幼
儿园、社区卫生服务站等配套设施。通公
交车。

友谊苑 370102–I02
[Yǒuyì Yuàn]

在区境中部。人口 8 800。总面积 13.3
公顷。原为姚家镇友谊集团所在地，"友谊"
意指团结友好和睦，故名。2000 年始建，
2000 年正式使用。建筑总面积 180 000 平
方米，多层住宅楼 36 栋，现代建筑风格。
绿地面积 5 856 平方米，有党群服务中心、
社区卫生服务站等配套设施。通公交车。

新馨家园 370102–I03
[Xīnxīn Jiāyuán]

在区境中部。人口 3 100。总面积 7.6
公顷。以寓意居民对新建小区温馨居住环

境的憧憬命名。2002 年始建，2003 年正式
使用。建筑总面积 104 000 平方米，多层住
宅楼 13 栋，现代建筑风格。绿化率 30%。
通公交车。

名士豪庭 370102–I04
[Míngshìháotíng]

在区境中部。人口 17 500。总面积 33.3
公顷。"名士"取自杜甫《陪李北海宴历
下亭》中的"海内此亭古，济南名士多"，
寓意此处有适合知名人士居住的理想生活环
境，且小区为高档住宅小区，故名。2005
年始建，2006 年正式使用。建筑总面积
1 030 000 平方米，住宅楼 109 栋，其中高
层 91 栋、别墅 10 栋、公建楼 8 栋，现代建
筑风格。绿化率 40%，有小学、幼儿园、健
身器材、儿童游乐场等配套设施。通公交车。

窑头小区 370102–I05
[Yáotóu Xiǎoqū]

在区境中部。人口 3000。总面积 8.0
公顷。因小区是在窑头村旧址改造而成，
故名。1993 年始建，1994 年正式使用。建
筑总面积 272 300 平方米，住宅楼 31 栋，
其中高层 11 栋、多层 20 栋，现代建筑风格。
绿化率 40%，有小学、便民超市、卫生所
等配套设施。通公交车。

现代逸城 370102–I06
[Xiàndàiyìchéng]

在区境中部。人口 4 500。总面积 11.5

公顷。因小区内既有各种现代化的配套设施，又有舒适的生活环境，故名。2009年始建，2012年正式使用。建筑总面积270 000平方米，住宅楼22栋，其中高层17栋、多层5栋，现代建筑风格。绿化率40%，有小学、超市等配套设施。通公交车。

燕东山庄 370102-I07
[Yàndōng Shānzhuāng]

在区境中部。人口2 300。总面积6.1公顷。因小区位于二环东路以东，开发单位为燕山集团，故名。1999年始建，2000年正式使用。建筑总面积84 300平方米，多层住宅楼24栋、别墅9栋，现代建筑风格。绿化率10%，有幼儿园等配套设施。通公交车。

青后小区 370102-I08
[Qīnghòu Xiǎoqū]

在区境西部。人口16 000。总面积42.3公顷。因小区为青龙街小区和后坡东街小区合并而成，故名。1989年始建，1994年正式使用。建筑总面积203 000平方米，住宅楼97栋，其中高层49栋、多层48栋，现代建筑风格。绿化率3%，有健身广场、健身器材等配套设施。通公交车。

佛山苑 370102-I09
[Fóshān Yuàn]

在区境西南部。人口9 500。总面积11.4公顷。因此地原为佛山街两侧的旧居民点，拆迁重建后沿用旧名，且此地原有旧庙"佛山院"，故名。1992年始建，1993年正式使用。建筑总面积147 200平方米，多层住宅楼57栋，现代建筑风格。绿化率35%，有幼儿园、卫生服务站等配套设施。通公交车。

司里街小区 370102-I10
[Sīlǐjiē Xiǎoqū]

在区境西南部。人口3 000。总面积1.0公顷。因位于司里街，故名。1993年始建，1996年正式使用。建筑总面积30 000平方米，多层住宅楼37栋，现代建筑风格。绿化率35%，有党群服务中心等配套设施。通公交车。

棋盘小区 370102-I11
[Qípán Xiǎoqū]

在区境西南部。人口10 205。总面积49.0公顷。因小区位于棋盘街附近，故名。1992年始建，2000年正式使用。建筑总面积490 000平方米，多层住宅楼72栋，现代简约建筑风格。有小学、便民超市等配套设施。通公交车。

历山名郡 370102-I12
[Lìshān Míngjùn]

在区境西南部。人口3 000。总面积14.6公顷。因邻近历山（今千佛山）而得名。2006年始建，2008年正式使用。建筑总面积220 000平方米，住宅楼20栋，其中高层15栋、多层5栋，现代建筑风格。绿地面积50 000平方米，有地下停车场、健身器材、诊所等配套设施。通公交车。

趵突泉小区 370102-I13
[Bàotūquán Xiǎoqū]

在区境西部。人口2 600。总面积22.6公顷。因临近趵突泉公园，故名。1990年始建，1993年正式使用。建筑总面积157 600平方米，住宅楼51栋，其中高层3栋、多层48栋，现代建筑风格。绿地面积1 000平方米，有诊所、理发店、蔬菜便利店等配套设施。通公交车。

正觉寺小区 370102-I14
[Zhèngjuésì Xiǎoqū]

在区境西部。人口 7 800。总面积 29.0 公顷。因小区位于原正觉寺街南，故名。1990 年始建，1993 年正式使用。建筑总面积 241 700 平方米，多层住宅楼 75 栋，现代建筑风格。绿地面积 2 250 平方米，有卫生服务站、理发店、蔬菜便利店等配套设施。通公交车。

菜市新村 370102-I15
[Càishì Xīncūn]

在区境西北部。人口 3 800。总面积 10.0 公顷。因位于菜市庄附近，故名。1980 年始建，2004 年正式使用。建筑总面积 108 100 平方米，多层住宅楼 33 栋，现代建筑风格。绿化率 30%，有小学、幼儿园等配套设施。通公交车。

东泺河小区 370102-I16
[Dōngluòhé Xiǎoqū]

在区境西北部。人口 2 500。总面积 4.7 公顷。因西邻东泺河，故名。1987 年始建，1990 年正式使用。建筑总面积 80 000 平方米，多层住宅楼 20 栋，现代建筑风格。绿化率 1.5%，有养老中心、健身器材等配套设施。通公交车。

长盛小区 370102-I17
[Chángshèng Xiǎoqū]

在区境西北部。人口 17 000。总面积 39.7 公顷。因旧有东长盛街，故名，寓意兴旺繁荣，长盛不衰。1987 年始建，1990 年正式使用。建筑总面积 530 000 平方米，多层住宅楼 154 栋，现代建筑风格。绿化率 27%，有小学、幼儿园、诊所等配套设施。通公交车。

东仓小区 370102-I18
[Dōngcāng Xiǎoqū]

在区境西北部。人口 6 100。总面积 11.0 公顷。因小区所在地原是古城东侧存放粮食军火的仓库，故名。1987 年始建，1990 年正式使用。建筑总面积 134 100 平方米，多层住宅楼 24 栋，现代建筑风格。绿化率 5%，有小学、幼儿园、便民超市等配套设施。通公交车。

师东村 370102-I19
[Shīdōngcūn]

在区境西北部。人口 1 200。总面积 5.5 公顷。因位于山东师范大学以东，临近山师东路，故名。1978 年始建，2000 年正式使用。建筑总面积 140 000 平方米，多层住宅楼 45 栋，现代建筑风格。绿化率 3%，有中学、综合文化活动中心、诊所、综合便民商店等配套设施。通公交车。

开元山庄 370102-I20
[Kāiyuán Shānzhuāng]

在区境西北部。人口 4 400。总面积 43.3 公顷。因小区南邻开元寺，环境清幽，取"山庄"二字，故名。1992 年始建，1996 年正式使用。建筑总面积 320 000 平方米，住宅楼 26 栋，其中高层 4 栋、多层 22 栋，现代建筑风格。绿化率 6%，有幼儿园、诊所、综合文化活动中心、综合便民商店等配套设施。通公交车。

环山小区 370102-I21
[Huánshān Xiǎoqū]

在区境西部。人口 1 300。总面积 2.0 公顷。因该小区三面环山，又位于环山路上，故名。1995 年始建，1999 年正式使用。建筑总面积 40 000 平方米。通公交车。

永大清华园 370102-I22

[Yǒngdà Qīnghuáyuán]

在区境西部。人口 1 300。总面积 7.0公顷。因小区由山东永大房地产开发有限公司开发建设，且三面环山，清静幽雅，故名。2002 年始建，2004 年正式使用。建筑总面积 90 000 平方米，小高层住宅楼 13 栋，现代建筑风格。绿地面积 5 500 平方米，有地下停车场、健身路径等配套设施。通公交车。

和平路新村 370102-I23

[Hépínglù Xīncūn]

在区境西北部。人口 6 100。总面积 0.1公顷。因在和平路北侧，故名。1978 年始建，1980 年正式使用。建筑总面积 3 000 平方米，多层住宅楼 49 栋，现代建筑风格。绿化率 35%，有小学等配套设施。通公交车。

建筑新村 370102-I24

[Jiànzhù Xīncūn]

在区境西北部。人口 800。总面积 1.3公顷。因地处建筑新村南路附近，故名。1955 年始建，1982 年正式使用。建筑总面积 12 000 平方米，住宅楼 18 栋，其中高层 5 栋、多层 13 栋，现代建筑风格。绿化率 6.2%，有小学、幼儿园等配套设施。通公交车。

绿景嘉园 370102-I25

[Lùjǐng Jiāyuán]

在区境西北部。人口 2 200。总面积 5.7公顷。因小区绿化环境好，优美宜居，景色宜人，故名。1998 年始建，2000 年正式使用。建筑总面积 115 000 平方米，住宅楼 18 栋，其中小高层 5 栋、多层 13 栋，现代建筑风格。绿地面积 12 000 平方米。通公交车。

甸柳新村 370102-I26

[Diànliǔ Xīncūn]

在区境中部。人口 55 000。总面积 68.0公顷。因位于甸柳庄南面附近，故名。1984 年始建，1987 年正式使用。建筑总面积 1 300 000 平方米，住宅楼 285 栋，其中高层 95 栋、多层 190 栋，现代建筑风格。绿化率 21%，有文化广场、幼儿园、小学、中学等配套设施。通公交车。

中建文化城 370102-I27

[Zhōngjiàn Wénhuàchéng]

在区境中部。人口 4 500。总面积 22.0公顷。因开发单位为中建房地产开发有限公司，且位于文化东路上，周边文化氛围浓厚，故名。2009 年始建，2010 年正式使用。建筑总面积 280 000 平方米，住宅楼 35 栋，其中高层 16 栋、多层 19 栋，现代建筑风格。绿化率 42%，有健身广场、幼儿园等配套设施。通公交车。

燕子山小区 370102-I28

[Yànzishān Xiǎoqū]

在区境中部。人口 14 400。总面积 17.3公顷。因位于燕子山脚下，故名。1987 年始建，1989 年正式使用。建筑总面积 219 000 平方米，多层住宅楼 87 栋，现代建筑风格。绿地面积 10 000 平方米，有公园、幼儿园等配套设施。通公交车。

燕子山庄 370102-I29

[Yànzi Shānzhuāng]

在区境中部。人口 100。总面积 1.4公顷。因依燕子山西麓山腰而建，故名。2003 年始建，2003 年正式使用。建筑总面积 8 000 平方米，住宅楼 14 栋，为单体别墅。绿地面积 3 000 平方米，有文化活动中心等配套设施。通公交车。

盛福花园 370102-I30

[Shèngfú Huāyuán]

在区境东北部。人口 11 800。总面积 34.1 公顷。"盛"寓意兴盛、旺盛,"福"代表幸福美满,且基于盛福庄旧址而建,故名。2006 年始建,2008 年正式使用。建筑总面积 330 000 平方米,多层住宅楼 56 栋,现代建筑风格。绿化率 55%,有幼儿园、社区卫生服务中心等配套设施。通公交车。

中海紫御东郡 370102-I31

[Zhōnghǎi Zǐyù Dōngjùn]

在区境东北部。人口 8 000。总面积 22.5 公顷。因开发单位为济南中海地产有限公司,"紫"寓意紫气东来,"御"表明项目的高端属性,故名。2008 年始建,2010 年正式使用。建筑总面积 285 000 平方米,高层住宅楼 11 栋、别墅 42 栋,新古典主义建筑风格。绿化率 29%,有小学、幼儿园等配套设施。通公交车。

舜兴花园 370102-I32

[Shùnxīng Huāyuán]

在区境东南部。人口 1 100。总面积 3.6 公顷。寓意尧舜文化源远流长、期盼齐鲁文明兴旺延绵,故名。2007 年始建,2009 年正式使用。建筑总面积 610 000 平方米,小高层住宅楼 7 栋,现代建筑风格。绿化率 46%,有门诊、理发店、菜市场等配套设施。通公交车。

海尔绿城全运村 370102-I33

[Hǎi'ěrlǜchéng Quányùncūn]

在区境东南部。人口 8 000。总面积 31.3 公顷。因开发单位为海尔绿城集团,且全运会召开期间,运动员和媒体记者多在此居住,故名。2007 年始建,2010 年正式使用。建筑总面积 660 000 平方米,住宅楼 92 栋,其中小高层 28 栋、多层 64 栋,现代建筑风格。绿化率 35%,有商场、电影院、门诊等配套设施。通公交车。

锦屏家园 370102-I34

[Jǐnpíng Jiāyuán]

在区境东部。4 476 户。总面积 50.0 公顷。济南八景之一"锦屏春晓"景观位于龙洞风景区内,而该小区属龙洞街道,故取"锦屏"二字。2006 年始建,2008 年正式使用。建筑总面积 570 000 平方米,多层住宅楼 86 栋,现代中式建筑风格。绿地面积 200 000 平方米,有幼儿园、社区卫生服务站、超市、健身器材等配套设施。通公交车。

盛世花苑小区 370102-I35

[Shèngshìhuāyuàn Xiǎoqū]

在区境东部。2 147 户。总面积 11.5 公顷。以吉祥嘉言得名。2008 年正式使用。建筑总面积 350 000 平方米,小高层和高层住宅楼 18 栋,中式现代建筑风格。绿化率 30%,有幼儿园、风情商业街等配套设施。通公交车。

农村居民点

丁家庄 370102-A01-H01

[Dīngjiāzhuāng]

在区驻地姚家街道东北方向 2.0 千米。姚家街道辖自然村。人口 2 600。相传明朝永乐年间,庄内一井中有妖怪,村民在井上盖一镇武庙镇妖,取名"定妖庄",后觉村名不雅,故以"定"字谐音"丁"改村名为"丁家庄"。聚落呈团块状。有幼儿园 1 所。有三元宫、五神堂等古迹,高跷、舞龙、威风锣鼓、花鼓秧歌等民俗。经济以批发、手工制造为主,主要企业有山东诚达集团有限公司。农业以种植小麦、玉米为主，经济作物主要有黄豆、葡萄、李子等。有公路经此。

刘智远 370102-A12-H01

[Liúzhìyuǎn]

在区驻地姚家街道西方向 6.0 千米。智远街道辖自然村。人口 3 400。五代十国时期，因后汉高祖刘知远在此生活，在其种瓜处建庙立碑纪念，并将村名改为刘知远庙村。后后汉王朝内乱，村民认为是刘知远缺乏智慧导致失败，遂将村名改为"刘智远村"。聚落呈团块状。有幼儿园 2 所、小学 2 所。有吕剧团。经济以种植业为主，主产地瓜、大豆、高粱、谷子、棉花、芝麻、向日葵、蓖麻等。有公路经此。

中井庄 370102-A13-H01

[Zhōngjǐngzhuāng]

在区驻地姚家街道西北方向 3.5 千米。龙洞街道辖自然村。人口 1 000。因山沟中自上而下排列着三口井，此庄在中间井之处，故名。聚落呈带状。经济以种植小麦、玉米、地瓜等为主，有采石和运输等副业。有公路经此。

市中区

城市居民点

乐山小区 370103-I01

[Lèshān Xiǎoqū]

在区境北部。3 344 户。总面积 17.1 公顷。由乐山元龙房地产开发有限公司承建开发，故名。1986 年始建，1989 年正式使用。建筑面积 194 000 万平方米，多层住宅楼 40 栋，现代建筑风格。绿地面积 1 000 平方米，有幼儿园、老年人活动站、便利

商店等配套设施。通公交车。

岔路街小区 370103-I02

[Chàlùjiē Xiǎoqū]

在区境北部。人口 10 100。总面积 0.4 公顷。因位于岔路街附近而得名。1996 年始建，1997 年正式使用。建筑总面积 410 000 平方米，多层住宅楼 64 栋，现代建筑风格。绿化率 40%，有小学、便利超市等配套设施。通公交车。

睦和苑小区 370103-I03

[Mùhéyuàn Xiǎoqū]

在区境西北部。人口 6 000。总面积 94.0 公顷。以希望邻里和睦相处得名。1994 年始建，2002 年正式使用。建筑总面积 81 000 平方米，多层住宅楼 27 栋，现代建筑风格。绿地面积 1 000 平方米，有小学、幼儿园、便民超市、卫生所等配套设施。通公交车。

春元里小区 370103-I04

[Chūnyuánlǐ Xiǎoqū]

在区境西北部。人口 2 900。总面积 0.3 公顷。寓意春暖花开，群众团结一致，构建和谐社会而得名。1993 年始建，1994 年正式使用。建筑总面积 28 000 平方米，多层住宅楼 10 栋，现代建筑风格。绿地面积 300 平方米，有健身广场、有氧步行道等配套设施。通公交车。

信义庄小区 370103-I05

[Xìnyìzhuāng Xiǎoqū]

在区境东北部。人口 10 000。总面积 0.5 公顷。因位于信义庄而得名。1997 年始建，1998 年正式使用。建筑总面积 30 645 平方米，多层住宅楼 2 栋，现代建筑风格。绿地面积 300 平方米，有健身小广场等配套设施。通公交车。

邮电新村 370103-I06
[Yóudiàn Xīncūn]

在区境东北部。人口 6 000。总面积 2.0 公顷。原是省、市移动、联通，邮政等通信系统单位的宿舍区，故名。1995 年始建，1996 年正式使用。建筑总面积 92 493 平方米，住宅楼 30 栋，其中高层 2 栋、多层 28 栋，现代中式建筑风格。绿化率 35%，有小学、便民超市等配套设施。通公交车。

馆驿街小区 370103-I07
[Guǎnyìjiē Xiǎoqū]

在区境西部。人口 3 500。总面积 10.0 公顷。因坐落在馆驿街而得名。1994 年始建，1994 年正式使用。建筑总面积 12 000 平方米，住宅楼 20 栋，其中高层 2 栋、多层 18 栋，现代建筑风格。绿地面积 200 平方米，有小学等配套设施。通公交车。

七一小区 370103-I08
[Qīyī Xiǎoqū]

在区境中部。人口 11 000。总面积 0.2 公顷。因位于经七纬一路附近，故名。1990 年始建，1993 年正式使用。建筑总面积 240 000 平方米，住宅楼 34 栋，其中高层 1 栋、多层 33 栋，现代建筑风格。绿地面积 1 000 平方米，有便民超市等配套设施。通公交车。

世纪佳园 370103-I09
[Shìjì Jiāyuán]

在区境西南部。人口 3 200。总面积 9.7 公顷。以新世纪与家庭和睦幸福之意命名。2004 年始建，2007 年正式使用。建筑总面积 200 000 平方米，高层住宅楼 15 栋，欧式建筑风格。绿地面积 12 000 平方米，有幼儿园等配套设施。通公交车。

七里山北村 370103-I10
[Qīlǐshān Běicūn]

在区境中部。人口 1 600。总面积 7.0 公顷。因位于七里山西北部，故名。1979 年始建，1981 年正式使用。建筑总面积 70 000 平方米，多层住宅楼 15 栋，现代建筑风格。绿化率 10%，有小学等配套设施。通公交车。

云曲山庄 370103-I11
[Yúnqū Shānzhuāng]

在区境南部。人口 1 000。总面积 7.5 公顷。以"云间奏鸣曲，巍巍吐华章"命名。2001 年始建，2005 年正式使用。建筑总面积 150 000 平方米，小高层住宅楼 8 栋，现代建筑风格。绿地面积 2 500 平方米，有幼儿园、便民超市等配套设施。通公交车。

山景明珠花园 370103-I12
[Shānjǐng Míngzhū Huāyuán]

在区境北部。人口 2 100。总面积 7.0 公顷。小区依山而建，因郎茂山迷人的自然风景让山景明珠花园小区像一颗镶嵌在郎茂山北麓的明珠，故而得名。2004 年始建，2006 年正式使用。建筑总面积 95 817 平方米，住宅楼 14 栋，其中高层 7 栋、多层 7 栋，现代建筑风格。绿地面积 10 000 平方米，有幼儿园等配套设施。通公交车。

泉景卧龙花园 370103-I13
[Quánjǐng Wòlóng Huāyuán]

在区境西部。人口 6 200。总面积 22.0 公顷。因位于青龙山脚下，依山而得名。2002 年始建，2004 年正式使用。建筑总面积 113 500 平方米，住宅楼 70 栋，其中高层 8 栋、多层 62 栋，现代建筑风格。绿化率 30%，有幼儿园、中小学、便民超市等配套设施。通公交车。

郎茂山小区 370103-I14

[Lángmàoshān Xiǎoqū]

在区境中部。5 839 户。总面积 21.2 公顷。因紧邻郎茂山，故名。1993 年正式使用。建筑总面积 414 000 平方米，住宅楼 120 栋，现代建筑风格。绿地面积 63 600 平方米，有幼儿园、中小学、邮局、银行、超市等配套设施。通公交车。

玉函小区 370103-I15

[Yùhán Xiǎoqū]

在区境东南部。人口 19 270。总面积 1.0 公顷。因靠近玉函铁路宿舍，故名。1993 年始建，1994 年正式使用。建筑总面积 454 000 平方米，住宅楼 104 栋，其中高层 6 栋、多层 98 栋，现代简约建筑风格。绿地面积 180 000 平方米，有幼儿园、小学、超市、社区卫生服务中心等配套设施。通公交车。

名商广场 370103-I16

[Míngshāng Guǎngchǎng]

在区境中部。总面积 1.1 公顷。人口 1 000。以美好寓意命名。2003 年始建，2010 年正式使用。建筑总面积 37 608 平方米，住宅楼 3 栋，其中高层 2 栋、多层 1 栋，现代建筑风格。有小学、便民超市等配套设施。通公交车。

新世纪银苑 370103-I17

[Xīnshìjì Yínyuàn]

在区境南部。人口 300。总面积 5 公顷。由新世纪房地产开发有限公司开发，故名。2008 年始建，2010 年正式使用。建筑总面积 42 600 平方米，高层住宅楼 5 栋，现代建筑风格。绿化率 40%，有小学、便民超市、卫生所等配套设施。通公交车。

他山花园 370103-I18

[Tāshān Huāyuán]

在区境南部。人口 3 200。总面积 4.28 公顷。意在以砺石自谦，以客户为美玉，故名。2009 年始建，2010 年正式使用。建筑总面积 88 935.14 平方米，住宅楼 10 栋，其中高层 4 栋、多层 6 栋，现代建筑风格。绿化率 50%，有小学、便民超市、卫生所等配套设施。通公交车。

六和苑小区 370103-I19

[Liùhéyuàn Xiǎoqū]

在区境南部。人口 800。总面积 0.6 公顷。以希望广大居民工作顺利、生活和谐之意命名。2003 年始建，2003 年正式使用。建筑总面积 27 300 平方米，住宅楼 7 栋，其中高层 2 栋、多层 5 栋，现代建筑风格。绿化率 30%，有小学、便民超市、卫生所等配套设施。通公交车。

伟东新都 370103-I20

[Wěidōngxīndū]

在区境南部。面积 23.0 公顷，人口 10 300。因小区由济南伟东置业有限公司开发，故名。2002 年始建，2008 年正式使用。建筑总面积 400 000 平方米，小高层住宅楼 56 栋，现代建筑风格。绿化率 40%。通公交车。

舜玉小区 370103-I21

[Shùnyù Xiǎoqū]

在区境东南部。9 016 户。总面积 8.5 公顷。因其东接舜耕路，西接玉函路而命名。1988 年始建，1995 年正式使用。建筑总面积 700 000 平方米，多层住宅楼 206 栋，现代建筑风格。绿地面积 2 500 平方米，有综合商场、小学、幼儿园、社区卫生服务中心等配套设施。通公交车。

泺源回民小区 370103-I22
[Luòyuán Huímín Xiǎoqū]

在区境北部。4 077 户。总面积 6.0 公顷。因小区是回族聚集地，故称回民小区。1992 年始建，1995 年正式使用。建筑总面积 120 000 平方米，多层住宅楼 63 栋，现代建筑风格。绿地面积 1 260 平方米，有小学、幼儿园、中学、社区卫生服务中心等配套设施。通公交车。

王官庄小区 370103-I23
[Wángguānzhuāng Xiǎoqū]

在区境西南部。10 990 户。总面积 56.3 公顷。因地处王官庄而得名。1994 年始建，1996 年正式使用。建筑总面积 563 000 平方米，多层住宅楼 110 栋，现代建筑风格。绿地面积 12 000 平方米，有中小学、便民商店、社区卫生中心等配套设施。通公交车。

王冠花园 370103-I24
[Wángguān Huāyuán]

在区境西南部。人口 500。总面积 0.5 公顷。因在王官庄辖区，取谐音"王冠"，是居民生活的快乐家园，故名。2005 年始建，2008 年正式使用。建筑总面积 23 000 平方米，多层住宅楼 5 栋，现代建筑风格。绿地面积 1 280 平方米，有便民超市等配套设施。通公交车。

国华东方美郡 370103-I25
[Guóhuá Dōngfāng Měijùn]

在区境东北部。人口 1 300。总面积 7.3 公顷。国华取自开发商名称，东方美郡意为美丽的地方。2008 年始建，2010 年正式使用。建筑总面积 73 400 平方米，别墅 46 栋。绿化率 26%，有幼儿园等配套设施。通公交车。

阳光舜城 370103-I26
[Yángguāng Shùnchéng]

在区境东南部。9 421 户。总面积 871.0 公顷。因建在舜耕山下而得名。2000 年始建，2006 年正式使用。建筑总面积 510 000 平方米，住宅楼 554 栋，其中高层 132 栋、多层 422 栋，现代建筑风格。绿地面积 205 300 平方米，有学校、幼儿园、超市等配套设施。通公交车。

白马家园 370103-I27
[Báimǎ Jiāyuán]

在区境北部。人口 3 200。总面积 25.0 公顷。因位于白马山脚下，希望住户能够体会到家的温馨，故名。1999 年始建，2002 年正式使用。建筑总面积 130 000 平方米，多层住宅 20 楼栋，现代建筑风格。绿地面积 200 平方米，有幼儿园、便民超市、卫生室等配套设施。通公交车。

中海国际社区 370103-I28
[Zhōnghǎi Guójì Shèqū]

在区境中部。50 000 户。总面积 228.7 公顷。因由济南中海地产投资有限公司投资建设，故名。2005 年始建，2011 年正式使用。建筑总面积 3 115 000 平方米，高层、小高层住宅楼 175 栋，中式、别墅建筑风格。绿地面积 914 800 平方米，有幼儿园、中小学、社区卫生服务中心等配套设施。通公交车。

东方圣景花园 370103-I29
[Dōngfāng Shèngjǐng Huāyuán]

在区境西南部。人口 2 000。总面积 7.7 公顷。因项目东邻马五寨山，环境优美、空气清新，于是起名东方圣景。2010 年始建，2011 年正式使用。建筑总面积 150 000 平方米，住宅楼 12 栋，其中高层 2 栋、多层 10 栋，中式建筑风格。绿化率 35%，有幼儿园、医务室等配套设施。通公交车。

京鲁山庄 370103-I30
[Jīnglǔ Shānzhuāng]

在区境西南部。人口 5 600。总面积 5.7 公顷。因是北京的房地产公司在济南开发的项目而得名。2004 年始建，2007 年正式使用。建筑总面积 110 000 平方米，住宅楼 12 栋，其中高层 4 栋、多层 8 栋，现代建筑风格。绿化率 35%，有幼儿园等配套设施。通公交车。

鲁能领秀城 370103-I31
[Lǔnéng Lǐngxiùchéng]

在区境中部。30 000 户。总面积 504.0 公顷。因由山东鲁能亘富开发有限公司投资建设，且为南部较大型综合小区，故名。2005 年始建，2007 年正式使用。建筑总面积 4 200 000 平方米，高层、小高层住宅楼 150 栋，现代建筑风格。绿化率 35.12%，有购物中心、中小学、幼儿园、诊所等配套设施。通公交车。

外海蝶泉山庄 370103-I32
[Wàihǎi Diéquán Shānzhuāng]

在区境南部。人口 5 000。总面积 23.7 公顷。"外海"两字代表开发公司名，"蝶"和"泉"代指生态、绿色，意为山地全景观绿色住宅区。2000 年始建，2007 年正式使用。建筑总面积 198 800 平方米，住宅楼 61 栋，其中高层 18 栋、多层 11 栋，现代中式建筑风格，另有别墅 24 排、洋房 8 栋。绿化率 50%，有健身广场、亲子乐园、花坛迷宫等配套设施。通公交车。

华润中央公园 370103-I33
[Huárùn Zhōngyānggōngyuán]

在区境东部。2 372 户。总面积 533.3

公顷。因由华润置地（山东）发展有限公司投资开发，故名。2012 年始建，2013 年正式使用。建筑总面积 4 000 000 平方米，高层住宅楼 27 栋，现代建筑风格。绿化率 35%，有幼儿园、中小学、医疗机构、文娱设施、老年服务设施等配套设施。通公交车。

农村居民点

分水岭 370103-A14-H01
[Fēnshuǐlǐng]

在区驻地杆石桥街道南方向 9.7 千米。十六里河街道辖自然村。人口 1 000。明朝洪武年间，分水岭村的先人们因玉函山景色秀丽，山上有佛寺佛像，分水岭又地势较高，可避免洪涝之灾，故在此定居、生活，历经数代形成村落坐落其间，故名。聚落呈团块状。有文化大院、农家书屋 4 个。经济以租赁为主。有 103 省道经此。

涝坡 370103-A14-H02
[Làopō]

在区驻地杆石桥街道东南方向 14.0 千米。十六里河街道辖自然村。人口 1 800。该村处在山坡之上，依山而建，由于地形地貌等原因，大雨过后容易出现洪涝灾害，因此得名涝坡。聚落呈团块状分布。有幼儿园 1 所。经济以农作物种植、建材生产、食品加工等为主。有济泰高速公路经此。

兴隆一村 370103-A15-H01
[Xīnglóngyīcūn]

在区驻地杆石桥街道东南方向 2.0 千米。兴隆街道辖自然村。人口 3 000。因位于兴隆街道办事处而得名。聚落呈散状。有农家书屋 1 个、幼儿园 1 所。经济以种植小麦、玉米等农作物为主。有公路经此。

兴隆三村 370103-A15-H02
[Xīnglóngsāncūn]

在区驻地杆石桥街道南方向 9.0 千米。兴隆街道辖自然村。人口 3 200。1982 年兴隆大队按照自然片区分为三个大队，该村为兴隆三大队，后名兴隆三村。聚落呈散状。有文化大院 1 个，小学、幼儿园各 1 所。经济以种植小麦、玉米等农作物为主。有公路经此。

大岭 370103-A15-H03
[Dàlǐng]

在区驻地杆石桥街道东南方向 10.0 千米。兴隆街道辖自然村。人口 500。明宣宗年间，苏南阳迁来，因北山又大又高，故取名大岭村。聚落呈团块状。村内有大岭泉、大岭洞、百年唐槐、百年老柏树、公修池碑记。经济以种植小麦、玉米等农作物为主。有公路经此。

小岭 370103-A15-H04
[Xiǎolǐng]

在区驻地杆石桥街道东南方向 10.0 千米。兴隆街道辖自然村。人口 1 400。因村北有座小的山岭而得名。聚落呈团块状。有农家书屋 1 个。有一条古时驿道、传说为鲁班建造的石塔。经济以种植玉米、小麦和核桃为主。有公路经此。

犷村 370103-A15-H05
[Gǒngcūn]

在区驻地杆石桥街道东南方向 10.0 千米。兴隆街道辖自然村。人口 2 900。传说村西北山上有一个形似金蛋的东西滚了下来，把山上压了一溜沟，故名（至今山上留有沟的痕迹）。聚落呈团块状。有文化大院 1 个、小学 1 所、幼儿园 2 所。有区级文物保护单位怀晋墓。有建于唐朝的白

云观、距今 1 000 多年的古银杏树 2 株。经济以种植栗子、小米、玉米等为主。有公路经此。

王家 370103-A15-H06
[Wángjiā]

在区驻地杆石桥街道东南方向 11.0 千米。兴隆街道辖自然村。人口 500。以姓氏命名。聚落呈散状。有文化大院 1 个、文化书屋 1 个、幼儿园 1 所。有南三孔石拱大桥、芙蓉池等古迹。经济以种植业为主，特产红杏。有公路经此。

郭家 370103-A15-H07
[Guōjiā]

在区驻地杆石桥街道东南方向 12.0 千米。兴隆街道辖自然村。人口 500。以姓氏命名。聚落呈散状。有文化广场 1 个、幼儿园 1 所。经济以种植业为主。有公路经此。

郑家 370103-A15-H08
[Zhèngjiā]

在区驻地杆石桥街道东南方向 14.0 千米。兴隆街道辖自然村。人口 500。以姓氏命名。聚落呈带状。有文化大院 1 个。经济以种植中药为主，主要有丹参、板蓝根、决明子、射干、百合、菊花等各种药材。有公路经此。

侯家 370103-A15-H09
[Hóujiā]

在区驻地杆石桥街道东南方向 16.0 千米。兴隆街道辖自然村。人口 800。以姓氏命名。聚落呈团块状。有文化大院 1 个。村内有碧霞祠庙。经济以种植业为主，主要作物有玉米、小麦、谷子，林果有杏、核桃、山楂。有公路经此。

青桐山 370103-A15-H10
[Qīngtóngshān]

在区驻地杆石桥街道东南方向 21.7 千米。兴隆街道辖自然村。人口 100。因建村在青桐山的半山腰，故名。聚落呈团块状分布。有文化大院 1 个、农家书屋 1 个。经济以种植业为主。有公路经此。

白土岗 370103-A15-H11
[Báitǔgǎng]

在区驻地杆石桥街道东南方向 5.0 千米。兴隆街道辖自然村。人口 800。因村东有一块土质发白的土崖头，故名。聚落呈团块状。有文化大院 1 个，小学、幼儿园各 1 所。经济以种植业为主。有公路经此。

搬倒井 370103-A15-H12
[Bāndǎojǐng]

在区驻地杆石桥街道东北方向 6.0 千米。兴隆街道辖自然村。人口 1 400。相传汉光武帝南下经此地，无水喂马，便搬倒了水井供马饮水，故名。聚落呈团块状分布。有文化大院 1 个、幼儿园 1 所。经济以建筑业、运输业为主。有公路经此。

罗而 370103-A16-H01
[Luó'ér]

在区驻地杆石桥街道西南方向 18.0 千米。党家街道辖自然村。人口 3 000。因罗佴两家系首户，故名罗儿村，后改为罗而村。聚落呈团块状分布。有农家书屋 1 个、小学 1 所、幼儿园 1 所。经济以种植业为主。104 国道经此。

邵而西 370103-A16-H02
[Shào'érxī]

在区驻地杆石桥街道西南方向 16.0 千米。党家街道辖自然村。人口 1 900。因唐

朝时有一邵姓人在此定居，后葬于此。因地理位置，区分为邵而西、邵而东，该村为西，故名。聚落呈团块状分布。有文化广场 1 个、小学 1 所。有名胜古迹唐王寨、东山行宫。经济以种植业为主，主产小麦、玉米、核桃、豆类。有公路经此。

邵而东 370103-A16-H03
[Shào'érdōng]

在区驻地杆石桥街道西南方向 16.0 千米。党家街道辖自然村。人口 2 500。因唐朝时有一邵姓人在此定居，后葬于此，且因地理位置，区分为邵而西、邵而东，该村为东，故名。聚落呈团块状分布。有农家书屋 1 个、幼儿园 1 所。经济以种植玉米、小麦等为主。有公路经此。

展村东村 370103-A16-H04
[Zhǎncūndōngcūn]

在区驻地杆石桥街道西南方向 15.0 千米。党家街道辖自然村。人口 1 300。相传在春秋战国时期，柳展雄兄弟在此占山为王，因除霸有功，被封为金龙寺大王，故得名。聚落呈团块状分布。有农家书屋 1 个。经济以种植小麦、玉米、棉花、花生、杂粮、核桃等为主。有公路经此。

小白 370103-A16-H05
[Xiǎobái]

在区驻地杆石桥街道西南方向 16.0 千米。党家街道辖自然村。人口 2 400。因居民原多为白姓，村落较小，故名。聚落呈团块状分布。有文化广场 1 个、幼儿园 1 所。经济以种植小麦、玉米为主。有公路经此。

蛮子 370103-A16-H06
[Mánzi]

在区驻地杆石桥街道西南方向 18.0 千

米。党家街道辖自然村。人口 1 800。相传明朝有一南方人（当地称之为蛮子）路过此处，忽得急病而死，葬于村子。多年后，其坟两边的南北村合为一个自然村，得名蛮子村。聚落呈团块状分布。有农家书屋 1 个。经济以种植小麦、玉米等为主。济南绕城高速经此。

枣林 370103–A16–H07

[Zǎolín]

在区驻地杆石桥街道西南方向 16.0 千米。党家街道辖自然村。人口 1 500。因村里有枣树，故名。聚落呈团块状分布。有农家书屋 1 个。经济以制造业为主，有木板厂、塑胶厂、农具厂，主要农产品有生姜、大葱、玉米、青豆、红椒、大蒜。有公路经此。

党家庄东村 370103–A16–H08

[Dǎngjiāzhuāngdōngcūn]

在区驻地杆石桥街道西南方向 14.0 千米。党家街道辖自然村。人口 3 300。其中回族占人口的 90%。明朝成化年间，村民迁至此地的朱庄村，因回民避讳朱音，改为党家庄。此村位于党家东边，故名。聚落呈团块状分布。有农家书屋 1 个、小学 1 所、幼儿园 1 所。有名胜古迹党东清真寺。经济以种植小麦、玉米为主。有公路经此。

仁里 370103–A17–H01

[Rénlǐ]

在区驻地杆石桥街道西南方向 20.0 千米。陡沟街道辖自然村。人口 1 900。因当地人注重仁义礼智信，故名仁里。聚落呈团块状。有幼儿园 1 所。村内有乡村记忆馆。经济以粮棉种植和花卉种植为主，主要企业有山东山盛工贸有限公司、山东山盛花卉有限公司、金勋多肉植物有限公司等。

有公路经此。

北桥 370103–A17–H02

[Běiqiáo]

在区驻地杆石桥街道西南方向 3.5 千米。陡沟街道辖自然村。人口 500。因村庄靠近玉符河上一座石桥，故名。聚落呈团块状。经济以种植业为主，主产小麦、玉米，种植果树，主要企业有隆信饲料厂、鸿雁塑料容器厂。104 国道经此。

东风 370103–A17–H03

[Dōngfēng]

在区驻地杆石桥街道东南方向 1.8 千米。陡沟街道辖自然村。人口 300。取"东方红，太阳升"之意，故名。聚落呈团块状。有文化大院 1 个、农村书屋 1 个。经济以种植业为主，主产小麦、玉米。有公路经此。

杜家庙 370103–A17–H04

[Dùjiāmiào]

在区驻地杆石桥街道西南方向 18.0 千米。陡沟街道辖自然村。人口 2 200。古时杜姓在此居住，为祭拜祖先而修建家庙，故名。聚落呈团块状。有农村书屋 1 个、幼儿园 1 所。有迎仙桥、会仙桥、清真寺、观音阁等古迹。经济以种植业为主。220 国道经此。

丰齐 370103–A17–H05

[Fēngqí]

在区驻地杆石桥街道西方向 20.0 千米。陡沟街道辖自然村。人口 2 500。据说古时候秦国与另一个国家打仗，战争胜利后，该村正好在两个国家交界处，后起名为丰齐。聚落呈团块状。有农村书屋 1 个、文化大院 1 个、小学 1 所。经济以种植业为主。220 国道经此。

红卫 370103-A17-H06

[Hóngwèi]

在区驻地杆石桥街道西南方向 2.0 千米。陡沟街道辖自然村。人口 500。1968年水库移民时建村，根据当时国内形势命名。聚落呈团块状分布。有文化大院 1 个。经济以流转土地和集体厂房对外出租为主。有公路经此。

红星 370103-A17-H07

[Hóngxīng]

在区驻地杆石桥街道西南方向 28.0 千米。陡沟街道辖自然村。人口 500。因卧虎山水库移民搬迁在此地，以红红火火、兴旺发达之意命名。聚落呈团块状分布。有文化大院 1 个。经济以蔬菜种植为主，主产番茄、莴苣、芹菜、茄子、毛豆、西葫、卷心菜、秋葵等。有公路经此。

鸡耳屯 370103-A17-H08

[Jī'ěrtún]

在区驻地杆石桥街道西南方向 3.0 千米。陡沟街道辖自然村。人口 1 300。因传说村西有蝎子精，鸡吃蝎子，故名。聚落呈团块状分布。有文化大院 1 个、幼儿园 1所。村内有刘氏祠堂。经济以种植业为主，主产小麦、玉米。京沪高速经此。

立新 370103-A17-H09

[Lìxīn]

在区驻地杆石桥街道西南方向 20.0 千米。陡沟街道辖自然村。人口 400。因修卧虎山水库迁于此，属新迁村，取兴旺之意，故名。聚落呈团块状分布。经济以种植玉米、小麦、林果、蔬菜为主。

双庙屯 370103-A17-H10

[Shuāngmiàotún]

在区驻地杆石桥街道西南方向 3.0 千米。陡沟街道辖自然村。人口 600。因村东原有关帝庙，左侧原有土地庙，故名。聚落呈团块状分布。有文化大院 1 个。经济以种植业为主，主产小麦、玉米。有公路经此。

杨台 370103-A17-H11

[Yángtái]

在区驻地杆石桥街道西南方向 5.0 千米。陡沟街道辖自然村。人口 500。相传宋朝杨延景在此开山捉妖，建一土台，故名杨景台，后称杨台。聚落呈团块状。有文化大院 1 个、农家书屋 1 个。经济以食品加工、养鸡，种植油桃、洋葱、绿苹果等为主。

黄山店 370103-A17-H12

[Huángshāndiàn]

在区驻地杆石桥街道西方向 20.0 千米。陡沟街道辖自然村。人口 1 500。因村坐落在凤凰山下，是此地南北往来的要道，开店的村民较多，故取名为皇上店，后改为黄山店。聚落呈团块状分布。有农村书屋 1个。经济以种植业为主，主要农作物有小麦、玉米、甘薯。京沪高铁经此。

岳而 370103-A17-H13

[Yuè'ér]

在区驻地杆石桥街道西南方向 20.0 千米。陡沟街道辖自然村。人口 2 100。因村前后各一座丘岭，起名岳而。聚落呈带状分布。有文化大院 1 个、农村书屋 1 个。有重要建筑物凤华岳府和重要古迹三教堂、钟楼、关帝庙、老子洞。经济以种植业为主。104 国道经此。

大庙屯 370103-A17-H14

[Dàmiàotún]

在区驻地杆石桥街道西南方向 15.0 千

米。陡沟街道辖自然村。人口2 800。因村中建有马王庙，故名。聚落呈团块状。有文化大院1个、农村书屋1个。有重要古迹北庙、观音祠。经济以种植业为主。有公路经此。

小庄 370103-A17-H15
[Xiǎozhuāng]

在区驻地杆石桥街道西南方向17.0千米。陡沟街道辖自然村。人口700。因庄小人少，以郭姓为主，取名郭家小庄，后演化为小庄。聚落呈团块状。有小学1所、幼儿园1所。经济以种植业为主，主要农作物有小麦、玉米、甘薯，村办企业有砖厂、蓄电池厂、电筒厂、养鸡场。高铁京沪线、津浦线、胶济线、石济线，104国道经此。

殷家林 370103-A17-H16
[Yīnjiālín]

在区驻地杆石桥街道西南方向20.0千米。陡沟街道辖自然村。人口2 000。因村北凤凰山脚有殷士儋墓，故名。聚落呈团块状。有农家书屋1个、幼儿园1所。经济以种植业为主。京台高速、济广高速、济南绕城高速经此。

槐荫区

城市居民点

阳光100国际新城 370104-I01
[Yángguāng 100 Guójì Xīnchéng]

在区境东南部。人口11 000。总面积101.1公顷。以开发商名称命名。2002年始建，2004年正式使用。建筑面积1 700 500平方米，高层住宅楼72栋，现代建筑风格。绿地面积353 920平方米，有小学、幼儿园、健身广场、商业广场等配套设施。通公交车。

丁苑小区 370104-I02
[Dīngyuàn Xiǎoqū]

在区境东部。人口1 300。总面积3.4公顷。取人丁兴旺之意命名。2000年始建，2002年正式使用。建筑总面积55 000平方米，多层住宅楼10栋，现代中式建筑风格。绿地面积10 100平方米，有学校、医院、商场、超市等配套设施。通公交车。

东方新天地花园 370104-I03
[Dōngfāng Xīntiāndì Huāyuán]

在区境东部。人口1 600。总面积2.8公顷。因开发商在全国各地开发的小区皆以"东方"为系列命名，故将本项目命名为"东方新天地花园"。2010年始建，2011年正式使用。建筑总面积101 000平方米，住宅楼4栋，其中高层2栋、小高层2栋，现代中式建筑风格。绿地面积11 000平方米。有学校、商场、超市、医院、银行等配套设施。通公交车。

嘉瑞苑 370104-I04
[Jiāruì Yuàn]

在区境东部。人口1 200。总面积2.6公顷。重汽已有的三个小区均以"嘉"字开头，突出居住生活的祥和喜庆，故遵循统一性的原则，取名"嘉瑞苑"。2007年始建，2008年正式使用。建筑总面积67 000平方米，多层住宅楼7栋，现代中式建筑风格。绿地面积8 400平方米，有学校、商场、超市等配套设施。通公交车。

新世界阳光花园 370104-I05
[Xīnshìjiè Yángguāng Huāyuán]

在区境东部。人口7 100。总面积23.9公顷。以开发商名称命名，有新世纪、新生活之意。2000年始建，2003年正式使用。

建筑总面积 480 000 平方米，住宅楼 23 栋，其中小高层 15 栋、高层 8 栋，现代中式建筑风格。绿地面积 98 000 平方米，有小公园、超市、地下车库等配套设施。通公交车。

德裕家园 370104-I06
[Déyù Jiāyuán]

在区境东部。人口 15 600。总面积 21.8 公顷。"德"由道德街的"德"而来，"裕"因原来社区裕福里、裕仁里、裕忠里、裕华里等多条街道都带"裕"而命名，寓意社区居民过着富裕、安乐、祥和的生活。2008 年始建，2012 年正式使用。建筑总面积 340 000 平方米，高层住宅楼 13 栋，现代中式建筑风格。绿地面积 76 400 平方米，有超市、学校、医院等配套设施。通公交车。

经纬嘉园 370104-I07
[Jīngwěi Jiāyuán]

在区境东部。人口 12 400。总面积 13.4 公顷。因小区南邻经一路，东起纬四路，西至纬九路，故名。2010 年始建，2012 年正式使用。建筑总面积 375 000 平方米，多层住宅楼 16 栋，现代中式建筑风格。绿地面积 46 700 平方米，有小学、幼儿园、球场、超市等配套设施。通公交车。

发祥巷小区 370104-I08
[Fāxiángxiàng Xiǎoqū]

在区境东部。人口 8 000。总面积 5.7 公顷。发祥巷为五里沟街道辖区内的一条路，是济南市比较早的商埠地区，故保留此地名，取名"发祥巷小区"，以纪念济南市进行的第一个棚户区改造工程，使人们更加珍惜今天的幸福生活。2007 年始建，2009 年正式使用。建筑总面积 240 000 平方米，住宅楼 12 栋，其中小高层 9 栋、多层 3 栋，现代中式建筑风格。绿地面积 19 500 平方米，有超市、学校、医院等配套设施。通公交车。

凯旋新城 370104-I09
[Kǎixuán Xīnchéng]

在区境东部。人口 8 200。总面积 14 公顷。因"凯旋"寓意积极进取，取胜利成功之意而得名。2007 年始建，2010 年正式使用。建筑总面积 268 000 平方米，住宅楼 12 栋，其中高层 6 栋、多层 6 栋，现代中式建筑风格。绿地面积 50 200 平方米，有地下车库、健身广场、幼儿园、超市等配套设施。通公交车。

段店馨苑 370104-I10
[Duàndiàn Xīnyuàn]

在区境中部。人口 7 600。总面积 16.5 公顷。因旧段店镇得名。2007 年始建，2009 年正式使用。建筑总面积 300 000 平方米，小高层住宅楼 46 栋，现代中式建筑风格。绿地面积 49 600 平方米，有超市、学校等配套设施。通公交车。

美里花园 370104-I11
[Měilǐ Huāyuán]

在区境西北部。人口 11 000。总面积 37.3 公顷。因位于美里村而得名。2005 年始建，2010 年正式使用。建筑总面积 373 000 平方米，多层住宅楼 43 栋，现代中式建筑风格。绿地面积 45 000 平方米，有幼儿园、健身广场、乒乓球活动广场、篮球场等配套设施。通公交车。

农村居民点

西沙王庄 370104-A13-H01
[Xīshāwángzhuāng]

在区驻地兴福街道东北方向 4.9 千米。

美里湖街道辖自然村。人口 2 900。唐朝天佑年间，此处有一沙王庙，该村居庙西，故名。聚落呈散状。有图书馆 1 个、书画室 1 个、小学 2 所、幼儿园 1 所。经济以市场出租为主。村内有西沙大市场。有济广高速连接线经此。

美里 370104-A13-H02
[Měilǐ]

在区驻地兴福街道北方向 5.3 千米。美里湖街道辖自然村。人口 900。古时该村尊老敬老，起名孝民屯。后由于"孝"与"小"音近，济南地区将"孝"音发成"小"音。逐渐演变为小民屯。清朝时官员因该村村民生活在一派祥和的氛围中，也为了显示其政通人和的政绩，将村名不雅的"小民屯"改为"美里村"。聚落呈团块状。有文体广场 2 个、幼儿园 2 所。经济以粮食种植和养殖业为主。有公路经此。

新沙王庄 370104-A13-H03
[Xīnshāwángzhuāng]

在区驻地兴福街道东北方向 5.0 千米。美里湖街道辖自然村。人口 1 300。清光绪六年（1880），部分东沙王庄村民为避洪水迁至此处定居，称新东沙王庄，1936 年改名为新沙王庄。聚落呈团块状。有文体广场 2 个、幼儿园 2 所、小学 1 所。经济以工业园厂房租赁为主。有公路经此。

郑家店 370104-A13-H04
[Zhèngjiādiàn]

在区驻地兴福街道北方向 6.8 千米。美里湖街道辖自然村。人口 1 800。明洪武年间，郑植星由河北枣强迁此开店，取村名郑家店。聚落呈团块状。有农家书屋 1 个、小学 1 所。经济以种植小麦、水稻等为主。京沪高铁、济广高速、济南市北绕城高速经此。

刘七沟 370104-A13-H05
[Liúqīgōu]

在区驻地兴福街道东北方向 6.5 千米。美里湖街道辖自然村。人口 1 800。明洪武末，刘业迁此定居，起村名西刘庄。后因位于沿黄地带，自然形成七道沟，与黄河相连，遂改名为刘七沟。聚落呈团块状。有文化大院 1 个、小学 1 所、幼儿园 2 所。经济以种植业和运输业为主。济南市北绕城高速经此。

邹家庄 370104-A13-H06
[Zōujiāzhuāng]

在区驻地兴福街道北方向 7.9 千米。美里湖街道辖自然村。人口 900。明永乐年间，邹姓迁此，在两棵大柳树前定居，取名双柳前邹家庄，1921 年改为邹家庄。聚落呈散状。有农家书屋、幼儿园。经济以种植小麦、水稻为主。有公路经此。

南沙王庄 370104-A13-H07
[Nánshāwángzhuāng]

在区驻地兴福街道东北方向 6.0 千米。美里湖街道辖自然村。人口 800。清光绪二十七年（1901），为躲避洪灾，东沙王庄部分村民迁此定居，称南小庄。1936 年改为南沙王庄。聚落呈团块状。有文化大院 1 个、农家书屋 1 个、幼儿园 2 所。经济以房屋租赁等为主。有公路经此。

邱家庄 370104-A13-H08
[Qiūjiāzhuāng]

在区驻地兴福街道西北方向 9.1 千米。美里湖街道辖自然村。人口 900。以姓氏命名。聚落呈团块状。有农家书屋 1 个。经济以农作物种植和美里湖公园租赁为主。京沪高铁、京台高速、济青高速经此。

段家庄 370104-A13-H09
[Duànjiāzhuāng]

在区驻地兴福街道北方向 8.6 千米。美里湖街道辖自然村。人口 700。以姓氏命名。聚落呈团块状。有文化广场 1 个。经济以种植小麦、水稻为主。有公路经此。

蒋庄 370104-A13-H10
[Jiǎngzhuāng]

在区驻地兴福街道东北方向 9.8 千米。美里湖街道辖自然村。人口 700。以姓氏命名。聚落呈团块状。有文化广场 1 个。经济以种植业为主。有公路经此。

古城 370104-A14-H01
[Gǔchéng]

在区驻地兴福街道西南方向 5.5 千米。玉清湖街道辖自然村。人口 2 500。为祝柯故城址，唐乾元三年（760），安史之乱，祝柯被水淹，村民迁新址，旧址遂称古城。聚落呈团块状。有文化大院 1 个、农家书屋 1 个、小学 1 所、中学 1 所、幼儿园 1 所。有济南市重点文物保护单位古城遗址。经济以粮食、果树种植，建筑业为主，建有大型钢材市场。有公路经此。

睦里庄 370104-A14-H02
[Mùlǐzhuāng]

在区驻地兴福街道西北方向 8.5 千米。玉清湖街道辖自然村。人口 2 100。明洪武年间，穆姓迁来定居，以姓氏取村名，后以"穆"字之谐音改为睦里庄。聚落呈团块状。有文化大院 1 个、农家书屋 1 个、小学 1 所、中学 1 所、幼儿园 1 所。经济以果树、蔬菜种植等为主。有公路经此。

东谢屯 370104-A14-H03
[Dōngxiètún]

在区驻地兴福街道西北方向 7.8 千米。玉清湖街道辖自然村。人口 800。明洪武年间，谢姓迁来定居，取村名谢家屯。1976 年黄河泛滥，大部分村民迁至新址，称东谢屯。聚落呈团块状。有文化大院 1 个、农家书屋 1 个。经济以种植小麦、玉米、蔬菜等为主。有公路经此。

大李庄 370104-A14-H04
[Dàlǐzhuāng]

在区驻地兴福街道西南方向 9.0 千米。玉清湖街道辖自然村。人口 1 000。明朝初年，李氏迁此定居，取村名大李家庄，惯称大李庄。聚落呈团块状。有文化大院 1 个、农家书屋 1 个、幼儿园 1 所。有村民艺术团。经济以种植业为主。有公路经此。

小李庄 370104-A14-H05
[Xiǎolǐzhuāng]

在区驻地兴福街道西南方向 9.0 千米。玉清湖街道辖自然村。人口 1 000。明洪武年间，李氏迁此定居，取村名小李家庄，惯称小李庄。聚落呈团块状。有文化大院 1 个、农家书屋 1 个。经济以种植小麦、玉米、圆葱为主。有公路经此。

田家庄 370104-A14-H06
[Tiánjiāzhuāng]

在区驻地兴福街道西方向 7.5 千米。玉清湖街道辖自然村。人口 3 100。徐、胡、赵三姓迁此定居，因此地七圣庙和三官庙的钟上皆注有"田姓"，故名。聚落呈团块状。有文体广场 1 个、小学 1 所、幼儿园 2 所。经济以粮食作物种植、蔬菜种植和养殖业为主，有济南北海商贸有限公司等企业。有公路经此。

龙王庙 370104-A14-H07
[Lóngwángmiào]

在区驻地兴福街道西北方向9.5千米。人口1 000。原名保辛庄，清同治六年（1867），因庄西玉符河有龙王庙，改村名为龙王庙。玉清湖街道辖自然村。聚落呈团块状。有文体广场1个。经济以种植业和小车运输等为主。有公路经此。

由李庄 370104-A14-H08
[Yóulǐzhuāng]

在区驻地兴福街道西南9.5千米。玉清湖街道辖自然村。人口600。据村内现存钟楼碑文记载："大明囯万历元年山东济南府长清县迤北由里有观音堂修钟楼一座"。1986年将"由里"改为"由李"。聚落呈团块状。有文体广场、文化大院各1个。经济以种植小麦和玉米为主。有公路经此。

筐李庄 370104-A14-H09
[Kuānglǐzhuāng]

在区驻地兴福街道西北方向7.0千米。玉清湖街道辖自然村。人口1 100。明万历年间，刘姓迁此定居，取村名新刘庄。因村庄编筐户多，李姓家族大，遂改村名为筐李家庄，后简称筐李庄。聚落呈团块状。有文体广场1个。经济以粮食种植为主。有公路经此。

常旗屯 370104-A14-H10
[Chángqítún]

在区驻地兴福街道西北方向9.0千米。玉清湖街道辖自然村。人口1 100。其中回族占25%。明洪武年间，常姓迁此定居，因此地设总旗，取村名常总旗屯，后简称常旗屯。聚落呈团块状。有文化大院1个、农家书屋1个。经济以种植业为主。有公路经此。

西张家庄 370104-A16-H01
[Xīzhāngjiāzhuāng]

在区驻地兴福街道西北方向10.0千米。吴家堡街道辖自然村。人口1 400。清顺治年间，王凤春（回族）由本省张店铁山金岭镇来此居住。另据坊间相传，张氏家族在此居住较早，故称"张家庄"。又因周边有多个"张家庄"，为方便区别，且因村庄位置偏西，改为"西张家庄"。聚落呈团块状。有文体广场1个。经济以种植业和浮桥管理为主。有公路经此。

明里庄 370104-A16-H02
[Mínglǐzhuāng]

在区驻地兴福街道西北方向8.5千米。吴家堡街道辖自然村。人口900。全村由东明里、西明里、小龙王庙3个自然村组成。东、西明里前身为东、西辛庄2个自然村，后两庄合为"辛庄"，约在清代初年，改名"顺屯明里"，惯称"明里"。清道光《长清县志地域志》载："明里庄。"1937年农历八月十五，黄河发大水，龙王庙（现属段店镇）被淹，村民分别投靠亲友，小部分住户迁来此地定居，起名"小龙王庙"。1995年底，东明里、西明里、小龙王庙3个自然村全部迁进新村址。聚落呈团块状。有文体广场1个。经济以种植玉米、大豆等为主。

裴家庄 370104-A16-H03
[Péijiāzhuāng]

在区驻地兴福街道北方向5.0千米。吴家堡街道辖自然村。人口700。原名小李庄，明崇祯元年（1628），裴贵文由本省莱州府即墨县城西北乡八里庄迁此定居，后裴姓人增多，遂改称裴家庄。聚落呈团块状。有文化大院1个。经济以种植业和水产养殖为主。济广高速经此。

大杨家庄 370104-A16-H04

[Dàyángjiāzhuāng]

在区驻地兴福街道北方向 4.6 千米。吴家堡街道辖自然村。人口 600。明永乐年间,杨士贤由河北枣强迁居此处,村名为杨家庄。1951 年加固黄河大坝,杨家庄迁至坝南,分成两个自然村,本村户数较多,故名。聚落呈团块状。经济以种植水稻和小麦为主。有公路经此。

南吴家堡 370104-A16-H05

[Nánwújiāpù]

在区驻地兴福街道东北方向 0.5 千米。吴家堡街道辖自然村。人口 800。清光绪六年（1886）,山东巡抚张跃修建黄河大坝,东吴家堡部分村民怕水淹村庄,遂迁至坝南居住,取名南小庄。后因村名不雅,1936 年改为南吴家堡。聚落呈带状。有文体广场 1 个。经济以种植小麦、水稻、谷子、高粱及加工业为主。有公路经此。

东吴家堡 370104-A16-H06

[Dōngwújiāpù]

在区驻地兴福街道东北方向 1.5 千米。吴家堡街道辖自然村。人口 1 000。秦朝用"五里一堡"作为军事上的联络信号。明洪武年间,守堡人吴汉三在此定居,以姓氏取村名吴家堡。明永乐十七年（1419）,因村西有西吴家堡,遂改村名为东吴家堡。聚落呈团块状。有文体广场 1 个。经济以种植小麦、水稻及运输业为主。有公路经此。

天桥区

城市居民点

重汽翡翠郡 370105-I01

[Zhòngqì Fěicuìjùn]

在区境西南部。4 546 户。总面积 37.0 公顷。因位于重汽总厂原厂址及房地产项目名称而命名。2005 年始建,2008 年正式使用。建筑总面积 680 000 平方米,住宅楼 63 栋,其中高层 32 栋、多层 31 栋,现代建筑风格。绿地面积 251 600 平方米,有超市、停车场、幼儿园等配套设施。通公交车。

中环花园 370105-I02

[Zhōnghuán Huāyuán]

在区境西南部。人口 800。总面积 1.5 公顷。因是中环房地产开发公司开发建设的中高档住宅项目,故名。1999 年始建,2000 年正式使用。建筑总面积 27 000 平方米,高层住宅楼 5 栋,现代建筑风格。绿地面积 1 500 平方米,有学校等配套设施。通公交车。

名人时代大厦 370105-I03

[Míngrénshídài Dàshà]

在区境西南部。人口 41。总面积 5.0 公顷。因希望在这里的每个人都可以功成名就而得名。2000 年始建,2001 年正式使用。建筑总面积 19 500 平方米,高层住宅楼 1 栋,现代建筑风格。通公交车。

天旺嘉园 370105-I04

[Tiānwàng Jiāyuán]

在区境西南部。人口 780。总面积 1.0 公顷。因兴旺美好的寓意而得名。2000 年始建,2002 年正式使用。建筑总面积 30 000

平方米，小高层、高层住宅楼 5 栋，现代建筑风格。绿地面积 3 000 平方米，有健身器材、活动室、车棚等配套设施。通公交车。

新村欣苑 370105-I05
[Xīncūn Xīnyuàn]

在区境中部。人口 356。总面积 0.7 公顷。寓意有一个新的面貌、新的环境，故名。2009 年始建，2012 年正式使用。建筑总面积 12 000 平方米，多层住宅楼 3 栋，现代建筑风格。绿化率 75%，有超市、幼儿园等配套设施。通公交车。

工人新村南村西区 370105-I06
[Gōngrénxīncūn Náncūn Xīqū]

在区境中部。人口 6 300。总面积 32.0 公顷。因在工人新村南村街道办事处以西而得名。1987 年始建，1988 年正式使用。建筑总面积 63 400 平方米，多层住宅楼 69 栋，现代建筑风格。绿化率 75%，有小学、幼儿园、便民超市、卫生所等配套设施。通公交车。

青年居易公寓 370105-I07
[Qīngniánjūyì Gōngyù]

在区境中部。人口 2 850。总面积 8.7 公顷。因是专为青年人群打造的公寓，故名。2005 年始建，2008 年正式使用。建筑总面积 93 600 平方米，多层住宅楼 13 栋，现代建筑风格。绿地面积 2 600 平方米，有超市、幼儿园、诊所等配套设施。通公交车，交通便利。

金色阳光花园 370105-I08
[Jīnsèyángguāng Huāyuán]

在区境西南部。人口 2 100。总面积 8.5 公顷。寓意温暖阳光而得名。2004 年始建，2008 年正式使用。建筑总面积 106 000 平方米，住宅楼 23 栋，其中小高层 9 栋、

多层 14 栋。中式建筑风格。绿化率 35%，有幼儿园、银行、卫生服务站等配套设施。通公交车。

齐鲁花园 370105-I09
[Qílǔ Huāyuán]

在区境东部。人口 2 900。总面积 6.2 公顷。因是由齐鲁置业有限公司开发建设的中高档住宅项目，故名。2003 年始建，2006 年正式使用。建筑总面积 125 000 平方米，住宅楼 17 栋，其中小高层 2 栋、多层 15 栋，现代建筑风格。绿地面积 10 800 平方米，有便利店、停车位等配套设施。通公交车。

重汽彩世界花园 370105-I10
[Zhòngqì Cǎishìjiè Huāyuán]

在区境西部。人口 4 800。总面积 4.7 公顷。因小区建筑时尚靓丽、流光溢彩，故名。2008 年始建，2010 年正式使用。建筑总面积 150 000 平方米，小高层住宅楼 8 栋，现代简约建筑风格。绿化率 30%，有便民超市、幼儿园等配套设施。通公交车。

万盛园小区 370105-I11
[Wànshèngyuán Xiǎoqū]

在区境西部。人口 4 100。总面积 10.0 公顷。因小区临近万盛北街而得名。2000 年始建，2002 年正式使用。建筑总面积 150 000 平方米，多层住宅楼 25 栋，现代建筑风格。绿化率 30%，有游泳馆、幼儿园、便民超市等配套设施。通公交车。

铁路宿舍 370105-I12
[Tiělù Sùshè]

在区境西部。人口 6 000。总面积 7.0 公顷。因是由山东铁路局开发建设的住宅项目，故名。1956 年始建，1958 年正式使用。建筑总面积 50 000 平方米，多层住宅楼 61

栋，中式建筑风格。绿化率 30%，有超市、学校等配套设施。通公交车。

五环花苑 370105–I13
[Wǔhuán Huāyuàn]

在区境中部。人口 2 200。总面积 7.2 公顷。因小区内楼房分布为五处，所以命名为五环。2003 年始建，2004 年正式使用。建筑总面积 120 000 平方米，小高层住宅楼 10 栋，现代建筑风格。绿化率 45%，有超市、诊所、幼儿园等配套设施。通公交车。

龙箭山庄 370105–I14
[Lóngjiàn Shānzhuāng]

在区境中西部。人口 200。总面积 2.3 公顷。因开发商为山东龙箭房地产开发有限公司而得名。2004 年始建，2005 年正式使用。建筑总面积 45 000 平方米，高层住宅楼 2 栋，现代建筑风格。绿化率 30%，有超市、学校等配套设施。通公交车。

北坦小区 370105–I15
[Běitǎn Xiǎoqū]

在天桥区南部。人口 3 700。总面积 12.0 公顷。因位于北坦而得名。1992 年始建，1993 年正式使用。建筑总面积 91 500 平方米，多层住宅楼 18 栋，现代建筑风格。有超市、学校等配套设施。通公交车。

南益名泉春晓 370105–I16
[Nányì Míngquán Chūnxiǎo]

在区境中部。人口 6 300。总面积 55.0 公顷。因其开发商为香港南益集团，春晓意为美好的开始，故名。2011 年始建，2013 年正式使用。建筑总面积 59 400 平方米，高层住宅楼 9 栋，现代建筑风格。绿地面积 18 000 平方米，有幼儿园、小学、商场、超市等配套设施。通公交车。

天方宝华苑 370105–I17
[Tiānfāng Bǎohuáyuàn]

在区境中部。人口 10 000。总面积 0.2 公顷。以开发单位名称命名。2000 年始建，2013 年正式使用。建筑总面积 19 800 平方米，多层住宅楼 3 栋，现代建筑风格。绿地面积 5 000 平方米，有超市、学校等配套设施。通公交车。

康成花园 370105–I18
[Kāngchéng Huāyuán]

在区境中部。人口 7 000。总面积 10.6 公顷。寓意小区居民身体健康、事业有成，故名。2012 年始建，2016 年正式使用。建筑总面积 353 000 平方米，小高层住宅楼 18 栋，现代建筑风格。绿地面积 54 500 平方米，有超市、学校等配套设施。通公交车。

后陈家楼 370105–I19
[Hòuchénjiālóu]

在区境南部。人口 800。总面积 1.5 公顷。因陈家楼教堂而得名，又因此处有一铁道将其分隔，此小区称为后陈家楼。1980 年始建，1982 年正式使用。建筑总面积 10 000 平方米，多层住宅楼 8 栋，现代建筑风格。绿地面积 50 平方米，有超市、学校等配套设施。通公交车。

前陈家楼 370105–I20
[Qiánchénjiālóu]

在区境南部。人口 3 000。总面积 0.2 公顷。因陈家楼教堂而得名，又因此处有一铁道将其分隔，此小区称为前陈家楼。1987 年始建，1988 年正式使用。建筑总面积 25 000 平方米，多层住宅楼 15 栋，现代中式建筑风格。绿地面积 300 平方米，有超市、学校等配套设施。通公交车。

盛世名门花园 370105-I21
[Shèngshìmíngmén Huāyuán]

在区境东南部。人口 4 500。总面积 35.0 公顷。寓意天下安定、百业昌盛,有德望远播天下的名门世家,故名。2012 年始建,2013 年正式使用。建筑总面积 200 000 平方米,高层住宅楼 12 栋,现代建筑风格。绿化率 20%,有车棚等配套设施。通公交车。

和信花园 370105-I22
[Héxìn Huāyuán]

在区境南部。人口 4 486。总面积 9.9 公顷。和信意指和谐诚信。2008 年始建,2011 年正式使用。建筑总面积 170 000 平方米,高层住宅楼 14 栋,现代建筑风格。绿地面积 10 000 平方米,有超市、学校等配套设施。通公交车。

南刘家庄小区 370105-I23
[Nánliújiāzhuāng Xiǎoqū]

在区境南部。人口 3 200。总面积 0.1 公顷。因位于刘家庄南侧而得名。1990 年始建,1991 年正式使用。建筑总面积 100 800 平方米,多层住宅楼 14 栋,中式建筑风格。绿化率 10%,有学校、便民市场等配套设施。通公交车。

聚贤新区南区 370105-I24
[Jùxián Xīnqū Nánqū]

在区境东南部。人口 1 500。总面积 4.0 公顷。因临近聚贤街,且有南北两个小区,此区位于南部,故名。2011 年始建,2011 年正式使用。建筑总面积 61 000 平方米,高层住宅楼 4 栋,现代建筑风格。绿化率 30%,有超市、学校等配套设施。通公交车。

茂新新区一区 370105-I25
[Màoxīn Xīnqū Yīqū]

在区境东南部。人口 1 600。总面积 1.0 公顷。因临近茂新街而得名。2008 年始建,2009 年正式使用。建筑总面积 130 000 平方米,住宅楼 8 栋,其中高层 6 栋、多层 2 栋,现代建筑风格。绿化率 60%,有超市、学校等配套设施。通公交车。

鲁能康桥小区 370105-I26
[Lǔnéngkāngqiáo Xiǎoqū]

在区境南部。1 680 户。总面积 2.4 公顷。以房地产开发公司名称命名。2002 年始建,2003 年正式使用。建筑总面积 100 000 平方米,住宅楼 19 栋,其中高层 18 栋、多层 1 栋,现代建筑风格。绿化率 45%,有超市、健身器材、游乐场地等配套设施。通公交车。

警苑小区 370105-I27
[Jǐngyuàn Xiǎoqū]

在区境西部。人口 3 100。总面积 20.0 公顷。因是公安局宿舍楼而得名。2007 年始建,2010 年正式使用。建筑总面积 60 000 平方米,多层住宅楼 21 栋,现代建筑风格。绿化率 40%。通公交车。

天和园小区 370105-I28
[Tiānhéyuán Xiǎoqū]

在区境北部。人口 2 700。总面积 46.0 公顷。因临近北太平河和小清河,故名。2002 年始建,2004 年正式使用。建筑总面积 542 600 平方米,多层住宅楼 13 栋,现代建筑风格。绿化率 30%,有车棚等配套设施。通公交车。

滨河鑫苑 370105-I29
[Bīnhé Xīnyuàn]

在区境西部。人口 800。总面积 0.8 公顷。因临近滨河西路，故名。2008年始建，2009年正式使用。建筑总面积32 000平方米，多层住宅楼4栋，现代建筑风格。绿地面积700平方米，有车棚等配套设施。通公交车。

药山郡小区 370105-I30
[Yàoshānjùn Xiǎoqū]

在区境西部。人口2 300。总面积10.0公顷。因临近药山公园而得名。2006年始建，2012年正式使用。建筑总面积70 000平方米，多层住宅楼10栋，现代建筑风格。绿地面积10 000平方米，有超市、学校等配套设施。通公交车。

药山花园 370105-I31
[Yàoshān Huāyuán]

在区境西北部。人口2 100。总面积4.3公顷。因小区邻近药山公园，故名。2002年始建，2004年正式使用。建筑总面积61 000平方米，多层住宅楼8栋，现代建筑风格。绿地面积10 000平方米，有超市、停车场等配套设施。通公交车。

臧家屯小区 370105-I32
[Zāngjiātún Xiǎoqū]

在区境中部。人口3 200。总面积6.0公顷。因原与臧家屯村相邻，希望传承村与村之间的友好，故名。1990年始建，1995年正式使用。建筑总面积96 000平方米，多层住宅楼32栋，现代建筑风格。有超市、学校等配套设施。通公交车。

意福苑小区 370105-I33
[Yìfúyuàn Xiǎoqū]

在区境中部。人口2 600。总面积0.018公顷。原为标山小区，后以如意、幸福之意命名。1984年始建，1985年正式使用。建筑面积50 000平方米，多层住宅楼22栋，

现代建筑风格。绿化率15%，有超市、学校、诊所等配套设施。通公交车。

农村居民点

小马 370105-B01-H01
[Xiǎomǎ]

桑梓店镇人民政府驻地。在区驻地无影山街道东南16.0千米。人口400。以姓氏命名。聚落呈团块状分布。有农家书屋、文化大院各1个、幼儿园1所。经济以种植业为主，主产小麦、玉米、蔬菜。有永盛冷库等企业。308国道经此。

三官庙 370105-B01-H02
[Sānguānmiào]

在区驻地无影山街道西北方向14.2千米。桑梓店镇辖自然村。人口700。因此处有个庙，故名。聚落呈团块状。有农家书屋、文化大院各1个。经济以种植业为主，主产小麦、玉米。济石高铁、308国道经此。

左家 370105-B01-H03
[Zuǒjiā]

在区驻地无影山街道西北方向17.6千米。桑梓店镇辖自然村。人口1 000。因左氏家族比较兴旺，故名。聚落呈团块状。有农家书屋、文化大院各1个。经济以种植业为主，主产小麦、玉米。邯济铁路经此。

丁口 370105-B01-H04
[Dīngkǒu]

在区驻地无影山街道西北方向9.5千米。桑梓店镇辖自然村。人口1 500。此地靠近大河，丁氏在此筹款造船，修建码头，且渡口靠近村庄，几经变迁，遂称丁口。聚落呈团块状。有农家书屋、文化大院各1个。经济以种植业为主，主产小麦、玉米。

三教堂 370105-B01-H05

[Sānjiàotáng]

在区驻地无影山街道西北方向 15.1 千米。桑梓店镇辖自然村。人口 1 300。因建村时村里有三大教派，故名三教堂。聚落呈散状。有农家书屋、文化大院各 1 个。经济以种植业为主，主产小麦、玉米。济石高铁经此。

马店 370105-B02-H01

[Mǎdiàn]

大桥镇人民政府驻地。在区驻地无影山街道东北方向 20.0 千米。人口 1 100。以姓氏命名。聚落呈带状分布。有农家书屋 1 个、小学 1 所、幼儿园 1 所。经济以种植业为主，主产小麦、玉米、花生。有益康、亚林、中石油、北展区创业园等企业。104 国道经此。

敬家 370105-B02-H02

[Jìngjiā]

在区驻地无影山街道北方向 17.7 千米。大桥镇辖自然村。人口 300。据赵氏族谱记载，明朝初期赵氏始祖赵严礼、李氏始祖李功佐自河北省枣强县迁居山东省祝阿（齐河）县城东北 50 里，取名为赵李庄，后有部分村民迁至赵李庄东北 500 米处，起村名为幸福庄，赵氏家族在左为大幸福庄，李氏家族在右为小幸福庄。1960 年后两村改称敬家村。聚落呈带状。有农家书屋 1 个。经济以蔬菜种植为主。104 国道经此。

大王庙 370105-B02-H03

[Dàwángmiào]

在区驻地无影山街道北方向 8.1 千米。大桥镇辖自然村。人口 700。此处曾建有一座庙，庙名是"大王庙"，以庙名村。聚落呈带状。有农家书屋 1 个。经济以种植农作物为主。有公路经此。

八里 370105-B02-H04

[Bālǐ]

在区驻地无影山街道西北方向 9.2 千米。大桥镇辖自然村。人口 600。因本村距东堰、西北焦家集、西南泺口、东北香王庙均八华里，故名。聚落呈带状。有农家书屋 1 个。经济以种植小麦、花生、玉米等为主。有公路经此。

齐家 370105-B02-H05

[Qíjiā]

在区驻地无影山街道西北方向 8.9 千米。大桥镇辖自然村。人口 600。因村内齐姓家业大、人气旺，故名。聚落呈团块状。有农家书屋 1 个。经济以种植小麦、花生、玉米等为主。有公路经此。

杨家新村 370105-B02-H06

[Yángjiāxīncūn]

在区驻地无影山街道西北方向 12.5 千米。大桥镇辖自然村。人口 600。以姓氏命名。聚落呈带状。有农家书屋 1 个。经济以种植业为主。220 国道经此。

后市 370105-B02-H07

[Hòushì]

在区驻地无影山街道西北方向 9.4 千米。大桥镇辖自然村。人口 300。此处曾有一座庙市，故名后市。聚落呈团块状。有农家书屋 1 个。经济以种植小麦、花生、玉米为主。有公路经此。

王镇 370105-B02-H08

[Wángzhèn]

在区驻地无影山街道北方向 9.3 千米。大桥镇辖自然村。人口 1 800。因由以五户王姓立村而得名王庄子，后改名王镇。聚落呈散状。有农家书屋 1 个。经济以种植小麦、花生、玉米为主。309 国道经此。

桃园 370105-B02-H09

[Táoyuán]

在区驻地无影山街道北方向 9.3 千米。大桥镇辖自然村。人口 1 000。村内外多种桃树，故名。聚落呈团块状。有农家书屋 1 个。经济以种植农作物为主。有公路经此。

坡西 370105-B02-H10

[Pōxī]

在区驻地无影山街道北方向 11.8 千米。大桥镇辖自然村。人口 500。原名坡村，1964 年兴修水利时一条大沟将村分开，此村位于沟西，故名。聚落呈团块状。有农家书屋 1 个。经济以种植小麦、玉米等为主。308 国道经此。

坡东 370105-B02-H11

[Pōdōng]

在区驻地无影山街道北方向 11.4 千米。大桥镇辖自然村。人口 500。原名坡村，1964 年兴修水利时一条大沟将村分开，此村位于沟东，故名。聚落呈团块状。有农家书屋 1 个。经济以种植小麦、花生、玉米和养殖生猪、肉鸡为主。308 国道经此。

马店 370105-B02-H12

[Mǎdiàn]

在区驻地无影山街道西北方向 11.7 千米。大桥镇辖自然村。人口 1 100。因马姓居多，故名。聚落呈团块状。经济以个体私营、种植业为主。104 国道经此。

小刘 370105-B02-H13

[Xiǎoliú]

在区驻地无影山街道西北方向 12.7 千米。大桥镇辖自然村。人口 500。刘氏迁此定居立村，名刘家庄，后演变为小刘。聚落呈团块状。有文化书屋 1 个。经济以种植小麦、花生、玉米为主。220 国道经此。

小盖 370105-B02-H14

[Xiǎogài]

在区驻地无影山街道北方向 11.1 千米。大桥镇辖自然村。人口 600。盖氏迁此建村，故名。聚落呈团块状。有文化书屋 1 个。经济以种植小麦、花生、玉米和养殖生猪、肉鸡为主。101 省道经此。

毛家 370105-B02-H15

[Máojiā]

在区驻地无影山街道北方向 11.0 千米。大桥镇辖自然村。人口 600。毛氏迁此定居立村，故名。聚落呈团块状。有农家书屋 1 个。经济以木器加工为主。有公路经此。

辛庄 370105-B02-H16

[Xīnzhuāng]

在区驻地无影山街道北方向 10.6 千米。大桥镇辖自然村。人口 400。以姓氏命名。聚落呈团块状。有文化书屋 1 个。经济以木器喷漆加工为主。有公路经此。

倪家 370105-B02-H17

[Níjiā]

在区驻地无影山街道西北方向 11.7 千米。大桥镇辖自然村。人口 1 000。因倪姓居多而得名。聚落呈团块状。有农家书屋 1 个。经济以木器加工为主。有公路经此。

甜水新村 370105-B02-H18

[Tiánshuǐxīncūn]

在区驻地无影山街道北方向 12.6 千米。大桥镇辖自然村。人口 500。因泉水得名甜水新村。聚落呈团块状。有农家书屋 1 个。经济以布料加工为主。308 国道经此。

历城区

城市居民点

利农花园 370112–I01
[Lìnóng Huāyuán]

在区境西部。人口 2 000。总面积 3.2 公顷。以"利农庄"而得名。1997 年始建，2002 年正式使用。建筑总面积 70 000 平方米，多层住宅楼 14 栋，现代建筑风格。绿化率 50%，有卫生服务站、活动室、图书馆、幼儿园等配套设施。通公交车。

汇科旺园 370112–I02
[Huìkē Wàngyuán]

在区境西部。人口 2 700。总面积 1.8 公顷。意为汇聚科技与知识，并含有兴旺发展的意思。2003 年始建，2004 年正式使用。建筑总面积 110 000 平方米，高层住宅楼 6 栋，现代建筑风格。绿化率 40%，有小学等配套设施。通公交车。

花园小区 370112–I03
[Huāyuán Xiǎoqū]

在区境西部。人口 2 1000。总面积 30.0 公顷。因小区紧邻花园路而得名。1986 年始建，1987 年正式使用。建筑总面积 410 000 平方米，多层住宅楼 100 栋，现代建筑风格。绿地面积 150 000 平方米，有中学、小学、养老服务中心等配套设施。通公交车。

彼岸新都 370112–I04
[Bǐ'àn xīndū]

在区境西部。人口 1 800。总面积 3.9 公顷。寓意居民到达幸福生活的彼岸，故名。2004 年始建，2005 年正式使用。建筑总面积 76 000 平方米，住宅楼 11 栋，其中小高层 6 栋、多层 5 栋，现代建筑风格。绿化率 40%，有超市、学校等配套设施。通公交车。

锦绣泉城小区 370112–I05
[Jǐnxiù Quánchéng Xiǎoqū]

在区境西部。人口 9 300。总面积 10.0 公顷。小区因济南的别称泉城而得名。2004 年始建，2006 年正式使用。建筑总面积 250 000 平方米，高层住宅楼 26 栋，现代建筑风格。绿化率 43%，有超市、学校等配套设施。通公交车。

红苑新村 370112–I06
[Hóngyuàn Xīncūn]

在区境西部。人口 6 400。总面积 25.7 公顷。红，是洪家楼洪字的音译；苑，取自山东大学艺苑的苑字。1987 年始建，2001 年正式使用。建筑总面积 400 000 平方米，多层住宅楼 45 栋，现代建筑风格。绿化率 45%，有超市、学校等配套设施。通公交车。

七里河小区 370112–I07
[Qīlǐhé Xiǎoqū]

在区境西部。人口 9 200。总面积 10.4 公顷。因原七里河村而得名。1999 年始建，2003 年正式使用。建筑总面积 140 000 平方米，多层住宅楼 34 栋，现代建筑风格。绿化率 45%，有幼儿园、卫生室、农贸市场、超市等配套设施。通公交车。

腾骐冠宸花园 370112–I08
[Téngqí Guànchén Huāyuán]

在区境西部。人口 1 500。总面积 3.7 公顷。腾骐冠宸寓意每一位业主都能像奔驰的骏马一样事业上蒸蒸日上，家庭和美幸福；也表示小区建筑精良、品质优越。2009 年始建，2011 年正式使用。建筑总面积 60 000 平方米，小高层住宅楼 8 栋，现代建筑风格。绿化率 45%，有超市、学校等配套设施。通公交车。

辛甸花园 370112-I09
[Xīndiàn Huāyuán]

在区境西部。人口 6 800。总面积 30.0 公顷。因原辛甸村而得名。2003 年始建，2007 年正式使用。建筑总面积 360 000 平方米，多层住宅楼 34 栋，现代建筑风格。绿化率 45%，有中学、菜市场、卫生服务站等配套设施。通公交车。

南全福小区 370112-I10
[Nánquánfú Xiǎoqū]

在区境西部。人口 3 000。总面积 28.0 公顷。因原南全福庄而得名。1993 年始建，2002 年正式使用。建筑总面积 400 000 平方米，多层住宅楼 86 栋，现代建筑风格。绿化率 45%，有幼儿园、小学、中学、养老服务中心等配套设施。通公交车。

舜泽园 370112-I11
[Shùnzé Yuán]

在区境西部。人口 2 000。总面积 1.7 公顷。寓意能够像古圣人舜帝一样，让浓厚的文化泽被天下，一直流传和发展下去。2010 年始建，2011 年正式使用。建筑总面积 56 000 平方米，多层住宅楼 3 栋，现代建筑风格。绿化率 45%，有小学等配套设施。通公交车。

钢城新苑 370112-I12
[Gāngchéng Xīnyuàn]

在区境北部。人口 13 600。总面积 29.0 公顷。因由济钢集团公司建设，为与"济钢新村"区分而得名。2008 年始建，2011 年正式使用。建筑总面积 660 000 平方米，高层住宅楼 57 栋，现代建筑风格。绿化率

40%，有游泳馆、幼儿园、小学、中学、超市等配套设施。通公交车。

鲍山花园 370112-I13
[Bàoshān Huāyuán]

在区境北部。人口 11 600。总面积 59.0 公顷。因地理实体鲍山而得名。2006 年始建，2008 年正式使用。建筑总面积 770 000 平方米，住宅楼 106 栋，其中高层 1 栋、多层 105 栋，现代建筑风格。绿化率 40%，有幼儿园、小学等配套设施。通公交车。

西杨家园 370112-I14
[Xīyáng Jiāyuán]

在区境西北部。人口 2 300。总面积 5.3 公顷。因是旧村改造项目，以原村名命名。2003 年始建，2005 年正式使用。建筑总面积 77 000 平方米，多层住宅楼 14 栋，现代建筑风格。绿化率 45%，有幼儿园、小学等配套设施。通公交车。

万象新天小区 370112-I15
[Wànxiàngxīntiān Xiǎoqū]

在区境东北部。人口 14 100。总面积 45.0 公顷。以寓意万象更新而得名。2007 年始建，2012 年正式使用。建筑总面积 575 000 平方米，住宅楼 54 栋，其中高层 25 栋、多层 29 栋，现代建筑风格。绿化率 40%，有幼儿园、中小学等配套设施。通公交车。

双龙居 370112-I16
[Shuānglóng Jū]

在区境东北部。人口 5 800。总面积 19.0 公顷。以原西汉景帝年间在张马湖畔修建的双龙桥命名。2005 年始建，2007 年正式使用。建筑总面积 210 000 平方米，多层住宅楼 5 栋，现代建筑风格。绿化率

40%,有幼儿园、小学等配套设施。通公交车。

静馨苑 370112-I17

[Jìngxīn Yuàn]

在区境东北部。人口 800。总面积 1.4 公顷。静馨苑寓意为安静温馨的花园。2004 年始建,2010 年正式使用。建筑总面积 26 000 平方米,多层住宅楼 6 栋,现代建筑风格。绿化率 40%,有幼儿园、小学、超市等配套设施。通公交车。

相公吉祥苑 370112-I18

[Xiànggōng Jíxiángyuàn]

在区境中部。人口 9 000。总面积 43.0 公顷。小区名称沿用相公庄村名,并取吉祥二字,寓意社区和谐幸福吉祥。2006 年始建,2011 年正式使用。建筑总面积 370 000 平方米,多层住宅楼 58 栋,现代建筑风格。绿化率 45%,有幼儿园、小学、超市等配套设施。通公交车。

虞山花园 370112-I19

[Yúshān Huāyuán]

在区境中部。人口 3 700。总面积 10.5 公顷。因依虞山而建,故名。2007 年始建,2008 年正式使用。建筑总面积 145 000 平方米,多层住宅楼 29 栋,现代建筑风格。绿化率 45%,有幼儿园、小学、超市等配套设施。通公交车。

恒生伴山花园 370112-I20

[Héngshēngbànshān Huāyuán]

在区境中部。人口 3 400。总面积 6.3 公顷。小区北侧紧邻雪山景观资源,且小区内部有一宽敞的中心花园,故名。2010 年始建,2012 年正式使用。建筑总面积 160 000 平方米,高层住宅楼 9 栋,现代建筑风格。绿化率 50%,有幼儿园、小学、超市等配套设施。通公交车。

保利花园 370112-I21

[Bǎolì Huāyuán]

在区境中部。人口 4 000。总面积 8.3 公顷。寓意物业管理采用 24 小时电子巡更系统,全面保障业主个人利益不受损失,故名。2008 年始建,2010 年正式使用。建筑总面积 250 000 平方米,高层住宅楼 10 栋,现代建筑风格。绿化率 45%,有幼儿园、小学、超市等配套设施。通公交车。

祺苑 370112-I22

[Qí Yuàn]

在区境中部。人口 500。总面积 2.5 公顷。"祺"本义为幸福、吉祥、安详,"苑"泛指园林、花园,合在一起指适合居住的幸福花园。2006 年始建,2007 年正式使用。建筑总面积 20 000 平方米,多层住宅楼 7 栋,现代建筑风格。绿化率 44%,有幼儿园、小学、超市等配套设施。通公交车。

蟠龙山花园 370112-I23

[Pánlóngshān Huāyuán]

在区境东南部。人口 300。总面积 9.3 公顷。因毗邻蟠龙山而得名。2004 年始建,2007 年正式使用。建筑总面积 20 000 平方米,别墅 64 栋。绿化率 30%,有幼儿园、小学、超市等配套设施。通公交车。

蟠龙山水别墅 370112-I24

[Pánlóngshānshuǐ Biéshù]

在区境东南部。人口 3 500。总面积 50.0 公顷。背依蟠龙山,饱览狼猫山水库美景,属于山体别墅,故名。2002 年始建,2009 年正式使用。建筑总面积 200 000 平方米,别墅 600 栋。绿化率 50%,有幼儿园、小学、超市等配套设施。通公交车。

农村居民点

付家庄 370112-A05-H01
［Fùjiāzhuāng］

在区驻地山大路街道北方向 18.0 千米。荷花路街道辖自然村。人口 1 200。明初，傅亮迁此建村，名傅家庄，后称付家庄。聚落呈散状。有综合性文化服务中心 1 个。经济以种植小麦、玉米为主。有公路经此。

堰头 370112-A05-H02
［Yàntóu］

在区驻地山大路街道东北方向 14.0 千米。荷花路街道辖自然村。人口 1 300。因地处黄河岸边，为防黄河决口和大水漫流，以修筑堰堤分流其水，故名。聚落成散状。有综合性文化服务中心 1 个、幼儿园 1 所。经济以种植小麦、玉米为主。有公路经此。

西河崖头 370112-A05-H03
［Xīhéyátóu］

在区驻地山大路街道北方向 15.0 千米。荷花路街道辖自然村。人口 600。明洪武年间，邓、汝、赵、彭四氏迁此定居，各自建村，后因村北河崖头有一繁荣的码头，便将四村合并，称河崖头。1958 年，又以村中的湾为界分东、西两个村，该村位于西边，称西河崖头。聚落成散状。有综合性文化服务中心 1 个。经济以种植小麦、玉米为主。有公路经此。

朱家庄 370112-A05-H04
［Zhūjiāzhuāng］

在区驻地山大路街道东北方向 20.0 千米。荷花路街道辖自然村。人口 1 500。以姓氏得名。聚落成散状分布。有综合性文化服务中心 1 个、幼儿园 1 所。经济以种植小麦、玉米为主。有公路经此。

坝子 370112-A05-H05
［Bàzi］

在区驻地山大路街道东北方向 23.0 千米。荷花路街道辖自然村。人口 3 200。因村南小清河上建有南北防水坝，又是扎营屯兵之地，故名坝子屯，后称坝子。聚落成散状分布。有综合性文化服务中心 1 个、小学 1 所、幼儿园 1 所。经济以种植小麦、玉米为主。有公路经此。

新开店 370112-A05-H06
［Xīnkāidiàn］

在区驻地山大路街道东北方向 18.0 千米。荷花路街道辖自然村。人口 800。因地处黄河岸边，有一新建的渡口而得名，曾名新开渡、新开口，后村民觉得不吉利，改为新开店。聚落成散状分布。有综合性文化服务中心 1 个。经济以种植小麦、玉米为主。有公路经此。

王家闸 370112-A05-H07
［Wángjiāzhá］

在区驻地山大路街道东北方向 15.0 千米。荷花路街道辖自然村。人口 2 200。王氏迁此建村，因此处有三棵大槐树而得名三槐树村。后因在村前小清河上建有一座水闸，改称王家闸。聚落成散状分布。有综合性文化服务中心 1 个、幼儿园 1 所。经济以种植小麦、玉米为主。有公路经此。

霍家流 370112-A05-H08
［Huòjiāliú］

在区驻地山大路街道东北方向 20.0 千米。荷花路街道辖自然村。人口 200。霍亲、霍印兄弟迁此定居，因建有一座小楼而得名霍家楼。清光绪年间，因黄河在此决口，改称霍家流。聚落成散状分布。有综合性文化服务中心 1 个、幼儿园 1 所。经济以种植小麦、玉米为主。济南绕城高速经此。

北滩头 370112-A06-H01
[Běitāntóu]

在区驻地山大路街道东北方向 18.0 千米。鲍山街道辖自然村。人口 3 800。明洪武二年（1369），李氏迁此建村，因地处小清河畔，多年淤积河沙成滩而得名滩头。清宣统年间，由于住户增多，以村内狮子口为界分成两个村，加方位改称北滩头。聚落成散状分布。有文化大院 2 个、农家书屋 1 个、小学 1 所、幼儿园 2 所。经济以种植小麦、玉米为主。有公路经此。

川流 370112-A06-H02
[Chuānliú]

在区驻地山大路街道东北方向 23.0 千米。鲍山街道辖自然村。人口 400。北宋时期村北河上设有渡口，河内过往船只川流不息，故名川流渡口，后简称川流。聚落成散状分布。有文化大院、农家书屋 3 个。经济以种植小麦、玉米为主。济南绕城高速经此。

东梁王庄 370112-A06-H03
[Dōngliángwángzhuāng]

在区驻地山大路街道东北方向 17.0 千米。鲍山街道辖自然村。人口 3 400。原名梁家庄，南朝宋元嘉八年（431），大将檀道济在此定营为王，与北朝魏军作战，智退敌兵，当地群众为纪念檀道济，改村名为梁王庄。后因此处位东，改称东梁王庄。聚落成散状分布。有文化大院 1 个、农家书屋 1 个、小学 1 所、幼儿园 1 所。经济以种植小麦、玉米为主。济南绕城高速经此。

韩仓 370112-A06-H04
[Háncāng]

在区驻地山大路街道东北方向 16.0 千米。鲍山街道辖自然村。人口 3 700。唐太宗李世民东征至此，粮草皆尽，下令开仓充其军粮。东征凯旋时，正值丰收年景，李世民又下令还仓，因此得名还仓。后取其谐音，改称韩仓。聚落成散状分布。有小学 1 所、幼儿园 1 所。经济以种植小麦、玉米为主。有公路经此。

路家庄 370112-A06-H05
[Lùjiāzhuāng]

在区驻地山大路街道东北方向 13.0 千米。鲍山街道辖自然村。人口 1 800。明洪武二年（1369），路氏迁此建村。因村北驿道处曾有一座三孔石桥，故名路家桥。后桥毁，改称路家庄。聚落成散状分布。经济以种植小麦、玉米为主。有公路经此。

裴家营 370112-A06-H06
[Péijiāyíng]

在区驻地山大路街道东北方向 13.0 千米。鲍山街道辖自然村。人口 4 100。此处曾是梁王驻军的兵营，明洪武年间，裴氏迁此立村，名村裴家营。聚落成散状分布。经济以种植小麦、玉米为主。有公路经此。

殷陈庄 370112-A06-H07
[Yīnchénzhuāng]

在区驻地山大路街道东北方向 11.0 千米。鲍山街道辖自然村。人口 4 000。1992年，原殷家庄、陈家庄合并，两村各取一字，故名。有老年活动中心 1 个、文化广场 1 个、小学 1 所、幼儿园 1 所。经济以种植小麦、玉米为主。胶济铁路经此。

纸房 370112-A06-H08
[Zhǐfáng]

在区驻地山大路街道东北方向 16.0 千米。鲍山街道辖自然村。人口 600。于氏曾在此建新房，并经营一座造纸作坊，故名。

聚落成散状分布。有传统文化馆 1 个。经济以种植小麦、玉米为主。有公路经此。

刘家庄 370112-A06-H09
[Liújiāzhuāng]

在区驻地山大路街道东北方向 17.0 千米。鲍山街道辖自然村。人口 1 400。相传，因地处小清河，由此向北建有金口水闸，明代曾名金口刘家庄，后沿称刘家庄。聚落成散状分布。有幼儿园 1 所。经济以种植小麦、玉米为主。胶济铁路经此。

合二庄 370112-A07-H01
[Hé'èrzhuāng]

在区驻地山大路街道东方向 19.0 千米。唐冶街道辖自然村。人口 2 000。原名胡家庄，后有村民迁居于此，合为一村，故名合二庄。聚落成散状分布。经济以种植小麦、玉米为主。胶济铁路经此。

西枣园 370112-A07-H02
[Xīzǎoyuán]

在区驻地山大路街道东北方向 17.0 千米。唐冶街道辖自然村。人口 1 000。因此地多处种植枣树，枣树成林而得名枣林。后为区分当地同名村，加方位改称西枣园。聚落成散状分布。经济以种植小麦、玉米为主。胶济铁路经此。

程家庄 370112-A07-H03
[Chéngjiāzhuāng]

在区驻地山大路街道东北方向 17.0 千米。唐冶街道辖自然村。人口 1 600。以姓氏得名。聚落成散状分布。经济以种植小麦、玉米为主。胶济铁路、济南绕城高速经此。

北官庄 370112-A07-H04
[Běiguānzhuāng]

在区驻地山大路街道东方向 16.0 千米。

唐冶街道辖自然村。人口 300。据明万历十年（1582）第三次重修释伽寺碑碑文记载，当时村名为奇古村。但到了明末，便名为"官庄"。后分为两村，该村居北，村庄较小，故名小官庄，后改名北官庄。聚落成散状分布。经济以种植小麦、玉米为主。济南绕城高速经此。

大官庄 370112-A07-H05
[Dàguānzhuāng]

在区驻地山大路街道东方向 17.0 千米。唐冶街道辖自然村。人口 2 400。据明万历十年（1582）第三次重修释伽寺碑碑文记载，当时村名为奇古村。但到了明末，便名为"官庄"。后分为两村，该村较大，故名大官庄。聚落成散状分布。经济以种植小麦、玉米为主。济南绕城高速经此。

章灵丘 370112-A07-H06
[Zhānglíngqiū]

在区驻地山大路街道东方向 15.0 千米。唐冶街道辖自然村。人口 4 200。相传，当地有位看相先生名叫张灵，以其名字谐音得村名章灵丘。聚落成散状分布。有区级文物保护单位元代张荣墓、市级文物保护单位明代古建筑三义圣阁。经济以种植小麦、玉米为主。济南绕城高速经此。

安家庄 370112-A07-H07
[Ānjiāzhuāng]

在区驻地山大路街道东方向 14.0 千米。唐冶街道辖自然村。人口 2 400。以姓氏得名。聚落成散状分布。经济以种植小麦、玉米为主。有公路经此。

还乡店 370112-A09-H01
[Huánxiāngdiàn]

在区驻地山大路街道东北方向 6.0 千米。华山街道辖自然村。人口 2 700。明代，原名还乡店闸。曾称百柳树、韩家店，流传有"刘成还乡"的神话故事，后沿称还乡店。聚落成散状分布。有农家书屋1个、小学1所、幼儿园2所。有明代五尸墓1处、石刻墓志2方。经济以种植小麦、玉米为主。有公路经此。

西杨家庄　370112-A09-H02
[Xīyángjiāzhuāng]

在区驻地山大路街道北方向7.0千米。华山街道辖自然村。人口500。杨氏迁此建村，称杨家庄，后为区分同名村，加方位改称西杨家庄。聚落成散状分布。有农家书屋2个。经济以种植小麦、玉米为主。有公路经此。

盖家沟　370112-A09-H03
[Gàijiāgōu]

在区驻地山大路街道北方向7.0千米。华山街道辖自然村。人口900。原名盖家庄，清光绪十一年（1885），村中因黄河涨水冲出了一条沟，改称盖家沟。聚落成散状分布。有文化大院1个、农家书屋1个、小学1所、幼儿园1所。经济以种植小麦、玉米为主。有公路经此。

高墙王庄　370112-A09-H04
[Gāoqiángwángzhuāng]

在区驻地山大路街道北方向6.0千米。华山街道辖自然村。人口800。原名王家庄，后因在村周围修筑高墙以防黄河洪水淹村，改称高墙王庄。聚落成散状分布。有农家书屋1个、幼儿园1所。经济以种植小麦、玉米为主。有公路经此。

北小街　370112-A09-H05
[Běixiǎojiē]

在区驻地山大路街道东北方向15.0千米。华山街道辖自然村。人口300。明洪武二年（1369），安千、安万由直隶（今河北省）枣强迁此建村，随着住户增多形成一条东西街，称小街子。后以街为界分南、北两个村，该处位北，称北小街。聚落成散状分布。经济以种植小麦、玉米为主。济广高速经此。

郅家庄　370112-A09-H06
[Zhìjiāzhuāng]

在区驻地山大路街道东北方向8.0千米。华山街道辖自然村。人口1600。东汉建武年间，郅氏在此定居并以烧窑为生，后住户聚居形成村落，以姓氏得名郅家庄。聚落成散状分布。有农家书屋1个。有省级重点文物保护单位华阳宫古建筑群、华山风景区。经济以种植小麦、玉米为主。有公路经此。

宋刘庄　370112-A09-H07
[Sòngliúzhuāng]

在区驻地山大路街道北方向6.0千米。华山街道辖自然村。人口1600。明崇祯年间，刘氏三兄弟由直隶（今河北省）枣强迁此建村，后宋氏由山西洪洞县迁此建村，合为宋刘庄。聚落成散状分布。有小学1所、幼儿园2所。经济以种植小麦、玉米为主。有公路经此。

山头店　370112-A09-H08
[Shāntóudiàn]

在区驻地山大路街道东北方向10.0千米。华山街道辖自然村。人口600。明洪武年间，赵氏建村于光顶山前，并在此开店，故村得名山头店。聚落成散状分布。经济以种植小麦、玉米为主。有公路经此。

王舍人庄　370112-A10-H01
[Wángshěrénzhuāng]

在区驻地山大路街道东北方向11.0千

米。王舍人街道辖自然村。人口4 000。唐贞观年间，村内有一中书舍人名王熙，他处事从善，为百姓所称赞。为纪念他，名村王舍人店，后改称王舍人庄。聚落成散状分布。有文化大院1个、小学1所。有唐代回龙寺等著名古迹。经济以种植小麦、玉米为主。有公路经此。

赵仙庄 370112-A10-H02

[Zhàoxiānzhuāng]

在区驻地山大路街道东北方向10.0千米。王舍人街道辖自然村。人口1 000。据传，村北石庙曾住有赵氏夫妻相依为命，后来二人修炼成仙，故名。聚落成散状分布。有幼儿园1所。经济以种植小麦、玉米为主。有公路经此。

张马屯 370112-A10-H03

[Zhāngmǎtún]

在区驻地山大路街道东北方向8.0千米。王舍人街道辖自然村。人口3 700。明永乐年间，因此处原为官府驻军屯粮之地而得名张马屯。另据村里的老人说，有一年发大水把马家庄、张马庄都淹了，后来两个村的村民合并，一起居住在驻军屯粮之地，起名张马屯。聚落成散状分布。有文化大院1个、小学1所、幼儿园1所。有古迹三官庙。经济以种植小麦、玉米为主。有公路经此。

大辛庄 370112-A10-H04

[Dàxīnzhuāng]

在区驻地山大路街道东北方向8.0千米。王舍人街道辖自然村。人口6 000。建村时，人们为表达当时生活的艰苦，采用了辛苦的"辛"字为村名。聚落成散状分布。有小学1所。有国家级重点文物保护单位大辛庄遗址。经济以种植小麦、玉米为主。有公路经此。

宿家张马 370112-A10-H05

[Sùjiāzhāngmǎ]

在区驻地山大路街道东北方向9.0千米。王舍人街道辖自然村。人口1 800。明代，曾名大柳村。此处原为一片湖地，又改称张马泊。后由于住户增多而称大张马庄。又以宿姓，称宿家张马。聚落成散状分布。有农家书屋1个、小学1所、幼儿园1所。经济以种植小麦、玉米为主。有公路经此。

冷水沟 370112-A10-H06

[Lěngshuǐgōu]

在区驻地山大路街道东北方向14.0千米。王舍人街道辖自然村。人口4 900。因村南黑风口有一眼泉，泉水长流不断，经村内形成水沟，使村内气温降低而称冷水沟。聚落成散状分布。有文化大院1个、小学1所。经济以种植小麦、玉米为主。济广高速经此。

东沙河 370112-A10-H07

[Dōngshāhé]

在区驻地山大路街道东北方向18.0千米。王舍人街道辖自然村。人口3 200。明洪武年间，因在河岸上有九棵大杨树而得名九杨庄，因黄河冲来流沙，杨树遭伐，改称沙河庄。后住户增多，以村内五胜庙为界，分成东西两村，此村位于东边，称东沙河。聚落成散状分布。有文化大院3个、农家书屋3个、幼儿园2所。有清朝创建的沙河小学堂。经济以种植小麦、玉米为主。有公路经此。

相公庄 370112-A11-H01

[Xiànggōngzhuāng]

在区驻地山大路街道东北方向19.0千米。郭店街道辖自然村。人口700。明代，村东刘公河绕村而过，该处被认为是风水宝地，能出"72位相公"。为祈盼多出贤人，村名定为相公庄。聚落成散状分布。有文化大院1个、农家书屋1个、美术馆2所、民俗博物馆1所、幼儿园2所。经济以种植小麦、玉米为主。济南绕城高速经此。

东方家庄 370112-A11-H02
［Dōngfāngjiāzhuāng］

在区驻地山大路街道东北方向22.0千米。郭店街道辖自然村。人口900。明洪武年间，因冯姓早居，以姓氏得名冯家坊。后方莹由南京迁此隐居，人口兴旺，冯姓迁出，便以方姓加方位改称东方家庄。聚落成散状分布。有文化大院1个、农家书屋1个。经济以种植小麦、玉米为主。有公路经此。

曹家馆 370112-A11-H03
［Cáojiāguǎn］

在区驻地山大路街道东北方向21.0千米。郭店街道辖自然村。人口1 100。元末，因一曹姓老年妇女在此开店，称曹姑馆，到明洪武年间，改称曹家馆。聚落成散状分布。经济以种植小麦、玉米为主。胶济铁路、省道济青公路经此。

郭店 370112-A11-H04
［Guōdiàn］

在区驻地山大路街道东北方向20.0千米。郭店街道辖自然村。人口1 300。以姓氏得名。聚落成散状分布。有幼儿园1所。经济以种植小麦、玉米为主。有公路经此。

李家庄 370112-A11-H05
［Lǐjiāzhuāng］

在区驻地山大路街道东北方向20.0千米。郭店街道辖自然村。人口1 100。初以姓氏命名，后因李姓人口兴旺，村民扩村修庙，曾改称李家大庙，后又改称李家庄。

聚落成散状分布。有幼儿园1所、小学1所、中学1所。经济以种植小麦、玉米为主。有公路经此。

山头 370112-A11-H06
［Shāntóu］

在区驻地山大路街道东北方向22.0千米。郭店街道辖自然村。人口1 800。曾名刘官庄，因村东南虞山改村名为山头。聚落成散状分布。有文化大院1个、农家书屋1个、幼儿园1所。经济以种植核桃、板栗为主。有公路经此。

十里堡 370112-A11-H07
［Shílǐpù］

在区驻地山大路街道东北方向24.0千米。郭店街道辖自然村。人口2 200。相传，在商朝殷纣王时，官府为传递文书设五里一墩、十里一堡，故得村名十里堡。聚落成散状分布。有商代烽火台遗址。经济以种植小麦、玉米为主。有公路经此。

王官庄 370112-A11-H08
［Wángguānzhuāng］

在区驻地山大路街道东北方向26.0千米。郭店街道辖自然村。人口600。元代末期，因王氏早居建村且为官而得名王官庄。聚落成散状分布。经济以种植小麦、玉米为主。有公路经此。

河东 370112-A12-H01
［Hédōng］

在区驻地山大路街道东南方向22.0千米。港沟街道辖自然村。人口1 900。以龙须河为界，分为两村，该村在东面，故名。聚落成散状分布。有文化大院1个、小学1所、幼儿园1所。经济以种植小麦、玉米、水稻为主。京沪高速经此。

车脚山 370112-A12-H02

［Chējiǎoshān］

在区驻地山大路街道东南方向 20.0 千米。港沟街道辖自然村。人口 1 600。相传，章灵丘出了个"皇帝"，前来保驾的大车经过鱼山时，压出宽约 10 米、长约 2000 米的两道车印，故取村名车脚山。有文化大院 1 个、小学 1 所、幼儿园 1 所。经济以种植小麦、玉米为主。有公路经此。

坞西 370112-A12-H03

［Wūxī］

在区驻地山大路街道东南方向 21.0 千米。港沟街道辖自然村。人口 1 400。明代称西坞，西坞是原坞东、坞西的统称，因此处地势四面高、中间凹，村中有一条大道将西坞分为两处，此村位西，故称坞西。聚落成散状分布。有幼儿园 1 所。经济以种植小麦、玉米、水稻为主。京沪高速经此。

港沟 370112-A12-H04

［Gǎnggōu］

在区驻地山大路街道东南方向 18.0 千米。港沟街道辖自然村。人口 5 000。因村西南峪山水流经此处，常年冲刷形成岗、洼，故称港沟。聚落成散状分布。有小学 1 所、幼儿园 1 所。经济以种植小麦、玉米、水稻为主。济南绕城高速经此。

燕棚窝 370112-A12-H05

［Yànpéngwō］

在区驻地山大路街道东南方向 25.0 千米。港沟街道辖自然村。人口 3 500。因村坐落于深山，地处山峪，燕鸟飞禽多，故得村名燕棚窝。聚落成散状分布。有文化大院 1 个、小学 1 所、幼儿园 1 所。经济以种植小麦、玉米、水稻为主。有公路经此。

两河 370112-A12-H06

［Liǎnghé］

在区驻地山大路街道东南方向 24.0 千米。港沟街道辖自然村。人口 1 000。村西南山石梁底部有一山泉常年流水不断，雨季时山峪洪水成河，与另一条河水汇流于村头，故名两河。有文化大院 1 个、农家书屋 2 个、幼儿园 1 所。经济以种植小麦、玉米为主。有公路经此。

冶河 370112-A12-H07

［Yěhé］

在区驻地山大路街道东南方向 26.0 千米。港沟街道辖自然村。人口 1 700。因一条野河从村中穿过而得名野河庄，后以同音改称冶河。聚落成散状分布。有图书馆 1 个、幼儿园 1 所、小学 1 所。经济以种植小麦、玉米为主。京沪高速经此。

坞东 370112-A12-H08

［Wūdōng］

在区驻地山大路街道东南方向 20.0 千米。港沟街道辖自然村。人口 1 400。明代称西坞，西坞是原坞东、坞西的统称，因此处地势四面高、中间凹，村中有一条大道将西坞分为两处，此村位东，故称坞东。聚落成散状分布。有文化大院 1 个、小学 1 所、幼儿园 1 所。经济以种植小麦、玉米、水稻为主。济南绕城高速经此。

东神武 370112-A12-H09

［Dōngshénwǔ］

在区驻地山大路街道东南方向 21.0 千米。港沟街道辖自然村。人口 5 900。相传，村中曾修庙一座，塑像六尊。村里常出事，人们认为是因六神无主，才闹得四邻不安。村民便在夜间埋神一尊，还有五神，又因庙中塑像皆系武将形象，而得村名神武。

后以庙为界称东神武、西神武，因该村位东，称东神武。聚落成散状分布。有农家书屋1个、幼儿园1所。经济以种植小麦、玉米为主。有公路经此。

西神武 370112-A12-H10

[Xīshénwǔ]

在区驻地山大路街道东南方向21.0千米。港沟街道辖自然村。人口5 900。相传，村中曾修庙一座，塑像六尊。村里常出事，人们认为是因六神无主，才闹得四邻不安。村民便在夜间埋神一尊，还有五神，又因庙中塑像皆系武将形象，而得村名神武。后以庙为界称东神武、西神武，因该村位西，称西神武。聚落成散状分布。经济以种植小麦、玉米为主。有公路经此。

蟠龙 370112-A12-H11

[Pánlóng]

在区驻地山大路街道东南方向25.0千米。港沟街道辖自然村。人口1 000。因地处蟠龙山并有蟠龙的传说，故名蟠龙山村，后改称蟠龙。聚落呈散状。有文化大院1个。有市级文物保护单位金代古洞窟东龙洞佛隐寺和蟠龙山森林公园。经济以种植水稻、核桃、小麦为主。京沪高速经此。

桃科 370112-A12-H12

[Táokē]

在区驻地山大路街道东南方向28.0千米。港沟街道辖自然村。人口1 100。因地处桃花岭，桃树林满山坡，故名桃科。聚落成散状分布。有图书室1个、幼儿园1所。经济以种植小麦、玉米为主。有公路经此。

仲宫 370112-B01-H01

[Zhònggōng]

仲宫镇人民政府驻地。在区驻地山大路街道西南方向20.6千米。人口4 800。以终军故里而得名，曾名中公集、中宫、终宫，后沿称仲宫。聚落呈团块状分布。有小学1所、中学2所、高中1所。有清代及民国时期商铺、民居。经济以种植蔬菜为主，是济南南部山区重要农副产品集散地之一。村内有济南趵突泉酿酒有限公司。有公路经此。

艾家 370112-B01-H02

[Àijiā]

在区驻地山大路街道东南方向21.0千米。仲宫镇辖自然村。人口400。以姓氏而得名。聚落呈团块状分布。经济以种植业为主，建有艾家农业旅游基地。驻有山东维真食品公司等公司。有公路经此。

柳埠 370112-B02-H01

[Liǔbù]

柳埠镇人民政府驻地。在区驻地山大路街道东南方向27.5千米。人口4 800。柳氏早居于此，以开店铺为业而得名。聚落呈团块状分布。有隋朝时古槐树1株。经济以种植核桃、特色农家乐餐饮等为主，是南部山区主要农贸商品集散地之一。有公路经此。

董家庄 370112-B03-H01

[Dǒngjiāzhuāng]

董家镇人民政府驻地。在区驻地山大路街道东北方向17.3千米。人口5 000。以姓氏得名。聚落呈团块状分布。有文化大院1个、农家书屋1个、中学2所、小学1所、幼儿园2所。经济以种植业为主，有草莓、蔬菜等特色产品。有公路经此。

院后 370112-B03-H02

[Yuànhòu]

在区驻地山大路街道东北方向24.0千

米。董家镇辖自然村。人口800。原名卧龙村，因村前有元朝重修的胜国寺院一座，因寺院在前，村在其后，故村名为院后。聚落成散状分布。有文化大院1个、农村书屋1个。经济以种植小麦、玉米为主。有公路经此。

西方家 370112-B03-H03
[Xīfāngjiā]

在区驻地山大路街道东北方向20.0千米。董家镇辖自然村。人口300。初因杨姓住户居多，名杨家庄。因俗言"有杨（羊）必须有方（放羊者）"，才能人畜兴旺，故改称方家庄。后为区分同名村，加方位称西方家。聚落呈散状。经济以种植小麦、玉米为主。有公路经此。

张而庄 370112-B03-H04
[Zhāngěrzhuāng]

在区驻地山大路街道东北方向26.0千米。董家镇辖自然村。人口2 400。因左氏早居建村曾称左二庄。明洪武年间，王京川等从直隶（河北省）枣强迁入，当时一条河流把村隔开，改名张二庄，后沿称"张而庄"。聚落成散状分布。有文化大院1个、农家书屋1个、小学1所。经济以种植草莓为主。有公路经此。

甄家庄 370112-B03-H05
[Zhēnjiāzhuāng]

在区驻地山大路街道东北方向28.0千米。董家镇辖自然村。人口600。因甄、乔二氏早居建村而得名甄乔二庄，后王、李、刘诸氏迁入，甄乔二氏迁出，改称甄家庄。聚落成散状分布。有文化大院1个、农家书屋1个。经济以种植小麦、玉米为主。青银高速经此。

寇家庄 370112-B03-H06
[Kòujiāzhuāng]

在区驻地山大路街道东北方向21.0千米。董家镇辖自然村。人口600。曾以姓氏得名吕家庄。明洪武年间，寇氏迁入，后吕姓户绝，寇姓住户增多，故改称寇家庄。聚落成散状分布。有文化大院1个、农家书屋1个。经济以种植小麦、玉米为主。济南绕城高速经此。

三官庙 370112-B03-H07
[Sānguānmiào]

在区驻地山大路街道东北方向29.0千米。董家镇辖自然村。人口900。因此处有座三官庙，以庙名村。有文化大院1个、农家书屋1个。经济以种植小麦、玉米为主。青银高速经此。

柿子园 370112-B03-H08
[Shìziyuán]

在区驻地山大路街道东北方向28.0千米。董家镇辖自然村。人口1 700。因李士元迁此建村而得名士元村，后以谐音改称柿子园。聚落成散状分布。有文化大院1个、农家书屋1个、小学1所。经济以种植小麦、玉米为主。青银高速、102省道经此。

时家庄 370112-B03-H09
[Shíjiāzhuāng]

在区驻地山大路街道东北方向27.0千米。董家镇辖自然村。人口1 000。明代村里原有一座昆庐寺，寺内文王殿檐头上由10块石头砌垒而成，以象征十家为吉祥之兆而得名十家庄，后称时家庄。聚落成散状分布。有文化大院1个、农家书屋1个。经济以种植小麦、玉米为主。青银高速经此。

城子 370112-B03-H10
[Chéngzi]

在区驻地山大路街道东北方向 30.0 千米。董家镇辖自然村。人口 500。相传,此处为唐代全节县城故址,亦称城子庄,后沿称城子。聚落成散状分布。有文化大院 1 个、农家书屋 1 个。经济以种植小麦、玉米为主。有公路经此。

王合 370112-B03-H11
[Wánghé]

在区驻地山大路街道东北方向 27.0 千米。董家镇辖自然村。人口 400。明洪武二年（1369）,王浩、王合兄弟迁入,名王浩庄。后因前来投奔王家兄弟定居者甚多,改称王合。有文化大院 1 个、农家书屋 1 个。经济以种植小麦、玉米为主。济广高速、青银高速经此。

韩家庄 370112-B04-H01
[Hánjiāzhuāng]

唐王镇人民政府驻地。在区驻地山大路街道东北方向 24.2 千米。人口 4 400。以姓氏得名。聚落成团块状分布。有文化大院 2 个、农家书屋 2 个、小学 1 所、幼儿园 1 所。有历城区文物保护单位龙泉寺和两株雌雄古银杏树。经济以种植小麦、玉米、蔬菜为主,特产唐王大白菜。有公路经此。

小郭家 370112-B04-H02
[Xiǎoguōjiā]

在区驻地山大路街道东北方向 31.0 千米。唐王镇辖自然村。人口 300。元末明初,因郭姓住户居多,称郭家庄,后改称小郭家。聚落成散状分布。有文化大院 1 个、农家书屋 1 个。经济以种植小麦、玉米为主。有公路经此。

段家庄 370112-B04-H03
[Duànjiāzhuāng]

在区驻地山大路街道东北方向 32.0 千米。唐王镇辖自然村。人口 1 300。因村民擅长纺织绸缎而得名缎家庄。明朝时期,韩陆迁入,改称段家庄。聚落成散状分布。有文化大院 1 个、农家书屋 1 个。经济以种植小麦、玉米为主。青银高速经此。

唐王道口 370112-B04-H04
[Tángwángdàokǒu]

在区驻地山大路街道东北方向 31.0 千米。唐王镇辖自然村。人口 1 500。为纪念唐太宗李世民东征经此渡过巨野河,故名唐王道口。聚落成散状分布。有文化大院 2 个、农家书屋 2 个、幼儿园 1 所。经济以种植小麦、玉米为主。有公路经此。

老僧口 370112-B04-H05
[Lǎosēngkǒu]

在区驻地山大路街道东北方向 38.0 千米。唐王镇辖自然村。人口 2 400。村西有位老僧多行善,经常在赵王河上帮人来往渡河,村民念其功德,名村老僧渡口,后改称老僧口。聚落成散状分布。有文化大院 2 个、农家书屋 2 个、小学 1 所、幼儿园 1 所。有历城区文物保护单位大槐树 2 株。经济以种植绿化苗木为主,有公路经此。

刘六务 370112-B04-H06
[Liúliùwù]

在区驻地山大路街道东北方向 34.0 千米。唐王镇辖自然村。人口 1 400。明洪武二年（1369）,刘连茹迁此建村,村名刘连茹庄,亦称刘良务,后改称刘六务。聚落呈团块状。有文化大院 1 个、农家书屋 1 个。经济以种植核桃为主。有公路经此。

北殷 370112-B04-H07

[Běiyīn]

在区驻地山大路街道东北方向 32.0 千米。唐王镇辖自然村。人口 1 400。明万历年间，殷氏迁此建村，因始祖殷英元在朝为官被封千户侯而得名殷千户庄，后称北殷。聚落成散状分布。有文化大院 1 个、农家书屋 1 个、幼儿园 1 所。经济以种植小麦、玉米为主。有公路经此。

西营 370112-B05-H01

[Xīyíng]

西营镇人民政府驻地。在区驻地山大路街道东南方向 24.8 千米。人口 2 700。相传，唐太宗李世民东征到此，视为军事要地，进能攻，退能守，便在此安营扎寨，一营驻西，一营驻南，因此处位西而得名。聚落呈团块状分布。经济以种植业为主，盛产苹果、玉杏、核桃、板栗。有公路经此。

东彩石 370112-B06-H01

[Dōngcǎishí]

彩石镇人民政府驻地。在区驻地山大路街道东南方向 34.0 千米。人口 2 600。因村东山上石头多呈彩色，故称东彩石。聚落呈散状分布。有文化大院 1 个、农家书屋 1 个、幼儿园 1 所。经济以种植小麦、玉米为主。有公路经此。

讲书院 370112-B06-H02

[Jiǎngshūyuàn]

在区驻地山大路街道东南方向 44.0 千米。彩石镇辖自然村。人口 200。一说唐太宗李世民东征至此，曾在此讲过学，故名讲书院；另传，明万历年间，此处的福圣寺为全盛时期，成为远近僧侣讲习经卷、传教的中心，因此名村讲书院。聚落成散状分布。有文化大院 1 个、农家书屋 1 个。经济以种植小麦、玉米为主。有公路经此。

万粮峪 370112-B06-H03

[Wànliángyù]

在区驻地山大路街道东南方向 44.0 千米。彩石镇辖自然村。人口 300。相传，唐太宗李世民率大军东征至此，粮饷不足，故以盼望运来军饷万担粮，保证将士吃饱打胜仗之意名村望粮峪，后改称万粮峪。聚落成散状分布。有文化大院 1 个、农家书屋 1 个。经济以种植小麦、玉米为主。有公路经此。

虎门 370112-B06-H04

[Hǔmén]

在区驻地山大路街道东南方向 39.0 千米。彩石镇辖自然村。人口 600。因村山涧处有一老虎洞，故称虎门。聚落成散状分布。有文化大院 1 个、农家书屋 1 个、小学 1 所、幼儿园 1 所。经济以种植小麦、玉米为主。有公路经此。

青龙峪 370112-B06-H05

[Qīnglóngyù]

在区驻地山大路街道东南方向 40.0 千米。彩石镇辖自然村。人口 300。因此处有两个青龙泉，该村三面环山，故称青龙峪。聚落成散状分布。有文化大院 1 个。经济以种植小麦、玉米为主。有公路经此。

西彩石 370112-B06-H06

[Xīcǎishí]

在区驻地山大路街道东南方向 21.0 千米。彩石镇辖自然村。人口 800。因村西山前产灵石，玲珑可爱，多呈彩色，故称西彩石。聚落成散状分布。有文化大院 6 个、农家书屋 6 个、小学 1 所、幼儿园 1 所。有省级重点文物保护单位房彦谦墓。经济以种植业、养殖业为主，主要种植小麦、玉米，养殖蛋鸡。有公路经此。

长清区

城市居民点

恒大绿洲小区 370113-I01
[Héngdà Lùzhōu Xiǎoqū]

在区境东北部。人口 45 900。总面积 70.0 公顷。因小区内园林景观齐全，绿色植被丰富，故名。2007 年始建，2011 年正式建成。建筑总面积 2 000 000 平方米，小高层和高层住宅楼 51 栋，欧式建筑风格。绿化率 35.8%，有幼儿园、小学、中学、人工湖、运动中心等配套设施。通公交车。

鲁商常春藤小区 370113-I02
[Lǔshāng Chángchūnténg Xiǎoqū]

在区境东部。人口 20 000。总面积 100.0 公顷。以开发单位名并取吉祥意命名。2007 年始建，2008 年正式使用。建筑总面积 1 300 000 平方米，小高层和高层住宅楼 74 栋，现代建筑风格。绿化率 35%，有中小学、幼儿园、专用道等配套设施。通公交车。

耕读世家山庄 370113-I03
[Gēngdú Shìjiā Shānzhuāng]

在区境东部。人口 1 000。总面积 3.1 公顷。采用递进梯田式建筑布局，依势环山而建，故名。2010 年始建，2012 年正式使用。建筑总面积 42 839 平方米，多层住宅楼 11 栋，现代建筑风格。绿化率 35%，有幼儿园、超市等配套设施。通公交车。

圣菲花园 370113-I04
[Shèngfēi Huāyuán]

在区境南部。人口 2 000。总面积 44.6 公顷。背靠双龙山，西邻崮云湖，园区内植被茂密，让人宛如置身天然园林之中，故名。2008 年始建，2012 年正式使用。建筑总面积 270 000 平方米，双拼、联排别墅 247 栋，西班牙建筑风格。绿化率 38%，有便民超市、园林景观湖等配套设施。通公交车。

农村居民点

南关 370113-A01-H01
[Nánguān]

在区驻地文昌街道西南方向 2.0 千米。文昌街道辖自然村。人口 800。明万历年间，葛氏迁长邑城南门外建村，命名南关。聚落呈团块状。有文化广场 1 个、小学 1 所。经济以种植小麦、玉米等为主。有公路经此。

小段庄 370113-A01-H02
[Xiǎoduànzhuāng]

在区驻地文昌街道西南方向 7.0 千米。文昌街道辖自然村。人口 200。原名长辛店，后名段家庄。清光绪十九年（1893）东迁，后部分村民复迁此地，名小段庄。聚落呈团块状。有文化广场 1 个、幼儿园 1 所。经济以种植小麦、玉米等为主。有公路经此。

水鸣庄 370113-A01-H03
[Shuǐmíngzhuāng]

在区驻地文昌街道西南方向 2.0 千米。文昌街道辖自然村。人口 1 700。明洪武年间，孙氏迁此建村，时逢夏秋泉水甚旺，潺潺作响，故名水鸣庄。聚落呈团块状。

有文化广场 1 个、幼儿园 1 所。经济以种植小麦、玉米等为主。有公路经此。

西李庄 370113-A01-H04
[Xīlǐzhuāng]

在区驻地文昌街道西南方向 4.5 千米。文昌街道辖自然村。人口 900。据传，该村为李氏所建，名李家庄。《刘氏族谱》有刘氏祖建鹏于明万历年间由齐河县枣木刘家庄迁长清城南李家庄的记载。清道光版《长清县志·地舆志》载有："南仓·卢保李家庄。"1958 年，为与村东南李家庄区别，更名为西李庄。聚落呈团块状。有文化广场 1 个、农家书屋 1 个、幼儿园 1 所、小学 1 所。苗木种植为传统产业，无公害山药种植逐渐形成规模。有公路经此。

西门里 370113-A01-H05
[Xīménlǐ]

在区驻地文昌街道西方向 2.0 千米。文昌街道辖自然村。人口 700。元至正十四年（1354）设四门，形成纵横街道，该村居西门内，故名西门里大街，今名西门里。聚落呈团块状。有文化广场 1 个、幼儿园 1 所。经济以种植小麦、玉米等为主。有公路经此。

老徐 370113-A01-H06
[Lǎoxú]

在区驻地文昌街道西南方向 7.0 千米。文昌街道辖自然村。人口 500。据传该村为胡氏所建，以地势低洼，命名胡家洼。清乾隆年间，徐氏迁此定居。胡氏乏嗣后，更名徐家庄，后更名徐家洼。1950 年黄河泛滥村庄被淹，部分村民东迁建新徐家洼后，更名老徐家洼。1984 年改称老徐。聚落呈团块状。有文化广场 1 个、幼儿园 1 所。经济以种植小麦、玉米等为主。有公路经此。

孟李庄 370113-A01-H07
[Mènglǐzhuāng]

在区驻地文昌街道西方向 6.0 千米。文昌街道辖自然村。人口 900。明洪武年间，李氏迁此建村，名李家庄。后来与村南孟家庄合称孟李庄。聚落呈团块状。有文化广场 1 个、小学 1 所。经济以种植小麦、玉米等为主。有公路经此。

南李庄 370113-A01-H08
[Nánlǐzhuāng]

在区驻地文昌街道东南方向 6.0 千米。文昌街道辖自然村。人口 500。明洪武年间，李氏迁此定居。清康熙年间，山洪暴发，西迁今址建村，名李家庄。后因村西建有丈八佛庙，名丈八佛李庄。1958 年，为区别于村西北李家庄，更名南李庄。聚落呈团块状。有文化广场 1 个、幼儿园 1 所。经济以种植小麦、玉米等为主。有公路经此。

南门里 370113-A01-H09
[Nánménlǐ]

在区驻地文昌街道西南方向 2.0 千米。文昌街道辖自然村。人口 700。元至正十四年（1354），设四门，形成纵横街道，该村居南门内，故名南门里大街，今名南门里。聚落呈团块状。有文化广场 1 个、幼儿园 1 所。经济以种植小麦、玉米等为主。有公路经此。

东仓庄 370113-A01-H10
[Dōngcāngzhuāng]

在区驻地文昌街道西方向 5.0 千米。文昌街道辖自然村。人口 500。明天顺年间，卢氏迁此建村，以村是古粮草仓库的东仓，命名东仓廒庄，后称东仓庄。聚落呈团块状。有文化广场 1 个、小学 1 所、幼儿园 1 所。经济以种植小麦、玉米等为主。有公路经此。

刘庄 370113-A01-H11
［Liúzhuāng］

在区驻地文昌街道西北方向 1.5 千米。文昌街道辖自然村。人口 1 400。明洪武年间，刘氏迁此定居，因村旁有破庙，名破庙子刘庄，后称刘庄。聚落呈团块状。有文化广场 1 个、幼儿园 1 所。经济以种植小麦、玉米等为主。有公路经此。

北小房 370113-A01-H12
［Běixiǎofáng］

在区驻地文昌街道西北方向 2.0 千米。文昌街道辖自然村。人口 200。《房氏族谱》载，清康熙间，房氏祖柜秤由县城南苏家庄迁此建村，名村房家庄。曾名小房庄。1948 年为区别于县城南小房庄，更名为北小房。聚落呈团块状。有文化广场 1 个、幼儿园 1 所。经济以种植小麦、玉米等为主。有公路经此。

北门里 370113-A01-H13
［Běiménlǐ］

在区驻地文昌街道西方向 1.5 千米。文昌街道辖自然村。人口 1 200。元至正十四年（1354），设四门，形成纵横街道，该村居北门内，故名北门里大街，今名北门里。聚落呈团块状。有文化广场 1 个、幼儿园 1 所。经济以种植小麦、玉米等为主。有公路经此。

边庄 370113-A01-H14
［Biānzhuāng］

在区驻地文昌街道西北方向 2.0 千米。文昌街道辖自然村。人口 100。清光绪十九年（1893），黄河泛滥，边家庄被淹，边氏迁此建村，命名新边庄。今名边庄。聚落呈团块状。有文化广场 1 个、幼儿园 1 所。经济以种植小麦、玉米等为主。有公路经此。

东门里 370113-A01-H15
［Dōngménlǐ］

在区驻地文昌街道西南方向 1.5 千米。文昌街道辖自然村。人口 400。元至正十四年（1354），设四门，形成纵横街道，该村居东门内，故名东门里大街，今名东门里。聚落呈团块状。有文化广场 1 个、幼儿园 1 所。经济以种植小麦、玉米等为主。有公路经此。

东北关 370113-A01-H16
［Dōngběiguān］

在区驻地文昌街道西方向 1.5 千米。文昌街道辖自然村。人口 1 300。明天启年间，于氏迁此建村，以村居县城东北角下，命名东北关。聚落呈团块状。有文化广场 1 个、小学 1 所、幼儿园 1 所。经济以种植小麦、玉米等为主。有公路经此。

范庄 370113-A02-H01
［Fànzhuāng］

在区驻地文昌街道东方向 9.5 千米。崮云湖街道辖自然村。人口 1 600。据传，该村前名茶棚。明洪武四年（1371），范氏迁居该村，更名范家庄。后称范庄。聚落呈带状。有文化广场 1 个、幼儿园 1 所。经济以种植小麦、玉米等为主。有公路经此。

皇姑井 370113-A02-H02
［Huánggūjǐng］

在区驻地文昌街道东南方向 9.0 千米。崮云湖街道辖自然村。人口 1 500。据传，早年有一韩姓姑娘到此挖野菜，见地面湿润，遂掘地，有水渗出。村人即募工穿凿数丈后泉水涌出，命名韩姑井。清康熙年间，樊成名、尚风鸣迁此建村，以井为名。后井南建起供奉皇姑的皇姑庙，遂称井为皇姑井，并演为村名。聚落呈带状。有文化广场1个、幼儿园1所。经济以种植小麦、玉米等为主。有公路经此。

开山 370113-A02-H03

[Kāishān]

在区驻地文昌街道东方向9.2千米。崮云湖街道辖自然村。人口800。明洪武年间，陈氏迁居该村，以开山售石为生，故名。聚落呈带状。有文化广场1个、小学1所、幼儿园1所。经济以种植小麦、玉米等为主。有公路经此。

凤凰庄 370113-A02-H04

[Fènghuángzhuāng]

在区驻地文昌街道东南方向13.9千米。崮云湖街道辖自然村。人口900。唐贞观十八年（644），回民彭、安、苏三姓相继迁此建村，因村南米山脚下有形似"鸡窝"的大石棚，名村鸡窝。民国初年，因村名不雅，更名凤凰庄。聚落呈带状。有文化广场1个、小学1所、幼儿园1所。经济以种植小麦、玉米和运输业等为主。有公路经此。

炒米店 370113-A02-H05

[Chǎomǐdiàn]

在区驻地文昌街道东方向9.6千米。崮云湖街道辖自然村。人口2 500。据传，该村自古缺水，村民常炒米为食，村人开设店铺者数十家，故名村炒米店。康熙二十八年（1689），山东巡抚佛伦路经此地，闻民苦于水，即捐资凿井，村民为感佛伦功德，将井命名为佛公井，村遂更名佛公店。后复名炒米店。聚落呈带状。有文化广场1个、幼儿园1所。经济以种植小麦、玉米等为主。有公路经此。

大崮山 370113-A02-H06

[Dàgùshān]

在区驻地文昌街道东南方向11.9千米。崮云湖街道辖自然村。人口2 400。据传，该村前名白马店，又名白皮关。北宋初年，以村北崮山（今玉皇山）更名崮山庄。明崇祯年间，村内设驿站后，更名崮山街。清中叶，为区别于村西小崮山，始名大崮山。聚落呈带状。有文化广场1个、小学1所、幼儿园1所。经济以种植小麦、玉米等为主。有公路经此。

大刘庄 370113-A02-H07

[Dàliúzhuāng]

在区驻地文昌街道东南方向14.2千米。崮云湖街道辖自然村。人口3 200。据传，唐咸通年间，刘氏建村，故名刘家庄。1940年，为区别于村西刘家庄，更名大刘家庄，今名大刘庄。聚落呈带状。有文化广场1个、小学1所、幼儿园1所。经济以种植小麦、玉米等为主。有公路经此。

全福庄 370113-A03-H01

[Quánfú Zhuāng]

在区驻地文昌街道北方向11.3千米。平安街道辖自然村。人口300。据传，该村为宋氏所建，名宋家庄。后宋氏家境败落，人称破宋庄。清光绪年间，刘、王两姓迁居该村，因村名不雅，更名全福庄。聚落呈团块状。有文化广场1个、小学1所、幼儿园1所。经济以种植小麦、玉米等为主。有公路经此。

平安店 370113-A03-H02

[Píng'āndiàn]

在区驻地文昌街道北方向4.8千米。平安街道辖自然村。人口1 100。据传，明洪武年间董氏迁此定居，命名董家庄。清顺治年间，村东百突泉涨水，将村中店铺房舍冲毁一半，人称半边店，后成为村名，其后人为图吉祥，更名平安庄。清朝末年，因村中开设店铺者增多，始名平安店。聚落呈团块状。有文化广场 1 个、农家书屋 1 个、小学 1 所、幼儿园 1 所。经济以种植小麦、玉米等为主。有公路经此。

大刘庄 370113-A03-H03
[Dàliúzhuāng]

在区驻地文昌街道东北方向 6.9 千米。平安街道辖自然村。人口 600。据传，明弘治年间，赵氏迁此建村，命名赵家庄。后刘氏兄弟数人来此定居，日久年远，人丁兴旺，更名刘家庄。清嘉庆年间，因村西南建小刘家庄，该村遂更名为大刘家庄。今名大刘庄。聚落呈团块状。有文化广场 1 个、小学 1 所、幼儿园 1 所。经济以种植小麦、玉米等为主。有公路经此。

王宿铺 370113-A03-H04
[Wángsùpù]

在区驻地文昌街道北方向 3.0 千米。平安街道辖自然村。人口 1 200。据传，明万历年间，有位王爷南巡途经此地逢雨住进一家店铺，人称王宿铺，演为村名。聚落呈团块状。有文化广场 1 个、小学 1 所、幼儿园 1 所。经济以种植小麦、玉米等为主。有公路经此。

张家桥 370113-A03-H05
[Zhāngjiāqiáo]

在区驻地文昌街道东北方向 3.4 千米。平安街道辖自然村。人口 900。据传，明洪武年间，张氏由山西洪洞县迁居此地后于村西小河沟上架一石桥，人称张家桥，遂为村名。聚落呈团块状。有文化广场 1 个、幼儿园 1 所。经济以种植小麦、玉米等为主。有公路经此。

南汝 370113-A03-H06
[Nánrǔ]

在区驻地文昌街道东北方向 4.0 千米。平安街道辖自然村。人口 900。以姓氏命名汝家庄。后部分人北迁建北汝庄，该村遂更名为南汝庄，今名南汝。聚落呈团块状。有文化广场 1 个、小学 1 所、幼儿园 1 所。经济以种植小麦、玉米等为主。有公路经此。

南桥 370113-A03-H07
[Nánqiáo]

在区驻地文昌街道东南方向 10.7 千米。平安街道辖自然村。人口 300。据传，明代此地有横架在玉符河上的大石桥，因临近奠山（今名橛山），故名奠山桥。此桥是去济南府的必经地，部分人迁来桥南北开店，形成村落后，以桥命村名。民国年间分为两村，该村居南，故名南奠山桥，今名南桥。聚落呈团块状。有文化广场 1 个、小学 1 所、幼儿园 1 所。经济以种植小麦、玉米等为主。有公路经此。

怀家庙 370113-A03-H08
[Huáijiāmiào]

在区驻地文昌街道北方向 15.0 千米。平安街道辖自然村。人口 300。清顺治年间，大清河（今黄河）泛滥，耿氏在居住地被淹后迁此建村，以村临渡口开店为生，名耿积店，遂为村名。1949 年黄河再次泛滥，小李庄、纪店等村民来此定居，以村西有怀氏捐地建的土地庙，更名怀家庙。聚落呈团块状。有文化广场 1 个、幼儿园 1 所。经济以种植小麦、玉米等为主。有公路经此。

纪店 370113-A03-H09
[Jìdiàn]

在区驻地文昌街道北方向 14.1 千米。平安街道辖自然村。人口 600。据村西出土庙碑载，本村建于唐永祯元年（805），以与大清河（今黄河）北岸的北店子相对，命名南店子。清初，以姓氏更名纪家庄。后以纪氏开设店铺更名为纪店。聚落呈团块状。有文化广场1个、小学1所、幼儿园1所。经济以种植小麦、玉米等为主。有公路经此。

罗屯 370113-A03-H10
[Luótún]

在区驻地文昌街道北方向12.4千米。平安街道辖自然村。人口500。相传，元代有府官路经该村，见张氏门前将旗高悬，遂将自己的旗牌收起，前去拜见，故称落旗屯。后误写为罗旗屯。今名罗屯。聚落呈团块状。有文化广场1个、幼儿园1所。经济以种植小麦、玉米等为主。有公路经此。

许寺 370113-A03-H11
[Xǔsì]

在区驻地文昌街道北方向8.0千米。平安街道辖自然村。人口300。据民国版《长清县志》载："五股窜心柏，粗可成围……考其年代，传为唐物，因此树古，许姓捐地修寺，名许家寺。……清光绪十五年（1889）黄水为灾，邢家楼、丁家店等处人多避居于此，遂成村落。"文考该村建于清光绪间，以寺为村名。聚落呈团块状。有文化广场1个、幼儿园1所、小学1所。经济以种植小麦、玉米等为主。有公路经此。

靳庄 370113-A03-H12
[Jìnzhuāng]

在区驻地文昌街道北方向6.9千米。平安街道辖自然村。人口700。该村最晚建于元代初期。据传，该村为李氏所建，名李家庄。李氏乏嗣后，靳氏更名为靳家庄。今名靳庄。聚落呈团块状。有文化广场1个、

小学1所、幼儿园1所。经济以种植小麦、玉米等为主。有公路经此。

藤屯 370113-A03-H13
[Téngtún]

在区驻地文昌街道东北方向8.0千米。平安街道辖自然村。人口2 000。以此地佛爷庙前有藤枝缠古槐景观，名藤槐树屯。今名藤屯。聚落呈团块状。有文化广场1个、小学1所、幼儿园1所。经济以种植小麦、玉米等为主。有公路经此。

西马庄 370113-A04-H01
[Xīmǎzhuāng]

在区驻地文昌街道东南方向14.8千米。五峰山街道辖自然村。人口800。据《元史·严实传》载，金兴定二年（1218），长清县令严实为防宋兵攻城，外出督粮而城陷，有人诬陷实献城与宋而伐之，实乃屯兵青崖山，以其为蓄马地。建村后，以历史故事命名马庄。清顺治年间分为两村，该村居西，故名西马庄。聚落呈团块状。有文化广场1个、小学1所、幼儿园1所。经济以种植小麦、玉米等为主。有公路经此。

润玉泉 370113-A04-H02
[Rùnyùquán]

区驻地文昌街道东南方向17.2千米。五峰山街道辖自然村。人口700。明洪武八年（1375），高氏由山西洪洞县迁此建村，以此处泉水名村。聚落呈团块状。有文化广场1个、幼儿园1所。经济以种植小麦、玉米等为主。有公路经此。

北黄崖 370113-A04-H03
[Běihuángyá]

在区驻地文昌街道东南方向17.5千米。五峰山街道辖自然村。人口500。据传，明正统年间，黄氏建村，以村坐落在土崖

东，命名黄家崖子。清朝初年更名为黄崖。1958 年，因修建钓鱼台水库，原村分迁三地，该村居水库北，故名。聚落呈团块状。有文化广场 1 个、小学 1 所、幼儿园 1 所。经济以种植小麦、玉米等为主。有公路经此。

李家店 370113-A04-H04
[Lǐjiādiàn]

在区驻地文昌街道东南方向 17.7 千米。五峰山街道辖自然村。人口 700。据传，宋宣和年间，李氏建村，名李家庄。清朝末年，李氏以村临大道开店为生，人称李家店，村名沿用店名。聚落呈团块状。有幼儿园 1 所。经济以种植小麦、玉米等为主。有公路经此。

东黄崖 370113-A04-H05
[Dōnghuángyá]

在区驻地文昌街道东南方向 18.3 千米。五峰山街道辖自然村。人口 500。据传，明正统年间，黄氏建村，以村坐落在土崖东，命名黄家崖子。清朝初年更名黄崖。1958 年，因修建钓鱼台水库，原村分迁三地，该村居水库东，故名。聚落呈团块状。有文化广场 1 个、小学 1 所、幼儿园 1 所。经济以种植小麦、玉米等为主。有公路经此。

西黄崖 370113-A04-H06
[Xīhuángyá]

在区驻地文昌街道东南方向 18.1 千米。五峰山街道辖自然村。人口 300。据传，明正统年间，黄氏建村，以村坐落在土崖东，命名黄家崖子。清朝初年更名黄崖。1958 年，因修建钓鱼台水库，原村分迁三地，该村居水库西，故名。聚落呈团块状。有文化广场 1 个、小学 1 所、幼儿园 1 所。经济以种植小麦、玉米等为主。有公路经此。

后太平 370113-A04-H07
[Hòutàipíng]

在区驻地文昌街道东南方向 21.1 千米。五峰山街道辖自然村。人口 400。明嘉靖年间，贾氏建村，名贾家庄。崇祯年间，农民起义此起彼伏，村民受战乱之苦，盼望能安居乐业，更村名为太平庄。同治年间战争又起，人们倍受骚扰，复更村名为后太平。聚落呈团块状。有文化广场 1 个、幼儿园 1 所。经济以种植小麦、玉米等为主。有公路经此。

三官庙 370113-A04-H08
[Sānguānmiào]

在区驻地文昌街道东南方向 19.8 千米。五峰山街道辖自然村。人口 1 200。据传，元朝初年道教盛极一时，村人信奉"天官赐福，地官赦罪，水官解厄"之说，故修三官庙，后演为村名。聚落呈团块状。有文化广场 1 个、小学 1 所、幼儿园 1 所。经济以种植小麦、玉米等为主。有公路经此。

兴隆庄 370113-A04-H09
[Xīnglóngzhuāng]

在区驻地文昌街道东南方向 20.4 千米。五峰山街道辖自然村。人口 200。相传，吕氏由山西洪洞县迁此建村，为图吉祥，名兴隆庄。聚落呈团块状。有文化广场 1 个、幼儿园 1 所。经济以种植小麦、玉米等为主。有公路经此。

纸坊 370113-A04-H10
[Zhǐfáng]

在区驻地文昌街道东南方向 22.5 千米。五峰山街道辖自然村。人口 1 500。明隆庆年间，韩氏由山西洪洞县迁居该村，以修制耕地犁为生，故名拾掇犁子庄。后来因改业造纸，更名为纸坊庄。清朝末年改为纸坊。聚落呈团块状。有文化广场 1 个、小学 1 所、幼儿园 1 所。经济以种植小麦、玉米等为主。有公路经此。

德峪 370113-A04-H11
[Déyù]

在区驻地文昌街道东南方向 19.7 千米。五峰山街道辖自然村。人口 900。明洪武年间，汪氏迁居该村，以村坐落在山峪中，名汪家峪。后来，汪氏犯法，为避灾难，拆"汪"字名三王峪。清光绪二十八年（1902），徐氏由今马山镇大河东迁此定居后，以德为尚，更名德峪庄，清末始称德峪。聚落呈团块状。有文化广场 1 个、小学 1 所、幼儿园 1 所。经济以种植小麦、玉米等为主。有公路经此。

讲书院 370113-A04-H12
[Jiǎngshūyuàn]

在区驻地文昌街道东南方向 9.9 千米。五峰山街道辖自然村。人口 600。据明隆庆三年（1569）创修"愿学书院碑"载，张后觉、王牧两学士见此地云壑幽胜，乃卜居于此默居究学，山东提学副使邹善为之建"愿学书院"。万历元年（1573），东昌知府罗汝芳又建"见泰书院"，故名。聚落呈团块状。有文化广场 1 个、小学 1 所、幼儿园 1 所。经济以种植小麦、玉米等为主。有公路经此。

宋村 370113-A04-H13
[Sòngcūn]

在区驻地文昌街道东南方向 11.8 千米。五峰山街道辖自然村。人口 2 800。据村内现存"唐碑"（已残）载，该村前名徐家庄，相传建于秦代，东汉末年三国争雄，村民死亡甚多，幸存下来的人更村名为剩村。唐朝初年，国家昌盛，村民以"剩"不雅，拟音宋村。聚落呈团块状。有文化广场 1 个、

小学 1 所、幼儿园 1 所。经济以种植小麦、玉米等为主。有公路经此。

王峪 370113-A04-H14
[Wángyù]

在区驻地文昌街道东南方向 11.2 千米。五峰山街道辖自然村。人口 1 000。相传，王氏建村时以村坐落在峪口处，名村王峪庄。清朝末年始名王峪。聚落呈团块状。有文化广场 1 个、小学 1 所。经济以种植小麦、玉米等为主。有公路经此。

石窝 370113-A04-H15
[Shíwō]

在区驻地文昌街道东南方向 14.0 千米。五峰山街道辖自然村。人口 1 500。该村古代名石窖邑，金大定二年（1162），拓广五峰山道场时，在此开山采石，以其遗迹更名石窝庄。今名石窝。聚落呈团块状。有文化广场 1 个、小学 1 所、幼儿园 1 所。经济以种植小麦、玉米等为主。有公路经此。

归北 370113-B01-H01
[Guīběi]

归德镇人民政府驻地。在区驻地文昌街道西南方向 10.3 千米。人口 1 800。据传，唐武德年间，高氏建村，以村北中间高四周低形似乌龟背，名龟背庄，后人因不雅，拟音归德。后分为南北二村，该村居北，称归北。聚落呈团块状分布。有文化站 1 个、文化广场 1 个、小学 1 所。经济以种植业为主，产小麦、玉米，特色农产品有大蒜、大葱、菠菜、冬枣、核桃、果树苗等。有公路经此。

雾露河 370113-B01-H02
[Wùlòuhé]

在区驻地文昌街道西南方向 15.5 千米。归德镇辖自然村。人口 500。元至元年间，

张氏、杜氏逃荒经此，因天色已晚，前有大河阻路，歇宿此地，次日晨大雾弥漫，露水遍野不能前行，又住了下来。几日过后安然无恙，便定居下来，故名雾露河。聚落呈团块状。有文化广场1个、幼儿园1所。经济以种植小麦、玉米等为主。有公路经此。

月庄 370113-B01-H03
[Yuèzhuāng]

在区驻地文昌街道西南方向10.3千米。归德镇辖自然村。人口1 000。唐贞观年间建村，以寺命名龙槐庄。后宾谷水（今南大沙河）毁寺，明正德十一年（1516）年复修，更名兴福寺，村以寺名。清顺治年间，以村处沙河南岸，古人有河北为阳为日，河南为阴为月的说法，更名月庄。聚落呈团块状。有文化广场1个、小学1所、幼儿园1所。村北有省级重点文物保护单位月庄遗址。经济以种植小麦、玉米等为主。有公路经此。

庄楼 370113-B01-H04
[Zhuānglóu]

在区驻地文昌街道西南方向10.3千米。归德镇辖自然村。人口1 400。明崇祯年间，庄氏由今五峰山街道庄家庄迁此建村，以村西古有土地神龛（当地人称神楼）命名庄家楼。今名庄楼。聚落呈团块状。有文化广场1个、小学1所、幼儿园1所。经济以种植小麦、玉米等为主。有公路经此。

吴渡 370113-B01-H05
[Wúdù]

在区驻地文昌街道西南方向10.8千米。归德镇辖自然村。人口1 000。该村原以姓氏命名，后因依渡口更名吴家渡店，今名吴渡。聚落呈团块状。有文化广场1个、小学1所、幼儿园1所。经济以种植小麦、玉米等为主。有公路经此。

小屯 370113-B01-H06
[Xiǎotún]

在区驻地文昌街道西南方向12.1千米。归德镇辖自然村。人口3 100。传说，小屯一名始于元朝末年陶氏迁居该村后，以屯是官兵驻扎地，乱人不敢轻犯，故名。该村《杜氏族谱》有明成化年间，杜氏祖自平度迁居长邑城南二十五里小屯庄的记载。清道光版《长清县志地舆志》载有："南仓正屯保小屯"。聚落呈团块状。有文化广场1个、幼儿园1所。经济以种植小麦、玉米等为主。有公路经此。

双乳 370113-B01-H07
[Shuāngrǔ]

在区驻地文昌街道西南方向15.9千米。归德镇辖自然村。人口1 700。明正统年间，曹氏由前桥庄迁此建村，以村南有两座形似乳头的小山，命名双乳山。清道光版《长清县志地舆志》载有："南仓下保双陆山"。民国版《长清县志地舆志》载："汉卢区，顺保里双乳山"。1933年因村中小河上架起石桥，更名双浮桥。1949年复名双乳山，今名双乳。聚落呈团块状。有文化广场1个、小学1所、幼儿园1所。经济以种植小麦、玉米等为主。有公路经此。

麒麟 370113-B01-H08
[Qílín]

在区驻地文昌街道西南方向13.5千米。归德镇辖自然村。人口200。据传，该村为侯氏所建，以村坐落在茓河西岸，名西茓村，明中叶，更名侯家庄。清康熙年间，因村坐落在虎头山下，犯地名忌讳，更名麒麟村。聚落呈团块状。有文化广场1个、小学1所、幼儿园1所。经济以种植小麦、玉米等为主。有公路经此。

三合庄 370113-B01-H09

[Sānhézhuāng]

在区驻地文昌街道西南方向 11.9 千米。归德镇辖自然村。人口 1 000。据传，初以村处大清河（今黄河）堤附近得名堤口庄。明洪武年间，焦氏由山西洪洞县迁居该村，以村南有宾谷水（今南大沙河）汇入大清河（今黄河），村东又有小溪沟注入宾谷水更名三合庄。聚落呈团块状。有文化广场 1 个、幼儿园 1 所。经济以种植小麦、玉米等为主。有公路经此。

后刘官 370113-B01-H10

[Hòuliúguān]

在区驻地文昌街道西南方向 12.2 千米。归德镇辖自然村。人口 1 200。据传，该村为刘氏所建，以村北是官府屯垦而形成村落，命名刘官庄。后因村坐落在前刘官庄北，更名后刘官庄。聚落呈团块状。有文化广场 1 个、小学 1 所、幼儿园 1 所。经济以种植小麦、玉米等为主。有公路经此。

后垛 370113-B01-H11

[Hòuduǒ]

在区驻地文昌街道西南方向 12.3 千米。归德镇辖自然村。人口 200。明洪武年间，吴氏祖由山西洪洞县迁居褚堂峪，后迁前刘官庄西建村，名吴家庄。清中叶因与邻村不睦，吴全、吴刚迁此建村，命名躲庄。后来，因"躲"与"垛"音近写作垛庄。清末，又因村居前垛北，更名后垛庄。聚落呈团块状。有文化广场 1 个、幼儿园 1 所。经济以种植小麦、玉米等为主。有公路经此。

岗辛庄 370113-B01-H12

[Gǎngxīnzhuāng]

在区驻地文昌街道西南方向 10.8 千米。归德镇辖自然村。人口 900。据传，元至元年间，韩氏由县城南关街迁此建村，因开店营生，十分辛苦，命名辛店庄。清中叶，以村坐落在石岗上，曾名石岗子辛庄。民国年间始名岗辛庄。聚落呈团块状。有文化广场 1 个、幼儿园 1 所。经济以种植小麦、玉米等为主。有公路经此。

凤鸣庄 370113-B01-H13

[Fèngmíngzhuāng]

在区驻地文昌街道西南方向 11.0 千米。归德镇辖自然村。人口 500。据传，该村前名欧家庄。北宋时，在朝为官的欧阳方犯法，被缉拿时藏于村中一家地窖中，免祸后，更村名为窝庄。清朝后期，村人以村名不雅，更名凤鸣庄。聚落呈团块状。有文化广场 1 个、小学 1 所、幼儿园 1 所。经济以种植小麦、玉米等为主。有公路经此。

苊村铺 370113-B01-H14

[Mìcūnpù]

在区驻地文昌街道西南方向 13.5 千米。归德镇辖自然村。人口 900。该村前名石门镇，据传，明建文年间，铁铉曾阻燕王靖难军于石门镇，朱棣登基后，铁铉被处死，村民恐受株连，以村南有苊河（俗名香草河）更名苊村。清代村中设驿站后，始名苊村铺。聚落呈团块状。有文化广场 1 个、小学 1 所、幼儿园 1 所。经济以种植小麦、玉米等为主。有公路经此。

曹楼 370113-B01-H15

[Cáolóu]

在区驻地文昌街道西南方向 14.1 千米。归德镇辖自然村。人口 1 100。《曹氏家谱》载，该村为曹氏三世祖所建。清道光版《长清县志》载："曹鈇仕至卫辉知府，明嘉靖甲子岁（1564），领山左贤出，万历丁丑（1577）进士，神宗亲赐金花锦缎以奖赏之，遂升卫辉知府，告老回籍后，退居城南祖庄。自题其斋曰'止足'，人称曹家楼"，演为村名，今名曹楼。聚落呈团块状。有文化广场1个、小学1所、幼儿园1所。经济以种植小麦、玉米等为主。有公路经此。

大觉寺 370113-B01-H16
[Dàjuésì]

在区驻地文昌街道西南方向11.2千米。归德镇辖自然村。人口1 500。该村原村址曾是古卢城的南门处，村东古有大冢，唐武德年间于古冢上建一寺院，大殿"三教堂"中，供奉佛、道、儒三教始祖像，故名大觉寺。唐天祐年间建村时以古冢和寺命名为冢寺庄。清嘉庆年间古冢被毁后，更名大觉寺。聚落呈团块状。有文化广场1个、幼儿园1所。经济以种植小麦、玉米等为主。有公路经此。

常庄 370113-B02-H01
[Chángzhuāng]

孝里镇人民政府驻地。在区驻地文昌街道西南方向20.1千米。人口300。据传，北宋初年，常氏由今齐河县赵官镇迁此建村，命名常家庄。元朝初年，常氏迁回原籍（今有常家茔址），石、李两姓沿称常家庄。今名常庄。聚落呈团块状。有文化广场1个、农家书屋1个、小学1所。经济以种植小麦、玉米等为主。有公路经此。

东辛 370113-B02-H02
[Dōngxīn]

在区驻地文昌街道西南方向20.0千米。孝里镇辖自然村。人口400。"庙碑"载，明天启六年（1626），侯、苗两姓由下巴庄迁此建村，命名新庄。后来因生活艰难写作辛庄。民国初年以村中横沟分为两村，该村与西辛居南，名前辛庄。1956年前

辛庄以德胜桥为界复分两村，该村居东，始名东辛庄，今名东辛。聚落呈团块状。有文化广场1个、小学1所、幼儿园1所。经济以种植小麦、玉米等为主。有公路经此。

北黄崖 370113-B02-H03
[Běihuángyá]

在区驻地文昌街道西南方向23.6千米。孝里镇辖自然村。人口700。根据村北"石佛堂"题记碑记载，建村不晚于唐代，以村居黄崖寨山下，名黄崖庄。明中叶分为三村，该村居北，故名北黄崖。聚落呈团块状。有文化广场1个、小学1所、幼儿园1所。经济以种植小麦、玉米等为主。有公路经此。

官庄 370113-B02-H04
[Guānzhuāng]

在区驻地文昌街道西南方向29.3千米。孝里镇辖自然村。人口1 200。明朝初年，官氏由山西洪洞县迁居该村，以村西古有龙泉，命名龙泉官庄。现存马陵口明万历四十七年（1619年）《创修马陵川石盘路记》碑有"龙泉官庄"名的记载，第二次全国地名普查时街镇为了简化，上报为官庄。清光绪版《肥城县志·地舆志》载有："龙泉官庄"。清时一度设为邮铺，又名龙泉铺。聚落呈团块状。有文化广场1个、小学1所、幼儿园1所。经济以种植小麦、玉米等为主。有公路经此。

北凤 370113-B02-H05
[Běifèng]

在区驻地文昌街道西南方向23.2千米。孝里镇辖自然村。人口700。据传，清顺治年间，耿氏由石岗迁此建村，以村处凤凰山脚下，名凤凰庄。清朝末年，耿氏建花园一处，更名为耿家花园。后因花园卖于

齐氏，名齐家花园。齐氏乏嗣后，魏、李两姓复名村凤凰庄。1947年分为两村，该村居北，称北凰。后改名北凤。聚落呈团块状。有文化广场1个、小学1所、幼儿园1所。经济以种植小麦、玉米等为主。有公路经此。

安兰 370113-B02-H06
[Ānlán]

在区驻地文昌街道西南方向20.6千米。孝里镇辖自然村。人口600。《安澜村碑》载："安家道口居古清河（今黄河）之滨，自咸丰五年（1855）黄河东来，地亩坍塌者无数，宅基冲者尤多，至光绪十年（1884），水之横漫愈甚……于七佛山前（今村址），买山场民地迁居吾里焉，赐名安澜村是举也。"1939年由肥城县划属长清县后写作安兰。聚落呈团块状。有文化广场1个、小学1所、幼儿园1所。经济以种植小麦、玉米等为主。有公路经此。

房头 370113-B02-H07
[Fángtóu]

在区驻地文昌街道西南方向29.3千米。孝里镇辖自然村。人口900。据传，秦汉时期建村，以村临齐长城西尽头，命名防头。后来，房氏迁居该村，更为房头。聚落呈团块状。有文化广场1个、小学1所、幼儿园1所。经济以种植小麦、玉米等为主。有公路经此。

方峪 370113-B02-H08
[Fāngyù]

在区驻地文昌街道西南方向29.0千米。孝里镇辖自然村。人口800。据传，明洪武年间，王氏建村，以村坐落在山峪中，名王峪庄。后王氏乏嗣，方氏更村名为方峪。聚落呈团块状。有文化广场1个、小学1所、幼儿园1所。经济以种植小麦、玉米等为主。

有公路经此。

刘营 370113-B02-H09
[Liúyíng]

在区驻地文昌街道西南方向28.0千米。孝里镇辖自然村。人口500。据传，春秋时期此地是齐兵护守长城的驻扎地，西汉初年刘氏建村，以村址是古兵营地，名村刘家营。清光绪版《肥城县志·地舆志》载有"刘家营"。1939年由肥城县划属长清县后始名刘营。聚落呈团块状。有文化广场1个、小学1所、幼儿园1所。经济以种植小麦、玉米等为主。有公路经此。

后辛 370113-B02-H10
[Hòuxīn]

在区驻地文昌街道西南方向19.9千米。孝里镇辖自然村。人口300。明天启六年（1626），侯、苗两姓由下巴庄迁此建村，命名新庄。后来，因生活艰难写作辛庄。民国初年以村中横沟分为两村，该村居北，名后辛庄，今名后辛。聚落呈团块状。有文化广场1个、小学1所、幼儿园1所。经济以种植小麦、玉米等为主。有公路经此。

岚峪 370113-B02-H11
[Lányù]

在区驻地文昌街道西南方向26.7千米。孝里镇辖自然村。人口1 400。明万历二十四年（1596），大峰山重修"泰山行宫碑"有懒峪庄的记载。据传，以该山峪自古缺水得名懒峪。明朝初年，燕阳秀道人来此，见大峰山四季雾气腾腾之景象更名岚峪，村以峪得名岚峪庄，简称岚峪。聚落呈团块状。有文化广场1个、小学1所、幼儿园1所。经济以种植小麦、玉米等为主。有公路经此。

老王坡 370113-B02-H12
[Lǎowángpō]

在区驻地文昌街道西南方向 20.4 千米。孝里镇辖自然村。人口 200。明崇祯间，大清河（今黄河）西兵乱，吴家庄王氏迁此建村，以村坐落在土坡上，种小麦连年丰收，名村王家麦坡，曾名王坡。1937 年由肥城县划属长清县。1957 年建新王坡后，更名为老王坡。聚落呈团块状。有文化广场 1 个、幼儿园 1 所。经济以种植小麦、玉米等为主。有公路经此。

孟道口 370113-B02-H13
[Mèngdàokǒu]

在区驻地文昌街道西南方向 19.5 千米。孝里镇辖自然村。人口 500。明永乐年间，孟氏建村，因村处大清河（今黄河）东岸渡口处，名孟家道口。后来，大清河泛滥，村庄被淹，迁村此地，沿称孟家道口，今名孟道口。聚落呈团块状。有文化广场 1 个、小学 1 所、幼儿园 1 所。经济以种植小麦、玉米等为主。有公路经此。

广里 370113-B02-H14
[Guǎnglǐ]

在区驻地文昌街道西南方向 28.0 千米。孝里镇辖自然村。人口 3 000。该村当建于秦统一六国后。据传，广里曾是齐长城上的关隘，长年屯兵，齐灭亡后，守兵留居下来，形成村落，以广里关隘名村。聚落呈团块状。有文化广场 1 个、小学 1 所。经济以种植小麦、玉米等为主。有 220 国道、济广高速经此。

广里店 370113-B02-H15
[Guǎnglǐdiàn]

在区驻地文昌街道西南方向 28.7 千米。孝里镇辖自然村。人口 1 200。据传，宋朝初年，周、谷二姓迁此建村，以村临南北交通要道，开店营生，又因临近广里，故名广里店。聚落呈团块状。有文化广场 1 个、小学 1 所。经济以种植小麦、玉米、棉花等为主。有公路经此。

马岭 370113-B02-H16
[Mǎlǐng]

在区驻地文昌街道西南方向 28.0 千米。孝里镇辖自然村。人口 1 200。相传，唐朝初年建村，以村坐落在马陵山西北脚下，名马陵庄。明中叶因进村不便迁今址后写作马岭。聚落呈团块状。有文化广场 1 个、小学 1 所、幼儿园 1 所。经济以种植小麦、玉米、核桃等为主。有公路经此。

张营 370113-B02-H17
[Zhāngyíng]

在区驻地文昌街道西南方向 25.3 千米。孝里镇辖自然村。人口 900。据传，村址是战国时期齐兵护守齐长城的驻扎地。西汉初年张氏建村，以村址是古兵营地，名村张家营。1939 年由肥城县划属长清县。1946 年石香台子并入该村后始名张营。聚落呈团块状。有文化广场 1 个、小学 1 所、幼儿园 1 所。有张营遗址。经济以种植小麦、玉米等为主。有公路经此。

南黄崖 370113-B02-H18
[Nánhuángyá]

在区驻地文昌街道西南方向 24.5 千米。孝里镇辖自然村。人口 900。根据北黄崖村"石佛堂"碑记，建村于唐代之前，以村居黄崖寨山下，命名黄崖庄。明中叶分为三村，该村居南，故名南黄崖。聚落呈团块状。有文化广场 1 个、幼儿园 1 所。经济以种植小麦、玉米、核桃、小米等为主。有公路经此。

南凤 370113-B02-H19
［Nánfèng］

在区驻地文昌街道西南方向 23.7 千米。孝里镇辖自然村。人口 300。据传，清顺治年间，耿氏由石岗迁此建村，以村处凤凰山脚下，命名凤凰庄。清朝末年，耿氏建花园一处，更名为耿家花园。后因花园卖于齐氏，名齐家花园。齐氏乏嗣后，魏、李两姓复村名凤凰庄。1947 年分为两村，该村居南，故名南凤凰，现名南凤。聚落呈团块状。有文化广场 1 个、小学 1 所。经济以种植小麦、玉米等为主。有公路经此。

太平庄 370113-B02-H20
［Tàipíngzhuāng］

在区驻地文昌街道西南方向 24.4 千米。孝里镇辖自然村。人口 700。据传，古时登巫山（今孝堂山）西望，在地势平坦处有一村，以任其兵乱，均骚扰不着，名太和庄。清乾隆年间，更名太平庄。聚落呈团块状。有文化广场 1 个、小学 1 所。经济以种植小麦、玉米等为主。有公路经此。

姚河门 370113-B02-H21
［Yáohémén］

在区驻地文昌街道西南方向 22.2 千米。孝里镇辖自然村。人口 800。据传，宋咸淳年间，姚氏建村，以村坐落在大清河（今黄河）渡口处，命名姚家渡。清光绪年间，村北建起排水沟（南自广里北到该村）闸门后，更名姚河门。聚落呈团块状。有文化广场 1 个、幼儿园 1 所。经济以种植小麦、玉米等为主。有公路经此。

潘庄 370113-B02-H22
［Pānzhuāng］

在区驻地文昌街道西南方向 29.3 千米。孝里镇辖自然村。人口 1 600。明正德年间，潘氏迁居该村，命名潘家庄，简称潘庄。聚落呈团块状。有文化广场 1 个、小学 1 所、幼儿园 1 所。经济以种植小麦、玉米、棉花等为主。有公路经此。

西辛 370113-B02-H23
［Xīxīn］

在区驻地文昌街道西南方向 20.1 千米。孝里镇辖自然村。人口 600。明天启六年（1626），侯、苗两姓由下巴庄迁此建村，命名新庄。后来因生活艰难写作辛庄。民国初年以村中横沟分为两村，该村与东辛居南，故名前辛庄。1956 年前辛庄以德胜桥为界复分两村，该村居西，始名西辛庄，今名西辛。聚落呈团块状。有文化广场 1 个、小学 1 所、幼儿园 1 所。经济以种植小麦、玉米等为主。有公路经此。

万北 370113-B03-H01
［Wànběi］

万德镇人民政府驻地。在区驻地文昌街道东南方向 29.4 千米。人口 2 900。据传，该村建于唐代，名安阜店。元朝中叶，村西南大湾被山洪淤平。村人以其地临南北交通要道，聚集其上建房经商，逐渐形成较大村镇，人称湾底街，演为村名。后来讹传为剜底街、剜底铺、湾德街。清中叶始名万德街。民国初年称万德镇。后来为区别于村西北小万德，名大万德，后名万德。后分为两村，该村居北，称万北。聚落呈团块状。有文化广场 1 个、小学 1 所、中学 1 所、幼儿园 1 所。经济以种植小麦、玉米、花生等为主。有京沪铁路、京沪高铁、104 国道、京福高速公路经此。

金山铺 370113-B03-H02
［Jīnshānpū］

在区驻地文昌街道东南方向 31.9 千米。万德镇辖自然村。人口 600。以村北有两条小河在此汇流，曾名合一河。清朝末年，村民在村旁开店营生。以村北金子山命名店铺为金山铺，后演为村名。聚落呈团状。有文化广场 1 个、小学 1 所、幼儿园 1 所。经济以种植小麦、玉米、花生、核桃等为主。有公路经此。

马套 370113-B03-H03
[Mǎtào]

在区驻地文昌街道东南方向 39.7 千米。万德镇辖自然村。人口 1 600。据传，古时候此地三面环山，野麻丛生，故名麻套。另据传，元至正年间，任氏建村，以西路赴泰山的香客多在此停车歇马，名马套。聚落呈团块状。有文化广场 1 个、小学 1 所、幼儿园 1 所。经济以种植小麦、玉米、花生、茶叶等为主。有公路经此。

坡里庄 370113-B03-H04
[Pōlǐzhuāng]

在区驻地文昌街道东南方向 36.6 千米。万德镇辖自然村。人口 1 800。明崇祯年间建村，时逢南山坡上藤花盛开，故名藤花坡。清乾隆年间大旱，藤花枯死，更名坡里庄。聚落呈团块状。有文化广场 1 个、小学 1 所、幼儿园 1 所。经济以种植小麦、玉米、花生、茶叶等为主。有公路经此。

上营 370113-B03-H05
[Shàngyíng]

在区驻地文昌街道东南方向 33.2 千米。万德镇辖自然村。人口 1 900。该村北是唐朝末年黄巢起义军的安营地。明洪武二年（1369），杜氏由山西洪洞县迁居该村，名杜家营。清朝中叶，杜氏迁居长城村后，张、孙、王姓以村居黄山坡上，更村名为上营。聚落呈团块状。有文化广场 1 个、小学 1 所、幼儿园 1 所。经济以种植小麦、玉米、花生等为主。有公路经此。

石家屋 370113-B03-H06
[Shíjiāwū]

在区驻地文昌街道东南方向 25.9 千米。万德镇辖自然村。人口 300。据传，清乾隆年间，史姓来此建村前，因住东山坡山石屋内，故建村后名村史家屋。清光绪年间，赵氏由小侯集迁居该村，史姓乏嗣，写作石家屋。聚落呈团块状。有文化广场 1 个、小学 1 所、幼儿园 1 所。经济以种植小麦、玉米、花生、核桃等为主。有公路经此。

石胡同 370113-B03-H07
[Shíhútóng]

在区驻地文昌街道东南方向 32.9 千米。万德镇辖自然村。人口 1 200。据传，以唐代黄巢起义军在此与官兵交战时血流成河，和此地有两条南北走向的石崖，名血胡同。明洪武二年（1369），赵氏迁居此地，更名石胡同。聚落呈团块状。有文化广场 1 个、小学 1 所、幼儿园 1 所。经济以种植小麦、玉米、花生、核桃等为主。有公路经此。

石都庄 370113-B03-H08
[Shídūzhuāng]

在区驻地文昌街道东南方向 26.1 千米。万德镇辖自然村。人口 1 900。据传，以村东沙河中有石礁阻河下流，曾名石堵庄，后写作石都庄。聚落呈团块状。有文化广场 1 个、小学 1 所、幼儿园 1 所。经济以种植小麦、玉米、花生等为主。有公路经此。

万南 370113-B03-H09
[Wànnán]

在区驻地文昌街道东南方向 29.9 千米。万德镇辖自然村。人口 3 100。据传，该村建于唐代，名安阜店。元朝中叶，村西南大湾被山洪淤平。村人以其地临南北交通要道，聚集其上建房经商，逐渐形成较大村镇，人称湾底街，演为村名。后来讹传为剜底街、剜底铺、湾德街。清中叶始名万德街。民国初年称万南。聚落呈团块状。有文化广场1个、初中1所、小学1所、幼儿园1所。经济以种植小麦、玉米、花生、茶叶等为主。有公路经此。

土屋 370113-B03-H10
［Tǔwū］

在区驻地文昌街道东南方向35.0千米。万德镇辖自然村。人口200。明洪武年间，史姓由山西洪洞县迁来时暂住土崖下洞中，建村后以原住土洞命名土屋庄，今名土屋。聚落呈团块状。有文化广场1个、幼儿园1所。经济以种植小麦、玉米、花生等为主。有公路经此。

西夏峪 370113-B03-H11
［Xīxiàyù］

在区驻地文昌街道东南方向28.4千米。万德镇辖自然村。人口1 200。古代以夏禹治水居此，名夏禹甸。明崇祯年间，村人开店营生，常有鱼虾商来此销货，人称西虾鱼店，遂为村名。后来，村人因村名不雅，拟音写作西下峪。民国年间写作西夏峪。聚落呈团块状。有文化广场1个、小学1所、幼儿园1所。经济以种植小麦、玉米、花生等为主。有公路经此。

下营 370113-B03-H12
［Xiàyíng］

在区驻地文昌街道东南方向32.7千米。万德镇辖自然村。人口500。据传，该村址是唐朝末年黄巢起义军安营地。明洪武年间，贾氏由山西洪洞县迁居该村，名贾家营。清朝末年，继杜家营更名上营之后，更名下营。聚落呈团块状。有文化广场1个、小学1所、幼儿园1所。经济以种植小麦、玉米、花生等为主。有公路经此。

义灵关 370113-B03-H13
［Yìlíngguān］

在区驻地文昌街道东南方向27.2千米。万德镇辖自然村。人口1 200。据传，元至正年间，此地有座阴灵后庙，又是石都寨辖区南去的关卡。明万历年间，建村时以庙和关卡命名阴灵关。清道光版《长清县志地舆志》载有"东仓安保阴灵关"。1947年，有一军官居此，因"阴灵"不祥，更村名为义灵关。聚落呈团块状。有文化广场1个、小学1所、幼儿园1所。经济以种植小麦、玉米、花生等为主。有公路经此。

长城 370113-B03-H14
［Chángchéng］

在区驻地文昌街道东南方向33.7千米。万德镇辖自然村。人口2 100。据村内"崇善寺"大殿房梁上雕"晋咸宁丁酉年（277）重修"文字考，该村建于三国前后。明洪武三年（1370），村民自山西洪洞县迁居该村，以村临齐长城关隘，命名长城堡。明中叶村中设驿站后，名长城铺。1949年始名长城。聚落呈团块状。有文化广场1个、小学1所。有国家级文物保护单位齐长城遗址，有孟姜女祠遗址。经济以种植小麦、玉米、花生、核桃等为主。有京沪高铁、京福高速、104国道经此。

灵岩 370113-B03-H15
［Língyán］

在区驻地文昌街道东南方向29.8千米。万德镇辖自然村。人口100。清道光年间，李有春由六律庄迁此建村，因此地原是圈羊场所，故命名羊栏。1990年，地名补查时，村人因村名不雅和邻近灵岩寺院，更名灵岩。聚落呈团块状。有文化广场1个。有灵岩寺风景区。经济以种植小麦、玉米、花生、核桃等为主。有公路经此。

店台 370113-B03-H16
[Diàntái]

在区驻地文昌街道东南方向 37.2 千米。万德镇辖自然村。人口 1 600。据传，村址是春秋时期的烽火台遗址，建村后命名垫台。明嘉靖二十八年（1549），村中设驿站后至清初，名垫台铺。清中叶复名垫台。民国时期名垫台庄。1949 年写作店台。聚落呈团块状。有文化广场 1 个、小学 1 所。经济以种植小麦、玉米、花生等为主。有公路经此。

大刘庄 370113-B03-H17
[Dàliúzhuāng]

在区驻地文昌街道东南方向 33.0 千米。万德镇辖自然村。人口 2 000。明洪武二年（1369），刘氏由山西洪洞县迁居该村，以村坐落在油篓山北峪中，命名大峪村，后更名刘家庄。民国初年，为区别于村东刘家庄，复更名大刘家庄。今名大刘庄。聚落呈团块状。有文化广场 1 个、小学 1 所。经济以种植小麦、玉米、花生等为主。有公路经此。

张夏 370113-B04-H01
[Zhāngxià]

张夏镇人民政府驻地。在区驻地文昌街道东南方向 19.0 千米。人口 3 700。因在张山下名张下，后改写为张夏。聚落呈团块状分布。有镇文化站、广播电视站、图书室各 1 个，幼儿园、小学、中学各 1 所。经济以种植小麦、玉米、蔬菜为主。京沪高铁、104 国道经此。

杜家庄 370113-B04-H02
[Dùjiāzhuāng]

在区驻地文昌街道东南方向 19.2 千米。张夏镇辖自然村。人口 500。清顺治年间，史姓来此建村，名史家庄。史姓乏嗣后，杜氏更村名为杜家庄。聚落呈团块状。有文化广场 1 个、小学 1 所。村内有关帝庙和清乾隆年间"三圣堂"庙。经济以种植小麦、玉米、杏、核桃等为主。有公路经此。

徐毛 370113-B04-H03
[Xúmáo]

在区驻地文昌街道东南方向 18.7 千米。张夏镇辖自然村。人口 1 200。据传，明中叶，刘氏建村，名刘家庄。清顺治年间，徐氏由安徽宿县迁居该村，人烟兴旺，更名徐家庄。1984 年以姓氏命名的毛家庄并入该村后始名徐毛。聚落呈团块状。有文化广场 1 个、小学 1 所。经济以种植小麦、玉米、核桃等为主。有公路经此。

丁家庄 370113-B04-H04
[Dīngjiāzhuāng]

在区驻地文昌街道东南方向 20.6 千米。张夏镇辖自然村。人口 1 100。据传，该村前名青云庄。明弘治年间，历城人丁仲选来村定居后，于鸡鸣山上立寨行劫，一次进村逢兄弟二人诅咒："谁做伤天害理事，出门碰上丁恶人。"丁听罢，即改邪归正，在村西南扎棚舍茶济人，行人感之，称丁善人，村遂名丁家庄。聚落呈团块状。有文化广场 1 个。经济以种植小麦、玉米、核桃等为主。有公路经此。

茶棚 370113-B04-H05
[Chápéng]

在区驻地文昌街道东南方向 20.7 千米。张夏镇辖自然村。人口 700。该村前名李家庄。相传，明中叶有大盗丁仲选改恶从善后，在此搭棚舍茶济人，人称茶棚李家庄。李氏乏嗣后，始名茶棚至今。聚落呈团块状。有文化广场 1 个、幼儿园 1 所。经济以种植小麦、玉米、核桃等为主。有公路经此。

石店 370113-B04-H06
[Shídiàn]

在区驻地文昌街道东南方向 21.5 千米。张夏镇辖自然村。人口 2 000。明洪武年间，石姓由山西洪洞县迁居该村，以村坐落在山涧旁，命名石涧庄。崇祯年间，村中设邮铺后，更名石涧铺。清中叶，石姓开店营生，人称石家店，演为村名，今名石店。聚落呈团块状。有文化广场 1 个、小学 1 所、幼儿园 1 所。经济以种植小麦、玉米、核桃等为主。有公路经此。

青北 370113-B04-H07
[Qīngběi]

在区驻地文昌街道东南方向 22.7 千米。张夏镇辖自然村。人口 2 300。以回族为主。该村前名南梅花庄、北梅花庄。明洪武年间两村连为一体，名梅花庄。后来有皇帝南巡路经此地，在村头大杨树下停轿纳凉时遗一玉如意，差人觅得后报曰："物在青杨树下。"帝以物未失，赐村名青杨树。1958 年始名青杨。该村历史上分二排行事，故有青南、青北之名。1984 年改青北大队建青北村。聚落呈团块状。有文化广场 1 个、小学 1 所、幼儿园 1 所。村内有清真寺。经济以种植小麦、玉米等为主。有公路经此。

青南 370113-B04-H08
[Qīngnán]

在区驻地文昌街道东南方向 22.8 千米。张夏镇辖自然村。人口 1 200。该村前名南梅花庄、北梅花庄。明洪武年间两村连为一体，名梅花庄。后来有皇帝南巡路经此地，在村头大杨树下停轿纳凉时遗一玉如意，差人觅得后报曰："物在青杨树下。"帝以物未失，赐村名青杨树。1958 年始名青杨。该村历史上分二排行事，故有青南、

青北之名。1984 年改青南大队建青南村。聚落呈团块状。有文化广场 1 个、小学 1 所、幼儿园 1 所。经济以种植小麦、玉米等为主。有公路经此。

土门 370113-B04-H09
[Tǔmén]

在区驻地文昌街道东南方向 24.0 千米。张夏镇辖自然村。人口 1 500。该村曾名上门村。明嘉靖六年（1527），村北建奶奶庙，庙门以土坯砌成，人称土门庙，故村名改为土门。聚落呈团块状。有文化广场 1 个、小学 1 所。该村南有周至汉时的古文化遗址及关公庙。经济以种植小麦、玉米等为主。有公路经此。

靳庄 370113-B04-H10
[Jìnzhuāng]

在区驻地文昌街道东南方向 25.1 千米。张夏镇辖自然村。人口 3 000。最晚建于北宋年间，清康熙版《长清县志·建置志》载有："东南泰安路，靳庄铺七十里。"另据清康熙版《灵岩志》载："灵岩西北去寺十八里，靳庄迟贤亭者，历代公卿、使客来往之行台也。世传为宋仙人靳八公故里。"聚落呈团块状。有文化广场 1 个、小学 1 所、幼儿园 1 所。有"真武阁"阁楼，相传建于明嘉靖年间。经济以种植小麦、玉米等为主。有公路经此。

井字 370113-B04-H11
[Jǐngzì]

在区驻地文昌街道东南方向 25.2 千米。张夏镇辖自然村。人口 2 100。相传，油氏由大清河（今黄河）西迁此建村，以村坐落在地势低洼的水泉边，命名井子庄，后写为井字庄，今名井字。聚落呈团块状。有文化广场 1 个、幼儿园 1 所。经济以种植小麦、玉米等为主。有公路经此。

小寺 370113-B04-H12
[Xiǎosì]

在区驻地文昌街道东南方向 28.3 千米。张夏镇辖自然村。人口 1 500。清康熙版《灵岩志》载："北魏孝明帝正光年间，法定禅师，先建寺于方山之阴曰：'神宝'，后建寺于方山之阳曰：'灵岩'。"世传神宝寺小于灵岩寺，故神宝寺俗称小寺。唐代李氏、张氏相继迁此建村，以寺命名小寺庄，后称小寺。聚落呈团块状。有文化广场 1 个、幼儿园 1 所。村东有玉皇庙、唐朝四面佛一座。经济以种植小麦、玉米等为主。有公路经此。

焦家台 370113-B04-H13
[Jiāojiātái]

在区驻地文昌街道东南方向 25.1 千米。张夏镇辖自然村。人口 1 100。明洪武二年（1369），焦氏由山西新城县迁居该村，以宅后种蔬菜，命名焦家园子。后村庄向北扩展与胡树台村连在一起后共名焦家台。聚落呈团块状。有文化广场 1 个、幼儿园 1 所。经济以种植小麦、玉米等为主。有公路经此。

金家峪 370113-B04-H14
[Jīnjiāyù]

在区驻地文昌街道东南方向 17.5 千米。张夏镇辖自然村。人口 400。据传，以山峪形似羊角曾得名羊角峪。清顺治年间，金氏八世祖由济南府西大金庄迁张夏，九世祖复迁此地建村，以村坐落在山峪中，名金家峪。聚落呈团块状。有文化广场 1 个、小学 1 所、幼儿园 1 所。经济以种植小麦、玉米等为主。有公路经此。

下龙化 370113-B04-H15
[Xiàlónghuà]

在区驻地文昌街道东南方向 16.1 千米。张夏镇辖自然村。人口 1 100。据传，该村以村西山坡上有古龙化石，名龙化庄。明中叶建上龙化庄后，更名为下龙化至今。聚落呈团块状。有文化广场 1 个、幼儿园 1 所。经济以种植小麦、玉米、花生等为主。有公路经此。

郭庄 370113-B05-H01
[Guōzhuāng]

马山镇人民政府驻地。在区驻地文昌街道南方向 21.0 千米。人口 1 300。据传，元至元年间，郭氏由山西洪洞县迁此建村，名郭家庄。1912 年，为区别于村东郭家庄（今大东山）更名为大郭家庄，今名郭庄。聚落呈团块状分布。有文化站 1 个、广播站 1 个、幼儿园 1 所、小学 1 所。经济以种植小麦、玉米、花生等农作物及中草药丹参、菊花等为主。220 国道、济菏高速经此。

龙凤庄 370113-B05-H02
[Lóngfèngzhuāng]

在区驻地文昌街道南方向 15.8 千米。马山镇辖自然村。人口 800。明崇祯年间建村，以村西南有形似卧龙的土丘，名龙虎庄。后来村边地面裂一巨缝，村民挖土丘填平了裂缝，更名拢缝庄。后求吉祥更名为龙凤庄。聚落呈团块状。有文化广场 1 个、小学 1 所、幼儿园 1 所。经济以种植小麦、玉米等为主。有公路经此。

西褚科 370113-B05-H03
[Xīchǔkē]

在区驻地文昌街道南方向 15.5 千米。马山镇辖自然村。人口 500。明洪武二十六年（1392），褚氏迁居该村，因村址低洼，似在坑内，命名褚坑庄。后来，因坑字不雅，褚氏为盼望子孙科考得中，拟音写作褚科庄。清朝末年，分为两村，该村居西，故名西褚科。聚落呈团块状。有文化广场 1 个、幼儿园1所。经济以种植小麦、玉米等为主。有公路经此。

西太平 370113-B05-H04
[Xītàipíng]

在区驻地文昌街道南方向23.5千米。马山镇辖自然村。人口500。刘氏家本山西洪洞县，明初刘聘始来山东济南府长清，在离城二十五里马山西北欧家庄（今归德镇凤鸣庄）定居。聘生五子，长支迁马山南建村，名大刘家庄。民国初年因公路过村，分为两村，为图安静更名为东、西太平庄。该村居西，故名。聚落呈团块状。有文化广场1个、幼儿园1所。经济以种植小麦、玉米等为主。有公路经此。

薛家峪 370113-B05-H05
[Xuējiāyù]

在区驻地文昌街道南方向22.2千米。马山镇辖自然村。人口300。明洪武七年（1374），薛氏由山西洪洞县迁居该村，以村坐落在山峪中，命名薛家峪。聚落呈团块状。有文化广场1个、小学1所。经济以种植小麦、玉米等为主。有公路经此。

漩庄 370113-B05-H06
[Xuánzhuāng]

在区驻地文昌街道南方向16.5千米。马山镇辖自然村。人口800。据传，明洪武年间建村，以村南两溪汇流相互冲击而形成的漩涡，命名漩庄。聚落呈团块状。有文化广场1个、小学1所、幼儿园1所。经济以种植小麦、玉米等为主。有公路经此。

杨土 370113-B05-H07
[Yángtǔ]

在区驻地文昌街道南方向23.9千米。马山镇辖自然村。人口1 000。明嘉靖三十年（1551），杨氏由今季家庄迁此，因无力建房，住在山崖下土洞中。建村后，以原居土洞命名杨家土屋。1984年改杨土大队建杨土村民委员会，简称杨土。聚落呈团块状。有文化广场1个、小学1所、幼儿园1所。经济以种植小麦、玉米等为主。有公路经此。

张家老庄 370113-B05-H08
[Zhāngjiālǎozhuāng]

在区驻地文昌街道南方向29.3千米。马山镇辖自然村。人口700。《张氏族谱》载，明崇祯十四年（1641），张氏四世祖廉、让、逊由鸢台迁此建村，名张家庄。清雍正年间，村人迁出建新张庄后，该村更名为张家老庄。聚落呈团块状。有文化广场1个、幼儿园1所。经济以种植小麦、玉米等为主。有公路经此。

庄科 370113-B05-H09
[Zhuāngkē]

在区驻地文昌街道南方向27.7千米。马山镇辖自然村。人口900。据传，该村为庄氏所建，以村处丘岭环拱中，命名庄坑。后因村名不雅，改作庄科。清顺治十五年（1658），张氏祖鉴由章丘县小康庄迁鸢台，四世祖复迁此地定居，沿称庄科。聚落呈团块状。有文化广场1个、小学1所、幼儿园1所。经济以种植小麦、玉米、花生、栝楼等为主。有公路经此。

周家庙 370113-B05-H10
[Zhōujiāmiào]

在区驻地文昌街道南方向19.1千米。马山镇辖自然村。人口500。明洪武年间，周氏迁居该村，以村东古有七圣庙命名七圣庄。清朝末年，更名为周家庙。聚落呈团块状。有文化广场1个、幼儿园1所。经济以种植小麦、玉米等为主。有公路经此。

季家庄 370113-B05-H11
[Jìjiāzhuāng]

在区驻地文昌街道南方向 25.7 千米。马山镇辖自然村。人口 1 200。明洪武年间，冀氏由山西洪洞县迁居该村，名冀家庄。清初，季氏由肥城县陶山迁此定居，冀氏乏嗣后，始名季家庄。聚落呈团块状。有文化广场 1 个、幼儿园 1 所。经济以种植小麦、玉米等为主。有公路经此。

南芘 370113-B05-H12
[Nánbì]

在区驻地文昌街道南方向 15.0 千米。马山镇辖自然村。人口 400。明洪武二十年（1387），辛氏由山西洪洞县迁居该村，以村处石门镇（今芘村铺）南，名南辛庄。明永乐年间，因石门镇更名芘村，该村遂更名南芘。聚落呈团块状。有文化广场 1 个、小学 1 所。经济以种植小麦、玉米等为主。有公路经此。

南张庄 370113-B05-H13
[Nánzhāngzhuāng]

在区驻地文昌街道南方向 26.4 千米。马山镇辖自然村。人口 500。明崇祯十七年（1644），张氏由齐河县季韩庄（今富足店）、张家老庄迁居杨家土屋后，一支迁此建村，名张家庄。清中叶为区别村西张家庄，更名为东张家庄。民国初年曾以村居北站西，名站西张家庄，今名南张庄。聚落呈团块状。有文化广场 1 个、幼儿园 1 所。经济以种植小麦、玉米等为主。有公路经此。

北站 370113-B05-H14
[Běizhàn]

在区驻地文昌街道南方向 26.0 千米。马山镇辖自然村。人口 1 100。康熙《肥城县志建置志》载，明朝于五道岭置五道岭驿，又于县南四十里置安宁驿。五道岭驿即为该村址，因地处肥城县城北，又是古驿站地，命名北站，和肥城南站（安宁驿）相对。明崇祯年间，尹氏八世祖进财，由肥城县蔡村迁居此地。以村中古有圣佛寺，更名圣佛站。清朝末年又名神佛站。民国年间复名北站。聚落呈团块状。有文化广场 1 个、农家书屋 1 个、小学 1 所。经济以种植小麦、玉米等为主。有公路经此。

关王庙 370113-B05-H15
[Guānwángmiào]

在区驻地文昌街道南方向 22.3 千米。马山镇辖自然村。人口 1 300。据传，三国时期，关羽征战路过此地，见村中无水，于是在此凿井一眼，人称"关井"，村民为纪念他，修关王庙一座，后演为村名。聚落呈团块状。有文化广场 1 个、小学 1 所、幼儿园 1 所。经济以种植小麦、玉米等为主。有公路经此。

东太平 370113-B05-H16
[Dōngtàipíng]

在区驻地文昌街道南方向 23.4 千米。马山镇辖自然村。人口 300。刘氏家本山西洪洞县，明初刘聘始来山东济南府长清，在离城二十五里马山西北欧家庄（今归德镇凤鸣庄）定居。聘生五子，长支迁马山南建村，名大刘家庄。民国初年因公路过村，分为两村，为图安静更名为东、西太平庄。该村居东，故名。聚落呈团块状。有文化广场 1 个、幼儿园 1 所。经济以种植小麦、玉米等为主。有公路经此。

东褚科 370113-B05-H17
[Dōngchǔkē]

在区驻地文昌街道南方向 15.4 千米。马山镇辖自然村。人口 600。明洪武二十六年（1393），褚氏迁居该村，因村址低洼，似在坑内，命名褚坑庄。后来，因坑字不雅，褚氏为盼望子孙科考得中，拟音写作褚科庄。清朝末年，分为两村，该村居东，故名东褚科。聚落呈团块状。有文化广场1个、小学1所、幼儿园1所。经济以种植小麦、玉米等为主。有公路经此。

中义合 370113-B05-H18
[Zhōngyìhé]

在区驻地文昌街道南方向18.9千米。马山镇辖自然村。人口500。明崇祯年间，孟氏由今归德镇路庄迁此建村，因村小与义合庄一排行事，故随其名。清朝初年，与义合庄合并，更名为东义合庄。1949年始立村，以村居上义合西和今归德镇义合庄东，故名中义合。聚落呈团块状。有文化广场1个、小学1所、幼儿园1所。经济以种植小麦、玉米等为主。有公路经此。

三合庄 370113-B05-H19
[Sānhézhuāng]

在区驻地文昌街道南方向21.3千米。马山镇辖自然村。人口500。据传，该村因黄氏建曾名黄家庄。《季氏族谱》载，明永乐十三年（1415），季氏迁居该村，以村西有三条小河汇流，更名三河庄。后演为三合庄。清朝末年复名黄家庄。1949年又名三合庄。聚落呈团块状。有文化广场1个、小学1所、幼儿园1所。经济以种植小麦、玉米等为主。有公路经此。

牛角沟 370113-B05-H20
[Niújiǎogōu]

在区驻地文昌街道南方向16.9千米。马山镇辖自然村。人口500。以村所在山沟形状，命名牛角沟。聚落呈团块状。有文化广场1个、幼儿园1所。经济以种植小麦、玉米等为主。有公路经此。

段店 370113-B06-H01
[Duàndiàn]

双泉镇人民政府驻地。在区驻地文昌街道南方向28.5千米。人口1 300。该村前名索家庄。据传，明嘉靖年间，段氏迁居该村，后以人烟兴旺，更名段家庄。后来，段氏后人因村临东去泰安的大道，开店营生，人称段家店，演为村名，今名段店。聚落呈团块状。有镇文化站、广播站、有线电视站、文化广场、图书阅览室各1个、幼儿园、小学、中学各1所。经济以种植小麦、苹果、核桃等为主。有公路经此。

学城 370113-B06-H02
[Xuéchéng]

在区驻地文昌街道南方向22.4千米。双泉镇辖自然村。人口800。据传，战国时孙膑、庞涓曾在此学艺成名，故名学城。聚落呈团块状。有文化广场1个、小学1所、幼儿园1所。今村东有古城遗址"城顶子"。经济以种植小麦、玉米、花生等为主。有公路经此。

陈沟 370113-B06-H03
[Chéngōu]

在区驻地文昌街道南方向21.3千米。双泉镇辖自然村。人口800。据传，该村为申氏所建，名申家庄。申氏乏嗣后，以村坐落在马山南脚下山峪中，更名深沟庄。"深"当地读chén，故误写作陈家沟。今名陈沟。聚落呈团块状。有文化广场1个、小学1所、幼儿园1所。经济以种植小麦、玉米、花生等为主。有公路经此。

袁纸坊 370113-B06-H04
[Yuánzhǐfáng]

在区驻地文昌街道南方向26.8千米。双泉镇辖自然村。人口500。据传，该村为王氏所建，以村西北有座似一乱石堆砌的小山，命名堆石庄。明嘉靖年间，袁氏由肥城县迁居该村，造纸营生。后来，因献地建关帝庙，更名袁家纸坊。万历年间与李纸坊等四村共同负担关帝庙香火费用，名纸坊庄。清道光版《长清县志·地舆志》载有："南仓·马南保纸坊庄。"民国间名四纸坊。1949年复名袁纸坊。聚落呈团块状。有文化广场1个、小学1所、幼儿园1所。经济以种植小麦、玉米、花生等为主。有公路经此。

书堂峪 370113-B06-H05
[Shūtángyù]

在区驻地文昌街道南方向27.5千米。双泉镇辖自然村。人口1 000。据传，该村为楚氏所建，以村庄坐落在山峪东侧宽阔平坦的山坡上，名楚堂峪。清朝初年，由于栾拔贡由肥城迁来定居后办私塾一处，村遂更名为书堂峪。聚落呈团块状。有文化广场1个、小学1所、幼儿园1所。经济以种植樱桃、香椿、核桃等为主。有公路经此。

大邹 370113-B06-H06
[Dàzōu]

在区驻地文昌街道南方向24.6千米。双泉镇辖自然村。人口500。据传，该村为邹氏所建，名邹家庄。清朝初年建小邹庄后，更名为大邹庄。聚落呈团块状。有文化广场1个、幼儿园1所。经济以种植小麦、玉米、花生等为主。有公路经此。

东坦 370113-B06-H07
[Dōngtǎn]

在区驻地文昌街道南方向25.2千米。双泉镇辖自然村。人口1 100。据传，此地原是官府屯垦地。明朝末年，郑氏由三郑庄（今郑庄、郭庄、徐庄）迁此建村，命名疃里庄。后来，以村坐落在沙河东岸，名东疃里庄。因"疃"和"坦"音近，1949年始名东坦。聚落呈团块状。有文化广场1个、小学1所、幼儿园1所。经济以种植小麦、玉米、花生等为主。有公路经此。

西坦 370113-B06-H08
[Xītǎn]

在区驻地文昌街道南方向25.2千米。双泉镇辖自然村。人口600。据传，该村为何氏所建，名何家庄。民国年间与东坦划为一个行政村后，以村居东坦西，更名西坦。聚落呈团块状。有文化广场1个、小学1所、幼儿园1所。经济以种植小麦、玉米、花生等为主。有公路经此。

五眼井 370113-B06-H09
[Wǔyǎnjǐng]

在区驻地文昌街道南方向26.7千米。双泉镇辖自然村。人口1 300。建村年代应在明代之前。据传，该村为魏氏所建，名魏家庄。后来，因保护南山下的村民饮水山泉，在山泉周围筑起长方池子，加盖四块石板，形成五个井眼，人称五眼井，演为村名。聚落呈团块状。有文化广场1个、幼儿园1所。经济以种植小麦、玉米、花生等为主。有公路经此。

满井峪 370113-B06-H10
[Mǎnjǐngyù]

在区驻地文昌街道南方向22.1千米。双泉镇辖自然村。人口1 300。据传，该村前名黄草湾，后来以山峪形状更名蔓青峪，后因村里有眼水井，满时井水自溢，旱时水可见底，群众望井自溢，而将村名更为满井峪。聚落呈团块状。有文化广场1个、幼儿园1所。经济以种植小麦、玉米、花生等为主。有公路经此。

北付 370113-B06-H11

[Běifù]

在区驻地文昌街道南方向 22.0 千米。双泉镇辖自然村。人口 600。据传，该村为傅氏所建，名傅家庄。后为区别于村南傅家庄，更名北傅家庄，今名北付。聚落呈团块状。有文化广场 1 个、小学 1 所、幼儿园 1 所。经济以种植小麦、玉米、花生等为主。有公路经此。

章丘市

农村居民点

陔庄 370181-A01-H01

[Gāizhuāng]

在市驻地双山街道北方向 7.0 千米。双山街道辖自然村。人口 1 000。明洪武年间，韩姓在现村址东北方建村，名韩庄。明天启二年（1622），洪水暴发，村被冲毁，后村民于土丘旁的垓下建村，名垓庄。因"垓"字历史上有"兵败垓下"的记载，不吉，又改名陔庄。聚落呈团块状。有文化大院 1 个、幼儿园 1 所。经济以加工制造业为主，种植小麦、玉米，养殖鸡、鸭。省道济青公路经此。

鲍庄 370181-A01-H02

[Bàozhuāng]

在市驻地双山街道西北方向 8.0 千米。双山街道辖自然村。人口 800。因村南池中产土名叫鲍鱼的小鱼，故名。聚落呈团块状。有文化大院 1 个、幼儿园 1 所。经济以零售业为主，种植小麦、玉米，养殖鸡、鸭。省道济青公路经此。

三涧溪 370181-A01-H03

[Sānjiànxī]

在市驻地双山街道东方向 7.0 千米。双山街道辖自然村。人口 3 100。取临水而居、溪流环抱之意命名。聚落呈团块状。有文化大院 1 个、幼儿园 1 所。经济以工业为主，养殖种狐、奶牛，有鼓风机生产工厂等。309 国道经此。

贺套庄 370181-A01-H04

[Hètàozhuāng]

在市驻地双山街道北方向 2.0 千米。双山街道辖自然村。人口 4 000。村南有山，名贺套山，村以山得名。聚落呈团块状。有文化大院 1 个、幼儿园 1 所。经济以零售业为主，种植小麦、玉米，养殖鸡、鸭。309 国道经此。

白泉 370181-A01-H05

[Báiquán]

在市驻地双山街南方向 2.0 千米。双山街道辖自然村。人口 1 500。据说，村东山间石崖下泉水众多，洁白如练，故取村名为白泉。聚落呈团块状。有文化大院 1 个、幼儿园 1 所。有北极台、举人楼、绣楼、张氏祠堂等历史遗迹。经济以零售业为主，种植小麦、玉米，养殖鸡、鸭。309 国道经此。

马安庄 370181-A01-H06

[Mǎ ānzhuāng]

在市驻地双山街道南方向 5.0 千米。双山街道辖自然村。人口 1 200。村中原有崔、马、赵、毛、于五姓，其中崔、马两姓是大族，故村名崔马庄。后因"崔马"谐音"催马"，有对马姓不恭的嫌疑，故更名为马安庄。聚落呈团块状。有文化大院 1 个、幼儿园 1 所。经济以零售业为主，种植小麦、玉米，养殖鸡、鸭。有公路经此。

李家埠 370181-A01-H07
[Lǐjiābù]

在市驻地双山街道西方向 7.0 千米。双山街道辖自然村。人口 1 700。由于建村时四周全是丘陵，且只有李姓居住，故名李家埠。聚落呈散状。有文化大院 1 个、幼儿园 1 所。经济以零售业为主，种植小麦、玉米，养殖鸡、鸭。309 国道经此。

东琅沟 370181-A01-H08
[Dōnglánggōu]

在市驻地双山街道西北方向 5.0 千米。双山街道辖自然村。人口 1 100。在明朝前曾叫沈家狼沟。后沈姓渐无，改称东狼沟。又因狼字不雅，更为东琅沟。聚落呈团块状。有文化大院 1 个、幼儿园 1 所。经济以零售业为主，种植小麦、玉米，养殖鸡、鸭。309 国道经此。

旭升 370181-A01-H09
[Xùshēng]

在市驻地双山街道西南方向 5.0 千米。双山街道辖自然村。人口 4 800。村名取旭日东升、蒸蒸日上之意。聚落呈散状。有文化大院 1 个，村内有章丘中等职业学校、山东财经大学、山东电子职业学院、齐鲁师范学院，中学、小学各 2 所。经济以建工、建材、机械加工、轧钢锻打、橡胶制品、化工配件、水泥生产为主，种植小麦、玉米，养殖鸡、鸭。309 国道经此。

木厂涧 370181-A01-H10
[Mùchǎngjiàn]

在市驻地双山街道南方向 5.0 千米。双山街道辖自然村。人口 1 000。东汉光武帝刘秀领兵经此，伐木建厂，因木厂旁是山涧，故名木厂涧。聚落呈团块状。有文化大院 1 个、幼儿园 1 所。经济以零售业为主，种植小麦、玉米，养殖鸡、鸭。309 国道经此。

明水 370181-A02-H01
[Míngshuǐ]

在市驻地双山街道北方向 5.0 千米。明水街道镇辖自然村。人口 13 000。取泉水清澈透明之意命名。聚落呈团块状。有文化大院 1 个、幼儿园 1 所。经济以机械加工为主，种植小麦、玉米，养殖鸡、鸭。省道济青公路经此。

浅井庄 370181-A02-H02
[Qiǎnjǐngzhuāng]

在市驻地双山街道北方向 5.0 千米。明水街道镇辖自然村。人口 3 400。村原名浅清，取水浅清澈之意。清朝初年，为避讳国号，改为浅井庄。聚落呈团块状分布。有文化大院 1 个、幼儿园 1 所。经济以种植小麦、玉米、香稻等为主。省道济青公路经此。

查旧 370181-A02-H03
[Chájiù]

在市驻地双山街道北方向 5.0 千米。明水街道镇辖自然村。人口 100。该村原名富家庄，后毁于洪水，幸存者流落外乡。多年后回归故里，查到旧村址，重建新居，更名为查旧村，以作纪念。聚落呈团块状分布。有文化大院 1 个、幼儿园 1 所。经济以工业为主，有工业园区 1 个，有包装、印刷、食品、电子、纺织、铅芯制造等产业。农业主产玉米、小麦、蔬菜等。省道济青公路经此。

钓鱼台 370181-A02-H04
[Diàoyútái]

在市驻地双山街道北方向 4.0 千米。明水街道辖自然村。人口 1 200。明洪武年间有人迁居于此，村西原有数丈高土台，上书"传说太公钓于斯",故名钓鱼台。聚落呈团块状分布。有文化大院1个,清代遗留古建筑钓鱼台遗址1处。经济以种植玉米、小麦、地瓜等为主,有针织厂、铅笔厂、煤矿等村办企业。省道济青公路经此。

宫王 370181-A02-H05
[Gōngwáng]

在市驻地双山街道北方向5.0千米。明水街道镇辖自然村。人口900。明洪武年间,一朱姓王爷到此居住,并建王宫,名村洛王村、王宫村。后因朱家败落,故将"王宫"二字颠倒过来作为村名。聚落呈团块状。有文化大院1个、幼儿园1所。经济以种植小麦、玉米等为主。省道济青公路经此。

王家寨 370181-A02-H06
[Wángjiāzhài]

在市驻地双山街道西北方向15.0千米。明水街道辖自然村。人口800。以姓氏得名。聚落呈团块状。有文化大院1个、幼儿园1所。经济以加工制造业为主,种植小麦、玉米等,养殖鸡、鸭。省道济青公路经此。

绣水 370181-A02-H07
[Xiùshuǐ]

在市驻地双山街道东北方向5.0千米。明水街道辖自然村。人口6 400。因绣江河而得名。聚落呈团块状。有文化大院1个、幼儿园1所。经济以加工制造业为主,种植小麦、玉米等,养殖鸡、鸭。省道济青公路经此。

牛牌 370181-A02-H08
[Niúpái]

在市驻地双山街道西北方向18.0千米。明水街道辖自然村。人口2 200。据传,此地依山傍水、草木丰茂,有一神兽金牛卧于此,常混迹于此处先人放牧的普通牛之中。先人为了找着这一金牛,常给普通牛挂上标牌以区别开来。久之,名村牛牌。聚落呈团块状分布。有文化大院1个、幼儿园1所。经济以种植小麦、玉米等为主,有锻打法兰加工的企业。省道济青公路经此。

眼明堂 370181-A02-H09
[Yǎnmíngtáng]

在市驻地双山街道北方向6.0千米。明水街道辖自然村。人口1 600。村原名堂子。传说大唐贞观十八年(644)春,李世民东征高丽途经此地,因大军长途跋涉,鞍马劳顿,将士多患眼疾,此处有男、女二童指引众将士以泉水洗目,眼疾皆愈。众人欲谢之时,童男童女却不见踪影。为报疗疾之恩,李世民敕令修建眼明王神庙,故改村名为眼明堂。聚落呈团块状分布。有文化大院个、幼儿园2所。经济以零售业为主,种植小麦、玉米,养殖鸡、鸭。省道济青公路经此。

砚池山 370181-A02-H10
[Yànchíshān]

在市驻地双山街道北方向7.0千米。明水街道辖自然村。人口2 000。因村制高点系赭山余脉,村内有一池,名砚池,故名村为砚池山。聚落呈团块状。有文化大院1个、幼儿园1所。经济以种植业为主,特产明水香稻,特色产品有章丘铁锅。省道济青公路经此。

大站 370181-A03-H01
[Dàzhàn]

在市驻地双山街道西方向10.0千米。枣园街道辖自然村。人口900。因过去建有火车站而得名。聚落呈团块状。有文化大院1个、幼儿园1所。经济以零售业为主,种植小麦、玉米,养殖鸡、鸭。省道临徐公路经此。

后斜沟 370181-A03-H02

［Hòuxiégōu］

在市驻地双山街道西方向 10.0 千米。枣园街道辖自然村。人口 700。因村东南有一条沟，故名斜沟庄。后发展成两村，该村在沟西北，名后斜沟。聚落呈带状分布。有文化大院 1 个、幼儿园 1 所。经济以种植小麦、玉米等为主。省道临徐公路经此。

季官 370181-A03-H03

［Jìguān］

在市驻地双山街道西方向 10.0 千米。枣园街道辖自然村。人口 2 000。因姓氏而得名。聚落呈团块状分布。有文化大院 1 个、幼儿园 1 所。经济以种植小麦、玉米等为主。省道临徐公路经此。

庆元 370181-A03-H04

［Qìngyuán］

在市驻地双山街道西方向 10.0 千米。枣园街道辖自然村。人口 600。原名半壁店。据庙碑载，嘉庆年间重修庙宇时，改名庆元。聚落呈团块状。有文化大院 1 个、幼儿园 1 所。盛产西瓜、大葱。有公路经此。

明山 370181-A03-H05

［Míngshān］

在市驻地双山街道西方向 10.0 千米。枣园街道辖自然村。人口 700。因村位于明水、龙山之间，故名。聚落呈团块状。有文化大院 1 个、幼儿园 1 所。经济以种植小麦、玉米、蔬菜等为主。省道济青公路经此。

万新 370181-A03-H06

［Wànxīn］

在市驻地双山街道西方向 10.0 千米。枣园街道辖自然村。人口 700。取万象更新之意，故名。聚落呈团块状。有文化大院 1 个、幼儿园 1 所。经济以种植富硒章丘大葱为主。省道济青公路经此。

朱各务 370181-A03-H07

［Zhūgěwù］

在市驻地双山街道西方向 10.0 千米。枣园街道辖自然村。人口 1 100。以寓意人们为了追求幸福美好的生活而从事着各自的工作，致力于各自的事业而得名。聚落呈团块状。有文化大院 1 个、幼儿园 1 所。经济以种植大葱、小麦、玉米为主。省道济青公路经此。

南皋埠 370181-A03-H08

［Nángāobù］

在市驻地双山街道西方向 10.0 千米。枣园街道辖自然村。人口 1 600。明洪武年间建村，因村北岭上有清泉，泉水南流经村，村名南清泉。清末泉水枯竭，因村居西巴漏河畔土岗上，更名为南皋埠。聚落呈团块状。有文化大院 1 个、幼儿园 1 所、小学 1 所。经济以零售业为主，建有蔬菜基地。省道临徐公路经此。

吉祥 370181-A03-H09

［Jíxiáng］

在市驻地双山街道西方向 10.0 千米。枣园街道辖自然村。人口 500。取吉祥之意命名。聚落呈团块状。有文化大院 1 个、幼儿园 1 所。经济以种植小麦、大葱、玉米等为主。省道临徐公路经此。

洛庄 370181-A03-H10

［Luòzhuāng］

在市驻地双山街道西方向 10.0 千米。枣园街道辖自然村。人口 1 300。因姓氏而得名。聚落呈团块状。有文化大院 1 个、幼儿园 1 所。有历史遗迹洛庄汉墓。经济以种植小麦、玉米、大葱、蔬菜等为主。省道临徐公路经此。

黄桑院 370181-A04-H01
[Huángsāngyuàn]

在市驻地双山街道西方向 20.0 千米。龙山街道辖自然村。人口 700。因姓氏而得名。聚落呈团块状。有文化大院 1 个、幼儿园 1 所。有市级文物保护单位岳石文化遗址。经济以种植小麦、玉米、蔬菜、园林树木等为主。省道临徐公路经此。

龙山 370181-A04-H02
[Lóngshān]

在市驻地双山街道西方向 20.0 千米。龙山街道辖自然村。人口 1 100。因传说此地为龙脉而得名。聚落成团块状分布。有文化大院 1 个、幼儿园 1 所、小学 1 所。经济以种植业为主,特产龙山小米、龙山树莓。省道临徐公路经此。

党家 370181-A04-H03
[Dǎngjiā]

在市驻地双山街道西方向 25.0 千米。龙山街道辖自然村。人口 1 500。因姓氏而得名。聚落呈团块状分布。有文化大院 1 个、幼儿园 1 所、小学 1 所。有老古槐唐槐 2 棵,古建筑原老公社 1 处。经济以种植小麦、玉米、蔬菜、樱桃、树莓、美国蜜桃等为主。济青高铁经此。

韦陀 370181-A04-H04
[Wěituó]

在市驻地双山街道西方向 30.0 千米。龙山街道辖自然村。人口 1 700。因村内有韦陀石像而得名。聚落呈团块状分布。有文化大院 1 个、幼儿园 1 所。经济以种植小麦、玉米、大棚草莓、大棚蔬菜等为主,有家庭农场,种植高档食用菌姬松茸。省道济青公路经此。

乐林 370181-A04-H05
[Lèlín]

在市驻地双山街道西方向 20.0 千米。龙山街道辖自然村。人口 1 500。因吉祥寓意而得名。聚落呈团块状。有文化大院 1 个、幼儿园 1 所、小学 1 所。经济以种植业为主,特产大葱、樱桃等。省道临徐公路经此。

甄家 370181-A04-H06
[Zhēnjiā]

在市驻地双山街道西方向 22.0 米。龙山街道辖自然村。人口 1 400。公元 669 年,村内有一甄姓人士升为礼部尚书,故名。聚落呈团块状。有文化大院 1 个、幼儿园 1 所。经济以种植大樱桃、小麦、玉米等为主,并依托樱桃种植产业发展第三产业。省道济青公路经此。

焦家 370181-A04-H07
[Jiāojiā]

在市驻地双山街道西方向 28.0 千米。龙山街道辖自然村。人口 500。因姓氏而得名。聚落呈团块状。有文化大院 1 个、幼儿园 1 所。经济以种植小麦、玉米、杂粮、草莓等为主。省道济青公路经此。

师小 370181-A04-H08
[Shīxiǎo]

在市驻地双山街道西方向 30.0 千米。龙山街道辖自然村。人口 900。明洪武年间,师姓迁居于此,因村比较小,故名师小。聚落呈团块状分布。有文化大院 1 个、幼儿园 1 所。有晚清建筑院落 1 处。经济以种植小麦、玉米、大葱为主。济青高速经此。

何家 370181-A04-H09

[Héjiā]

在市驻地双山街道西方向 20.0 千米。龙山街道辖自然村。人口 200。因姓氏而得名。聚落呈带状分布。有文化大院 1 个、幼儿园 1 所。经济以种植玉米、小麦、大葱等为主。省道济青公路经此。

二十里堡 370181-A04-H10

[Èrshílǐpù]

在市驻地双山街道西方向 30.0 千米。龙山街道辖自然村。人口 400。该村位于古代济南至青州的驿道上，东至章丘城，西至龙山村，都是 20 华里，故得名二十里堡。聚落呈带状分布。有文化大院 1 个、幼儿园 1 所。经济以种植玉米、小麦、大葱等为主。省道济青公路经此。

北凤 370181-A05-H01

[Běifèng]

在市驻地双山街道西南方向 15.0 千米。埠村街道辖自然村。人口 800。以百鸟之王凤为名，取名凤庄。因有南北两个自然村，此村在北，故称北凤。聚落呈带状分布。有文化大院 1 个、幼儿园 1 所。经济以加工制造业为主，种植小麦、玉米，养殖鸡、鸭。309 国道经此。

埠村 370181-A05-H02

[Bùcūn]

在市驻地双山街道西南方向 20.0 千米。埠村街道辖自然村。人口 800。因地处南北要道处，此处客旅往来，犹如商埠，遂村名逐步演变为埠村。聚落呈带状分布。有文化大院 1 个、幼儿园 1 所。经济以加工制造业为主，种植小麦、玉米，养殖鸡、鸭。309 国道经此。

大冶 370181-A05-H03

[Dàyě]

在市驻地双山街道西南方向 20.0 千米。埠村街道辖自然村。人口 1 000。明正德年间，从地下挖掘出窑渣和依稀可辨的窑壁，故名村大窑。后有人考证，此窑是东汉时冶炼铁矿石的窑炉，又更村名为大冶。聚落呈带状分布。有文化大院 1 个、幼儿园 1 所。经济以加工制造业为主，种植小麦、玉米，养殖鸡、鸭。309 国道经此。

大徘徊 370181-A05-H04

[Dàpáihuái]

在市驻地双山街道西南方向 20.0 千米。埠村街道辖自然村。人口 800。明洪武二年（1369），李姓迁来，在察看地形选村址时，徘徊于山上山下，最后落籍于山下，取村名徘徊。后村西北建小徘徊，故更名为大徘徊。聚落呈带状分布。有文化大院 1 个、幼儿园 1 所。经济以加工制造业为主，种植小麦、玉米，养殖鸡、鸭。309 国道经此。

鹅庄 370181-A05-H05

[Ézhuāng]

在市驻地双山街道西南方向 20.0 千米。埠村街道辖自然村。人口 1 800。因村形似鹅，故名鹅庄。聚落呈带状分布。有文化大院 1 个、幼儿园 1 所。经济以加工制造业为主，种植小麦、玉米，养殖鸡、鸭。309 国道经此。

长青 370181-A05-H06

[Chángqīng]

在市驻地双山街道西南方向 20.0 千米。埠村街道辖自然村。人口 800。清光绪三十三年（1907），知县杨学渊奉旨纂修乡土志，与埠村举人王伯平采访至此，叹道：此地山青林茂，应是万代长青。故村更名为长青。聚落呈带状分布。有文化大院 1 个、幼儿园 1 所。经济以加工制造业为主，种植小麦、玉米，养殖鸡、鸭。309 国道经此。

刘台 370181-A05-H07
[Liútái]

在市驻地双山街道西方向 20.0 千米。埠村街道辖自然村。人口 1 800。明朝初年，刘姓迁此建村，因三面环沟，地形似台，故名刘家台庄，后简称刘台。聚落呈带状分布。有文化大院 1 个、幼儿园 1 所。经济以加工制造业为主，种植小麦、玉米，养殖鸡、鸭。309 国道经此。

杨家巷 370181-A05-H08
[Yángjiāxiàng]

在市驻地双山街道西南方向 20.0 千米。埠村街道辖自然村。人口 2 000。清康熙年间，苗、杨两姓迁此建村，后苗姓迁出，杨姓定村名为杨家巷。聚落呈带状分布。有文化大院 1 个、幼儿园 1 所。经济以零售业为主，种植小麦、玉米，养殖鸡、鸭。省道临徐公路经此。

沙湾庄 370181-A05-H09
[Shāwānzhuāng]

在市驻地双山街道西南方向 20.0 千米。埠村街道辖自然村。人口 800。元至正年间，滕、刘等姓在西巴漏河畔建村，因河道至此受地形限制，弯度很大，暴雨之后排水不畅，泥石流大量沉积，形成洲渚滩湾，故得村名沙湾庄。聚落呈带状分布。有文化大院 1 个、幼儿园 1 所。经济以零售业为主，种植小麦、玉米，养殖鸡、鸭。省道临徐公路经此。

月宫 370181-A05-H10
[Yuègōng]

在市驻地双山街道西南方向 30.0 千米。埠村街道辖自然村。人口 700。相传有人在水井边洗衣服，从井中水面望见月宫，故取村名为月宫。聚落呈带状分布。有文化大院 1 个、幼儿园 1 所。经济以零售业为主，种植小麦、玉米，养殖鸡、鸭。省道临徐公路经此。

山后寨 370181-A06-H01
[Shānhòuzhài]

圣井街道人民政府驻地。在市驻地双山街道西方向 20.0 千米。人口 3 000。因此村在危山之北，故名山后寨。聚落呈带状分布。有文化大院 1 个、小学 1 所、中学 1 所。经济以种植小麦、玉米、谷子、地瓜等为主。309 国道经此。

西省庄 370181-A06-H02
[Xīshěngzhuāng]

在市驻地双山街道西方向 20.0 千米。圣井街道辖自然村。人口 400。清康熙年间，洪水将村冲成东西两段，该村是西段，名西省庄。聚落呈团块状分布。有文化大院 1 个、幼儿园 1 所。经济以种植小麦、玉米等为主。309 国道经此。

湖广院 370181-A06-H03
[Húguǎngyuàn]

在市驻地双山街道西方向 20.0 千米。圣井街道辖自然村。人口 500。因在湖边建村，故定村名为湖广院。聚落呈团块状分布。有文化大院 1 个、幼儿园 1 所。经济以种植蔬菜、小麦、玉米等为主。309 国道经此。

宋李福庄 370181-A06-H04
[Sònglǐfúzhuāng]

在市驻地双山街道西方向 20.0 千米。圣井街道辖自然村。人口 1 400。因宋、李二姓居于此，故名宋李福庄。聚落呈团块状分布。有文化大院 1 个、小学 1 所、中学 1 所。经济以种植小麦、玉米、棉花等为主。

有公路经此。

南罗 370181-A06-H05
[Nánluó]

在市驻地双山街道西方向 20.0 千米。圣井街道辖自然村。人口 1 200。因村民多数会掌面箩手艺，谐音为村名张罗店。后迁至现址另建新居，因新址在原村北，故取名南罗。聚落呈团块状。有文化大院 1 个、幼儿园 1 所。经济以零售业为主，种植小麦、玉米，养殖牛、羊。309 国道经此。

南栗园 370181-A06-H06
[Nánlìyuán]

在市驻地双山街道西方向 20.0 千米。圣井街道辖自然村。人口 1 500。明初，李姓在栗子园旁建村，因与北栗园相对，故名南栗园。聚落呈团块状。有文化大院 1 个、幼儿园 1 所。经济以零售业为主，种植小麦、玉米，养殖牛、羊。309 国道经此。

小冶 370181-A06-H07
[Xiǎoyě]

在市驻地双山街道西方向 20.0 千米。圣井街道辖自然村。人口 2 100。因汉代曾在此冶铁得名陶冶，后因与埠村大冶东西对称，改名小冶。聚落呈团块状。有文化大院 1 个、幼儿园 1 所。经济以种植业为主。309 国道经此。

辛庄 370181-A06-H08
[Xīnzhuāng]

在市驻地双山街道西方向 20.0 千米。圣井街道辖自然村。人口 800。元末天下大乱，原村民死亡殆尽。明初，重建新村，名小新庄。后为了书写方便，简化为辛庄。聚落呈带状分布。有文化大院 1 个、幼儿园 1 所。经济以种植业为主。309 国道经此。

官庄 370181-A06-H09
[Guānzhuāng]

在市驻地双山街道西方向 20.0 千米。圣井街道辖自然村。人口 1 400。李世民东征时，曾在此处店内喝过茶。后来离此一华里的石门官庄村全部迁来，遂取村名官庄。聚落呈团块状分布。有文化大院 1 个、幼儿园 1 所。经济以种植业为主，主产小麦、玉米、谷子、棉花。有砖、面粉、水泥预制、石灰、石料等村办企业。309 国道经此。

孟家坞 370181-A06-H10
[Mèngjiāwù]

在市驻地双山街道西方向 20.0 千米。圣井街道辖自然村。人口 500。明初，孟姓迁来，选村址于凹形地中，形如坞堡，故名孟家坞。聚落呈团块状分布。有文化大院 1 个、幼儿园 1 所。经济以种植小麦、玉米、谷子等为主。309 国道经此。

普集 370181-B01-H01
[Pǔjí]

普集镇人民政府驻地。在市驻地双山街道西北方向 15.0 千米。人口 3 900。据考，该村由普济、程家湾、范家辛庄等 9 个小村合并而成，命名为普集。聚落呈团块状。有文化大院 1 个、幼儿园 1 所、中小学 2 所。建有西河公园。经济以锻造业为主，农业主产小麦、玉米、蔬菜，有钢球、锻打铸造、玉雕等企业。省道济青公路经此。

盖州 370181-B01-H02
[Gàizhōu]

在市驻地双山街道东方向 20.0 千米。普集镇辖自然村。人口 800。明初建村，后遭洪水，被泥沙盖住，故名盖住，后演变为盖州。聚落呈带状分布。有文化大院 1 个、幼儿园 1 所。经济以零售业为主，种植小麦、玉米，养殖牛、羊。省道济青公路经此。

祖营坞 370181-B01-H03
[Zǔyíngwù]

在市驻地双山街道西方向 25.0 千米。普集镇辖自然村。人口 800。该村原是春秋齐国嬴邑造船船坞所在地，故名祖嬴坞。清初因"嬴"字生僻，改为谐音的"营"字，称为祖营坞。聚落呈带状分布。有文化大院 1 个、幼儿园 1 所。经济以零售业为主，种植小麦、玉米，养殖牛、羊。省道济青公路经此。

大院 370181-B01-H04
[Dàyuàn]

在市驻地双山街道西方向 25.0 千米。普集镇辖自然村。人口 800。因靠近宏福院的大院，故名大院。聚落呈带状分布。有文化大院 1 个、幼儿园 1 所。经济以零售业为主，种植小麦、玉米，养殖牛、羊。省道济青公路经此。

万山 370181-B01-H05
[Wànshān]

在市驻地双山街道西方向 25.0 千米。普集镇辖自然村。人口 800。因地处群山之中，故定村名为万山。聚落呈带状分布。有文化大院 1 个、幼儿园 1 所。经济以零售业为主，种植小麦、玉米，养殖牛、羊。省道济青公路经此。

龙华庄 370181-B01-H06
[Lónghuázhuāng]

在市驻地双山街道西方向 20.0 千米。普集镇辖自然村。人口 800。因附近有龙崖和龙溪河，遂名龙化庄，后沿革为龙华庄。聚落呈带状分布。有文化大院 1 个、幼儿园 1 所。经济以零售业为主，种植小麦、玉米、养殖牛、羊。省道济青公路经此。

博平 370181-B01-H07
[Bópíng]

在市驻地双山街道西方向 20.0 千米。普集镇辖自然村。人口 800。该村地势平坦，取地大物博之意命名。聚落呈带状分布。有文化大院 1 个、幼儿园 1 所。经济以种植业为主，主产小麦、玉米，养殖牛、羊。省道济青公路经此。

海套园 370181-B01-H08
[Hǎitàoyuán]

在市驻地双山街道西方向 20.0 千米。普集镇辖自然村。人口 800。因海套园远古是海岛，故名。聚落呈带状分布。有文化大院 1 个、幼儿园 1 所。经济以种植业为主，主产小麦、玉米，养殖牛、羊。省道济青公路经此。

池子头 370181-B01-H09
[Chízitóu]

在市驻地双山街道西方向 20.0 千米。普集镇辖自然村。人口 800。因村民要从村西黄石湾汲水，故将湾扩修成水池，遂名池子头。聚落呈带状分布。有文化大院 1 个、幼儿园 1 所。经济以零售业为主，种植小麦、玉米，养殖牛、羊。省道济青公路经此。

龙王寨 370181-B01-H10
[Lóngwángzhài]

在市驻地双山街道西方向 20.0 千米。普集镇辖自然村。人口 800。因古代村南沟中有一泉，名龙王池，故名龙泉庄。后跨沟建桥，桥北修龙王庙一座，遂改村名为龙王寨。聚落呈带状分布。有文化大院 1 个、幼儿园 1 所。经济以零售业为主，种植小麦、玉米，养殖牛、羊。省道济青公路经此。

殖牛、羊。省道济青公路经此。

白云院 370181-B01-H11

[Báiyúnyuàn]

在市驻地双山街道西方向 20.0 千米。普集镇辖自然村。人口 800。因傍白云寺院建村，故名。聚落呈带状分布。有文化大院 1 个、幼儿园 1 所。经济以零售业为主，种植小麦、玉米，养殖牛、羊。省道济青公路经此。

西南隅 370181-B02-H01

[Xīnányú]

绣惠镇人民政府驻地。在市驻地双山街道北方向 18.6 千米。人口 1 100。因位于以隔首十字路口划界之西南角，故名。聚落呈团块状分布。有文化大院 1 个、幼儿园 1 所、小学 1 所。村东南角有长约 100 米的城墙遗址。经济以种植小麦、玉米、蔬菜等为主，有经营印刷、制作厨师帽等的企业。有公路经此。

回村 370181-B02-H02

[Huícūn]

在市驻地双山街道北方向 22.0 千米。绣惠镇辖自然村。人口 1 800。此处为公元前 479 年"晋赵鞅伐齐，至赖而去"的回军地，以此得名回军店，也称回军镇，后演变为回村。聚落呈团块状分布。有文化大院 1 个、幼儿园 1 所。经济以零售业为主，种植小麦、玉米，养殖牛、羊。省道济青公路经此。

施家崖 370181-B02-H03

[Shījiāyá]

在市驻地双山街道北方向 20.0 千米。绣惠镇辖自然村。人口 1 100。明初，施姓迁来石崖旁建村，取名施家崖。聚落呈团块状分布。有文化大院 1 个、幼儿园 1 所。经济以零售业为主，种植小麦、玉米，养

山头店 370181-B02-H04

[Shāntóudiàn]

在市驻地双山街道北方向 20.0 千米。绣惠镇辖自然村。人口 800。因村在玉皇山脚下，长白山迤逦到此已是尽头，故名山头店。聚落呈团块状分布。有文化大院 1 个、幼儿园 1 所。经济以零售业为主，种植小麦、玉米，养殖牛、羊。省道济青公路经此。

三星 370181-B02-H05

[Sānxīng]

在市驻地双山街道北方向 25.0 千米。绣惠镇辖自然村。人口 800。村东原有一泄水沟，水流至村边时变平稳，因此得名平家庄。后因地形呈三角形，遂改为三星。聚落呈团块状分布。有文化大院 1 个、幼儿园 1 所。经济以零售业为主，种植小麦、玉米，养殖牛、羊。省道济青公路经此。

石家堰 370181-B02-H06

[Shíjiāyàn]

在市驻地双山街道北方向 30.0 千米。绣惠镇辖自然村。人口 800。明洪武二年（1369），石氏建村于漯河旁，因河道由南向北转向东，好似河边一堰，故以自然形体加姓氏命名石家堰。聚落呈团块状分布。有文化大院 1 个、幼儿园 1 所。经济以零售业为主，种植小麦、玉米，养殖牛、羊。省道济青公路经此。

杜户庄 370181-B02-H07

[Dùhùzhuāng]

在市驻地双山街道北方向 30.0 千米。绣惠镇辖自然村。人口 500。明初，杜家庄迁此立村，取名杜迁户庄，后改为杜户庄。另说，清代张姓全家被抄，其后代逃此，值官兵追捕，村民冒死将张姓后人隐匿使

其得脱，故名躲祸庄，后演变为杜户庄。聚落呈团块状分布。有文化大院 1 个、幼儿园 1 所。经济以零售业为主，种植小麦、玉米，养殖牛、羊。省道济青公路经此。

官桥 370181-B02-H08
［Guānqiáo］

在市驻地双山街道北方向 20.0 千米。绣惠镇辖自然村。人口 300。该村位于章丘城通邹平官道必经的绣江河大桥北首，故名官桥。聚落呈团块状分布。有文化大院 1 个、幼儿园 1 所。经济以零售业为主，种植小麦、玉米，养殖牛、羊。省道济青公路经此。

茂李 370181-B02-H09
［Màolǐ］

在市驻地双山街道北方向 20.0 千米。绣惠镇辖自然村。人口 1 500。清末，村人李善甲的小孩被大车轧死，李善甲未追究，放车夫自去，恰被私访的县官碰上，县官认为李善甲为人宽厚善良，其家族以后必人丁兴旺，发达茂盛，故名茂李。聚落呈团块状分布。有文化大院 1 个、幼儿园 1 所。经济以零售业为主，种植小麦、玉米，养殖牛、羊。省道济青公路经此。

大夫庄 370181-B02-H10
［Dàifuzhuāng］

在市驻地双山街道北方向 30.0 千米。绣惠镇辖自然村。人口 800。因村民夏侯氏任太医院大夫，故称大夫庄。聚落呈团块状分布。有文化大院 1 个、幼儿园 1 所。经济以零售业为主，种植小麦、玉米，养殖牛、羊。省道济青公路经此。

王金家 370181-B02-H11
［Wángjīnjiā］

在市驻地双山街道北方向 30.0 千米。绣惠镇辖自然村。人口 900。元代，该村有个大力士名叫王金子，因家贫无生计，便用三个大碌碡将全村唯一的水井口堵住，村民要打水就得给他干粮，由他掀开碌碡。久而久之，村得名王金子，后演变为王金家。聚落呈团块状分布。有文化大院 1 个、幼儿园 1 所。经济以零售业为主，种植小麦、玉米、大葱。省道济青公路经此。

相公庄 370181-B03-H01
［Xiànggōngzhuāng］

相公庄镇人民政府驻地。在市驻地双山街道北方向 15.0 千米。人口 6 500。元代以前名崖镇，后因元散曲家张养浩祖居此庄，改为张相公庄。明洪武二年（1369），王姓由太原府洪洞县西关迁来张相公庄定居，遂改为相公庄。聚落呈团块状分布。有文化大院 1 个、幼儿园 1 所、小学 1 所。经济以加工制造业为主，产小麦、玉米、蔬菜，有建筑建材、花岗石厂等。有公路经此。

梭庄 370181-B03-H02
［Suōzhuāng］

在市驻地双山街道北方向 15.0 千米。相公庄镇辖自然村。人口 3 100。因村内山形如梭而得名。聚落呈团块状分布。有文化大院 1 个、幼儿园 1 所。经济以零售业为主，种植小麦、玉米，养殖鸡、鸭。省道济青公路经此。

七郎院 370181-B03-H03
［Qīlángyuàn］

在市驻地双山街道北方向 15.0 千米。相公庄镇辖自然村。人口 2 900。因常七郎傍寺院建村，故名七郎院。聚落呈团块状分布。有文化大院 1 个、幼儿园 1 所。经济以零售业为主，种植小麦、玉米，养殖牛、羊。省道济青公路经此。

巡检庄 370181-B03-H04
[Xúnjiǎnzhuāng]

在市驻地双山街道北方向 15.0 千米。相公庄镇辖自然村。人口 2 000。明代，曾在该村设巡检司，故名。聚落呈团块状分布。有文化大院 1 个、幼儿园 1 所。经济以零售业为主，种植小麦、玉米，养殖牛、羊。省道济青公路经此。

腰庄 370181-B03-H05
[Yāozhuāng]

在市驻地双山街道北方向 15.0 千米。相公庄镇辖自然村。人口 200。附近一尼庵，有庙田数亩，韩姓为占庙田，将主持赶走，主持一怒，改村名为妖庄。后山顶又建一村，取名顶庄。因该村位于山腰，故改为腰庄。聚落呈团块状分布。有文化大院 1 个、幼儿园 1 所。经济以零售业为主，种植小麦、玉米，养殖牛、羊。有公路经此。

蔡庄 370181-B03-H06
[Càizhuāng]

在市驻地双山街道北方向 15.0 千米。相公庄镇辖自然村。人口 2 000。该村地势中间隆起，四角有水湾，宛如龟形，故名龟庄。后因不雅，改为蔡庄。聚落呈团块状分布。有文化大院 1 个、幼儿园 1 所。经济以零售业为主，种植小麦、玉米，养殖牛、羊。有公路经此。

凤林庄 370181-B03-H07
[Fènglínzhuāng]

在市驻地双山街道北方向 18.0 千米。相公庄镇辖自然村。人口 500。因村民以编草绳为业，村址又恰处峪口，故名绳峪。清光绪三十四年（1908）改村名为凤林庄。聚落呈团块状分布。有文化大院 1 个、幼儿园 1 所。经济以零售业为主，种植小麦、

玉米，养殖牛、羊。有公路经此。

河滩 370181-B03-H08
[Hétān]

在市驻地双山街道北方向 19.0 千米。相公庄镇辖自然村。人口 300。明万历年间，陈姓在三面环山的河滩建村，故名陈家河滩，后演变为河滩。聚落呈团块状分布。有文化大院 1 个、幼儿园 1 所。经济以零售业为主，种植小麦、玉米，养殖牛、羊。有公路经此。

李家亭 370181-B03-H09
[Lǐjiātíng]

在市驻地双山街道北方向 19.0 千米。相公庄镇辖自然村。人口 800。因该村原是明代词曲大家、嘉靖八子之一李开先的花园，后世子孙在此建村定居，取村名李家亭。聚落呈团块状分布。有文化大院 1 个、幼儿园 1 所。经济以零售业为主，种植小麦、玉米，养殖牛、羊。有公路经此。

房庄 370181-B03-H10
[Fángzhuāng]

在市驻地双山街道北方向 15.0 千米。相公庄镇辖自然村。人口 700。相传此处为房玄龄故居，故名。聚落呈团块状。有文化大院 1 个、幼儿园 1 所。经济以零售业为主，种植小麦、玉米，养殖牛、羊。有公路经此。

南垛庄 370181-B04-H01
[Nánduòzhuāng]

垛庄镇人民政府驻地。在市驻地双山街道南方向 30.0 千米。人口 2 000。该村原名南杜家庄，因杜、垛音近，后演变为南垛庄。聚落呈团块状分布。有文化大院 1 个、中学 1 所。经济以种植小麦、玉米、蔬菜为主，产苹果、山楂、板栗、柿子、核桃等。

有公路经此。

黄沙埠 370181-B04-H02
［Huángshābù］

在市驻地双山街道南方向 30.0 千米。垛庄镇辖自然村。人口 600。明永乐年间，毕姓迁来立村。因附近土地是黄沙土质，取村名黄沙坡。后他路经埠村，受到启发，改村名为黄沙埠。聚落呈团块状分布。有文化大院 1 个、幼儿园 1 所。经济以零售业为主，种植小麦、玉米，养殖牛、羊。有公路经此。

下琴子 370181-B04-H03
［Xiàqínzi］

在市驻地双山街道南方向 30.0 千米。垛庄镇辖自然村。人口 600。该村原名勤子庄，因勤与琴音同，逐渐演变成琴子庄。另说，建村时人烟稀少，村外野生芹菜很多，得名芹子。还有传说，因在这里擒过贼寇，故名擒子。后发展成两个村，该村居坡下，故演变为下琴子。聚落呈团块状分布。有文化大院 1 个、幼儿园 1 所。经济以种植业为主，主产小麦、玉米，养殖牛、羊。有公路经此。

温桑 370181-B04-H04
［Wēnsāng］

在市驻地双山街道南方向 30.0 千米。垛庄镇辖自然村。人口 600。明初，于温泉旁建村，因泉边有老桑树一株，故名温桑。聚落呈团块状分布。有文化大院 1 个、幼儿园 1 所。经济以种植业为主，主产小麦、玉米，养殖牛、羊。有公路经此。

山圣圈 370181-B04-H05
［Shānshèngquān］

在市驻地双山街道南方向 30.0 千米。垛庄镇辖自然村。人口 600。明初，李姓建村于四面环山的圈形地方，根据地貌取村名山圣圈。聚落呈团块状分布。有文化大院 1 个、幼儿园 1 所。经济以种植业为主，主产小麦、玉米，养殖牛、羊。有公路经此。

邵庄 370181-B04-H06
［Shàozhuāng］

在市驻地双山街道南方向 30.0 千米。垛庄镇辖自然村。人口 600。清代，李姓迁此建村。村边林深草茂，蝉很多，因蝉的鸣声悠长，取村名哨庄，后演变为邵庄。另说，因村民多烧木炭，故名烧庄，后经常失火，居民怀疑与村名有关，故取谐音为邵庄。聚落呈团块状分布。有文化大院 1 个、幼儿园 1 所。经济以种植业为主，主产小麦、玉米，养殖牛、羊。有公路经此。

麦腰 370181-B04-H07
［Màiyāo］

在市驻地双山街道南方向 30.0 千米。垛庄镇辖自然村。人口 600。据说，建村时此地森林茂密，古树参天，有很多木炭窑，故名密窑。因当地"密""麦"同音，后演变为麦腰。聚落呈团块状分布。有文化大院 1 个、幼儿园 1 所。经济以种植业为主，主产小麦、玉米，养殖牛、羊。有公路经此。

上秋林 370181-B04-H08
［Shàngqiūlín］

在市驻地双山街道南方向 30.0 千米。垛庄镇辖自然村。人口 600。因峪下亦有一村名楸林，该村居峪上，故名上楸林，后演变为上秋林。聚落呈团块状分布。有文化大院 1 个、幼儿园 1 所。经济以种植业为主，主产小麦、玉米，养殖牛、羊。有公路经此。

龙王岭 370181-B04-H09
［Lóngwánglǐng］

在市驻地双山街道南方向 30.0 千米。

垛庄镇辖自然村。人口 600。明洪武年间，丁姓建村于一座有龙王庙的山岭上，故名龙王岭。聚落呈团块状分布。有文化大院 1 个、幼儿园 1 所。经济以种植业为主，主产小麦、玉米，养殖牛、羊。有公路经此。

郝家楼 370181-B05-H01
[Hǎojiālóu]

水寨镇人民政府驻地。在市驻地双山街道北方向 30.6 千米。人口 1 500。该村原名金井。明洪武二年（1369），郝姓迁来定居，改名为郝家。民国时，村内郝姓建了一座五层楼，遂改村名为郝家楼。聚落呈团块状分布。有文化大院 1 个、幼儿园 1 所、小学 1 所。经济以种植小麦、玉米、棉花等为主。有公路经此。

水寨 370181-B05-H02
[Shuǐzhài]

在市驻地双山街道北方向 30.0 千米。水寨镇辖自然村。人口 3 300。因地处绣江河下游，南邻白云湖，众水来汇，以致常年潴水，故名。聚落呈团块状分布。有文化大院 1 个，幼儿园、小学、中学各 1 所。经济以种植业为主，产小麦、玉米，有法兰制造企业。省道枣徐公路经此。

城子庄 370181-B05-H03
[Chéngzizhuāng]

在市驻地双山街道北方向 30.0 千米。水寨镇辖自然村。人口 1 300。汉末，黄巾军在此建城堡以屯兵。该村建在古城废墟上，故名古城庄，后改为城子庄。聚落呈团块状分布。有文化大院 1 个、幼儿园 1 所。经济以种植业为主，主产小麦、玉米，养殖牛、羊。省道临徐公路经此。

季周寨 370181-B05-H04
[Jìzhōuzhài]

在市驻地双山街道北方向 30.0 千米。水寨镇辖自然村。人口 700。明洪武二年（1369），隗氏由冀州迁来，因怀念故乡，定村名为冀州寨，后为书写方便，改为季周寨。聚落呈团块状分布。有文化大院 1 个、幼儿园 1 所。经济以种植小麦、玉米为主。有公路经此。

大张家林 370181-B05-H05
[Dàzhāngjiālín]

在市驻地双山街道北方向 30.0 千米。水寨镇辖自然村。人口 2 800。宋朝状元张万仓获罪隐居于此，死后葬村北，称张家坟。明洪武二年（1369），董治先迁此，因张家坟林木繁茂，遂改村名为张家林。后董姓又迁出一支在村西建村，称小张家林。本村遂沿称大张家林。聚落呈团块状分布。有文化大院个、小学 1 所。经济以种植小麦、玉米、西瓜、蔬菜等为主。有公路经此。

苑李 370181-B05-H06
[Yuànlǐ]

在市驻地双山街道北方向 30.0 千米。水寨镇辖自然村。人口 1 600。明洪武二年（1369），苑、李二姓迁来建村，以姓名村。聚落呈团块状分布。有文化大院 1 个、幼儿园 1 所、小学 1 所。经济以种植小麦、玉米为主。有公路经此。

托寨 370181-B05-H07
[Tuōzhài]

在市驻地双山街道北方向 30.0 千米。水寨镇辖自然村。人口 1 100。因原是强盗藏身之地，故名寨子。明洪武二年（1369），李、齐二姓迁此定居，改村名为脱寨，后演变为托寨。聚落呈团块状分布。有文化大院 1 个、幼儿园 1 所。经济以种植小麦、玉米、西瓜、蔬菜等为主。有公路经此。

南辛庄 370181-B05-H08
［Nánxīnzhuāng］

在市驻地双山街道北方向 30.0 千米。水寨镇辖自然村。人口 500。此地原有"旧军孟家"的几户佃户居住，后发展成村，取名新庄。因村北也有个新庄，该村在南，遂取名南辛庄。聚落呈团块状分布。有文化大院 1 个、幼儿园 1 所。经济以种植小麦、玉米为主。有公路经此。

赵官桥 370181-B05-H09
［Zhàoguānqiáo］

在市驻地双山街道北方向 30.0 千米。水寨镇辖自然村。人口 1 700。明洪武二年（1369），赵姓迁来定居，以村东北绣江河上的官桥加姓氏名村为赵官桥。聚落呈团块状分布。有文化大院 1 个、幼儿园 1 所。经济以种植小麦、玉米为主。有公路经此。

辛丰 370181-B05-H10
［Xīnfēng］

在市驻地双山街道北方向 30.0 千米。水寨镇辖自然村。人口 1 300。张家林的几户农民迁此种菜，盼望丰收，以嘉言名村为新丰，后演变为辛丰。聚落呈团块状分布。有文化大院 1 个、幼儿园 1 所。经济以种植小麦、玉米、棉花、西瓜、苹果为主。有公路经此。

狮子口 370181-B05-H11
［Shīzikǒu］

在市驻地双山街道北方向 25.0 千米。水寨镇辖自然村。人口 1 700。因村南小范家庄庙前有石狮子一对，蹲居大路口，遂取村名为狮子口。聚落呈团块状分布。有

文化大院 1 个、幼儿园 1 所。经济以种植小麦、玉米为主。有公路经此。

文祖 370181-B06-H01
［Wénzǔ］

文祖镇人民政府驻地。在市驻地双山街道南方向 20.0 千米。人口 2 000。据传，尧禅让给舜，舜耕于历山，罢武兴文，稳定一方，舜将其功德归之于尧，后人为纪念这一盛举，建尧文德之祖庙。文祖村由此而得名。聚落呈团块状分布。有文化大院 1 个、幼儿园 2 所、小学 1 所、中学 1 所。经济以种植小麦、玉米、棉花、蔬菜为主。济莱高速经此。

水河 370181-B06-H02
［Shuǐhé］

在市驻地双山街道南方向 20.0 千米。文祖镇辖自然村。人口 900。因山泉流水成河，故名水河。聚落呈团块状分布。有文化大院 1 个、幼儿园 1 所。有徐氏庄园旧迹。主产小麦、玉米、大豆、杂粮、地瓜。有公路经此。

青野 370181-B06-H03
［Qīngyě］

在市驻地双山街道南方向 15.0 千米。文祖镇辖自然村。人口 2 600。原名高李庄。清朝末年，曾有土匪到村里骚扰掠夺，村里青年自卫队以武力抵抗，并将土匪打败，因该村青年太"野"，故名青野。聚落呈团块状分布。有文化大院 1 个、幼儿园 1 所、小学 1 所。经济以加工制造业为主，主产小麦、玉米、谷子、地瓜、大豆、花生、小杂粮，盛产花椒，有石料加工、建筑建材、钢塑门窗、餐饮服务、服装加工等工厂。有公路经此。

朱公泉 370181-B06-H04
［Zhūgōngquán］

在市驻地双山街道南方向 15.0 千米。文祖镇辖自然村。人口 500。明正德十四年（1519），蓬姓迁此定居，因猪在村南拱开石板，涌出一股清泉，故取名猪拱泉。后嫌"猪拱"二字不雅，遂改名朱公泉。聚落呈团块状分布。有文化大院 1 个、幼儿园 1 所。主产小麦、玉米、杂粮、地瓜。有公路经此。

分水岭 370181-B06-H05
［Fēnshuǐlǐng］

在市驻地双山街道南方向 15.0 千米。文祖镇辖自然村。人口 400。因村庄处于山岭的分水线处，故名分水岭。聚落呈团块状分布。有文化大院 1 个、幼儿园 1 所。主产小麦、玉米、杂粮、地瓜。有公路经此。

黄露泉 370181-B06-H06
［Huánglùquán］

在市驻地双山街道南方向 10.0 千米。文祖镇辖自然村。人口 400。因多黄栌和泉水，名黄栌泉。后又取皇帝赐禄之意，改村名为皇禄泉。辛亥革命推翻帝制后更名为黄露泉。聚落呈团块状分布。有文化大院 1 个、幼儿园 1 所。产小麦、玉米、谷子、地瓜，特产柿子、花椒。有公路经此。

鹁鸽崖 370181-B06-H07
［Bógēyá］

在市驻地双山街道南方向 20.0 千米。文祖镇辖自然村。人口 1 300。明洪武二年（1369），张姓迁此，见有野鸽成群盘旋崖顶，正应"鸽往旺家飞"的俗语，于是在此定居，取村名为鹁鸽崖。聚落呈团块状分布。有文化大院 1 个、幼儿园 1 所。产小麦、玉米、杂粮、地瓜，花椒为特色农产品。有公路

经此。

双龙 370181-B06-H08
［Shuānglóng］

在市驻地双山街道南方向 20.0 千米。文祖镇辖自然村。人口 400。明万历十三年（1585），张氏十世祖张淑登迁居此处，住在一个天然形成的小石屋内，村名遂叫小石屋。后人嫌此名寒碜，依村南、北两条龙形山岭，改村名为双龙。聚落呈团块状分布。有文化大院 1 个、幼儿园 1 所。产小麦、玉米、谷子、地瓜、高粱、小杂粮等作物，有特色农产品花椒、柿子、软枣、山楂、大枣、核桃等。有公路经此。

水龙洞 370181-B06-H09
［Shuǐlóngdòng］

在市驻地双山街道南方向 15.0 千米。文祖镇辖自然村。人口 1 400。明永乐元年（1403），冯、齐二姓迁居此地，因村西山洞有一常年流水不竭的小洞，被认定是龙王所赐，故取村名为水龙洞。聚落呈团块状分布。有文化大院 1 个、幼儿园 1 所。产小麦、玉米、杂粮、地瓜。有公路经此。

石子口 370181-B06-H10
［Shízikǒu］

在市驻地双山街道南方向 15.0 千米。文祖镇辖自然村。人口 700。春秋战国时期，齐军守卫齐长城，在此开采石子，石子被不断运走，留下一片空场地。后有人在石子口料场居住，故名石子口。聚落呈带状分布。有文化大院 1 个、幼儿园 1 所。有市级文物保护单位齐长城遗址、山神庙遗址等重要历史遗迹。经济以种植林果为主，盛产大红袍花椒、薄皮核桃、樱桃等，有特产青石山小米。有公路经此。

刁西 370181-B07-H01

[Diāoxī]

刁镇人民政府驻地。在市驻地双山街道北方向 20.0 千米。人口 2 500。明洪武年间，焦、刁、张姓由山西洪洞县迁此建村，以漯河为界，河西名刁家庄，河东名焦张庄。后逐渐发展成集镇，遂通称为刁镇，后分东、西两村，此村居西，故名。聚落呈团块状。有文化站 1 个、幼儿园 1 所、中小学 1 所。经济以炊具制造、橡胶生产、铸造等为主，有章丘炊具制造厂。省道临枣、枣徐公路经此。

旧军 370181-B07-H02

[Jiùjūn]

在市驻地双山街道北方向 20.0 千米。刁镇辖自然村。人口 6 200。1069 年，废清平军，故称旧清平军，后沿革简化为旧军。聚落呈团块状。有文化大院 1 个、幼儿园 1 所、小学 1 所。产小麦、玉米、蔬菜，眼镜销售是当地特色商业。有公路经此。

道口 370181-B07-H03

[Dàokǒu]

在市驻地双山街道北方向 20.0 千米。刁镇辖自然村。人口 2 100。元代为郑家道口，明洪武二年（1369），任姓迁来，成为望族，遂改名为任家道口，后沿革为道口．聚落呈团块状。有文化大院 1 个、幼儿园 1 所、小学 1 所。产小麦、玉米、蔬菜，特色农产品有樱桃。有公路经此。

请十户 370181-B07-H04

[Qǐngshíhù]

在市驻地双山街道北方向 20.0 千米。刁镇辖自然村。人口 800。本村原有孙、孟、康三姓居住，因人丁不旺，又请来杨、张、任、王、时、李等十户人家，遂改村名为请十户。聚落呈团块状。有文化大院 1 个。产小麦、玉米。有公路经此。

芽庄 370181-B07-H05

[Yázhuāng]

在市驻地双山街道北方向 20.0 千米。刁镇辖自然村。人口 3 000。明代，杨姓迁此建村，因村周围洼地芦芽茂盛，遂取名芽庄。聚落呈团块状。有文化大院 1 个、小学 1 所。产小麦、玉米、棉花。有公路经此。

夏侯庄 370181-B07-H06

[Xiàhóuzhuāng]

在市驻地双山街道北方向 20.0 千米。刁镇辖自然村。人口 1 300。以姓氏命名。聚落呈团块状。有文化大院 1 个、幼儿园 1 所。产小麦、玉米、蔬菜。青银高速经此。

溪柳 370181-B07-H07

[Xīliǔ]

在市驻地双山街道北方向 20.0 千米。刁镇辖自然村。人口 600。因靠近漯河河堤，栽柳固堤，故名溪柳。聚落呈团块状。文化大院 1 个。产小麦、玉米、蔬菜，盛产茴香、丝瓜。有公路经此。

白衣 370181-B07-H08

[Báiyī]

在市驻地双山街道北方向 20.0 千米。刁镇辖自然村。人口 1 100。明洪武四年（1371），刘、崔二姓迁来，在苇陀庙旁建村，名苇陀。次年又建观音庙，塑白衣大士像，遂改村名为白衣。聚落呈团块状。有文化大院 1 个、幼儿园 1 所。产小麦、玉米。有公路经此。

茄庄 370181-B07-H09
[Qiézhuāng]

在市驻地双山街道北方向 30.0 千米。刁镇辖自然村。人口 1 700。明代村名田家庄，清咸丰三年（1853），捻军大战清军，一清兵跑进田家庄作恶，被百姓杀死。清兵要县官惩处犯人，不然就血洗村庄。县令以死囚抵命结案，后改村名为茄庄。聚落呈团块状。有文化大院 1 个、幼儿园 1 所、小学 1 所。产小麦、玉米。有公路经此。

小坡 370181-B07-H10
[Xiǎopō]

在市驻地双山街道北方向 20.0 千米。刁镇辖自然村。人口 900。本村原地处涝洼，多有水泊，故名小泊。后因"泊"与"坡"音近，遂写为小坡。聚落呈团块状。有文化大院 1 个。产小麦、玉米。308 国道、青银高速经此。

炭张 370181-B07-H11
[Tànzhāng]

在市驻地双山街道北方向 22.0 千米。刁镇辖自然村。人口 800。因村东西各有水塘一个，其街道如一根担杖挑着两个水桶，故名担杖铺，后演变为炭张铺。新中国成立后，改为炭张。聚落呈团块状。有文化大院 1 个。产小麦、玉米。308 国道、青银高速经此。

北曹范 370181-B08-H01
[Běicáofàn]

曹范镇人民政府驻地。在市驻地双山街道西北方向 19.7 千米。人口 5 000。唐代，曹、范两姓在此居住，村名曹范。后户数增多，分为南、北二村，此村在北，故名。聚落呈带状分布。有文化站 1 个、幼儿园 2 所、中小学 3 所。产小麦、玉米、棉花、地瓜、杂粮。有公路经此。

富家 370181-B08-H02
[Fùjiā]

在市驻地双山街道南方向 20.0 千米。曹范镇辖自然村。人口 300。明洪武二年（1369），一富商迁此定居，故名村富家。聚落呈团块状分布。有文化大院 1 个。产小麦、玉米、地瓜、杂粮。有公路经此。

龙埠 370181-B08-H03
[Lóngbù]

在市驻地双山街道南方向 30.0 千米。曹范镇辖自然村。人口 200。村民就地势建屋，高下错落，蜿蜒如龙；村址又在高阜之上，基于有土方能生根之义，乃于阜旁加土成埠，取村名为龙埠。聚落呈带状分布。有文化大院 1 个。产小麦、玉米、地瓜、杂粮。有公路经此。

大有庄 370181-B08-H04
[Dàyǒuzhuāng]

在市驻地双山街道南方向 30.0 千米。曹范镇辖自然村。人口 1 000。清初，黄、杨二姓迁来，在三面环山的山峪里建村，定村名大峪庄。后因"峪"字不响亮，取五谷丰登之义（古代五谷丰登之年称"大有年"），更名为大有庄。聚落呈带状分布。有文化大院 1 个、小学 1 所、幼儿园 1 所。产小麦、玉米、地瓜。有公路经此。

大驼沟 370181-B08-H05
[Dàtuógōu]

在市驻地双山街道南方向 30.0 千米。曹范镇辖自然村。人口 500。因村东有一骆驼形大沟，故名驼沟。后村东北另建新村，按建村先后及大小，该村更名为大驼沟。聚落呈团块状分布。有文化大院 1 个。产小麦、玉米、地瓜。有公路经此。

叶亭山 370181-B08-H06

［Yètíngshān］

在市驻地双山街道南方向 30.0 千米。曹范镇辖自然村。人口 700。以姓氏和古城亭山，定名叶亭山。聚落呈团块状分布。有文化大院 1 个。产小麦、玉米。有公路经此。

马庄 370181-B08-H07

［Mǎzhuāng］

在市驻地双山街道南方向 30.0 千米。曹范镇辖自然村。人口 1 500。该村原分东、西二村，均由马姓所建，故以姓氏加方位命名为东马庄、西马庄。后两村合二为一，名马庄。聚落呈团块状分布。有文化大院 1 个、小学 1 所、幼儿园 1 所。产小麦、玉米、地瓜。有公路经此。

宋家庙 370181-B08-H08

［Sòngjiāmiào］

在市驻地双山街道南方向 30.0 千米。曹范镇辖自然村。人口 200。明代，宋姓迁来建村，并修了一座庙，名宋家庙。后因山高道陡，又位于西陡道村东，曾名东陡道。后因上陡道、下陡道变为一村，更名东陡道，故该村恢复原名宋家庙。聚落呈带状分布。有文化大院 1 个。产小麦、玉米、地瓜、杂粮。有公路经此。

东陡道 370181-B08-H09

［Dōngdǒudào］

在市驻地双山街道南方向 30.0 千米。曹范镇辖自然村。人口 600。明万历年间，李、刘、石三姓先后迁来立村。李姓立村山脚下，名下陡道；刘、石二姓立村最上端，山高道陡，名上陡道。后两村合二为一，又位于西陡道之东，故名东陡道。聚落呈团块状分布。有文化大院 1 个。产小麦、玉米、

地瓜、杂粮。有公路经此。

孟张庄 370181-B08-H10

［Mèngzhāngzhuāng］

在市驻地双山街道南方向 30.0 千米。曹范镇辖自然村。人口 1 400。明永乐年间，孟闻安兄弟二人迁此立村，后张姓迁入，故名孟张庄。聚落呈带状分布。有文化大院 1 个、小学 1 所、幼儿园 1 所。产小麦、玉米、地瓜、杂粮。有公路经此。

牛码头 370181-B09-H01

［Niúmǎtóu］

白云湖镇人民政府驻地。在市驻地双山街道北方向 30.0 千米。人口 1 300。该村原名姚码头，后因姚、牛音相近，新中国成立后演变成牛码头。聚落呈团状块分布。有文化大院 1 个、小学 1 所。产小麦、玉米。济青高速经此。

高桥 370181-B09-H02

［Gāoqiáo］

在市驻地双山街道北方向 30.0 千米。白云湖镇辖自然村。人口 2 500。清云河上有桥，桥面较高，俗称高桥。明洪武二年（1369），张姓迁来桥头立村，以桥名村为高桥。聚落呈带状分布。有文化大院 1 个、小学 1 所、幼儿园 1 所。产小麦、玉米。有公路经此。

靠河林 370181-B09-H03

［Kàohélín］

在市驻地双山街道北方向 25.0 千米。白云湖镇辖自然村。人口 1 100。该村原名快活林。明洪武二年（1369），张姓迁来定居。由于村风不正，闹得快活林不快活，乃据村东靠清云河的地理特征，改名靠河林。聚落呈团块状分布。有文化大院 1 个、小学 1 所、幼儿园 1 所。经济以种植小麦、

玉米、蔬菜为主，也有树苗培育。有公路
经此。

章历　370181-B09-H04
［Zhānglì］

在市驻地双山街道北方向 34.5 千米。
白云湖镇辖自然村。人口 600。明代，张立
迁此建村，以人名名村张立，后定名为章
历。聚落呈团块状分布。有文化大院 1 个。
产小麦、玉米。有公路经此。

陈家庄　370181-B09-H05
［Chénjiāzhuāng］

在市驻地双山街道北方向 36.0 千米。
白云湖镇辖自然村。人口 1 800。以姓氏命
名。聚落呈带状分布。有文化大院 1 个。
经济以种植小麦、玉米为主。有公路经此。

小湖南　370181-B09-H06
［Xiǎohúnán］

在市驻地双山街道北方向 36.0 千米。
白云湖镇辖自然村。人口 600。因村址在白
云湖南，人口不多，故名小湖南。聚落呈
团块状分布。有文化大院 1 个、幼儿园 1 所。
经济以种植小麦、玉米为主。有公路经此。

石珩　370181-B09-H07
［Shíháng］

在市驻地双山街道北方向 36.0 千米。
白云湖镇辖自然村。人口 1 000。元末，师
姓迁来建村，名师行。至清代，因地理位
置适中，成为周围村庄农副产品集散地的
大集；又因地处滨湖平原中心，建筑用料
石需从外地运来，所以卖石料的特别多，
成交额也大，故村名逐渐演变为石珩。聚
落呈团块状分布。有文化大院 1 个、小学 1
所。经济以种植小麦、玉米为主。有公路
经此。

边湖　370181-B09-H08
［Biānhú］

在市驻地双山街道北方向 35.0 千米。
白云湖镇辖自然村。人口 900。因村址在白
云湖边，故名。聚落呈带状分布。有文化
大院 1 个、幼儿园 1 所。经济以种植小麦、
玉米为主。有公路经此。

娥女沟　370181-B09-H09
［énǚgōu］

在市驻地双山街道北方向 35.0 千米。
白云湖镇辖自然村。人口 1 100。取娥皇女
英之意，名娥女沟。聚落呈带状分布。有
文化大院 1 个、幼儿园 1 所。经济以种植
小麦、玉米为主。有公路经此。

仙湖　370181-B09-H10
［Xiānhú］

在市驻地双山街道北方向 32.0 千米。
白云湖镇辖自然村。人口 900。唐代该村建
有萨祖庙以纪念仙人。明代汲姓迁此居住，
取名汲家庄。村址在白云湖边，遂改村名
为仙湖。聚落呈团块状分布。有文化大院 1
个、小学 1 所。经济以种植小麦、玉米为主。
有公路经此。

高官寨　370181-B10-H01
［Gāoguānzhài］

高官寨镇人民政府驻地。在市驻地双
山街道北方向 50.0 千米。人口 2 300。清道
光年间，部分居民从附近的高官寨迁来立
村，取名小新庄。后来高官寨大部分村民
相继迁来，仍沿用高官寨为村名。聚落呈
团块状分布。有文化大院 1 个、幼儿园 1 所、
小学 1 所、中学 1 所。经济以种植业为主，
产小麦、玉米，特产高官寨甜瓜。有公路
经此。

演马 370181-B10-H02

[Yǎnmǎ]

在市驻地双山街道北方向 55.0 千米。高官寨镇辖自然村。人口 500。因曹操在此操演军马而得名。聚落呈团块状分布。有文化大院 1 个、小学 1 所。经济以种植小麦、玉米为主。有公路经此。

胡家岸 370181-B10-H03

[Hújiā'àn]

在市驻地双山街道北方向 50.0 千米。高官寨镇辖自然村。人口 600。元代胡姓建村于大清河畔，故名胡家岸。聚落呈带状分布。有文化大院 1 个、小学 1 所、幼儿园 1 所。经济以种植水稻、小麦、玉米、蔬菜为主，有特色农产品黄域牌大米。有公路经此。

果园 370181-B10-H04

[Guǒyuán]

在市驻地双山街道北方向 50.0 千米。高官寨辖自然村。人口 600。明洪武年间，李国元定居于此，村名遂为果元，后演变为果园。聚落呈团块状分布。有文化大院 1 个、幼儿园 1 所。经济以种植小麦、玉米、蔬菜为主。有公路经此。

洛坡河 370181-B10-H05

[Luòpōhé]

在市驻地双山街道北方向 45.5 千米。高官寨镇辖自然村。人口 1 000。因有河名洛坡河，故以河名村。聚落呈团块状。有文化大院 1 个。经济以种植小麦、玉米、蔬菜为主。有公路经此。

和庄 370181-B10-H06

[Hézhuāng]

在市驻地双山街道北方向 55.0 千米。

高官寨镇辖自然村。人口 1 200。该村地处风沙区，土地瘠薄，故名薄庄。村北有另一小薄庄，后二村合并，取"和气生财"之义，定名和庄。聚落呈团块状。有文化大院 1 个。经济以种植小麦、玉米、蔬菜为主。有公路经此。

利市 370181-B10-H07

[Lìshì]

在市驻地双山街道北方向 50.0 千米。高官寨镇辖自然村。人口 600。因村里梨树很多，取谐音而得名。聚落呈团块状分布。有文化大院 1 个。经济以种植小麦、玉米为主。有公路经此。

魏化林 370181-B10-H08

[Wèihuàlín]

在市驻地双山街道北方向 30.0 千米。高官寨辖自然村。人口 2 000。据传元代有一名为魏化的人修行于松林，后受奇人指教，得道成仙，世人称他修行的松林为魏化林。明初，郭、李等姓迁来，以魏化林为村名。聚落呈团块状分布。有文化大院 1 个、幼儿园 1 所。经济以奶类、医药类产品生产与销售为主，济南佳宝奶业分公司、深圳蓝天制药有限公司坐落在村内。有公路经此。

梨珩 370181-B10-H09

[Líháng]

在市驻地双山街道北方向 55.0 千米。高官寨镇辖自然村。人口 1 800。明初王营迁来定居，因植梨树数行，故名梨行。为突出姓氏特征，又在"行"旁加"王"，更名梨珩。聚落呈团块状分布。有文化大院 1 个、幼儿园 1 所。经济以种植小麦、玉米、蔬菜为主。有公路经此。

宁家埠 370181-B11-H01
[NìngjiāBù]

宁家埠镇人民政府驻地。在市驻地双山街道北方向 20.5 千米。人口 4 500。金代即有张姓在此居住，当时此处尚是湖岸，可停靠船舶，故取村名张家埠。明代，宁姓迁来，渐成大族，遂改名宁家埠。聚落呈团块状分布。有文化大院 1 个、幼儿园 1 所、小学 1 所、中学 1 所。产小麦、玉米、蔬菜，特产章丘大葱，有五金、面粉、家具维修等村办企业。有公路经此。

向高庄 370181-B11-H02
[Xiànggāozhuāng]

在市驻地双山街道北方向 20.0 千米。宁家埠镇辖自然村。人口 2 600。村址在莲花湖内的一块小高地上。明代，王姓迁此定居，取村名兴王庄。后因莲花湖干涸，村显得更高，遂易名为向高庄，取"人往高处走"、日子越过越好之意。聚落呈带状分布。有文化大院 1 个、小学 1 所、幼儿园 1 所。经济以锻造业为主，产小麦、玉米、大豆、蔬菜，特产大葱。村内有铜铝铸造等为主的工厂。有公路经此。

支宋 370181-B11-H03
[Zhīsòng]

在市驻地双山街道北方向 20.0 千米。宁家埠镇辖自然村。人口 2 100。明初立村，名刘八公庄。后因一支姓妇女曾是乾隆皇帝的乳母，其子支相圣恃势改村名为支家码头。后宋姓迁来，另建一村，名宋家码头。后两村合为一村，定名支宋。聚落呈带状分布。有文化大院 1 个。经济以种植小麦、玉米为主。有公路经此。

宋码 370181-B11-H04
[Sòngmǎ]

在市驻地双山街道北方向 20.0 千米。宁家埠镇辖自然村。人口 800。明洪武年间，宋姓迁此立村，名宋家老坡，后改为宋家庄。明嘉靖年间，因村址位于河畔，改村名为宋码。聚落呈团块状。有文化大院 1 个、小学 1 所。经济以种植小麦、玉米、大葱为主。有公路经此。

西埠 370181-B11-H05
[Xībù]

在市驻地双山街道北方向 20.0 千米。宁家埠镇辖自然村。人口 1 000。明初，齐姓迁来定居，因玉兰花较多，取名玉兰。后因此村在宁家埠之西，改名为西埠。聚落呈带状分布。有文化大院 1 个、小学 1 所、幼儿园 1 所。经济以种植业和养殖业为主，主产优质小麦、玉米、大葱等。有公路经此。

马彭 370181-B11-H06
[Mǎpéng]

在市驻地双山街道北方向 20.0 千米。宁家埠镇辖自然村。人口 4 000。该村原为张可宜为官时的马厩，张故去后，即葬于此。其后人迁此居住，定村名为马棚，后演变为马彭。聚落呈团块状分布。有文化大院 1 个、小学 1 所、幼儿园 1 所。经济以种植小麦、玉米为主。有公路经此。

荐家 370181-B11-H07
[Jiànjiā]

在市驻地双山街道北方向 20.0 千米。宁家埠镇辖自然村。人口 1 500。明初，张姓二兄弟迁来定居，因弓箭做得好，故名箭张庄。后弟弟分至村东生活，叫小箭张庄，原村为大箭张庄，又逐渐演变为大荐家庄和小荐家庄。后两村合二为一，称荐家。聚落呈带状分布。有文化大院 1 个。经济以种植小麦、玉米、大葱为主。省道济青公路经此。

明家 370181-B11-H08
[Míngjiā]

在市驻地双山街道北方向 20.0 千米。宁家埠镇辖自然村。人口 1 500。因村中有个眼科大夫能使患者重见"光明"，遂名明家。刘姓在旁建村，名刘家崖；又因此地平畴无垠，改村名为太平。后两村相连，合为一村，取名明家。聚落呈带状分布。有文化大院 1 个、小学 1 所。经济以种植小麦、玉米、大葱为主。省道济青公路经此。

王推官庄 370181-B11-H09
[Wángtuīguānzhuāng]

在市驻地双山街道北方向 20.0 千米。宁家埠镇辖自然村。人口 1 500。元至正二十八年（1368），郑姓迁来建村，名郑家庄。明嘉靖四十五年（1566），王姓又迁此落户。后王姓家族出了一个推官，遂改村名为王推官庄。聚落呈团块状分布。有文化大院 1 个。经济以种植业为主，主产优质小麦、玉米、蔬菜，特产大葱。有公路经此。

官庄 370181-B12-H01
[Guānzhuāng]

官庄镇人民政府驻地。在市驻地双山街道东方向 10.2 千米。人口 2 600。一说，明初，于、杨、马三姓迁来建村，取村名官庄；另说，因为该村赐田原来都是官地，故名官庄。聚落呈团块状分布。有文化大院 1 个、幼儿园 1 所、小学 1 所、中学 1 所。经济以种植小麦、玉米、大豆、谷子、棉花等为主，有商贸服务业。309 国道经此。

古宅 370181-B12-H02
[Gǔzhái]

在市驻地双山街道东方向 10.0 千米。官庄镇辖自然村。人口 1 300。因明代在一废弃古老宅院旁建村而得名。聚落呈团块状分布。有文化大院 1 个、幼儿园 1 所。经济以种植小麦、玉米等为主。309 国道经此。

吴家庄 370181-B12-H03
[WújiāZhuāng]

在市驻地双山街道东方向 10.0 千米。官庄镇辖自然村。人口 1 400。以姓氏命名。聚落呈团块状分布。有文化大院 1 个。经济以种植玉米、小麦、大豆、高粱、谷子等为主。309 国道经此。

养军店 370181-B12-H04
[Yǎngjūndiàn]

在市驻地双山街道东南方向 10.0 千米。官庄镇辖自然村。人口 1 300。因清将僧格林沁率兵镇压起义军时，曾在该村安营驻兵，故名养军店。聚落呈团块状分布。有文化大院 1 个、小学 1 所。经济以锻造业为主，种植玉米、小麦等，当地铁匠、石匠闻名，有山东华民钢球股份有限公司。309 国道经此。

天尊院 370181-B12-H05
[Tiānzūnyuàn]

在市驻地双山街道东方向 25.0 千米。官庄镇辖自然村。人口 900。因村内寺庙供奉原始天尊，故名。聚落呈团块状分布。有文化大院 1 个、小学 1 所。经济以种植小麦、玉米等为主。309 国道经此。

朱家峪 370181-B12-H06
[Zhūjiāyù]

在市驻地双山街道东南方向 10.0 千米。官庄镇辖自然村。人口 1 700。明洪武年间，朱姓迁入，因与朱元璋同姓，遂名村朱家峪。聚落呈团块状分布。有文化大院 1 个、幼儿园 1 所。有古立交桥（赵家桥）、文昌阁、魁星楼、朱氏北楼、进士故居、山阴小学、双轨古道等历史遗迹和国家 AAA 级景区朱家峪景区。经济以种植业、旅游业为主，种植小麦、玉米、棉花、大豆、花生等。G309 国道经此。

矾硫 370181-B12-H07
[Fánliú]

在市驻地双山街道东方向 30.0 千米。官庄镇辖自然村。人口 2 500。原村名番留，取战乱之后留下来的村庄之意，后演变为矾硫。聚落呈团块状分布。有文化大院 1 个、小学 1 所。经济以种植小麦、玉米、大豆、谷子等为主。有简易公路经此。

亮甲坡 370181-B12-H08
[Liàngjiǎpō]

在市驻地双山街道东方向 30.0 千米。官庄镇辖自然村。人口 600。唐贞观年间，高句丽造反，薛仁贵带兵镇压。军队路过本村时遇暴雨，雨停后，将士就地在山坡上晾晒盔甲，故名亮甲坡。聚落呈团块状分布。有文化大院 1 个。经济以种植富硒核桃、富硒花椒、富硒小米等为主。有简易公路经此。

赵八洞 370181-B12-H09
[Zhàobādòng]

在市驻地双山街道东方向 30.0 千米。官庄镇辖自然村。人口 600。张氏迁此定居后与村中一位女士结为夫妻，该女士带有一子姓赵，为使赵氏享有记载意义，故名赵八洞。聚落呈团块状分布。有文化大院 1 个。经济以种植业为主，有花椒、核桃等土特产品。有公路经此。

马闹坡 370181-B12-H10
[Mǎnàopō]

在市驻地双山街道东方向 30.0 千米。官庄镇辖自然村。人口 100。李世民东征时，曾在此歇马休整。某夜，天上突然落下了七颗陨石，马受惊乱闹起来，故名马闹坡。聚落呈团块状分布。有文化大院 1 个、幼儿园 1 所、小学 1 所。经济以种植业为主，有花椒、核桃等土特产品。有公路经此。

辛中 370181-B13-H01
[Xīnzhōng]

辛寨镇人民政府驻地。在市驻地双山街道北方向 25.2 千米。人口 1 500。1980 年始为公社、乡、镇驻地，因位于乡中心位置得名。聚落呈团块状。有文化站 1 个、幼儿园 2 所、中学 1 所。经济以加工制造业为主，种植小麦、玉米、棉花等，有电梯、阀门、服装、塑料制造销售等企业。有公路经此。

朱家 370181-B13-H02
[Zhūjiā]

在市驻地双山街道北方向 35.0 千米。辛寨镇辖自然村。人口 1 100。以姓氏命名。聚落呈团块状。有文化大院 1 个。经济以种植小麦、玉米为主。308 国道经此。

干刘 370181-B13-H03
[Gànliú]

在市驻地双山街道北方向 35.0 千米。辛寨镇辖自然村。人口 1 200。元代墓碑记载："元代建村就名干刘。"聚落呈团块状。有文化大院 1 个、幼儿园 1 所。经济以种植小麦、玉米为主。有公路经此。

青杨林 370181-B13-H04
[Qīngyánglín]

在市驻地双山街道北方向 35.0 千米。辛寨镇辖自然村。人口 1 000。因此地多青杨树，故名。聚落呈团块状。有文化大院 1 个、幼儿园 1 所。经济以种植小麦、玉米为主。

308 国道经此。

西口 370181-B13-H05

[Xīkǒu]

在市驻地双山街道北方向 35.0 千米。辛寨镇辖自然村。人口 700。在小清河的西岸建村，以方位命名。聚落呈团块状。有文化大院 1 个。经济以种植小麦、玉米、韭菜等为主。308 国道经此。

胡家 370181-B13-H06

[Hújiā]

在市驻地双山街道北方向 35.0 千米。辛寨镇辖自然村。人口 1 400。以姓氏命名。聚落呈团块状。有文化大院 1 个、幼儿园 1 所、小学 1 所。经济以种植小麦、玉米、韭菜等为主。308 国道经此。

冯家坊 370181-B13-H07

[Féngjiāfāng]

在市驻地双山街道北方向 35.0 千米。辛寨镇辖自然村。人口 1 000。宋代，张姓建村，名沟张。明洪武四年（1371），冯子喜迁来定居，改村名为冯家坊子，后改称冯家坊。聚落呈团块状。有文化大院 1 个、幼儿园 1 所。经济以种植小麦、玉米为主。有公路经此。

兴刘 370181-B13-H08

[Xìngliú]

在市驻地双山街道北方向 35.0 千米。辛寨镇辖自然村。人口 200。元末，村名刘家。明初，村东修了一座幸福庙，遂改村名为兴刘。聚落呈团块状。有文化大院 1 个。经济以种植小麦、玉米为主。有公路经此。

柳塘口 370181-B13-H09

[Liǔtángkǒu]

在市驻地双山街道北方向 35.0 千米。辛寨镇辖自然村。人口 3 600。因村北水塘长满了柳树，故名柳塘口。聚落呈团块状。有文化大院 1 个、幼儿园 1 所、小学 1 所。经济以机械加工制造为主，农产小麦、玉米，有烤漆房、环保设备厂。有公路经此。

刘王寺 370181-B13-H10

[Liúwángsì]

在市驻地双山街道西北方向 60.0 千米。辛寨镇辖自然村。人口 500。元代，刘宝义建村，名刘宝义庄。明代，王姓迁来定居。清代，村民曾和捻军开战，刘、王两姓死亡 20 余人。为纪念逝者，村内建一庙宇，遂改村名为刘王寺。聚落呈团块状。有文化大院 1 个、幼儿园 1 所。经济以种植业为主，农产小麦、玉米，机械制造业发达，有烤漆房、环保设备厂。有公路经此。

仪张 370181-B13-H11

[Yízhāng]

在市驻地双山街道北方向 40.0 千米。辛寨镇辖自然村。人口 700。因张姓居于此，讲义气，名村义张，后演变为仪张。聚落呈团块状。有文化大院 1 个。经济以种植小麦、玉米为主。有公路经此。

吕家寨 370181-B14-H01

[LǚjiāZhài]

黄河镇人民政府驻地。在市驻地双山街道北方向 40.0 千米。人口 1 300。因姓氏而得名。聚落呈带状分布。有文化大院 1 个、小学 1 所、中学 1 所。经济以种植小麦、玉米、花生、棉花等为主，盛产西瓜。有运输、商贸服务等工副业。有公路经此。

王家圈 370181-B14-H02

[Wángjiāquān]

在市驻地双山街道西北方向 50.0 千米。黄河镇辖自然村。人口 500。明永乐二年

（1404），王姓迁来建村，名王海庄，又改名为王家梨园。后因河水冲刷，冲成一条马蹄铁形的河，该村恰位于中间，遂改为王家圈。聚落呈团块状。有文化大院1个。经济以种植业为主，有土特产品黄河大米、西瓜、甜瓜。有公路经此。

范家园 370181-B14-H03
[Fànjiāyuán]

在市驻地双山街道北方向50.0千米。黄河镇辖自然村。人口600。明代，此地有家富户名范升，该处是范家的花园，叫范家花园。后有人迁来定居，在花园建村，取名范家园。聚落呈团块状。有文化大院1个。经济以种植业为主，有土特产品黄河大米、西瓜、甜瓜。有公路经此。

北大寨 370181-B14-H04
[Běidàzhài]

在市驻地双山街道北方向50.0千米。黄河镇辖自然村。人口900。东汉建安六年（201），曹操率部路过此地，立营寨72座。他是三军统帅，所住之寨称大寨，村以此得名。因重名，后更名为北大寨。聚落呈团块状。有文化大院1个。经济以种植业为主，有土特产品黄河大米、西瓜、甜瓜。有公路经此。

花红庄 370181-B14-H05
[Huāhóngzhuāng]

在市驻地双山街道北方向50.0千米。黄河镇辖自然村。人口700。明洪武二年（1369），周、冯二姓迁来，因贫苦穷困，靠打长工、短工为生，人称花户庄，后改为花红庄。聚落呈团块状。有文化大院1个、幼儿园1所。经济以种植业为主，有土特产品黄河大米、西瓜、甜瓜。有公路经此。

油坊 370181-B14-H06
[Yóufáng]

在市驻地双山街道北方向50.0千米。黄河镇辖自然村。人口900。一说，因始祖李家四是油贩，故名油坊；另说，明洪武年间，房姓迁此建村，以开油坊为业，后成为村名。聚落呈团块状。有文化大院1个。经济以种植业为主，有土特产品黄河大米、西瓜、甜瓜。有公路经此。

徽宗 370181-B14-H07
[Huīzōng]

在市驻地双山街道北方向50.0千米。黄河镇辖自然村。人口700。因傍徽宗庙建村，即以庙名为村名，后简称为徽宗。聚落呈团块状。有文化大院1个。经济以种植业为主，有土特产品黄河大米、西瓜、甜瓜。有公路经此。

临济 370181-B14-H08
[Línjì]

在市驻地双山街道西北方向55.0千米。黄河镇辖自然村。人口1 500。因濒临济水（古河名）而得名。聚落呈团块状。有文化大院1个、幼儿园1所、小学1所。有市级文物保护单位马融墓、郦食其墓、终军墓等历史遗迹。经济以种植小麦、玉米、花生、芦笋、甜瓜等为主。有公路经此。

土城 370181-B14-H09
[Tǔchéng]

在市驻地双山街道北方向50.0千米。黄河镇辖自然村。人口800。《水经注》云："漯水又东北，经著县故城南，又东北，经崔氏城北。"按："大清河即济水，自西南来，经济阳南关外，绕城而东北，其南之上即章丘界，俗呼土城，乃崔氏城也。"

故名土城。聚落呈团块状。有文化大院 1 个。经济以种植小麦、玉米、花生、黄金梨、莲藕、西瓜、甜瓜等为主。有公路经此。

西李 370181-B14-H10
[Xīlǐ]

在市驻地双山街道北方向 50.0 千米。黄河镇辖自然村。人口 800。明洪武年间，李姓迁来建村，取名小李家庄。清末，李姓有人考中举人，改称举人李家庄。后因重名，改称西李。聚落呈团块状分布。聚落呈团块状。有文化大院 1 个。经济以种植业为主，有土特产品黄河大米、西瓜、甜瓜，养殖鸡、鸭。有公路经此。

平阴县

城市居民点

龙山小区 370124-I01
[Lóngshān Xiǎoqū]

在县城南部。人口 8 100。总面积 3.8 公顷。因地处青龙山北麓，故名。1988 年始建，1990 年正式使用。建筑总面积 15 120 平方米，多层住宅楼 6 栋，现代建筑风格。绿化率 9.6%，有便民超市等配套设施。通公交车。

环秀小区 370124-I02
[Huánxiù Xiǎoqū]

在县城东北部。人口 6 800。总面积 25.6 公顷。取环境秀丽之意，故名。1997 年始建，1999 年正式使用。建筑总面积 256 000 平方米，多层住宅楼 61 栋，现代建筑风格。绿化率 5.3%，有幼儿园、小学等配套设施。通公交车。

国棉厂家属院 370124-I03
[Guómiánchǎng Jiāshǔyuàn]

在县城西部。人口 3 500。总面积 5.7 公顷。为国棉厂职工家属住宅区，故名。1966 年始建，1968 年正式使用。建筑总面积 53 036 平方米，多层住宅楼 34 栋，现代建筑风格，绿化率 1.5%。通公交车。

县医院宿舍 370124-I04
[Xiànyīyuàn Sùshè]

在县城北部。人口 800。总面积 2.3 公顷。为县医院职工宿舍，故名。1990 年始建，1991 年正式使用。建筑总面积 31 796 平方米，多层住宅楼 7 栋，现代建筑风格。绿化率 13.5%，有健身广场等配套设施。通公交车。

豪门庄园 370124-I05
[Háomén Zhuāngyuán]

在县城东部。人口 1 400。总面积 0.1 公顷。因由山东长河豪门投资置业有限公司开发，故名。2008 年始建，2009 年正式使用。建筑总面积 42 577 平方米，住宅楼 9 栋，其中高层 4 栋、多层 5 栋，现代建筑风格。绿地面积 1 500 平方米，有便民超市等配套设施。通公交车。

福源小区 370124-I06
[Fúyuán Xiǎoqū]

在县城中部。人口 2 000。总面积 0.1 公顷。因由隶属于福胶集团的福顺房地产开发公司建设，故名。2007 年始建，2008 年正式使用。建筑总面积 60 279.4 平方米，多层住宅楼 18 栋，现代建筑风格。绿地面积 8 088.7 平方米，有健身器材等配套设施。通公交车。

环秀山庄 370124-I07
[Huánxiù Shānzhuāng]

在县城东部。人口 3 600。总面积 11.5 公顷。以开发单位名称命名，取环境秀丽之意。2004 年始建，2006 年正式使用。建筑总面积 100 800 平方米，多层住宅楼 36 栋，现代建筑风格。绿化率 30.5%，有幼儿园、便民超市等配套设施。通公交车。

玫瑰苑小区 370124-A02-I08
[Méiguīyuàn Xiǎoqū]

在县城西部。人口 4 900。总面积 40.0 公顷。因平阴盛产玫瑰，"苑"寓意美好，新建住宅小区后，命名为玫瑰苑小区。2001 年始建，2002 年正式使用。建筑总面积 59 555.24 平方米，多层住宅楼 66 栋，现代建筑风格。另有别墅 15 栋。绿化率 30.8%，有幼儿园、便民超市、卫生所等配套设施。通公交车。

瑰丽园小区 370124-I09
[Guīlìyuán Xiǎoqū]

在县城西南部。人口 1 800。总面积 3.0 公顷。因平阴盛产玫瑰，从"玫瑰"中取"瑰"字，"美丽"中取"丽"字命名。2010 年始建，2011 年正式使用。建筑总面积 46 255.1 平方米，高层住宅楼 16 栋，现代建筑风格。绿化率 30.8%，有便民超市等配套设施。通公交车。

时代翰城 370124-I10
[Shídàihànchéng]

在县城西部。人口 5 800。总面积 29.6 公顷。因小区开建时恰逢改革开放新时代，故名。2010 年始建，2014 年正式使用。建筑总面积 39 125.5 平方米，住宅楼 26 栋，其中高层 8 栋、多层 16 栋，现代建筑风格。绿化率 30.6%，有小学、幼儿园、便民超市、卫生所等配套设施。通公交车。

农村居民点

孙官庄 370124-A01-H01
[Sūnguānzhuāng]

在县驻地榆山街道南方向 7.0 千米。榆山街道辖自然村。人口 1 500。明洪武年间立村，当时孙姓是名门望族，以姓氏命名孙家庄。明万历二十四年（1596），孙光祀官至右侍郎加四级一品官，拜见皇帝时，皇帝令改村名为孙官庄。聚落呈带状。村内有孙氏墓地东大莹、1928 年时任县长夏福谦所立言志碑。经济以种植小麦、玉米为主，兼营工商服务业。105 国道经此。

胡庄 370124-A01-H02
[Húzhuāng]

在县驻地榆山街道南方向 6.0 千米。榆山街道辖自然村。人口 1 200。明万历二十八年（1600）左右，石峡村人胡曰言到尖山东坡择地建房而居，始称小胡庄。随着天主教在胡庄山上、村中大教堂的连续兴建，逐渐称为胡庄。聚落呈团块状。有农家书屋 1 个、幼儿园 1 所、小学 1 所。村内有胡庄天主教堂。经济以种植小麦、玉米、花卉为主。有公路经此。

老博士 370124-A01-H03
[Lǎobóshì]

在县驻地榆山街道北方向 3.5 千米。榆山街道辖自然村。人口 900。据《元史》记载，先有李谢夫妇 2 人迁居此地，始称李谢庄。李氏五世李之绍于元大德七年（1303）被皇帝授予太常博士，所居村庄改称为李博士。中华人民共和国成立后，为便于区别新博士村，改称老博士。聚落呈团块状。有文化广场 2 个、幼儿园 1 所、小学 1 所。村内有李之绍学习居住的山洞博士洞（又称皮狐洞）、李氏族人所立纪念碑。经济以种植小麦、玉米为主。有公路经此。

翟庄 370124-A01-H04
[Zháizhuāng]

在县驻地榆山街道北方向 5.0 千米。榆山街道辖自然村，人口 1 100。据史书记载，靖康年间，翟氏先祖从南阳移居此地，名翟家庄。金明昌二年（1191），翟升考取进士，始称翟庄。聚落呈团块状。有农家书屋 1 个。翟庄渡口有百余年历史。经济以种植小麦为主，兼营果蔬。有公路经此。

田山 370124-A01-H05
[Tiánshān]

在县驻地榆山街道北方向 3.0 千米。榆山街道辖自然村，人口 400。北宋末年，梁山泊农民起义军被招安之后，水军头领阮小二退隐水泊，带领家小住在这里以打鱼为生，以人名为村名。清咸丰五年（1885）黄河水泛滥，故向东迁移约 1 千米处建村，因"田"姓村民占百分之九十以上，1948 年改名为田山。聚落呈带状。有农家书屋 1 个。经济以种植小麦、玉米为主，兼营蔬菜。有公路经此。

贤子峪 370124-A01-H06
[Xiánziyù]

在县驻地榆山街道东南方向 3.0 千米。榆山街道辖自然村。人口 100。明朝年间，贡生张宗旭携家眷来此隐居，并创办函山书院，培养了很多文人贤士。清朝曾是遂城杜家读书之地，故得名贤子峪。聚落呈带状。有榆山街道图书分馆、文体广场。经济以种植小麦、玉米为主。有公路经此。

刘官庄 370124-A01-H07
[Liúguānzhuāng]

在县驻地榆山街道北方向 3.0 千米。榆山街道辖自然村，人口 1 400。清顺治年间，刘氏从肥邑黄崖迁到黄河边立村，名刘官庄。聚落呈团块状。有济南市图书分馆 1 个。在老村旧址内有九烈士陵园。经济以种植小麦、玉米为主，兼种林果与大棚瓜果。有公路经此。

北土楼 370124-A02-H01
[Běitǔlóu]

在县驻地榆山街道西北方向 4.0 千米。锦水街道辖自然村。人口 1 300。因村内发展有土陶业，建有烧制土陶器的土窑，类似土楼，得名土楼。后又分为北、中、南三个村，因本村居北，遂得名北土楼。聚落呈散状。有文化大院 1 个、农家书屋 1 个、小学 1 所、中学 1 所。有土窑等历史遗迹。经济以土地租赁为主。有公路经此。

大李子顺 370124-A02-H02
[Dàlǐzishùn]

在县驻地榆山街道西方向 5.0 千米。锦水街道辖自然村，人口 1 000。明嘉靖年间，李氏迁此立村，本村因多系李姓，故名。聚落呈散状。有文化广场 1 个。有李家祠堂、水母娘娘庙。经济以果业、养殖业为主，特产苹果。有公路经此。

龙桥 370124-A02-H03
[Lóngqiáo]

在县驻地榆山街道西方向 14.0 千米。锦水街道辖自然村。人口 1 500。因村西曾有刘公修石桥一座，遂名刘公桥。清嘉庆年间，改为前龙桥。清光绪年间又改为龙桥。聚落呈散状。有文化广场 1 个。经济以种植小麦、玉米等为主。105 国道经此。

前阮二村 370124-A02-H04
[Qiánruǎn'èrcūn]

在县驻地榆山街道西方向 4.0 千米。锦水街道辖自然村。人口 1 400。宋朝初年建村，为梁山好汉阮氏三雄故居，故名阮二庄，原址在村北河滩。清咸丰五年（1855），黄河穿运夺济时，其原址被冲毁，迁至村南新址建村，始称前阮二村。聚落呈散状。有文化广场 1 个、幼儿园 1 所。经济以种植业、养殖业等为主。新 220 国道经此。

山头 370124-A02-H05
[Shāntóu]

在县驻地榆山街道西方向 5.0 千米。锦水街道辖自然村。人口 1 300。明朝洪武三年（1370）建村，因村址居山坡前首，故名。聚落呈散状。有文化广场 1 个、中小学 1 所。经济以种植粮棉、圆葱、芦苇等为主。新 220 国道经此。

后寨 370124-A02-H06
[Hòuzhài]

在县驻地榆山街道西方向 6.0 千米。锦水街道辖自然村。人口 1 400。清朝康熙年间建村，因处寨山北，故名。聚落呈散状。有文化广场 2 个，古槐树 2 棵。经济以经营冬暖式大棚蔬菜、规模养殖业为主，有济南市平发新型建材厂、铁木加工厂。有公路经此。

上盆王 370124-A02-H07
[Shàngpénwáng]

在县驻地榆山街道西方向 5.0 千米。锦水街道辖自然村。人口 1 100。因避水患，村民自老盆王庄迁此高处定居，故名。聚落呈散状。有农家书屋 1 个。经济以畜牧养殖、大棚蔬菜、苹果种植、玫瑰花种植加工、经济林培育等为主。有公路经此。

东门 370124-B01-H01
[Dōngmén]

东阿镇人民政府驻地。在县驻地榆山街道西南方向 25.0 千米。人口 1 700。明洪武八年（1375）建村，因地处老东阿县城东门，故名。聚落呈散状。有农家书屋 1 个、文化广场 2 个、幼儿园 1 所、小学 1 所、中学 1 所。名胜古迹有少岱门和县级文物保护单位金鸡山古墓群。经济以种植业、养殖业为主，主产优质小麦、葡萄、玉米等。有济南谷城建筑安装有限公司、济南乐喜施肥料有限公司等。220 国道经此。

衙前 370124-B01-H02
[Yáqián]

在县驻地榆山街道西南方向 27.0 千米。东阿镇辖自然村。人口 1 100。因原位于东阿城里衙门前街、老县府衙门前，故名。聚落呈团块状。有农家书屋 1 个、文化广场 1 个。有阁老府等历史遗迹。经济以阿胶制品加工等为主。220 国道经此。

南门里 370124-B01-H03
[Nánménlǐ]

在县驻地榆山街道西南方向 30.0 千米。东阿镇辖自然村。人口 500。该村原位于东阿城里西南部分，古御道穿南门而过，故名。聚落呈团块状。有农家书屋 1 个。经济以种植业、养殖业为主。220 国道经此。

西南坝 370124-B01-H04
[Xīnánbà]

在县驻地榆山街道西南方向 31.0 千米。东阿镇辖自然村。人口 400。因黄河连年满溢，村庄面临水患，村民筑坝护村，土坝位于东阿老城西南，故名。聚落呈带状。有农家书屋 1 个。经济以种植业、养殖业为主。有公路经此。

西山 370124-B01-H05

[Xīshān]

在县驻地榆山街道西南方向 30.0 千米。东阿镇辖自然村。人口 1 600。因位于东阿老城的西面，与东山村隔城相望，故名。聚落呈环状。有农家书屋 1 个。有县级文物保护单位西山古墓群。经济以种植业、养殖业为主。有公路经此。

太和 370124-B01-H06

[Tàihuò]

在县驻地榆山街道西南方向 24.0 千米。东阿镇辖自然村。人口 900。因该村曾为太和乡政府驻地，遂名太和。聚落呈团块状。有农家书屋 1 个、文化广场 1 个。有市级文物保护单位清初太和钟楼等古建筑。经济以种植业为主。有公路经此。

东黑山 370124-B01-H07

[Dōnghēishān]

在县驻地榆山街道西南方向 30.0 千米。东阿镇辖自然村。人口 500。因位于黑山东麓，故名。聚落呈团块状。有文化广场 1 个。名胜古迹有黑山顶玉雪庙。经济以种植业、养殖业为主。有公路经此。

桃园 370121-B01-H08

[Táoyuán]

在县驻地榆山街道西南方向 25.0 千米。东阿镇辖自然村。人口 1 100。据传，周姓、庞姓、谢姓等数户来济水河畔立村，因当时村南有一桃园，故名；又传明永乐年间，村民奉诏从山西洪洞县迁此落户，当时此处是一片长满桃树的荒地，村南的庙前有一对石狮，其狮口中各衔着一颗桃子，故名。聚落呈团块状。有农家书屋 1 个。经济以种植业、养殖业为主。有公路经此。

小河口 370124-B01-H09

[Xiǎohékǒu]

在县驻地榆山街道西南方向 26.0 千米。东阿镇辖自然村。人口 800。明代初期，因大河口村低洼，少数居民迁于此立村。村在狼溪河北岸，以前黄河北岸去东阿城的过往人员坐船渡过黄河，在大河口村下船后，在此再渡过狼溪河才能去城里，为区别于大河口的黄河渡口，故取名小河渡口，后演化为小河口。聚落呈团块状。有农家书屋 1 个、文化广场 1 个。名胜古迹有透龙牌、民生桥。经济以种植业为主。有公路经此。

小屯 370124-B01-H10

[Xiǎotún]

在县驻地榆山街道西南方向 22.0 千米。东阿镇辖自然村。人口 2 100。明洪武年间，村民自山西洪洞县迁此，因村东北山上有一高 3 米、宽 5 米、长 19.5 米的石门山洞，石洞为东周时期人工开凿，形状酷似山门，故名山门小屯，后沿称为小屯。聚落呈环状。有农家书屋 1 个、文化广场 1 个。名胜古迹有石门山洞、邿邑故城遗址、县级文物保护单位亭山庙宇。经济以种植业、养殖业为主。220 国道经此。

北市 370124-B01-H11

[Běishì]

在县驻地榆山街道西南方向 20.0 千米。东阿镇辖自然村。人口 1 400。明洪武年间，郜姓祖先由山西迁来立村，因该村离老东阿县城十华里而得名北十里铺，又沿为北市铺。后居民为避水患，陆续迁于高处，故演变为下北市，1984 年东迁合并，名北市。聚落呈散状。有农家书屋 1 个、文化广场 1 个、幼儿园 1 所。经济以种植业、养殖业为主，有平阴天水脱硫粉剂销售处、东阿镇绿豆粉皮合作社等。220 国道经此。

直东峪 370124-B01-H12
[Zhídōngyù]

在县驻地榆山街道西南方向 23.5 千米。东阿镇辖自然村。人口 2 000。据传，明代时房氏祖先由山西洪洞县迁龙凤山西麓立村，因靠近一条直通龙凤山腹部向东延伸的挺直的山峪，故名。聚落呈环状。有农家书屋 1 个、文化广场 1 个、幼儿园 1 所。有县级文物保护单位古建筑直东峪村房家大院。经济以种植业、养殖业为主。有公路经此。

窑头 370124-B01-H13
[Yáotóu]

在县驻地榆山街道西南方向 30.0 千米。东阿镇辖自然村。人口 1 100。明洪武八年（1375）修建东阿城，官府令百姓从村南头开始修起一串连珠似的砖瓦窑和石灰窑，供应修建城墙和城内建筑的砖瓦等，该村处于连珠窑的南头，故名窑头。聚落呈带状。有农家书屋 1 个、文化大院 1 个。有县级文化保护单位窑头遗址。经济以种植业、养殖业为主。有公路经此。

孝直 370124-B02-H01
[Xiàozhí]

孝直镇人民政府驻地。在县驻地榆山街道东南方向 22.0 千米。人口 3 800。相传唐朝建村，村内有一位老人无儿无女，其侄至孝，遂谓孝侄，后沿为孝直。聚落呈团块状分布。有文化广场 1 个、农家书屋 1 个、小学 1 所、幼儿园 1 所。有孝侄铜像、正义厅、奉献厅等旅游景点。经济以粮蔬种植、工商服务业为主。105 国道、济菏高速经此。

泊头 370124-B02-H02
[Bótóu]

在县驻地榆山街道东南方向 20.0 千米。孝直镇辖自然村。人口 1 200。相传太平天国军北征时，至此驳转马头而回，村名遂谓驳头，后演变为泊头。聚落呈团块状。有农家书屋 1 个。经济以种植小麦、玉米、棉花为主。有公路经此。

马跑泉 370124-B02-H03
[Mǎpǎoquán]

在县驻地榆山街道西南方向 20.0 千米。孝直镇辖自然村。人口 300。传说刘秀下南阳路经此地，其战马用蹄刨出清泉一处，故名。聚落呈散状。有农家书屋 1 个、文化广场 2 个。经济以种植小麦、玉米、地瓜为主。有公路经此。

亓集 370124-B02-H04
[Qíjí]

在县驻地榆山街道南方向 30.0 千米。孝直镇辖自然村。人口 1 600。明初立村，因当地常驻兵马，故名驻马庄。至明朝中期，亓氏人烟兴旺，又有集市，并有一人官至都督，遂改名亓家集，简称亓集。聚落呈散状。有农家书屋 1 个、文化广场 2 个。经济以种植小麦、玉米为主。济菏高速经此。

谷楼 370124-B02-H05
[Gǔlóu]

在县驻地榆山街道南方向 25.0 千米。孝直镇辖自然村。人口 2 200。明朝初年，谷氏某人随明太祖北征定居于此，并建南、北二楼，遂称谷家楼，简称谷楼。聚落呈团块状。有农家书屋 1 个。经济以种植小麦、玉米为主。105 国道经此。

东湿口山 370124-B02-H06

[Dōngshīkǒushān]

在县驻地榆山街道西南方向 20.0 千米。孝直镇辖自然村。人口 1 000。相传东汉光武帝刘秀走南阳，路经此地，因口渴难耐，拔箭射入山根下，士兵将箭拔出，只见一股清水泉喷涌而出，故名湿口山。后分东、西两村，该村居东，故名。聚落呈散状。有农家书屋 1 个、文化广场 1 个、幼儿园 1 所。经济以种植小麦、玉米、地瓜、棉花为主，有机械厂、铸造厂、白灰厂。有公路经此。

大天宫 370124-B02-H07

[Dàtiāngōng]

在县驻地榆山街道南方向 22.0 千米。孝直镇辖自然村。人口 1 000。因村北山上有座天香寺，遂名天香。至清咸丰年间，改为天宫，后因大小天宫合并，统称大天宫。聚落呈团块状。有文化广场 1 个、幼儿园 1 所。有民俗记忆馆、明朝古建筑孙家古楼。经济以种植小麦、玉米、棉花为主，村内有天宫铸造有限公司。105 国道经此。

后洼 370124-B02-H08

[Hòuwā]

在县驻地榆山街道东南方向 30.0 千米。孝直镇辖自然村。人口 1 100。因该处地势低洼，又因村庄大不便管理，故按方位分成三个村，此村为后洼。聚落呈散状。有文化活动中心 1 个、幼儿园 1 所。经济以种植玉米、土豆、大白菜为主。济菏高速经此。

大兴 370124-B02-H09

[Dàxīng]

在县驻地榆山街道南方向 24.0 千米。孝直镇辖自然村。人口 800。元朝末年，陈、李、黄三姓迁此，因此处占地面积广，又

是新建村庄，故名大新庄，后更名为大兴。聚落呈散状。有文化大院 1 个、农家书屋 1 个。经济以种植小麦、玉米、棉花为主。有公路经此。

柳滩 370124-B02-H10

[Liǔtān]

在县驻地榆山街道东南方向 30.0 千米。孝直镇辖自然村。人口 2 000。明洪武年间，董氏从山西洪洞县迁此立村，因村东南是一片长满柳树的沙滩，故名。聚落呈散状。有文化活动中心 1 个、图书室 1 个。村内有董氏祠堂。经济以粮食种植为主。有公路经此。

焦柳沟 370124-B02-H11

[Jiāoliǔgōu]

在县驻地榆山街道东南方向 30.0 千米。孝直镇辖自然村。人口 1 800。明洪武年间，焦氏迁此立村，因村临汇河岸边柳树多，自然沟多，故名焦家柳沟，后改为焦柳沟。聚落呈团块状。有农家书屋 1 个。经济以粮食种植为主。有公路经此。

黄楼 370124-B02-H12

[Huánglóu]

在县驻地榆山街道东南方向 30.0 千米。孝直镇辖自然村。人口 600。明万历年间，黄氏族人在此建楼，名黄家楼，后改为黄楼。聚落呈散状。有文化活动中心 1 个、幼儿园 1 所。经济以粮食种植为主。有公路经此。

南李庄 370124-B02-H13

[Nánlǐzhuāng]

在县驻地榆山街道东南方向 22.0 千米。孝直镇辖自然村。人口 1 400。明末为湖屯朱家佃户所居，因大管家姓李，故而得名李家庄，后演变为李庄。1980 年地名普查

时，更名为南李庄。聚落呈散状。有文化活动中心1个。经济以粮食种植为主。105国道、济菏高速延长线经此。

东张 370124-B02-H14
［Dōngzhuāng］

在县驻地榆山街道东南方向30.0千米。孝直镇辖自然村。人口1 300。原名张庄村，因张氏迁入，且人口众多，于清乾隆年间改为张家庄，后分为东、西二村，本村居东，遂为东张。聚落呈团块状。有文化活动中心1个、幼儿园1所。经济以粮食种植为主。有公路经此。

罗圈崖 370124-B02-H15
［Luóquānyá］

在县驻地榆山街道西南方向30.0千米。孝直镇辖自然村。人口300。因三面环山，聚落似罗圈相，故名。聚落呈带状。有图书室1个。有古迹平安寨。经济以粮食种植为主。有公路经此。

黄庄 370124-B02-H16
［Huángzhuāng］

在县驻地榆山街道南方向30.0千米。孝直镇辖自然村。人口1 000。因黄氏家族最早入住此村得名。聚落呈团块状。有农家书屋1个。经济以粮食种植为主。105国道经此。

孔村 370124-B03-H01
［Kǒngcūn］

孔村镇人民政府驻地。在县驻地榆山街道南方向12.6千米。人口2 800。据传，春秋时孔子曾在村西紫盖山上教书堂讲学，居住在此村中，故名孔子村，后称孔村。聚落呈团块状。有文化大院1个、农家书屋1个、小学1所、中学1所。经济以粮食种植为主。105国道经此。

合楼 370124-B03-H02
［Hélóu］

在县驻地榆山街道东南方向15.0千米。孔村镇辖自然村。人口1 400。明万历十二年（1584），马家庄、司家大院两村村民合伙并村居住，遂谓伙居楼，以示和睦相处之意，后演变为合楼。聚落呈团块状。有农家书屋1个、文化广场1个、中学1所。经济以种植小麦、玉米，畜牧养殖为主。有公路经此。

王小屯 370124-B03-H03
［Wángxiǎotún］

在县驻地榆山街道东南方向16.0千米。孔村镇辖自然村。人口600。清初王氏人丁兴旺，遂称王家屯，后演变为王家小屯。1980年地名普查时，更名为王小屯。聚落呈团块状。有农家书屋1个、文化广场1个。经济以种植小麦、玉米，畜牧养殖为主。有公路经此。

孔子山 370124-B03-H04
［Kǒngzǐshān］

在县驻地榆山街道南方向15.0千米。孔村镇辖自然村。人口800。因孔子山而得名。聚落呈带状。有农家书屋1个、文化广场1个。有县级文物保护单位孔子山杏坛遗响石碑。经济以种植小麦、玉米，畜牧养殖为主。105国道经此。

范皮 370124-B03-H05
［Fànpí］

在县驻地榆山街道东南方向17.0千米。孔村镇辖自然村。人口500。春秋时期，越国大夫范蠡曾隐居于此，后人立村，取名范蠡庄，又因范蠡自号鸱夷子皮，故又名范皮。聚落呈团块状。有农家书屋1个。经济以种植小麦、玉米，畜牧养殖为主。

有公路经此。

太平庄 370124-B03-H06
［Tàipíngzhuāng］

在县驻地榆山街道东南方向 15.4 千米。孔村镇辖自然村。人口 600。原名靳家围子，王翀宇战胜陶、牛二山的土匪之后，百姓过上太平日子，为念王翀宇恩德，故更村名为太平庄。聚落呈团块状。有农家书屋 1 个、文化广场 1 个。经济以种植小麦、玉米，畜牧养殖为主。有公路经此。

陈屯 370124-B03-H07
［Chéntún］

在县驻地榆山街道东南方向 20.0 千米。孔村镇辖自然村。人口 1 900。明洪武年间，陈祖迁此定居，随着陈姓人口的增多，取名陈家屯。明清时期兵家曾多次在此屯兵，改名为军屯。1918 年改称陈屯。聚落呈团块状。有农家书屋 1 个、文化广场 1 个、幼儿园 1 所。经济以种植小麦、玉米，畜牧养殖为主。有公路经此。

前转湾 370124-B03-H08
［Qiánzhuǎnwān］

在县驻地榆山街道东南方向 20.0 千米。孔村镇辖自然村。人口 1 100。因有一条环溪河从村西一直向东环绕村庄一周，从村东入江河，故名环溪村。清康熙年间，村庄北扩过溪，分前后二庄，该村居溪南，称前转湾。聚落呈团块状。有农家书屋 1 个、文化广场 1 个。有廉氏故居。经济以种植小麦、玉米，畜牧养殖为主。有公路经此。

李沟 370124-B03-H09
［Lǐgōu］

在县驻地榆山街道西南方向 20.0 千米。孔村镇辖自然村。人口 1 000。明洪武年间，李氏迁此立村，最初，借山沟掘洞为房居住，故名李沟。聚落呈散状。有农家书屋 1 个。经济以种植小麦、玉米，畜牧养殖为主。有公路经此。

胡坡 370124-B03-H10
［Húpō］

在县驻地榆山街道南方向 20.0 千米。孔村镇辖自然村。人口 1 000。明成化年间，胡氏迁榆山山坡立村，名村胡坡。聚落呈团块状。有文化广场 2 个、农家书屋 1 个、乡村大舞台 1 个。有熊善隆县长故居、熊氏祠堂。经济以种植小麦、玉米，畜牧养殖为主。有公路经此。

团山沟 370124-B03-H11
［Tuánshāngōu］

在县驻地榆山街道西南方向 23.0 千米。孔村镇辖自然村。人口 300。明朝初年，马氏迁居团山东沟掘洞，耕作生息，故名。聚落呈团块状。有文化大院 1 个、农家书屋 1 个。有县级历史文物保护单位团山遗址。经济以种植小麦、玉米，畜牧养殖为主。有公路经此。

高路桥 370124-B03-H12
［Gāolùqiáo］

在县驻地榆山街道西南方向 23.0 千米。孔村镇辖自然村。人口 200。明成化年间，高氏迁来此地立村，其家业兴旺，为方便村民出行，高氏出资修建石桥一座，称高路桥，以桥名村。聚落呈带状。有文化大院 1 个、农家书屋 1 个。有县级重点文物保护单位高路桥。经济以种植小麦、玉米，畜牧养殖为主。有公路经此。

黄坡 370124-B03-H13
［Huángpō］

在县驻地榆山街道南方向 20.0 千米。孔村镇辖自然村。人口 600。明洪武年间，黄氏迁此山坡上立村，名黄坡。聚落呈带状。有文化广场 1 个、农家书屋 1 个。经济以种植小麦、玉米，畜牧养殖为主。有公路经此。

王楼　370124-B03-H14
[Wánglóu]

在县驻地榆山街道西南方向 25.0 千米。孔村镇辖自然村。人口 300。明洪武年间，王氏迁此定居，人丁兴旺，名村为王楼。聚落呈团块状。有文化广场 1 个、农家书屋 1 个。有市级文物保护单位老县委旧址。经济以种植小麦、玉米，畜牧养殖为主。有公路经此。

北孙庄　370124-B03-H15
[Běisūnzhuāng]

在县驻地榆山街道南方向 13.9 千米。孔村镇辖自然村。人口 1 000。明洪武年间，孙氏迁此立村，取名孙家庄。又因与孝直镇的孙庄重名，本村在孝直镇孙庄的北边，为了好区别，故名北孙庄。聚落呈带状。有文化大院 1 个、农家书屋 1 个。农产芜菁、南瓜、苦瓜、芋头等。有种子基地、山东中链矿山机械有限公司、济南亿元塑业有限公司等企业。有济南市农业科技示范园、孔村镇中小企业孵化园。有公路经此。

西池　370124-B04-H01
[XīChí]

洪范池镇人民政府驻地。在县驻地榆山街道西南方向 26.0 千米。人口 300。因位于洪范池（龙池）以西，故名。聚落呈团块状。有文化广场 1 个、农家书屋 1 个。经济以种植业为主。有公路经此。

东池　370124-B04-H02
[Dōngchí]

在县驻地榆山街道西南方向 25.5 千米。

人口 500。因位于洪范池（龙池）东北，故名。聚落呈团块状。有农家书屋 1 个、文化广场 1 个。村内有汉墓。经济以种植业为主。有公路经此。

丁泉　370124-B04-H03
[Dīngquán]

在县驻地榆山街道西南方向 35.0 千米。洪范池镇辖自然村。人口 1 800。因二十四孝之一的"丁兰事亲"的故事发生在此地，故名丁泉。聚落呈带状。有文化广场 3 个。村中存有宋代石门、明代建筑康家林墓地门坊、县级文物保护单位明代李家大院。经济以种植业为主。有公路经此。

白雁泉　370124-B04-H04
[Báiyànquán]

在县驻地榆山街道西南方向 34.0 千米。洪范池镇辖自然村。人口 1 000。因白雁泉得名。聚落呈环状。有文化广场 1 个。有白雁泉、拔箭泉、牛阴泉、莲花池等泉。经济以种植业为主。有公路经此。

书院　370124-B04-H05
[Shūyuàn]

在县驻地榆山街道西南方向 32.0 千米。洪范池镇辖自然村。人口 500。因处东流泉畔，原有东流寺，隋唐时期改寺建学，1506 年兵部尚书苏佑赠匾额"东流书院"，故名。聚落呈环状。有农家书屋 1 个、文化广场 1 个。经济以种植业为主。有公路经此。

东峪南崖　370124-B04-H06
[DōngyùNányá]

在县驻地榆山街道西南方向 34.0 千米。洪范池镇辖自然村。人口 1 500。因地处扈山东山峪，扈泉东西大沟之南，故名东扈峪南崖，后简称东峪南崖。聚落呈散状。

有文化广场 2 个。有山东省文物保护单位东峪南崖建筑群。经济以种植业为主。有公路经此。

周河 370124-B04-H07

[Zhōuhé]

在县驻地榆山街道西南方向 31.0 千米。洪范池镇辖自然村。人口 1 900。因村内周氏人多，又居于狼溪河岸，遂名周家河庄，后简称周河。聚落呈带状。有农家书屋 1 个、文化广场 1 个、小学 1 所。经济以种植业为主。有公路经此。

长尾崖 370124-B04-H08

[Chángwěiyá]

在县驻地榆山街道西南方向 32.0 千米。洪范池镇辖自然村。人口 300。古人安居后，因需去沟底取水，便修筑了一条极似动物尾巴的长长的大石崖子，故名。聚落呈团块状。有农家书屋 1 个、文化广场 1 个、幼儿园 1 所。有天主堂。经济以种植业为主。有公路经此。

李山头 370124-B04-H09

[Lǐshāntóu]

在县驻地榆山街道西南方向 38.0 千米。洪范池镇辖自然村。人口 600。李氏迁此建村，取名李庄。民国初年改名为李山头。聚落呈散状。有农家书屋 1 个、文化广场 1 个。经济以种植业为主。有公路经此。

焦庄 370124-B05-H01

[Jiāozhuāng]

玫瑰镇人民政府驻地。在县驻地榆山街道西南方向 7.0 千米。人口 700。以姓氏命名。聚落呈环状。有文化广场 1 个、幼儿园 1 所、小学 1 所。有市级文物保护单位刘氏新茔坊。经济以种植业为主。220 国道经此。

夏沟 370124-B05-H02

[Xiàgōu]

在县驻地榆山街道西南方向 8.0 千米。玫瑰镇辖自然村。人口 1 000。明洪武年间夏氏迁此，住在沟里，故名夏沟。聚落呈带状。有文化大院 1 个、农家书屋 1 个、幼儿园 1 所、小学 1 所、中学 1 所。经济以种植业为主，建有平阴玫瑰园，商贸发达，夏沟大集是鲁南重要的骡马交易市场。有公路经此。

西胡庄 370124-B05-H03

[Xīhúzhuāng]

在县驻地榆山街道西南方向 10.0 千米。玫瑰镇辖自然村。人口 1 100。胡氏迁此立村，取村名胡家庄。后因重名，又在东胡庄西面，更名为西胡庄。聚落呈团块状。有农家书屋 1 个、文化广场 1 个。庄南有名胜古迹翠屏山、左家家族石碑一块。经济以种植业为主。有公路经此。

刁山坡 370124-B05-H04

[Diāoshānpō]

在县驻地榆山街道西方向 10.0 千米。玫瑰镇辖自然村。人口 1 400。据传，明万历年间立村，原名小米庄。因与村南大吉庄相邻，为避吉（鸡）吃米之嫌，改称刁山坡。聚落呈团块状。有农家书屋 1 个、文化广场 1 个、幼儿园 1 所、小学 1 所。经济以种植业为主。有公路经此。

大吉庄 370124-B05-H05

[Dàjízhuāng]

在县驻地榆山街道西方向 10.0 千米。玫瑰镇辖自然村。人口 3 000。明洪武年间立村，因村民多姓高，原名高家庄。清乾隆年间，以大吉祥嘉言改名吉庄。1980 年，因人口众多更名为大吉庄。聚落呈团块状。

有农家书屋 1 个、文化广场 2 个。有云台山吕祖祠、青龙山大圣庙、高家祠堂、马家祠堂等名胜古迹。经济以种植业、旅游业为主。有公路经此。

孔集 370124-B05-H06

[Kǒngjí]

在县驻地榆山街道西南方向 12.0 千米。玫瑰镇辖自然村。人口 2 200。因村民多姓孔，并有集市，故名。聚落呈带状。有文化大院 1 个。有孔家庙、刘家庙、三官庙等古迹。经济以种植业为主。有公路经此。

东豆山 370124-B05-H07

[Dōngdòushān]

在县驻地榆山街道西南方向 15.0 千米。玫瑰镇辖自然村。人口 1 100。因地处窦山东侧，故名东窦山，后演变为东豆山。聚落呈带状。有农家书屋 1 个。有关帝庙。经济以种植业为主。有公路经此。

南石硖 370124-B05-H08

[Nánshíxiá]

在县驻地榆山街道西南方向 6.0 千米。玫瑰镇辖自然村。人口 800。因地处石硖沟之南，故名。聚落呈团块状。有文化广场 1 个、幼儿园 1 所。有县级文物保护单位南石硖遗址。经济以种植业为主。有公路经此。

王镐店 370124-B05-H09

[Wánggǎodiàn]

在县驻地榆山街道西南方向 8.0 千米。玫瑰镇辖自然村。人口 700。明洪武年间，村民王镐在此开店，有一顾客路过住店，走时遗忘元宝三枚。次年该顾客重宿此店，询及此事，王镐遂将遗银全部奉还。客不胜感激，便赠一匾额，题曰："拾金不昧之王镐店"，村名遂为王镐店。聚落呈带状。有农家书屋 1 个、文化广场 1 个。经济以

种植业、畜牧养殖业为主。有公路经此。

丁口 370124-B05-H10

[Dīngkǒu]

在县驻地榆山街道西南方向 12.0 千米。玫瑰镇辖自然村。人口 1 500。明万历年间，丁氏家族迁此，因地处古济水岸边渡口处，故名。聚落呈带状。有农家书屋 1 个。有古建筑丁氏祠堂。经济以种植业、畜牧养殖业、旅游业为主。有公路经此。

刘店 370124-B05-H11

[Liúdiàn]

在县驻地榆山街道西南方向 10.0 千米。玫瑰镇辖自然村。人口 1 000。元朝中期刘氏迁此，以开店为业，故名刘店。聚落呈散状。有文化活动中心 1 个、文化广场 1 个。有老旧物件陈列室、村级发展荣誉陈列室。经济以种植业为主。220 国道经此。

郭套 370124-B05-H12

[Guōtào]

在县驻地榆山街道西南方向 8.0 千米。玫瑰镇辖自然村。人口 1 400。明永乐年间，郭氏自山东诸城迁入，因村在山套前沿，故名郭家套，简称郭套。聚落呈带状。有农家书屋 1 个。经济以种植业为主。青兰高速、220 国道经此。

老张庄 370124-B05-H13

[Lǎozhāngzhuāng]

在县驻地榆山街道西南方向 8.0 千米。玫瑰镇辖自然村。人口 800。明洪武年间，张氏迁此定居，取名张家庄。1980 年地名普查时，更名为老张庄。聚落呈环状。有文化广场 1 个、党员活动中心 1 个。有县级文物保护单位朱家台。经济以种植业为主。有公路经此。

野仙沟 370124-B05-H14
［Yěxiāngōu］

在县驻地榆山街道西南方向6.5千米。玫瑰镇辖自然村。人口700。相传，村南深沟内有一个洞，洞内有一只野猫修炼成仙，所以取名野仙沟。聚落呈团块状。有文化广场1个。经济以种植业为主。有公路经此。

安城 370124-B06-H01
［Ānchéng］

安城镇人民政府驻地。在县驻地榆山街道东方向5.0千米。人口2 200。因此处是汉代济北国旧址和北安县故城所在地，故名。聚落呈散状。有文化大院1个、农家书屋1个。有市级重点文物保护单位北安故城遗址，有清安寺、守志碑楼、通衢桥等古迹。经济以种植业为主，产胡萝卜、大葱、香菜、酸莓、红苕等，有元首针织、鲁辰重工、汉岳燃气等企业。济菏高速、220国道、105国道经此。

南圣井 370124-B06-H02
［Nánshèngjǐng］

在县驻地榆山街道东方向5.0千米。安城镇辖自然村。人口600。清雍正三年（1725），高氏自河北省保定府迁此立村，见旧村址只剩下一口井，又因当时建石屋住下，故名高家石屋。后又有其他姓氏村民迁入，村分为南、北二村，本村居南，故名南圣井。聚落呈带状。有农家书屋1个、文化广场1个。经济以种植业、畜牧养殖为主。有企业福胶集团。济菏高速、105国道经此。

林洼 370124-B06-H03
［Línwā］

在县驻地榆山街道东方向10.0千米。安城镇辖自然村。人口300。据传，明末建村时，这里山高林密，杂草丛生，是天然的牧场，中部地带有饮马坑，村民们便在山下低洼平坦的草地上定居，取名岭凹，后演为凌家洼，再后变为林洼。聚落呈团块状。有农家书屋1个、文化广场1个。经济以种植业为主。有公路经此。

大官庄 370124-B06-H04
［Dàguānzhuāng］

在县驻地榆山街道东方向13.0千米。安城镇辖自然村。人口1 700。因村南是凤凰山，故取名叫落凤岭。后因陈姓家族繁盛改为陈官庄。清光绪年间改为前官庄，又因钱姓出了诰授奉政大夫，命名为钱家官庄，后改为大官庄。聚落呈团块状。有农家书屋1个、文化广场1个、幼儿园1所。经济以种植业为主，有济南天源伟业模板有限公司。有公路经此。

三皇殿 370124-B06-H05
［Sānhuángdiàn］

在县驻地榆山街道东北方向12.0千米。安城镇辖自然村。人口1 400。因村内建有三皇庙，故名三皇殿。聚落呈团块状。有农家书屋1个、文化广场1个、幼儿园1所。经济以种植业为主。有公路经此。

兴隆镇 370124-B06-H06
［Xīnglóngzhèn］

在县驻地榆山街道东北方向18.0千米。安城镇辖自然村。人口900。明洪武年间立村，取兴隆旺盛之意。聚落呈团块状。有农家书屋1个、文化广场1个。有平阴县第一个党支部旧址。经济以种植、畜牧养殖为主。有公路经此。

柳河圈 370124-B06-H07
［Liǔhéquān］

在县驻地榆山街道东北方向14.0千米。

安城镇辖自然村。人口 900。据传，明洪武年间建村，因黄河沿村周围绕半圈而过，且村外河滩上长满了柳树，故名。聚落呈带状。有农家书屋 1 个、文化广场 1 个。经济以种植业为主。有公路经此。

东张营 370124-B06-H08
［Dōngzhāngyíng］

在县驻地榆山街道东方向 11.0 千米。安城镇辖自然村。人口 1 700。据传，明洪武年间立村，原址在黄河沿岸，后因躲避黄河水害，迁至西张营以东落居，故改称东张营。聚落呈带状。有农家书屋 1 个、文化广场 1 个。经济以种植粮食、蔬菜为主。有公路经此。

西张营 370124-B06-H09
［Xīzhāngyíng］

在县驻地榆山街道东方向 12.0 千米。安城镇辖自然村。人口 800。明万历年间，张氏迁此立村，因村旁的玉皇山上曾经驻扎过军营，得名张营。又因地处玉皇山西侧，后又名西张营。聚落呈团块状。有农家书屋 1 个、文化广场 1 个。经济以种植粮食、蔬菜为主。有公路经此。

近镇 370124-B06-H10
［Jìn zhèn］

在县驻地榆山街道东方向 11.0 千米。安城镇辖自然村。人口 1 300。原名靳珍村，后因该村邻近黄河渡口，是远近闻名的村镇，上下船的人们吃饭住宿都很方便，故改名为近镇。聚落呈散状。有农家书屋 1 个、文化广场 1 个。经济以粮食种植、畜牧养殖为主。有公路经此。

望口山 370124-B06-H11
［Wàngkǒushān］

在县驻地榆山街道东北方向 7.5 千米。

安城镇辖自然村。人口 1 800。明永乐年间，居民迁此建村，原名冯家小庄，后因地处望狗山山坡处，遂改称望狗山。1912 年以后，又因村外是河渡口，依山傍水，故又得名望口山。聚落呈团块状。有农家书屋 1 个、文化广场 1 个。经济以种植业为主。有公路经此。

东平洛 370124-B06-H12
［Dōngpíngluò］

在县驻地榆山街道东北方向 3.0 千米。安城镇辖自然村。人口 2 100。因村西有龙骨庙，村民常在此烧香求雨，庇佑平安，故以吉祥嘉言改称平安地落。后村址扩大，又以庙碑为界，分成东、西二村，本村居东，得名东平地落，后演变为东平洛。聚落呈团块状。有农家书屋 1 个、文化广场 1 个。经济以种植业为主。220 国道经此。

西土寨 370124-B06-H13
［Xītǔzhài］

在县驻地榆山街道东方向 2.0 千米。安城镇辖自然村。人口 800。相传，汉代建村，因这里是通往北安故城的唯一通道，用土石筑寨，以小河为界，分东、西两寨，本村居河西，遂名西土寨。聚落呈团块状。有农家书屋 1 个、文化广场 1 个。经济以种植业为主。有公路经此。

东土寨 370124-B06-H14
［Dōngtǔzhài］

在县驻地榆山街道东方向 2.5 千米。安城镇辖自然村。人口 400。相传，汉代建村，村西是通往北安故城的一条大道，用土石筑寨，以小河为界，分东、西两寨，该村居河东，故名东土寨。聚落呈散状。有农家书屋 1 个、文化广场 1 个。有市级非物质文化遗产民罐子灯制作技艺。经济以种植业为主。有公路经此。

济阳县

城市居民点

济北花园小区 370125-I01

[Jìběi Huāyuán Xiǎoqū]

在县城西部。人口3 000。总面积0.1公顷。该小区内的环境如花园一般，故名。1997年始建，2002年正式使用。建筑总面积150 000平方米，住宅楼38栋，其中高层1栋、多层37栋，现代建筑风格。绿地面积6 000平方米，有超市、诊所等配套设施。通公交车。

华鑫现代城 370125-I02

[Huáxīn Xiàndài Chéng]

在县城东南部。人口3 600。总面积11.3公顷。取现代时尚、聚金发财之意命名。2006年始建，2007年正式使用。建筑总面积180 000平方米，住宅楼48栋，其中高层5栋、多层43栋，现代建筑风格。绿化率35.1%，有幼儿园、便民超市、卫生所等配套设施。通公交车。

三发舜鑫苑 370125-I03

[Sānfā Shùnxīn Yuàn]

在县城西部。人口3 500。总面积10.0公顷。以财源广进、事事顺心、繁荣昌盛之意命名。1996年始建，1998年正式使用。建筑总面积170 000平方米，住宅楼40栋，其中高层3栋、多层37栋，现代建筑风格。绿化率22%，有中心广场等配套设施。通公交车。

银都花园 370125-I04

[Yíndōu Huāyuán]

在县城西南部。人口2 100。总面积6.8公顷。由济南银都房地产开发有限公司开发建设，故名。2009年始建，2012年正式使用。建筑总面积170 509平方米，小高层住宅楼9栋，现代建筑风格。绿地面积5 000平方米，有幼儿园、便民超市、卫生所等配套设施。通公交车。

大明胜景 370125-I05

[Dàmíngshèngjǐng]

在县城西南部。人口2 100。总面积6.8公顷。因西临山东大明胜开置业有限公司得名。2010年始建，2014年正式使用。建筑总面积170 500平方米，小高层住宅楼6栋，现代建筑风格。绿地面积7 500平方米，有幼儿园、便民超市、卫生所等配套设施。通公共汽车。

腾麒骏安小区 370125-I06

[Téngqí Jùn'ān Xiǎoqū]

在县城北部。人口1 500。总面积4.8公顷。以希望每位业主都像奔驰的骏马一样事业蒸蒸日上，家庭和美幸福之意命名。2007年始建，2009年正式使用。建筑总面积106 677平方米，住宅楼17栋，其中高层3栋、多层14栋，现代建筑风格。绿化率25%，有幼儿园等配套设施。通公交车。

福康小区 370125-I07

[Fúkāng Xiǎoqū]

在县城东南部。人口1 000。总面积0.5公顷。以希望居住者福寿安康命名。2003年始建，2006年正式使用。建筑总面积20 000平方米，多层住宅10栋，现代建筑风格。绿地面积450平方米，有小学、幼儿园、诊所、超市、粮店、健身器材等配套设施。通公交车。

雅居园小区 370125-I08
[Yǎjūyuán Xiǎoqū]

在县城南部。人口 7 000。总面积 16.9 公顷。寓意居住者高雅，故名。1996 年始建，1998 年正式使用。建筑总面积 330 000 平方米，住宅楼 46 栋，其中高层 43 栋、多层 3 栋，现代建筑风格。绿地面积 56925 平方米，有超市、诊所等配套设施。通公交车。

三吉花园 370125-I09
[Sānjí Huāyuán]

在县城南部。人口 1 000。总面积 1.7 公顷。寓意居住者吉祥如意，故名。2008 年始建，2014 年正式使用。建筑总面积 39 324 平方米，住宅楼 4 栋，其中高层 1 栋、多层 3 栋，现代建筑风格。绿化率 35%，有超市、诊所等配套设施。通公交车。

金色家园 370125-I10
[Jīnsè Jiāyuán]

在县城南部。人口 300。总面积 0.6 公顷。因该小区位于金家村边，希望为居民提供一个舒适的居住环境，故名。2010 年始建，2011 年正式使用。建筑总面积 10 608.3 平方米，多层住宅楼 2 栋，现代建筑风格。绿地面积 170 平方米，有超市、诊所等配套设施。通公交车。

三庆阳光花园 370125-I11
[Sānqìng Yángguāng Huāyuán]

在县城东南部。人口 1 500。总面积 2.3 公顷。以遵循人与环境和谐共存的理念命名。2007 年始建，2013 年正式使用。建筑总面积 40 000 平方米，小高层住宅楼 9 栋，现代建筑风格。绿地面积 4 800 平方米，有超市、诊所等配套设施。不通公交车。

康瑞悦府小区 370125-I12
[Kāngruìyuèfǔ Xiǎoqū]

在县城东南部。人口 600。总面积 0.4 公顷。以希望居住者健康和谐之意命名。2012 年始建，2014 年正式使用。建筑总面积 19 053.35 平方米，住宅楼 7 栋，其中高层 1 栋、多层 6 栋，现代建筑风格。绿化率 40%，有超市、诊所等配套设施。通公交车。

富锦文苑 370125-I13
[Fùjǐn Wényuàn]

在县城北部。人口 1 200。总面积 5.0 公顷。以希望城区居民生活"富"足、"锦"上添花之意命名。2006 年始建，2007 年正式建成。建筑面积 50 000 平方米，多层住宅楼 12 栋，欧式建筑风格。绿化率 33%，有喷泉、休闲广场、老年日间照料中心等配套设施。通公交车。

农村居民点

池家 370125-A01-H01
[Chíjiā]

在县驻地济北街道西南方向 4.0 千米。济北街道辖自然村。人口 200。原名为小时家，后不知什么原因改为现在的池家。聚落呈团块状分布。有农家书屋 1 个、幼儿园 1 所。经济以大棚种植为主，产西红柿。有公路经此。

王荣 370125-A01-H02
[Wángróng]

在县驻地济北街道南方向 3.0 千米。济北街道辖自然村。人口 600。据传有一编鸡笼的王姓老人来到此地落户，名王龙，后更名为王荣。聚落呈团块状分布。经济以种植业为主，产无公害蔬菜。有公路经此。

丁刘 370125-A01-H03

[Dīngliú]

在县驻地济北街道西南方向1.1千米。济北街道辖自然村。人口300。明洪武年间建村，因该村有一丁姓大户人家，故名丁家庙。后丁家庙与小刘村合并，称丁刘。聚落呈团块状分布。经济以林果种植业为主，产苹果、桃。有公路经此。

后牛 370125-A01-H04

[Hòuniú]

在县驻地济北街道西南方向4.0千米。济北街道辖自然村。人口200。新中国成立前，该村和前牛村中间有一小村，三个村合称牛家庙，后改名后牛。聚落呈团块状分布。有农家书屋1个。经济以种植业为主，产玉米、小麦、西红柿。有公路经此。

菅家 370125-A01-H05

[Jiānjiā]

在县驻地济北街道西方向4.0千米。济北街道辖自然村。人口1 300。以姓氏命名。聚落呈团块状分布。经济以蔬菜大棚种植为主。有公路经此。

南邢 370125-A01-H06

[Nánxíng]

在县驻地济北街道西方向4.0千米。济北街道辖自然村。人口200。邢姓人民迁居此地，故名邢家，后更名为南邢。聚落呈团块状分布。经济以种植业为主，产玉米、小麦，另有运输业、建筑业、餐饮业等。有公路经此。

王奎楼 370125-A01-H07

[Wángkuílóu]

在县驻地济北街道西南方向2.0千米。济北街道辖自然村。人口200。因村民王奎家中有一小楼，路人问"谁楼"，答"王奎之楼"，久而久之，村名演变为王奎楼。聚落呈团块状分布。有运输业、养殖业等。220国道经此。

西八里 370125-A01-H08

[Xībālǐ]

在县驻地济北街道西方向4.0千米。济北街道辖自然村。人口800。因为最初的村址距老济阳城西门八里路，因此取名西八里。聚落呈团块状分布。经济以种植业、运输业等为主。有公路经此。

八里庄 370125-A02-H01

[Bālǐ Zhuāng]

在县驻地济北街道北方向3.3千米。济阳街道辖自然村。人口1 000。因该村距县衙大堂八里路，故名。聚落呈团块状分布。经济以小麦、玉米和水稻种植为主，有升降台制造企业。有公路经此。

高楼 370125-A02-H02

[Gāolóu]

在县驻地济北街道东北方向7.7千米。济阳街道辖自然村。人口700。因高氏盖了九十九座楼，故名。聚落呈团块状分布。经济以农业种植为主，产水稻、小麦，为"黄河大米"产区之一。有公路经此。

徐庙 370125-A02-H03

[Xúmiào]

在县驻地济北街道西南方向3.1千米。济阳街道辖自然村。人口300。明朝初期，徐氏先人迁居至此，取名徐庙。聚落呈团块状分布。经济以农业种植为主。有公路经此。

马家 370125-A02-H04

[Mǎjiā]

在县驻地济北街道北方向 10.4 千米。济阳街道辖自然村。人口 300。该村村民自河北枣强县迁入此地落户，村最初名高附寨，后更名为马家。聚落呈团块状分布。经济以运输、建筑、稻谷加工等为主。有公路经此。

白衣店 370125-A02-H05

[Báiyīdiàn]

在县驻地济北街道北方向 10.6 千米。济阳街道辖自然村。人口 600。因家庭庙中有一个白衣奶奶塑像，故原村名为白衣殿，后人改为白衣店。聚落呈团块状分布。经济以种植小麦、水稻、玉米为主。有公路经此。

肖家 370125-A02-H06

[Xiāojiā]

在县驻地济北街道北方向 8.8 千米。济阳街道辖自然村。人口 200。以姓氏命名。聚落呈团块状分布。经济以种植业和养殖业为主，产小麦、花生、玉米。有公路经此。

后三里 370125-A02-H07

[Hòusānlǐ]

在县驻地济北街道南方向 2.5 千米。济阳街道辖自然村。人口 200。因该村距城里南关帝庙三里地，故名三里庙，后又改为后三里。聚落呈团块状分布。农产小麦、玉米、花生、大豆，有运输、建筑、畜牧养殖等产业。有公路经此。

陈朝 370125-A02-H08

[Chéncháo]

在县驻地济北街道南方向 2.5 千米。济阳街道辖自然村。人口 200。明永乐年间，陈、明、李、曹、徐、王等姓氏人家迁此落户，因陈姓家中有一人在朝中为高官，故名陈朝。聚落呈团块状分布。经济以种植业和养殖业为主，产小麦、花生、玉米。有公路经此。

垛石桥 370125-B01-H01

[Duǒshíqiáo]

垛石镇人民政府驻地。在县驻地济北街道西北方向 11.5 千米。人口 1 300。因用石头在徒骇河上垛起一座石桥，故名。聚落呈团块状分布。经济以种植小麦、玉米、大棚蔬菜为主。有公路经此。

玉皇庙 370125-B01-H02

[Yùhuángmiào]

在县驻地济北街道北方向 13.0 千米。垛石镇辖自然村。人口 1 200。因村内庙中有玉皇大帝泥塑像，故名玉皇庙。聚落呈团块状分布。经济以种植业为主，产小麦、玉米、番茄。有公路经此。

布家 370125-B01-H03

[Bùjiā]

在县驻地济北街道西北方向 8.1 千米。垛石镇辖自然村。人口 300。因村民以纺织布为生，故名。聚落呈团块状分布。经济以种植业为主，产小麦、玉米、番茄。有公路经此。

东崔 370125-B01-H04

[Dōngcuī]

在县驻地济北街道东北方向 12.0 千米。垛石镇辖自然村。人口 500。因崔姓人家向东迁居，故名。聚落呈团块状分布。经济以种植业为主，产小麦、玉米、蔬菜。有公路经此。

方家 370125-B01-H05

［Fāngjiā］

在县驻地济北街道西北方向 6.3 千米。垛石镇辖自然村。人口 500。以姓氏命名。聚落呈团块状分布。经济以种植业为主，产小麦、玉米、番茄。有公路经此。

冯家 370125-B01-H06

［Féngjiā］

在县驻地济北街道西北方向 8.6 千米。垛石镇辖自然村。人口 600。以姓氏命名。聚落呈团块状分布。经济以种植业为主，产小麦、玉米、番茄。有公路经此。

后王 370125-B01-H07

［Hòuwáng］

在县驻地济北街道西北方向 6.8 千米。垛石镇辖自然村。人口 600。明洪武年间，王氏先人王秋迁此落户，因有前王村，故此处名后王。聚落呈团块状分布。经济以种植业为主，产小麦、玉米、番茄。有公路经此。

刘安然 370125-B01-H08

［Liúānrán］

在县驻地济北街道西北方向 5.7 千米。垛石镇辖自然村。人口 300。因最初是一个叫刘安然的人在此包下大片土地居住下来，故名。聚落呈团块状分布。经济以种植业为主，产小麦、玉米、番茄。有公路经此。

颜家 370125-B01-H09

［Yánjiā］

在县驻地济北街道西北方向 7.2 千米。垛石镇辖自然村。人口 400。以姓氏命名。聚落呈团块状分布。经济以种植业为主，产小麦、玉米、番茄。有公路经此。

西街 370125-B02-H01

［Xījiē］

孙耿镇人民政府驻地。在县驻地济北街道西南方向 19.6 千米。人口 900。明永乐年间，河北枣强县移民迁居此地，随着人口增加，根据地理方位划分为四个村，该村居西，故名。聚落呈团块状分布。有文化站 1 个、文化大院 1 个、幼儿园 1 个。经济以种植小麦、玉米、蔬菜等为主，另有餐饮业、批发零售业。104 国道经此。

辛集 370125-B02-H02

［Xīnjí］

在县驻地济北街道西南方向 18.3 千米。孙耿镇辖自然村。人口 1 300。据传，明永乐年间，先人由江南合肥县三元井迁来此地，以新的集市之意取村名为新集，后人错写"新"为"辛"，村名演变为辛集。聚落呈团块状分布。经济以种植业、畜牧业、建筑业为主，主产小麦、羊肉、羊毛、建材。104 国道经此。

花家 370125-B02-H03

［Huājiā］

在县驻地济北街道西南方向 16.1 千米。孙耿镇辖自然村。人口 400。以姓氏命名。聚落呈团块状分布。经济以种植、运输为主，产小麦、玉米、苹果。有公路经此。

西肖 370125-B02-H04

［Xīxiāo］

在县驻地济北街道西南方向 18.2 千米。孙耿镇辖自然村。人口 600。以姓氏命名。聚落呈团块状分布。经济以种植、建筑、运输为主，产小麦、生菜、黄瓜、建材等。104 国道经此。

油坊 370125-B02-H05
［Yóufáng］

在县驻地济北街道西南方向 17.7 千米。孙耿镇辖自然村。人口 500。据传，该村先祖于明永乐年间由河北省枣强迁来此地建村，村民以榨油为生，村得名油坊。聚落呈团块状分布。经济以种植业为主，产小麦、玉米、棉花。104 国道经此。

张沟 370125-B02-H06
［Zhānggōu］

在县驻地济北街道西南方向 17.8 千米。孙耿镇辖自然村。人口 600。据传，该村村民在明朝永乐年间自河北枣强县迁来，因张姓居多，且村南有一条沟，故名。聚落呈团块状分布。村内有一古冢。经济以种植业、畜牧业为主。104 国道经此。

北街 370125-B02-H07
［Běijiē］

在县驻地济北街道西南方向 16.8 千米。孙耿镇辖自然村。人口 500。据地理位置、区域方位命名，该村因位于镇政府驻地北面，故名北街。聚落呈团块状分布。经济以种植业、批发与零售业为主。有公路经此。

义和 370125-B02-H08
［Yìhé］

在县驻地济北街道西南方向 16.5 千米。孙耿镇辖自然村。人口 1 100。原孙耿街分为 5 个自然村，即东街、南街、西街、北街和义和，1958 年成立人民公社后，东街和原义和村合并为义和村。聚落呈团块状分布。经济以种植业为主，产小麦、玉米、棉花。有公路经此。

黄家 370125-B02-H09
［Huángjiā］

在县驻地济北街道西南方向 15.4 千米。孙耿镇辖自然村。人口 300。以姓氏命名。聚落呈团块状分布。经济以种植业为主，产小麦、玉米、棉花。有公路经此。

闻韶街 370125-B03-H01
［Wénshàojiē］

曲堤镇人民政府驻地。在县驻地济北街道东北方向 16.9 千米。人口 2 000。以孔子闻《韶》的典故命名。聚落呈团块状。有中学 1 所。经济以百货、餐饮为主。有公路经此。

窦家 370125-B03-H02
［Dòujiā］

在县驻地济北街道东北方向 19.5 千米。曲堤镇辖自然村。人口 100。初以姓氏命名。1956 年农业合作社阶段，窦家村与苏家村合为一个村，称为苏窦村。1985 年与苏家村又分为两个村，仍用原村名。农业主产小麦、玉米、蔬菜，有构件厂、模具厂、电熔耐火材料厂、缫丝厂等企业。248 省道经此。

东街 370125-B03-H03
［Dōngjiēcūn］

在县驻地济北街道东北方向 15.6 千米。曲堤镇辖自然村。人口 1 500。因地理位置得名。聚落呈团块状分布。经济以种植玉米、大豆、小麦为主。有公路经此。

沙李 370125-B03-H04
［Shālǐ］

在县驻地济北街道东南方向 12.8 千米。曲堤镇辖自然村。人口 1 300。明永乐年间，王氏先人迁来此地，以姓氏取名大王。后来黄河决口，河水在村南循环淤积，逐渐形成一个沙窝堆，且王氏渐衰，故称沙窝。因李氏家族逐渐兴盛发达，即改名为沙窝李，后改为沙李。聚落呈团块状分布。经济以种植业为主，产小麦、玉米、黄瓜。有公路经此。

王义寨 370125-B03-H05
[Wángyìzhài]

在县驻地济北街道东南方向 13.3 千米。曲堤镇辖自然村。人口 700。以聚义为王之意，取名王义寨。聚落呈团块状分布。经济以种植业为主，产小麦、玉米、黄瓜。有公路经此。

大直河 370125-B03-H06
[Dàzhíhé]

在县驻地济北街道东南方向 14.0 千米。曲堤镇辖自然村。人口 500。明朝初年，该村先民迁居此地，因村南的河道较直，且相对村边另一条小河而言比较大，故名大直河。聚落呈团块状分布。有民间艺术梆子剧、龙灯。经济以种植业为主。有公路经此。

刘偕 370125-B03-H07
[Liúxié]

在县驻地济北街道东南方向 15.6 千米。曲堤镇辖自然村。人口 700。明朝末年，刘氏先人刘明顺迁来此地，以长子刘偕的名字取名刘偕。聚落呈团块状分布。经济以种植业为主，产小麦、玉米、黄瓜。有公路经此。

景家 370125-B03-H08
[Jǐngjiā]

在县驻地济北街道东南方向 14.2 千米。曲堤镇辖自然村。人口 200。以姓氏取名。聚落呈团块状分布。经济以种植业为主，产小麦、玉米、黄瓜。有公路经此。

白家 370125-B03-H09
[Báijiā]

在县驻地济北街道东南方向 15.5 千米。曲堤镇辖自然村。人口 300。以姓氏命名。聚落呈团块状分布。经济以种植业为主，产小麦、玉米、黄瓜。有公路经此。

阎家 370125-B03-H10
[Yánjiā]

在县驻地济北街道东北方向 20.3 千米。曲堤镇辖自然村。人口 300。以姓氏命名。聚落呈团块状分布。经济以种植业为主，产小麦、玉米。有公路经此。

胡家 370125-B03-H11
[Hújiā]

在县驻地济北街道东北方向 16.7 千米。曲堤镇辖自然村。人口 600。以姓氏命名。聚落呈团块状分布。经济以种植业为主，产小麦、玉米、黄瓜。有公路经此。

西街 370125-B04-H01
[Xījiē]

仁风镇人民政府驻地。在县驻地济北街道东北方向 26.7 千米。人口 1 100。因位于镇政府驻地之西，故名西街。聚落呈团块状分布。有文化大院 1 个、小学 1 所、幼儿园 1 所。经济以种植为主，盛产富硒小兰西瓜。有公路经此。

路家 370125-B04-H02
[Lùjiā]

在县驻地济北街道东北方向 28.5 千米。仁风镇辖自然村。人口 700。以姓氏命名。聚落呈团块状。经济以种植小麦、玉米、棉花、西瓜、蔬菜、苗木为主。220 国道经此。

东升 370125-B04-H03
［Dōngshēng］

在县驻地济北街道东北方向 16.8 千米。仁风镇辖自然村。人口 100。该村为新建村。此地原为仁风供销社和社办工业的农场，因地处仁风镇东部，以太阳从东方升起意，取名东升。聚落呈团块状分布。有棉花加工企业。有公路经此。

前岳 370125-B04-H04
［Qiányuè］

在县驻地济北街道东北方向 25.1 千米。仁风镇辖自然村。人口 400。因岳姓迁来该村较早，初名岳家。后因黄河决口，村庄被淹没，洪水过后迁往现址，分为两部分建村。该村为南半部，称前岳。聚落呈团块状分布。经济以种植业为主，产小麦、玉米。有公路经此。

中张 370125-B04-H05
［Zhōngzhāng］

在县驻地济北街道东北方向 29.0 千米。仁风镇辖自然村。人口 400。原名张家，后以村内池塘为界，分为东、中、西三部分，该村在中部，故名中张。聚落呈团块状分布。经济以种植业为主，产小麦、玉米、棉花，发展奶牛养殖业。有公路经此。

大牛李 370125-B04-H06
［Dàniúlǐ］

在县驻地济北街道东北方向 24.4 千米。仁风镇辖自然村。人口 500。明洪武年间，李氏先人李赞、李富兄弟二人迁居此地，李氏家族人丁兴旺，日渐富裕，并养有大牛一头，遂名大牛李。聚落呈团块状分布。主产圈椅。有公路经此。

北街 370125-B04-H07
［Běijiēcūn］

在县驻地济北街道东北方向 26.7 千米。仁风镇辖自然村。人口 1 000。因一直在镇政府驻地之北，故名北街。聚落呈团块状分布。经济以工副业为主，有运输业、建筑业、加工业等产业。有公路经此。

大里 370125-B04-H08
［Dàlǐ］

在县驻地济北街道东北方向 27.3 千米。仁风镇辖自然村。人口 1 200。以姓氏取名大李庄，后改称大里。聚落呈团块状分布。经济以轧钢、制鞋等为主。有公路经此。

官庄 370125-B04-H09
［Guānzhuāng］

在县驻地济北街道东北方向 31.0 千米。仁风镇辖自然村。人口 600。因曾有官员在当地工作，故名。聚落呈团块状分布。经济以种植小麦、玉米为主。有公路经此。

楞子陈 370125-B04-H10
［Léngzichén］

在县驻地济北街道东北方向 30.5 千米。仁风镇辖自然村。人口 1 100。初以姓氏取名陈家村，后因该村村民常与土匪搏斗，人们传颂陈家村的人真楞，称村为楞子陈。聚落呈团块状分布。经济以油棉加工为主。有公路经此。

北街 370125-B05-H01
［Běijiē］

回河镇人民政府驻地。在县驻地济北街道西南方向 10.0 千米。人口 200。明洪武年间，河北枣强县移民迁居此地，随着人口增加，根据地理方位划分为四村，以镇政府为参照，该村名北街。经济以种植玉米、小麦为主，有米面加工厂、造箱厂等企业。国道 220 经此。

回河西街 370125-B05-H02

[Huíhé xījiē]

在县驻地济北街道南方向 7.7 千米。回河镇辖自然村。人口 1 000。明朝末年，根据地理方位划分为四村，该村位于西边，名回河西街。聚落呈团块状分布。有文化大院 1 个、小学 1 所、幼儿园 1 所。经济以种植小麦、玉米、棉花为主。有公路经此。

干鱼陈 370125-B05-H03

[Gānyúchén]

在县驻地济北街道南方向 10.2 千米。回河镇辖自然村。人口 500。明朝末年，陈氏先人迁至此地。传说建村后，陈氏建庙祭神，有一小孩拿着一串小鱼来参加修庙，他一门心思干活，忘记了放在路边的小鱼，结果小鱼被鸟儿吃掉了鱼身子，只剩下了鱼头。人们根据这个故事为村子取名干鱼陈。聚落呈团块状分布。经济以种植小麦、玉米为主。有公路经此。

小冯 370125-B05-H04

[Xiǎoféng]

在县驻地济北街道南方向 8.9 千米。回河镇辖自然村。人口 400。因姓氏而得名。聚落呈团块状分布。经济以种植小麦、玉米为主。有公路经此。

南张 370125-B05-H05

[Nánzhāng]

在县驻地济北街道南方向 10.1 千米。回河镇辖自然村。人口 600。明永乐年间，先民从河北枣强迁此形成村落，名张才冉。中华人民共和国成立后，因位于镇政府驻地南面，改为南张。聚落呈团块状分布。

经济以种植小麦、玉米为主。有公路经此。

张沟 370125-B05-H06

[Zhānggōu]

在县驻地济北街道南方向 9.4 千米。回河镇辖自然村。人口 300。因张姓居多，且村南有一条沟，故名。聚落呈团块状分布。经济以种植小麦、玉米为主。有公路经此。

小淮里 370125-B05-H07

[Xiǎohuáilǐ]

在县驻地济北街道西北方向 8.0 千米。回河镇辖自然村。人口 200。因靠近大淮里村，故名。聚落呈团块状分布。经济以种植业为主，产小麦、玉米、甜瓜。有公路经此。

马营 370125-B05-H08

[Mǎyíng]

在县驻地济北街道西北方向 6.8 千米。回河镇辖自然村。人口 800。因姓氏命名。聚落呈团块状分布。有幼儿园 1 所。有马营清真寺等名胜古迹。经济以种植小麦、玉米为主。有公路经此。

席闫 370125-B05-H09

[Xíyán]

在县驻地济北街道西南方向 7.9 千米。回河镇辖自然村。人口 400。以姓氏命名。聚落呈团块状分布。有文化广场 1 个。经济以种植业为主，产小麦、玉米、西红柿。有公路经此。

董家 370125-B05-H10

[Dǒngjiā]

在县驻地济北街道西方向 7.1 千米。回河镇辖自然村。人口 300。因姓氏而得名。聚落呈团块状分布。经济以种植业为主，产小麦、玉米、西红柿。济东高速经此。

崔寨 370125-B06-H01
[Cuīzhài]

崔寨镇人民政府驻地。在县驻地济北街道南方向19.2千米。人口2 200。以姓氏命名。聚落呈团块状分布。有文化大院1个、小学1所、幼儿园1所。经济以种植玉米、小麦、香瓜为主，有特色农产品芹菜。220国道经此。

孙大 370125-B06-H02
[Sūndà]

在县驻地济北街道西南方向16.1千米。崔寨镇辖自然村。人口1 600。明末清初，孙氏先人迁入，取名孙大。聚落呈团块状分布。经济以种植业为主。有公路经此。

北赵 370125-B06-H03
[Běizhào]

在县驻地济北街道西南方向14.6千米。崔寨镇辖自然村。人口400。因赵氏先人以榨油为生，故名油坊赵家，后改为北赵。聚落呈团块状分布。经济以种植玉米、小麦、香瓜为主。有公路经此。

蔡家 370125-B06-H04
[Càijiā]

在县驻地济北街道南方向20.89千米。崔寨镇辖自然村。人口600。以姓氏命名。聚落呈团块状分布。经济以种植业为主，产小麦、花生、玉米、蔬菜、大豆。有公路经此。

褚家 370125-B06-H05
[Chǔjiā]

在县驻地济北街道西南方向22.9千米。崔寨镇辖自然村。人口400。以姓氏命名。聚落呈团块状分布。经济以种植业为主。

有公路经此。

大柳树店 370125-B06-H06
[Dàliǔshùdiàn]

在县驻地济北街道南方向12.1千米。崔寨镇辖自然村。人口600。因村头有棵大柳树，树边有一家店铺，故名。聚落呈团块状分布。经济以种植业为主，产小麦、玉米、大豆、花生、棉花、蔬菜。有公路经此。

东贾 370125-B06-H07
[Dōngjiǎ]

在县驻地济北街道南方向10.8千米。崔寨镇辖自然村。人口300。因贾氏迁居此地，故名贾家。当时贾家与黑槐刘家、卦家相邻合称三合村。1980年分出，为区别本镇小贾村（西贾村），故称东贾。聚落呈团块状分布。经济以运输业为主。有公路经此。

高道口 370125-B06-H08
[Gāodàokǒu]

在县驻地济北街道南方向11.2千米。崔寨镇辖自然村。人口200。因村内有个渡口，且村内多高姓，故名高家道口，后简称为高道口。聚落呈团块状分布。经济以种植小麦、花生、玉米，养殖生猪、肉鸡等为主。有公路经此。

韩家 370125-B06-H09
[Hánjiā]

在县驻地济北街道南方向13.6千米。崔寨镇辖自然村。人口200。因姓氏而得名。聚落呈团块状分布。经济以种植小麦、玉米、棉花为主。有公路经此。

二太平 370125-B07-H01

[Èrtàipíng]

太平镇人民政府驻地。在县驻地济北街道西北方向 18.7 千米。人口 1 600。太平公主游览泰山时，往返路过此地，分别歇于该地两个村落，并将两村落封名为坦平、缓平。明洪武年间，为攀公主"太平"名号，将坦平改为大太平，将缓平改为小太平。后因"小"字不雅，改名二太平。聚落呈团块状分布。经济以种植玉米、小麦为主，大力发展"太平宝"西瓜、秋延迟菜和高温大棚蔬菜种植。104 国道、济阳—太平公路经此。

布店王 370125-B07-H02

[Bùdiànwáng]

在县驻地济北街道西方向 12.7 千米。太平镇辖自然村。人口 800。该村因有王姓村民开布店为生，故名。聚落呈团块状分布。经济以种植小麦、花生、玉米，养殖猪、鸡为主。有公路经此。

万胜李 370125-B07-H03

[Wànshènglǐ]

在县驻地济北街道西南方向 13.4 千米。太平镇辖自然村。人口 400。明永乐年间，李氏迁入此地落户。因李家有土地百顷，故名万顷李，后改为万胜李。聚落呈团块状分布。经济以种植小麦、花生、玉米为主。有公路经此。

大马家 370125-B07-H04

[Dàmǎjiā]

在县驻地济北街道西南方向 12.9 千米。太平镇辖自然村。人口 500。明永乐年间，马氏兄弟二人迁居此地，老大在本村定居，名大马家。聚落呈团块状分布。经济以种植小麦、花生、玉米，养殖猪、鸡为主。有公路经此。

付家庵 370125-B07-H05

[Fùjiā'ān]

在县驻地济北街道西南方向 14.8 千米。太平镇辖自然村。人口 400。明朝初年，傅氏先人迁至此地，且当地有一尼姑庵香火旺盛，故名村傅家庵，后演变为付家庵。聚落呈团块状分布。经济以种植小麦、花生、玉米，养殖牛、羊为主。有公路经此。

南刘桥 370125-B07-H06

[Nánliúqiáo]

在县驻地济北街道西南方向 14.1 千米。太平镇辖自然村。人口 700。明永乐年间，该村村民以刘姓为主，且村东有一砖木结构的桥，故名刘家桥。因重名，更名为南刘桥。聚落呈团块状分布。经济以种植小麦、花生、玉米，养殖猪、鸡为主。有公路经此。

茅草张 370125-B07-H07

[Máocǎozhāng]

在县驻地济北街道西南方向 12.9 千米。太平镇辖自然村。人口 700。明永乐年间，有一张姓人家迁此落户，因地处黄河决口扇形地，茅草生长茂盛，故名。聚落呈团块状分布。有民间特色文化"踩寸子"。经济以种植小麦、花生、玉米为主。有公路经此。

小贾家 370125-B07-H08

[Xiǎojiǎjiā]

在县驻地济北街道西南方向 13.6 千米。太平镇辖自然村。人口 100。以姓氏命名。聚落呈团块状分布。经济以种植小麦、花生、玉米，养猪为主。有公路经此。

狮子张家 370125-B07-H09
［Shīzizhāngjiā］

在县驻地济北街道西北方向 19.2 千米。太平镇辖自然村。人口 1 100。因张氏入住较早，且附近有一尊石狮子，故名。聚落呈团块状分布。经济以种植业为主，产小麦、玉米。有公路经此。

大庄 370125-B08-H01
［Dàzhuāng］

新市镇人民政府驻地。在县驻地济北街道西北方向 18.8 千米。人口 1 700。建于明永乐年间，因土马河穿村而过，将该村分为两部分，河北边比河南边人多，故称大庄。聚落呈团块状分布。农产小麦、玉米、棉花，盛产甜瓜。有肉联厂、预制厂、丝棉厂、板鸭厂、水泥厂等企业。有公路经此。

李家坊 370125-B08-H02
［Lǐjiāfáng］

在县驻地济北街道西南方向 17.4 千米。新市镇辖自然村。人口 500。因李姓人家由河北枣强县迁来此处而得名李家小庄，后称李家坊。聚落呈团块状分布。经济以种植业为主，产小麦、玉米、棉花。有公路经此。

牛王店 370125-B08-H03
［Niúwángdiàn］

在县驻地济北街道西北方向 14.3 千米。新市镇辖自然村。人口 500。村北大湾内有一牛王，村民的99头牛下到湾里就成了100头，且因村内大道旁有一旅店，名声很大，故名村牛王店。聚落呈团块状分布。经济以种植业为主，产小麦、玉米、棉花。有公路经此。

艾小庄 370125-B08-H04
［Àixiǎozhuāng］

在县驻地济北街道西北方向 16.5 千米。新市镇辖自然村。人口 400。以姓氏命名。聚落呈团块状分布。聚落呈团块状。经济以种植业为主，产小麦、玉米、棉花。有公路经此。

韩坊 370125-B08-H05
［Hánfáng］

在县驻地济北街道西北方向 15.2 千米。新市镇辖自然村。人口 500。以姓氏命名。聚落呈团块状分布。经济以种植业为主，产小麦、玉米、棉花。有公路经此。

张家寨 370125-B08-H06
［Zhāngjiāzhài］

在县驻地济北街道西北方向 14.8 千米。新市镇辖自然村。人口 500。以姓氏命名。聚落呈团块状分布。经济以种植业为主，产小麦、玉米、棉花。有公路经此。

大朱家 370125-B08-H07
［Dàzhūjiā］

在县驻地济北街道西北方向 18.7 千米。新市镇辖自然村。人口 200。以姓氏命名。聚落呈团块状分布。经济以种植业为主，产小麦、玉米。有公路经此。

张家沙窝 370125-B08-H08
［Zhāngjiāshāwō］

在县驻地济北街道西北方向 16.4 千米。新市镇辖自然村。人口 500。因最早迁入该村的村民为一张姓人家，且此处耕地均为沙土地，故取名为张家沙窝。聚落呈团块状分布。经济以种植业为主，产小麦、玉米。有公路经此。

韩胡同 370125-B08-H09

［Hánhútòng］

在县驻地济北街道西北方向 21.2 千米。新市镇辖自然村。人口 300。明永乐年间，韩姓人家在此落户，因修建房屋而建成了一条胡同，故名。聚落呈团块状分布。经济以种植业为主，产小麦、玉米、棉花。249 省道经此。

商河县

城市居民点

旭润新城小区 370126-I01

［Xùrùnxīnchéng Xiǎoqū］

在县城东南部。1 096 户。总面积 8.1 公顷。因为山东旭润房地产开发有限公司开发，故名。2011 年始建，2011 年正式使用。建筑总面积 139 474.3 平方米，住宅楼 34 栋，其中高层 11 栋、多层 23 栋，现代建筑风格。绿地面积 2 600 平方米，有活动广场、便民商店等配套设施。通公交车。

农村居民点

崔马 370126-A01-H01

［Cuīmǎ］

在县驻地许商街道西南方向 9.0 千米。许商街道辖自然村。人口 500。马佐、马润迁至崔家村，后为避免村庄重名，更名崔马。聚落呈团块状分布。有农家书屋 1 个。经济以种植业为主，主要作物有小麦、玉米。有公路经此。

张公 370126-A01-H02

［Zhānggōng］

在县驻地许商街道南方向 10.0 千米。

许商街道辖自然村。人口 1200。张公村原村名叫程家楼，因村内张氏家族出一名人张公，此人忠厚正直，素有威望，后改村名为张公。聚落呈带状分布。有农家书屋 1 个、幼儿园 1 所。经济以种植小麦、玉米为主。240 省道经此。

南关 370126-A01-H03

［Nánguān］

在县驻地许商街道南方向 1.0 千米。许商街道辖自然村。人口 1 000。该村位于内城南门外、外城南门以里，故名南关。聚落呈团块状分布。有农家书屋 1 个、幼儿园 1 所。经济以个体私营日用百货、五金电料为主。有公路经此。

于家屯 370126-A01-H04

［Yújiātún］

在县驻地许商街道西南方向 10.0 千米。许商街道辖自然村。人口 200。以姓氏命名。聚落呈散状分布。有农家书屋 1 个。经济以种植小麦、玉米为主。有公路经此。

豆腐店 370126-A01-H05

［Dòufudiàn］

在县驻地许商街道东南方向 3.0 千米。许商街道辖自然村。人口 900。王氏由河北枣强迁入商河城南落户，因祖上以做豆腐为生并开有豆腐店，故后人以店为村名。聚落呈团块状分布。有农家书屋 1 个。经济以种植小麦、玉米为主。有公路经此。

侯坊 370126-A01-H06

［Hóufāng］

在县驻地许商街道东南方向 5.0 千米。许商街道辖自然村。人口 600。据传，明朝洪武年间，侯氏先祖侯士能迁于该村，侯士能有三子，其一名侯文胜，因其带兵有方、爱兵如子，深受士兵爱戴，解甲归田时有许多士兵自愿兵随将姓，侯姓氏族日益昌盛，该村遂称为侯坊。聚落呈带状分布。有农家书屋 1 个。经济以种植小麦、玉米为主。240 省道经此。

前十亩 370126-A01-H07
[Qiánshímǔ]

在县驻地许商街道南方向 7.5 千米。许商街道辖自然村。人口 500。据传，该村原址西北角有一块马状的石头，马头朝南，马尾朝北，白天是石，夜里是马，每夜能啃十亩地的庄稼，后来马被一南方人牵走。当时因该村建在被石马啃过的地方且在石马以南，所以人称"前石马田"，后演变为"前十亩"。聚落呈散状分布。有农家书屋 1 个。经济以种植小麦、玉米为主。240 省道经此。

大孙家湾 370126-A01-H08
[Dàsūnjiāwān]

在县驻地许商街道东方向 2.0 千米。许商街道辖自然村。人口 400。据传，明代时该村村民由河北武邑、枣强一带迁来，因始迁者姓孙，村子附近又有一大湾，故村名为孙家湾，因该村较大，又叫大孙家湾。聚落呈带状分布。有农家书屋 1 个。经济以种植小麦、玉米为主。有公路经此。

前垤道 370126-A01-H09
[Qiándiédào]

在县驻地许商街道西南方向 7.5 千米。许商街道辖自然村。人口 500。据传，该村先祖于明末清初由河北省枣强迁入，因该村原址西北角有一条较高土岭，且村西有一条南北向官道，所以名垤道。后村民分为两部分，南迁建立的新村名前垤道。聚落呈散状分布。有农家书屋 1 个、幼儿园 1 所。经济以种植小麦、玉米为主。无铁路、公路通过。

前邵 370126-A01-H10
[Qiánshào]

在县驻地许商街道南方向 10.0 千米。许商街道辖自然村。人口 400。据村碑记载，明末清初时该村名小新庄，后改称邵老庄，简称邵家。村北一湾之隔本有一邵家，该村居南，故改为前邵。聚落呈散状分布。有农家书屋 1 个。经济以种植小麦、玉米为主。无铁路、公路通过。

单家园 370126-A01-H11
[Shànjiāyuán]

在县驻地许商街道北方向 2.5 千米。许商街道辖自然村。人口 1 000。该村以姓氏命名单家，后因该村村民多种菜，遂称单家园。聚落呈团块状分布。有农家书屋 1 个、幼儿园 1 所、小学 1 所。经济以种植小麦、玉米为主。有公路经此。

徐炉坊 370126-A01-H12
[Xúlúfáng]

在县驻地许商街道北方向 2.5 千米。许商街道辖自然村。人口 500。据传，明代有一姓徐的炉匠，由河北省武邑、枣强一代迁来定居，由此而得名徐炉坊。聚落呈带状分布。有农家书屋 1 个。经济以种植玉米、小麦为主。240 省道经此。

苏家 370126-A01-H13
[Sūjiā]

在县驻地东南方向 12.5 千米。许商街道辖自然村。人口 1 000。以姓氏命名。聚落呈散状分布。有农家书屋 1 个。经济以种植玉米、小麦为主。无铁路、公路经此。

张公亮 370126-A01-H14
[Zhānggōngliàng]

在县驻地许商街道西南方向 6.7 千米。

许商街道辖自然村。人口 800。据后人传说，以前张公亮村原名青龙庄，后来有姓张名公亮的人进京为民打官司，官司打赢，张公亮名声大振。为纪念张公亮的义举，村名改为张公亮。聚落呈团块状分布。有文化广场 1 个、农家书屋 1 个、幼儿园 1 所。经济以种植玉米、小麦为主。有公路经此。

常庄 370126-A01-H15
[Chángzhuāng]

在县驻地许商街道西方向 22.0 千米。许商街道辖自然村。人口 1 700。以姓氏命名。聚落呈散状分布。有农家书屋 1 个、幼儿园 1 所、小学 1 所。经济以种植玉米、小麦为主。有公路经此。

窦家 370126-A01-H16
[Dòujiā]

在县驻地许商街道东方向 21.0 千米处。许商街道辖自然村。人口 200。传说，明代时因村东村西都有一座庙而得名双庙，因靠近县城，又名靠城窦村。后因村中大街落下一大钟，钟上有一窦字，遂改村名为窦家。聚落呈团块状分布，有农家书屋 1 个。经济以种植玉米、小麦为主。有公路经此。

羊角岭 370126-A01-H17
[Yángjiǎolǐng]

在县驻地许商街道北方向 3.7 千米。许商街道辖自然村。人口 400。据传，在明朝时期，徐芦坊村一老者有一天天不亮外出拾粪，看到前方有两只羊在顶角，老者赶紧走过去看时，羊突然不见了，只有一个高土岭在眼前，老者就认为这是一块风水宝地，随举家迁来居住，故名。聚落呈散状分布。有文体广场 1 个、农家书屋 1 个。经济以种植玉米、小麦为主。无公路经此。

殷巷 370126-B01-H01
[Yīnxiàng]

殷巷镇人民政府驻地。在县驻地许商街道北方向 10.0 千米。人口 1 500。该村原名"牛角巷"，殷姓家族迁此后，家族鼎盛之时将村名改为"殷家巷"，后改为殷巷。聚落沿公路呈带状分布。有文化广场 1 个、幼儿园 2 所。地方特色民间艺术有鼓子秧歌、高跷和花坊。经济以种植小麦、玉米，酿酒为主。山东美陵酒业有限公司位于村内。240 省道经此。

栾家 370126-B01-H02
[Luánjiā]

在县驻地许商街道北方向 7.0 千米。殷巷镇辖自然村。人口 100。以姓氏命名。聚落呈带状分布。经济以种植玉米、小麦为主。有公路经此。

土马店 370126-B01-H03
[Tǔmǎdiàn]

在县驻地许商街道东北方向 8.0 千米。殷巷镇辖自然村。人口 400。汉朝时期，刘秀被王莽追赶到南阳时路过此地，稍事休息，为作纪念筑一土马，依此取村名。聚落呈团块状。有文化大院 1 个、农家书屋 1 个、小学 1 所。经济以种植玉米、小麦为主。有公路经此。

邢家 370126-B01-H04
[Xíngjiā]

在县驻地许商街道东北方向 14.0 千米。殷巷镇辖自然村。人口 500。以姓氏命名。聚落呈散状分布。有文化广场 1 个、农家书屋 1 个、幼儿园 1 所。经济以种植玉米、小麦为主。无公路经此。

小吴家 370126-B01-H05
［Xiǎowújiā］

在县驻地许商街道西北方向 8.5 千米。殷巷镇辖自然村。人口 100。明朝中期，由山西省洪洞县迁来姓吴的一家，以后两个儿子分家，立了两个村，即吴老庄、吴新庄，其后又从吴老庄迁出一部分人，立了个小村，紧依吴老庄，取名小吴家。聚落呈团块状分布。有农家书屋 1 个。经济主要以小麦、玉米种植为主。无公路经此。

孔新 370126-B01-H06
［Kǒngxīn］

在县驻地许商街道东北方向 12.0 千米。殷巷镇辖自然村。人口 600。明初，孔氏由河北枣强迁至，村名孔家，后来孔姓后继无人，改为新社，但群众称呼已惯，逐步演化为孔新。聚落呈散状分布。有文化活动中心 1 个。经济以种植玉米、小麦为主。无公路经此。

巩家 370126-B01-H07
［Gǒngjiā］

在县驻地许商街道东北方向 13.0 千米。殷巷镇辖自然村。人口 800。以姓氏命名。聚落呈带状分布。有文化广场 2 个、幼儿园 1 所。经济以种植玉米、小麦为主。有公路经此。

夏家 370126-B01-H08
［Xiàjiā］

在县驻地许商街道东北方向 11.0 千米。殷巷镇辖自然村。人口 300。元末明初，夏氏家族由河北枣强县肯章镇迁入商河城北，以姓氏命村名，初为夏家桥村，后改为夏家。聚落呈团块状分布。有文化广场 1 个、农家书屋 1 个。经济以种植玉米、小麦为主。有公路经此。

斜庄 370126-B01-H09
［Xiézhuāng］

在县驻地许商街道东北方向 12.5 千米。殷巷镇辖自然村。人口 400。明末，该村先民由河北枣强迁入，因村位于大沙河故道，河呈东北、西南流向，房屋顺势而建，地基斜、房屋斜，故名。聚落呈带状分布。经济以种植玉米、小麦为主。有公路经此。

刘堆子 370126-B01-H10
［zǐLiúduīzi］

在县驻地许商街道东北方向 15.0 千米。殷巷镇辖自然村。人口 1 300。明永乐年间，刘氏先祖由山西洪洞县迁徙到双冢之阳定居为家，远望似土堆子，村名由此而来。聚落呈散状分布。有文化广场 2 个、幼儿园 1 所。经济以种植玉米、小麦为主。有公路经此。

李家集 370126-B01-H11
［Lǐjiājí］

在县驻地许商街道东北方向 15.5 千米。殷巷镇辖自然村。人口 1 000。据《李氏族谱》记载，李氏原籍是本省即墨县北关人，始祖兄弟二人，长者思恭、次者思敬，后思敬支绝，思恭支迁出建村重续并立有集市，故村名为李家集。聚落呈散状分布。有文化广场 1 个、农家书屋 1 个、幼儿园 2 所、小学 1 所。经济以种植玉米、小麦为主。有公路经此。

侯家 370126-B01-H12
［Hóujiā］

在县驻地许商街道东北方向 9.0 千米。殷巷镇辖自然村。人口 300。以姓氏命名。聚落呈散状分布。有文化大院 1 个、农家书屋 1 个。经济以种植玉米、小麦为主。无公路经此。

张家 370126-B01-H13
［Zhāngjiā］

在县驻地许商街道东北方向 13.5 千米。殷巷镇辖自然村。人口 1 000。以姓氏命名。聚落呈团块状分布。有文化广场 1 个、农家书屋 1 个、幼儿园 1 所。经济以种植玉米、小麦为主。有公路经此。

刘沧涵 370126-B01-H14
［Liúcānghán］

在县驻地许商街道东北方向 8.0 千米。殷巷镇辖自然村。人口 600。元末明初，刘氏自山西洪洞县迁山东商邑以北，因名为沧涵，村因姓名得名。聚落呈团块状分布。有文化广场 1 个、农家书屋 1 个、幼儿园 1 所。经济以种植小麦、玉米为主。有简易公路经此。

东长王 370126-B01-H15
［Dōngchángwáng］

在县驻地许商街道东北方向 15.5 千米。殷巷镇辖自然村。人口 300。据王氏族谱记载，明成化年间，王氏弟兄二人由乐陵迁商邑建村，后修一家庙，一支在庙东，一支在庙西，因本支在家庙东，故名东长王。聚落沿河流呈带状分布。有文化大院 1 个、农家书屋 1 个。经济以种植小麦、玉米为主。有简易公路经此。

关枣行 370126-B01-H16
［Guānzǎoháng］

在县驻地许商街道东北方向 8.0 千米。殷巷镇辖自然村。人口 300。据刘氏族谱记载，元末明初，关氏由山西洪洞县迁至，后来此地枣树甚多，成片成行，所以取名关枣行。聚落呈团块状分布。有文化大院 1 个、农家书屋 1 个。经济以种植小麦、玉米为主。无公路经此。

吕家 370126-B01-H17
［Lǚjiā］

在县驻地许商街道东北方向 16.0 千米。殷巷镇辖自然村。人口 500。以姓氏命名。聚落呈团块状分布。有文化大院 1 个、农家书屋 1 个。经济以种植小麦、玉米为主。有简易公路经此。

王家 370126-B01-H18
［Wángjiā］

在县驻地许商街道东北方向 16.0 千米。殷巷镇辖自然村。人口 700。以姓氏命名。聚落呈团块状分布。有文化大院 1 个、农家书屋 1 个、幼儿园 1 所。经济以种植小麦、玉米为主。有简易公路经此。

安家 370126-B01-H19
［Ānjiā］

在县驻地许商街道东北方向 7.5 千米。殷巷镇辖自然村。人口 300。以姓氏命名。聚落呈团块状分布。有文化广场 1 个、小学 1 所。经济以种植玉米、小麦为主。有公路经此。

展集 370126-B01-H20
［Zhǎnjí］

在县驻地许商街道东北方向 16.0 千米。殷巷镇辖自然村。人口 900。明末，展氏由乐安迁居商邑建村立集，故名。聚落呈散状分布。有文化广场 1 个。经济以种植小麦、玉米、苗木为主。有公路经此。

小郑家 370126-B01-H21
［Xiǎozhèngjiā］

在县驻地许商街道东北方向 5.5 千米。殷巷镇辖自然村。人口 200。元末明初。郑氏家族由河北武邑迁至商河定居，初名新郑家，后因村小改为小郑家。聚落呈团块状分布。有文化大院 1 个、农家书屋 1 个。经济以种植小麦、玉米为主。无公路经此。

崔家 370126-B01-H22
[Cuījiā]

在县驻地许商街道北方向 8.0 千米。殷巷镇辖自然村。人口 1 100。以姓氏命名。聚落呈团块状分布。有文化活动中心 1 个、幼儿园 1 所。村内主要以农业种植为经济来源，农作物有小麦、玉米。有公路经此。

广平店 370126-B01-H23
[Guǎngpíngdiàn]

在县驻地许商街道西北方向 18.0 千米。殷巷镇辖自然村。人口 400。据传说，全村自明朝初燕王扫北后，退役兵卒带领家眷迁此，先祖期望和平，厌恶战争，起名广平甸，另有练武屯之称。清朝乾隆年间立集贸市场，嘉庆年间取消，村名改为广平店。聚落呈散状分布。经济以种植玉米、小麦为主。有公路经此。

李桂芬 370126-B01-H24
[Lǐguìfēn]

在县驻地许商街道西北方向 11.5 千米。殷巷镇辖自然村。人口 300。据传，明永乐年间，李氏家族从山西洪洞县迁此定居，时称李村。因祖上是京城御苑里专门种梨的能手，迁徙时把御园里上好的鸭梨苗带回家种植。到清康熙年间，经过几代人的精心培育，村里人均成了种梨能手。后来有一人叫李桂芬，种梨技术更高一筹，能嫁接不同品种的梨树，其种的梨个大、味甜、耐储、营养成分高，且对部分疾病有特殊疗效。经当时的县长推荐，最后成了清朝的御果贡梨。后因强盗入侵争夺梨树，李桂芬舍命保护梨树有功，清乾隆年间，村人为纪念李桂芬，改李家为李桂芬。聚落呈团块状分布。有文化大院 1 个、农家

书屋 1 个。经济以种植小麦、玉米为主。有公路经此。

北长王 370126-B01-H25
[Běichángwáng]

在县驻地许商街道东北方向 15.5 千米。殷巷镇辖自然村。人口 400。元末年间，唐氏由滨县迁入，初名唐王庄，后唐氏后人渐少，李氏人多，又位于东长王以北，故改今名。聚落呈团块状分布。有文化广场 1 个。经济以个体私营为主。有公路经此。

怀仁 370126-B02-H01
[Huáirén]

怀仁镇人民政府驻地。在县驻地许商街道西北方向 15.0 千米。人口 1 500。"怀仁"即"怀德仁里"，寓意首善宜居之地。聚落呈团块状分布。有文化大院 1 个、农家书屋 1 个、幼儿园 2 所、小学 1 所、中学 1 所。经济以种植小麦、玉米、棉花、葡萄等为主，土特产品有驴肉、皮棉等。有公路经此。

东洼李 370126-B02-H02
[Dōngwālǐ]

在县驻地许商街道西北方向 14.0 千米。怀仁镇辖自然村。人口 700。据记载，明末清初李氏兄弟二人由山东寿光迁入此地，一人居东，一人居西，繁衍生息形成两个自然村，此村在东，名东洼李。聚落呈散状分布。有文化大院 1 个、农家书屋 1 个。经济以种植小麦、玉米为主。有公路经此。

耿家 370126-B02-H03
[Gěngjiā]

在县驻地许商街道西北方向 18.0 千米。怀仁镇辖自然村。人口 500。以姓氏命名。聚落呈团块状分布。有农家书屋 1 个。经济以种植小麦、玉米为主。有公路经此。

东信 370126-B02-H04

［Dōngxìn］

在县驻地许商街道西北方向 17.0 千米。怀仁镇辖自然村。人口 1 200。据记载，明朝永乐年间，信氏由山东省寿光县信家桥迁入此地定居，始名信家村，后按照本地"东长西幼"的礼制，长子位居村东，定名为东信。聚落呈团块状分布。有文化广场 1 个。经济以种植玉米、小麦为主。有公路经此。

三皇庙 370126-B02-H05

［Sānhuángmiào］

在县驻地许商街道西北方向 20.0 千米。怀仁镇辖自然村。人口 400。明朝时期，村中央修建寺庙一座，供奉伏羲（天皇）、神农（地皇）、黄帝（泰皇）三位皇帝，故得名三皇庙。聚落呈团块状分布。有文化大院 1 个、农家书屋 1 个。经济以种植小麦、玉米为主。有简易公路经此。

李隆堂 370126-B02-H06

［Lǐlóngtáng］

在县驻地许商街道西北方向 18.0 千米。怀仁镇辖自然村。人口 800。明朝永乐年间，李氏由原籍寿光县道天李家逃荒避难迁此定居，并以老大李隆堂名字作为村名。聚落呈团块状分布。有文化活动中心 1 个、幼儿园 1 所。经济以种植玉米、小麦为主。有简易公路经此。

九廪庄 370126-B02-H07

［Jiǔlǐnzhuāng］

在县驻地许商街道西北方向 17.0 千米。怀仁镇辖自然村。人口 300。据记载，清朝年间，刘氏由寿光迁至此地，当时刘姓最多，取名刘灌头，后来该村有 9 人考取廪生，故改名九廪庄。聚落呈团块状分布。有文化广场 1 个。经济以种植小麦、玉米为主。

有公路经此。

卜家 370126-B02-H08

［Bǔjiā］

在县驻地许商街道西北方向 14.0 千米。怀仁镇辖自然村。人口 100。以姓氏命名。聚落呈带状分布。有文化广场 1 个。经济以种植小麦、玉米为主。有公路经此。

西信 370126-B02-H09

［Xīxìn］

在县驻地许商街道西北方向 18.0 千米。怀仁镇辖自然村。人口 900。据传，明末清初，信氏兄弟由寿光迁此各立一村，此村居西，故得名西信。聚落呈团块状分布。有文化大院 1 个、农家书屋 1 个。经济以种植玉米、小麦为主。有公路经此。

东风 370126-B02-H10

［Dōngfēng］

在县驻地许商街道西北方向 18.0 千米。怀仁镇辖自然村。人口 100。以美好愿望命名。聚落呈团块状分布。有文化广场 1 个。经济以种植玉米、小麦为主。有公路经此。

古城 370126-B02-H11

［Gǔchéng］

在县驻地许商街道西北方向 15.0 千米。怀仁镇辖自然村。人口 1 700。该村因历史悠久的古禺城而得名。聚落呈团块状分布。有文化活动中心 1 个、幼儿园 1 所、小学 1 所。经济以种植小麦、玉米为主。有公路经此。

周家集 370126-B02-H12

［Zhōujiājí］

在县驻地许商街道西北方向 18.0 千米。怀仁镇辖自然村。人口 900。据记载，明朝永乐年间，周氏三兄弟由山东泰安徂徕山下迁来此地，后因村中立集，故名周家集。

聚落呈团块状分布。有文化大院 1 个、农家书屋 1 个。经济以种植小麦、玉米为主。有公路经此。

李辉芝 370126-B02-H13
[Lǐhuīzhī]

在县驻地许商街道西北方向 15.0 千米。怀仁镇辖自然村。人口 500。600 多年前，李辉芝由张坊丰集村迁来定居，由于他德才兼备，名望较高，在方圆几十里大有名气，久而久之李辉芝成了村名。聚落呈带状分布。有文化广场 1 个、幼儿园 1 所。经济以种植小麦、玉米为主。有公路经此。

玉西 370126-B03-H01
[Yùxī]

玉皇庙镇人民政府驻地。在县驻地许商街道西南方向 20.0 千米。人口 800。因位于原玉皇庙以西而得名。聚落呈团块状分布。有文化大院 1 个、农家书屋 1 个。有高跷、鼓子秧歌等民俗活动。经济以机械制造、豆腐皮加工、蔬菜加工、畜禽养殖等为主。有公路经此。

白庙 370126-B03-H02
[Báimiào]

在县驻地许商街道南方向 16.0 千米。玉皇庙镇辖自然村。人口 700。据记载，清朝康熙元年（1662），梁氏从河北枣强迁来立村，因村西有一白庙，故名。聚落呈带状分布。有农家书屋 1 个。经济以种植小麦、玉米为主。省道新枣公路经此。

亓家 370126-B03-H03
[Qíjiā]

在县驻地许商街道南方向 14.0 千米。玉皇庙镇辖自然村。人口 700。因姓氏得名。聚落呈团块状分布。有文化广场 1 个。经济以种植小麦、玉米、苗木为主。省道新

枣公路经此。

毕家道口 370126-B03-H04
[Bìjiādàokǒu]

在县驻地许商街道东南方向 18.0 千米。玉皇庙镇辖自然村。人口 500。永乐年间，毕氏兄弟由河北枣强迁到徒骇河畔道口居住，以摆渡为生，故名。聚落呈带状分布。有文化广场 1 个。经济以种植玉米、小麦为主。有公路经此。

高家 370126-B03-H05
[Gāojiā]

在县驻地许商街道东南方向 20.0 千米。玉皇庙镇辖自然村。人口 1 000。据史书记载，该村村民是明朝洪武年间由河北枣强县迁来，因该村多以高姓为主，故名高家。因该村地处徒骇河故道以西，又称河西高家。聚落呈带状分布。有文化活动中心 1 个。经济以种植小麦、玉米为主。有公路经此。

安家庄 370126-B03-H06
[Ānjiāzhuāng]

在县驻地许商街道西南方向 24.0 千米。玉皇庙镇辖自然村。人口 700。因姓氏得名。聚落呈带状分布。有文化广场 1 个。经济以种植小麦、玉米为主。有公路经此。

南河头 370126-B03-H07
[Nánhétóu]

在县驻地许商街道南方向 20.0 千米。玉皇庙镇辖自然村。人口 1 000。新中国成立前，该村因在商河县最南部，又因徒骇河在此分叉，故名。聚落呈带状分布。有文化广场 1 个。经济以种植小麦、玉米为主。省道新枣公路经此。

东甄家 370126-B03-H08
［Dōngzhēnjiā］

在县驻地许商街道西南方向 18.0 千米。玉皇庙镇辖自然村。人口 900。据甄氏族谱记载，明朝中期，甄氏三兄弟由河北枣强迁出，后失散。其一迁此居住，后有袁氏、陈氏先后来此，人丁繁衍而成两个甄姓自然村，因该村在东，遂更名为东甄家。聚落呈团块状分布。有农家书屋 1 个、幼儿园 1 所。经济以种植小麦、玉米为主。有公路经此。

东大岭 370126-B03-H09
［Dōngdàlǐng］

在县驻地许商街道西南方向 20.0 千米。玉皇庙镇辖自然村。人口 800。康熙年间，有人从河北省枣强县迁来，因当时此地有两个大土堆，人们习惯性称之为大岭，土堆东西各一，居东者称村东大岭。聚落沿河呈带状分布。有农家书屋 1 个。经济以种植小麦、玉米为主。有公路经此。

付家 370126-B03-H10
［Fùjiā］

在县驻地许商街道西南方向 18.0 千米。玉皇庙镇辖自然村。人口 600。以姓氏命名。聚落呈团块状分布。有文化广场 1 个。经济以种植小麦、玉米为主。济乐高速经此。

老王家 370126-B03-H11
［Lǎowángjiā］

在县驻地许商街道东南方向 16.0 千米。玉皇庙镇辖自然村。人口 800。以姓氏命名。聚落呈团块状分布。有农家书屋 1 个、幼儿园 1 所。经济以种植小麦、玉米为主。有公路经此。

路家 370126-B03-H12
［Lùjiā］

在县驻地许商街道西南方向 20.0 千米。玉皇庙镇辖自然村。人口 500。以姓氏命名。聚落呈团块状分布。有文化大院 1 个、农家书屋 1 个。经济以种植小麦、玉米、水果和蔬菜加工、畜禽养殖等为主。有公路经此。

林家桥 370126-B03-H13
［Línjiāqiáo］

在县驻地许商街道东南方向 23.0 千米。玉皇庙镇辖自然村。人口 1 100。据传，在清朝年间，有林、陈两姓人家自河北枣强迁来此地，后来林姓人丁兴旺，故名林家桥。聚落沿河呈带状分布。有文化广场 1 个、幼儿园 1 所。经济以种植小麦、玉米、水果和蔬菜加工、畜禽养殖等为主。有公路经此。

柳官庄 370126-B03-H14
［Liǔguānzhuāng］

在县驻地许商街道南方向 20.0 千米。玉皇庙镇辖自然村。人口 900。据记载，明永乐年间，柳氏、张氏、甄氏皆由河北枣强迁此定居，此后柳姓族中有人做官，村庄便以柳姓命名为柳官庄。聚落呈团块状分布。有文化活动中心 1 个、幼儿园 1 所、小学 1 所。经济以种植小麦、玉米为主。省道新枣公路经此。

李家集 370126-B03-H15
［Lǐjiājí］

在县驻地许商街道南方向 20.0 千米。玉皇庙镇辖自然村。人口 400。明末，李氏从河北省枣强迁来，最初定名为李宅，民国时期立集，改为李家集，简称李集。聚落呈团块状分布。有文化活动中心 1 个。

经济以种植小麦、玉米为主。有简易公路
经此。

齐家 370126-B03-H16
[Qíjiā]

在县驻地许商街道西南方向 19.0 千
米。玉皇庙镇辖自然村。人口 900。以姓
氏命名。聚落呈团块状分布。有文化广场
1 个。经济以种植玉米、小麦为主。济乐
高速经此。

宋家 370126-B03-H17
[Sòngjiā]

在县驻地许商街道西南方向 21.0 千米。
玉皇庙镇辖自然村。人口 900。以姓氏命名。
聚落沿河呈带状分布。有文化广场 1 个。
经济以个体经营日用百货、蔬菜加工、畜
禽养殖等和种植小麦、玉米、水果、苗木
为主。有公路经此。

芮家 370126-B03-H18
[Ruìjiā]

在县驻地许商街道西南方向 18.0 千米。
玉皇庙镇辖自然村。人口 600。以姓氏命名。
聚落呈团块状分布。有文化广场 1 个。经
济以个体经营日用百货、水果、蔬菜加工、
畜禽养殖等和种植小麦、玉米、苗木为主。
有公路经此。

王相家 370126-B03-H19
[Wángxiāngjiā]

在县驻地许商街道南方向 16.0 千米。
玉皇庙镇辖自然村。人口 400。传说，清乾
隆年间，王相由河北枣强县迁此建村，故
名。聚落呈团块状分布。有文化广场 1 个。
经济以个体经营日用百货、水果、蔬菜加工、
畜禽养殖等和种植小麦、玉米、苗木为主。
有公路经此。

塔坡 370126-B03-H20
[Tǎpō]

在县驻地许商街道西南方向 22.0 千米。
玉皇庙镇辖自然村。人口 400。传说，鲁班
与何仙姑约定，鲁班在该村修塔，何仙姑
在纪家村打 72 眼井，只有一宿的时间，
以鸡鸣为准，看谁先完工，结果何仙姑
72 眼井先打完，又到鲁班修塔的地方学
鸡叫，鲁班听到鸡叫后知道时间到，放
弃了修塔，因塔没修完，所以得名塔破，
后称塔坡。聚落呈团块状分布。有文化
广场 1 个。经济以种植小麦、玉米为主。
有公路经此。

太平庄 370126-B03-H21
[Tàipíngzhuāng]

在县驻地许商街道西南方向 15.0 千米。
玉皇庙镇辖自然村。人口 700。据记载，明
末清初，贾、路两姓由河北枣强县迁入，
因其仁义，初名贾路贤村，后袁、孙、王、
魏等姓相继迁入并和睦相处，亲如一家人。
清末，县长李照兰在任 40 年期间，该村无
一例纠纷，其很受感动，更名为太平村庄，
以勉励后人。聚落呈团块状分布。有文化
广场 1 个。经济以种植小麦、玉米为主。
有简易公路经此。

王尧 370126-B03-H22
[Wángyáo]

在县驻地许商街道南方向 19.0 千米。
玉皇庙镇辖自然村。人口 500。明朝末年，
王尧从河北枣强迁此定居，此人德高望
重，在村子内享有盛誉，得到村民的敬
重，故以其名字为村名。聚落呈团块状
分布。有文化广场 1 个、幼儿园 1 所。
经济以种植玉米、小麦为主。省道新枣
公路经此。

魏家 370126-B03-H23

[Wèijiā]

在县驻地许商街道东南方向 18.0 千米。玉皇庙镇辖自然村。人口 800。以姓氏命名。聚落呈团块状分布。有科技文化大院 1 个、幼儿园 1 所。有鼓子秧歌表演等民俗活动。经济以种植小麦、玉米为主。有公路经此。

小仁和 370126-B03-H24

[Xiǎorénhé]

在县驻地许商街道西南方向 13.0 千米。玉皇庙镇辖自然村。人口 500。据记载，该村最早有八姓氏迁入，因相处非常和睦，故得名仁和庄。后因村庄人口少，新中国成立初期改名为小仁和。聚落呈团块状分布。有文化活动中心 1 个。经济以个体经营日用百货、水果、蔬菜加工、畜禽养殖等为主。有公路经此。

付杨 370126-B04-H01

[Fùyáng]

龙桑寺镇人民政府驻地。在县驻地许商街道东北方向 15.0 千米。人口 500。因姓氏而得名。聚落呈团块状分布。有文化活动中心 1 个、图书阅览室 1 个、文化站 1 个。经济以种植小麦、玉米为主。316 省道付杨段经此。

三合庄 370126-B04-H02

[Sānhézhuāng]

在县驻地许商街道东北方向 15.6 千米。龙桑寺镇辖自然村。人口 500。明永乐年间，赵氏先祖由河北枣强迁此立村，分围子里、前庄、车庄 3 个自然村，后来三村连成一片，故得今名。聚落呈团块状分布。有农家书屋 1 个。经济以种植小麦、玉米为主。有公路经此。

三官庙 370126-B04-H03

[Sānguānmiào]

在县驻地许商街道东北方向 15.2 千米。龙桑寺镇辖自然村。人口 1 100。明永乐年间，张氏家族由河北枣强迁此立村，初名张家。清光绪年间，村东北角建有三官庙供奉尧、舜、禹像，故改今名。聚落呈团块状分布。有小学 1 所。经济以种植小麦、玉米为主。有公路经此。

中小刘 370126-B04-H04

[Zhōngxiǎoliú]

在县驻地许商街道东北方向 15.0 千米。龙桑寺镇辖自然村。人口 300。刘氏始祖有三子，三子分别分前、中、后各立一村，均以姓氏命名，此村居中，故名。聚落沿河流呈带状分布。有农家书屋 1 个。经济以种植小麦、玉米为主。有公路经此。

郑家 370126-B04-H05

[Zhèngjiā]

在县驻地许商街道东北方向 19.0 千米。龙桑寺镇辖自然村。人口 800。以姓氏命名。聚落呈团块状分布。有文化广场 1 个。经济以种植小麦、玉米为主。有公路经此。

赵官店 370126-B04-H06

[Zhàoguāndiàn]

在县驻地许商街道东北方向 19.1 千米。龙桑寺镇辖自然村。人口 600。明万历年间立村，原名联五庄，清乾隆年间赵氏有人做官，改村名为赵官屯，后又改今名。聚落呈团块状分布。有文化广场 1 个。经济以种植小麦、玉米为主。有公路经此。

张佑 370126-B04-H07

[Zhāngyòu]

在县驻地许商街道东北方向 16.2 千米。

龙桑寺镇辖自然村。人口 500。张氏迁居此地后，初名张家，清同治年间，张银佑打败恶霸张大王，改村名为张佑家，后简称张佑。聚落呈团块状分布。有文化广场 1 个。经济以种植小麦、玉米为主。有公路经此。

张老庄 370126-B04-H08
［Zhānglǎozhuāng］

在县驻地许商街道东北方向 16.8 千米。龙桑寺镇辖自然村。人口 800。明洪武年间，张氏由曹州府益都县迁居皮家庄，后皮氏绝嗣，张氏人丁兴旺，并将后世迁往东店子、大王庄，因本村为张氏原始居住地，由此得名。聚落呈团块状分布。有文化广场 1 个。经济以种植小麦、玉米为主。有公路经此。

油房张 370126-B04-H09
［Yóufángzhāng］

在县驻地许商街道东北方向 23.5 千米。龙桑寺镇辖自然村。人口 500。明朝张氏由山西省迁此立村，以卖油为生，村本名油坊张，后房氏迁入，故名油房张。聚落沿河呈带状分布。有文化活动中心 1 个。经济以种植小麦、玉米为主。340 国道经此。

薛家 370126-B04-H10
［Xuējiā］

在县驻地许商街道东北方向 24.3 千米。龙桑寺镇辖自然村。人口 200。以姓氏命名。聚落呈团块状分布。有文化广场 1 个。经济以种植小麦、玉米为主。有公路经此。

徐太院 370126-B04-H11
［Xútàiyuàn］

在县驻地许商街道东北方向 23.0 千米。龙桑寺镇辖自然村。人口 600。据传，明永乐年间由山西洪洞迁此立村，原名义和镇。因该村徐氏中有人在山西太原府做过官，村内建有徐家花院，故名徐家太太花院，

后改今名徐太院。聚落呈团块状分布。有文化广场 1 个。经济以商贸、餐饮农资销售、粮食收购、服装加工等为主，村内有一条商业街。有公路经此。

徐宋骆 370126-B04-H12
［Xúsòngluò］

在县驻地许商街道东北方向 17.8 千米。龙桑寺镇辖自然村。人口 500。明洪武年间，徐氏由浙江迁此立村，宋氏、骆氏于明永乐年间先后迁此，以迁入顺序得名。聚落呈团块状分布。有文化广场 1 个。经济以种植小麦、玉米为主。有公路经此。

辛马庄 370126-B04-H13
［Xīnmǎzhuāng］

在县驻地许商街道东北方向 25.4 千米。龙桑寺镇辖自然村。人口 100。明永乐年间，马氏家族迁此立村，初名新庄，因与另一新庄重名，故改为辛马庄。聚落呈团块状分布。有农家书屋 1 个、阅览室 1 个。经济以种植小麦、玉米为主。有公路经此。

小孙家 370126-B04-H14
［Xiǎosūnjiā］

在县驻地许商街道东北方向 9.6 千米。龙桑寺镇辖自然村。人口 100。明洪武年间，孙氏家族迁至此地立村，初定名孙家，后因该村面积较小，故名小孙家。聚落呈团块状分布。有文化广场 1 个。经济以养殖业和种植小麦、玉米、蔬菜等为主，有蔬菜基地。有公路经过。

小刘家 370126-B04-H15
［Xiǎoliújiā］

在县驻地许商街道东南方向 11.0 千米。龙桑寺镇辖自然村。人口 200。刘氏始祖由河北省枣强迁来，在此地繁衍生息，因村内人口较少且全村刘姓，故名小刘家。

聚落呈团块状分布。有文化活动中心 1
个。经济以种植小麦、玉米为主。有公
路经此。

西高 370126-B04-H16
[Xīgāo]

在县驻地许商街道东北方向 20.6 千米。
龙桑寺镇辖自然村。人口 200。明永乐年间
高氏由河北枣强迁此立村，因与另一高家
重名，此村居西，故名。聚落呈团块状分布。
有阅览室 1 个。经济以种植小麦、玉米为主。
有简易公路经此。

王皮弦 370126-B04-H17
[Wángpíxián]

在县驻地许商街道东北方向 21.5 千米。
龙桑寺镇辖自然村。人口 400。明成化年间，
王氏始祖从惠民县迁来，以卖皮弦为业，
故名。聚落呈团块状分布。有文化广场 1 个。
经济以种植小麦、玉米为主。有简易公路
经此。

王家寨 370126-B04-H18
[Wángjiāzhài]

在县驻地许商街道东北方向 27.7 千米。
龙桑寺镇辖自然村。人口 600。据历史记
载，明朝永乐年间，始祖王荣由河北枣强
县迁来，因姓得名王家宅，后改为王家寨。
聚落呈团块状分布。有文化活动中心 1 个。
经济以种植小麦等为主。有公路经此。

孙扒牯 370126-B04-H19
[Sūnpágǔ]

在县驻地许商街道东北方向 16.5 千米。
龙桑寺镇辖自然村。人口 200。据传，元朝
末年，为躲避战乱，孙氏八人由河北枣强
迁来此地定居繁衍，逐渐形成后来的孙氏
八支，定村名为孙八股，因方言原因，称
孙扒牯。聚落呈团块状分布。有文化广场 1

个。经济以种植小麦、玉米为主。有公路
经此。

四门张 370126-B04-H20
[Sìménzhāng]

在县驻地许商街道东北方向 25.8 千米。
龙桑寺镇辖自然村。人口 300。明永乐年间，
张氏由河北枣强迁此立村，村内的巷及胡
同唯有四个出口（俗称四门），故名。聚
落呈团块状分布。有文化广场 1 个。经济
以种植小麦、玉米为主。有公路经此。

史家庙 370126-B04-H21
[Shǐjiāmiào]

在县驻地许商街道东北方向 23.5 千米。
龙桑寺镇辖自然村。人口 1 200。该村村后
有一庙，明朝永乐年间史氏先祖从河北枣
强迁居于此，以姓氏和庙名村。聚落呈散
状分布。有文化广场 1 个、小学 1 所。经
济以种植小麦、玉米为主。有公路经此。

前翟家 370126-B04-H22
[Qiánzháijiā]

在县驻地许商街道东北方向 21.5 千米。
龙桑寺镇辖自然村。人口 500。自明朝永乐
三年（1405）由诸城迁入此地，因村北有
一后翟村，两村之间有丰收河支流经过，
该村居前，因此定名为前翟家。聚落呈团
块状分布。有文化活动中心 1 个。经济以
种植小麦、玉米为主。有公路经此。

前小刘 370126-B04-H23
[Qiánxiǎoliú]

在县驻地许商街道东北方向 21.2 千米。
龙桑寺镇辖自然村。人口 200。明永乐年间，
刘氏始祖从河北枣强迁入，村北有池塘，
水面颇大，以池塘南面为前，故名前小刘。
聚落沿河呈带状分布。有文化广场 1 个。
经济以种植小麦、玉米为主。有公路经此。

倪家 370126-B04-H24
[Níjiā]

在县驻地许商街道东北方向 20.6 千米。龙桑寺镇辖自然村。人口 300。以姓氏命名。聚落呈团块状分布。有文化活动中心 1 个。经济以种植小麦、玉米为主。有公路经此。

李家坊 370126-B05-H01
[LǐjiāFáng]

郑路镇人民政府驻地。在县驻地许商街道东南方向 15.0 千米。人口 700。据传，明代，李氏由河北枣强迁此立村，初名小李家，因编苇子而得名苇子李家。后路氏由临淄迁此，起名坊子，因而得名李家坊。聚落呈带状分布。有农家书屋 1 个。有鼓子秧歌表演等民俗活动。经济以种植小麦、玉米等为主。有公路经此。

郑家 370126-B05-H02
[Zhèngjiā]

在县驻地许商街道东南方向 15.0 千米。郑路镇辖自然村。人口 600。以姓氏得名。聚落呈团块状分布。有文化广场 1 个。经济以种植小麦、玉米为主。有公路经此。

郭桥 370126-B05-H03
[Guōqiáo]

在县驻地许商街道东南方向 22.0 千米。郑路镇辖自然村。人口 700。明末，郭氏由河北武邑、枣强一带迁此立村，当时此地有桥，故名郭桥。聚落沿河呈带状分布。有文化广场 1 个。经济以个体经营布匹、百货、服装等和种植业为主。有公路经此。

小张家 370126-B05-H04
[Xiǎozhāngjiā]

在县驻地许商街道东南方向 16.4 千米。郑路镇辖自然村。人口 200。明末，张氏由河北武邑、枣强一带迁此立村，因村民都张姓，在行政村内人口少，且村面积小，故名小张家。聚落沿河呈带状分布。经济以种植小麦、玉米为主。有公路经此。

路家 370126-B05-H05
[Lùjiā]

在县驻地许商街道东南方向 22.0 千米。郑路镇辖自然村。人口 1 600。以姓氏命名。聚落呈团块状分布。有文化活动中心 1 个。经济以种植业为主，特产珍珠红西瓜。有公路经此。

东张 370126-B05-H06
[Dōngzhāng]

在县驻地许商街道东南方向 23.0 千米。郑路镇辖自然村。人口 600。明朝，张氏由河北枣强迁此立村，取名张爪（zhǎo）家，之后，刘姓从龙桑寺镇宽河街村迁来，王姓从河北迁来，孙姓最后迁来，村名改为张家，后因在常王庄东侧，故又改为东张。聚落呈团块状分布。有文化广场 1 个。经济以种植小麦、玉米、苗木为主。有公路经此。

季家 370126-B05-H07
[Jìjiā]

在县驻地许商街道东南方向 15.0 千米。郑路镇辖自然村。人口 600。明成化年间，季氏由河北枣强一带迁此立村，初名季家坊，后改今名。聚落呈团块状分布。有文化广场 1 个。经济以个体经营和农作物种植为主，主要作物有小麦、玉米。有公路经此。

前进东 370126-B05-H08
[Qiánjìndōng]

在县驻地许商街道东南方向 12.5 千米。

郑路镇辖自然村。人口 500。明万历年间，官方由河北枣强迁民于此建村，村名神井官庄。传说，1931 年夏季，村内一老者在村北约 1000 米处，发现一古井水甘甜，喝此水能治百病，方圆百里的人都来此取水治病，人们称此井为神井，该村也改名为神井官庄。1959 年，神井官庄分为神井东、神井西两个村，1966 年，神井东改名为前进东。聚落呈散状分布。有文化广场 1 个。经济以种植小麦、玉米、珍珠红西瓜为主。有公路经此。

前进西 370126-B05-H09

[Qiánjìnxī]

在县驻地许商街道东南方向 12.0 千米。郑路镇辖自然村。人口 500。明万历年间，官方由河北枣强迁民于此建村，村名神井官庄。传说，1931 年夏季，村内一老者在村北约 1000 米处，发现一古井水甘甜，喝此水能治百病，方圆百里的人都来此取水治病，人们称此井为神井，该村也改名为神井官庄。1959 年，神井官庄分为神井东、神井西两个村，1966 年，神井西改名为前进西。有文化广场 1 个。经济以种植小麦、玉米为主。有公路经此。

新赵 370126-B05-H10

[Xīnzhào]

在县驻地许商街道东南方向 18.0 千米。郑路镇辖自然村。人口 300。明洪武年间，赵氏族人由河北枣强迁至徒骇河西岸，村原名龙泉寺赵家，因东靠徒骇河岸，南北西三面围墙，故称围子赵。后因徒骇河展宽，搬往村北 1 千米的现址建设新居，因此得名新赵。聚落沿河呈带状分布。有文化广场 1 个。经济以种植小麦、玉米为主。有公路经此。

后张家 370126-B05-H11

[Hòuzhāngjiā]

在县驻地许商街道东南方向 17.0 千米。郑路镇辖自然村。人口 500。据史书记载，张氏始祖是在清乾隆初年由惠民县李庄镇张佩环村逃荒至此，初名西庄，因附近有金堤，亦称堤子张。后有张氏从堤子张村迁至村北立新村，故名后张家。聚落呈团块状分布。有文化广场 1 个。经济以种植小麦、玉米为主。有公路经此。

黄岭 370126-B05-H12

[Huánglǐng]

在县驻地许商街道东南方向 16.0 千米。郑路镇辖自然村。人口 700。据传，明成化年间，黄氏、王氏姑表兄弟俩由河北枣强迁此立村，初名黄王庄。后刘、惠、路等姓氏迁入，改今名。聚落呈团块状分布。经济以种植小麦、玉米为主。有公路经此。

韩家 370126-B05-H13

[Hánjiā]

在县驻地许商街道东南方向 20.0 千米。郑路镇辖自然村。人口 300。以姓氏得名。聚落沿河流呈带状分布。有文化广场 1 个。经济以种植小麦、玉米、蔬菜等为主。有公路经此。

刘家 370126-B05-H14

[Liújiā]

在县驻地许商街道东南方向 16.5 千米。郑路镇辖自然村。人口 700。据刘氏祖茔碑文，清乾隆年间，刘洪苍迁于此，名南刘洪苍。刘氏十八世孙刘万粟，字洪仓，遂名刘洪仓家，后改为刘家。聚落呈团块状分布。经济以种植小麦、玉米为主。有公路经此。

西任家 370126-B05-H15
[Xīrénjiā]

在县驻地许商街道东南方向15.5千米。郑路镇辖自然村。人口400。明洪武十三年（1380），任灵川由河北枣强大槐树任家迁此立村，以姓氏得名任家。后村东又迁一任家，故改今名。聚落呈团块状分布。经济以种植小麦、玉米为主。有公路经此。

尚庙 370126-B05-H16
[Shàngmiào]

在县驻地许商街道东南方向21.0千米。郑路镇辖自然村。人口500。因尚姓首先在此立村，村名尚家庙，后名尚庙。聚落呈团块状分布。有文化广场1个。经济以种植小麦、玉米、蔬菜为主。有公路经此。

大张家庙 370126-B05-H17
[Dàzhāngjiāmiào]

在县驻地许商街道东南方向17.0千米。郑路镇辖自然村。人口900。明末清初，张氏由河北枣强迁此立村，初名张家，后村中修一庙，故改今名。聚落呈团块状分布。经济以种植小麦、玉米为主。有公路经此。

营子 370126-B05-H18
[Yíngzi]

在县驻地许商街道东南方向15.0千米。郑路镇辖自然村。人口1700。元代，王氏在此立村，有"先有王坟，后有营子街"之说。明成化年间，在此安兵营而得名营子。后来此街建有99座土楼，又名土楼营子，后简称营子。聚落呈团块状分布。有文化广场1个、幼儿园1所。经济以种植小麦、玉米为主。有公路经此。

李家 370126-B05-H19
[Lǐjiā]

在县驻地许商街道东南方向15.0千米。郑路镇辖自然村。人口1 000。以姓氏命名。聚落呈团块状分布。有文化广场1个。经济以种植小麦、玉米为主。有公路经此。

王坡 370126-B05-H20
[Wángpō]

在县驻地许商街道东方向17.0千米。郑路镇辖自然村。人口600。传说，清康熙年间，一王氏人家从王老庄迁出立此新村，取名王坡。聚落呈团块状分布。有文化广场1个。经济以种植小麦、玉米、蔬菜为主。有公路经此。

河西陈 370126-B05-H21
[Héxīchén]

在县驻地许商街道东南方向16.0千米。郑路镇辖自然村。人口1 100。明成化年间，陈氏始祖由河北枣强迁至商河城东20千米处居住，因在丰收河以西，故名河西陈。聚落呈团块状分布。有文化广场1个。经济以种植小麦、玉米为主。有公路经此。

梁王冢 370126-B05-H22
[Liángwángzhǒng]

在县驻地许商街道东方向22.0千米。郑路镇辖自然村。人口400。据《商河县志》记载，战国时期，梁惠王率兵至此会盟，长子亡，惠王命兵卒从东海之滨负土在此修墓，故得名梁王坟，又称，梁王冢。聚落呈团块状分布。有文化广场1个。村内有省级文物保护单位梁王冢遗址。经济以种植小麦、玉米为主。有公路经此。

河西刘 370126-B05-H23

[Héxīliú]

在县驻地许商街道东方向 18.0 千米。郑路镇辖自然村。人口 300。鼻祖八公带宗族从原籍徐州邳县迁居山东省寿光县西洋河店隐居，大公祖自洋河店旋迁武郡许商城东 20 千米之外，村名刘家胡同。因该村地处朱家河古道的西北夹角岸边，后改为河西刘。聚落呈团块状分布。经济以种植小麦、玉米为主。有公路经此。

小赵家 370126-B05-H24

[Xiǎozhàojiā]

在县驻地许商街道东方向 22.5 千米。郑路镇辖自然村。人口 200。据传，明朝，河北枣强县曾有赵氏三兄弟，因战争频繁，背井离乡，流亡在外，一人落户商河，定居的村命名为小赵家。聚落呈团块状分布。有文化广场 1 个。经济以种植小麦、玉米为主。有公路经此。

后贾庄 370126-B06-H01

[Hòujiǎzhuāng]

贾庄镇人民政府驻地。在县驻地许商街道西南方向 8.0 千米。人口 1 000。明末清初，崔氏兄弟、贾氏兄弟先后由武邑、枣强一带迁来，落户于此。后贾氏一脉人丁兴旺，占本村多数，因此村以姓氏命名为贾庄。以方向为参照，南邻前贾庄，故名。聚落沿公路呈带状分布。有农家书屋 1 个、小学 1 所、幼儿园 1 所。有吕剧、京剧等特色文化活动。经济以餐饮服务、服装零售和种植业为主。省道东莘公路经此。

台子刘 370126-B06-H02

[Táiziliú]

在县驻地许商街道西北方向 11.3 千米。贾庄镇辖自然村。人口 700。明朝永乐年间，刘氏兄弟由武邑、枣强一带迁来，落户于此，因村后有秦始皇的点将台，故名台子刘。聚落呈带状分布。有文化大院 1 个、农家书屋 1 个。经济以种植大棚蔬菜为主。有公路经此。

枣林 370126-B06-H03

[Zǎolín]

在县驻地许商街道西南方向 9.5 千米。贾庄镇辖自然村。人口 600。王氏迁至此处，村内有一棵枣树，枣仁特别大，因此该村得名枣仁。枣树越长越大、越来越多，成了一片片树林，后改为枣林。聚落呈散状分布。有文化广场 1 个。经济以种植小麦、玉米、苗木为主。有简易公路经此。

小庞家 370126-B06-H04

[Xiǎopángjiā]

在县驻地许商街道西南方向 8.8 千米。贾庄镇辖自然村。人口 300。明朝永乐年间，庞氏由河北省枣强县迁至商河县沙河乡烟墩居。清顺治年间，庞千、庞万两兄弟迁现村址处定居，因人口较少，故名小庞家。聚落呈团块状分布。有文化大院 1 个。经济以种植小麦、玉米为主。有简易公路经此。

马集 370126-B06-H05

[Mǎjí]

在县驻地许商街道西南方向 7.3 千米。贾庄镇辖自然村。人口 1 100。元末，张氏始祖巨川携子避乱出逃流浪于商河，后在此居住，名村为马家，后立集，故得今名。有文化广场 1 个。经济以种植小麦、玉米为主。有简易公路经此。

小孙家 370126-B06-H06

[Xiǎosūnjiā]

在县驻地许商街道西南方向 6.3 千米。贾庄镇辖自然村。人口 1 000。孙氏本姓乔，居河涧庆云，因受孙氏家业的影响，令其子乔衍光改为孙姓，万历年间由孙集侨居小孙家，村因姓而得名。聚落呈带状分布。有农家书屋 1 个。经济以种植大棚蔬菜为主。省道东莘公路经此。

李王庄 370126-B06-H07
[Lǐwángzhuāng]

在县驻地许商街道西北方向 7.7 千米。贾庄镇辖自然村。人口 500。据民国《商河县志》记载，该村原名李马保，后王氏迁入，改为李王庄。聚落呈散状分布。有鼓子秧歌表演等民俗活动。经济以种植小麦、玉米为主。有简易公路经此。

栾庙 370126-B06-H08
[Luánmiào]

在县驻地许商街道西南方向 11.2 千米。贾庄镇辖自然村。人口 600。明朝初期，栾氏途经此地，在一古庙栖身，并长期居住，逐渐形成村落，故名。聚落呈团块状分布。经济以种植业为主。有公路经此。

蒿子 370126-B06-H09
[Hāozi]

在县驻地许商街道西南方向 9.9 千米。贾庄镇辖自然村。人口 1 000。明末清初，曲氏兄弟由武邑、枣强一带迁来立村，因遍地是蒿子，故名。聚落呈团块状分布。有农家书屋 1 个。经济以种植大棚蔬菜为主。有公路经此。

前大庄 370126-B06-H10
[Qiándàzhuāng]

在县驻地许商街道西北方向 11.5 千米。贾庄镇辖自然村。人口 500。明朝永乐年间，李氏从河北枣强一带迁来贤圣寺村，其后代十三世迁来此地立村，取名大庄。1955 年，据方位分为前后大庄，该村位于南部，

名前大庄。聚落呈散状分布。有文化广场 1 个。经济以种植小麦、玉米为主。有简易公路经此。

孟东 370126-B06-H11
[Mèngdōng]

在县驻地许商街道西南方向 8.3 千米。贾庄镇辖自然村。人口 600。明朝中期，孟子第五十九代子孙孟彦准为躲避兵乱，由邹县迁入本村，村西有铺，故名孟庄铺，1963 年改为孟东。聚落呈带状分布。有农家书屋 1 个、文化大院 1 个。经济以种植小麦、玉米为主。京沪高速、省道东莘公路经此。

潘家 370126-B06-H12
[Pānjiā]

在县驻地许商街道西北方向 12.7 千米。贾庄镇辖自然村。人口 500。以姓氏命名。聚落呈团块状分布。有文化广场 1 个。经济以种植小麦、玉米、苗木为主。有简易公路经此。

燕家 370126-B06-H13
[Yānjiā]

在县驻地许商街道西北方向 7.4 千米。贾庄镇辖自然村。人口 900。以姓氏命名。聚落呈带状分布。有文化广场 1 个。经济以种植玉米、小麦为主。有公路经此。

王丰诰 370126-B06-H14
[Wángfēnggào]

在县驻地许商街道西南方向 6.5 千米。贾庄镇辖自然村。人口 500。明朝初期，王氏来到商河小王家后，王家三子凤诰为村民做了不少好事，远近闻名，于是村名改成王凤诰，后来逐渐演变成今名。聚落呈团块状分布。有农家书屋 1 个。经济以种植玉米、小麦为主。有公路经此。

王天赐 370126-B06-H15

[Wángtiāncì]

在县驻地许商街道西北方向 9.3 千米。贾庄镇辖自然村。人口 400。很早以前，该村有一村民王天赐，他勤劳、善良，经常帮助家庭困难的农户，深受全村人的尊敬，后以此人姓名立村。聚落呈带状分布。有农家书屋 1 个。经济以种植农作物为主。有公路经此。

胡集 370126-B06-H16

[Hújí]

在县驻地许商街道西北方向 9.0 千米。贾庄镇辖自然村。人口 800。胡氏迁居于此，因立集市而名村为胡家集，后简称胡集。聚落呈带状分布。有幼儿园 1 所、初中 1 所。经济以餐饮、服装销售和种植小麦、玉米为主。有简易公路经此。

万坊 370126-B06-H17

[Wànfáng]

在县驻地许商街道西南方向 9.8 千米。贾庄镇辖自然村。人口 1 000。据传，明朝永乐年间，万氏从河北枣强一带过来立村，以开油坊为生，故名。聚落呈团块状分布。有农家书屋 1 个、文化广场 1 个。经济以种植农作物为主。有公路经此。

张太华 370126-B06-H18

[Zhāngtàihuá]

在县驻地许商街道西北方向 14.2 千米。贾庄镇辖自然村。人口 900。明朝永乐年间，张氏二人由本省寿光县大尧村迁出，兄张邦侯迁入临邑县理合镇张集村，弟张邦汉迁入此地。其后，有张氏后裔张太华考中举人，该村便以此人姓名命名。聚落呈散状分布。有文化大院 1 个、农家书屋 1 个。经济以种植大棚蔬菜为主。

有简易公路经此。

泉家 370126-B06-H19

[Quánjiā]

在县驻地许商街道西北方向 6.3 千米。贾庄镇辖自然村。人口 500。以姓氏命名。聚落呈团块状分布。有农家书屋 1 个、文化大院 1 个。经济以种植小麦、玉米为主。有简易公路经此。

北香坊 370126-B06-H20

[Běixiāngfáng]

在县驻地许商街道西北方向 6.2 千米。贾庄镇辖自然村。人口 300。该村始建于明朝永乐年间，村名的由来有不同的说法：一说因该村祖上曾以磨香油为生而得名；一说祖上曾以制作祭祀用的"香"为生而取名"香坊"，又因为商河县辖区有两个香坊村，该村位置在北，所以称为北香坊。聚落呈团块状分布。有农家书屋 1 个、文化大院 1 个。经济以种植小麦、玉米为主。无公路经此。

小路家 370126-B06-H21

[Xiǎolùjiā]

在县驻地许商街道西北方向 5.5 千米。贾庄镇辖自然村。人口 200。明永乐年间，路氏从河北枣强一带迁来，因村小，故名。聚落呈团块状分布。有农家书屋 1 个。经济以种植小麦、玉米为主。无公路经此。

范家 370126-B06-H22

[Fànjiā]

在县驻地许商街道西南方向 11.7 千米。贾庄镇辖自然村。人口 200。以姓氏命名。聚落呈团块状分布。有农家书屋 1 个。经济种植小麦、玉米为主。无公路经此。

郇家 370126-B06-H23
[Huánjiā]

在县驻地许商街道西南方向 7.7 千米。贾庄镇辖自然村。人口 400。以姓氏命名。聚落呈团块状分布。经济以种植小麦、玉米为主。有简易公路经此。

街西王 370126-B06-H24
[Jiēxīwáng]

在县驻地许商街道西北方向 10.0 千米。贾庄镇辖自然村。人口 800。康熙初年，王氏由商河县北王集村迁来此处立村，取名王家村。后因胡集人民公社有两个王家，该村位于胡集街西，故名。聚落呈团块状分布。有文化大院 1 个。经济以种植业为主。有简易公路经此。

白桥 370126-B07-H01
[báiqiáo]

白桥镇人民政府驻地。在县驻地许商街道东南方向 25.0 千米。人口 1 800。传说，明洪武三年（1370），在村东南角出现一座仙桥，此桥 60 年显一显，桥上显出"白桥"二字，附会得名。聚落呈带状分布。有文化大院 1 个、农家书屋 1 个、幼儿园 1 所、小学 1 所。有京剧、梆子、吕剧等特色艺术活动。经济以种植大蒜为主。有公路经此。

岳桥 370126-B07-H02
[Yuèqiáo]

在县驻地许商街道东南方向 15.6 千米。白桥镇辖自然村。人口 1 300。据传，明崇祯十一年（1638），岳氏由河北枣强迁此立村，村南木桥多次维修，仍摇摇晃晃，故称摇桥。后有人从东岳泰山搬来一青石，放桥头，其后桥受压未晃，因此取名轧桥，之后村民认为此石采自东岳，故改今名。聚落呈带状分布。有小学 1 所。经济以种植大蒜为主。有公路经此。

东瓜王 370126-B07-H03
[Dōngguāwáng]

在县驻地许商街道东南方向 18.9 千米。白桥镇辖自然村。人口 800。据传，明朝此村有一大财主名韩世道，在村东种了二亩瓜，其中有一稍瓜长到一丈二尺尚未落花，故得名瓜王庄。一天，路上来了一头牛，不知人们怎么惹怒了它，牛低着头就猛顶过来，幸亏人们躲得快，没伤着人，但牛一下子顶到了地上，立刻出现了一条长 80 米、宽 50 米的大沟，时间长了，人们来回办事不方便，就分了庄，沟西边的叫西瓜王村，沟东边的叫东瓜王村。此村为东瓜王。聚落呈团块状分布。有文化大院 1 个、农家书屋 1 个、幼儿园 1 所。经济以种植大蒜为主。有公路经此。

赵家屯 370126-B07-H04
[Zhàojiātún]

在县驻地许商街道东南方向 13.5 千米。白桥镇辖自然村。人口 1 000。明末清初，赵氏从河北省武邑、枣强县一带迁来此地，因地势较洼，故称赵家屯。聚落呈散状分布。有文化大院 1 个、农家书屋 2 个。经济以种植大蒜为主。有公路经此。

爼家 370126-B07-H05
[Zǔjiā]

在县驻地许商街道东南方向 21.4 千米。白桥镇辖自然村。人口 400。据传，宋代由于岳飞被奸臣所害，其族人遭株连，当时岳飞两位后代背爼（祭祀用的器具）逃难到此，当时两人不敢姓岳，因为背爼到此，即商议以爼为姓，故名。聚落呈团块状分布。有农家书屋 1 个、幼儿园 1 所。经济以种植大蒜为主，土特产品有腊八蒜。有简易公路经此。

左家 370126-B07-H06

[Zuǒjiā]

在县驻地许商街道东南方向 13.0 千米。白桥镇辖自然村。人口 500。据传，该村有四姓氏，其中姜、周、马氏因兵荒马乱迁入该村，原称太平村。后因与胡姓人家一同迁来，住在胡姓人家的左边而得名左家。聚落呈带状分布。经济以种植大蒜、玉米为主。有公路经此。

薛园 370126-B07-H07

[Xuēyuán]

在县驻地许商街道东南方向 20.6 千米。白桥镇辖自然村。人口 200。据传，清朝时薛全园在此地种花、种菜，故名。因其人少村小，又称小薛园。聚落呈团块状分布。有农家书屋 1 个。经济以种植农作物为主。无公路通过。

侯维思 370126-B07-H08

[Hóuwéisī]

在县驻地许商街道东南方向 20.3 千米。白桥镇辖自然村。人口 800。据传，此村原名张侯，明朝侯氏由河北枣强迁此，侯氏名维思，是一位医生，经常为村民看病，声望较高，故改今名。聚落呈团块状分布。有农家书屋 1 个。有公路经此。

指挥李 370126-B07-H09

[Zhǐhuīlǐ]

在县驻地许商街道东南方向 21.0 千米。白桥镇辖自然村。人口 400。村初名李家村。据传，明末此村李民作为带刀指挥官拥有三千人马，威望很高，杀敌除害，作战勇猛，故改今名。聚落呈团块状分布。有农家书屋 1 个、幼儿园 1 所。经济以种植农作物为主。有简易公路经此。

小袁家 370126-B07-H10

[Xiǎoyuánjiā]

在县驻地许商街道东南方向 21.8 千米。白桥镇辖自然村。人口 300。据传说，原来此地只有一户姓袁的人家，之后邢氏从邢家迁此，因袁姓先迁此地故取名袁家，后称小袁家。聚落呈带状分布。有农家书屋 1 个。经济以种植农作物为主。有简易公路经此。

邢家 370126-B07-H11

[Xíngjiā]

在县驻地许商街道东南方向 18.2 千米。白桥镇辖自然村。人口 200。以姓氏命名。聚落呈带状分布。有农家书屋 1 个。经济以种植大棚蔬菜为主。有公路经此。

东付李 370126-B07-H12

[Dōngfùlǐ]

在县驻地许商街道东南方向 27.0 千米。白桥镇辖自然村。人口 900。据传，明末清初，付氏、李氏把千顶张、毛姑店等周围几个小村合为两个村，以湾为界，东为东付李，西为西付李，该村在东。聚落呈散状分布。有农家书屋 1 个。经济以种植玉米、小麦、大蒜为主。有简易公路经此。

大碾王 370126-B07-H13

[Dàniǎnwáng]

在县驻地许商街道东南方向 17.5 千米。白桥镇辖自然村。人口 200。明末清初，村民从河北省枣强县迁来，传说该村有一大碾，此碾套上小马，转不到一圈马就劳累至死，故名大碾王。聚落呈团块状分布。有农家书屋 1 个。经济以种植玉米、小麦、大蒜为主。有简易公路经此。

东董 370126-B07-H14

［Dōngdǒng］

在县驻地许商街道东南方向 21.0 千米。白桥镇辖自然村。人口 600。明洪武三年（1370），始祖董勇成从河北枣强迁入后，有三个儿子，分东、西、后各立一村，即三个董家，后在东的村为东董。聚落呈团块状分布。经济以种植小麦、玉米、苗木为主。有公路经此。

井家坞 370126-B07-H15

［Jǐngjiāwù］

在县驻地许商街道东南方向 22.0 千米。白桥镇辖自然村。人口 900。据传，村里有一关王坞，村西有一深井，此水比其他水好喝，每年二月二在此有贸易大会，此村有一更夫很出名，遂称更家窝，明万历年间改为今名。聚落呈散状分布。有文化大院 1 个、农家书屋 1 个。经济以种植小麦、玉米、大蒜为主。有公路经此。

蒿子孙 370126-B07-H16

［Hāozisūn］

在县驻地许商街道东南方向 22.0 千米。白桥镇辖自然村。人口 500。据传，自明朝时期，从河北省枣强县迁入此地姓孙的一户，因当时碱地蒿草旺盛，故起名蒿子孙。聚落呈团块状分布。有农家书屋 1 个。经济以种植大蒜、玉米、小麦为主。有简易公路经此。

徐李 370126-B07-H17

［Xúlǐ］

在县驻地许商街道东南方向 19.5 千米。白桥镇辖自然村。人口 600。据传，清宣统年间，徐氏由河北枣强迁此立村，附近有李海坞家，因徐氏人丁兴旺，故名。聚落呈带状分布。经济以种植农作物为主。有公路经此。

大侯家 370126-B07-H18

［Dàhóujiā］

在县驻地许商街道东南方向 19.0 千米。白桥镇辖自然村。人口 600。以姓氏命名。聚落呈团块状分布。有农家书屋 1 个。经济以种植大蒜、玉米、小麦为主。有公路经此。

南董 370126-B07-H19

［Nándǒng］

在县驻地许商街道东南方向 18.5 千米。白桥镇辖自然村。人口 300。据传，董氏由城东南东董迁此立村，初名新庄。因此村位于三董之南，20 世纪 50 年代末改为南董。聚落呈团块状分布。有文化大院 1 个、农家书屋 1 个。经济以种植玉米、小麦、大蒜为主。有公路经此。

贾家 370126-B07-H20

［Jiǎjiā］

在县驻地许商街道东南方向 17.9 千米。白桥镇辖自然村。人口 400。明初，贾氏自河北省枣强县迁来，因本村位于徒骇河转弯处，因而得名贾家圈，简称贾家。聚落呈带状分布。有农家书屋 1 个。经济以种植大蒜、玉米、小麦为主。有简易公路经此。

吴家 370126-B07-H21

［Wújiā］

在县驻地许商街道东南方向 17.5 千米。白桥镇辖自然村。人口 600。以姓氏命名。聚落呈团块状分布。经济以种植大蒜、玉米、小麦为主。有公路经此。

西瓜王 370126-B07-H22

［Xīguāwáng］

在县驻地许商街道东南方向 18.5 千米。

白桥镇辖自然村。人口 500。据传，明朝此村有一大财主名韩世道，在村东种了二亩瓜，其中有一稍瓜长到一丈二尺尚未落花，故得名瓜王庄。一天，路上来了一头牛，不知人们怎么惹怒了它，牛低着头就猛顶过来，幸亏人们躲得快，没伤着人，但牛一下子顶到了地上，立刻出现了一条长 80 米、宽 50 米的大沟，时间长了，人们来回办事不方便，就分了庄，沟西边的叫西瓜王村，沟东边的叫东瓜王村。此村为西瓜王。聚落呈团块状分布。经济以种植大蒜、小麦、玉米为主。有公路经此。

小营子 370126-B07-H23
[Xiǎoyíngzi]

在县驻地许商街道东南方向 21.9 千米。白桥镇辖自然村。人口 400。据传，明初有一户刘姓人家由河北省枣强县迁来此村，初名后刘庄。明末，从商河县刘店村迁来一人，名刘福，其成为大户，因村南邻大营子村，故更名为小营子。聚落呈带状分布。经济以种植大蒜、小麦、玉米为主。有公路经此。

王天开 370126-B07-H24
[Wángtiānkāi]

在县驻地许商街道东南方向 22.0 千米。白桥镇辖自然村。人口 600。据传，明洪武三年（1370），王氏由河北枣强县迁此立村，王氏名天开，以其姓名命名村庄。聚落呈散状分布。经济以种植玉米、小麦、大蒜为主。有公路经此。

园里 370126-B08-H01
[Yuánlǐ]

孙集镇人民政府驻地，在县驻地许商街道东南方向 10.0 千米。人口 600。元末明初，王氏由河北枣强迁此立村，因种菜园较多，故名。聚落呈团块状分布。有农家书屋 1 个、文化大院 1 个、幼儿园 1 所。经济以种植大棚蔬菜为主，主产西红柿、芹菜；养殖肉鸡、蛋鸡、生猪等。有公路经此。

牛庄堡 370126-B08-H02
[Niúzhuāngpù]

在县驻地许商街道东北方向 2.5 千米。孙集镇辖自然村。人口 1 100。相传汉朝牛氏先人在此居住，元末明初王氏先人从河北枣强迁入，因村内店铺较多，取名"牛庄铺"，后改今名。聚落呈散状分布。有文化大院 1 个、文化广场 1 个、幼儿园 1 所。经济以种植小麦、玉米为主。340 国道经此。

前街 370126-B08-H03
[Qiánjiē]

在县驻地许商街道东北方向 2.5 千米。孙集镇辖自然村。人口 700。该村大约建于元朝，村民自河北武邑县迁来，牛氏、王氏同住一村，取名牛堡。此后在村庄以南扩建新村，取名前街。聚落呈团块状分布。有文化广场 1 个、幼儿园 1 所。经济以种植小麦、玉米为主。有公路经此。

王皮家 370126-B08-H04
[Wángpíjiā]

在县驻地许商街道东南方向 10.0 千米。孙集镇辖自然村。人口 2 000。据传，明末，王氏四兄弟由河北武邑、枣强一带迁此立村，后来其他兄弟迁往济阳等地，王氏兄长王霹留居，以其名名村，后取其谐音称王皮家。聚落呈带状分布。有文化大院 1 个、农家书屋 1 个、文化广场 1 个、幼儿园 1 所。经济以种植小麦、玉米、苗木为主。有公路经此。

车庙 370126-B08-H05
[Chēmiào]

在县驻地许商街道东南方向 10.2 千米。孙集镇辖自然村。人口 900。车氏于元末明初由河北枣强迁移至此，该村当时取名为庞王庄，后庞氏后继无人，车姓在村东修庙纪念，车庙由此得名。聚落呈团块状分布。有农家书屋 1 个、文化大院 1 个。经济以种植小麦、玉米、苗木为主。有公路经此。

小张家 370126-B08-H06
[Xiǎozhāngjiā]

在县驻地许商街道东方向 4.5 千米。孙集镇辖自然村。人口 400。明朝张氏先人自河北枣强县迁至此处，因该村比周围的所有村庄都小，以姓氏命名小张家。聚落呈团块状分布。有文化活动室 1 个、农家书屋 1 个。经济以种植小麦、玉米为主。无公路经此。

孙集 370126-B08-H07
[Sūnjí]

在县驻地许商街道东南方向 10.2 千米。孙集镇辖自然村。人口 1 000。元末明初，孙氏路经此地，见这里地势平坦，水资源丰富，特别适合居住，于是定居于此，取名为庞家庄，其始祖名为孙贵，后来孙贵为纪念死去的妻子在此立集，改名孙集。有文化广场 1 个、幼儿园 1 所。经济以种植玉米、小麦为主。有公路经此。

杨八士 370126-B08-H08
[Yángbāshì]

在县驻地许商街道东方向 4.6 千米。孙集镇辖自然村。人口 500。传说明朝初期，杨氏从河北省枣强县迁来定居，初名杨家。清朝时杨家杨智信有八个儿子，第八个儿子最有名气，故得名杨八士。聚落呈带状分布。有文化大院个、小学 1 所。有鼓子秧歌表演等民俗。经济以种植小麦、玉米为主。无公路经此。

小郭家 370126-B08-H09
[Xiǎoguōjiā]

在县驻地许商街道东方向 3.0 千米。孙集镇辖自然村。人口 500。据传，明初郭氏先人由河北武邑迁此立村，后分为两村，因该村较小，故名。聚落呈散状分布。有农家书屋 1 个、小学 1 所。经济以种植小麦、玉米为主。有公路经此。

王道士 370126-B08-H10
[Wángdàoshì]

在县驻地许商街道东方向 11.0 千米。孙集镇辖自然村。人口 500。据记载，村初名骆李庄，明朝时路、李两姓由河北武邑、枣强一带迁入，后有一王姓道士迁来此村，故改名王道士。聚落呈团块状分布。有文化大院 1 个、小学 1 所。经济以种植小麦、玉米为主。有公路经此。

李家市 370126-B08-H11
[Lǐjiāshì]

在县驻地许商街道东方向 5.0 千米。孙集镇辖自然村。人口 400。传说该村原名北董，后来刘姓渐富，于是自立短工市，先以高价雇用，后又改低，因而得名劣价市，后改今名。聚落呈团块状分布。经济以种植小麦、玉米为主。无公路经此。

大蒲洼 370126-B08-H12
[Dàpúwā]

在县驻地许商街道东方向 12.0 千米。孙集镇辖自然村。人口 900。村南有一片洼地长满蒲草，故名蒲洼。后在此居住的先民分家分为大、小蒲洼，1965 年后，小蒲洼村从大蒲洼村分出。此村为大蒲洼。聚落呈带状分布。有文化广场 1 个、幼儿园 1 所。经济以种植小麦、玉米、苗木为主。有公路经此。

郝家 370126-B08-H13

[Hǎojiā]

在县驻地许商街道东方向 3.5 千米。孙集镇辖自然村。人口 300。以姓氏命名。聚落呈团块状分布。有图书室 1 个。经济以种植小麦、玉米为主。无公路经此。

北崔 370126-B08-H14

[Běicuī]

在县驻地许商街道东方向 3.5 千米。孙集镇辖自然村。人口 200。据村碑记载，元末明初，崔氏从河北省枣强县迁到此地定居，为与该乡崔田村区分，得名北崔。聚落呈团块状分布。有图书室 1 个。经济以种植小麦、玉米为主。无公路经此。

小北陈 370126-B08-H15

[Xiǎoběichén]

在县驻地许商街道东方向 4.0 千米。孙集镇辖自然村。人口 100。据村碑记载，元末明初，陈氏由河北枣强迁至此地，因村内全是陈姓，为区别于南陈村，故名小北陈。聚落呈团块状分布。经济以种植小麦、玉米为主。340 国道经此。

双庙 370126-B08-H16

[Shuāngmiào]

在县驻地许商街道东方向 3.5 千米。孙集镇辖自然村。人口 300。元末明初，李氏从河北省枣强县迁到此地定居，因村东有两庙宇东西对峙，所以得名双庙。聚落呈团块状分布。有图书室 1 个。经济以种植小麦、玉米为主。340 国道经此。

前坊子 370126-B08-H17

[Qiánfāngzi]

在县驻地许商街道东南方向 11.0 千米。孙集镇辖自然村。人口 400。元末明初，尹本从直隶枣强迁到商河城东朱家寨（今孙集镇寨子村），尹海迁居此地兼营油坊。后两兄弟徙居，以方向为参照，南为前，北为后，此村居前，故名前坊。聚落呈团块状分布。有文化大院 1 个。经济以种植小麦、玉米为主。有公路经此。

赵家庙 370126-B08-H18

[Zhàojiāmiào]

在县驻地许商街道东方向 4.0 千米。孙集镇辖自然村。人口 400。明永乐四年（1406），赵氏从河北枣强迁至此地与曾家村为邻建村，修一寺庙，故取名赵家庙。聚落呈带状分布。有农家书屋 1 个。有鼓子秧歌演出等民俗。经济以种植小麦、玉米为主。有公路经此。

前庙 370126-B08-H19

[Qiánmiào]

在县驻地许商街道东南方向 11.0 千米。孙集镇辖自然村。人口 600。该村始建于元末明初，先由钱氏家族迁移此地，因其信仰佛教，建有寺庙一座，香火旺盛，故称钱庙。后来邻村的王氏、常氏两家族移住此村，管理寺庙，因寺庙建在村前，便更名为前庙。有小学 1 所。经济以种植小麦、玉米为主。有公路经此。

崔田 370126-B08-H20

[Cuītián]

在县驻地许商街道东方向 3.6 千米。孙集镇辖自然村。人口 800。据记载，明朝时田氏及崔氏从河北武邑、枣强一带迁入，其中崔氏人口最多，故名崔田。聚落呈带状分布。有文化大院 1 个。经济以种植小麦、玉米为主。340 国道经此。

张茂文 370126-B08-H21
［Zhāngmàowén］

在县驻地许商街道东南方向 9.0 千米。孙集镇辖自然村。人口 400。清初，张万清自张大人村迁此立村，取村名为张万清。后张茂文携带家人迁此居住，改名为张茂文。聚落呈团块状分布。有农家书屋 1 个、文化大院 1 个。经济以种植小麦、玉米为主。无公路经此。

袁窦 370126-B08-H22
［Yuándòu］

在县驻地许商街道东北方向 2.0 千米。孙集镇辖自然村。人口 600。以袁、窦二姓命名。聚落呈带状分布。有文化大院 1 个、幼儿园 1 所。经济以种植小麦、玉米为主。340 国道经此。

刘店 370126-B08-H23
［Liúdiàn］

在县驻地许商街道东南方向 10.0 千米。孙集镇辖自然村。人口 1 200。1421 年，刘氏自河北枣强迁此立村，祖以开店为生，故名。聚落呈带状分布。有小学 1 所。经济以种植业和经营地毯厂、抽皮厂为主。有公路经此。

贾家 370126-B08-H24
［Jiǎjiā］

在县驻地许商街道东南方向 10.0 千米。孙集镇辖自然村。人口 400。以姓氏命名。聚落呈散状分布。有文化广场 1 个、幼儿园 1 所。经济以种植小麦、玉米、苗木为主。有公路经此。

韩家庙 370126-B09-H01
［HánjiāMiào］

韩庙镇人民政府驻地。在县驻地许商街道东北方向 30.0 千米。人口 1 000。据记载，明末清初，韩氏由河北省枣强县迁来，后修建一座庙，故名。聚落呈团块状分布。有幼儿园 1 所、小学 1 所、中学 1 所。经济以种植业、经营各类百货为主。德龙烟铁路经此。

黄家屯 370126-B09-H02
［Huángjiātún］

在县驻地许商街道东北方向 21.3 千米。韩庙镇辖自然村。人口 1 300。相传，明末清初，刘氏自河北枣强县迁来，以种植葡萄为生，故名葡萄刘家。后刘氏打死黄氏一条狗，刘氏赔偿并赔礼，两家成为好友并一起在葡萄刘家村居住，村名改为黄狗屯，后改为黄家屯。聚落呈团块状分布。有文化大院 1 个、农家书屋 1 个、小学 1 所、幼儿园 1 所。有古槐一棵。经济以种植小麦、玉米为主。无公路经此。

乐义口 370126-B09-H03
［Lèyìkǒu］

在县驻地许商街道东北方向 23.9 千米。韩庙镇辖自然村。人口 400。据记载，明末清初，一忠义之士由河北省枣强县迁来此地落户，为吃水方便，柳刘两家协商在一条自然沟旁建房，因两家人乐善义忠，故起名乐义沟，后改为乐义口。经济以种植小麦、玉米为主。有公路经此。

打狗店 370126-B09-H04
［Dǎgǒudiàn］

在县驻地许商街道东北方向 20.6 千米。韩庙镇辖自然村。人口 1 100。据记载，杨氏由河北枣强迁来，始名兴隆镇。明太祖朱元璋曾至此地，见村中有疯狗乱咬人，命将士将狗打死，后改名为打狗店。聚落呈带状分布。经济以种植小麦、玉米为主。有公路经此。

店子街 370126-B09-H05
[Diànzijiē]

在县驻地许商街道东北方向 22.1 千米。韩庙镇辖自然村。人口 800。据村碑记载，明永乐年间，该村先民由河北省武邑、枣强一带迁来定居，始名复新店。因靠路开店，又改为店子街，亦称小店子。聚落呈带状分布。有文化广场 1 个。经济以种植小麦、玉米为主。有公路经此。

大屯 370126-B09-H06
[Dàtún]

在县驻地许商街道东北方向 22.6 千米。韩庙镇辖自然村。人口 700。据记载，明末清初，李氏由河北枣强县迁来，始名万家，后因人口增多，改名大屯。聚落呈带状分布。有文化大院 1 个、农家书屋 1 个。经济以种植小麦、玉米为主。有公路经此。

洼埃子 370126-B09-H07
[Wā'āizi]

在县驻地许商街道东北方向 24.2 千米。韩庙镇辖自然村。人口 1 300。据史书记载，明朝末年，信氏由河北枣强县迁来居住在一土埃边，取名洼埃子。聚落呈散状分布。有文化大院 1 个、幼儿园 1 所。经济以种植小麦、玉米、棉花为主。有公路经此。

杆子行 370126-B09-H08
[Gǎnziháng]

在县驻地许商街道东北方向 23.0 千米。韩庙镇辖自然村。人口 500。据记载，明末清初，段姓一家由河北省枣强县迁来居住，始名太平庄。相传有一年，土匪强盗进入

该村抢夺财物并与村民发生冲突，村民用竹竿打走强盗，故得名杆子行。聚落呈带状分布。有文化广场 1 个。经济以种植玉米、小麦为主。有公路经此。

雹泉庙 370126-B09-H09
[Báoquánmiào]

在县驻地许商街道东北方向 23.1 千米。韩庙镇辖自然村。人口 700。相传汉朝宰相雹泉保家卫国，屡立战功，又带领当地村民治理好了河道，年年获得好收成，百姓安居乐业，人们为纪念他修了庙，村子由此得名。有文化广场 1 个、幼儿园 1 所。经济以种植玉米、小麦为主。有公路经此。

孙家营 370126-B09-H10
[Sūnjiāyíng]

在县驻地许商街道东北方向 23.0 千米。韩庙镇辖自然村。人口 600。据记载，辛、赵两家人最早来此定居，取村名辛赵家庄。据孙氏家谱记载，乾隆壬午年，孙氏由河北省枣强县迁入商邑城东孙家集孙家庄，孙氏十三世孙大有迁来辛赵家庄定居。后来，有位孙将军带兵来此，在该村星星庙驻兵扎营，在村南设置点将台，日夜练兵布阵。孙氏一家给官兵送衣、送饭，加之孙氏一族人丁兴旺，孙将军一时高兴，故改村名为孙家营。聚落呈带状分布。有文化广场 1 个。经济以种植玉米、小麦为主。有公路经此。

朱家林 370126-B09-H11
[Zhūjiālín]

在县驻地许商街道东北方向 22.1 千米。韩庙镇辖自然村。人口 1 600。明末清初，朱氏兄弟自河北枣强县迁居此处，老大种植许多树木，多年后树木成林，人们陆续迁来此处居住，得名朱家林。聚落呈团块

状分布。有小学 1 所。经济以种植玉米、小麦为主。有公路经此。

销售地瓜、棉花和种植小麦、玉米为主。有公路经此。

大冯家 370126-B09-H12
[Dàféngjiā]

在县驻地许商街道东北方向 27.7 千米。韩庙镇辖自然村。人口 400。据史书记载，明末清初，冯氏由河北枣强迁入，以姓命名冯家，因该村后又迁出一村小冯家，故名大冯家。聚落呈散状分布。有文化广场 1 个。经济以种植玉米、小麦为主。有公路经此。

沙河 370126-C01-H01
[Shāhé]

沙河乡人民政府驻地。在县驻地许商街道东北方向 16.8 千米。人口 1 800。传说，唐朝末年该村为秦家居住，村民为秦琼的后裔，宋初秦姓失传，因靠大沙河，改为沙河。该村沿大沙河呈带状分布。有农村书屋 1 个、幼儿园 1 所。经济以经营金银花、棉花和种植小麦、玉米为主。有公路经此。

新庄 370126-C01-H02
[Xīnzhuāng]

在县驻地许商街道东北方向 17.0 千米。沙河乡辖自然村。人口 300。明末清初，徐氏从河北省枣强县一带迁至此地创立新村，故称徐新庄，后简称新庄。聚落呈带状分布。有农家书屋 1 个。经济以种植小麦、玉米为主。有公路经此。

梨行 370126-C01-H03
[Líháng]

在县驻地许商街道东北方向 19.6 千米。沙河乡辖自然村。人口 400。因村北有沙质土壤，村民种植大量梨树，故名梨行。聚落呈散状分布。有农家书屋 1 个。经济以

周李家 370126-C01-H04
[Zhōulǐjiā]

在县驻地许商街道东北方向 19.2 千米。沙河乡辖自然村。人口 600。据传，明末清初，李姓人家由河北省枣强县迁入，后收留逃难的周姓人家在此居住，自此两家在此定居至今，村庄由此得名。聚落呈带状分布。经济以种植业为主。有公路经此。

北范 370126-C01-H05
[Běifàn]

在县驻地许商街道东北方向 20.4 千米。沙河乡辖自然村。人口 400。明末，范氏从河北省枣强县迁入，在北徐村西落庄，因与北徐邻近，通称徐范，后改名北范。聚落呈带状分布。经济以种植小麦、玉米为主。有公路经此。

后邸 370126-C01-H06
[Hòudǐ]

在县驻地许商街道东北方向 14.4 千米。沙河乡辖自然村。人口 400。据村史记载，明万历年间，邸氏由河北枣强迁此，原名王家楼，后邸氏人丁兴旺，因村南已有邸家村，故改名后邸。有农村书屋 1 个。经济以种植小麦、玉米为主。有公路经此。

冯楼 370126-C01-H07
[Fénglóu]

在县驻地许商街道东北方向 14.0 千米。沙河乡辖自然村。人口 1 000。明代，冯氏由河北枣强迁入，原为冯家。后为防盗修一土楼，故改为冯楼。聚落呈团块状分布。有幼儿园 1 所。经济以种植农作物为主。有公路经此。

邹马 370126-C01-H08
[Zōumǎ]

在县驻地许商街道东北方向 13.7 千米。沙河乡辖自然村。人口 400。明代，邹氏由河北枣强迁入，之后马氏迁入，邹、马两氏相处和谐，故名。聚落呈散状分布。有农家书屋 1 个、文化大院 1 个。经济以种植小麦、玉米为主。有公路经此。

杨家市 370126-C01-H09
[Yángjiāshì]

在县驻地许商街道东北方向 12.7 千米。沙河乡辖自然村。人口 400。明朝，该村先民由河北省枣强迁来。据传，杨氏先人居此地，后因该村大户居多，经济富裕，经常雇佣短工，一般早晨为市，久而久之形成短工市，故取名杨家市。有幼儿园 1 所。经济以种植玉米、小麦为主。有公路经此。

刘辛庄 370126-C01-H10
[Liúxīnzhuāng]

在县驻地许商街道东北方向 12.9 千米。沙河乡辖自然村。人口 500。该村刘姓先民于明朝末年由河北枣强迁居而来，因刘氏祖爷勤劳立志并以此闻名，故得名刘辛庄。聚落呈散状分布。经济以种植业玉米、小麦为主。有公路经此。

苗家 370126-C01-H11
[Miáojiā]

在县驻地许商街道东北方向 16.3 千米。沙河乡辖自然村。人口 500。以姓氏命名。聚落呈带状分布。有文化大院 1 个、农家书屋 1 个。经济以种植小麦、玉米为主。有公路经此。

许家 370126-C01-H12
[Xǔjiā]

在县驻地许商街道东北方向 15.8 千米。沙河乡辖自然村。人口 700。以姓氏命名。聚落呈带状分布。有农家书屋 1 个。经济以种植小麦、玉米为主。有公路经此。

陈围子 370126-C01-H13
[Chénwéizi]

在县驻地许商街道东北方向 14.6 千米。沙河乡辖自然村。人口 500。相传，明永乐年间，陈氏由河北武邑一带迁入，以姓氏命名。清光绪年间，外倭入侵，村民聚资兴建围墙，陈家围子由此得名。聚落呈带状分布。有农家书屋 1 个、幼儿园 1 所。经济以种植小麦、玉米为主。有公路经此。

棘城 370126-C01-H14
[Jíchéng]

在县驻地许商街道东北方向 21.6 千米。沙河乡辖自然村。人口 5 500。其中回族 4500 人。据清叶圭绶撰《续山东考古录》载，该村原为西汉朸侯刘让封地，王莽废为朸乡，相传该村有未建成城墙长满棘树，故名。聚落呈散状分布。有文化广场 1 个、幼儿园 1 所。经济以养殖牲畜和种植玉米、小麦为主。有公路经此。

崔郝 370126-C01-H15
[Cuīhǎo]

在县驻地许商街道东北方向 22.7 千米。沙河乡辖自然村。人口 500。以崔、郝两姓得名。聚落呈散状分布。有农村书屋 1 个。经济以种植业为主。有公路经此。

小胡 370126-C01-H16
[Xiǎohú]

在县驻地许商街道东北方向 22.5 千

米。沙河乡辖自然村。人口 700。民族为回族。该村是明代于金彪后人于清顺治十三年（1656）从德州陵县大于村逃荒至此，因地面形态类似弦月，得名弓月湖，又因西南邻大胡村，后改名小胡。聚落呈团块状分布。有文化广场 1 个、幼儿园 1 所。经济以种植玉米、小麦为主。有公路经此。

刘脉旺 370126-C01-H17
[Liúmàiwàng]

在县驻地许商街道东北方向 11.1 千米。沙河乡辖自然村。人口 300。刘氏始祖于明朝洪武年间迁入，初名兴刘，后改为刘脉旺，寓意村庄兴旺。聚落呈散状分布。有农家书屋 1 个。经济以种植小麦、玉米为主。无公路经此。

张坊 370126-C02-H01
[Zhāngfāng]

张坊乡人民政府驻地。在县驻地许商街道西北方向 12.0 千米。人口 1 500。元朝元贞年间，张氏由河北武邑枣强迁入，以手工制造为生，并有作坊，故名。聚落呈团块状分布。有幼儿园 2 所、九年一贯制学校 1 所。经济以种植玉米、小麦为主。有公路经此。

树家 370126-C02-H02
[Shùjiā]

在县驻地许商街道西北方向 6.9 千米。张坊乡辖自然村。人口 600。以姓氏命名。聚落呈散状分布。有农家书屋 1 个、文化广场 1 个。经济以种植玉米、小麦为主。有公路经此。

南张家 370126-C02-H03
[Nánzhāngjiā]

在县驻地许商街道西方向 9.1 千米。张坊乡辖自然村。人口 400。明正德年间，张姓先祖从河北省迁此立村，因姓名村，初名小张家，因在张坊南边，后称南张家。聚落呈团块状分布。经济以种植玉米、小麦为主。有公路经此。

南小杨 370126-C02-H04
[Nánxiǎoyáng]

在县驻地许商街道西方向 7.4 千米。张坊乡辖自然村。人口 200。清雍正年间，杨氏一家迁此立村，因以编席篓为业，故名杨席篓家，又因从老杨村迁出，为便于区分，也称南小杨。聚落呈散状分布。有农家书屋 1 个。经济以种植玉米、小麦为主。有公路经此。

西杨家 370126-C02-H05
[Xīyángjiā]

在县驻地许商街道西北方向 7.8 千米。张坊乡辖自然村。人口 400。据杨姓族谱记载，杨氏原由乐安（今广饶）迁来商河落户老杨村，其中杨宝云居老杨村东北 500 米之处，遂以此人名命名。1965 年成立张坊公社后，因该村在公社驻地以西，故称西杨家。聚落呈散状分布。有鼓子秧歌表演等民俗。经济以种植玉米、小麦为主。有公路经此。

孔家 370126-C02-H06
[Kǒngjiā]

在县驻地许商街道西北方向 8.5 千米。张坊乡辖自然村。人口 200。清乾隆十五年（1750），杨氏自乐安县（今广饶县）迁来，早年间，为防土匪，孔家村庄内建有围墙，土匪来犯时，村里人便都躲进围墙里，故名孔家围子，后更名为孔家。聚落呈团块状分布。有图书室 1 个。有鼓子秧歌表演等民俗。经济以种植玉米、小麦为主。无公路经此。

张老庄 370126-C02-H07

[Zhānglǎozhuāng]

在县驻地许商街道北方向 4.1 千米。张坊乡辖自然村。人口 900。元末明初，张氏先祖迁此，初以姓氏命名，后称张老庄。聚落呈散状分布。有图书阅览室 1 个、文化活动中心 1 个。经济以种植玉米、小麦为主。有公路经此。

尹坊 370126-C02-H08

[Yǐnfāng]

在县驻地许商街道西北方向 7.2 千米。张坊乡辖自然村。人口 700。均为回族。据传，该村原为尹姓汉民所立，白姓先祖于明朝末年迁入，被汉民李老太收留，因生活习俗不同，李老太率家西迁至王新庄，白姓就此定居，因最早立村为尹姓汉民，故称尹坊。聚落呈散状分布。有文化广场 1 个。经济以种植农作物为主。有公路经此。

王老道 370126-C02-H09

[Wánglǎodào]

在县驻地许商街道西北方向 8.2 千米。

张坊乡辖自然村。人口 200。元末明初，该村始祖三人携老母避蝗虫之灾迁此定居，村名初为岱王庄。后该村闹瘟疫，被王老道献方破除，后人便以人名改为王老道。聚落呈团块状分布。有文化大院 1 个。经济以种植玉米、小麦为主。有公路经此。

马家 370126-C02-H10

[Mǎjiā]

在县驻地许商街道西北方向 12.0 千米。张坊乡辖自然村。人口 500。以姓氏命名。聚落呈散状分布。有农家书屋 1 个、小学 1 所。经济以种植小麦、玉米为主。无公路经过。

大姜 370126-C02-H11

[Dàjiāng]

在县驻地许商街道西北方向 13.0 千米。张坊乡辖自然村。人口 300。明朝永乐年间，姜氏奉旨由直隶枣强迁来，名为姜家庄，后姜家庄演变为大姜。聚落呈散状分布。有农家书屋 1 个。经济以种植小麦、玉米为主。无公路经此。

三　交通运输

济南市

城市道路

北园大街 370100-K01
[Běiyuán Dàjiē]

　　在市境北部。东起二环东路，西至济泺路。沿线与历山路、水屯路、生产路、三孔桥街相交。长 6.9 千米，宽 50.0 米。沥青路面。原是抗日战争时期形成的宽 15 米的土路（14 号线），1948 年后修成碎石路。后几经拓建，始成现状。因该路地处北园得名。道路两侧多家居及家装商场，有济南长途汽车站、银座家居、大明家居、山东大学第二医院。道路西段建有北园立交桥。是济南北部贯通东西的交通干道。通公交车。

黄台南路 370100-K02
[Huángtái Nánlù]

　　在市境中部。东起二环东路，西至历山路。沿线与洪翔路、洪德路、洪学路、山大路相交。长 7.8 千米，宽 50.0 米。沥青路面。中华人民共和国成立前因黄台车站设于此路中段，遂形成一条主干线，定名为车站南街。1980 年整顿街门牌时更名为黄台南路。2012 年改建。因在黄台车站以南而得名。沿途有鲁商福瑞达国际颐养中心、济南中医肿瘤医院等。为东西走向的次干道。通公交车。

经一路 370100-K03
[Jīng 1 Lù]

　　在市境中部。东起馆驿街西口，西至纬十二路。沿线与纬一路、纬二路、纬三路、纬四路、纬五路、纬六路、纬七路、纬八路、纬九路、纬十一路相交。长 2.7 千米，宽 12.0~15.0 米。沥青路面。清光绪三十年（1904）开济南商埠时始建。后几经扩建，始成现状。根据古时织物"长者为经、短者为纬"的说法，东西方向道路为"经"，由北向南依次排列，与纬路垂直相交，按顺序命名为经一路。道路两侧有宾馆、银行、超市和住宅小区。沿路有西市场、济南铁路局、山东宾馆、市第二人民医院等。是城区重要道路之一。通公交车。

山大南路 370100-K04
[Shāndà Nánlù]

　　在市境中部。东起工业南路，西至黑虎泉北路。沿线与二环东路、闵子骞路、山大路、历山东路、嘉园巷、历山路、仁智街、后坡东街、后坡街、青龙后街、东青龙街相交。长 3.8 千米，宽 22.0 米。沥青路面。此路是 1955 年后在山水沟的基础上形成的道路。1986 年改建，2013 年扩建至现状。因此街在山东大学以南，是通向山东大学的主要道路，故名山大南路。沿途主要为学校及居民区，有国家法官学院（山东分院）、山东大学（中心校区）、济南建工大厦等。为东西走向的次干道。通公交车。

花园路 370100-K05
[Huāyuán Lù]

在市境东部。东起化纤厂路，西至历山路。沿线与华信路、二环东路、山大路相交。长 4.5 千米，宽 15.0~30.0 米。沥青路面。1975 年修建，1989 年向东拓延至现状。以邻近花园庄得名。道路两侧有中泰大厦、新龙大厦、银座商城、山东大学、洪楼广场、振邦大厦、历城五中、历城区交警大队等。是城区主要道路之一。通公交车。

世纪大道 370100-K06
[Shìjì Dàdào]

在市境中部。东起赭山大街，西至工业南路。沿线与赭山大街、清照大街、清平大街、刘智远路、凤山路、凤鸣路、春暄路、春晖路等相交。长 28.7 千米，宽 40.0 米。沥青路面。2000 年开工，2004 年建成。路名寓意新世纪、新征程。两侧有济南香草园、中国重汽、绣源河景区、鲲鹏商务中心等。为东西走向的主干道。通公交车。

工业南路 370100-K07
[Gōngyè Nánlù]

在市境中部。东起工业北路，西至二环东路。沿线与飞跃大道、世纪大道、凤凰路、奥体中路、奥体西路相交。长 11.2 千米，宽 50.0 米。沥青路面。1960 年修建，1994 年拓建至现状，2000 年曾更名为轻骑路，2005 年拓宽改造成现状，2008 年复称工业南路。因此路为通向工业区之路，分段并加方位得名。道路两侧有济南长途汽车东站、济南交运集团体育产业园、小鸭集团工业园、轻骑铃木摩托车有限公司、济南炼油厂等。是城区重要的交通要道。通公交车。

经六路 370100-K08
[Jīng 6 Lù]

在市境中部。东起纬一路，西至张庄路。沿线与二环西路、纬十二路、纬六路、纬二路等相交。长 7.4 千米，宽 17.0~24.0 米。沥青路面。1930 年开工，1931 年建成。根据古时织物"长者为经、短者为纬"的说法，将东西方向道路称为"经"，由北向南依次排列，按顺序命名为"经六路"。道路两侧有单位、学校、医院、广场、商场、住宅区等，具有交通便利、购物方便、休闲娱乐的作用。沿线有山东省立医院、槐荫广场、济南营市东街小学、济南实验初中、经五路小学、口腔医院等。是济南市中部前往西部的要道之一。通公交车。

经七路 370100-K09
[Jīng 7 Lù]

在市境中部。东起杆石桥，西至经十路。沿线与纬一路、纬二路、小纬二路、纬四路、纬五路、纬六路、纬七路、纬八路、纬九路、纬十二路相交。长 3.5 千米，宽 50.0 米。沥青路面。1904 年开工，1909 年建成，1927 年前已初具规模，1991 年改（扩）建。后几经拓宽延伸。根据古时织物"长者为经、短者为纬"的说法，将东西方向道路称为"经"，由北向南依次排列，按顺序命名为"经七路"。道路两侧有市杂技团、泰山国际大厦、省委党校、槐荫广场、房金大厦、山东省实验中学、育英中学等。教育资源丰富，是金融机构聚集地。为城区主要道路之一。通公交车。

泺源大街 370100-K10
[Luòyuán Dàjiē]

在市境中部。东起历山路，西至杆石桥。沿线与朝山街、泺文路、趵突泉南路相交。长 2.8 千米，宽 50.0 米。沥青路面。

此街从东向西原由东舍坊街、兴隆街、仁里街、正觉寺街、趵突泉前街、西青龙街等小街巷曲折相连。1991年5月动工开直拓宽，年底建成通车。泺源意为泺水之源，趵突泉是古泺水的源头，此路位于趵突泉南，故名泺源大街。道路两侧有泉城广场、山东省民政厅、索菲特大酒店、银座商城、中银大厦、新闻大厦等。有趵突泉公园、万竹园、清真南大寺等名胜古迹。是城区重要的道路之一。通公交车。

经十路 370100-K11
[Jīng 10 Lù]

在市境南部。东起邢村立交桥，西至担山屯立交桥。沿线与凤凰路、奥体中路、奥体西路、浆水泉路、二环东路、山大路、历山路、舜耕路、纬二路、纬十二路、二环西路等相交。长30.5千米，宽60.0米。沥青路面。1939年日伪开辟"南商埠"，初名兴亚大路。1946年按照商埠经纬路的排列顺序，改称经十路。1949年后几经改扩建。2004年拓建始成现状。两侧有《大众日报》社、山东中医学院、千佛山医院、泉城公园、山东省电视台、山东省医科院、山东省体育中心、济南汽车配件厂、第六机床厂、第五人民医院等。沿街还有奥林匹克体育中心、山东省博物馆、山东师范大学、山东大学（千佛山校区）等重要设施、单位。是横贯济南市区的东西交通主干道。通公交车。

经十东路 370100-K12
[Jīng 10 Dōnglù]

在市境东部。东起章丘市双山街道办事处南涧溪，西至邢村立交桥。沿线与绣水大街、赭山大街、胡山大街、清照大街、旅游路等相交。长40.0千米，宽60.0米。沥青路面。2000年始建，2002年建成，2012年改（扩）建。两侧有公园、写字楼、

住宅区等。是济南市东西向主干道。通公交车。

经十一路 370100-K13
[Jīng 11 Lù]

在市境中部。东段东起山师东路，西至舜耕路；西段东起王庄路，西至建设路。东段沿线与千佛山东路、千佛山东二路、历山路、千佛山路、千佛山西路相交，西段沿线与胜利大街、马鞍山路、信义庄西街、信义庄南街、英雄山路相交。长3.6千米，宽18.0米。沥青路面。1942年始建，1957年分段建成并命名。2006年改建。按照商埠经纬的排列顺序命名为经十一路。沿途经过千佛山风景名胜区，旅游景点较多。两侧有山东省千佛山医院、山东省文化馆、济南市博物馆、山东省妇女儿童活动中心、济南市妇女儿童活动中心、中华小吃城等。是城区主要道路之一。通公交车。

马鞍山路 370100-K14
[Mǎ'ānshān Lù]

在市境中部。东起千佛山西路，北至经十路。沿线与舜耕路、玉函路、王庄路、经十一路相交。长2.5千米，宽15.0米。沥青路面。1959年建设南郊宾馆，同时辟建此路，初称宾馆路。20世纪80年代，因该路位于马鞍山北侧，故名马鞍山路。两侧有泉城公园、山东大厦、济南南郊宾馆、新世界商城等。为东西走向的次干道。通公交车。

旅游路 370100-K15
[Lǚyóu Lù]

在市境东南部。北起经十东路，南至舜耕路。沿线与凤凰路、奥体西路、浆水泉路、二环东路、千佛山南路等相交。长30.0千米，宽25.0米。沥青路面。2005年修建，2007年调整起止点，始成现状。因

沿途风景秀美，串联多处旅游景点和历史文化遗迹，故名旅游路。道路两侧有千佛山风景名胜区、佛慧山风景区、洪山公园等。沿途贯穿龙洞隧道、转山隧道、开元隧道。是一条名副其实的景观旅游大道。通公交车。

刘长山路 370100-K16
[Liúchángshān Lù]

在市境西南部。东起建设路，西至卧龙路。沿线与阳光新路相交。长 0.8 千米，宽 25.0 米。沥青路面。1960 年开工，同年建成。因位于刘长山下，故名。道路两侧有刘长山公园、阳光 100 小学、法治广场等。是城区主要道路之一。通公交车。

二环西路 370100-K17
[Èrhuán Xīlù]

在市境西部。北起新徐庄，南至济南绕城高速出入口。沿线与小清河北路、张庄路、经六路、经十路等相交。长 2.8 千米，宽 35.0~50.0 米。沥青路面。1993 年修建。因此路环绕城区，并根据其所处地理位置以序数命名。道路两侧有百世大厦、槐荫工业园区、济南森林公园、匡山汽车大世界、济南育才中学等。沿途建有北园立交桥和华山立交桥。是城区西部的重要道路之一，是进出济南市区的交通要道。通公交车。

舜耕路 370100-K18
[Shùngēng Lù]

在市境中部。北起经十路，南至鲁能领秀城南首泉子山北侧。沿线与马鞍山路、千佛山南路、济大路、历阳大街、八里洼路、二环南路等相交。长 7.0 千米，宽 35.0 米。沥青路面。1982 年修建，1985 年改（扩）建。以舜耕历山传说得名。沿途多机关事业单位。两侧有济南舜耕国际会展中心、山东大厦、济南大学、舜耕中学、山东财经大学舜耕校区、济南艺术学校等单位。是城区南北走向主干道之一。通公交车。

历山路 370100-K19
[Lìshān Lù]

在市境中部。北起北园大街，南至经十一路。沿线与花园路、山大南路、解放路、和平路、文化东路、经十路等相交。长 5.1 千米，宽 60.0 米。沥青路面。1938 年始建，1949 年后历经多次改扩建。1988 年拓宽南段并延伸至经十一路东段。2009 年整修至现状。因位于古历山（今名千佛山）以北，得名。沿途机关、事业单位众多。两侧有山东省地质矿产局、山东省石油化工厅、山东省胸科医院、山东省教育学院、山东省京剧院、山东省水利厅、山东建筑大学、历山剧院、新闻大厦、山东省监狱局、山东师范大学等单位和大润发历下店、家乐福、颐正大厦等购物和休闲娱乐场所。是市内主要南北交通干道之一。通公交车。

山大路 370100-K20
[Shāndà Lù]

在市境中部。北起黄台南路，南至经十路。沿线与花园路、解放路、和平路、文化东路相交。长 4.4 千米，宽 20.0~30.0 米。沥青路面。1960 年修建，后几经拓建至现状。因在山东大学新校址以西，故名。道路两侧是济南市最大的信息技术产品集散地，有山东大学、济南七中、山东警察学院、济南科技市场、华强广场、银座数码广场、齐鲁软件大厦、创展中心等。是中心城区的主要道路之一。通公交车。

闵子骞路 370100-K21
[Mǐnzǐqiān Lù]

在市境中部。北起益寿路东口，南至解放路。沿线与山大南路、益寿路相交。长 1.2 千米，宽 17.0 米。沥青路面。1985 年初建，

1988 年、2009 年两次翻修，拓宽改造成现状。因道路北端有孔子的弟子闵子骞墓，为纪念闵子骞而命名。闵子骞路拥有源远流长的历史文化和厚重的人文沉淀，承载着城市发展和变迁的记忆。两侧有百花公园、山东省安监局等。是南北走向的次干路。通公交车。

二环东路 370100–K22
[Èrhuán Dōnglù]

在市境东部。北起全福立交桥，南至兴隆村。沿线与北园大街、花园路、山大北路、山大南路、解放路、经十路、旅游路等相交。长 15.6 千米，宽 35.0~50.0 米。沥青路面。1990 年开工，1993 年建成。因此路为环绕城区的道路，以其所处地理位置按序数命名。道路两侧有山东省图书馆、百花公园、济南长途汽车东站、山东省人民检察院、山东航空集团、山东省土地调查规划院、中润世纪财富中心、山东行政学院、山东财经大学（燕山校区）、历下区政务服务中心等。与经十路相交处建有燕山立交桥。是城区的重要道路之一，是进出济南市区的交通要道。通公交车。

历黄路 370100–K23
[Lìhuáng Lù]

在市境中部。北起北园大街，南至明湖北路。沿线无相交。长 0.4 千米，宽 9.0 米。沥青路面。自光绪年间开辟艮吉门（俗称新北门或菜市小北门）后，此处形成一条田间小路。中华人民共和国成立后初步形成煤渣路，1965 年整修并命名，1999 年改建。因路北首原有黄家桥，路南端原有南北历山街，故名历黄路。该路中段地势低洼，卧于胶济铁路桥下，毗邻大明湖和大明湖火车站。两侧有历下区东关街道办事处等。为南北走向的支路。通公交车。

粟山路 370100–K24
[Sùshān Lù]

在市境北部。西起二环西路高架，东至北马鞍山西路。长 3.3 千米，宽 8.0 米。沥青、混凝土路面。2002 年建成。因位于粟山附近而得名。两侧有多芙陶瓷、精诚汽修、鼎立陶瓷、春茗茶庄、山东神学院、济南四通机械公司、鹏硕铝塑门窗等居民服务业及批发零售业。通公交车。

顺河东街 370100–K25
[Shùnhé Dōngjiē]

在市境中部。北起明湖西路，南至泺源大街。沿线与共青团路、普利街、少年路、泺源大街、明湖西路相交。长 2.2 千米，宽 15.0 米。沥青路面。1997 年开工，1998 年建成，2014 年改（扩）建。因位于护城河东侧得名顺河东街。两侧有齐鲁银行、绿地中心、济南水务集团、济南市中级人民法院、吉华大厦，经济、文化繁荣，还有金龙大厦、济南市中医医院、绿地中心商业广场、济南市中级人民法院、济南市制锁厂门市部等。通公交车。

小清河北路 370100–K26
[Xiǎoqīnghé Běilù]

在市境北部。西起黄岗路，东至济广高速。沿线与黄岗路、北马鞍山西路、北马鞍山路、无影山北路、济洛路、标山路、顺河高架、舜馨路、历山北路、将军路相交。长 17.4 千米，宽 30.0 米。沥青、混凝土路面。一期工程于 1998 年年底完工，二期工程于 2002 年 9 月完工。因小清河而得名。两侧有济南市肾病医院、山东省济南市江韵艺术培训学校、济南市药山小学、山东省小清河航务管理处等。通公交车。

顺河西街 370100-K27

[Shùnhé Xījiē]

在市境中部。北起馆驿街，南至经七路。沿线与馆驿街、凤翔街、经二路、麟祥街、经四路、经七路相交。长 2.5 千米，宽 34.0 米。沥青路面。1998 年开工，1998 年建成，2009 年改（扩）建。按照此街由北向南沿西圩壕的地形特点，取名西顺河街，后更名为顺河西街。两侧有华联超市馆驿街店、振华商厦羽绒广场、市中区魏家庄执法中队、制锦市中心幼儿园、群星幼儿园、制锦市小学、北坦小学、清河实验小学、济南第十三中学、济南第十五中学、行知小学、山东广播大学、山东科技大学等。通公交车。

卧龙路 370100-K28

[Wòlóng Lù]

在市境南部。东起建设路，西至南辛庄西路。长 1.6 千米，宽 30.0 米。沥青路面。2010 年开工，同年建成。因靠近卧龙山，故名卧龙路。两侧有卧龙路小学、新东方商务大厦、欧亚大观、鸿源银座大厦、军休大厦、大众广场等。通公交车。

奥体中路 370100-K29

[Àotǐ Zhōnglù]

在市境中部。北起工业北路，南至经十路。沿线与八涧堡北路、花园东路、康虹路、工业南路、天辰路、新泺大街、天泺路、坤顺路、解放东路、齐川路相交。长 6.7 千米，宽 33.0 米。沥青路面。2007 年开工，2009 年建成。因道路位于奥体东路与奥体西路中间，故名奥体中路。沿途多为新建现代化住宅小区及配建小学、中学和医院。两侧有济南市盛福实验小学、山东省立医院、鲁商国奥城。为历城区、历下区南北走向的主干路，通公交车。

益寿路 370100-K30

[Yìshòu Lù]

在市境中部。东起二环东路，西至山大路。沿线与闵子骞东路、闵子骞路相交。长 1.6 千米，宽 16.0 米。沥青路面。此路原是甸柳庄的菜地，1978 年辟为道路，1986 年筑成沥青路面，2011 年改建。因两侧有干休所，寓意老干部们健康长寿，取名益寿路。沿途多为居民区。两侧有省级机关第二干休所。为连通历城区和历下区的东西走向的次干路。通公交车。

农干院路 370100-K31

[Nónggànyuàn Lù]

在市境中部。北起祝舜路，南至花园路。长 1.4 千米，宽 20.0 米。沥青路面。2004 年开工并建成。因此路邻近山东省农业干部管理学院，故名农干院路。沿途多为新建小区。两侧有济南市历城双语实验学校、山东农业工程学院等。为南北走向的次干路。通公交车。

华龙路 370100-K32

[Huálóng Lù]

在市境中部。东起化纤厂路，西至二环东路。沿线与华阳路、华信路、七里河路相交。长 1.0 千米，宽 22.0 米。沥青路面。2009 年开工并建成。取中华巨龙腾飞之意命名，故名华龙路。沿途多居民区。两侧有嘉恒大厦、新龙大厦、三翔商务大厦。为东西走向的次干路。通公交车。

奥体西路 370100-K33

[Āotǐ Xīlù]

在市境中部。北起工业北路，南至旅游路。沿线与八涧堡北路、中林路、花园东路、康虹路、工业南路、新泺大街、坤顺路、解放东路、永绥路、齐川路、经十路、龙奥北路、龙奥南路相交。长 7.0 千米，宽 50.0 米。沥青路面。2007 年始建，起止点为北起经十路，南至旅游路；2008 年曾名祥云路；2009 年北延并更名为奥体西路，并调整北起点为花园东路；2013 年再次北延，调整起点为工业北路。因位于济南奥林匹克体育中心西侧，故得名奥体西路。道路宽阔，途经济南中央商务区，是济南东部新城区中重要的南北向道路。两侧有济南市人民检察院、银丰财富广场、济南奥林匹克体育中心、黄金时代广场等。是连通历城区、历下区的南北走向的主干路。通公交车。

凤凰路 370100-K34
[Fènghuáng Lù]

在市境中部。北起工业南路，南至旅游路。沿线与世纪大道、天辰路、新泺大街、舜风路、舜泰北路、经十路、华茂路、龙奥北路、华奥路、华盛路相交。长 5.2 千米，宽 40.0 米。沥青路面。2013 年改（扩）建。因此路位于凤凰山附近，故名凤凰路。沿途多为新建小区。两侧有山东省济南商贸学校、济南市公共交通职业高级中学等。为连通历城区、历下区南北走向的主干路。通公交车。

华能路 370100-K35
[Huánéng Lù]

在市境中部。东起化纤厂路，西至七里河路。沿线与华阳路、华信路相交。长 1.6 千米，宽 24.0 米。沥青路面。2012 年建成。沿途多为居民区。两侧有济南市历城区人民法院、济南留学人员创业园、汇隆广场。为东西走向的次干路。通公交车。

凤山路 370100-K36
[Fèngshān Lù]

在市境中部。北起飞跃大道，南至经

十路。沿线与工业南路、世纪大道、兴港路相交。长 4.6 千米，宽 12~18 米。沥青路面。2005 年开工，2009 年建成。此路南端东依凤凰山，故名凤山路。沿途多为住宅区。为连通历城区、历下区南北走向的主干路。通公交车。

兴港路 370100-K37
[Xīnggǎng Lù]

在市境中部。东起凤岐路，西至凤山路。沿线无相交。长 1.4 千米，宽 15.0 米。沥青路面。2005 年开工，2009 年建成。此路南邻历城区港沟镇，取振兴港沟之意。沿途多为住宅。为东西走向的次干路。不通公交车。

龙奥北路 370100-K38
[Lóng'ào Běilù]

在市境中部。东起凤凰路，西至奥体西路。沿线与凤颖路、凤新路、凤天路、凤飞路、舜华南路、舜信路、舜宁路、舜贤路、舜清路、舜义路、舜海路、奥体东路、龙奥东路、龙奥西路相交。长 4.4 千米，宽 45.0 米。沥青路面。2007 年开工，2009 年建成。因途径济南龙奥大厦北侧，故名龙奥北路。毗邻济南市政府和济南奥林匹克体育中心，现代化氛围浓厚。两侧有龙奥天街广场、济南奥林匹克体育中心、济南龙奥大厦等。为连通历城区、历下区东西走向的主干路。通公交车。

经二路 370100-K39
[Jīng 2 Lù]

在市境北部。东起顺河西街，西至大槐树北街。沿线与纬一路、大纬二路、小纬二路、纬三路、纬四路、纬五路、小纬六路相交。长 3.0 米，宽 15.0 米。沥青路面。1904 年开工，1904 年建成。该路是从火车站开始往南数第二条东西走向的马路，因此按照商埠经纬的排列顺序命名为经二路。两侧有交电大厦、济南市中级人民法院、经五路幼儿园、经五路小学、纬二路小学、济南职业学院西校区、济南青年学院、人民商场、大观园、万达广场、山东省银监局、山东省公安厅、济南市政务中心、济南招生考试院、济南市邮政局、济南职工剧院、济南市京剧院、山东省总工会等。通公交车。

经三路 370100-K40
[Jīng 3 Lù]

在市境北部。沿线与纬四路、纬三路、纬二路相交。长 1.0 千米，宽 17.1~23.9 米。沥青路面。1914 年开工，1914 年建成。该路是从火车站开始往南数第三条东西走向的马路，因此按照商埠经纬的排列顺序命名为经三路。两侧有便宜坊、皇宫照相馆、市中区公安分局、济南浩裕工艺印务有限责任公司、华融资产、小广寒、中山公园等。通公交车。

经四路 370100-K41
[Jīng 4 Lù]

在市境西部。东起顺河西街，西至经一路延长线。沿线与小纬五路、小纬四路、纬三路、小纬二路、纬二路、纬一路、永庆街、林祥南街相交。长 4.4 千米，宽 16.0~58.0 米。沥青混凝土路面。1904 年开工，1904 年建成，2014 年改（扩）建。该路是从火车站开始往南数第四条东西走向的马路，因此按照商埠经纬的排列顺序命名为经四路。道路两侧有工行大观园支行、东图大厦、济南文物总店、大观园商场、恒昌大厦、山东省建筑设计研究院、老商埠街区、如家酒店、建工明珠大厦等。通公交车。

经五路 370100-K42
[Jīng 5 Lù]

在市境西部。东起纬一路，西至小纬六路。沿线与纬一路、大纬二路、小纬二路、纬三路、纬四路、纬五路、小纬六路相交。长 4.5 千米，宽 17.1~23.9 米。沥青路面。1927 年开工，1927 年建成。该路是从火车站开始往南数第五条东西走向的马路，因此按照商埠经纬的排列顺序命名为经五路。两侧有亚朵酒店、聚丰德饭店、猪八戒创业园、农业银行、邮政储蓄银行、青年大厦、财税大厦、建设银行、山东民族书画院等。通公交车。

铁路

胶济线 370100-30-A-b01
[Jiāojǐ Xiàn]

国有铁路。东起青岛，西至济南。全长 384.2 千米。胶济线东自青岛站引出，在蓝村站与蓝烟线相接，在胶州站与胶新线、胶黄线相接，在芝兰庄站与海青线相接，在青州市站与益羊线相接，在临淄站与辛泰线相接，在淄博站与张东线、张博线相接，在济南站与京沪线相接。1899 年开工，1904 年建成。1959 年，胶济复线开始修建。2003 年 2 月开始进行电气化改造工程，2005 年 6 月全面竣工。2005 年 9 月实施了第一次提速，2006 年中进行新的提速，2007 年 4 月 18 日大提速。沿线有特大桥 17 座，新建大中桥 63 座、改建 7 座，新建、改建小桥涵 781 座。沿途有胜利油田、博山煤矿、坊子煤矿、金岭镇铁矿、昌乐金刚石矿。胶济铁路连接济南、青岛两大城市，是横贯山东的运输大动脉，与邯济线一起构成晋煤外运的南线通道，是青岛、烟台等港口的重要疏港通道。

京沪线 370100-30-A-b02
[Jīnghù Xiàn]

国有铁路。起点北京，终点上海。全

长 1 463 千米。自北京站起，经天津北站、静海入河北省，经沧州、吴桥入山东省，经德州、济南、泰安、兖州、滕州入江苏省，经徐州入安徽省，经宿州、蚌埠、滁州复入江苏省，经浦口、南京、镇江、常州、无锡、苏州至上海站。北接京沈、京包、京原、京秦等铁路，中连石德、胶济、兖石、兖菏、陇海、淮南等铁路，南与宁芜、沪杭铁路相接。由京沈铁路京津段、津浦、沪宁 3 条铁路组成。北京至天津段长 137 千米，为京沈铁路的一段。津浦铁路由天津至浦口，长 1 023 千米，1908~1912 年分段修筑，1912 年黄河大桥建成后全线通车，1979 年建成双线。沪宁铁路由南京至上海，长 303 千米，1908 年建成，1976 年建成双线。1969 年南京长江大桥建成后全线贯通，由北京直达上海，统称京沪铁路。为纵贯华北、华东地区的运输干线，全国综合运输网的骨架之一。

公路

济南绕城高速公路　370100-30-B-a01
[Jǐnán Ràochéng Gāosù Gōnglù]

高速公路。起点与京台高速公路连接，自此向东延伸，跨 104 国道、省道 103 线，穿猪耳顶北山，在 309 国道邢村立交桥处与济南绕城高速公路东线连接。全长 108 千米。东、北、西三线作为一期工程于 1999 年国庆前建成通车，南线于 1999 年 9 月 8 日开工，2002 年 5 月底竣工通车。沥青水泥路面。路面宽度 35 米。全线共设有互通立交桥 13 座、特大桥 5 座、隧道 1 处。与青银高速公路、济广高速公路相交。是国道主干线北京至上海、北京至福州和青岛至银川在山东省会济南外围联网形成的绕城高速公路。

济青高速公路　370100-30-B-a02
[Jǐqīng Gāosù Gōnglù]

高速公路。西起济南市大桥路，东至青岛市西元庄。经历城、章丘、张店、青州、潍坊、高密、胶州、即墨等，东至青岛市北郊西袁庄。全长 318.3 千米。1990 年 1 月始建，1993 年底完成全部土建工程，1995 年底建成并全线通车。双向 4 车道，中间分隔。沥青路面。宽 23~26 米。有淄河大桥、潍河大桥、大沽河大桥、桃园河大桥等特大桥 4 座，大桥 15 座。济青高速公路对于促进山东半岛经济发展和商品流通，建设开发胜利油田和黄河三角洲，加快山东西部的开放开发具有十分重要的意义，成为我国内陆与沿海连接的又一条重要通道。

青银高速公路　370100-30-B-a03
[Qīngyín Gāosù Gōnglù]

高速公路。起点山东省青岛市，终点宁夏回族自治区银川市。沿线经过潍坊、淄博、济南、德州、邢台、石家庄、阳泉、太原、榆林、吴忠等城市。全长 1610 千米，山东境内长 419 千米。1990 年 7 月开工，1993 年 11 月全线贯通。等级为高速一级公路。沥青水泥路面。路面宽度 40 米。与济广高速公路、济南绕城高速公路相交。是中国能源东送及出口的主要通道，对于加强西北内陆和东部沿海之间的资源互通，促进沿线地区的经济发展发挥着巨大作用。

京沪高速公路　370100-30-B-a04
[Jīnghù Gāosù Gōnglù]

高速公路。起点北京，终点上海。途经北京、河北、天津、山东、江苏、上海。全长 1 262 千米，山东境内长 76 千米。1987 年 12 月动工，1993 年 9 月 25 日全线贯通。等级为高速一级公路。沥青水泥路面。

路面宽度 35 米。与济南绕城高速公路、青银高速公路相交。加强了北京、天津、河北、山东、江苏、上海之间的经济联系与合作，对促进沿线地区乃至中国的经济发展具有重要意义。

104 国道 370100-30-B-b01
[104 Guódào]

国道。起点为北京永定门桥，终点为福建省福州市五里亭立交桥，途经北京、济南、南京、杭州、福州。全长 2 606 千米，山东省内长 396 千米。部分路段建于 20 世纪 30 年代，1949 年后逐步建成并改建。路基宽 4~22 米，大部为高级、次高级路面。有渡口 5 处。是联系北京、天津、河北、山东、安徽、江苏、浙江、福建八省市的干线公路。与 220 国道、308 国道相交。对缓解京台高速公路拥堵现象起到明显作用，同时互为补充，促进华东地区物流南北流动。

220 国道 370100-30-B-b02
[220 Guódào]

国道。起点山东省东营市，终点河南省郑州市，经济阳、济南、长清、平阴、梁山、郓城、菏泽、兰考、开封、中牟等市。全长 601 千米，山东境内 386 千米。路基宽 8.5~32 米，高级、次高级路面占大部分。有 1 处渡口。是联系山东、河南两省的重要干线公路之一。

308 国道 370100-30-B-b03
[308 Guódào]

国道。起点山东省青岛市，终点河北省石家庄市。经蓝林、潍坊、益都、淄博、济南、高唐、夏津等地。全长 637 千米，山东境内长 434 千米。1984 年开工，1986 年建成。一级公路。沥青路面。路面宽 9~26 米。有 1 处渡口。与 104 国道、220 国道相交。是联系山东、河北两省的重要干线公路，

促进了地区社会经济发展。

309 国道 370100-30-B-b04
[309 Guódào]

国道。起点山东省青岛市，终点甘肃省兰州市。经文登、莱阳、潍坊、淄博、济南、聊城入河北省。全长 2 208 千米，山东境内长 733 千米。1966 年修建，1983 年建成。山东省 20 世纪 50 年代建成的潍（坊）—石（岛）公路是该线的起点路线。一级公路。沥青水泥路面。路面宽度 32.5 米。与济广高速公路相交。是东西走向的国家干线公路之一，连接各大经济中心、港站枢纽、商品生产基地和战略要地的公路交通。

山东 101 省道 370100-30-B-c01
[Shāndōng 101 Shěngdào]

省道。起点为济南市，终点为德州市。全长 102.7 千米。一级公路，沥青混凝土路面，路线主要呈西北—东南走向，跨越黄河、徒骇河、马颊河等河流。沿途和京台高速及京沪铁路并行，是位于山东省西北部的一条省级干线公路。

山东 102 省道 370100-30-B-c02
[Shāndōng 102 Shěngdào]

省道。起点为济南市，终点为潍坊市青州市。全长约 141.834 千米。一级公路，沥青混凝土路面，路线主要呈东西走向，跨越小清河、淄河等河流。沿途和胶济铁路并行，是连接山东东西交通的重要干线公路之一。

山东 103 省道 370100-30-B-c03
[Shāndōng 103 Shěngdào]

省道。北起济南市市中区，南至枣庄市市中区。全长 228 千米。1966 年建成，2006 年改建，一级公路，沥青混凝土路面，路面宽度 44 米。路线主要呈南北走向，跨

越汶河等河流，与 317 省道交叉。是连接山东南北交通的重要干线公路之一。

山东 104 省道 370100-30-B-c04
[Shāndōng 104 Shěngdào]

省道。起点为济南市，终点为济宁市微山县。全长 260.15 千米。1976 年建成，2013 年改建。一级公路，沥青混凝土路面，路面宽度 22 米。呈南北走向，跨越汶河、泗河、白马河等河流。是连接山东南北交通的重要干线公路之一。

历下区

城市道路

明湖东路 370102-K01
[Mínghú Dōnglù]

在区境西北部。东起东关大街东口，西至历黄路南口。沿线与黑虎泉西路、长盛西街、长盛街、东圩门外街相交。长 1.1 千米，宽 40.0 米。沥青混凝土路面。2004 年开工，2005 年建成。位于大明湖以东，故名。沿途多居民区。两侧有大明湖景区、东关办事处、历下医院等单位。具有行政、休闲娱乐等功能。是东西走向的进出大明湖景区的主干道之一。通公交车。

文化西路 370102-K02
[Wénhuà Xīlù]

在区境中部。东起历山路，西至泺源大街。沿线与棋盘东街、棋盘街、佛山街、千佛山路、广胜街、吉庆街、朝山街、南圩门外街、泺文路、青年东路、三和街、趵突泉南路、西双龙街、南新街、上新街相交。长 3.0 千米，宽 30.0 米。沥青路面。1951 年拆除南圩子墙后，在其基址上建成此路，原在圩子墙外的齐大路和体育场

同时并入；1984 年整修；2011 年拓宽改造成现状。因沿街多为大专院校和文教卫生单位，是文化教育集中之地，与西段今文化西路统称文化路，后以历山路为界，此路居西，故名文化西路。沿途科教文卫氛围浓厚。两侧有大润发超市、山东省教育厅、山东省中医院、齐鲁医院、山东大学临床医学院等。为历下区、市中区东西走向的次干路。通公交车。

南门大街 370102-K03
[Nánmén Dàjiē]

在区境西部。北起黑虎泉西路，南至泺源大街。沿线与所里街相交。长 0.3 千米，宽 22.0 米。沥青路面。明清时即有此街，1959 年，拆除南门外一带房舍后，此处成为广场。1975 年后，济南美术总厂、济南剧院等先后在此兴建，再次形成街巷。1999 年拓宽改造成现状。此街因在原城墙的南门以外而得名。街下有南门桥，横跨护城河，风光旖旎。两侧有山东省科技馆。为南北走向的次干路。通公交车。

和平路 370102-K04
[Hépíng Lù]

在区境西部。东起二环东路，西至历山路。沿线与甸新东路、吉祥街、燕子山路、燕秀路、燕子山小区东路、燕子山小区中路、燕子山小区西路、紫茗路、山大路、历山东路、羊头峪东沟街、山师东路、山师北街相交。长 3.0 千米，宽 25.0 米。沥青路面。中华人民共和国成立前此路是由马家庄通往永固门的一条土路，也是城厢通往东南乡的一条重要通道，路中有一桥名霸王桥。1952 年后，始建有山东省荣军总校等单位，此后先由青岛路（今历山路）向东修碎石路面至霸王桥；1966 年改为沥青路面，宽 9 米；1980 年由霸王桥向东修沥青路面至山大路，宽 6 米；1988 年全路

拓宽并向东延伸至目前长度；2014年再次拓宽至现状。中华人民共和国成立初期，为纪念抗战胜利，坚定保卫世界和平的信心，将此路命名和平路。沿途学校与居民区较多，两侧有和瑞中心、济南市甸柳第一小学、泉城新时代商业广场等。为东西走向的主干路。通公交车。

文化东路 370102-K05
[Wénhuà Dōnglù]

在区境西部。东起二环东路，西至历山路。沿线与吉祥街、祥瑞路、甸文路、燕子山路、冶金宾馆路、燕文东路、燕文西路、山大路、文升路、羊头峪东沟街、羊头峪西沟街、山师东路、山师北街相交。长3.0千米，宽30.0米。沥青路面。原为农田和坟地相间的山坡地，是通往窑头庄的一条小土路。1965年改造通车，2011年翻建拓宽至现状。因沿街多为大专院校和文教卫生单位，是文化教育集中之地，与西段今文化西路统称文化路，后以历山路为界，此路居东，故名文化东路。沿途院校、科研单位众多，文化氛围浓厚，两侧有山东省地震局、山东省林业厅、山东警察学院、山东艺术学院、山东师范大学等。为东西走向的次干路。通公交车。

燕子山东路 370102-K06
[Yànzishān Dōnglù]

在区境中部。北起经十路，南至二环东路。长0.5千米，宽13.0米。沥青路面。原是乡间小路，1985年后筑成沥青路面。2006年拓宽改造成现状。因位于燕子山以东，故名燕子山东路。西侧有山东行政学院。为南北走向的支路。不通公交车。

利农庄路 370102-K07
[Lìnóngzhuāng Lù]

在区境西北部。东起花园庄东路，西至历山路。长0.7千米，宽6.0米。沥青路面。1958年因在这一带兴建小型工厂而形成的新路，2013年改建。因此路建设之初横贯利农庄，故名利农庄路。沿途多为居民区。为东西走向的次干路。通公交车。

花园庄东路 370102-K08
[Huāyuánzhuāng Dōnglù]

在区境西北部。西北起花园路，东南至山大路。沿线与山大北路、利农庄路相交。长0.8千米，宽15.0米。沥青路面。该路初为土路，是由花园庄通往龙洞的主要道路，俗称龙洞路或黄龙路。1936年曾分段平整。1955—1956年由部队筑成宽9米的碎石路面，称国防路。后从山大路至甸柳庄东南侧的一段路被新建的道路、房屋等占用而消失，区内只剩西北端路段。1980年整顿街门牌时命名花园庄东路。1986年曾拓宽重修。2011年改建。因西北端路段在花园庄以东，故名花园庄东路。沿途多为居民区。为连通花园路与山大路的次干路。通公交车。

青龙后街 370102-K09
[Qīnglónghòu Jiē]

在区境西北部。北起东关大街，南至解放路。沿线与仁智街、山大南路、兴华街相交。长1.0千米，宽8.0米。沥青路面。中华人民共和国成立前既有此街；1988年，此街因兴建青后小区，部分进行拆迁；2010年改建。因位于东青龙街东侧，出古城门向东穿过东青龙街（原名青龙街）即为此街，故名青龙后街。道路北口靠近济南古城东门，是济南著名的小商品批发集散地。两侧有老东门万货汇购物广场、济南市青龙街小学等。为南北走向的支路。通公交车。

东青龙街 370102-K10

[Dōngqīnglóng Jiē]

在区境西部。北段北起东关大街,南至兴华街;南段北起七家村路,南至后场街。与山大南路相交。长 1.1 千米,宽 4~5 米。沥青路面。此街在 1924 年的《续修历城县志·地域考》中已有记载。济南解放后亦有改建(具体年代无考),2011 年改建至现状。古代天文学中二十八宿之方位,有东苍龙(青龙)、南朱鸟(朱雀)、西咸池(白虎)、北玄武之说。此街在东护城河东岸,既窄又长,其形如龙,初名青龙街;后为区别于古城西关的青龙街而分别改称东青龙街、西青龙街。沿途主要为居民区,因毗邻护城河,绿化较好。两侧有环城公园、济南市青龙街小学等。为南北走向的支路。通公交车。

解放路 370102-K11

[Jiěfàng Lù]

在区境西部。东起二环东路,西至青龙桥。与甸新东路、闵子骞东路、闵子骞路、燕子山路、燕子山小区东路、山大路、历山东路、历山路、后坡东街、十亩园东街、兴华街、青龙后街、如意街、下河崖街相交。长 3.6 千米,宽 50.0 米。沥青路面。20 世纪 50 年代初期形成东段之路,1952 年东西路段接通,1953 年逐步形成连接市区的东西主干道,1954 年筑成煤渣路,1955 年筑成简易沥青路,1958 年展宽筑成沥青路,1980 年改扩建。2013 年整修至现状。1948年 9 月 16 日济南战役开始,因为这一带是中国人民解放军东线进军之路,是以为纪念济南解放命名为解放路。两侧有济南市公交总公司、百花剧院、山东省吕剧院、济南第七中学、济南市中心医院、山东省话剧院、山东建筑大学(和平校区)。此路连通老城区与东部新城区,为东西走向的主干路。通公交车。

齐川路 370102-K12

[Qíchuān Lù]

在区境东部。东起奥体中路,西至奥体西路。沿线与重德路、礼耕路相交。长 0.9千米,宽 8.0 米。沥青路面。2009 年开工,同年建成。取济南古城门之一的齐川门为名。此路毗邻经十路,多为高层写字楼,商业氛围浓厚。两侧有鲁商国奥城、山东省高级人民法院、黄金时代广场、成城大厦。为东北走向的支路。不通公交车。

千佛山东路 370102-K13

[Qiānfóshān Dōnglù]

在区境西部。西北起历山路,南至旅游路。沿线与经十一路、山师东路、燕翔路相交。长 1.7 千米,宽 12.0 米。沥青路面。该道路原是南山乡民进城的一条土路,1933 年改为石板路,2006 年改造成现状。此路位于千佛山路以东,故名千佛山东路。此路狭长且走向不规则,沿途院校及单位宿舍较多,两侧有山东工艺美术学院、山东省计量科学研究院、山东省地震局济南地震台。为南北走向的支路。通公交车。

泉城路 370102-K14

[Quánchéng Lù]

在区境西部。东起黑虎泉北路,西至趵突泉北路。沿线与按察司街、县东巷、县西巷、舜井街、院前街、天地坛街、芙蓉街、省府前街、榜棚街、鞭指巷、狮子口东街、狮子口街、太平寺街相交。长 1.5 千米,宽50 米。石板路面。该道路是由 1965 年前的11 条街巷合并而成,2002 年改扩建,2003年增加机动车单行功能并增设公交车线路。济南别名"泉城",此路因地处济南市中心繁华地段,故名泉城路。毗邻泉城广场,是济南繁华的商业街之一,两侧有世贸国际广场、皇亭体育馆、山东省政协、恒隆广场。为东西走向的主干路。通公交车。

黑虎泉西路 370102-K15

[Hēihǔquán Xīlù]

在区境西部。东起济南解放纪念阁，西至趵突泉北路。沿线与黑虎泉北路、舜井街、南门大街、天地坛街、榜棚街、旧军门巷、狮子口东街相交。长 1.3 千米，宽 22.0 米。沥青路面。该道路是 1952 年拆除南城墙后在其基址上建成的，当时俗称环城马路；1965 年命名为黑虎泉西路，同时将原在城墙内侧的西箭道街、南城根街、升官街、南马道街和独门巷并入此路；2009 年改建至现状。因道路位于黑虎泉以西，故名黑虎泉西路。两侧有济南解放纪念阁、环城公园、护城河、黑虎泉、恒隆广场。为东西走向的次干路。通公交车。

大明湖路 370102-K16

[Dàmínghú Lù]

在区境西北部。东起黑虎泉北路，西至趵突泉北路。沿线与按察司街、县东巷、县西巷、曲水亭街、贡院墙根街、寿佛楼后街相交。长 1.9 千米，宽 25.0 米。沥青路面。1965 年将乾健门里街、抱厦街、鹊华桥西街、鹊华桥街、思敏街、东西钟楼寺街、闵子祠街、小梁隅首街、大梁隅首街、东门大街、东门月城街 11 条街巷合并形成此街。1980 年将西玉斌府街并入。1983 年重修此路西段。2007 年扩建。因此路途经大明湖南门（正门），毗邻大明湖，故名。沿途有多处旅游景点。两侧有大明湖、济南市第一人民医院、百花洲、济南府学文庙。为东西走向的次干路。通公交车。

燕子山路 370102-K17

[Yànzishān Lù]

在区境西部。北起解放路，南至经十路。沿线与甸新北路、和平路、甸新中路、燕子山小区北路、甸新南路、燕子山小区南路、文化东路相交。长 1.7 千米，宽 20.0 米。沥青路面。该道路原是由马家庄向南的田间小路，俗称马家庄路。1988 年向南北延伸重筑而成。2006 年改建。因此路南对燕子山，故名燕子山路。沿途多为居民区和学校。两侧有山东省市场监督管理局、山东省济南燕山学校（中学部）、山东省济南燕山学校（小学部）。为南北走向的次干路。通公交车。

解放东路 370102-K18

[Jiěfàng Dōnglù]

在区境中部。东起奥体中路，西至二环东路。沿线与重德路、礼耕路、奥体西路、齐川路、博文路、姚家东路、浆水泉路、茂陵山路、姚家路相交。长 4.3 千米，宽 30.0 米。沥青路面。此路原为城区通往龙洞庄的土路，称龙洞路。1998 年将经十路以南路段命名为解放东路。2009 年拓宽改造。因此街位于解放路以东，故名解放东路。沿途机关事业单位众多。两侧有济南市公安局历下分局、山东政法学院、齐鲁工业大学（南校区）、济南市历下区人民政府、山东省冶金科学研究院。为东西走向的次干路。通公交车。

礼耕路 370102-K19

[Lǐgēng Lù]

在区境中部。东起奥体中路，转向南至齐川路。沿线与坤顺路、解放东路相交。长 1.1 千米，宽 8.0 米。沥青路面。2009 年开工并建成。取儒家文化重德尚礼之意。毗邻济南中央商务区，多新式小区。为走向不规则的支路。不通公交车。

花园东路 370102-K20
[Huāyuán Dōnglù]

在区境北部。东起凤凰路，西至化纤厂路。沿线与开拓路、颖秀路、舜华北路、崇华路、奥体中路、八涧堡路、正丰路、奥体西路、西周南路相交。长5.2千米，宽18.0米。沥青路面。2009年开工并建成。此路位于花园路东延长线上，故名花园东路。沿途多为新建小区。两侧有济南高新区第一实验学校等。为东西走向的支路。通公交车。

华阳路 370102-K21
[Huáyáng Lù]

在区境北部。北起花园路，南至华龙路。沿线与华能路相交。长0.9千米，宽14.0米。沥青路面。2012年开工，2013年建成。路名以吉祥嘉言命名，寓意中华民族灿如朝阳。沿途商业氛围浓厚，有大型商超，两侧有济南留学人员创业园、汇阳大厦。为南北走向的次干路。通公交车。

化纤厂路 370102-K22
[Huàxiānchǎng Lù]

在区境北部。北起花园路东首，南至工业南路。沿线与华能路、华龙路相交。长1.5千米，宽30.0米。沥青路面。1968年修建，1972年翻修为沥青路面，1985年加宽、延长，1986年建成，20世纪90年代后至今不断拓宽改造成现状。因在原济南化纤厂西侧，故名化纤厂路。沿途多为住宅区，两侧有济南市历城区人民法院。为南北走向的次干路。通公交车。

浆水泉路 370102-K23
[Jiāngshuǐquán Lù]

在区境中部。北起解放东路，南至浆水泉水库。沿线与姚家路、姚家南路、窑头路、经十路、荆山路、旅游路相交。长约4.5千米，宽10.0米。沥青路面。原是乡间小路，后分段筑成沥青路面，2009年改建。因道路南端临近浆水泉水库，故名浆水泉路。道路北段穿过原姚家庄，南段多居民区。两侧有姚家人民法庭、山东省武警医院等。为南北走向的次干路。通公交车。

浆水泉西路 370102-K24
[Jiāngshuǐquán Xīlù]

在区境中部。北起二环东路，南至浆水泉水库。沿线与浆水泉路相交。长1.7千米，宽10.0米。沥青路面。原为通往浆水泉庄的土路，2007年改建。因此路位于浆水泉水库以西，故名为浆水泉西路。两侧均为居民区。为东西走向的次干路。不通公交车。

茂陵山路 370102-K25
[Màolíngshān Lù]

在区境中部。北起工业南路，南至解放东路。沿线无相交。长0.8千米，宽10.0米。沥青路面。原是乡间小路，1966年筑成沥青路面。2007年改建。因处于茂陵山西麓附近，故名茂陵山路。道路狭长，沿途多为居民区。两侧有普利商务中心等。为南北走向的次干路。不通公交车。

窑头路 370102-K26
[Yáotóu Lù]

在区境中部。东起浆水泉路，西至文化东路东口。沿线与燕翅山南路、窑头中路相交。长1.3千米，宽10.0米。沥青路面。原是乡间小路，中华人民共和国成立后逐年拓宽而成，1990年命名。因该路为原窑头庄主要道路，故名窑头路。沿途商业氛围浓厚，有大型商超。两侧有中润世纪广场等。为东西走向的次干路。通公交车。

燕东新路 370102-K27
[Yàndōng Xīnlù]

在区境中部。北起经十路，南至正大城市花园北墙。沿线无相交。长 0.4 千米，宽 8.0 米。沥青路面。2007 年开工，2008 年建成。该路位于燕山立交桥以东，为区别燕子山东路，故名燕东新路。道路狭长，沿途多为机关事业单位及其宿舍。两侧有山东省国土资源厅、山东省中医药管理局、山东省卫生和健康委员会。为南北走向的支路。不通公交车。

姚家东路 370102-K28
[Yáojiā Dōnglù]

在区境中部。北起解放东路，南至经十路。沿线与姚家路相交。长 0.7 千米，宽 20.0 米。沥青路面。2007 年建成，2009 年改建。因位于姚家庄东部，故名姚家东路。沿途现代化氛围浓厚，有机关、展览馆和大型商场。两侧有山东省人力资源和社会保障厅、华润中心、山东省档案馆、山东省美术馆等。为南北走向的支路。不通公交车。

姚家路 370102-K29
[Yáojiā Lù]

在区境中部。东起姚家东路，西止浆水泉路。沿线无相交。长 1.1 千米，宽 15.0 米。沥青路面。2007 年建成。此路是通往姚家庄的主要道路，故名姚家路。沿途均为村民自建房。两侧有济南市姚家派出所。为东北走向的支路。不通公交车。

姚家南路 370102-K30
[Yáojiā Nánlù]

在区境中部。东起银座圣洋物流中心西门，西至浆水泉路。沿线与浆水泉路相交。长 0.8 千米，宽 10.0 米。沥青路面。2007 年建成。因位于姚家路南侧，故名姚家南路。沿途多村民自建房及单位宿舍。为东西走向的支路。不通公交车。

荆山路 370102-K31
[Jīngshān Lù]

在区境中部。东起浆水泉路，西至二环东路。沿线与荆山东路相交。长 1.4 千米，宽 14.0 米。沥青路面。2009 年建成。因该路位于荆山北侧，故名荆山路。沿途多为居民区。两侧有山东财经大学（燕山校区）等。为东西走向的支路。通公交车。

洄龙路 370102-K32
[Huílóng Lù]

在区境中部。西起浆水泉路，南至山东省人民防空办公室机关院门。沿线无相交。长 0.2 千米，宽 6.0 米。2010 年命名。因紧邻回龙山下的洄龙小区，道路曲折犹如盘龙洄水之姿，故名洄龙路。沿途环境优美，有机关及居民区。两侧有山东省人民防空办公室等。为西南走向的支路。不通公交车。

荆山东路 370102-K33
[Jīngshān Dōnglù]

在区境中部。北起荆山路，南至旅游路。沿线无相交。长 0.7 千米，宽 15.0 米。沥青路面。2009 年建成。因位于荆山东侧，故名荆山东路。沿途均为住宅区。为西北走向的支路。不通公交车。

佛山街 370102-K34
[Fóshān Jiē]

在区境西部。北起泺源大街，南至文化西路。沿线与离明街、得胜街、南营街相交。长 0.7 千米，宽 10.0 米。沥青路面。清代既有此街，1995 年翻建，2005 年改建。此街因南北走向正对千佛山，旧时千佛山寺庙里的僧人下山化缘常走此路，故名佛山街。沿途多商铺，商业氛围浓厚。两侧有银座商城、玉泉森信大酒店、济南八中。为南北走向的次干路。通公交车。

千佛山路　370102-K35
[Qiānfóshān Lù]

在区境西部。北起文化西路，南至经十一路。沿线与经十路相交。长 0.9 千米，宽 17 米。沥青路面。旧时既有此路，1984年翻建，2009 年改建。因此路为通向千佛山的主要道路，故名千佛山路。沿途绿化较好，游客往来如织。两侧有山东大学（千佛山校区）、华特广场等。为南北走向的次干路。通公交车。

千佛山西路　370102-K36
[Qiānfóshān Xīlù]

在区境西部。北起经十一路，南至千佛山南路。沿线与马鞍山路相交。长 1.2 千米，宽 20.0 米。沥青路面。此路最初是千佛山西侧的山坡小路。2009 年改建。因位于千佛山西侧，故名千佛山西路。沿途有科教单位及居民区，交通便利。两侧有济南市考古研究所、山东省交通运输厅港航局、中共山东省委外事工作委员会办公室。为南北走向的支路。通公交车。

千佛山南路　370102-K37
[Qiānfóshān Nánlù]

在区境西部。东起旅游路，西至舜耕路。沿线与千佛山西路相交。长 1.4 千米，宽 17.0 米。沥青路面。1999 年建成，2005年改建。因此路位于千佛山路以南，故名千佛山南路。两侧有中共济南市委老干部党校（济南老年人大学）、济南舜耕国际会展中心。为东西走向的次干路。通公交车。

朝山街　370102-K38
[Cháoshān Jiē]

在区境西部。北起泺源大街，南至文化西路。沿线与十方院街、丁家场街、泺文东街相交。长 0.5 千米，宽 20.0 米。沥青路面。明清时期既有此街，1986—1988 年拓宽重建。2004 年改建。因此街南对千佛山，为城里人朝山进香、逛山会的主要道路，故名朝山街。沿途多一至两层的商铺，商业氛围浓厚。两侧有新华书店（音乐书店）、中国建设银行（济南历下支行）等。为南北走向的次干路。通公交车。

青年东路　370102-K39
[Qīngnián Dōnglù]

在区境西部。北起文化西路，南至经十路。沿线无相交。长 0.8 千米，宽 21.0米。沥青路面。1953 年始建，2009 年改建。1953 年，济南各界青年参加义务筑路活动，筑成东西两条并列道路。此路居东，故名青年东路。沿途多文教卫生单位，两侧有山东省中医院（西院区）、山东文教大厦、山东广播电视台等。为南北走向的主干路。通公交车。

趵突泉南路　370102-K40
[Bàotūquánnán Lù]

在区境西部。北起坤顺门桥，南至文化西路。沿线与泺源大街、杉槁园街、千祥街、广智院街相交。长 0.8 千米，宽 18.5米。沥青路面。此处原是山水沟，1964 年整修，1987 年展宽北段，2008 年拓宽改造。因位于趵突泉公园以南，故名趵突泉南路。毗邻趵突泉公园和泉城广场，交通便利。两侧有趵突泉公园、泉城广场、齐鲁医院等。为南北走向的支路。通公交车。

泺文路 370102-K41

[Luòwén Lù]

在区境西部。北起泺源大街，南至文化西路。沿线与全胜街、双福街、泺文东街、朝阳街相交。长 0.6 千米，宽 30.0 米。沥青路面。1991 年拓宽改造，1997 年翻建。因道路北起泺源大街，南至文化西路，故命名为泺文路。此路正对泉城广场东南入口，交通便利。两侧有保险大厦、山东省实验小学等。为南北走向的支路。通公交车。

趵突泉北路 370102-K42

[Bàotūquán Běilù]

在区境西部。北起大明湖路，南至坤顺门桥。沿线与西城根街、周公祠桥、泉城路、共青团路、狮子口街、黑虎泉西路相交。长 1.2 千米，宽 22.0 米。沥青路面。此路是 1952 年拆除西城墙后在其基址上拓建而成，1979 年将泺源桥至坤顺门桥之间的"五三街"并入此路，2008 年改建。因此路在趵突泉公园以北，故名。此路北首正对大明湖公园西南门，南首可达泉城广场和趵突泉公园。两侧有开元广场、三联大厦、山东轻工大厦等。为南北走向的次干路。通公交车。

榜棚街 370102-K43

[Bǎngpéng Jiē]

在区境西部。北起泉城路，南至黑虎泉西路。沿线无相交。长 0.2 千米，宽 22.0 米。沥青路面。明清时期既有此街，为设棚张榜，公布考生乡试成绩之地，故名榜棚街。可连通泉城路与泉城广场，沿途多大厦，商业氛围浓厚。两侧有永安大厦、华鲁大厦、浦发大厦等。为南北走向的支路。通公交车。

黑虎泉北路 370102-K44

[Hēihǔquán Běilù]

在区境西部。北起明湖东路，南至解放阁。沿线与东关大街、大明湖路、苗家巷、山大南路、兴华桥、运署街、泉城路相交。长 2.1 千米，宽 25.0 米。沥青路面。此路是 1952 年拆除东城墙后在其基址上拓建而成。1963 年将东顺城街并入。1965 年将东城根街、小湾街、大湾街、连升街并入。1978 年将东顺城街离出。1980 年将南侠士巷和北侠士巷并入。因位于黑虎泉以北，故名黑虎泉北路。道路南首有黑虎泉泉群和济南解放纪念阁，游人如织，风景如画。两侧有济南市交通警察支队历下区大队、济南解放纪念阁、环城公园等。为南北走向的次干路。通公交车。

舜井街 370102-K45

[Shùnjǐng Jiē]

在区境西部。北起泉城路，南至黑虎泉西路。沿线无相交。长 0.3 千米，宽 20.0 米。沥青路面。此街明清时期既有记载。1980 年将舜庙街并入，与南门里大街、舜井街合并。因此街有舜井，故以井得名舜井街。街内商厦主营电子商品，两侧有舜井、舜井商业大厦、古代舜祠遗址、舜园。为南北走向的次干路。通公交车。

天地坛街 370102-K46

[Tiāndìtán Jiē]

在区境西部。北起泉城路，南至黑虎泉西路。沿线无相交。长 0.3 千米，宽 24 米。沥青路面。此街明末形成街巷，2007 年拓宽改造成现状。据传明成化二年（1466），明代德王府正南建起社稷坛和山川坛，民间按皇帝祭天地的称谓，称天地坛。明亡后，天地坛一带转为民居，形成街巷，遂名天地坛街。沿途为大型商场和高档酒店，商业氛围浓厚。两侧有齐鲁国际大厦、贵和购物中心、贵和皇冠假日酒店等。为南北走向的支路。通公交车。

县西巷 370102-K47
[Xiànxī Xiàng]

在区境西部。北起大明湖路，南至泉城路。沿线与北察院街、万寿宫街、东西菜园街、后宰门街、县前街、东西仓棚街相交。长0.8千米，宽15.0米。沥青路面。此街清代既有记载。因历城县署曾驻此，此路在其西，故名县西巷。沿途多商铺。两侧有维景大酒店、泉乐坊等。为南北走向的次干路。通公交车。

东关大街 370102-K48
[Dōngguān Dàjiē]

在区境西北部。东起历山路，西至东门桥。沿线与东圩门外街、东圩根街、后岗子街、报施后坡街、文垣街、奎垣街、孟家巷、长盛街、青龙后街、长盛西街、东青龙街、黑虎泉北路相交。长1.2千米，宽15.0米。沥青路面。明清时期既有此街，1988—1990年改建，2009年拓宽改造成现状。因该街贯通济南老城东关地区，故名东关大街。沿途多为居民区。此街西首为济南的"老东门"地区，是著名的小商品批发集散地。两侧有东门小商品综合批发市场等。为东西走向的次干路。通公交车。

历黄路 370102-K49
[Lìhuáng Lù]

在区境西部。北起北园大街，南至明湖北路。沿线无相交。长0.4千米，宽9.0米。沥青路面。自光绪年间开辟艮吉门后，此处形成一条田间小路。中华人民共和国成立后，初步形成煤渣路。1965年整修并命名。1999年改建。因路北首原有黄家桥，

路南端原有南北历山街，故名历黄路。两侧有历下区东关街道办事处等。为南北走向的支路。通公交车。

环山路 370102-K50
[Huánshān Lù]

在区境西部。北起经十路，向南折东至济南外国语开元国际分校。沿线与羊头峪路、燕翔路、旅游路相交。长1.9千米，宽20.0米。沥青路面。1997年开工，1999年建成，2003年改建。此路位于燕子山下，环燕子山脚而建，故名环山路。沿途多为居民区。两侧有鸿苑大厦、历下区国土资源局等。为走向不规则的次干路。通公交车。

山师北街 370102-K51
[Shānshī Běijiē]

在区境西部。北起和平路，南至文化东路。沿线无相交。长0.6千米，宽11.0米。沥青路面。此处原为农田，从1958年起，逐渐形成街巷。2009年改建。因此街南口正对山东师范大学，故名山师北街。道路狭长，沿途多为单位宿舍及学校。两侧有山东师范大学附属小学、山东师范大学附属中学等。为南北走向的次干路。不通公交车。

山师东路 370102-K52
[Shānshī Dōnglù]

在区境西部。北起和平路，南至千佛山东路。沿线与文化东路、经十路、经十一路相交。长1.9千米，宽20.0米。沥青路面。此处原为农田，1958年辟为道路，2008年改建。因位于山东师范大学以东，故命名为山师东路。文化东路以北路段沿途有多个小商品市场，以南路段沿途多文教、卫生单位。两侧有鲁商集团、济南市邮政局商务投递分局山师东路投递部、中

国冶金地质总局山东局、山东省中医院（东院区）、山东省血液中心、山东省千佛山医院、山东省科学院等。为南北走向的次干路。通公交车。

燕翔路 370102-K53
[Yànxiáng Lù]

在区境西部。东起燕子山西路，西至千佛山东路。沿线与环山路相交。长 0.7 千米，宽 10.0 米。沥青路面。1999 年建成。此街位于燕子山西侧，取展翅飞翔之意，故名燕翔路。沿途多为居民区。两侧有济南市东方双语实验学校等。为东西走向的次干路。通公交车。

科院路 370102-K54
[Kēyuàn Lù]

在区境西部。北起经十路，南至山东省科学院院墙外。沿线无相交。长 0.5 千米，宽 8.0 米。沥青路面。1979 年形成道路，2014 年改建。因通向山东省科学院，故名科院路。两侧有山东省药品监督管理局、济南市文化东路派出所等。为南北走向的支路。不通公交车。

健康路 370102-K55
[Jiànkāng Lù]

在区境西部。北起经十路，南为实胡同。沿线无相交。长 0.2 千米，宽 6.8 米。沥青路面。1980 年命名。2014 年改建。沿途多是卫生系统宿舍，故名健康路。两侧有济南市文化东路小学（千佛山校区）等。为南北走向的支路。不通公交车。

羊头峪西沟街 370102-K56
[Yángtóuyùxīgōu Jiē]

在区境西部。北起文化东路，南至经十路。沿线无相交。长 0.6 千米，宽 3.0 米。沥青路面。此处是羊头峪排水的两条山水沟之一，后沿沟辟建道路，2010 年改建。因位于羊头峪西沟西侧，故名羊头峪西沟街。两侧有山东通信技术学院等。为南北走向的支路。不通公交车。

羊头峪东沟街 370102-K57
[Yángtóuyùdōnggōu Jiē]

在区境西部。北起和平路，南至经十路。沿线与文化东路相交。长 1.3 千米，宽 9.5 米。沥青路面。此处是羊头峪排水的两条山水沟之一，后沿沟辟建道路，2013 年改建。因毗邻羊头峪东沟，故名羊头峪东沟街。两侧有文化东路街道办事处、济南市文化东路小学等。为南北走向的支路。不通公交车。

燕子山西路 370102-K58
[Yànzishān Xīlù]

在区境西部。北起经十路，南至环山路。沿线与燕翔路相交。长 1.0 千米，宽 17.0 米。沥青路面。原是山坡上的羊肠小道，20 世纪 80 年代初形成南北向的土路，1983 年、1988 年筑成沥青路面，1998 年扩建。因位于燕子山西侧，故名燕子山西路。沿途多为居民区。两侧有山东省中医药研究院、济南市东方双语实验学校等。为南北走向的次干路。通公交车。

羊头峪路 370102-K59
[Yángtóuyù Lù]

在区境西部。北起环山路，南至羊头峪庄。沿线无相交。长 0.6 千米，宽 10.0 米。沥青路面。原为无名乡间小路，20 世纪 80 年代初修成沥青路，2010 年改建。由羊头峪庄出资修成沥青路，是通往市区的主要道路，故名。沿途多居民区。两侧有鸿苑大厦、济南市东方双语实验学校等。为南北走向的次干路。不通公交车。

历山东路 370102-K60

[Lìshān Dōnglù]

在区境西部。北起山大南路，南至和平路。沿线与建筑新村南路、解放路、和平路北街相交。长 1.2 千米，宽 15.0 米。沥青路面。此处原为农田，1953 年前后形成街巷，2008 年改建。因位于在历山路东侧，命名为历山东路。沿途多为居民区，有学校和医院。两侧有建筑新村街道办事处、济南市解放路第二小学、济南市解放路第一小学、济南市中心医院等。为南北走向的次干路。通公交车。

建筑新村南路 370102-K61

[Jiànzhùxīncūn Nánlù]

在区境西部。东起山大路，西至历山路。沿线与历山东路相交。长 1.1 千米，宽 8.0 米。沥青路面。该路原是水沟，1953 年后形成道路，2010 年改建。因位于建筑新村南侧，故名建筑新村南路。沿途多为住宅区。两侧有济南科技市场、济南市解放路第二小学等。为东西走向的支路。不通公交车。

和平路北街 370102-K62

[Hépínglù Běijiē]

在区境西部。东起山大路，西至历山东路。沿线无相交。长 0.5 千米，宽 8.0 米。沥青路面。此处原为向阳大队农田，1973 年后筑成此路，2008 年改建。因位于和平路以北，故名和平路北街。沿途多为居民区。两侧有济南市解放路第一小学。为东西走向的支路。不通公交车。

甸新东路 370102-K63

[Diànxīn Dōnglù]

在区境西部。北起解放路，南至甸新南路。沿线与甸新北路、和平路、甸新南路相交。长 0.9 千米，宽 14.0 米。沥青路面。原是乡间土路，1989 年筑成沥青路面，2007 年改建。因该路位于甸柳新村东部，故名甸新东路。沿途多为居民区，有大型商超及学校。两侧有和瑞广场、济南市甸柳第一小学、济南公交总公司甸柳停车场等。为南北走向的支路。通公交车。

祥瑞路 370102-K64

[Xiángruì Lù]

在区境西部。北起文化东路，南至经十路。沿线无相交。长 0.4 千米，宽 10.0 米。为沥青路面。2013 年建成。路名寓意吉祥如意。两侧有山东传媒职业学院等。为南北走向的支路。不通公交车。

燕子山小区东路 370102-K65

[Yànzishānxiǎoqū Dōnglù]

在区境西部。北起解放路，南至燕子山小区南路。沿线与东源路、燕秀路、和平路、燕子山小区北路相交。长 0.9 千米，宽 12.0 米。沥青路面。原是马家庄东侧南北向的一条土路，1987 年筑成沥青路面，2003 年改建。因位于燕子山小区东部，故名燕子山小区东路。沿途均为住宅小区。两侧有山东省假肢工厂、燕山街道办事处。为南北走向的支路。不通公交车。

燕子山小区西路 370102-K66

[Yànzishānxiǎoqū Xīlù]

在区境西部。北起和平路，南至燕子山小区南路。沿线无相交。长 0.6 千米，宽 8.0 米。沥青路面。1998 年建成，2007 年改建。因位于燕子山小区西部，故名燕子山小区西路。沿途均为住宅小区。两侧有山东省戒毒管理局等。为南北走向的支路。不通公交车。

冶金宾馆路 370102-K67
[Yějīnbīnguǎn Lù]

在区境西部。北起燕子山小区南端，南至文化东路。沿线无相交。长 0.3 千米，宽 11.5 米。沥青路面。2003 年建成。此街途经冶金宾馆，故名冶金宾馆路。此路短小，多单位宿舍。两侧有冶金宾馆等。为南北走向的支路。不通公交车。

燕文东路 370102-K68
[Yànwén Dōnglù]

在区境西部。北起文化东路，南至经十路。沿线无相交。长 0.4 千米，宽 9.0 米。沥青路面。2007 年建成。从文化东路沿此路向南可直抵燕子山，为区分其西侧的燕文西路，故名燕文东路。沿途多为机关宿舍区。两侧有济南市历下区文化东路军休所等。为南北走向的支路。不通公交车。

燕文西路 370102-K69
[Yànwén Xīlù]

在区境西部。北起文化东路，南至经十路。沿线无相交。长 0.6 千米，宽 8.8 米。沥青路面。2007 年开工，2009 年建成。从文化东路沿此路向南可直抵燕子山，为区分其东侧的燕文东路，故名燕文西路。沿途多为机关宿舍区，街巷狭长，环境安静。两侧有山东省林业厅等。为南北走向的支路。不通公交车。

刘智远路 370102-K70
[Liúzhìyuǎn Lù]

在区境东部。北起工业南路，南至经十路。沿线与世纪大道相交。长 3.5 千米，宽 10.0 米。沥青路面。1989 年开工，1990 年建成。因南北贯穿刘智远村，故名刘智远路。沿途为村民住房。两侧有山东大学齐鲁医院高新区医院等。为南北走向的支

路。不通公交车。

八涧堡路 370102-K71
[Bājiànpù Lù]

在区境北部。北起胶济铁路，南至花园东路。沿线无相交。长 1.5 千米，宽 13.0 米。沥青路面。1977 年形成道路，原是土和沙石路面，1988—1989 年修成沥青路面。因南北贯穿八涧堡，故名八涧堡路。沿途多为住宅区、写字楼及配建中小学。两侧有明德中学、盛和小学、祥泰汇东国际大厦、鲁商盛景广场等。为南北走向的支路。通公交车。

水华路 370102-K72
[Shuǐhuá Lù]

在区境东部。北起经十路，南至三箭汇福山庄。沿线无相交。长 0.8 千米，宽 6.0 米。沥青路面。2011 年开工，2012 年建成。其意无考，由市政建设后习称。两侧有山东省粮食和物资储备局等。为南北走向的支路。不通公交车。

杨柳路 370102-K73
[Yángliǔ Lù]

在区境东北部。东起金达路，西至奥体中路。沿线无相交。长 2.4 千米，宽 5.0 米。沥青路面。2006 年建成。沿途绿化以柳树为主，故名杨柳路。道路周边原有村庄。为东西走向的支路。不通公交车。

奥体东路 370102-K74
[àotǐ Dōnglù]

在区境东部。北起经十路，南至旅游路。沿线与龙奥北路、龙奥南路相交。长 1.3 千米，宽 10.0 米。沥青路面。2007 年开工，2009 年建成。因位于济南奥林匹克体育中心以东，故名奥体东路。毗邻济南市政府和济南奥林匹克体育中心，现代化氛围浓

厚。两侧有龙奥天街广场、玉兰广场等。为南北走向的次干路。通公交车。

福地街 370102-K75
[Fúdì Jiē]

在区境中部。北起旅游路，西南至汇中沁园东南角。沿线与洪山路、福佑街相交。长 1.4 千米，宽 20.0 米。沥青路面。2009 年建成，2012 年改建。寓意福气汇集之地。沿途均为住宅区。为南北走向的次干路。通公交车。

荷宁路 370102-K76
[Héníng Lù]

在区境中部。北起经十路，南至龙奥北路。沿线与龙奥北路、经十路相交相接。长 0.6 千米，宽 23.0 米。沥青路面。因靠近东荷体育馆，故名荷宁路，寓意济南人民福顺康宁。道路贯穿体育中心，为南北走向的次干路。不通公交车。

柳康路 370102-K77
[Liǔkāng Lù]

在区境中部。北起经十路，南至龙奥北路。沿线无相交。长 0.6 千米，宽 23.0 米。沥青路面。2008 年建成。因靠近西柳体育馆，故命名为柳康路，寓意济南人民福顺康宁。道路贯穿体育中心，为南北走向的次干路。不通公交车。

龙奥东路 370102-K78
[Lóng'ào Dōnglù]

在区境中部。北起龙奥北路，南至旅游路。沿线无相交。长 0.5 千米，宽 15.0 米。沥青路面。2007 年开工，2009 年建成。因位于济南龙奥大厦东侧，故名龙奥东路。毗邻济南市政府和济南奥林匹克体育中心，现代化氛围浓厚。两侧有济南龙奥大厦、玉兰广场等。为南北走向的次干路。通公交车。

龙奥南路 370102-K79
[Lóng'ào Nánlù]

在区境中部。东起奥体东路，西至奥体西路。沿线与龙奥东路、龙奥西路相交。长 1.0 千米，宽 23.0 米。沥青路面。2007 年开工，2009 年建成。因位于济南龙奥大厦南侧，故名龙奥南路。毗邻济南市政府，现代化氛围浓厚。两侧有济南龙奥大厦、玉兰广场等。为东西走向的次干路。通公交车。

龙奥西路 370102-K80
[Lóng'ào Xīlù]

在区境中部。北起龙奥北路，南至龙奥南路。沿线无相交。长 0.5 千米，宽 15.0 米。沥青路面。2007 年开工，2009 年建成。因位于济南龙奥大厦西侧，故名龙奥西路。毗邻济南市政府和济南奥林匹克体育中心，现代化氛围浓厚。两侧有济南龙奥大厦、银丰财富广场等。为南北走向的次干路。通公交车。

龙鼎大道 370102-K81
[Lóngdǐng Dàdào]

在区境南部。北起龙奥南路，南至龙鼎立交桥。沿线与旅游路、西山东路相交。长 4.3 千米，宽 50.0 米。沥青路面。2007 年开工，2009 年建成。因此路北首为济南市人民政府，南端为龙洞景区，故名龙鼎大道。道路宽阔，沿途均为住宅及配套学校和商超。为南北走向的主干路。通公交车。

云驰路 370102-K82
[Yúnchí Lù]

在区境中部。东起转山西路 20 号，西至霞景路。沿线与转山西路、洪山路相交。长 1.0 千米，宽 20.0 米。沥青路面。2010

年建成。寓意生活水平和经济发展如白云轻飏,畅行无阻,故名。沿途均为住宅小区。为东西走向的次干路。通公交车。

转山西路 370102-K83
[Zhuànshān Xīlù]

在区境中部。北起经十路,南至旅游路。沿线与云腾路、融庆巷、云驰路相交。长1.3千米,宽30.0米。沥青路面。1978年形成道路,2008年改建至现状。因位于转山以西,故名。沿途多大型写字楼及住宅小区。两侧有黄金国际广场、奥体金融中心、融建财富中心。为南北走向的次干路。通公交车。

洪山路 370102-K84
[Hóngshān Lù]

在区境中部。北起经十路,南至牧牛山。沿线与云腾路、云驰路、旅游路、霞景路相交。长2.0千米,宽30.0米。沥青路面。2009年建成。此路是西邻洪山,故名。沿途多居民区及配套学校。两侧有洪山大厦、山大辅仁学校等。为南北走向的支路。通公交车。

霞景路 370102-K85
[Xiájǐng Lù]

在区境中部。北起云驰路,南至旅游路。沿线与旅游路相交。长1.5千米,宽21.0米。沥青路面。2012年建成。此路南端为下井庄,取其谐音命名。道路狭长,沿途均为居民区。通公交车。

东荷路 370102-K86
[Dōnghé Lù]

在区境东部。东起舜华南路,北至龙奥北路。沿线与舜华南路、龙奥北路相交。长1.1千米,宽6.0米。沥青路面。2013年建成。因位于东荷苑门前,故名东荷路。

两侧均为居民区。为不规则走向支路。通公交车。

回龙山路 370102-K87
[Huílóngshān Lù]

在区境中部。北起旅游路,南至中井庄。无相交路线。长0.5千米,宽6.0米。沥青路面。因位于回龙山北麓,故名。沿途无大型居民区,是通往中井庄的主要道路。西侧有回龙山。为南北走向的支路。不通公交车。

坤顺路 370102-K88
[Kūnshùn Lù]

在区境中部。东起奥体中路,西至奥体西路。沿线与重德路、礼耕路相交。长0.8千米,宽9.0米。沥青路面。2009年建成。取济南古城门之一的坤顺门为名。道路毗邻济南中央商务区,现代化风格明显。两侧均为居民区。为东西走向的支路。通公交车。

重德路 370102-K89
[Zhòngdé Lù]

在区境中部。北起坤顺路,南至齐川路。沿线与解放东路相交。长0.6千米,宽14.0米。沥青路面。2013年开工,2014年建成。取儒家文化重德尚礼之意。道路毗邻济南中央商务区,现代化风格明显。两侧有山东省高级人民法院、鲁商国奥城等。为南北走向的支路。通公交车。

西山东路 370102-K90
[Xīshān Dōnglù]

在区境南部。东起龙鼎大道,南至龙腾路。沿线与龙驰路相交。长0.9千米,宽6.0米。沥青路面。因西有群山,故名西山东路。沿途均为居民区。为走向不规则的支路。通公交车。

特色街巷

半边街 370102-A03-L01
[Bànbiān Jiē]

在千佛山街道北部。长 0.3 千米，宽 4.5 米。沥青路面。此街原只有路南一面有房舍，故曾名半壁街，后改称半边街。道路一侧为居民楼，一侧为环城公园的陡崖，黑虎泉即在崖下。不通公交车。

棋盘街 370102-A03-L02
[Qípán Jiē]

在千佛山街道北部。长 0.7 千米，宽 4~8 米。沥青路面。因东西街中间原为一条南北走道，南边有东西马道口街，横竖都为两条街交叉，形似棋盘，故名棋盘街。沿途均为居民区，毗邻大型商超，生活便利。不通公交车。

辘轳把子街 370102-A05-L01
[Lùlubǎzi Jiē]

在泉城路街道东北部。长 0.1 千米，宽 4.5 米。沥青路面。因此街弯曲形似旧时农村取水用具辘轳把子，故名辘轳把子街。沿途均为旧时平房民居，是典型的北方胡同。不通公交车。

芙蓉街 370102-A05-L02
[Fúróng Jiē]

在泉城路街道东部。长 0.4 千米，宽 4.6 米。沥青路面。因街内芙蓉泉而得名芙蓉街。沿途均为特色小吃店或商铺，往来游人络绎不绝。不通公交车。

翔凤巷 370102-A05-L03
[Xiángfèng Xiàng]

在泉城路街道东南部。长 0.1 千米，宽 2.6 米。沥青路面。此街是南北两侧房屋之间的狭窄通道，是两边房子的墙缝形成，俗称"墙缝巷"，后取其谐音雅化为翔凤巷。沿途均为旧时平房民居，是古城最窄的胡同。不通公交车。

后宰门街 370102-A06-L01
[Hòuzǎimén Jiē]

在大明湖街道西北部。长 0.4 千米，宽 4.6 米。半石板路半沥青路面。此街在明德王府北门（俗称厚载门）外，故名厚载门街，后改为后宰门街。沿途均为旧时平房民居，是典型的北方胡同。两侧有济南市基督教后宰门教堂、历下区非遗展览馆等。不通公交车。

桥梁、立交桥、隧道

东门桥 370102-N01
[Dōngmén Qiáo]

在历下区西部。桥长 18.1 米，桥面宽 25.2 米，最大跨度 6.0 米，桥下净高 3.5 米。古代历城县的城墙东门是土城，明洪武四年（1371）在古历城县城墙东门（齐川门）护城河建吊桥，清光绪末年又开辟的新东门，故称东门桥。为小型河道桥梁，结构型式为梁式桥。担负城区道路交通干道功能，最大载重量为 55 吨。通公交车。

青龙桥 370102-N02
[Qīnglóng Qiáo]

在历下区西部。桥长 30 米，桥面宽 48 米，最大跨度 13 米，桥下净高 8 米。始建于 1952 年，1981 年建成。因在东青龙街西侧，故名青龙桥。为小型河道桥梁，结构型式为拱桥。担负城区道路交通干道功能，最大载重量为 55 吨。通公交车。

泺源桥 370102-N03

[Luòyuán Qiáo]

在历下区西部。桥长 26 米，桥面宽 33 米，最大跨度 18 米，桥下净高 4.5 米。汉代古城始建时为木质吊桥，宋熙宁七年（1074）改建为石桥，清道光十六年（1836）改建为三孔石桥，1950 年重建，1972 年加宽，改为钢筋混凝土双曲拱桥。因跨于发源于趵突泉的泺水（西护城河）之上，故名。为小型河道桥梁，结构型式为拱桥。担负城区道路交通干道功能，最大载重量为 55 吨。通公交车。

燕山立交桥 370102-P01

[Yànshān Lìjiāoqiáo]

在历下区中部。占地面积 260 000 平方米。有五层互不交叉的不同方向的城市道路在此立体相交。最高层离地面 34 米。2002 年动工，2003 年建成。因位于燕山片区，为此处标志性桥梁，故名燕山立交桥。为大型、半苜蓿叶半定向型结构型式立交桥。可连接二环东路与二环南路，是济南市中部主要交通枢纽。

开元隧道 370102-30-E01

[Kāiyuán Suìdào]

位于济南市旅游路沿线，横穿羊头山、平顶山。隧道全长 1 500 余米，净高 7.8 米，净宽 13.08 米。该隧道始建于 2004 年 5 月，2006 年 6 月建成通车。因该隧道邻近开元寺，故名开元隧道。开元隧道设计为双洞双向四车道曲墙 S 形隧道，除了四个机动车道外，还有两个慢车道以及两个人行道。是济南市的第一座市政隧道。开元隧道不仅是旅游路全线三座隧道中最长的一座，还是山东省乃至全国的市政道路工程中最长的一座隧道。

转山隧道 370102-30-E02

[Zhuànshān Suìdào]

位于济南市旅游路沿线，横穿转山。隧道全长 1 200 余米，净高 7.8 米，净宽 30 米。该隧道始建于 2004 年 5 月，2006 年 6 月建成通车。因该隧道贯穿转山，故名转山隧道。转山隧道设计为双洞双向四车道隧道，除了四个机动车道外，还有两个慢车道以及两个人行道。是济南市的第二座市政隧道。

龙洞隧道 370102-30-E03

[Lóngdòng Suìdào]

位于济南市旅游路沿线，横穿王八盖子山。隧道全长 770 余米，净高 7.8 米，净宽 18.63 米。该隧道始建于 2004 年 5 月，2006 年 6 月建成通车。因该隧道靠近历下区龙洞街道办事处，故名龙洞隧道。龙洞隧道设计为单洞双向四车道隧道，轴线间距 50 米，除了四个机动车道外，还有两个慢车道以及两个人行道。是济南市的第三座市政隧道。

市中区

城市道路

二环南路 370103-K01

[Èrhuán Nánlù]

在市中区南部。东起二环东路，西至二环西路。沿线与阳光新路、七里山西路、英雄山路、舜耕路、旅游路、浆水泉路等相交。长 12.7 千米，宽 35.0 米。沥青、混凝土路面。1991 年开工，同年建成。因地理位置而得名，该路为外环路，位于南部地区，故名二环南路。沿途有十六里河幼儿园、十六里河中学、济南大学、武警学校、山东医专、肛肠医院、施尔明眼科医院、市中人民医院、哮喘病医院、世纪华联、统一银座，银座奥特莱斯店等。为进出城区的主要道路。通公交车。

建设路 370103-K02
[Jiàn Shè Lù]

在市中区西南部。北起经十路，南至郎茂山桥。与经十一路、二七新村南路、刘长山路相交。长 2.2 千米，宽 13.0~30.0 米。沥青路面。1964 年开工，1964 年拓建。因城市建设的发展和生产建材工厂较为集中得名。路侧有多处新建小区。沿街有山东省工商局、市中区建委等行政机关。是城区主干道之一。通公交车。

纬二路 370103-K03
[Wěi 2 Lù]

在市中区中部。北起经一路，南至经十路接英雄山路。与经二路、经四路、经七路等相交。长 2.3 千米，宽 50.0 米。沥青路面。根据古时织物"长者为经、短者为纬"的说法，把南北方向的道路命名为"纬"，由东向西依次排列，与经路垂直相交，按顺序命名为"纬二路"。1939 年修建，1964 年、1982 年改扩建。路侧多高层建筑。沿途有东方图书公司、东方大厦、济南大厦等。为城区主要道路之一。通公交车。

英雄山路 370103-K04
[Yīngxióngshān Lù]

在市中区南部。北起经十路，南至十六里河桥。与经十一路、二七新村南路、六里山路、七里山路相交。长 4.9 千米，宽 50.0 米。沥青路面。1939 年修建，1985 年改扩建。因位于英雄山西麓得名。路侧多新建居民楼群。北段有英雄山革命烈士陵园、山东省华联商厦。为城区通往郊区的主要干道之一。通公交车。

纬一路 370103-K05
[Wěi á Lù]

在市中区北部。北起经一路，南至经十路，与经二路、经四路、经五路、经六路、经七路、经八路、经九路相交。长 2.2 千米，宽 13.0~40.0 米。沥青路面。1914 年开工，1921 年建成，1964 年改扩建。根据古时织物"长者为经、短者为纬"的说法，把南北方向的道路命名为"纬"，由东向西依次排列，与经路垂直相交，按顺序命名为"纬一路"。道路两侧有中共山东省委及若干居民区、学校、银行、大型商场等。为城区主要道路之一。通公交车。

玉函路 370103-K06
[Yùhán Lù]

在市中区北部。从经十路起，至英雄山路止。与经十路、济大路、七里山路、英雄山路相交。长 4.3 千米，宽 50.0 米。沥青路面。1980 年开工，1984 年建成，1985 年改扩建。该路因玉函山得名。两侧有宝威大厦、山东省体育中心、山东广联文化传媒艺术中心、紫宸大厦等。为市中区主干道之一。通公交车。

八里洼路 370103-K07
[Bālǐwā Lù]

在市中区东北部。东起舜耕路，西至玉兴路。沿线与玉兴路舜耕路、玉兴路相交。长 1.0 千米，宽 6.0 米。沥青柏油路面。1998 年开工，1998 年建成。此地原为低平的盆地，远观像是凹进去的大碗，济南俗语称洼，又因此洼占地面积八里，故名八里洼路。两侧有济南市公安局市中分局执法办案管理中心、东瀚商业广场、华联超市、皇廷华艺舞蹈学校、中信银行、中国银行、兴业银行、交通银行、建设银行、工商银行、邮储银行、中信证券等。通公交车。

六里山路 370103-K08
[Liùlǐshān Lù]

在区境南部。西起六里山警卫营加油站，东至六里山南路。沿线与五里山路、英雄山路相交。长 0.3 米，宽 4.0 米。沥青路面。1979 年开工，1979 年建成，1985 年改（扩）建，1988 年与玉函路相接修成。该路因靠六里山，故名六里山路。两侧有玉函路派出所、玉函路街道办事处、军区后勤干休一所等。通公交车。

六里山南路 370103-K09
[Liùlǐshān Nánlù]

在区境南部。西起英雄山路，东至六里山路。沿线与玉函路、英雄山路相交。长 0.7 千米，宽 24.0 米。沥青路面。1984 年开工，1985 年建成，1988 年改（扩）建。因位于六里山南侧，故名六里山南路。两侧有光明医院、济南华侨医院、长城医院、施尔明眼科医院、中国邮政、工商银行、农业银行、建设银行等。通公交车。

英西南路 370103-K10
[Yīngxī Nánlù]

在区境北部。东南起英雄山路，西北至济南市城建材料厂。无相交。长 0.5 千米，宽 6.0~18.0 米。沥青混凝土路面。1993 年开工，1993 年建成。因位于英雄山西路，且在七里山街道办事处南部，故名英西南路。两侧有市政局、鲁能汽车修理厂、济南市城建材料厂等。不通公交车。

陈家庄大街 370103-K11
[Chénjiāzhuāng Dàjiē]

在区境西南部。南起二七南路，北至二七新村中路。沿线与二七南路、二七新村中路相交。长 0.7 千米，宽 6.0 米。沥青路面。1940 年开工，1940 年建成。因位于陈家庄，故名陈家庄大街。两侧有市中陈庄诊所等。不通公交车。

陈家庄东街 370103-K12
[Chénjiāzhuāng Dōngjiē]

在区境西南部。南起东街 5 号楼，北至二七中街。沿线与二七中街、陈家庄大街相交。长 0.6 千米，宽 6.0 米。沥青路面。1978 年开工，1978 年建成。因位于西陈家庄东，故名陈家庄东街。两侧有育明中学等。通公交车。

二七新村南路 370103-K13
[Èrqīxīncūn Nánlù]

在区境西南部。东起英雄山路，西至建设路。沿线与陈庄大街相交。长 1.0 千米，宽 7.5~22.0 米。沥青混凝土路面。1950 年开工，1950 年建成，1985 年改（扩）建。因位于二七新村南边而得名。两侧有济南市人民政府、清河化工厂等。通公交车。

二七新村中路 370103-K14
[Èrqīxīncūn Zhōnglù]

在区境东部。东起英雄山路，西至铁一西街。沿线与英雄山路西相交。长 0.7 千米，宽 8.0 米。沥青路面。1950 年开工，1950 年建成。因位于二七新村中部，故名二七新村中路。两侧有统一银座、工商银行、邮政局等。通公交车。

建宁路 370103-K15
[Jiànníng Lù]

在区境北部。东起建设路，西至阳光新路。沿线与阳光新路、小梁庄街、建设路相交。长 0.8 米，宽 12.0~30.0 米。沥青路面。1942 年开工，1942 年建成。因靠近建设路，人们又寄予安宁的美好祝愿，故名。两侧有海鲜市场、保健品批发市场等。通公交车。

郎茂山路 370103-K16
[Lángmàoshān Lù]

在区境西南部。北起建设路大桥，南至云曲山庄。沿线与建设路相交。长 3.1 千米，宽 12.0~33.0 米。沥青混凝土路面。1980 年开工，1980 年建成，2007 年改（扩）建。因郎茂山而得名。两侧有郎茂山公园、市中区人民医院、山东红十字眼科医院等。通公交车。

梁家庄二街 370103-K17
[Liángjiāzhuāng 2 Jiē]

位于区境北部。北起梁家庄大街，南至梁家庄三街。沿线与梁庄大街、二七中街相交。长 0.4 千米，宽 3.0 米。沥青路面。1978 年开工，1978 年建成，2011 年改（扩）建。因位于梁家庄，为便于区分，故名梁家庄二街。两侧有济南市育明小学、二七新村街道康乐养老日间照料中心。通公交车。

梁家庄四街 370103-K18
[Liángjiāzhuāng 4 Jiē]

位于区境北部。南起二七新村中路，北至梁家庄大街。沿线与梁庄大街、二七中街相交。长 0.5 千米，宽 5.0 米。沥青路面。1978 年开工，1978 年建成，2011 年改（扩）建。因位于梁家庄，为便于区分，故名梁家庄四街。两侧有济南市育明幼儿园、二七新村市场监督管理所、七里山市场监督管理所、市中区车桥社区卫生服务站（中医服务区）等。通公交车。

梁家庄一街 370103-K19
[Liángjiāzhuāng 1 Jiē]

位于区境北部。南起二七新村中路，北至梁家庄大街。沿线与梁庄大街、二七中街相交。长 0.4 千米，宽 3.0~5.0 米。沥青路面。1978 年开工，1978 年建成。因位于梁家庄，为便于区分，故名梁家庄一街。两侧有文利快餐等。通公交车。

岔路街 370103-K20
[Chàlù Jiē]

在区境北部。东起建国小经三路，西至纬七路。沿线与纬五路相交。长 0.6 千米，宽 11.0 米。沥青混凝土路面。1928 年开工，1928 年建成，1996 年改（扩）建。沿途商户众多。两侧有经八路小学、杆石桥办事处等。通公交车。

复兴大街 370103-K21
[Fùxīng Dàjiē]

在区境中部。北起建国小经三路，南至经七路。沿线与建国小经一路相交。长 0.3 千米，宽 5.0~7.0 米。柏油路面。1933 年开工，1933 年建成。取抗战胜利重新兴建之意。两侧有济南市妇幼保健院、山东省委机关医院、青岛银行、统一银座等。不通公交车。

公和街 370103-K22
[Gōnghé Jiē]

在区境中部。北起经六路，南至经七路。无相交路线。长 0.2 千米，宽 6.0 米。柏油路面。1924 年开工，1924 年建成，1990 年改（扩）建。因贫苦群众在此处齐心协力建宅，故名公和街。此道路两侧多为居民楼，为居民生活区域。两侧有临沂市驻济南办事处、山东省文物商店、山东省城镇劳动就业训练中心、臻匠红木等。不通公交车。

建国小经一路 370103-K23
[Jiànguóxiǎo Jīng 1 Lù]

在区境中部。东起胜利大街，西至复兴大街。长 0.3 千米，宽 5.0 米。柏油路面。1949 年开工，1949 年建成。两侧有济南报业发行服务有限公司、市中成盟诊所、金德利快餐等。不通公交车。

经八路 370103-K24
［Jīng 8 Lù］

在区境中部。西起纬二路，东至顺河高架桥。沿线与民权大街、民族大街、青年西路、纬二路相交。长1.5千米，宽28.0米。沥青混凝土路面。"日伪时期"开辟南商埠时建成马路。因为该路是从火车站开始往南数第八条东西走向的马路，因此按照商埠经纬的排列顺序命名为经八路。两侧有山东中医药大学第二附属医院、中国银行经八路分行、胜利大街小学、山东省济南中学、铁路南胶幼儿园、省委机关幼儿园、济南大厦等。通公交车。

经九路 370103-K25
［Jīng 9 Lù］

在区境北部。第一段西起纬二路，东至纬一路；第二段西起胜利大街，东至青年西路。沿线与纬二路、纬一路、民权大街、民族大街、青年西路相交。长1.2千米，宽5.0米。沥青混凝土路面。1904年开工，1904年建成，2013年改（扩）建。该路是从火车站开始往南数第九条东西走向的马路，因此按照商埠经纬的排列顺序命名为经九路。两侧有山东书城、大山超市、燕珊水果店、中国共产党山东省委员会、胜利大街小学等。不通公交车。

民生大街 370103-K26
［Mínshēng Dàjiē］

在区境中部。北起经七路，南至经十路。长1.0千米，宽24.0米。柏油路面。1940年开工，1940年建成，1991年改（扩）建。国民党政府时期为突出其主张而命名民生大街。两侧有泺源回民幼儿园、铁路南郊幼儿园、济南中学、回民中学、韩氏整形医院等。通公交车。

胜利大街 370103-K27
［Shènglì Dàjiē］

在区境中部。北起经七路，南至经十路。长1.2千米，宽6.0~30.0米。沥青路面。1958年开工，1958年建成，1990年改（扩）建。以美好寓意命名为胜利大街。两侧有济南中学、济南市妇幼保健院、市中成盟诊所、济南市胜利大街小学、山东省密码管理局、市中区社会经济调查局、山东鲁银拍卖有限公司等。不通公交车。

自由大街 370103-K28
［Zìyóu Dàjiē］

在区境北部。南起经九路，北至经八路。沿线与纬一路、经八路、经十路、纬二路、经九路相交。长0.2千米，宽6.0米。沥青路面。1945年开工，1945年建成。以美好寓意命名。两侧有经九路小学、济南华联商超、建设银行、工商银行等。通公交车。

馆驿街 370103-K29
［Guǎnyì Jiē］

在区境北部。东起纬一路，西至顺河西街。沿线与凤翔街、皖新街、塘子街、影壁后街、聚贤街、顺河街相交。长0.8千米，宽25.0米。柏油路面。1929年开工，1931年建成，2007年改（扩）建。明代，山东馆驿总站设于此，故名馆驿街。两侧有群星幼儿园、天桥区小天地艺术幼儿园分园、实验中学、育英中学、北坦小学、制锦市小学、十三中、十五中、聚贤街小学、济南市馆驿街小学、锦缠街小学、济南广播电视大学、山东科技大学、万达广场、济南华联超市馆驿街店、大观园、山东省立医院、中心医院等。通公交车。

林祥南街 370103-K30
[Línxiáng Nánjiē]

在区境北部。西起纬一路，东至顺河街。沿线与永庆街、经四路相交。长 0.8 千米，宽 12~15 米。沥青路面。1915 年开工，1915 年建成。位于麟祥街之南，又因林地建街，遂命名林祥南街。道路两侧有市中区魏家庄派出所、市中区城管执法局魏家庄中队、朵拉高质洗衣直营店等。不通公交车。

城顶街 370103-K31
[Chéngdǐng Jiē]

在市中区西北部。北起共青团路，南至永长街。沿线与共青团路、永长街、饮虎池街相交。长 0.1 千米，宽 20.0~30.0 米。沥青路面。1990 年开工，1994 年建成。据传该街因其地势较高，与城西门楼处于同一水平线，故名城顶街。两侧有中国移动通信集团有限公司济南分公司共青团营业部、山东省药材公司及零售点，零售业氛围浓厚。不通公交车。

共青团路 370103-K32
[Gòngqīngtuán Lù]

在区境东部。东起趵突泉北路，西至顺河东街。沿线与矿市街、饮虎池街、剪子巷、篦子巷相交。长 0.9 千米，宽 28.0 米。沥青路面。1954 年开工，1957 年建成，1972 年扩建。为表彰广大青年、共青团员参加筑路义务劳动，故名共青团路。道路两侧主要有济南普利绿地中心、交通银行山东省分行、山东省审计厅、山东中医药大学附属济南市中医医院、趵突泉公园、五龙潭公园、共青团房管所、航天设计院、华夏银行等。通公交车。

建国小经五路 370103-K33
[Jiànguóxiǎojīng 5 Lù]

在区境东北部。西起民权大街，东至青年西路。沿线与青年西路、民族大街相交。长 0.7 千米，宽 8.0 米。沥青混凝土路面。此处原是荒地和坟林，"日伪时期"开辟南商埠时建成马路。两侧有老友记火锅、山东电力中心医院口腔科等，商业医疗氛围浓厚。通公交车。

礼拜寺街 370103-K34
[Lǐbàisì Jiē]

在区部西北部。北起清真女寺，南至回民小区。沿线与永长街、顺河东街相交。长 0.7 千米，宽 10.0~15.0 米。沥青路面。1990 年开工，1994 年建成。清真寺也称礼拜寺，该街因靠近济南市清真寺，故名。周边少数民族文化气息浓厚。两侧有市中博康诊所、清真永盛糕点、能环热力公司等。不通公交车。

民权大街 370103-K35
[Mínquán Dàjiē]

在区境东北部。北起文化西路，南至经八路。沿线与经八路、经九路相交。长 0.8 千米，宽 21.0 米。沥青路面。1946 年开工，1946 年建成，2014 年改（扩）建。为了纪念孙中山先生的三民主义，故名民权大街。两侧有山东省青少年科技活动中心等。通公交车。

民族大街 370103-K36
[Mínzú Dàjiē]

在区境东北部。北起杆南东街，南至经十路。沿线与经十路、建国小经十路、建国小经六路、建国小经五路、经九路、经八路、杆南东街相交。长 0.6 千米，宽 5.0 米。沥青混凝土路面。1939 年开工，1939

年建成。为了纪念孙中山先生的三民主义，故名民族大街。商业文化氛围浓厚。两侧有山东电力中心医院、山东中医药大学第二附属医院等。通公交车。

白马山南路 370103-K37
[Báimǎshān Nánlù]

在区境北部。西起二环南路，东至南辛庄西路。沿线与二环南路、二环西路、杨家庄路、后龙窝庄西路、南辛庄西路相交。长 1.5 千米，宽 10.0 米。柏油路面。1986 年开工，1986 年建成。此路因为位于白马山麓南而得名白马山南路。通公交车。

机一西厂路 370103-K38
[Jīyīxīchǎng Lù]

在区境北部。东北起南辛庄西路，西至白马山西路。长 1.0 千米，宽 10.0 米。沥青路面。1979 年开工，1979 年建成。因济南一机床集团有限公司在道路南侧，厂区较大，得名机一西厂路。道路两侧有济南电力修造厂、市中金润诊所、济南市公安局市中分局巡警大队二中队、济南清华旅馆、济南市育贤第一幼儿园等。通公交车。

王官庄北街 370103-K39
[Wángguānzhuāng Běijiē]

在区境北部。起于老八团门口，止于王官庄建筑材料装饰市场南门。沿线与南辛庄西路相交。长 0.8 千米，宽 5.0 米。沥青路面。1990 年开工，1990 年建成。因在王官庄辖区北侧而得名王官庄北街。两侧有安顺旅馆等。通公交车。

东山路 370103-K40
[Dōngshān Lù]

在区境东部。东起东山小区，西至旅游路。沿线与旅游路相交。长 0.6 千米，宽

10.0 米。沥青混凝土路面。2006 年开工，2008 年建成。因靠近东山小区而得名。附近大多是省直机关宿舍，整体人文环境优美。两侧有中国工商银行、中国建设银行、国华地产等。通公交车。

俊雅路 370103-K41
[Jùnyǎ Lù]

在区境东部。东起舜世路，西至旅游路。沿线与旅游路相交。长 2.1 千米，宽 18.0 米。沥青混凝土路面。2008 年开工，同年建成。阳光舜城俊雅秀丽，此路贯穿阳光舜城小区，故取"俊雅"二字命名道路。附近以省直机关单位宿舍为主，整体人文环境优美。两侧有舜耕街道司法所、舜耕街道环卫所、土屋路小学等。通公交车。

历阳大街 370103-K42
[Lìyáng Dàjiē]

在区境东部，东起旅游路，西至舜耕路。沿线与舜世路、旅游路、舜耕路相交。长 0.9 千米，宽 15.0~40.0 米。沥青路面。2000 年开工，2003 年建成。此条道路因在历山的南面，南面为阳，故名历阳大街。两侧有山东省水文局、舜玉建筑公司、卧虎山山体公园等，整体环境优美。通公交车。

后龙窝庄西路 370103-K43
[Hòulóngwōzhuāng Xīlù]

在区境北部。北起白马山南路，南至七贤庄。沿线与白马山南路相交。长 0.7 千米，宽 5.0 米。水泥路面。1988 年开工，1988 年建成。因地理位置紧靠后龙窝庄西部得名。道路邻近济南市后龙小学，环境安全稳定。两侧有宏瑞城小吃街、北京银行、济南市中天慈诊所、融利广场、济南水泥制品厂等。通公交车。

安澜北路 370103-K44

[Ānlán Běilù]

在区境北部。东起二环西路，西至明珠西苑西侧。长 2.1 千米，宽 5.0 米。沥青路面。2009 年开工，2009 年建成。因该路在腊山分洪河道北侧而得名安澜北路。两侧有居民区。

安澜南路 370103-K45

[Ānlán Nánlù]

在区境北部。东起二环西路，西至明珠西苑西侧。长 1.1 千米，宽 5.0 米。沥青路面。2009 年开工，2012 年建成。因该路在腊山分洪河道南侧而得名安澜南路。两侧有未来智星幼儿园、正良超市等。

白马山西路 370103-K46

[Báimǎshān Xīlù]

在区境北部。北起机床二厂路，南至井家沟村。长 3.5 千米，宽 7.0 米。沥青路面。1981 年开工，同年建成。因该路在白马山以西得名白马山西路。两侧有白马山派出所、济南市中区白马山小学、白马山铁路社区卫生服务站等。通公交车。

东韩路 370103-K47

[Dōnghán Lù]

在区境北部。南起东红庙南路，北至东红庙北路。长 1.3 千米，宽 7.0 米。水泥路面。2003 年开工，2003 年建成。该路连接韩庄和东红庙村，故名东韩路。两侧有中铁十局物资公司租赁分公司、福到家批发超市、便利通多元百货超市、一凡购物超市、统易超市等。

东红庙北路 370103-K48

[Dōnghóngmiào Běilù]

在区境北部。西起二环西路，东至东韩路。长 0.7 千米，宽 8.0 米。混凝土路面。1990 年开工，1990 年建成。因位于东红庙村北面，故名东红庙北路。两侧有济南市第八职业中专、变压器厂宿舍等。

东红庙南路 370103-K49

[Dōnghóngmiào Nánlù]

在区境北部。西起二环西路，东至东韩路。长 0.4 千米，宽 8.0 米。水泥路面。1988 年开工，1988 年建成。该路在东红庙村南，故名东红庙南路。两侧有济南泽泉商贸有限公司、济南德金机电设备有限公司、山东国源电力石化设备有限公司、新力给水设备公司等。

望岳路 370103-K50

[Wàngyuè Lù]

在区境南部。北起二环南路，南至红符路。沿线与二环南路、二环南高架路、俭秀路、北康路、分水岭路、大涧沟路、红符路、济南南互通立交相交。长 3.0 千米，宽 50.0 米。柏油路面。2006 年开工，2006 年建成。两侧有济南养老服务中心、山东大学第二医院南院区、山东电力研究院、济南第三中学（领秀校区）、济南市政务汽车检测中心、济南市公安局直属大队市中大队、贵和购物中心（领秀城店）、鲁能国际中心等。通公交车。

车站

党家庄站 370103-R01

[Dǎngjiāzhuāng Zhàn]

铁路站，四等站。位于市中区党家街道。1911 年始建。车站有 2 个站台，1 间行车室，日接车 280 辆（不停靠）。为京沪线四等车站，车站承接罗而建材厂专用线到达作业。

济南长途汽车南站 370103-S01

[Jǐnán Chángtú Qìchē Nánzhàn]

长途汽车站。20世纪90年代建成，2001年搬迁至新址。因主要经营长途运输，且位于济南南部而命名。日发车量60~70辆。成立初期规划100余条线路方便济南南部市民旅游出行。

立交桥

八一立交桥 370103-P01

[Bāyī Lìjiāoqiáo]

在市中区中部。占地52 000平方米。有三层互不交叉的不同方向的城市道路在此立体相交。最高层离地16米。1988年1月开工，8月建成。是济南市第一座大型城市道路立交桥。因占用济南军区八一广场和原八一礼堂旧址，故名八一立交桥。为大型苜蓿叶型三层互通式立交桥。日交通运输量156000辆。是济南西南部重要交通枢纽。

槐荫区

城市道路

美里北路 370104-K01

[Měilǐ Běilù]

在区境北部。东起二环西路北口，西至鲁唐庄。沿线与美里东路、美里西路相交。长4.8千米，宽8.0米。沥青路面。1995年开工，1996年建成。因位于美里路北侧而得名。道路两侧主要是村庄土地。两侧有济南建邦黄河大桥、美里湖第二小学、美里湖第三小学等。是槐荫区北部由东向西通往黄河大堤的主要道路之一。通公交车。

美里路 370104-K02

[Měilǐ Lù]

在区境北部。东起二环西路，西至美里西路。沿线与美里东路、美里西路相交。长2.5千米，宽16.0~39.0米。沥青路面。1995年开工，1996年建成，2008年改建。因美里庄而得名。道路两侧有住宅区、超市、餐馆等，具有休闲、餐饮、居住等功能。两侧有英大国际高尔夫球俱乐部、九阳公司等。是槐荫区北部主要道路之一。通公交车。

青岛路 370104-K03

[Qīngdǎo Lù]

在区境中部。东起二环西路，西至京福高速公路。沿线与潍坊路、腊山河东路、腊山河西路、齐鲁大道、顺安路相交。长4.9千米，宽60.0~79.0米。沥青路面。2011年开工，2013年建成。采用省内17地市之一的青岛市命名，体现所在片区山东形象、名片效应的特点。道路两侧有住宅区、历史文化商业街区，具有观光、购物、休闲的功能。两侧有印象济南泉世界等。是西部新城东西向主干道。通公交车。

兴福寺路 370104-K04

[Xīngfúsì Lù]

在区境中部。东起二环西路，西至齐鲁大道。沿线与滨州路、潍坊路、东营路、淄博路、腊山河东路、腊山河西路、泰安路、齐州路、齐鲁大道相交。长3.4千米，宽35.0米。沥青路面。2011年开工，2013年建成。因附近兴福寺而得名。道路两侧建筑物具有文化娱乐、居住休闲、交通出行等功能。两侧有省会文化艺术中心三馆、兴福寺桥、兴福寺公园等。是济南西站片区贯穿东西的道路。通公交车。

威海路 370104-K05
［Wēihǎi Lù］

在区境中部。东起二环西路，西至京福高速公路。沿线与潍坊路、东营路、淄博路、腊山河东路、腊山河西路、齐州路、顺安路相交。长5.0千米，宽40.0米。沥青路面。2010年开工，2013年建成。采用省内17地市之一的威海市命名，体现所在片区山东形象、名片效应的特点。道路两侧有省会大剧院、现代住宅区等，具有休闲娱乐、艺术交流、交通出行等功能。两侧有山东省会文化艺术中心等。是济南西站片区贯通东西的主要道路之一。通公交车。

日照路 370104-K06
［Rìzhào Lù］

在区境中部。东起二环西路，西至顺安路。沿线与滨州路、潍坊路、东营路、淄博路、腊山河东路、腊山河西路、临沂路、齐州路、齐鲁大道、顺安路相交。长4.0千米，宽40.0米。沥青路面。2011年开工，2013年建成。采用省内17地市之一的日照市命名，体现所在片区山东形象、名片效应的特点。道路两侧有火车站、汽车站、大厦楼宇和住宅区，具有休闲娱乐、居住、交通出行等功能。两侧有济南西站、济南长途汽车西站、济南日报报业大厦、西城大厦等。是济南西站片区贯通东西的主要道路之一。通公交车。

烟台路 370104-K07
［Yāntái Lù］

在区境中部。东起二环西路，西至顺安路。沿线与腊山河东路、腊山河西路、齐州路、齐鲁大道、顺安路、二环西路相交。长4.1千米，宽60.0米。沥青路面。2011年开工，2013年建成。采用省内17地市之

一的烟台市命名，体现所在片区山东形象、名片效应的特点。道路两侧有住宅区、超市、餐馆等，具有休闲娱乐、购物、餐饮等功能。两侧有绿地中央广场、西城集团等。是济南西站片区贯通东西的主要道路之一。通公交车。

张庄路 370104-K08
［Zhāngzhuāng Lù］

在区境东部。南起经十路，北至纬十二路。沿线与二环西路、烟台路相交。长5.1千米，宽50.0米。沥青路面。1926年开工，1930年建成，2011年扩建。因张庄村而得名。道路两侧有大型批发市场、企事业单位、住宅区等，具有居住、工作、购物等功能。两侧有果品批发市场、蔬菜批发市场、茶叶批发市场、济南森林公园、槐荫区检察院等。是槐荫辖区由东向西的主要道路之一。通公交车。

美里西路 370104-K09
［Měilǐ Xīlù］

在区境北部。南起济齐路，北至美里北路。沿线与美里路、美里北路相交。长3.5千米，宽8.0米。沥青路面。1995年开工，1996年建成，2004年翻建。因位于美里路西侧而得名。道路两侧有生态农业园和住宅区，具有休闲娱乐、交通便利的功能。两侧有美里湖生态农业园等。是贯穿吴家堡街道和美里湖街道南北走向的主要道路之一。通公交车。

顺安路 370104-K10
［Shùn'ān Lù］

在区境中部。南起烟台路，北至青岛路。沿线与日照路、威海路、烟台路、青岛路相交。长2.1千米，宽40.0米。沥青路面。2011年开工，2013年建成。道路名称取顺利安康之意。道路两侧有火车站、汽车站等，

具有缓解济南西站周边交通压力的重要作用。两侧有济南西站、济南长途汽车西站等。是出入京沪高铁济南西站和济南长途汽车西站的主要道路。通公交车。

齐鲁大道 370104-K11
[Qílǔ Dàdào]

在区境西部。南起经十路，北至小清河南路。沿线与清源路、德州路、聊城路、青岛路、兴福寺路、威海路、日照路、烟台路、枣庄路相交。长4.4千米，宽60.0米。沥青路面。2011年开工，2013年建成。命名蕴含齐鲁文化元素，体现所在片区"齐鲁新门户"的规划定位。道路两侧有住宅区和商场超市，具有缓解交通、休闲购物的作用。两侧有京沪高铁济南西站、济南长途汽车西站、礼乐广场等。为进出济南西站的主要道路，是西部新城主要的南北向交通干道。通公交车。

齐州路 370104-K12
[Qízhōu Lù]

在区境中部。南起经十路，北至小清河南路。沿线与烟台路、日照路、威海路、兴福寺路、青岛路、经十路、小清河南路相交。长4.2千米，宽30.0米。沥青路面。2010年开工，2011年建成。因济南旧称齐州而得名。道路两侧有住宅区、学校、商场、大厦等，具有休闲娱乐、教育、居住等功能。沿途有西元大厦、育华中学、大金小学等。是济南市区主干道之一。通公交车。

泰安路 370104-K13
[Tài'ān Lù]

在区境中部。南起兴福寺路，北至清源路。沿线与青岛路、聊城路、德州路、兴福寺路、清源路相交。长2.0千米，宽40.0米。沥青路面。2011年开工，2013年建成。采用省内17地市之一的泰安市命名，

体现所在片区山东形象、名片效应的特点。道路两侧有住宅区、学校等，具有居住、教育等功能。两侧有礼乐中学等。是济南西站片区贯通东西的主要道路之一。通公交车。

美里东路 370104-K14
[Měilǐ Dōnglù]

在区境北部。南起济齐路，北至美里北路。沿线与美里路、美里北路相交。长2.5千米，宽8.0米。沥青路面。1995年开工，1996年建成。因位于美里路东侧而得名。道路两侧有吴家堡街道办事处、吴家堡社区卫生服务中心、西堡小学等。是贯穿吴家堡街道和美里湖街道南北走向的主要道路之一。通公交车。

腊山河西路 370104-K15
[Làshānhé Xīlù]

在区境中部。南起经十路，北至小清河南路。沿线与枣庄路、莱芜路、烟台路、日照路、威海路、兴福寺路、青岛路、聊城路、德州路、经十路、小清河南路相交。长4.0千米，宽50.0米。沥青路面。2011年开工，2013年建成。因位于腊山河西侧而得名。道路两侧有大剧院、住宅区等，具有休闲娱乐、居住等功能。两侧有山东省会文化艺术中心、济南日报报业大厦等。是贯穿济南西站片区南北方向的主要道路之一。通公交车。

腊山河东路 370104-K16
[Làshānhé Dōnglù]

在区境东部。南起经十路，北至清源路。沿线与烟台路、日照路、威海路、兴福寺路、青岛路、聊城路、德州路、清源路、经十路相交。长3.5千米，宽23.0米。沥青路面。2011年开工，2013年建成。因位于腊山河东侧而得名。道路两侧有大剧院、商场、

住宅区等，具有休闲娱乐等功能。两侧有省会大剧院等。是济南市区主干道之一。通公交车。

营市街 370104-K17
[Yíngshì Jiē]

在区境东部。南起经十路，北至经六路。沿线与经十路、经六路相交。长 0.5 千米，宽 46.0 米。沥青路面。1969 年开工，1970 年建成，2000 年改建。清光绪三十三年（1907）此地建成营垣，后形成闹市区，故称为营市街，意指靠近营垣的市场。道路两侧有学校、医院、住宅区、超市等，具有生活便利、出行方便的作用。两侧有营东小学、济南市第五人民医院等。是槐荫区市中心的主要道路之一。通公交车。

槐村街 370104-K18
[Huáicūn Jiē]

在区境东部。南起经六路，北至纬十二路。沿线与经四路、经六路相交。长 0.5 千米，宽 36.0 米。沥青路面。1956 年开工，1956 年建成，2004 年扩建。因原街北端有一棵大槐树，习称为槐村里，故名槐村街。道路两侧有住宅区、单位、商场等，具有休闲娱乐、购物等功能。两侧有山东省畜牧兽医局、统一银座等。通公交车。

南辛庄街 370104-K19
[Nánxīnzhuāng Jiē]

在区境东南部。东起经十路，西至南辛庄西路。沿线与南辛庄东街、南辛庄中街相交。长 1.0 千米，宽 30.0 米。沥青路面。1992 年开工，1992 年建成。因南辛庄而得名。道路两侧有住宅区、个体商户等，具有生活便利、出行方便的作用。两侧有南辛庄街道办事处、统一银座等。是贯通槐荫区南北方向的主干道，通公交车。

纬十二路 370104-K20
[Wěi 12 Lù]

在区境东部。南起经十路，北至张庄路。沿线与经七路、经六路、经五路、经四路、经三路、经二路、经一路、纬十一路、北大槐树南街、经十路、张庄路相交。长 2.9 千米，宽 35.0 米。沥青路面。1994 年开工，1994 年建成。根据古时织物"长者为经、短者为纬"的说法，把南北方向的道路命名为"纬"，由东向西依次排列，按顺序命名为纬十二路。道路两侧有学校、医院、超市、住宅区等，具有休闲娱乐、购物、教育等功能。两侧有和谐广场、槐荫人民医院、济南第三十七中学、济南市小辛庄小学等。是贯通槐荫区南北方向的主干道。通公交车。

车站

济南西站 370104-R01
[Jǐnán Xīzhàn]

铁路站。特等站。在槐荫区西部。2009 年开工建设，2011 年 6 月建成启用。站场总规模 8 台 17 线，其中 1 座基本站台和 7 座岛式中间站台，设 2 条正线，15 条到发线。济南西站高铁站房工程包括主站房、高架候车厅、地下出站区和城市通廊、无站台柱雨棚及站台等。其中主站房地面以上部分整体三层、局部四层，地下整体二层、局部三层。济南西站是京沪高速铁路五个始发站点之一。

济南段店客运站 370104-S01
[Jǐnán Duàndiàn Kèyùnzhàn]

长途汽车站。在槐荫区中部。2006 年 1 月建成使用。占地面积 1.8 万平方米，建筑面积 3 500 平方米，设有 22 个检票口，均采用红外线扫描检票系统；有发车位 50

个，经营线路 101 条。

济南长途客运西站 370104-S02

[Jǐnán Chángtú Kèyùn Xīzhàn]

长途汽车站。在槐荫区西部。占地 1.6 万平方米，建筑面积 3 500 平方米，发车方向辐射省内外，设计日发送量 1.2 万人次。

立交桥

腊山立交桥 370104-P01

[Làshān Lìjiāoqiáo]

在槐荫区南部。占地面积 210 000 平方米。有四层互不交叉的不同方向的城市道路在此立体相交，最高层离地面 22 米。2003 年动工，2006 年建成。因腊山而得名。为特大型半苜蓿叶半定向型互通式立交桥。日交通流量约为 32 000 辆次，是济南西部主要的交通立交桥，在城市交通中起到缓解交通拥堵、节约行车时间、增强行车安全等作用。

天桥区

城市道路

东宇大街 370105-K01

[Dōngyǔ Dàjiē]

在区境北部。北起二环北路，南至小清河北路。沿线与蓝翔中路、栗山路、二环北路、小清河北路相交。长 3.0 千米，宽 30 米。沥青、混凝土路面。因靠近东宇幼儿园得名。沿途居民服务业及批发零售业较多。两侧有济南肾病医院、天桥人川诊所、艺菲雅美发造型、济南力诺瑞特太阳能专卖店、济南凯博机械电子公司等。是天桥区北部的主要道路之一。通公交车。

黄岗路 370105-K02

[Huánggǎng Lù]

在区境北部。北起蓝翔路，南至济洛路。沿线与济乐路、无影中路、滨河南路、小清河北路相交。长 2.0 千米，宽 12.0 米。沥青、混凝土路面。1969 年建成，因靠近黄冈路而得名。沿途制造业工业园区工厂较多。两侧有重汽彩世界、济南市农村商业银行、黄冈小学、中国石化、药山王炉工业园等。通公交车。

蓝翔路 370105-K03

[Lánxiáng Lù]

在区境中部。北起二环北路，南至黄岗路。沿线与蓝翔中路、洋涓路、粟山路、小清河北路、永鼎路、二环北路、黄岗路相交。长 2.6 千米，宽 17.0 米。沥青路面。2000 年开工。因山东蓝翔技校入驻园区，为了扩大蓝翔企业的知名度，故名为蓝翔路。沿途制造业工业园区工厂较多。两侧有药王炉工业园、济南东兴汽配、济南搬易通机械设备有限公司、济南佳宝塑业有限公司、中国重汽、重汽集团考格尔专用公司、济南百合家具厂、济南永丰源包装公司、山东佳诚家具公司等。通公交车。

蓝翔中路 370105-K04

[Lánxiáng Zhōnglù]

在区境北部。东起大魏村，西至药山西路。沿线与大魏庄东路、东宇大街、蓝翔路、药山西路相交。长 2.0 千米，宽 24.0 米。柏油路面。因附近的蓝翔技校得名蓝翔中路。沿途工业园区物流园较多。两侧有三志物流、山东零千米石油化工公司、山东蓝翔高级技工学校北区、蓝翔高级技工学校、药山科技园、山东特利尔药业、山东省济南第二十九中学、时代总部基地四期营销中心。通公交车。

凤凰山路 370105-K05
[Fènghuángshān Lù]

在区境中部。从北园大街起，至水屯北路止。沿线与北园大街、标山南路、水屯北路相交。长1.7千米，宽20.0米。沥青混凝土路面。1982年开工，1983年建成，2001年扩建。以区域内地理实体凤凰山命名。两侧有山东交运集团济南联运总公司、济南城建第二分公司、济南市水处理设备厂等多家企事业单位。是天桥区中部主要道路之一。通公交车。

生产路 370105-K06
[Shēngchǎn Lù]

在区境南部。从明湖西路起，至北园大街止。沿线与明湖西路、生产路东街、生产路西街、北园大街等相交。长0.9千米，宽40.0米。混凝土、沥青路面。1954年开工，1955年建成，1960年改扩建。因该道路是为发展生产而修建的，故名。沿途有住宅区、医院、事业单位等。道路两侧有济南华辰房地产有限公司、北坦派出所综合服务厅、鲁能物资中心、明湖热电厂等。是济南市中北部主要道路之一。通公交车。

三孔桥街 370105-K07
[Sānkǒngqiáo Jiē]

在区境北部。北起北园大街，南至北坛大街。沿线与北园大街、新菜市街、仁丰前街相交。长0.9千米，宽12.0米。沥青路面。2001年建成，2008年扩建。三孔桥街中段有个河桥，桥洞为三个孔，故名三孔桥街。沿途以居民社区为主，遍布个体工商业。两侧有三孔桥纺织市场、嘉汇环球广场、山东商业职业技术学院、三孔桥便民市场等。通公交车。

桑梓大街 370105-K08
[Sāngzǐ Dàjiē]

在区境西北部。南起济邯铁路，北至308国道。长1.3千米，宽9.0米。沥青、混凝土路面。因位于桑梓店镇而得名。沿途个体工商业较多。两侧有齐鲁家电商场、桑梓店镇镇政府、丽人婚纱摄影、华联超市、强盛灯饰、柏艺家具、佳源美食居、宏福堂大药房等。为南北走向的支路。通公交车。

堤口路 370105-K09
[Dīkǒu Lù]

在区境西南部。从济泺路起，至纬十二路止。沿线与济齐路、无影山路相交。长2.9千米，宽50.0米。沥青路面。1952年开工，1953年建成，2009年扩建。因靠近堤口庄，故名。道路两侧建有住宅区、商场超市等。道路两侧有山东煤炭安全监察局、天桥电力公司等。是天桥区主要交通道路。通公交车。

无影山路 370105-K10
[Wúyǐngshān Lù]

在区境西北部。北起师范路，南至堤口路。沿线与师范路、汽车厂西路、无影山中路、无影山南路、堤口路相交。长2.2千米，宽35.0米。沥青、混凝土路面。1987年开工，1998年建成，2010年重建。因邻无影山得名。道路两侧有济南军区第二干休所、山东省气象局、山东省医科院附属医院等。是纵贯南北的交通干道。通公交车。

济泺路 370105-K11
[Jǐluò Lù]

在区境中部。从济广高速起，至西工商河路止。与标山北路、标山南路、师范路、汽车厂路、北园大街、堤口路相交。长5.0千米，宽60.0米。沥青路面。1924年开工，

1925年建成，1989年扩建。以济南、泺口首字命名。两侧有商场、超市、旅游景点、车站等，具有缓解交通、娱乐购物、休闲旅游的作用。沿线有泺口服装市场、济南动物园、济南长途汽车站等。是济南通往黄河下游最大渡口泺口的交通干道。通公交车。

西工商河路 370105-K12

[Xīgōngshānghé Lù]

在区境中部。北起师范路，南至堤口路。沿线与师范路、汽车城东路、制革街、堤口路、无影山南路、无影山中路相交。长1.1千米，宽10.0米。沥青、水泥砖路面。1925年开工，1986年建成，2008年重建。以西工商河而命名。沿途以居民区为主，还有大型企业单位和个体工商业分布。道路两侧有济南长途汽车总站、济南城建集团第四分公司。通公交车。

汽车厂东路 370105-K13

[Qìchēchǎng Dōnglù]

在区境中部。东起东工商河路，西至西工商河路。沿线与济泺路相交。长1.0千米，宽30.0米。沥青、混凝土路面。1976年开工，1976年建成，2008年改（扩）建。因位于原济南黄河汽车制造厂门外向东，故名汽车厂东路。沿途以居民区、个体工商业为主。两侧有消防三中队、中凡鲁鼎广场、中国重汽宾馆、济南城建集团、济南城建集团第四分公司、济南树脂玻璃钢技术开发中心等。通公交车。

无影山南路 370105-K14

[Wúyǐngshān Nánlù]

在区境西部。东起西工商河路，西至无影山路。沿线与运输新村东路、无影山东路、西工商河路、无影山路相交。长2.9千米，宽35.0米。沥青、混凝土路面。

2013年开工，2014年建成。以区域内主要的地理实体无影山命名，得名无影山南路。沿途小微企业个体工商户较多。道路两侧有市场监管所、环卫所、金泉招待所等。通公交车。

无影山西路 370105-K15

[Wúyǐngshān Xīlù]

在区境西部。从堤口庄北段起，至田家庄东路止。与无影山中路相交。长1.2千米，宽25.0米。沥青、混凝土路面。1993年开工，1994年建成。因位于无影山西侧并南北贯穿无影山而得名。道路两侧有堤口路社区门诊、毛家饭店。是城区主要道路之一。通公交车。

明湖西路 370105-K16

[Mínghú Xīlù]

在区境东南部。从纬一路起，至生产路止。沿线与北关北路、生产路、顺河西街、济安街相交。长2.1千米，宽50.0米。沥青路面。2003年开工，2004年建成，2006年扩建。因在大明湖以西而得名。道路两侧有银座好望角、明湖广场等。是大明湖景区西侧的主要旅游交通道路。通公交车。

济安街 370105-K17

[Jǐ'ān Jiē]

在区境南部。北起明湖西路，南至顺河西街。长0.5千米，宽30.0米。沥青、混凝土路面。1983年开工，2011年改建。因所在的地理实体得名济安街。沿途餐饮商户聚集，个体经营小微企业较多。两侧有盐业公司。通公交车。

织纺街 370105-K18

[Zhīfǎng Jiē]

在区境南部。南起北坛南街，北至济安街。沿线与济安街、北坦南街相交。长0.3

米，宽 9.0 米。沥青、混凝土路面。1946年开工。因附近多纺织厂而得名。沿途居民区为主，个体工商户门头经营遍布。两侧有济南第三职业中专、北京红缨济南聚贤幼儿园、天桥诚鑫堂诊所、海蔚房产等。通公交车。

少年路 370105-K19
[Shàonián Lù]

在区境东部。东起铜元局前街，西至顺河东街。沿线与铜元局前街、铜元局后街、顺河东街相交。长 4.6 千米，宽 3.5~6.0米。沥青路面。1969 年始建，1927 年通车，2012 年改建。因路北驻有济南市青少年宫而得名。两侧有彩虹大酒店、润易集团、GT 健身俱乐部、金德利、超意兴快餐连锁店、济南市青少年宫、鲁丰创业园、济南乳腺病医院、光大易居不动产、鲁丰大厦等。通公交车。

铜元局前街 370105-K20
[Tóngyuánjú Qiánjiē]

在区境中部。北起启盛街，南至周公祠街。沿线与铜元局后街、周公祠街、少年路、趵突泉北路相交。长 1.0 千米，宽 7.0米。沥青路面。1904 年建成。因在铜元局门前，故名铜元局前街。两侧有齐鲁化纤厂、大明食府、仟那酒店、山东省机关幼儿园、锦江之星、尧舜酒店、山东省残疾人联合会。通公交车。

师范路 370105-K21
[Shīfàn Lù]

在区境中部。从济泺路起，至无影山路止。沿线与工人新村中街、西工商河路、无影山东路相交。长 2.0 千米，宽 18.0 米。沥青路面，1926 年开工，1926 年建成，2010 年扩建。因济南师范学校而命名。沿途建有住宅区、商户，事业单位较多。两

侧有济南军区总医院、缤纷五洲、金牛建材市场、银座商城、建设银行、中国银行等。是天桥区主要交通道路之一。通公交车。

制革街 370105-K22
[Zhìgé Jiē]

在区境西南部。从西工商河路起，至济泺路止。沿线与西工商河路、济泺路相交。长 0.3 千米，宽 6.0 米。沥青路面。1949 年开工，1950 年建成，2001 年扩建。因济南制革厂厂址所在地而命名。沿线有住宅区、商场等。道路两侧有济南长途汽车总站南区、诚达包装印务工艺品市场等。是天桥区主要交通道路之一。通公交车。

车站街 370105-K23
[Chēzhàn Jiē]

在区境南部。从天成路起，至火车站止。沿线与站前街相交。长 0.6 千米，宽 15.0 米。混凝土、沥青路面。1914 年开工，1915 年建成，1937 年扩建。因紧邻火车站而得名。两侧有济南火车站、济南铁路局、泉城宾馆、天龙大厦、邮政大厦等单位。是济南市重要交通枢纽之一。通公交车。

无影山中路 370100-K24
[Wúyǐngshān Zhōnglù]

在区境西北部。从济泺路起，至二环西路止。沿线与济泺路、东工商河路、西工商河路、无影山东路、无影山路相交。长 5.0 千米，宽 35.0 米。沥青、混凝土路面。1983 年开工，同年 9 月建成，1991 年拓建。以区域内地理实体"无影山"命名。道路两侧有学校、医院、住宅区等。沿线有天桥区人力资源和社会保障局、中国重汽集团等单位。具有缓解交通压力的作用，是天桥区主要交通道路之一。通公交车。

车站

济南站 370105-R01

[Jǐnán Zhàn]

铁路特等站。在济南市车站街北头。1899 年始建，1904 年通车。1940 年胶济和津浦铁路站并为济南站。1992 年 7 月重新改建。建筑面积 7 万多平方米。有 4 站台、10 股道。日发车 80 对。为津浦铁路和胶济铁路的枢纽站。

济南长途汽车总站 370105-S01

[Jǐnán Chángtú Qìchē Zǒngzhàn]

一级汽车站。在济南市天桥区济泺路西侧。1955 年始建，1964 年重建，1992 年于原站址北侧建一新站，改名为济南长途汽车总站。由性质命名。建筑面积 57 200 平方米。经营管理 96 条客运线路，日发班车 3012 次。是全国最大的国有公路客运站和客运主枢纽之一。

桥梁、立交桥

成丰桥 370105-N01

[Chéngfēng Qiáo]

位于天桥区南部。长 10 米，桥面宽 50 米。1926 年始建，1958 年拓宽改建，1973 年重建。因成丰面粉厂而得名。为钢筋混凝土平板拱桥。实现济洛路与天桥、成丰桥路南北衔接，便于行人车辆往返市中区火车站等，成为连接天桥区与市中区的重要纽带。

天桥 370105-P01

[Tiān Qiáo]

在天桥区南部。占地面积 15 000 平方米。有三层互不交叉的不同方向的铁路、城市道路在此立体相交。最高层离地面 14 米。原桥始建于 1911 年。1973 年在原桥及其东侧天成路旧址拓宽新建，1975 年建成。因跨越津浦和胶济铁路之上，故名。为主孔门型钢筋混凝土两铰斜腿刚架桥。日交通流量 68 000 余辆次，是济南市区南北交通与铁路交叉的主要立交桥之一。通公交车。

北园立交桥 370105-P02

[Běiyuán Lìjiāoqiáo]

在天桥区南部。占地面积 27 万平方米。有 5 层互不交叉的不同方向的城市道路在此立体相交。最高层离地面 27 米。2006 年动工，2007 年建成通车。因位于北园路西段而命名。为特大型互通整体式大弧形底面的连续箱梁立交桥。日交通流量为 116 000 辆次，是济南市"一环二横三纵"城市快速路网的重要组成部分，在城市交通中起到连接济南市东西两翼、对接北部的作用。

顺河高架桥 370105-P03

[Shùnhé Gāojiàqiáo]

位于济南市中部。占地面积 12.25 万平方米。有长途汽车、私家车、出租汽车等运输方式在此自由转换。1997 年开工，1998 年建成并通车。因高架桥主干路位于顺河东西街上，且依河而建，故名顺河高架桥。能够提高跨区域长距离通行速度，缩短了时空距离，引领城市发展和空间布局。顺河高架桥实现了快速路与绕城高速无缝衔接，成为连接中心城区与区域中心的重要纽带。

泺口浮桥 370105-N01

[Luòkǒu Fúqiáo]

位于天桥区北部。长 284 米。1988 年设立。因地理位置而得名。由 24 艘承压舟连结而成。泺口浮桥的建成通车彻底改变并终结了泺口摆渡的历史。

历城区

城市道路

荷花路　370112-K01
[Héhuā Lù]

在区境西北部。东起临港街道与唐王镇边界，西至将军路。沿线与稼轩路、遥墙机场路、遥墙机场西路、临港路、富华路、同华路相交。长 21.9 千米，宽 60.0 米。混凝土、沥青路面。1988 年建成，2011 年将遥墙路并入荷花路。因道路两侧种植荷花而得名。沿线有济南市历城区坝子小学、遥墙中学、山东中产纸品有限公司、济南万亩荷柳风情园等。是连接济南国际机场与市区的重要交通纽带。通公交车。

稼轩路　370112-K02
[Jiàxuān Lù]

在区境北部。北起荷花路，南至济广高速公路。沿线与温泉路、临港北路、临港路、临港南路相交。长 5.1 千米，宽 60.0 米。沥青路面。1998 年建成，2010 年改扩建。以纪念辛弃疾而得名。两侧有辛弃疾纪念馆、稼轩玫瑰园等。通向济青高速临港出入口。通公交车。

工业北路　370112-K03
[Gōngyè Běilù]

在区境东北部。东起韩仓河，西至全福立交桥。沿线与凤鸣路、工业南路、坝王路、宏昌路、泰宁路、奥体中路等相交。长 11.0 千米，宽 40.0~60.0 米。沥青混凝土路面。1952 年筑土路基，1966 年铺设沥青、混凝土路。1995 年至 2001 年分路段拓宽改

造。2006 年，对坝王路至济钢铁路桥段改造，2007 年竣工。因通向工业区而得名。两侧有黄台电厂、维尔康肉联厂、齐鲁制药等。与高架桥相交，是贯穿东城与主城区的主干道。通公交车。

遥墙机场路　370112-K04
[Yáoqiáng Jīchǎng Lù]

在区境北部。北起机场大门，南至工业北路。沿线与温泉路、临港北路、临港路、临港南路、荷花路、省道 102 相交。长 16.5 千米，宽 60.0 米。沥青路面。1991 年开工，1992 年建成。该道路通向济南遥墙机场，故名。两侧有济南遥墙国际机场、济南临港经济开发区、济南外国语学校三箭分校、山东布克图书有限公司。是区境北部一条交通主干线。通公交车。

凤鸣路　370112-K05
[Fèngmíng Lù]

在区境北部。北起飞跃大道，南至经十路。沿线与世纪大道、飞跃大道、经十路相交。长 3.0 千米，宽 70.0 米。沥青路面。2006 年开工。此路为凤凰山片区，"鸣"有一鸣惊人的意思，故名为凤鸣路。道路沿途有两所大学，体现出良好的学习氛围。两侧有山东建筑大学、山东体育学院、山东省竞技体育技校等。通公交车。

港西路　370112-K06
[Gǎngxī Lù]

在区境南部。北起经十东路，南至 327 省道。沿线与港源一路、港源二路、旅游路、经十路、327 省道相交。长 20.5 千米，宽 50.0 米。沥青路面。2000 年开工，2013 年改（扩）建。因此路连接港沟与西营，取名港西路。两侧有山东省护理职业学院、山东省地震台网中心等。通公交车。

山大北路 370112-K07

[Shāndà Běilù]

在区境西部。东起二环东路，西至山大路。沿线与山大路、洪家楼西路、洪家楼南路、二环东路相交。长 1.5 千米，宽 20.0 米。沥青、混凝土路面。1981 年开工，2004 年改（扩）建。因位于山东大学中心校区北侧而得名。两侧有山东大学、山东省质检所、历城区政府、济南第三职业学校、历城区国土资源局、历城区财政局等。通公交车。

洪家楼南路 370112-K08

[Hóngjiālóu Nánlù]

在区境西部。北起花园路，南至闵子骞路。沿线与山大北路、花园路相交。长 1.1 米，宽 20.0 米。沥青路面。1980 年开工，2005 年改（扩）建。因位于洪家楼南而得名。反映了洪家楼附近街区的繁华。两侧有百花公园、济南市建筑承包公司、历城区中心医院等。通公交车。

七里堡路 370112-K09

[Qīlǐpù Lù]

在区境西部。东起二环东路，西至黄台南路。沿线与洪翔路、洪家楼北路、二环东路相交。长 1.0 千米，宽 30.0 米。沥青、混凝土路面。2004 年开工，2005 年建成。以七里堡社区和七里堡蔬菜批发市场而得名七里堡路。体现了浓厚的文化氛围。两侧有历城三中、区机关幼儿园、茶城、洪家楼派出所、洪家楼工商所等。通公交车。

东晨大街 370112-K10

[Dōngchén Dàjiē]

在区境西部。北起祝舜路，南至祝甸路。沿线与祝舜路、祝苑路、祝甸路相交。长 0.6 千米，宽 20.0 米。沥青、混凝土路面。2001 年开工，2002 年建成。因此街为东方小区最宽阔的一条街，故命名为东晨大街。两侧有雅思贝儿幼儿园。通公交车。

祝苑路 370112-K11

[Zhùyuàn Lù]

在区境西部。东起西周南路，西至东晨大街。沿线与西周南路、农干院路、东晨大街相交。长 1.2 千米，宽 15.0 米。沥青、混凝土路面。2002 年开工，2003 年建成。因位于祝甸社区内，旧村改造后，绿地面积增大，故名为祝苑路。通公交车。

祝甸路 370112-K12

[Zhùdiàn Lù]

在区境西部。东起大辛河，西至辛祝路。沿线与西周南路、农干院路、东晨大街、辛祝路相交。长 1.5 千米，宽 30.0 米。沥青、混凝土路面。2002 年开工，2003 年建成，2006 年改建。此路横穿祝甸社区中心，故命名为祝甸路。道路两侧有山东农业工程学院。通公交车。

华信路 370112-K13

[Huáxìn Lù]

在区境西部。北起花园路，南至工业南路。沿线与华能路、华龙路、花园路、工业南路相交。长 1.6 千米，宽 30.0 米。沥青、混凝土路面。2006 年开工，2007 年建成。信为讲求诚信的意思，故名华信路。两侧有区民政局、华信银座等。通公交车。

南全福街 370112-K14

[Nánquánfú Jiē]

在区境西部。东起二环东路，西至北园大街。沿线与北园大街、二环东路相交。长 1.2 千米，宽 20.0 米。水泥、混凝土路面。2000 年开工，2001 年建成。因位于南全福社区附近而得名。体现了人们安居乐业，朝气蓬勃，具有浓厚的学习氛围。两侧有济南一中等。通公交车。

裕华路 370112-K15
[Yùhuá Lù]

在区境北部。北起黄河浮桥，南至同华路。沿线与同华路、兴华路相接。长3.1千米，宽28米。混凝土路面。2001年开工，2009年建成。取华山人民富裕之意，期望人们安家致富。两侧有济南世纪英华实验学校、傅家工业园、荷花路街道办事处、中国农业银行华山支行等。通公交车。

唐冶中路 370112-K16
[Tángyě ZhōngLù]

在区境中部。北起贞观街，南至经十东路。沿线与世纪大道、贞观街、文苑街、经十东路相交。长4.0千米，宽60.0米。沥青路面。2007年开工，2009年建成。因位于唐冶而得名。两侧有历城体育馆等。通公交车。

龙凤山路 370112-K17
[Lóngfèngshān Lù]

在区境中部。北起贞观街，南至敬德街。沿线与世纪大道、文苑街、幼安街、敬德街、贞观街相交。长2.4千米，宽60.0米。沥青路面。2007年开工，2009年建成。此路地处龙骨山、凤凰山，龙凤都有祥瑞之气，又有民族文化特色，还能体现地域特征，故命名为龙凤山路。道路两侧有体育公园。通公交车。

将军路 370112-K18
[Jiāngjūn Lù]

在区境北部。北起济青高速公路零点立交桥，南至全福立交桥北口。沿线与华山西路、荷花路、开元路相交。长2.8千米，宽50.0米。沥青路面。2007年改（扩）建。因此路经过将军集团济南卷烟厂，故名将军路。两侧有将军集团、黄台大酒店等。通公交车。

还乡中路 370112-K19
[Huánxiāng Zhōnglù]

在区境北部。南起工业北路，北至荷花路。沿线与工业北路、荷花路、小清河北路、小清河南路相交。长2.0千米，宽10.0米。沥青路面。1993年开工，1995年建成。因位于还乡店村的中部，故名还乡中路。两侧有齐鲁制药、济南市第三职业中等专业学校、济南市农村商业银行等。通公交车。

百彩路 370112-K20
[Bǎicǎi Lù]

在区境北部。东起坝王路，西至小清河南路。沿线与坝王路、宏昌路、小清河南路相交。长3.8千米，宽27.0米。水泥路面。1998年开工，1998年建成，2000年改（扩）建。以美好寓意得名百彩路，有博百家之彩的意思。两侧有鸿腾工业园、王舍人第二实验小学等。通公交车。

幸福柳路 370112-K21
[Xìngfúliǔ Lù]

在区境北部。北起小清河南路，南至工业北路。沿线与工业北路、小清河南路相交。长2.0千米，宽15.0米。南部为水泥路面，北部为碎石路面。2012年开工，2013年建成，2014年改（扩）建。因紧靠幸福柳广场，故名幸福柳路。两侧有幸福柳广场、山东师范大学附属中学等。通公交车。

机场、车站

济南国际机场 370112-30-K01
[Jǐnán Guójì Jīchǎng]

在山东省济南市东北郊，距市中心 30 千米。1990 年 11 月始建，1992 年 7 月通航。2000 年 10 月完成飞行区扩建工程；2005 年 3 月完成航站区扩建工程；2010 年启动航站楼南指廊工程。为 4E 级民用国际机场，是中国重要的入境门户和干线机场之一。占地面积 200 公顷。候机楼建筑面积 1 万多平方米。跑道长 2 600 米。年旅客吞吐量 870.90 万人次。可供大、中型客机起降。有通往香港、北京、广州、福州、上海、青岛、西安、海口等地的航线 20 多条。

济南长途汽车东站 370112-S01
[Jǐnán Chángtúqìchē Dōngzhàn]

长途汽车站。位于济南市历城区工业南路 329 号。1983 年 3 月成立。占地 0.35 平方千米。长途汽车站日班车辆为 268 辆。地处济南东部地区交通要冲，为东部新城的交通中枢。

立交桥

港西立交桥 370112-P01
[Gǎngxī Lìjiāoqiáo]

在历城区中部。占地面积 230 000 平方米。有三层互不交叉的不同方向的城市道路在此立体相交。最高层离地面 10 米。2003 年 6 月动工，2003 年 11 月建成。因上跨县道港西路段而得名港西立交桥。为大型、预应力钢筋混凝土箱型梁式互通立交桥。日交通流量为 35 000 辆车。在城市交通中起到连接济南市东部出入口、贯穿历城区南北及分流的作用。

全福立交桥 370112-P02
[Quánfú Lìjiāoqiáo]

在历城区西部。占地面积 100 000 平方米。有三层互不交叉的不同方向的城市道路在此立体相交。最高层离地面 12.9 米。1993 年 4 月动工，1993 年 12 月建成，2006 年旧桥拆除并建成新桥。因位居南、北全福庄附近得名全福立交桥。为大型、直通式高架立交桥。日交通流量为 39 000 辆车，是济南市区最重要的地面和空间交通枢纽之一，在城市交通中起到分流作用。

长清区

城市道路

大学路 370113-K01
[Dàxué Lù]

在区境中部。东起 104 国道，西至 220 国道。沿线与经十西路、莲台山路、文昌路、凤凰路、海棠路、文澜路、瓦特路、紫薇路、博雅路、居里路、104 国道、220 国道相交。长 10.1 千米，宽 60.0 米。沥青路面。2003 年开工，2005 年建成，2006 年改（扩）建。因该路段聚集众多高校，故名。沿街多为大学院校，是教育文化集中之地。两侧有长清区自来水公司、长泰集团、山东北辰集团、银座购物广场、中国工商银行、齐鲁文化产业园、中国农业银行、中国建设银行、齐鲁银行、济南市长清区人民检察院、山东中医药大学长清校区、齐鲁工业大学长清校区、山东女子学院长清校区、山东工艺美术学院长清校区、山东师范大学长清校区等。通公交车。

经十西路 370113-K02

[Jīng áě Xīlù]

在区境中部。东起担山屯立交桥，西至灵岩路。沿线与丹桂路、龙泉街、水鸣街、清河街、宾谷街、中川街、玉符街、湄湖街、平安南路、平安中路、平安北路相交。长20.8千米，宽60.0米。沥青路面。2003年开工，2004年建成，2005年改扩建。因变更起止点，根据实际情况命名。沿途单位众多，文化氛围浓厚。两侧有长清区审计局、长清区公路局、长清区公安局、长清区政务服务中心、长清区人民医院、银河大厦、长清区教体局、长清区地税局、中国建设银行、长清区卫计局、国泰大厦、国家电网等。通公交车。

清河街 370113-K03

[Qīnghé Jiē]

在区境中部。东起凤凰路，西至孝堂山路。沿线与孝堂山路、石麟路、峰山路、马山路、五峰路、经十西路、莲台山路、文昌路、凤凰路相交。长4.0千米，宽50.0米。沥青路面。2001年建成。因齐长城和大清河而得名。沿途单位众多，文化氛围浓厚。两侧有长清区钢窗厂、长清区交管所、长清区商业局、清河商场、长清区烟草公司、长清区财政局、济南联通公司长清分公司、中国人保保险有限公司、中国工商银行、长清区建设委员会、长清区广播电视台、长清区政府、长清区人民医院、长清区体育馆、长清区法院、长清区党校、汇富大厦等。通公交车。

峰山路 370113-K04

[Fēngshān Lù]

在区境西部。北起长清大桥，南至陈庄路口。沿线与阜新街、龙泉街、清河街、宾谷街、中川街、玉符街相交。长7.1千米，宽50.0米。沥青路面。2006年开工，2008年建成。因孝里镇革命根据地大峰山得名。沿途单位众多，文化氛围浓厚。两侧有长清区交警大队、长清中学、渤海商城、黄河商场、明利商厦等。通公交车。

中川街 370113-K05

[Zhōngchuān Jiē]

在区境北部。东起经十西路，西至孝堂山路。沿线与孝堂山路、峰山路、马山路、五峰路、经十西路相交。长1.2千米，宽30.0米。沥青路面。2001年建成，2009年改建。北大沙河古名中川水，故命名。道路两侧有长清区实验小学、长清区儿童医院、文昌街道办事处兽医站、农村信用社、国泰大厦等。通公交车。

五峰路 370113-K06

[Wǔfēng Lù]

在区境中部。北起中川街，南至龙泉街。沿线与龙泉街、水鸣街、清河街、宾谷街、中川街相交。长1.2千米，宽36.0米。沥青路面。1987年建成，2003年改（扩）建。因道教圣地五峰山命名。沿途单位众多，文化氛围浓厚。两侧有长清区经信局、长清区供销大厦、中国人民保险有限公司、中国工商银行、中国联通公司、长清区技术监督局、星辰商场等。通公交车。

玉皇山路 370113-K07

[Yùhuángshān Lù]

在区境北部。北起平安北路，南至北大沙河。沿线与平安南路、平安北路相交。全长3.0千米，宽30.0米。沥青路面。2003年开工，2004年建成。由玉皇山得名。两侧有山东巨力电工设备有限公司等。通公交车。

芙蓉路 370113-K08
[Fúróng Lù]

在区境东部。东起长清区岚云湖街道办事处办公楼，西至西区 7 号路。沿线与海棠路、紫薇路相交。长 6.7 千米，宽 45.0 米。沥青路面。2003 年开工，2004 年建成。以其道路沿线种植的花卉树木的名称命名。两侧有长清区大学科技园、创新大厦等。通公交车。

海棠路 370113-K09
[Hǎitáng Lù]

在区境东部。北起济菏高速公路，南至西区 7 号路。沿线与丹桂路、芙蓉路、丁香路、天一路、大学路、瓦特路、紫薇路、济菏高速公路相交。长 9.8 千米，宽 50.0 米。沥青路面。2003 年开工，2004 年建成。因道路周边盛开着许多海棠得名。两侧有长清区气象局、济南西城投资开发集团有限公司、山东技术学院长清校区等。通公交车。

紫薇路 370113-K10
[Zǐwēi Lù]

在区境东部。西起济菏高速公路，南至西区 6 号路。沿线与芙蓉路、丁香路、大学路、蔡伦路、张衡路、牛顿路、居里路、海棠路相交。全长 9.1 千米，宽 50.0 米。沥青路面。2003 年开工，2004 年建成。用古代著名藏书楼的名称命名。两侧有济南市长清区地震台、山东数娱广场、山东数娱大厦、山东国际动漫影视研究院、紫微广场、山东技术学院长清校区等。通公交车。

水鸣街 370113-K01
[Shuǐmíng Jiē]

在区境中部。东起文昌路，西至五峰路。沿线与五峰路、经十西路、莲台山路相交。长 1.8 千米，宽 20.0 米。沥青路面。2001 年建成。所处地段地势低洼，地下水在地表活跃，到处可闻潺潺水鸣，故名。两侧有长清区环保局、长清乐园、长清区政务服务大厅、长清区人民医院、长清一中等。通公交车。

石麟路 370113-K11
[Shílín Lù]

在区境西部。北起清河街，南至龙泉街。沿线与龙泉街、清河街相交。长 0.6 千米，宽 6.0 米。沥青路面。1987 年建成，2004 年改建。因文昌街道石麟山而得名。两侧有实验中学。通公交车。

玉清路 370113-K12
[Yùqīng Lù]

在区境北部。北起玉清湖，南至北大沙河。沿线与新世纪大道、文清路、武清路、平安南路、平安中路、平安北路相交。长 5.0 千米，宽 15.0 米，沥青路面。2003 年开工，2004 年建成。由玉清湖得名。沿途两侧有济南华宇新铸锻材料有限公司、山东森德数控机械公司等。通公交车。

丹桂路 370113-K04
[Dānguì Lù]

在区境东部。东起北大沙河，西至经十西路。沿线与济菏高速公路、芙蓉路、海棠路相交。长 1.9 千米，宽 25.0 米。沥青路面。2009 年建成。因道路沿线种植的花卉树木而得名。两侧有济南幼儿师范高等专科学校等。通公交车。

桥梁

长清大桥 370113-N01
[Chángqīng Dàqiáo]

在长清区北部。桥长 133 米，桥面宽

25 米，最大跨度 13 米，桥下净高 10.8 米。1938 年始建，1953 年、1975 年改建。2006 年再次改建，始成现状。因位于长清城区北入口，故名。结构类型为双曲拱桥。担负城区道路干道交通任务，最大载重量 30 吨，有公交车辆通过。是济微公路和 220 国道上的重要桥梁之一。

章丘市

城市道路

汇泉路 370181-K01
[Huìquán Lù]

在市境中部。东起世纪东路，西至双泉路。沿线与石河街、绣水大街、桃花山街、明水大街、明堂街、世纪西路相交。长 4.3 千米，宽 30.0 米。沥青路面。1989 年开工，1990 年建成。因西有西麻湾泉群，中有东麻湾泉群，东有筛子底泉系，一路汇多泉而得名。路侧商铺鳞次栉比，是章丘主要商业街之一。道路沿途有百脉泉景区、明水街道办事处、体育广场、华联商厦、章丘市人民医院等。为市区东西走向主干道。通公交车。

世纪西路 370181-K02
[Shìjì Xīlù]

在市境中部。北起龙泉路，南至大学路。沿线与双泉路、汇泉路、福康路、福泰路、唐王山路、双山北路、府前大道、经十东路、文汇路相交。长 7.8 千米，宽 50.0 米。沥青路面。2001 年开工，2002 年建成。以位置得名。道路沿途有义乌小商品批发市场、龙盘家具城、龙盘山森林公园等。为南北走向主干道。通公交车。

双山大街 370181-K03
[Shuāngshān Dàjiē]

在市境中部。南起经十东路，北至铁道北路。沿线与府前大道、双山北路、唐王山路、福泰路、福康路、鲁宏大道相交。长 3.9 千米，宽 50.0 米。沥青路面。2004 年开工，2004 年建成。因途经双山而得名。沿街有众多商铺，商业氛围浓厚。道路两侧有龙泉大厦、林荫公园、农业银行等。为市区交通主干道。通公交车。

世纪东路 370181-K04
[Shìjì Dōnglù]

在市境东部。北起经十东路，南至龙泉路。沿线与汇泉路、山泉路、铁道北路、双山北路相交。长 6.0 千米，宽 50.0 米。沥青路面。2004 年开工，2004 年建成。因在城区东侧，故名。道路沿途有交警大队、市委党校等。为市区南北走向主干道。通公交车。

潘王路 370181-K05
[Pānwáng Lù]

在市境中部。南起经十东路，北至 308 国道。沿线与世纪大道、龙泉大道相交。长 23.6 千米，宽 30.0 米。沥青路面。2000 年开工，2001 年建成，2005 年改（扩）建。因起止点潘家埠和王家桥而得名。两侧有中国重汽济南分公司、章丘双语学校、微山风景区等。是章丘三条南北向交通干线之一。通公交车。

车站

章丘站 370181-R01
[Zhāngqiū Zhàn]

火车站，二等站。位于章丘市境内，站中心在胶济铁路线 333KM+762M 处。光绪三十年（1904），章丘站前身明水站完工；2008年，胶济客运专线建成，章丘站实现客货分离，恢复客运功能。车站建筑造型概念来源于章丘"墨泉喷涌"的形态。站场规模为2台5线。日均发送旅客6 000人次。是集高铁、长途客运、出租、自驾于一体的换乘枢纽。

平阴县

城市道路

青龙路 370124-K01
[Qīnglóng Lù]

在县城西部。南起105国道岔路口，北至220国道。沿线与105国道、黄石街、云翠街、振兴街、湖溪街、龙山街、翠屏街、府前街、东关街、骏玉街、新220国道相交。长5.5千米，宽40.0米。沥青路面。1962年开工，1963年建成，1995年、2010年改（扩）建。因地处青龙山下而得名。花池绿化种植玫瑰，体现了玫瑰之乡的特色。两侧有玫城湿地公园、农用飞机场、齐发药业、琦泉热电厂、地税局、法院、龙泉加油站、鲁西化工等。是县城主要道路。通公交车。

翠屏街 370124-K02
[Cuìpíng Jiē]

在县城中部。东起迎宾路，西至新220国道。沿线与函山路、文笔山路、五岭路、榆山路、黄河路、南门路、青龙路、迎宾路、220国道相交。长6.9千米，宽50.0米。沥青水泥砼路面。1963年开工，1964年建成，1978年、1999年、2014年改（扩）建。因境内有名山翠屏山，故名。两侧有公安局、烟草公司、农业银行、明珠广场、平阴一中、

百龙大酒店、玫瑰广场、中国银行、建设银行、益康总店、玛钢公园等。是贯穿县城的主要干道。通公交车。

东关街 370124-K03
[Dōngguān Jiē]

在县城北部。东至山五岭，西至山头村。沿线与文笔山路、五岭路、榆山路、黄河路、南门路、青龙路相交。长2.8千米，宽24.0米。水泥路面。1978年开工，1979年建成，2006年改（扩）建。因地处东关社区而得名。两侧有平阴一中、实验小学、丝绸公司、党校、玫城公园、农用飞机场等。是县城主要干道。通公交车。

云翠街 370124-K04
[Yúncuì Jiē]

在县城南部。东起原平石路，西至原科技路。沿线与五凤山路、五岭路、黄河路、青龙路、花园路、玫瑰路、汇源路相交。长6.0千米，宽30.0米。沥青砼路面。2010年开工，2011年建成，2014年改（扩）建。用云翠山为该路命名。两侧有鲁中康桥、中医院、喜哥马服装厂、公共资源交易中心、钢管厂等。是县城南主要交通干道，缓解了城中街道的交通压力。通公交车。

文笔山路 370124-K05
[Wénbǐshān Lù]

在平阴县东部。南起翠屏街，北至祥和街。沿线与平安街、府前街、东沟街、翠屏街相交。长2.0千米，宽30.0米。水泥砼路面。1993年开工，1994年建成，1996年改（扩）建。因该路地处文笔山西麓，故名。沿途主要有个体工商业和餐饮业。两侧有平阴一中、平阴四中、自来水公司、市政处等。通公交车。

榆山路 370124-K06
[Yúshān Lù]

在县城中部。从东关街起，至云翠街止。沿线与府前街、东沟街、翠屏街、锦水河商业街、锦水河街、振兴街相交。长2.2千米，宽30.0米。沥青路面。1949年始建，1987年拓建。因平阴县隋代曾名榆山县，故以老县名为路名。两侧有平阴县政府、中国人民银行、中国建设银行、中国农业银行、中国邮政储蓄银行、新华书店、平煤大厦、百龙商厦、中国银行、茂昌新天地、汉庭酒店、汽车站等。为县城主干道。通公交车。

黄河路 370124-K07
[Huánghé Lù]

在县城中部。北起黄河浮桥，南至云翠大街。沿线与东关街、府前街、翠屏街、龙山街、振兴街、云翠大街相交。长5.5千米，宽30.0米。沥青路面。1963年开工，1964年建成，1983年改（扩）建。因通往黄河而得名。两侧有平阴县人民医院、农村信用社、茂昌银座、龙山小学、平阴县实验中学、中医院、个体工商户等。为县城主干道。通公交车。

函山路 370124-K08
[Hánshān Lù]

在县城东部。北起翠屏街，南至济菏高速公路。沿线与育英街、锦东大街、翠屏街相交。长1.6千米，宽50.0米。沥青路面。2005年开工，2006年建成。因该路通往函山，故名。两侧有县职教中心、县消防大队、锦东汽车站、县文化展览馆、县检察院、县公安局等。是锦东新区主要干道，带动了东部锦东新区的发展。通公交车。

锦龙路 370124-K09
[Jǐnlóng Lù]

在县城东部。南起云翠街，北至锦凤街。沿线与云翠街、育英街、锦东大街、锦凤街相交。全长1.2千米，宽25.0米。沥青路面。2005年开工，2006年建成。该路位于锦东小学和县职教中心西侧，故命名为锦龙路。道路两侧个体服务业兴旺。是锦东新区主要干道。通公交车。

振兴街 370124-K10
[Zhènxīng Jiē]

在县城南部。东起翠屏街，西至青龙玫瑰路。沿线与玫苑路相交。长2.9千米，宽30.0米。沥青砼路面。1995年开工，1996年建成。取振兴平阴之意。两侧有阿胶厂、汽车站、交通局、交警队、锦水派出所、粮食储备库等。是县城主要干道。通公交车。

龙山街 370124-K11
[Lóngshān Jiē]

在县城南部。东起振兴街，西至青龙路。沿线与五岭路、榆山路、黄河路、南门路、振兴街、青龙路相交。长2.6千米，宽20.0米。沥青路面。1994年开工，1994年建成，2003年改（扩）建。因龙山遗址而得名。沿途多个体工商零售、服务业。两侧有龙山小学、益康超市、国税局、煤矿一区等。是县城主要街道。通公交车。

锦东大街 370124-K12
[Jǐndōng Dàjiē]

在县城东部。东起迎宾路高速路口，西至振兴街。沿线与滨河路、锦龙路、函山路、振兴街相交。长1.1千米，宽30.0米。沥青路面。2006年开工，2007年建成。该路位于锦东新区中心，为新区内横贯东西的主干道，故名锦东大街。两侧有人社局、公路局、供电局、劳动局大楼等。是连接县城区与锦东新区的主要交通干道。通公交车。

府前街 370124-K13
[Fǔqián Jiē]

在县城中部。东起环秀公园，西至青龙路。长 2.7 千米，宽 20.0 米。1963 年开工，1964 年建成，1980 年改（扩）建。因街中段路北有县委、县府两大机关，且旧时老县衙前就称府前街，所以仍沿用原府前街的名称。两侧有平阴四中、水务局、畜牧局、老广场、金冠超市、县招待所、县委、机关幼儿园、广播局、原城关供销社、县府、文庙等。通公交车。

育英街 370124-K14
[Yùyīng Jiē]

在县城东部。东起函山路，西至五凤山东麓。沿线与锦龙路相交。长 0.8 千米，宽 23.0 米。沥青路面。2005 年开工，2006 年建成。因该路东端位于县职教中心和锦东小学之间，取教书育人、培养人才之意，命名为育英街。两侧有锦东实验小学等。

玫瑰路 370124-K15
[Méiguī Lù]

在县城西部。从翠屏街起，至胡山口村北止。与湖溪街、文化街、振兴街、黄石街、105 国道相交。长 3.1 千米，宽 50.0 米。沥青混凝土路面。2011 年开工，2013 年建成。以平阴县县花玫瑰命名。两侧有平阴县园区小学、县国土局、行政服务大厅、黄河特钢、越宫钢构、弘正公司、生物科技公司、力宽机械配件等。是山东平阴工业园南北向的主轴路。通公交车。

黄石街 370124-K16
[Huángshí Jiē]

在县城西部。东起青龙路，西至堡子岭。沿线与青龙路、振兴街相交。长 2.7 千米，宽 35.0 米。沥青砼路面。1994 年开工，1995 年建成，2003 年改（扩）建。以山命名。两侧有皮防所、黄河特钢、国家粮食储备库、伊利奶厂等。是县城西部主要干道。通公交车。

文化街 370124-K17
[Wénhuà Jiē]

在县城西部。东起地税局，西至玫苑小区。沿线与青龙路、花园路、玫瑰路、汇源路相交。长 2.8 千米，宽 30.0 米。沥青路面。2005 年开工，2006 年建成。因该路经过平阴双语学校等文化单位而得名。两侧有地税局、法院、政务大厅、双语学校等。是县城西部主要干道。通公交车。

车站

平阴长途汽车总站 370124-S01
[Píngyīn Chángtúqìchē Zǒngzhàn]

长途汽车站。二级车站。位于平阴县城榆山路 157 号。建于 1986 年，1996 年迁至现址。以所在行政区命名。占地面积 15 300 平方米，建筑面积 2 900 平方米。运营 18 条客运线路，日发 225 个客运班次，年平均旅客日发量在 3 000～3 500 人次，年客运量 126 万人。平阴长途汽车总站不但在县域内基本实现了客运村村通，而且为去往省内、省外的各大城市的旅客提供了便利。

平阴锦东客运中心 370124-S02
[Píngyīn Jǐndōng Kèyùnzhōngxīn]

长途汽车站。位于函山路。2008 年 7

月开工建设，2011 年 11 月竣工。因位于锦东新区，故名锦东客运中心。占地面积 32 000 平方米，建筑面积 12 000 平方米。长途日班车辆 220 次左右。主要从事道路客运、物流、汽车维修等业务。平阴锦东客运中心为去往省内、省外的各大城市的旅客提供了便利，是平阴县对外交流的重要窗口。

桥梁、立交桥

平阴黄河大桥 370124-N01
[Píngyīn Huánghé Dàqiáo]

在平阴县城区西部。桥长 968.6 米。1969 年开工，1970 年建成。因在平阴境内，横跨黄河，得名平阴黄河大桥。为大型河道桥梁，结构型式为拴焊钢航架结构。担负城区道路干道交通任务，最大载重量为 20 吨。通公交车。

玫瑰湖大桥 370124-N02
[Méiguīhú Dàqiáo]

位于平阴县城北部。桥长 480 米。2009 年开工建设，2011 年建成通车。桥梁上部结构为 24 孔 20 米预应力空心板梁，下部结构为多柱式桩基础。大桥建成后，使原来的 220 国道穿越城区改为绕城而过，成为连接省城济南和鲁西南地区的便捷通道。

九汇湖大桥 370124-N03
[Jiǔhuìhú Dàqiáo]

位于平阴县狼溪河下游，洪范池镇最北端。全长 396 米。1989 年建成。取九泉之水汇集成湖之意得名。桥梁孔跨布置为 13×30 米，共 4 联。是连接平阴县、长清区及东平县的主要干线公路，最大限度发挥国道 220 公路交通主骨架、主动脉作用，

对加快省会城市群经济圈战略的实施，带动平阴经济发展具有重要意义。

宋柳沟大桥 370124-N04
[Sòngliǔgōu Dàqiáo]

在县城东南部。桥长 60 米，桥面宽 5.7 米，跨度 65 米。1967 年修建，2010 年在原桥南新建一座大桥。因地处宋柳沟村，故名。为 5 孔钢筋混凝土结构。是平阴县孝直镇的主要交通桥梁，方便群众的生产生活。

子顺立交桥 370124-P01
[Zǐshùn Lìjiāoqiáo]

在县城西部。占地 90 000 平方米。有 2 层互通立体相交。最高层离地面 6 米。2009 年开工建设，2011 年建成通车。因地处锦水街道子顺村而得名。为中型、三孔连续箱梁结构型式立交桥。日交通流量为 20 000 余辆，在城市交通中起到重要作用。

渡口

平阴县黄金黄河浮桥 370124-30-I01
[Píngyīn Xiàn Huángjīn Huánghé Fúqiáo]

位于平阴县政府驻地东北 13 千米，三皇殿村以西的黄河上。是车客合渡类型的渡口。渡口长度约 240 米。1997 年 9 月建成使用。带动平阴石料销售运输，方便附近居民的生产生活。

平阴县黄河开发中心东大浮桥 370124-30-I02
[Píngyīn Xiàn Huánghé Kāifāzhōngxīndōng Dàfúqiáo]

位于平阴县政府驻地西 15 千米，孙庄村以北的黄河上。是车客合渡的渡口。渡口长度 300 米。1997 年 7 月建成使用。方便两岸群众外出，车辆通行流量大，主要通行大型拉煤、石料运输车辆。

济阳县

城市道路

新元大街 370125-K01
[Xīnyuán Dàjiē]

在县境南部。西起220线路，东至华阳路。沿线与银河路、正安路、龙海路相交。长6.0千米，宽45.0米。沥青路面。1994年开工，1995年建成。寓意济阳发展步入新纪元。道路两侧有县法院、县检察院、县农业局、县食品药品监督管理局、县人民医院等。是贯通济阳东西方向的主要交通干道。通公交车。

开元大街 370125-K02
[Kāiyuán Dàjiē]

在县境中部。西起济北大道，东至华阳路。沿线与银河路、汇鑫路、正安路、龙海路相交。长4.4千米。宽45.0米。沥青路面。1994年开工，1995年建成。以寓意新纪元的开始命名，得名开元大街。道路两侧有澄波湖公园、建设银行、民政局、人社局、政务中心、济北公园、文体中心、移动公司、新华书店、济北街道办事处、济北中学。是贯通济阳东西方向的主要交通干道。通公交车。

纬二路 370125-K03
[Wěi 2 Lù]

在县境东部。西起华阳路，东至黄河大堤。沿线与经四路、经三路、经二路相交。长3.5千米，宽18.0米。沥青路面。1981年开工，1982年建成。以东西为街、南北为路的原则命名，得名纬二路。两侧有县中医院、农业银行、县供销社、县红十字会、县烟草公司、实验幼儿园、自来水公司、电力公司、盐务局、实验小学、集贸市场

房管局、残联、司法局、档案局、粮食局、环卫局等。是贯通济阳东西方向的主要交通干道。通公交车。

正安路 370125-K04
[Zhēng'ān Lù]

在县境东部。南起黄河大街，北至新220线。沿线与永康街、新元大街、富阳街、安康街、兴隆街、旺旺街、仁和街、统一大街相交。长7.7千米，宽43.0米。沥青路面。2000年开工，2001年建成。反映人民安居乐业的和谐氛围，弘扬文明、进取的民俗民风，故名正安路。两侧有法院、济北小学、教育局、网通公司、国税局、综合执法局、财政局、地税局、国税局、新得康胶囊、三峰生物、国祥塑胶、寒思羽绒服、统一企业等。是贯通济阳南北方向的主要交通干道。通公交车。

东环路 370125-K05
[Dōnghuán Lù]

在县境东南部。南起老城街，北至纬三路。沿线与老城街、纬二路、纬三路相交。长0.8千米，宽9.0米。沥青路面。1985年开工，1986年建成。因位于济阳县城老城区东部，环形连接老城街与纬三路，故名东环路。两侧有环卫局、县人民医院旧址。是城区重要道路之一。通公交车。

老城街 370125-K06
[Lǎochéng Jiē]

在县境东南部。西起东商业街，东至东环路。沿线与经一路、东环路相交。长0.7千米，宽5.0米。沥青路面。1980年开工，1981年建成。因行政区域内主要的地理实体位置得名老城街。两侧有卫生局、房管局等。是城区重要道路之一。通公交车。

临河街　370125-K07
[Línhé Jiē]

在县境东南部。西起经一路，东至健康街。沿线与健康街相交。长 0.2 千米，宽 5.0 米。沥青路面。1981 年开工，1982 年建成。因行政区域的地理实体位置得名临河街。两侧有河务局、济阳妇幼保健站等。是城区重要道路之一。通公交车。

汇鑫路　370125-K08
[Huìxīn Lù]

在县境西部。南起新元大街，北至仁和街。沿线与富阳街、开元大街、安康街、兴隆街、旺旺街相交。长 2.7 千米，宽 15.0 米。沥青路面。2006 年开工，2006 年建成。以聚集财富之意命名。两侧有农信社、电力计量中心、德力西、东辰汽车、交通局维管所等。是城区重要道路之一。通公交车。

兴隆街　370125-K09
[Xīnglóng Jiē]

在县境北部。西起银河路，东至龙海路。沿线与汇鑫路、正安路相交。长 1.5 千米，宽 8.0 米。沥青路面。2003 年开工，2003 年建成。寓意济阳的各项事业兴隆，人民安居乐业，外来客商生意兴隆。两侧有深蓝动保、富万家农资、杜邦华佳、新得康胶囊、华龙饰品等。是城区重要道路之一。通公交车。

顺义街　370125-K10
[Shùnyì Jiē]

在县境西北部。东起澄波湖路，西至银河路。长 0.8 千米，宽 15.0 米。沥青路面。2006 年开工，2006 年建成。寓意济阳的各项事业兴旺发达，人民安居乐业，外来客商生意兴隆。两侧有三和生物等。是城区重要道路之一。

车站

济阳汽车总站　370125-S01
[Jǐyáng Qìchē Zǒngzhàn]

一级长途汽车站。位于济南市济阳济北开发区富阳大街与 248 省道交汇处。1952 年始建。占地面积 0.142 平方千米，建筑面积 18 000 平方米。日班车量 500 班。办理客、货运业务，组织和调度车辆运行。

桥梁

济阳黄河大桥　370125-N01
[Jǐyáng Huánghé Dàqiáo]

位于济南市济阳县城正南方。长 1.27 千米。2006 年 1 月开工，2008 年 11 月建成。为四塔单索面预应力混凝土部分斜拉桥，主桥连续梁采用单箱三室斜腹板三向预应力结构。济阳黄河大桥大大缩短了当地与济南东部新城的距离，为省城济南全面实施"北跨"战略增添了一条新通道。

商河县

城市道路

商中路　370126-K01
[Shāngzhōng Lù]

在县城中部。北起 240 省道，南至新 340 国道。沿线与宏业街、利民街、富民路、鑫源路、青年路、明辉路、长青路、银河路、弘德街、花园街、彩虹路、温泉路、新湖街、新兴街相交。长 11.0 千米，宽 40.0 米。沥青、混凝土路面。2007 年改（扩）建。因位于商河中心的主要道路，故名商中路。两侧有宏业集团、人民健身广场、妇幼保健站、文化中心、人民公园、县第二中学、汇金银河、农商银行、农业银行、农业农村局、县委、邮政局等。通公交车。

富民路 370126-K02
[Fùmín Lù]

在县城北部。东起 340 国道，西至滨河路。沿线与商中路、兴隆街、田园路相交。长 3.9 千米，宽 48.0 米。柏油路面。1992 年开工，1992 年建成。取富民之意命名此道路为富民路。两侧有中国农业发展银行、种子站等。道路等级为城市主干道。通公交车。

青年路 370126-K03
[Qīngnián Lù]

在县城北部。东起银河路，西至滨河路。沿线与商中路、兴隆街、田园路相交。长 3.9 千米，宽 36.0 米。柏油路面。1996 年开工，年底完工。道路沿途有科委和教育局，寓意重视教育，重视青年发展，故名青年路。两侧有商河县人民医院、百货大楼、商河县中医院、县人大、政协等。通公交车。

明辉路 370126-K04
[Mínghuī Lù]

在县城中部。东起 340 国道，西至滨河路。沿线与商中路、兴隆街、振业街、田园路、银河路相交。长 3.9 千米，宽 36.0 米。柏油路面。因明晖门而得名。两侧有商河县人民政府、行政服务中心、宏盛超市、齐鲁银行、商河一中、信访局等。通公交车。

银河路 370126-K05
[Yínhé Lù]

在县城南部。东起 340 国道，西至高速连接线。沿线与滨河路、育才路、商中路、振业街、田园路、明辉路、青年路相交。长 1.5 千米，宽 25.0 米。沥青路面。1992 年建成，1998 年改（扩）建。因商河盛产棉花得名。两侧有长途汽车站、交通大厦、星都财富广场、许商街道派出所、银桥市场、建设银行、工商银行等。通公交车。

田园路 370126-K06
[Tiányuán Lù]

在县城东部。北起富民路，南至温泉路。沿线与鑫源路、青年路、长青路、银河路、银东路、弘德街、文昌南北街、花园街、彩虹路、温泉路相交。长 4.5 千米，宽 30.0 米。沥青路面。分别于 2009 年、2011 年、2013 年分段建成。因商河县是农业大县，土地肥沃，故将此路命名为田园路，寓意土地肥沃、物产丰富。两侧有环保局、富东农贸市场、县市民服务中心等。通公交车。

滨河路 370126-K07
[Bīnhé Lù]

在县城西部。北起商中路，南至新兴街。沿线与富民路、鑫源路、青年路、新庄路、明辉路、长青路、宝源街、银河路、文昌南北街、花园街、彩虹路、温泉路、新湖街、新兴街相交。长 8.5 千米，宽 36.0 米。柏油路面。分别于 2008 年、2010 年分段建成，部分路段 2011 年改建。因在跃进河东堤建路，故名滨河路。两侧有污水处理厂、滨河公园、汽车站、南苑驾校、第二实验学校等。通公交车。

车站

商河汽车总站 370126-S01
[Shānghé Qìchē Zǒngzhàn]

二级客运站。位于商河县银河路189号。1976年建站。新汽车站于2011年施工，2014年10月1日正式运营。占地面积26 943平方米。主要建筑有客运站站房，建筑面积7 870平方米。车站始发班次85班，过往班次215班，年旅客运输量108万人次。办理客、货运输业务，组织和调度车辆运行。

四　自然地理实体

济南市

山

莲花山 370100-21-G01
[Liánhuā Shān]

　　属泰山山脉。在省境中西部，市境东部。因其山形似一朵莲花而得名莲花山。海拔337米。土质为黄土，多为石灰岩、白云石。多植柏树。通公交车。

河流

黄河 370100-22-A-a01
[Huáng hé]

　　外流河。在省境北部。因水色浑黄而得名。在古籍中最早称"河"，《汉书》中始有黄河之称。发源于青藏高原巴颜喀拉山北麓的约古宗列盆地，自西向东分别流经青海、四川、甘肃、宁夏、内蒙古、陕西、山西、河南及山东9个省（自治区），最后流入渤海。全长约5 464千米，流域面积约752 443平方千米。河水夹带到下游的泥沙总量，平均每年超过16亿吨，其中有12亿吨流入大海，剩下4亿吨长年留在黄河下游，形成冲积平原，有利于种植。黄河是中华文明最主要的发源地，中国人称其为"母亲河"。黄河流域肥原沃土，物产丰富，山川壮丽，居民几占中国总人口四分之一，耕地则约占全国4成。黄河源流段从星宿海至青海贵德，上游段自贵德至江西省河口镇，中游段从河口镇到河南孟津，下游段自孟津到山东利津县注入渤海。主要支流有汾河、洮河、渭河等。

小清河 370100-22-A-a02
[Xiǎoqīng Hé]

　　外流河。在省境中北部。因别于大清河，故名。金天会八年（1130），大齐王刘豫导洛水，筑堰于历城华山之南，拥水东流后，始称小清河。发源于济南市南部山区及济南诸泉，向东北流经济南市区及章丘市、邹平县、高青县、桓台县、博兴县、广饶县，至寿光市羊角沟注入渤海。河道长237千米，河宽38~80米，流域面积10 572平方千米。历史上沿河涝灾频繁。1949年后，相继进行了较大规模的疏浚复堤和切滩分洪、滞洪及上游水库蓄水工程。沿河建柴庄、水牛韩、金家埝、金家桥、浒山、贾刘、利群等节制闸及船闸；在济南兴建了腊山分洪工程，中游兴建了青沙湖滞洪区和金家北分洪道工程，并建了太河等大中型水库蓄水工程，对主要支流进行了初步治理，基本控制了小清河洪水威胁。1985年全河渠化工程竣工（包括港口和桥涵建设），航道达6级标准，可常年通航。两岸堤防全长448.7千米（包括分洪道左堤），防洪能力500立方米/秒，排涝能力200立方米/秒。主要支流有巨野河、绣江河、杏花沟、孝妇河、淄河等。

玉符河 370100-22-A-a03

[Yùfú Hé]

黄河支流。在市境西南部。《水经注》称之为玉水。发源于历城南部山区的锦绣、锦阳、锦云三川。三川汇入卧虎山水库，流出水库后始称玉符河。从卧虎山水库流出后向北流入党家街道和陡沟街道境内，经丰齐一带至古城村南，折向西北于北店子村注入黄河。干流长 40.4 千米（全河包括锦绣川长达 95.7 千米），流域面积 755 平方千米。下游建有睦里闸，是小清河源头，有放水闸口，可向小清河注水。有玉符河水文站、卧虎山水文站。是一条泉水补给的来源河，汛期防洪、排涝，旱时灌溉，也是一条近郊悠闲旅游、观光游玩的综合河道。

徒骇河 370100-22-A-a04

[Túhài Hé]

外流河。在省境西北部。因"徒骇者，禹疏九河，用工极众，故人徒惊骇也"得名。发源于河南省清丰县东部，与黄河平行向东北流经山东省的莘县、聊城市、禹城市，至沾化县注入渤海。河长 420 千米，流域面积 1.4 万平方千米。纵比降时陡时缓。河流主要靠降水补给，干旱时河流无水，靠从黄河引水，平均每年从黄河引水 28 亿立方米。由于黄河含沙量大。徒骇河不仅用作排水除涝，还能引黄灌溉。主要支流有老赵牛河、苇河、赵王河、秦口河、土马河等。

沙河 370100-22-A-a05

[Shā Hé]

徒骇河支流，外流河。在省境北部。因黄河水流经，河道淤沙故称大沙河。发源于德平县大新庄。沙河自德平汇流朱家庄，经左家庄、沙河镇，至杨家庵入惠民界，在惠民县汇入徒骇河。全长 86 千米。河道平均宽度 85 米。流域面积 837 平方千米。年平均径流量 840 万立方米。河流级别为三级，河流类别为地上河、常年河。沿岸有水产养殖基地、生态园等，水产品丰富，水质良好。该河流承担着商河县北部城镇的排涝、调蓄和农田灌溉任务。无通航能力。河流境内两岸筑有堤防，是一条具有防洪、排涝、蓄水灌溉综合效益的河道。

德惠新河 370100-22-A-a06

[Déhuì Xīnhé]

外流河，人工水道。在省境北部。因流经德州、惠民（滨州）两个地区，故命名为德惠新河。自平原县王凤楼村，流经平原、陵县、临邑、商河、乐陵、阳信、庆云，于无棣县下泊头村东北 12 千米处与马颊河汇合后入渤海。全长 172.6 千米，河道平均宽度 65 米，流域面积 3 248.9 平方千米。年平均径流量 3070 万立方米。沿岸有水产养殖基地、生态园等，水产品丰富。无通航能力。境内两岸筑有堤防，是一条具有防洪、排涝、灌溉综合效益的河道。主要支流有禹临河、临商河、跃进河、引徒总干渠等。

护城河 370100-22-A-b01

[Hùchéng Hé]

内陆河。在省境西北部。因古时在城外掘河拒敌以护城，故称护城河，也称城濠，明代又称环城河。自坤顺门桥向东—南门桥—琵琶桥—黑虎泉—白石桥—青龙桥—东门桥—坦桥，汇入东泺河，全长 6.9 千米，宽 10~30 米，流域面积 0.263 平方千米。是国内唯一河水全部由泉水汇流而成的护城河，与周围的泉水构成泉溪水景园，将西侧五龙潭公园和东侧大明湖公园有机地连为一体，是一条具有防洪、观景综合效益的河道。2010 年，济南护城河全线通航，使济南成为全国唯一可乘船环游老城区特色风貌带的城市。主要支流有东泺河。

历下区

山

白云山 370102-21-E01
[Báiyún Shān]

在省境西部，历下区南部。北连扁石山，西界马蹄峪。南北走向。据传此山山峰高耸，阴雨天云遮雾障，峰插云端，故名白云山。最高海拔 545.4 米。山上有白云洞，南侧有白云泉。为历代旅游胜地。属暖温带大陆性季风气候区。平均降水量 548.7 毫米，全年平均气温 15.0℃。树木茂密，以侧柏、黄栌为主。有鸟类、爬行、两栖动物等。交通便利。

鳌角山 370102-21-E02
[Àojiǎo Shān]

在省境西部，历下区中部。济王公路以南，二环东路以东，南接荆山。山体为团状。此山有三顶，且形似倒置的鳌子角，故名鳌角山。一般海拔 164 米。属暖温带大陆性季风气候区。平均降水量 548.7 毫米，全年平均气温 15.0℃。山有幼柏。有鸟类、爬行、两栖动物等。交通便利。

扁石山 370102-21-E03
[Biǎnshí Shān]

在省境西部，历下区南部。在老石沟以南，西邻簸箩顶，南面和白云山相连。西北—东南走向。因山中石头呈扁横状，故名扁石山。一般海拔 417.8 米。属暖温带大陆性季风气候区。平均降水量 548.7 毫米，全年平均气温 15.0℃。遍山林木。有鸟类、爬行、两栖动物等。交通便利。

回龙山 370102-21-E04
[Huílóng Shān]

在省境西部，历下区南部。在浆水泉庄以东，中井庄西，北邻旅游路，西南邻老虎山，南为浆水泉水库。南北走向。此山悬崖峭壁林立，似有盘龙盘卧其上，山势险峻雄奇，故名回龙山。一般海拔 318 米。最高海拔 4 000 米。山上存有济南战役时期修筑的碉堡。属暖温带大陆性季风气候区。平均降水量 548.7 毫米，全年平均气温 15.0℃。松柏满山，绿地覆盖率 86%。交通便利。

荆山 370102-21-E05
[Jīng Shān]

在省境西部，历下区中部。山体为团状。此山原名庙山，相传清代山脚下有荆树，故名荆山。一般海拔 215 米。属暖温带大陆性季风气候区。平均降水量 548.7 毫米，全年平均气温 15.0℃。山上有柏树。有采石资源。交通便利。

橛子山 370102-21-E06
[Juézi Shān]

在省境西部，历下区西部。北邻羊头山，西邻罗袁寺顶。东西走向。山远看像橛子，民间遂称此山为橛山或橛子山。因山北腰有大佛头造像，俗称大佛山，又名佛慧山。一般海拔 459.9 米。有开元寺遗址、北魏时期的黄石崖摩崖石刻、大佛头造像。属暖温带大陆性季风气候区，平均降水量 548.7 毫米，全年平均气温 15.0℃。山上有幼松。交通便利。

老虎山 370102-21-E07
[Lǎohǔ Shān]

在省境西部，历下区南部。北邻平顶山，东邻回龙山，西邻橛子山。南北走向。该山体形似猛虎回眸，故名老虎山。一般海拔422米。山上有济南战役时期修筑的碉堡遗址。属暖温带大陆性季风气候区。平均降水量548.7毫米，全年平均气温15.0℃。山上有柏林。有鸟类、爬行、两栖动物等。交通便利。

老君崖 370102-21-E08
[Lǎojūn Yá]

在省境西部，历下区南部。北连野峪顶，东邻马蹄峪，东南为佛峪沟。山形不规则。因民间传说太上老君曾于此炼丹，故将此处命名为老君崖。一般海拔416米。山势险峻，是龙洞山的北峰，为济南名胜龙洞、佛峪的入口处。山内深涧有金沙泉、白龙泉、黑龙泉，以及黄龙潭、白龙潭、黑龙潭。属暖温带大陆性季风气候区，平均降水量548.7毫米，全年平均气温15.0℃。山上树木茂密，绿化覆盖率93%，树种以侧柏、黄栌为主。交通便利。

狸猫山 370102-21-E09
[Límāo Shān]

在省境西部，历下区南部。在龙洞庄以西，东北邻棺材山。山形不规则。据传山中多狸猫、猫头鹰等动物，故名狸猫山。一般海拔476.3米。有汉朝的72座塔，隋唐岩壁雕刻，宋、元、明、清、民国时期的石刻等历史文化遗产。景区属熔岩地貌，有山峰十几座，形态各异。绿化覆盖率95%，树种以侧柏为主，兼有黄栌、枫叶、臭椿、山枣树、山楂树。交通便利。

禹登山 370102-21-E10
[Yǔdēng Shān]

在省境西部，历下区南部。北自白云山，南至黑峪，东至佛峪，西到龙洞。因相传大禹曾在这一带登山治水、降龙除魔而得名。又因山中有龙洞，也称之为龙洞山。海拔545米，主峰为白云山。有圣寿院等名胜古迹。有黑龙潭、黄龙潭、五龙潭。属于暖温带半湿润季风型气候。有松树、柏树、枫树等。交通便利。

千佛山 370102-21-E11
[Qiānfó Shān]

在省境西部，历下区西部。东邻橛子山及羊头山，西邻马鞍山，南邻罗袁寺顶。东西走向。因此山佛像众多，超过千尊，山上又有千佛寺，故名千佛山。一般海拔279米。千佛山佛像石雕众多。千佛崖下有极乐洞、黔娄洞和龙泉洞。有唐槐亭、齐烟九点、云径禅关、兴国禅寺、历山院、龙泉洞、极乐洞、黔娄洞、千佛崖、洞天福地坊、对华亭、"第一大弥化"石刻、舜皇祠、文昌阁、一览亭、碑文石刻等名胜古迹。属于暖温带半湿润季风型气候。有樱花、梧桐、五角枫、白皮松等树种。交通便利。

五顶茂陵山 370102-21-E12
[Wǔdǐngmàolíng Shān]

在省境西部，历下区中部，工业南路以南，姚家庄以北。山形不规则。因此山有五顶，且草木繁盛，故取名五顶茂陵山。一般海拔180.1米。面积0.2平方千米。有解放济南战役茂陵山战场遗址。属于暖温带半湿润季风型气候。栽植有五角枫、紫薇、丁香、连翘等。有赤铁矿资源。交通便利。

燕翅山 370102-21-E13
[Yànchì Shān]

在省境西部，历下区中部，姚家庄以南，窑头庄以北。东西走向。此山中部凸出，西部是悬崖峭壁，山的南部和北部形似燕子的翅膀，故名燕翅山，也叫砚池山、雁翅山。一般海拔189米。七十二名泉之一的砚泉位于燕翅山北麓山脚下。属于暖温带半湿润季风型气候。有采石资源。交通便利。

燕子山 370102-21-E14

[Yànzi Shān]

在省境西部，历下区西部。西至羊头峪庄，东至二环东路，北至经十路，南连平顶山。因山形似展翅欲飞的燕子，故名燕子山。一般海拔275米。属于暖温带半湿润季风型气候。山上柏林茂密。交通便利。

转山 370102-21-E15

[Zhuàn Shān]

在省境西部，历下区南部，龙奥大厦以西。东邻奥体西路，南邻旅游路，西邻师大新村，北邻经十路。南北走向。因此山曾挡住人们进城的要道，人们进城须绕此山转大半圈，故名转山。一般海拔198米，最高海拔210米。有山体公园。属于暖温带半湿润季风型气候。有幼柏。有采石资源。交通便利。

城墙岭 370102-21-E16

[Chéngqiáng Lǐng]

在省境西部，历下区南部。在龙洞风景区最南端，南邻绕城高速。东西走向。因山体的形态像一段逶迤高耸的城墙，故名城墙岭。一般海拔586米。属于暖温带半湿润季风型气候。山上柏林茂密。交通便利。

洪山 370102-21-E17

[Hóng Shān]

在省境西部，历下区南部。东至霞景路，西邻浆水泉路，南至旅游路，北邻经十路。南北走向。该山原名"红山"，后逐渐演变为"洪山"。一般海拔270米。有洪山公园。属于暖温带半湿润季风型气候。自然植被有梨树、桃树、杏树等。交通便利。

簸箩顶 370102-21-G01

[Bòluó Dǐng]

属泰山山脉。在省境西部，历下区南部。此山形貌呈簸箩状，故名。海拔318米。山上柏林茂盛，有龙洞庄果园。通公交车。

罗袁寺顶 370102-21-G02

[Luóyuánsì Dǐng]

属泰山山脉。在省境西部，历下区西部。山上旧有乐缘寺，俗称乐缘寺顶，因"乐缘"谐音"罗袁"，故名罗袁寺顶。海拔410米。满山幼柏。通公交车。

野峪顶 370102-21-G03

[Yěyù Dǐng]

属泰山山脉。在省境西部，历下区南部。据传从前山峪中多野兽，故名野峪顶。海拔346.7米。山上有柏林覆盖。通公交车。

平顶山 370102-21-G04

[Píngdǐng Shān]

在省境西部，历下区中部。因山顶平坦，故名平顶山。海拔356米。属温带半湿润大陆性季风气候，四季分明，冬冷夏热，光照充足，降水集中，年均降水量685毫米。土壤为红土、黄土。有野生鸟兽350余种，昆虫500余种。交通便利。

马蹄峪 370102-21-C01

[Mǎtí Yù]

位于山东省西部，历下区南部。马蹄峪流域面积约5平方千米。因地形近似一只向左弯曲的马蹄，故名马蹄峪。属于暖温带半湿润季风型气候。植被覆盖良好，植物繁茂，种类众多，以"林茂境幽"为特色。峪内多清泉，积水成池。区内有白云庵、幽林、白云洞等景点。交通便利。

佛峪沟 370102-21-C02

[Fóyù Gōu]

位于山东省西部，历下区南部。山谷内佛像众多，为历代参佛的好去处，故名佛峪沟。年平均降水量685毫米。属温带半湿润大陆性季风气候，四季分明，冬冷夏热，光照充足，降水集中。土壤为红土、黄土。植被茂盛。是济南著名胜景之一。佛峪内现有龙峪观、"佛峪胜境"木牌坊、般若寺遗址、隋唐石窟摩崖造像、禹王台、环翠亭、林汲泉以及佛峪瀑布等景观。济南绕城高速经此。

龙洞沟 370102-21-C03

[Lóngdòng Gōu]

位于山东省西部，历下区南部。因山上的龙洞而得名龙洞沟。该沟长1 500米，宽50米，相对高差442米。洞内石壁有东魏天平四年（537）雕佛像两尊。树木茂密，风景秀丽。交通便利。

瀑布、泉

林汲泉瀑布 370102-22-H001

[Línjíquán Pùbù]

冷泉。在省境西部，历下区南部。该瀑布的水流源于林汲泉水，故名林汲泉瀑布。山泉汇流，瀑布飞流直下，有巨有细，喷珠飘练。近期无开发条件。通公交车。

东高泉 370102-22-I001

[Dōnggāo Quán]

冷泉。在省境西部，历下区西部。此泉位于望水、白云二泉东侧，高"悬百尺"，故名东高泉。泉池用砖石砌成，呈正方形。长宽各约2米，深1.5米。东高泉旺盛的泉水常年溢出池沿，形成溪流，潺潺湲湲，绕屋穿廊。近期无开发条件。通公交车。

凤凰池 370102-22-I002

[Fènghuáng Chí]

冷泉。在省境西部，历下区南部。传说有一只美丽的凤凰鸟打东方飘然而至，朝着营盘山根猛啄了一口，顽石裂开，流出了一股纯净的清泉，故名凤凰池。泉池呈长方形，石砌，池上覆水泥板。泉水出露形态为涌状，常年不竭。近期无开发条件。通公交车。

佛慧泉 370102-22-I003

[Fóhuì Quán]

冷泉。在省境西部，历下区西部。原为自然水坑，修建千佛山景区南门时砌筑泉池，故名佛慧泉。泉水出露形态为渗流，属季节性泉，盛水时水自岩隙渗出。近期无开发条件。通公交车。

感应井泉 370102-22-I004

[Gǎnyìngjǐng Quán]

冷泉。在省境西部，历下区西部。德王府兴工修缮北极庙时，工人取水困难，负责修缮工程的德王府承奉白闻宇默默祷告，祈求能解决取水之难。一日夜间，白闻宇梦见一老者指示泉水的地点。次日，白闻宇依照梦中老者所言之处，令工匠挖井掘泉，果然有水渗出。白闻宇认为此泉水乃为神灵感应所得，故名感应井泉。泉池为圆井形，石砌，直径1.2米，深约2米。泉水出露形态为渗流，常年不竭。近期无开发条件。通公交车。

黑龙泉 370102-22-I005

[Hēilóng Quán]

冷泉。在省境西部，历下区南部。因泉水喷涌凶猛，似条黑龙穿行于泉池中，故名黑龙泉，又名黑龙潭。泉池呈井形，口池石砌，井壁砖砌，直径0.45米，深0.6米。

丰水季节泉水相汇合,顺山涧流下;枯水季节水流极小,积水成渣。近期无开发条件。通公交车。

花墙子泉 370102-22-I006
[Huāqiángzi Quán]

冷泉。在省境西部,历下区西部,济南市历下区趵突泉公园内。泉边满墙凌霄花,花与泉交相辉映,故名花墙子泉。泉水出露形态为渗流,常年不竭,清澈见底。泉池为石砌长方形,长3.6米,宽2.3米,深1.53米,池周绕以青柱石栏。1983年调查时已填埋。1997年8月趵突泉西区扩建时恢复并纳入公园内。通公交车。

灰泉 370102-22-I007
[Huī Quán]

冷泉。在省境西部,历下区西部,济南市历下区王府池子街中段,濯缨泉西北侧。古时,该泉有时而喷灰、时而喷水的奇观,因此得名灰泉,又称灰包泉。泉水出露形态为渗流,常年不竭。泉池呈方形,长3米,宽2米,深1米,石砌池岸。泉水涌出后,穿过其东岸墙下的出水口,与濯缨泉水相会,经过曲水亭小溪,流入百花洲,注入大明湖。通公交车。

混砂泉 370102-22-I008
[Hùnshā Quán]

冷泉。在省境西部,历下区西部。因泉水出涌搅浑泥沙,故名混砂泉。泉池椭圆形,自然石驳岸,水漫池岸溢出,跌落至西护城河中,如同挂帘。近期无开发条件。通公交车。

酒泉 370102-22-I009
[Jiǔ Quán]

冷泉。在省境西部,历下区西部。因该泉泉水似酒,芳醇弥人,香醇可饮,故名酒泉。泉水出露形态为渗流,常年有水。今池为不规则形,假山石驳岸,直径10米,深0.91米。池内植有荷莲,蓄有锦鱼。通公交车。

龙泉 370102-22-I010
[Lóng Quán]

冷泉。在省境西部,历下区西部。因泉水自龙泉洞涌出,喷涌凶猛,发出的声响似巨龙在空中飞腾咆哮,故名龙泉。泉水出露形态为渗流。泉池呈深潭状,不规则形。面积10余平方米,水深2米。潭水清澈见底,四季不涸,水质甘美。近期无开发条件。通公交车。

漏水泉 370102-22-I011
[Lòushuǐ Quán]

冷泉。在省境西部,历下区西部。因雨季时泉水沿山峪漫流而下,渗漏而出,故名漏水泉。泉池呈不规则形,人工凿石而成,直径0.8米。崖壁多窟穴,泉自窟穴渗漏而出,汇积于池中,常年不竭。近期无开发条件。通公交车。

牛腚泉 370102-22-I012
[Niúdìng Quán]

冷泉。在省境西部,历下区中部。该泉泉脉在牛腚山峪东侧,故名牛腚泉。属季节性泉,雨季喷涌,由暗渠明沟蜿蜒北流,汇入浆水泉水库。池呈不规则形,池岸为自然土石。近期无开发条件。通公交车。

天净泉 370102-22-I013
[Tiānjìng Quán]

冷泉。在省境西部,历下区西部。因泉水水质清澈见底,如天空般纯净,故名天净泉。泉水出露形态为渗流。常年不竭,积水成池。水甘洌清澈,为附近居民生活用水主要来源。泉池呈方形,石砌,长宽各 0.7 米，深 0.5 米。近期无开发条件。通公交车。

起凤泉 370102-22-I014

［Qǐfèng Quán］

　　冷泉。在省境西部，历下区西部，起凤桥街 9 号院内，王府池子北。原为无名泉，1994 年由济南市建委组织调查时以所处街巷命名。泉池方形石砌，长 2.19 米，宽 2.08 米，深 1.5 米。近期无开发条件。通公交车。

神庭泉 370102-22-I015

［Shéntíng Quán］

　　冷泉。在省境西部，历下区西部。相传古时有一位神仙来到王府庭院中，发现了这口泉眼，饮泉解渴，后人饮此泉而安居乐业，故名神庭泉。出露形态为渗流，常年不竭，积水成池。泉池为长方形，石砌，长 1.56 米，宽 0.5 米，深 0.4 米。近期无开发条件。通公交车。

舜井 370102-22-I016

［Shùn Jǐng］

　　冷泉。在省境西部，历下区西部。据传，大舜后母与弟弟骗大舜淘井，然后往井下投石，幸亏井下石壁有溶洞通外，大舜得以逃生，并发掘出一处甘泉，故称舜井。泉池呈井形，直径 1.56 米，深 2.8 米，石井壁，上置块石雕凿的圆口作岸，周饰石栏。近期无开发条件。通公交车。

太极泉 370102-22-I017

［Tàijí Quán］

　　冷泉。在省境西部，历下区西北部。因泉池形态像太极符号而得名。泉水出露形态为涌状，常年不竭，水质优良。今泉池呈长方形，水泥修筑，长 1.3 米，宽 0.9 米。泉眼处已被保护性覆盖。近期无开发条件。通公交车。

望水泉 370102-22-I018

［Wàngshuǐ Quán］

　　冷泉。在省境西部，历下区西部，趵突泉公园万竹园西院。因在万竹园西院与登州泉泉脉相互连通，望向登州，故名望水泉。泉池呈长方形，石砌，东西长 15.25 米，南北宽 9.96 米，深 1.33 米。出露形态为渗流，常年不竭，入西护城河。通公交车。

五莲泉 370102-22-I019

［Wǔlián Quán］

　　冷泉。在省境西部，历下区西部。该泉泉池高出河面约半米，池底泉眼甚多，较大者有 5 个，而且水泡成簇，于水面破裂，似五朵盛开的莲花，故名五莲泉。又名玻璃泉、溪中泉。泉池为不规则形，长 12 米，宽 4 米，深 0.5 米。泉池为曲岸，堆叠自然石，山石以聚为主，叠砌成岛，高出水面，泉水从岛上石缝中溢出，流入河中。近期无开发条件。通公交车。

西沟峪泉 370102-22-I020

［Xīgōuyù Quán］

　　冷泉。在省境西部，历下区中部。因泉眼位于浆水泉水库西侧沟状峪中，故名西沟峪泉。泉水出露形态为渗流，常年不竭。泉水顺崖流入峪下池中，积水成池。味甚甘洌，清澈见底。多年前已干旱断水。近期无开发条件。通公交车。

孝感泉 370102-22-I021

［Xiàogǎn Quán］

　　冷泉。在省境西部，历下区西部。一说古有孝子，事母至孝，因取水路远，感动上天后此泉涌出，故名孝水。亦有传说称元时孝子刘琮，父久病，用尽家产服侍，距水远，感动神灵，刨地得金涌泉，后用金买药，用泉水煎熬，父病愈活到百岁，后泉名孝感泉。泉池以石砌岸，长3.4米，宽2米，深1.35米，上盖水泥板。已被填埋，近期无开发条件。通公交车。

悬珠泉 370102-22-I022
[Xuánzhū Quán]

冷泉。在省境西部，历下区南部。因泉水自石壁渗出，滑滚下落，像一颗颗悬挂的明珠，故称悬珠泉。该泉为季节性泉，无泉池，泉水滴落后蒸发。已断流。近期有无开发条件。通公交车。

砚池 370102-22-I023
[Yàn Chí]

冷泉。在省境西部，历下区中部。因泉池位于砚池山下，且形如砚台，故名砚池。泉水出露形态为涌状。水自池底涌出，汇聚池内，积水成塘，常年不涸。泉水恒常，不涨不涸，水质清澈，周围巨石危卵，池壁陡峭。泉池为塘湾状不规则形，深达20.5米，水面面积约4 000平方米。近期无开发条件。通公交车。

珍池 370102-22-I024
[Zhēn Chí]

冷泉。在省境西部，历下区西部。珍珠泉水经玉带河流入池内，故名珍池。今池呈扇形，石砌，长21.42米，宽6.28米，深1.5米。珍池之水用作景观泉水，池水向北经暗渠流向百花洲，注入大明湖。池周砌石栏，植绿篱。近期无开发条件。通公交车。

涌锡泉 370102-22-I025
[Yǒngxī Quán]

冷泉。在省境西部，历下区西部。因泉水涌出不断，呈白色，如锡，故名涌锡泉。泉池呈方井形，边长0.55米，池口圆形，直径0.4米，为一块厚石凿成。池壁砖石砌垒，池深3.5米。近期无开发条件。通公交车。

玉枕泉 370102-22-I026
[Yùzhěn Quán]

冷泉。在省境西部，历下区西部。因泉水清澈如玉，泉眼出口喷状如枕，故名玉枕泉。泉水出露形态为渗流，泉水胜年不竭，积水成池。泉池为长方形，石砌，长1.56米，宽0.5米，深0.4米。池水清澈甘甜，并蓄养锦鱼。后有生活用水流入，水质受到污染。近期无开发条件。通公交车。

湛露泉 370102-22-I027
[Zhànlù Quán]

冷泉。在省境西部，历下区西部，趵突泉公园内。取自《诗经·小雅·湛露》一诗，形容泉水如深夜的露水一般，清澈透明，故名湛露泉。出露形态为渗流，常年不竭。泉池呈不规则形，自然石砌，假山石驳岸，长10.15米，宽5.95米，深1.08米。通公交车。

司家井 370102-22-I028
[Sījiā Jǐng]

冷泉。在省境西部，历下区西北部。此泉位于司家大院内，为纪念此处承载的历史记忆，故将该泉命名为司家井。泉水出露形态为渗流，常年不竭，积水成井。水质清澈，是附近居民生活用水来源。泉池呈圆井形，石砌，直径0.43米，深6米。近期无开发条件。通公交车。

太乙泉 370102-22-I029
[Tàiyǐ Quán]

冷泉。在省境西部，历下西部。"太乙"取自星官名，有汇天地万物之灵气的美好寓意。泉池以石砌垒，呈圆形，直径0.8米，深 1 米。近期无开发条件。通公交车。

王庙池 370102-22-I030
[Wángmiào Chí]

冷泉。在省境西部，历下区西北部。泉池位于清朝僧王庙前，故名王庙池。珍珠泉水经玉带河流经泉池，补给水源，水质清澈，常有断流。池长 1.4 米，宽 0.7 米，深 1.8 米。近期无开发条件。通公交车。

饮虎池 370102-22-I031
[Yǐnhǔ Chí]

冷泉。在省境西部，历下区西部。相传深山中的野狼曾经常来此处饮用泉水，而老济南人称狼为"马虎"，故名饮虎池，意为猛兽饮水处。泉水出露形态为渗流，常年不竭，积水成池。泉池为石砌长方形，长 6.16 米，宽 4 米。池畔假山上有两只猛虎雕塑，形象逼真，栩栩如生。近期无开发条件。通公交车。

苏家井 370102-22-I032
[Sūjiā Jǐng]

冷泉。在省境西部，历下区西部。因泉眼所处位置为苏姓居民院内，故名苏家井。泉水出露形态为渗流，常年有水，积水成井，是附近居民生活用水主要来源。泉池呈井形，水泥修筑，直径 0.7 米。近期无开发条件。通公交车。

豆芽泉 370102-22-I033
[Dòuyá Quán]

冷泉。在省境西部，历下区西部，环城公园东南部。相传附近居民常用此泉水生豆芽，故称其为豆芽泉。出露形态为渗流，常年不竭，积水成池，汇入南护城河。泉池为石砌长方形。长 2.15 米，宽 2.05 米，深 1.24 米。通公交车。

甘露泉 370102-22-I034
[Gānlù Quán]

冷泉。在省境西部，历下区西部。因泉水味道甘美，故名甘露泉。位于济南市历下区佛慧山开元寺旧址石碑西 6 米，藏于悬崖下一半隐形山洞中，泉水从崖壁间流下，水势甚小，积水成池。泉池呈圆形，半石砌，直径 1.90 米，深 0.97 米。通公交车。

黑虎泉 370102-22-I035
[Hēihǔ Quán]

冷泉。在省境西部，历下区西部。该泉发源自一个深邃的洞穴中，洞内有一巨石盘曲而卧，上生苔藓，显得黑苍苍，犹如猛虎深藏。水从巨石下涌出，湍击巨石，发出粗犷的鸣响，再加半夜朔风吹入石隙裂缝，惊人的吼声回荡于洞中，酷似虎啸，故名黑虎泉。洞穴长 2 米，深 3 米，宽 1.7 米，水自暗道流淌。泉水由标高 27.88 米的 3 个石雕兽头中喷出，形似瀑布，然后流进长约 13 米、宽约 9 米的石砌方池中。此处为历下区景点。通公交车。

汇波泉 370102-22-I036
[Huìbō Quán]

冷泉。在省境西部，历下区西部，环城公园南部，护城河南岸。因该泉位于济南大明湖东南隅清凉亭上，城内众泉多从这岛附近汇入大明湖，所以岛上的这眼清泉被称为汇波泉。泉水出露形态为涌流，常年不竭。泉池以自然石砌成，呈不规则形，东、西、南三面以山石叠砌形成山峦，北面面向护城河，长 4.5 米，宽 4 米，深 0.86 米。通公交车。

金虎泉 370102-22-I037
[Jīnhǔ Quán]

冷泉。在省境西部，历下区西部，环

城公园南部黑虎泉西。相传古时某日午夜，居民听到猛虎的咆哮声，便出来观看，只见两虎在争斗，一只黑色，一只金色。虎见人来，便停止了争斗。其中金虎西奔，跳进河中，化作金虎泉，泉名由此得来。泉水出露形态为串珠状上涌，常年不竭，泉池由水泥砌成方台，长宽各2米，深1.5米。通公交车。

玛瑙泉 370102-22-I038
[Mǎnǎo Quán]

冷泉。在省境西部，历下区西部，环城公园东南角。水自池底涌起串串水泡，经阳光照射，五彩缤纷，犹如圆圆润润的玛瑙，故名玛瑙泉。泉水从池上部7个分孔溢出，由池东、北、西三面落入护城河，状如垂帘。泉池呈长方形，长3.7米，宽3.2米，深2.7米，周围以块石砌岸，东、北、西三面池岸砌在护城河中。通公交车。

南珍珠泉 370102-22-I039
[Nánzhēnzhū Quán]

冷泉。在省境西部，历下区西部，环城公园南部，护城河中，偏近南岸。因泉水晶莹圆润，喷涌时浮若珍珠，又因城内已有珍珠泉，而此泉居南，故名南珍珠泉。泉池以自然石堆砌，泉水自石隙流出，池深可达七八尺，清澈见底。泉水出露形态为串珠状上涌，水自河底涌出，融于南护城河中。通公交车。

琵琶泉 370102-22-I040
[Pípá Quán]

冷泉。在省境西部，历下区西部，护城河南岸。因池底冒出串串水泡于水面破裂，咝咝作响，夜深人静听之，犹如琵琶扬音，故名琵琶泉。池壁以青石砌成，四周石雕栏杆装饰。水自池底岩孔中涌出，从北侧出口漫溢二级石阶，跌进护城河中，

形如丝弦，与河水相撞发出声响。池为长方形，长6米，宽5米，深2米。通公交车。

皇华泉 370102-22-I041
[Huánghuá Quán]

冷泉。在省境西部，历下区西部，趵突泉公园内。该泉名称取自《诗经·小雅》的"皇皇者华"，意为皇帝的使者。泉池石砌，长方形，长7.02米，宽4.54米，深1.28米，周围绕以石雕栏杆。泉水出露形态为渗流，常年不竭，水自池底沙际渗出，流入趵突泉泉池，汇入西护城河。通公交车。

灰池泉 370102-22-I042
[Huīchí Quán]

冷泉。在省境西部，历下区西部，南护城河西端南岸。有诗曰："黑风翻海撼蓬莱，吹遍昆明几劫灰。欲溯水源穷不尽，流水历下净纤埃。"故名灰池泉。泉水出露形态为串珠状上涌，常年不竭，流入护城河。泉池为长方形，假山石驳岸，长7.5米，宽4.95米。通公交车。

北漱玉泉 370102-22-I043
[Běishùyù Quán]

冷泉。在省境西部，历下区西部。由南朝刘义庆《世说新语》"漱石枕流"一词演化而来。以"玉"代"石"，隐喻洁身自爱、磨砺其志，又有洁白温润之意。为区别于漱玉泉，故名北漱玉泉。1986年趵突泉南路拓宽时覆于路下。近期无开发条件。通公交车。

漱玉泉 370102-22-I044
[Shùyù Quán]

冷泉。在省境西部，历下区西部，趵突泉公园内。"漱玉"一词由南朝刘义庆《世说新语》中的"漱石枕流"一词演化而来。以"玉"代"石"，隐喻洁身自爱、磨砺其志，

又有洁白温润之意。别名南漱玉泉。漱玉泉出露形态为涌水状，常年喷涌，水自池底或池壁涌出，漫石穿溪，汇入长24米不规则形石砌水塘，再流入西护城河。泉池为长方形，长5.36米，宽3.72米，深1.50米。通公交车。

柳絮泉 370102-22-I045
[Liǔxù Quán]

冷泉。在省境西部，历下区西部，趵突泉公园内。泉池四周植有垂柳多株，到了阳春三月，清泉倒映，柳絮纷飞，流光溢彩，春光无限，加之泉水"泉沫纷繁，如柳絮飞舞"，故名柳絮泉。泉水出露形态为渗流，常年不竭，流入西护城河。新修泉池为长方形，石砌，长3.68米，宽2.68米，深1.32米。池内有两个涌势相当的泉眼对涌，水面常出现一条东南—西北向水纹，阳光照射下，闪闪发光，常呈"金线"奇观。通公交车。

螺丝泉 370102-22-I046
[Luósī Quán]

冷泉。在省境西部，历下区西部。因有泉水自池底冒出，形成串串水泡，旋转着慢慢升起，犹如螺丝，故名螺丝泉。出露形态为涌流，常年不竭，流入西护城河。泉池为不规则形，假山石驳岸，深0.53米。通公交车。

马跑泉 370102-22-I047
[Mǎpǎo Quán]

冷泉。在省境西部，历下区西部，趵突泉公园内。据载，在南宋建炎三年（1129），关胜曾为济南将官，值伪齐刘豫降金，叛据济南，关胜不从，战斗至死，其马怒哮，刨地出泉，乡人感其节义，遂以马跑典故命名。泉水出露形态为渗流，沿池底小溪流向东北，注入西护城河。泉池呈不规则形，

池岸曲折起伏，参差交错，长16.30米，宽4.50米，深1.24米。通公交车。

满井泉 370102-22-I048
[Mǎnjǐng Quán]

冷泉。在省境西部，历下区西部，趵突泉公园内。因泉水水势旺盛得名满井泉，意指泉水四季喷涌，盈溢井口。泉池呈六边井形，石井壁，直径2.26米，深5.0米。通公交车。

一虎泉 370102-22-I049
[Yīhǔ Quán]

冷泉。在省境西部，历下区西部，护城河南岸。因水从一石刻虎头中流出，故称一虎泉。泉池为不规则形，假山石驳岸，长28米，宽7米，深0.7米。泉水自河岸斜坡泄出，在假山根部以水泥砌成东西向的小溪，长约20米，宽1~6米，两端各有一洞，泉水自洞内喷出，由池北石板下入河。通公交车。

浅井泉 370102-22-I050
[Qiǎnjǐng Quán]

冷泉。在省境西部，历下区西部，趵突泉公园内。泉水喷涌的池洞状如一口浅井，以泉水浅不满尺而名浅井泉。出露形态为渗流，常年有水，流入西护城河。泉池以自然石堆砌而成，泉水自池底冒出，成串状上涌。1956年扩建趵突泉公园时将墙拆掉，与马跑泉合为一体。通公交车。

任泉 370102-22-I051
[Rèn Quán]

冷泉。在省境西部，历下区西部。"任"取自诗句"琵琶隔岸潭轻曲，涟涨泉流任自由"，"任"有无拘束之意，形容水肆意流淌的自由之态，故名任泉。泉水出露形态为涌状，水势不旺，常年不竭，流入南

护城河。泉池为不规则形，半石砌，长 3.6
米，宽 3 米，深 1.4 米。北侧石壁上刻泉名，
为当代书法家胡连珠题写，四周石栏围绕。
近期无开发条件。通公交车。

尚志泉 370102-22-I052
[Shàngzhì Quán]

冷泉。在省境西部，历下区西部，趵
突泉公园内。"尚志"取自《孟子尽心章句上》，
意为使志行高尚，泉以此意命名，以警示
后人。泉水出露形态为渗流，常年不竭。
泉池为不规则形，假山石驳岸，直径 3.75 米，
深 0.45 米。通公交车。

石湾泉 370102-22-I053
[Shíwān Quán]

冷泉。在省境西部，历下区西部，趵
突泉公园内。泉池巨石驳岸，状如水湾，
故名石湾泉。泉池呈不规则形，深 1.08 米。
石湾泉之泉水出露形态为渗流，常年不竭。
1936 年建自来水曾湮没。1997 年整饬趵突
泉公园，在今址开掘一泉。通公交车。

寿康泉 370102-22-I054
[Shòukāng Quán]

冷泉。在省境西部，历下区西部。据
说附近居民皆用此水烹茶为炊，因此出了
很多百岁老人，故名寿康泉。泉池为长方形，
石砌，长 9.08 米，宽 4.55 米，深 1 米。由
池北两个溢水口流入护城河内。寿康泉泉
眼众多，其出露形态为串珠状上涌，常年
不竭。水泡从泉底冒出，浮出水面，注入
护城河。近期无开发条件。通公交车。

卧牛泉 370102-22-I055
[Wòniú Quán]

冷泉。在省境西部，历下区西部，趵
突泉公园内。一说为纪念舜耕历山而得名。
另说因昔日常有耕牛躺卧泉旁休息而得。

泉水出露形态为渗流，水自池底沙际涌出，
晶莹碧透，常年不竭，流入西护城河。泉
池呈长方形，石砌，长 6.87 米，宽 4.56 米，
深 1.22 米。通公交车。

无忧泉 370102-22-I056
[Wúyōu Quán]

冷泉。在省境西部，历下区西部，趵
突泉公园内。传说酌饮此泉水能消愁解忧，
故名无忧泉。泉出露形态为渗流，泉水旺盛，
常年不竭，流入西护城河。以不规则自然
石修砌泉池，假山石驳岸，深 1.42 米。通
公交车。

洗钵泉 370102-22-I057
[Xǐbō Quán]

冷泉。在省境西部，历下区西部，趵
突泉公园内。据传此泉曾为寺庙所占，僧
人用此泉洗钵，故名洗钵泉。泉水出露形
态为串状上涌。泉池长 8.2 米，宽 4.6 米，
深 0.55 米。泉池略成椭圆形，以自然石围
砌。通公交车。

金线泉 370102-22-I058
[Jīnxiàn Quán]

冷泉。在省境西部，历下区西部，趵
突泉公园内。由于水面有一条游移飘动的
水线波纹，映日凝望，宛如一条金光闪闪
的金线浮于水面，故而得名金线泉。泉池
呈长方形，石砌，长 2.68 米，宽 1.65 米，
深 0.66 米。泉池东壁、南壁各有泉水涌出，
两股泉水流势相当，在水面相交成一条水
纹。通公交车。

扇面泉 370102-22-I059
[Shànmiàn Quán]

冷泉。在省境西部，历下区西北部。
泉池为石砌扇面型，故名扇面泉。泉水出
露形态为渗流，常年不竭，积水成池。泉

池以水泥砌成，长 6 米，宽 4 米，深 1.5 米，嵌有泉名石碑。近期无开发条件。通公交车。

不匮泉 370102-22-I060
[Búkuì Quán]

冷泉。在省境西部，历下区西部。泉名"不匮"一词出自《诗经·大雅·既醉》："威仪孔时，君子有孝子。孝子不匮，永锡尔类。"泉水出露形态为渗流，常年不竭，泉水甘美清冽。泉池为石砌扇面形，嵌有泉名石碑。近期无开发条件。通公交车。

杜康泉 370102-22-I061
[Dùkāng Quán]

冷泉。在省境西部，历下区西部，趵突泉公园内。据明《历乘舆地》载，"世传杜康于斯泉酿酒"，故得名杜康泉。泉常年不涸，水质甘美。泉池长方形，石砌，长 4.50 米，宽 3.87 米，深 0.46 米。通公交车。

芙蓉泉 370102-22-I062
[Fúróng Quán]

冷泉。在省境西部，历下区西部。由于池内长满盛开的芙蓉，故名芙蓉泉。泉水出露形态为渗流。泉池以青石迭砌，呈长方形，长 10 米，宽 5.3 米，深 1.5 米。近期无开发条件。通公交车。

岱宗泉 370102-22-I063
[Dàizōng Quán]

冷泉。在省境西部，历下区西部。由于该泉位于岱宗街，故名岱宗泉。泉水出露形态为渗流，常年不竭。泉池呈圆井形，石砌，直径 0.6 米，深 0.4 米。近期无开发条件。通公交车。

广福泉 370102-22-I064
[Guǎngfú Quán]

冷泉。在省境西部，历下区西部。"广福"取广纳福气之意，以期盼此泉可为附近居民带去福气。泉水出露形态为渗流，常年不竭，积水成池。泉池呈长方形，石砌，长 3.5 米，宽 2.9 米，池岸筑高石柱栏板。雨季涌，后淤塞。水流向北。近期无开发条件。通公交车。

华家井 370102-22-I065
[Huàjiā Jǐng]

冷泉。在省境西部，历下区西部。因此处原华氏居民居多，以该泉为饮用水源，故名华家井。泉水出露形态为渗流，常年不竭，积水成井，水质清澈，水量充裕，为附近居民主要汲水处。泉池呈井形，石砌，直径 1.13 米，深 2.4 米。近期无开发条件。通公交车。

小王府池 370102-22-I066
[Xiǎowángfǔ Chí]

冷泉。在省境西部，历下区西部。因其原在德王府院内，且此泉池水面积较小，故名小王府池。泉水出露形态为串珠状上涌，常年不竭，沿途汇合众泉，流向百花洲，注入大明湖。泉池为长方形，石砌，长 3.42 米，宽 2.75 米，深 0.64 米。近期无开发条件。通公交车。

刘氏泉 370102-22-I067
[Liúshì Quán]

冷泉。在省境西部，历下区西部。因有刘氏家族饮用此泉水而居，故名刘氏泉。泉水出露形态为渗流，常年不竭。泉池为方形，石砌，长宽各 1.8 米，深 0.68 米。东、北、南三面装饰兽头石雕栏杆。泉水自西侧池壁溢出，汇入曲水河，流经百花洲，注入大明湖。近期无开发条件。通公交车。

南芙蓉泉 370102-22-I068

[Nánfúróng Quán]

冷泉。在省境西部，历下区西部。芙蓉，亦为古时荷花的别称，老城区内的芙蓉泉共有三处，分别是芙蓉泉、南芙蓉泉和北芙蓉泉，之所以都取名为"芙蓉"，是意指泉水喷涌时的样子如荷花绽放，此泉因位于芙蓉泉南，故名。泉水出露形态为渗流，常年不竭，水位不受季节影响。泉池为方形，水泥修筑，长1米，宽0.8米，深1.9米。近期无开发条件。通公交车。

平泉 370102-22-I069

[Píng Quán]

冷泉。在省境西部，历下区西部。因该泉眼发现时位于平安胡同内，取"平"字，意指"平安"，故名平泉。泉水出露形态为渗流，泉水常年不竭，喷涌不断，是附近居民生活用水来源。泉池呈长方形，半石砌，长0.9米，宽0.6米，深1.08米。近期无开发条件。通公交车。

瑞雪泉 370102-22-I070

[Ruìxuě Quán]

冷泉。在省境西部，历下区西部。此泉泉水喷涌如瑞雪一样洁白，故以"瑞雪兆丰年"意，得名瑞雪泉。泉池长26米，块石砌成，宽16米，深1.5米。水向北流，后湮失，已填埋。近期无开发条件。通公交车。

双忠泉 370102-22-I071

[Shuāngzhōng Quán]

冷泉。在省境西部，历下区西部。因该泉靠近双忠祠，故名双忠泉。泉水出露形态为渗流，常年不竭。泉池长方形，整块石砌成，长2.8米，宽1.7米，深2米。

近期无开发条件。通公交车。

腾蛟泉 370102-22-I072

[Téngjiāo Quán]

冷泉。在省境西部，历下区西部。因西临古时"腾蛟起凤坊"得名腾蛟泉，有飞黄腾达的寓意。泉水清甜，水自岩孔涌出，盛水期泉池水面离地平面不足半米，触手可及。泉池由块石砌成，长1米，宽0.5米，深1米。近期无开发条件。通公交车。

华笔池 370102-22-I073

[Huàbǐchí]

冷泉。在省境西部，历下区西部。因在明清时期贡院内，为祝愿参加科举考试的士子妙笔生花，遂命名为华笔池。池由块石砌成，长宽各5米，深1.85米。已填埋。近期无开发条件。通公交车。

雪泉 370102-22-I074

[Xuě Quán]

冷泉。在省境西部，历下区西部。因泉水水势急而生水沫似雪，故名雪泉。泉水出露形态为渗流，水势旺盛，常年不涸。泉池为方形，由石块砌成，长宽各2米，深2米。近期无开发条件。通公交车。

胤嗣泉 370102-22-I075

[Yìnsì Quán]

冷泉。在省境西部，历下西部，护城河南岸。"胤"为后代，"嗣"为子孙，此泉名寄托古人对后裔子孙延续不断、平安幸福的渴求。泉水出露形态为串珠状上涌，常年不竭。通公交车。

玉环泉 370102-22-I076

[Yùhuán Quán]

冷泉。在省境西部，历下区西部。传说当年杨贵妃在临潼骊山华清池洗澡，将泉水污染。天上神仙不忍，便将十股清流引至济南。两泉并涌，水纹相扣如环，故名玉环泉。泉水出露形态为渗流，泉水终年不涸，水势甚旺。泉池呈双井形，石块砌成，直径 1.1 米，深 3 米。近期无开发条件。通公交车。

玉露泉 370102-22-I077
[Yùlù Quán]

冷泉。在省境西部，历下区西部。因该泉水一年四季喷涌不断，泉池底部气泡涌出，滴滴喷涌状如玉露，清澈透明，故名玉露泉。泉池为碎石砌成，长 6.2 米，宽 4 米，深 1.2 米。近期无开发条件。通公交车。

玉乳泉 370102-22-I078
[Yùrǔ Quán]

冷泉。在省境西部，历下区西部。因泉水莹澈如玉，味道甘甜似乳汁，故名玉乳泉。泉水出露形态为涌状。常年不竭，沿暗渠北流入大明湖。泉池石块砌成，长 8.3 米，宽 8.2 米，深 1.2 米。近期无开发条件。通公交车。

云楼泉 370102-22-I079
[Yúnlóu Quán]

冷泉。在省境西部，历下区西部。该泉位于元代的白云楼附近，故名云楼泉，又名白云泉。夏季泉水水位上升，几乎与地表持平，即使干旱之年亦不竭。水甘洌清澈，为附近居民生活用水来源。泉池为圆井形，石砌，直径 0.42 米，深 0.72 米。近期无开发条件。通公交车。

知鱼泉 370102-22-I080
[Zhīyú Quán]

冷泉。在省境西部，历下区西部。《庄子·秋水》里有一著名辩题，即是否知鱼之乐。此泉沿用此典故，劝谏世人不要以个人眼光看待他人，故将该泉命名为知鱼泉。泉水出露形态为渗流，常年不竭，积水成井，水源旺盛，水质清冽，为居民生活用水。泉池为石砌圆井形，直径 0.55 米，深 1.55 米。近期无开发条件。通公交车。

朱砂泉 370102-22-I081
[Zhūshā Quán]

冷泉。在省境西部，历下区西部。朱砂为大红色，因泉水颜色略显红色得名朱砂泉。原泉池长 1.7 米，宽 0.65 米，深 1.3 米，现仅有 1 米见方，由块石砌垒。盛水时水清，水流入王府池中。近期无开发条件。通公交车。

濯缨泉 370102-22-I082
[Zhuóyīng Quán]

冷泉。在省境西部，历下区西部。《孟子·离娄上》有："沧浪之水清兮，可以濯我缨。"因泉水水质清澈，故名濯缨泉。泉池长方形，池岸石砌，长 42 米，宽 31 米，水面达 1300 多平方米，深 1.7 米。盛水期水势甚佳，色洁如璧、水涌似珠。近期无开发条件。通公交车。

白石泉 370102-22-I083
[Báishí Quán]

冷泉。在省境西部，历下区西部，护城河北崖，解放阁下。因泉周有许多白石出没于水面而得名白石泉。泉水出露形态为串珠状上涌，常年不竭。水由池岸石隙流出，汇入护城河。池呈不规则形，以假山石驳岸，长 12.16 米，宽 8.03 米，深 1.32 米。通公交车。

凤翥池 370102-22-I084
[Fèngzhù Chí]

冷泉。在省境西部，历下区西部。此处原有太湖石一具，形状奇特，翼然而立，如凤起舞，泉以石名，故名凤翥池。泉水出露形态为渗流，常年不竭，积水成池。凤翥池分东、西两池，中间架一小桥。两池各为方池，石砌，长宽各5米，深2.1米。近期无开发条件。通公交车。

泮池 370102-22-I085
[Pàn Chí]

冷泉。在省境西部，历下区庠门里街南端路西，济南府学文庙内。古代称学校为泮宫，到清代，中举称入泮，泮池以此而得名。泉水出露形态为渗流，常年不竭。池呈半圆形，石砌，长37.32米，宽18.16米，深1.9米。池岸雕石围栏。池间南北向架五孔石拱桥。通公交车。

上泉 370102-22-I086
[Shàng Quán]

冷泉。在省境西部，历下区中部。因泉眼位于山峰之上，且"上"字意指泉眼所处位置相对较高，故名。上泉分上下两池。上池在山腰处，出露形态为涌状水流，池岸为自然土石，呈水洼状；下池井形，水泥修筑，泉池直径0.75米，深1.2米。水质清冽，为饮用水源。近期无开发条件。通公交车。

散水泉 370102-22-I087
[Sǎnshuǐ Quán]

冷泉。在省境西部，历下区西部。因泉水奋涌、涟漪旋回、聚而复散的喷涌状况得名散水泉。泉水出露形态为渗流，常年不竭，积水成池。泉池呈方形，长宽各1.6米，深2米。水清，周围建石栏，南石壁外刻泉名。近期无开发条件。通公交车。

九女泉 370102-22-I088
[Jiǔnǚ Quán]

冷泉。在省境西部，历下区解放阁下。民间有九仙女曾来此泉浣纱沐浴的传说，故名九女泉。泉池呈椭圆形，长9米，宽6米，半伸河中，以自然石驳岸。泉水清澈见底，水泡从池底冒出，袅袅升起，于水面破裂，与绿藻交织出美丽图案，细流从石缝中泄入河中，与溪水相击，如溅珠玑。通公交车。

溪亭泉 370102-22-I089
[Xītíng Quán]

冷泉。在省境西部，历下区珍珠泉大院内。因此泉不远处有一溪亭，溪水潺潺，亭阁翼然，风景秀丽，故名溪亭泉。泉池为方形，长2米，宽1.8米，深2米，以自然石砌岸，南、北、西三面围石栏。通公交车。

珍珠泉 370102-22-I090
[Zhēnzhū Quán]

冷泉。在省境西部，历下区西部。因泉水自池底沙际涌出，忽聚忽散，忽断忽续，如珠如玑，错落有致，故名珍珠泉。日平均流量15 000立方米，最大24 000立方米。池以块石砌成，长43米，宽29米，深3.8米。面积1240余平方米。近期无开发条件。通公交车。

黄龙泉 370102-22-I091
[Huánglóng Quán]

冷泉。在省境西部，历下区南部。因地理位置而得名。盛水期水自岩洞流出，积水成池。池呈长方形，用水泥修筑，长1.3米，宽0.9米。属季节性泉，时常断流。近期无开发条件。通公交车。

承运泉 370102-22-I092

[Chéngyùn Quán]

冷泉。在省境西部，历下区西部。因其位置在明德王府承运殿旁，故名承运泉。池长 11.9 米，宽 5.9 米，四周围以汉白玉石栏。近期无开发条件。通公交车。

存心泉 370102-22-I093

[Cúnxīn Quán]

冷泉。在省境西部，历下区西部。泉名引自孟子的"君子所以异于人者，以其存心也。君子以仁存心，以礼存心"，以此劝诚世人应存有仁善之心。池长 12.11 米，宽 9.4 米，深 0.15 米，四周围以汉白玉石栏。近期无开发条件。通公交车。

院后泉 370102-22-I094

[Yuànhòu Quán]

冷泉。在省境西部，历下区西部。因位于院后街，民间有"院后有泉，福寿绵延"的说法，故名院后泉。泉水出露形态为渗流，常年涌，积水成池。泉池呈方形，石砌，长宽各 0.85 米，水甘洌清澈，为附近居民生活用水。近期无开发条件。通公交车。

县东泉 370102-22-I095

[Xiàndōng Quán]

冷泉。在省境西部，历下区西部。泉眼位于历下区县东巷里，人们都饮用此泉水安居生活，泉水惠泽一方，故名县东泉。泉水出露形态为渗流，常年涌，积水成井。泉池为石砌方井，井口长、宽各 0.55 米，井深 2.24 米。水甘洌清澈，为附近居民生活用水来源。近期无开发条件。通公交车。

厚德泉 370102-22-I096

[Hòudé Quán]

冷泉。在省境西部，历下区西部。因"地势坤，君子以厚德载物"得名。泉水出露形态为渗流，常年不竭，积水成井。泉池呈井形，口池石砌，井壁砖砌，直径 0.45 米。水甘洌清澈，泉水汇入百花洲。近期无开发条件。通公交车。

白龙泉 370102-22-I097

[Báilóng Quán]

冷泉。在省境西部，历下区南部。白龙泉又名白龙潭，传说泉内有一条白龙，后驾云而去，泉中留下片片鳞甲，在阳光下闪闪发光。且泉水自山洞蜿蜒流出，形似白龙，故名白龙泉。泉水从葫芦沟岩缝中流出形成小溪，常年有水。近期无开发条件。通公交车。

浆水泉 370102-22-I098

[Jiāngshuǐ Quán]

冷泉。在省境西部，历下区南部。泉水清澈甘洌，常年涌流，清甜如琼浆玉液，故名浆水泉。泉水出露形态为涌状。水自洞底岩孔流出，水质清洌，常年不涸，是全村唯一饮用水。泉池为不规则形，长 1.3 米，宽 0.35 米。近期无开发条件。通公交车。

金沙泉 370102-22-I099

[Jīnshā Quán]

冷泉。在省境西部，历下区南部。泉水自沙隙间涌出，在阳光照映下熠熠生辉，故名金沙泉。泉池呈井形，深 3 米。常年有水。近期无开发条件。通公交车。

林汲泉 370102-22-I100

[Línjí Quán]

冷泉。在省境西部，历下区南部。以此处泉水灌溉附近山林，形成山清水秀的美丽景象，故名林汲泉。泉水从崖壁泻下，常年不竭，盛水期形成小瀑布。泉池呈不规则形，长 4.2 米，宽 1 米。近期无开发条件。通公交车。

碧玉泉 370102-22-I101
[Bìyù Quán]

冷泉。在省境西部，历下区西部。该泉水清澈见底，可映出池石之色，故名碧玉泉。泉水出露形态为渗流，常年不竭，积水成井。泉池呈井形，石砌，直径 0.7 米，深 1.5 米。水清澈甘美，是附近居民生活用水来源。近期无开发条件。通公交车。

关帝庙泉 370102-22-I102
[Guāndìmiào Quán]

冷泉。在省境西部，历下区西部。因该泉眼位于济南五龙潭公园南门外的关帝庙内，故名关帝庙泉。泉水出露形态为渗流，水甘洌清澈，常年喷涌，积水成池。泉池呈方形，石砌，长宽各 0.6 米。近期无开发条件。通公交车。

公界泉 370102-22-I103
[Gōngjiè Quán]

冷泉。在省境西部，历下区西部。泉水在西公界街，故以此将泉水命名为公界泉。池岸石砌，东叠山石，水质清澈，为直接饮用的泉水。泉水出露形态为渗流，常年不竭，水质优。泉池水泥构筑呈井形，井口直径 0.72 米。近期无开发条件。通公交车。

福德泉 370102-22-I104
[Fúdé Quán]

冷泉。在省境西部，历下区西部。居民为纪念挖井人张福德老人，故名福德泉，亦有沾染福气的含义。水质清澈，年均水温 17℃，为直接饮用的泉水。泉池呈井形，由自然石砌而成，深不足 2 米，池南刻有泉名。泉水出露形态为渗流，常年不竭，水质优。近期无开发条件。通公交车。

老鸹泉 370102-22-I105
[Lǎoguā Quán]

冷泉。在省境西部，历下区南部。老鸹，乌鸦的俗称。相传山中乌鸦较多，常聚集此泉饮水，该泉得名老鸹泉。泉水出流形态为渗流，长年不涸，旱季每天约 1 立方米水量，丰水季日涌水量 3~4 立方米。悬崖的无数处岩穴均向外渗水，是山中飞禽鸟兽的饮水之处。泉池离地 0.5 米，属天然石潭。泉水流入一个长 5 米、宽 1 米、深约 0.5 米的泥塘，积水成洼，用作农田灌溉。近期无开发条件。通公交车。

金龙泉 370102-22-I106
[Jīnlóng Quán]

冷泉。在省境西部，历下区南部。泉水自山涧蜿蜒流出形如盘龙，在阳光下闪闪发光，故名金龙泉。"金龙"亦有添财添禄、化煞驱邪之意。出露形态为涌状，常年不竭，积水成池。水自石缝隙流出，汇入泉池。泉池呈长方形，石砌，长 3.4 米，宽 2.1 米，水泥封盖。泉水质纯甘美。近期无开发条件。通公交车。

壶嘴泉 370102-22-I107
[Húzuǐ Quán]

冷泉。在省境西部，历下区南部。"壶嘴"形容泉眼细如壶嘴。泉水出露形态为渗流，属季节性泉，雨季泉水较旺，积水成池。泉池呈长方形，石砌，长 0.9 米，宽 0.5 米。近期无开发条件。通公交车。

状元井 370102-22-I108
[Zhuàngyuán Jǐng]

冷泉。在省境西部，历下区西部。泉眼位于陈冕的状元府内，故名状元井。泉井常年有水，水似珠玑涌出，井内的泉水水质上乘，水清味甘，可以直接饮用，为居民生活用水来源。泉池呈井形，井口石砌，井壁砖砌，直径 0.5 米。近期无开发条件。通公交车。

佐泉 370102-22-I109
[Zuǒ Quán]

冷泉。在省境西部，历下区曲水亭街 15 号泉水人家，院内有两泉。在古代，君王左边是文臣，称之为"佐"，取"辅佐"之意。此泉居左，故名佐泉。泉水甘洌，盛水期水势甚佳，色洁如璧、水涌似珠。泉水出露形态为渗流，常年不竭，水质优。泉池为边长 0.42 米的水泥砌筑方井。近期无开发条件。通公交车。

佑泉 370102-22-I110
[Yòu Quán]

冷泉。在省境西部，历下区曲水亭街 15 号泉水人家，院内有两泉。在古代，君王右边是武将，称之为"佑"，有"护佑"之意。此泉居右，故名佑泉。泉水甘洌，盛水期水势甚佳，色洁如璧、水涌似珠。泉水出露形态为渗流，常年不竭，水质优。泉池为石砌长方形，长 0.5 米，宽 0.4 米。近期无开发条件。通公交车。

院北泉 370102-22-I111
[Yuànběi Quán]

冷泉。在省境西部，历下区西部。其泉眼在院后街、珍珠泉大院北侧，根据泉水位置将其命名为院北泉。泉水出露形态为渗流，常年喷涌，积水成池。泉水出露形态为渗流，常年不竭，积水成井，水质优。泉池为石砌圆井形，直径 0.78 米。近期无开发条件。通公交车。

源泉 370102-22-I112
[Yuán Quán]

冷泉。在省境西部，历下区西部。原

先为居民生活取水来源，现只作为景观用水。取"源"字，意为有源头的水，因泉水水势旺盛故得名源泉。泉水出露形态为渗流，常年不竭，积水成井。泉池呈井形，池口石砌，井壁砖砌，直径 0.4 米。近期无开发条件。通公交车。

银珠泉 370102-22-I113
[Yínzhū Quán]

冷泉。在省境西部，历下区西部。因泉水喷涌似若银珠，故名银珠泉。泉水出露形态为渗流。常年不竭，积水成井。泉池呈井形，石砌，直径 0.55 米，深 1.2 米。水质优良，为附近居民生活用水来源。近期无开发条件。通公交车。

一指泉 370102-22-I114
[Yīzhǐ Quán]

冷泉。在省境西部，历下区南部。因泉水深一指，又有"一指禅"传说，故得名一指泉。泉池为石砌井形，上方下圆。池口长宽各约 0.5 米，井深约 5 米。泉水常年不涸，为附近居民生活用水来源。近期无开发条件。通公交车。

兴隆泉 370102-22-I115
[Xīnglóng Quán]

冷泉。在省境西部，历下区西部。因泉眼涌出在县东巷的小兴隆街上，泉水喷涌不竭，"兴隆"意为兴盛、繁荣，有形容泉水水势旺盛之意，故名。常年不竭，积水成井。泉池呈井形，口池石砌，井壁砖砌，直径 0.5 米，深 0.7 米。水甘洌清澈，是附近居民生活用水来源。近期无开发条件。通公交车。

武库泉 370102-22-I116
[Wǔkù Quán]

冷泉。在省境西部，历下区西部。"武库"

泛指藏器物的仓库，亦有称赞人学识渊博、干练多能之意，故名武库泉。泉池呈古井造型。泉水常年不竭，汩汩流而不溢，为附近居民生活用水来源。近期无开发条件。通公交车。

孟家井 370102-22-I117

[Mèngjiā Jǐng]

冷泉。在省境西部，历下区西部。该泉位于老城区孟家胡同内，泉水为半人工半天然类型，称其为井，故名孟家井。泉脉正常，是居民生活用水来源。近期无开发条件。通公交车。

露华泉 370102-22-I118

[Lùhuá Quán]

冷泉。在省境西部，历下区南部。泉水从石壁上渗出，如同漱玉，称露华泉。泉水出露形态为渗流，常年不竭，积水成池。泉池呈不规则形，石砌，长 1.1 米，宽 1 米。近期无开发条件。通公交车。

老君泉 370102-22-I119

[Lǎojūn Quán]

冷泉。在省境西部，历下区南部。因此泉北山坡有一老君洞，西山坡上有一老君堂遗址，残碑碑文记载了太上老君在此修炼的遗事，因此得名老君泉。泉井久旱不涸。泉池井形，石砌，直径 1.5 米，井深莫测。是附近居民主要饮用水源。近期无开发条件。通公交车。

青龙泉 370102-22-I120

[Qīnglóng Quán]

冷泉。在省境西部，历下区西部。青龙象征星宿之中的东方、四季中的春季，此泉以青龙命名，有镇邪驱魔，保一方平安的寓意。泉水从河东岸石崖涌出，泻入护城河。近期无开发条件。通公交车。

启喜泉 370102-22-I121

[Qǐxǐ Quán]

冷泉。在省境西部，历下区西部。因在启明街，借用"启"字，又以"福禄寿喜"依次命名启明街四处泉水。此泉借用"喜"字，寓意喜气迎门，喜庆吉祥。泉水常年不竭，积水成井。为居民生活用水来源。近期无开发条件。通公交车。

启寿泉 370102-22-I122

[Qǐshòu Quán]

冷泉。在省境西部，历下区西部。因泉眼位于启明街，借用"启"字，又以"福禄寿喜"依次命名启明街四处泉水。此泉借用"寿"字，寓意长寿长久。泉水为附近居民生活用水来源。近期无开发条件。通公交车。

启禄泉 370102-22-I123

[Qǐlù Quán]

冷泉。在省境西部，历下区西部。因泉眼位于启明街，借用"启"字，又以"福禄寿喜"依次命名启明街四处泉水。此泉借用"禄"字，寓意福运汇聚，进禄加官。泉水为附近居民生活用水来源。近期无开发条件。通公交车。

启福泉 370102-22-I124

[Qǐfú Quán]

冷泉。在省境西部，历下区西部。因在启明街，借用"启"字，又以"福禄寿喜"依次命名启明街四处泉水，此泉借用"福"字，寓意福气汇聚。泉水为居民生活用水来源。近期无开发条件。通公交车。

皮狐泉 370102-22-I125

[Píhú Quán]

冷泉。在省境西部，历下区南部。相

传盛唐时李隆基在齐州游玩，正遇大军口渴难耐，偶遇一黑狐，便跟随而走，入一幽山，如世外桃源，于是饱食痛饮。后来李隆基不思政而思倾国，黑狐冒死化身觐见，李隆基觉而寻此幽山，在其泉上立一"皮狐泉"碑，皮狐泉之名也由此而来。此泉量很少，常年是滴渗状态，雨季水量稍大。泉池为自然不规则形，池口最大直径 0.4 米，深 0.1 米。近期无开发条件。通公交车。

水芝泉 370102-22-I126
[Shuǐzhī Quán]

冷泉。在省境西部，历下区西部。水芝，别名为荷花、莲花、芙蕖、水芙蓉。因泉边有荷花分布，故名水芝泉。常年不竭，积水成井。泉池呈井形，石砌，直径 0.25 米。水甘洌清澈，为附近居民生活用水。泉水来自岩层深处，受气温影响甚微，水温比较稳定，常年保持在 17 ~ 18℃。近期无开发条件。通公交车。

水芸泉 370102-22-I127
[Shuǐyún Quán]

冷泉。在省境西部，历下区西部。水芸，俗称莲花。泉水喷涌状似水芸，故名水芸泉。泉水为渗流，常年涌，积水成井。泉池呈井形，池口石砌，井壁砖砌，直径 0.25 米，深 1.36 米。水甘洌清澈，是附近居民生活用水来源。近期无开发条件。通公交车。

水华泉 370102-22-I128
[Shuǐhuá Quán]

冷泉。在省境西部，历下区西部。因泉水底部泉珠喷涌不断似出现的水华现象，形态优美，故名水华泉。水质清澈见底，是居民生活用水主要来源，每日取水量约为 5 立方米。泉池呈井形，井壁砖砌，井上及院落地面用水泥硬化。井深 1.2 米，直径 0.5 米。常年有水。近期无开发条件。通公交车。

水洞子泉 370102-22-I129
[Shuǐdòngzi Quán]

冷泉。在省境西部，历下区南部。龙洞风景区西沟南坡石崖上，每隔一段即有一处冒眼，形成水洞，即地下冒水的泉眼，村民们称"洞子"或"水洞子"，故名水洞子泉。洞口离地 1.5 米，洞口高 2.5 米，宽约 2 米，长约 6 米，洞内分两层，上层无水，约 1 米长，下层有一蓄水池。水质较好，常年不涸。丰水季节水自洞上方岩缝流出，跌落口径 4.5 米的水池中，水满溢出洞口，沿水洞子沟流淌。近期无开发条件。通公交车。

同元井 370102-22-I130
[Tóngyuán Jǐng]

冷泉。在省境西部，历下区西部。该泉眼处于同元楼饭店，泉水呈半人工半天然形态，保留传承"井"，故名同元井。年均水温 17℃。泉水常年不竭，积水成井。近期无开发条件。通公交车。

太平井 370102-22-I131
[Tàipíng Jǐng]

冷泉。在省境西部，历下区西北部。此泉位于太平胡同，为半人工半天然类型，故名太平井。泉水喷涌常年不竭，积水成井。泉池为石砌长方形，井口长 0.56 米，宽 0.48 米。井水水源为地下水，清澈、清凉。近期无开发条件。通公交车。

泉亭池 370102-22-I132
[Quántíng Chí]

冷泉。在省境西部，历下区西部。因泉池中央建有望鹤亭而得名泉亭池，意在描绘泉眼、池水、亭台三者相映成趣的优美景致。泉水出露形态为渗流，常年不竭，流入西护城河。泉池为石砌长方形，长 21.16 米，宽 13 米，深 0.6 米。池内有 3 个泉眼，有"小趵突"之称。丰水期喷涌甚烈。泉水穿庭入院，沿水道水渠漫溢。通公交车。

清泉 370102-22-I133
[Qīng Quán]

冷泉。在省境西部，历下区西部。原为无名泉，2007 年命名为清泉。泉水出露形态为渗流，常年不竭，积水成井。池呈井形，石砌，直径 0.6 米，深 1.2 米。水质清澈，是附近居民生活用水来源。近期无开发条件。通公交车。

老金线泉 370102-22-I134
[Lǎojīnxiàn Quán]

冷泉。在省境西部，历下区西部。水盛时，泉水从池底两边对涌，且流势相当，在水面相交，聚成一条水线，漂浮移动，时隐时现，阳光一照，闪闪发光，为与 1956 年新建的金线泉区别，将此泉冠以"老"字，命名为老金线泉。泉水出露形态为涌状。今泉池石砌方形，长宽各 4.78 米，深 1.5 米。如今水面缩小，水势减弱，并以石砌池，金线已不常见。通公交车。

鞭指井 370102-22-I135
[Biānzhǐ Jǐng]

冷泉。在省境西部，历下区西部。因泉水位于鞭指巷内，为半人工半天然类型，称其为井，故名鞭指井。常年不竭，积水成井。年均水温 17℃。为附近居民生活用水来源。近期无开发条件。通公交车。

白云泉 370102-22-I136
[Báiyún Quán]

冷泉。在省境西部，历下区南部。因泉水清澈见底，可映照空中层层白云，故名白云泉。泉水出露形态为渗流，常年不竭，积水成池。今泉池为石砌长方形，南北长 10.66 米，东西宽 5.8 米，深 1.25 米。近期无开发条件。通公交车。

古鉴泉 370102-22-I137
[Gǔjiàn Quán]

冷泉。在省境西部，历下区护城河南岸。泉水空明可见，劝勉后人以史为鉴，故名古鉴泉。泉水出露形态为涌状，常年不竭，流入南护城河。今池为不规则形，假山石驳岸，长 7.5 米，宽 4.8 米。通公交车。

市中区

山

五里山 370103-21-G01
[Wǔlǐ Shān]

在省境西北部，市中区东北部。以距离老济南城中心的距离命名。海拔 173 米。山上苍松翠柏，四季常青。不通公交车。

马鞍山 370103-21-G02
[Mǎ'ān Shān]

在省境西北部，市中区东北部。因山体形似马鞍，故名马鞍山。海拔 162 米。山上林木丰富，以松树为主，还有部分枫树等。通公交车。

英雄山 370103-21-G03
[Yīngxióng Shān]

在省境西北部，市中区东北部。1952 年毛泽东至此，环顾四周，看到青山翠柏中遍是烈士陵墓，深有感慨地说，有这么多人民英雄长眠在这里，这就是英雄山。

故名。因山上遍种的黄栌树在秋季变红似红霞满山，又名赤霞山。海拔不到200米。英雄山景区内的烈士陵园及济南战役纪念馆是济南著名的爱国主义教育基地，是人们缅怀烈士、进行革命传统教育的圣地。通公交车。

西姑山 370103-21-G04
［Xīgū Shān］

在省境中部，市中区东北部。此山名寓意亲切和蔼。海拔360米。西姑山南北长3.6千米，东西宽0.742千米。北面有橛子山，山上植被丰富，有多种珍稀物种。通公交车。

蝎子山 370103-21-G05
［Xiēzi Shān］

在省境中西部，市中区南部。因山上石块如蝎子的表皮一般有规律连接，且地形崎岖，故起名为蝎子山。海拔270米。每年霜降后会出现"半山青翠半山红"的一山双色景观。通公交车。

郎茂山 370103-21-G06
［Lángmào Shān］

在省境中西部，市中区南部。据传，民国初此处遍山野草，偏僻荒凉，沟峪山洞中有狼栖居，故名狼茂山，后演变为郎茂山。海拔250米。郎茂山有三个主峰，为灰岩构成。山上杂草丛生，间有松柏。通公交车。

青龙山 370103-21-G07
［Qīnglóng Shān］

在省境西部，市中区西南部。传说春天青草发青之际，形似青龙，故名青龙山。海拔230米。此山树木茂盛，常年一片绿意盎然。通公交车。

万灵山 370103-21-G08
［Wànlíng Shān］

在省境西部，市中区西南部。因到此山有求必应而得名。海拔316米。山体自然植被茂盛。通公交车。

簸箕山 370103-21-G09
［Bòjī Shān］

在省境西部，市中区西南部。该山形状似簸箕，故命名为簸箕山。海拔140米。荒山秃岭。通公交车。

皇上岭 370103-21-G10
［Huángshàng lǐng］

在省境中部，市中区西南部。相传清代末期曾经有位皇上到此，故名皇上岭。海拔120米。山上树木丛生。不通公交车。

白马山 370103-21-G11
［Báimǎ Shān］

在省境中部，市中区北部。相传昔有丁公骑白马到此山升仙，白马化为山峰，故名白马山。海拔89米。山上植被多为松树、槐树。通公交车。

元白山 370103-21-G12
［Yuánbái Shān］

在省境西北部，市中区南部。山名寓意老百姓能生活美好，长命百岁。海拔260米。山上树木丛生。通公交车。

铜锣山 370103-21-G13
［Tóngluó Shān］

在省境西北部，市中区西南部。因此山纹理像极了铜锣而得名。海拔250米。山上有小山路。

马鞍子山 370103-21-G14

[Mǎ'ānzi Shān]

在省境西北部,市中区西南部西东村。因形似马鞍,故名马鞍子山。海拔320米。山石多,植被少。山上有小山路。

大王寨 370103-21-G15

[Dàwáng Zhài]

在省境西北部,市中区西南部,刘家林村与蛮子村之间。因山看起来气势磅礴,故名大王寨。海拔253米。山石多,植被少。山上有小山路。

二王寨 370103-21-G16

[Èrwáng Zhài]

在省境西北部,市中区西南部,刘家林村与蛮子村之间。紧邻大王寨,故取名为二王寨。海拔350米。山石多,植被少。山上有小山路。

三王寨 370103-21-G17

[Sānwáng Zhài]

在省境西北部,市中区西南部,刘家林村与蛮子村之间。紧邻二王寨,故取名为三王寨。海拔270米。山石多,植被少。山上有小山路。

石屋子寨 370103-21-G18

[Shíwūzi Zhài]

在省境西北部,市中区西南部。此山古有几处石砌的房屋,故名。海拔280米。通公交车。

坳子店 370103-21-G19

[Àozi Diàn]

在省境西北部,市中区西南部。因山的形状像是坳子,故命名为坳子店。海拔250米。山上植被多为松树、槐树。山上有小山路。

大青山 370103-21-G20

[Dàqīng Shān]

在省境西北部,市中区西南部。此山以出青石为名。海拔150米。主要植被有松树、白蜡、洋槐等。104国道经此。

凤凰山 370103-21-G21

[Fènghuáng Shān]

在省境西南部,市中区西南部。因山形像凤凰而得名。海拔150米。山植被茂盛。交通便利。

围子山 370103-21-G22

[Wéizi Shān]

在省境中部,市中区西南部。因山顶上有石块砌成石墙,并绕山顶围成一圈,故名。海拔360米。山上长有灌木丛、松树、柏树。交通便利。

泉子山 370103-21-G23

[Quánzi Shān]

在省境西北部,市中区南部。此山养育着当地老百姓,以美好寓意命名。海拔260米。山石、树木、峭壁天然成趣,广袤的原生林木茂密环簇。通公交车。

长更山 370103-21-G24

[Chánggēng Shān]

在省境西北部,市中区南部。长更山寓意此山附近的居民能长命百岁。海拔280米。山上种植有核桃树、石榴树、桃树、杏树、桑葚树和柿子树等多种果树,并伴有玉米、小米、红薯和芝麻等多种经济作物。山上至今存有抗战时期的石屋和军事堡垒。通公交车。

蚰蜒山 370103-21-G25
[Yóuyán Shān]

在省境中部，市中区西南部。因地形崎岖多拐，像蚰蜒一样，故起名为蚰蜒山。海拔 420 米。交通便利。

和尚帽子山 370103-21-G26
[Héshàngmàozi Shān]

在省境南部，市中区南部中偏北部。因山势形似和尚的帽子，故名和尚帽子山。海拔 320 米。通公交车。

月牙山 370103-21-G27
[Yuèyá Shān]

在省境南部，市中区南部中偏北部。因地形如月牙一样，故名月牙山。海拔 620 米。通公交车。

河流

泉泸河 370103-22-A-a01
[Quánlú Hé]

内流河。在省境南部。因在西泉泸、东泉泸两村之间流过，故名泉泸河。发源于兴隆街道的侯家庄，至涝坡庄转向西南，经西泉泸、凤凰村、西郭而下，在仲宫东与锦绣川相会，注入卧虎山水库。全长 20 千米，宽度 3 米，流域面积 60 平方千米，年平均径流量 51 000 立方米。上游建有泉泸水库，库容 85.8 万立方米。汛期 7~8 月。泉泸河流域种植业发达，两岸居民种植山楂。水文站有泉泸河水文站。是一条具有防洪、排涝、灌溉综合效益的河道。主要支流是城市防汛河道。

泉

斗母泉 370103-22-I01
[Dǒumǔ Quán]

冷泉。在省境南部，市中区南部。因临泉建有斗母宫而得名。泉水四季长流，水质极好，积水城池。出露形态为涌水。泉池为方池，石砌，长 3.2 米，宽 3.2 米，深 1.5 米。是居民主要饮用水源。斗母泉曾名窦姑泉，是济南市七十二名泉中海拔最高的泉。近期无开发条件。通公交车。

鹁鸽泉 370103-22-I02
[Bógē Quán]

冷泉。在省境南部，市中区南部。因泉边多有鹁鸽和鸽子等鸟类而得名。上留有长方形井口，其中两泉用青石把口盖死，形井状，并排一行，此为水泥板棚盖，留取水的孔，水量较均衡，不涸不溢。出露形态为渗流。泉日出水量 5~7 吨，季节变化不大，水从沟崖下一道明显的岩层裂隙流出，显然是地下水遇断层溢出。该泉出露形态为断流，形状不规则，结构为自然土石，水势流向是季节性泉，近期无开发条件。通公交车。

南圈泉 370103-22-I03
[Nánquān Quán]

冷泉。在省境西北部，市中区中部。因位于南圈村西侧而得名。此泉水自南壁岩缝流出，清澈洁净。泉池长 6 米，宽 3 米，深 8 米。泉水平均水温 13℃，最高水位 4 米，最低水位 2 米，涌水高度 0.8 米。近期无开发条件。通公交车。

边庄西泉 370103-22-I04
[Biānzhuāngxī Quán]

冷泉。在省境西北部，市中区东部。

因位于十六里河边庄村，故名边庄西泉。水量较均衡，不涸不溢。出露形态为渗流。泉池形状是长方形，石砌，长7米，宽3米，深2.5米。平均水温13℃，最高水位1米，最低水位0.5米，涌水高度0.2米。近期无开发条件。通公交车。

灰泉 370103-22-I05
[Huī Quán]

冷泉。在省境中西部，市中区东南部。因该泉水时而喷灰、时而喷水而得名。水盛时尚涌流，泉水清冽，入口甘甜。形状不规则，结构为自然土石，长0.8米，宽0.6米，深10米，平均水温15℃，最高水位5米，最低水位1米，涌水高度1米。出露形态为渗流，常年有水，积水成洼，是景观用水。近期无开发条件。通公交车。

沛泉 370103-22-I06
[Pèi Quán]

冷泉。在省境中西部，市中区东南部。因其泉源丰沛而得名。岩壁多处缝隙中流出，积于方池，清澈见底，水盛时漫溢外流。出露形态为渗流。泉池形状为长方形，石砌，长6.9米，宽6.7米，深1米，平均水温13℃，最高水位0.7米，最低水位0.3米，涌水高度0.5米。常年有水，积水成池，是居民主要饮用水源。近期无开发条件。通公交车。

西蜜脂泉 370103-22-I07
[Xīmìzhī Quán]

冷泉。在省境中西部 市中区东北部。山东巡抚丁宝桢在此处接光绪皇帝密旨，斩杀作恶多端的大太监安德海，为民除害，百姓为纪念此事，且因此处泉水甘甜，故名西蜜脂泉。泉池雕石砌垒，中架石桥，分隔为两个对称的方池，各池饰雕石栏杆，池水相通，总长5米，宽1.7米，深1.5米。

平均水温15℃，最高水位0.75米，最低水位0.22米。该泉水势良好，盛水期泉溢池清，为季节性泉。近期无开发条件。通公交车。

北泉井 370103-22-I08
[Běiquán Jǐng]

冷泉。在省境中西部，市中区南部。因其位于花山裕永清泉北侧，故而得名北泉井。出露形态为渗流，泉池形状为圆井，水泥砌成，直径0.8米，深2米。常年有水，积水成井，是居民主要饮用水源。近期无开发条件。通公交车。

边庄北泉 370103-22-I09
[Biānzhuāngběi Quán]

冷泉。在省境中西部，市中区南部。因位于边庄村而得名。出露形态为渗流，泉池形状为长方形，结构是石砌。泉池长7米，宽3米，深2.5米。平均水温12℃，最高水位2米，最低水位1.1米，涌水高度0.4米。常年有水，积水成池，为居民主要饮用水源。近期无开发条件。通公交车。

东峪泉 370103-22-I10
[Dōngyù Quán]

冷泉。在省境中西部，市中区东南部。因起源于东峪岩下而得名。出露形态为渗流。泉池形状为长方形，石砌，长2米，宽1.7米，深5米。平均水温12℃，最高水位2米，最低水位1.3米，涌水高度0.5米。常年有水，积水成池，是景观用水。近期无开发条件。通公交车。

蕊珠泉 370103-22-I11
[Ruǐzhū Quán]

冷泉。在省境中西部，市中区东南部。一股细流在原寺内西侧岩壁上渗出，注入方池，因细流撞击，池内常有水泡泛起，如蕊珠，故名蕊珠泉。出露形态为岩缝滴流，泉池形状为长方形，凿石而成，长 4.3 米，宽 1.6 米，深 10 米。平均水温 13℃，最高水位 5 米，最低水位 2.6 米，涌水高度 1.1 米。常年有水，积水成池，是寺庙主要饮用水源。近期无开发条件。通公交车。

南岭泉 370103-22-I12
[Nánlǐng Quán]

冷泉。在省境中西部，市中区东南部。因源于南岭山而得名。出露形态为渗流。泉池形状为方形，石砌，长 0.55 米，宽 0.55 米，深 15 米。平均水温 14℃，最高水位 10 米，最低水位 4.2 米，涌水高度 1.3。常年有水，积水成池，是当地居民主要饮用水源。近期无开发条件。通公交车。

南泉井 370103-22-I13
[Nánquán Jǐng]

冷泉。在省境南部，市中区南部。因其位于花山裕永清泉南侧，故名南泉井。年均水温 15℃，最高水位 3 米，出露形态为岩缝渗流。泉池形状为方形，石砌，长 0.65 米，宽 0.65 米，深 2.8 米。常年有水，积水成池，是居民主要饮用水源。通公交车。近期无开发条件。通公交车。

大岭泉 370103-22-I14
[Dàlǐng Quán]

冷泉。在省境南部，市中区南部。大岭泉位于市中区兴隆街道大岭村，起源于大岭村水库东山脚下，故名大岭泉。大岭泉从崖下的一个石洞内流出，水量很大，在远处就能听到哗哗水声。水从洞内流出后，顺着坡形石壁汇入下面的水池中。出露形态为渗流。泉池形状为不规则形，半石砌，长 16 米，宽 12 米，深 2 米。常年有水，积水成塘，是农业灌溉用水。大岭泉的水是水库的主要源头，也是大岭村村民的主要饮用水源。近期无开发条件。通公交车。

王母池 370103-22-I15
[Wángmǔ Chí]

冷泉。在省境南部，市中区南部。因池边建有王母梳洗楼而得名。池东西长 7.3 米，南北宽 3.45 米，平时水深 2 米。近期无开发条件。通公交车。

寄宝泉 370103-22-I16
[Jìbǎo Quán]

冷泉。在省境南部，市中区南部。因当地有传说，曾有僧人在此泉旁石缝内寄藏财宝，故名寄宝泉。泉水西流入相邻的长方形蓄水池内，梅雨时节，泉水自蓄水池壁岩缝多孔涌出，沿山峪漫流。年均水温 13℃，出露形态为渗流。泉池形状为圆形，石砌，直径 0.75 米，深 0.5 米。常年有水，积水成井，是居民主要饮用水源。近期无开发条件。通公交车。

鹿泉 370103-22-I17
[Lù Quán]

冷泉。在省境西北部，市中区南部。相传古时此地人烟稀少，林木茂密，常有黄鹿来此饮水，故名鹿泉。主泉在东，水自岩缝涌出，经一个浅方池，沿渠流入 9 米长的蓄水池，西泉自岩洞流出，汇入 6 米长石池。出露形态为渗流。泉池形状为方形，石砌，长 0.6 米，宽 0.6 米。为季节泉，是居民主要饮用水源。近期无开发条件。通公交车。

西坡北泉 370103-22-I18
[Xīpōběi Quán]

冷泉。在省境南部，市中区南部。因位于西坡村北部而得名。泉池为敞开式，水自地堰石缝流出，汇入池内。泉水清澈，四季不竭。出露形态为渗流。泉池形状是长方形，水泥砌成，长 4.75 米，宽 3.84 米，深 0.92 米。常年有水，积水成池，泉水为居民日常主要饮用水源。近期无开发条件。通公交车。

大泉 370103-22-I19
[Dà Quán]

冷泉。在省境西北部，市中区中部。该泉泉眼流量大，故名大泉。出露形态为涌流。泉池形状为长方形，石砌，长 3 米，宽 2 米，深 0.15 米，每小时涌水量达 54 立方米，常年有水，积水成池，为景观用水。近期无开发条件。通公交车。

边庄南泉 370103-22-I20
[Biānzhuāngnán Quán]

冷泉。在省境西北部，市中区东部。该泉为边庄三泉之一，位于十六里河边庄村，因此而得名。水量较均衡，不涸不溢。出露形态为渗流。泉池形状是长方形，石砌，长 7 米，宽 3 米，深 2.5 米。平均水温 13℃，最高水位 1 米，最低水位 0.5 米，涌水高度 0.2 米。常年有水，积水成池，是居民主要饮用水源。近期无开发条件。通公交车。

西坡南泉 370103-22-I21
[Xīpōnán Quán]

冷泉。在省境南部，市中区南部。因位于西坡村南部而得名。以石砌岸，用石料盖棚，水自岩缝流落池内。出露形态为渗流。泉池形状是长方形，石砌，长 3.1 米，宽 2.7 米，深 0.7 米。常年有水，积水成池，是居民主要饮用水源。近期无开发条件。通公交车。

白花泉 370103-22-I22
[Báihuā Quán]

冷泉。在省境南部，市中区南部。该泉位于白花泉村东南石崖下，故名白花泉。泉池长 12 米，宽 8 米，深 3.5 米。水自东北侧岩隙流出，供村民饮用和浇灌梯田。平均水温 15℃，最高水位 2 米，最低水位 1 米，涌水高度 0.3 米。近期无开发条件。通公交车。

吴家泉 370103-22-I23
[Wújiā Quán]

冷泉。在省境中西部，市中区西南部。因吴姓的人家居于此，故名吴家泉。山谷两侧的岩壁间，泉出多股，漫流成溪，自水库下泄，穿越村落，最终汇入玉符河。泉池为长方形，石砌，长 0.78 米，宽 0.59 米。是季节性泉，为农业用水。近期无开发条件。有公路经此。

姑嫂泉 370103-22-I24
[Gūsǎo Quán]

冷泉。在省境中西部，市中区西南部。据说，曾有姑嫂两人不顾饥渴和清水的诱惑，互相谦让，相让不下，谁也没有喝这水，最终双双渴死在了泉边，故名姑嫂泉。出露形态为渗流。泉池形状是长方形，石砌，长 1.5 米，宽 0.3 米。常年有水，积水成池，是居民主要饮用水源。近期无开发条件。

金龙泉 370103-22-I25
[Jīnlóng Quán]

冷泉。在省境西北部，市中区东部。因泉水飞泻，阳光一照似金龙破海出，故称金龙泉。水自山脚石隙流出，汇入长方形水池中，质纯甘美，为景区饮用水源。近期无开发条件。通公交车。

槐荫区

山

腊山 370104-21-G01
[Là Shān]

在省境中西部，槐荫区南部。因禽类多，名猎山，后人误认为腊山，故名腊山。海拔 162.9 米。植被苗木保有量 70 余万株，山上裸岩较多，具有较强的观赏性。通公交车。

匡山 370104-21-G02
[Kuàng Shān]

在省境中西部，槐荫区中部。因山石方隅，皆如筐形而得名。海拔 80.8 米。杨柳青翠，田圃似绣。通公交车。

峨嵋山 370104-21-G03
[Éméi Shān]

在省境中西部，槐荫区西北部。此山因酷似眉毛，故名麋笄山，后易名为峨嵋山。海拔 68.67 米。植被以刺槐、毛白杨、柏树为主，覆盖率为 70%。通公交车。

刘长山 370104-21-G04
[Liúcháng Shān]

在省境西北部，槐荫区东南部。1925年，历城县王府庄石匠刘长山带全家迁到此山坡居住，故名刘长山。海拔 135 米。山体呈东西走向，山北侧缓坡向上，多树木。山体南侧因住宅开发需要，爆破后呈近 90° 与地面垂直，开发单位在山体南侧悬挂泥土带，种植绿草。通公交车。

天桥区

山

无影山 370105-21-G01
[Wúyǐng Shān]

属泰山山脉。在省境中西部，天桥区西部。因日中无影得名。平均海拔 52 米。风景秀美。通公交车。

金牛山 370105-21-G02
[Jīnniú Shān]

属泰山山脉。在省境中部，天桥区中部，济南北郊济泺路的西侧。因当地关于金牛的传说故事而得名。海拔 46.7 米。金牛山是"齐烟九点"之一，济南动物园重要的旅游景点之一。通公交车。

药山 370105-21-G03
[Yào Shān]

属泰山山脉。在省境中部，天桥区西北部。因山上产药材，故名药山。平均海拔 125 米。植被覆盖较好，树种较多，主要有黄栌、桧柏、白蜡。通公交车。

粟山 370105-21-G04
[Sù Shān]

属泰山山脉。在省境中部，天桥区西北部。取"沧海一粟"的粟为山名。海拔 61.4 米。山上建有约 400 平方米的庙宇，山门面南，内有松柏。山上树木多为松树。通公交车。

北马鞍山 370105-21-G05
[Běimǎ'ān Shān]

属泰山山脉。在省境中部，天桥区西北部。因西边稍高一点儿，东边稍矮一点儿，如同马鞍一般，故名。海拔 87 米。山上植被以杂草、松树为主。通公交车。

标山 370105-21-G06
[Biāo Shān]

属泰山山脉。在省境中部，天桥区北部。因山石并立如标，故名。海拔 55.2 米。山上路径十分难登。山巅平阔，树种以侧柏为主。通公交车。

凤凰山 370105-21-G07
[Fènghuáng Shān]

属泰山山脉。在省境中部，天桥区北部。因其东峰状如凤凰展翅，故名凤凰山。海拔 48 米。山上植被以杂草、松树为主。通公交车。

鹊山 370105-21-G08
[Què Shān]

属泰山山脉。在省境中部，天桥区北部。据传说神医扁鹊曾在此地炼丹、行医，七八月间，鸟鹊翔集，因此取名鹊山。平均海拔 120.8 米。植被以翠柏为主，覆盖率为 20%。交通便利。

泉

无影潭 370105-22-I01
[Wúyǐng Tán]

冷泉。在省境中部，天桥区中西部。因无影山而得名。此泉由多年掘砂逐渐形成，以石砌岸，面积 5 000 平方米。水源由无影山多处岩石中涌聚而成。泉池水面标高 31.80 米，潭深 2.65 米，积水面积 0.5 公顷。水质清澈，长年不涸。出露状态为涌状水流。近期无开发条件。交通便利。

潭西泉 370105-22-I02
[Tánxī Quán]

冷泉。在省境中部，天桥区南部。因在五龙潭西而得名。长 15 米，宽 10 米。池中主泉眼的泉水呈水轮状向外喷涌。近期无开发条件。交通便利。

古温泉 370105-22-I03
[Gǔwēn Quán]

冷泉。在省境中部，天桥区南部。因泉水温度较高，且历史悠久而得名。泉水恒温 18℃左右，冬夏如一。1964 年修建泉池时与邻近的静水、洗心二泉合并，扩大水面，总面积 17 平方米，长 12.8 米、宽 7.7 米，水深 1.63 米。泉水东入月牙泉。近期无开发条件。交通便利。

回马泉 370105-22-I04
[Huímǎ Quán]

冷泉。在省境中部，天桥区南部。相传五龙潭内建有唐朝武将秦琼府邸，一日秦琼在此遛马，战马腾空，马蹄落地处出现泉眼，故取名回马泉。泉池长 9 米，宽 5.4 米，水深 1.45 米。出露形态为渗流。通公交车。近期无开发条件。

青泉 370105-22-I05
[Qīng Quán]

渗泉。在省境中部，天桥区南部。因泉水清澈见地而得名。石砌长方池，长 9 米，宽 7.7，深 1.24 米。出露形态为渗流。近期无开发条件。通公交车。

洗心泉 370105-22-I06
[Xǐxīn Quán]

冷泉。在省境中部，天桥区南部。1985 年，济南市园林部门曾先后将古温泉和与它相毗邻的静水泉、洗心泉连在一起，扩建成长 18 米、宽 8 米的泉池。近期无开发条件。通公交车。

贤清泉 370105-22-I07

[Xiánqīng Quán]

冷泉。在省境中部，天桥区南部。据传，清初，泉畔有一贤清园，故名贤清泉。泉池长 22 米，宽 17 米，水深 1.38 米。近期无开发条件。通公交车。

玉泉 370105-22-I08

[Yù Quán]

冷泉。在省境中部，天桥区南部。因泉水洁白如玉和原五龙庙中有一条白色雕龙的寓意取名。泉旁有 50 米的蓄水池。玉泉形态为涌水，常年有水流入西护城河。泉池为长方形，长 4.2 米，宽 2.0 米，水深 0.8 米。池岸以自然石砌垒，水自隐于石中的圆管涌出，穿石隙，沿水渠蜿蜒东流。是五龙潭公园内重要的旅游景点之一。近期无开发条件。通公交车。

月牙泉 370105-22-I09

[Yuèyá Quán]

冷泉。在省境中部，天桥区南部。1928 年《续历城县志》载"在西门外东流水路东"，因形如初月而得名。深 1.5 米，泉池呈不规则状。泉水碧绿。古温泉水注入该泉，后流入西护城河。1964 年，水面扩大，并用自然石驳岸，水中叠蘑菇云状山石，四周植以垂柳。为景观用水。交通便利。

官家池 370105-22-I10

[Guānjiāchí]

冷泉。在省境中部，天桥区南部。泉名来自"官家"，也即"众家"的意思。北岸石壁上镌刻泉名。官家池是不规则石砌池子，水势尚好。出露状态为渗流。水

深 2 米，常年有水流入西护城河。是五龙潭公园里重要的旅游景点。为景观用水。近期无开发条件。通公交车。

东蜜脂泉 370105-22-I11

[Dōngmìzhī Quán]

冷泉。在省境中部，天桥区南部。明《历乘》载有此泉，清人郝植恭《七十二泉记》曰"蜜脂，中边皆甜也"，泉名沿用至今。泉池面积 4.5 平方米，长 8 米，宽 5 米，池深 1.1 米，水深 0.94 米。常年有水，流入西护城河。出露状态为渗水。近期无开发条件。通公交车。

迎仙泉 370105-22-I12

[Yíngxiān Quán]

冷泉。在省境中部，天桥区南部。因迎仙桥得名迎仙泉。泉池方形，长 2.3 米，宽 2.3 米，水深 1.3 米。出露形态为渗流。近期无开发条件。交通便利。

醴泉 370105-22-I13

[Lǐ Quán]

冷泉。在省境中部，天桥区南部。水常年不涸，甘美如醴，故名。泉池为石砌不规则形状，直径约 4.5 米，池深 1.88 米。近期无开发条件。交通便利。

聪耳泉 370105-22-I14

[Cōng'ěr Quán]

冷泉。在省境中部，天桥区南部。站在泉池北侧观泉，泉池呈现出人的耳郭形状，故名聪耳泉。水温 17~18℃。泉池为石砌不规则形状，泉深 1.2 米。出露形态为渗流，常年有水。近期无开发条件。交通便利。

天镜泉 370105-22-I15

[Tiānjìng Quán]

冷泉。在省境中部，天桥区南部。因

像天上的镜子而得名。泉池长 14 米，宽 10 米，池深 1.41 米。出露状态为渗流。近期无开发条件。交通便利。

晴明泉 370105-22-I16
[Qíngmíng Quán]

冷泉。在省境中部，天桥区南部。原无名，1994 年市建委调查时拟名。出露形态为渗流。泉池为长方形，石砌，长 4.1 米，宽 4 米，泉深 1.38 米。常年有水。近期无开发条件。交通便利。

井泉 370105-22-I17
[Jǐng Quán]

冷泉。在省境中部，天桥区南部。井泉的状态为渗流，泉池直径为 0.26，深为 1.3 米。常年有水，流入西护城河。近期无开发条件。交通便利。

虬溪泉 370105-22-I18
[Qiúxī Quán]

冷泉。在省境中部，天桥区南部。因其喷涌而出的水流，如同古时传说中头上生有双角的虬龙盘曲吐水，故名虬溪泉。泉池呈不规则形状，自然石驳岸，长、宽各 7 米，高 1.04 米，水深约 1.5 米。水自池中隐于自然石下的铁管涌出，沿石溪穿竹林流入护城河。近期无开发条件。交通便利。

历城区

山

华山 370112-21-G01
[Huá Shān]

属泰山山脉。在省境中西部，历城区北部。山名取自《诗经·小雅·常棣》中的"常

（棠）棣之华，鄂不韡韡"。又名华不注山，金舆山。海拔 197 米。山有少量柏树。通公交车。

鲍山 370112-21-G02
[Bào Shān]

属泰山山脉。在省境中西部，历城区东北部。相传，昔日附近有一座石城，名叫鲍城，是春秋时代齐国大夫鲍叔牙的食邑，山因城得名。海拔 117.9 米。鲍山已被各种植物全部覆盖，昔日的青石山形成了厚厚的土壤层，花草遍地，景色优美，引来群鸟栖息。通公交车。

龙骨山 370112-21-G03
[Lónggǔ Shān]

属泰山山脉。在省境中西部，历城区中部。传说在山附近发现了龙骨，即恐龙化石，故名龙骨山。海拔 150 米。植被以松树为主。地质结构为沙土、石灰石等。通公交车。

虞山 370112-21-G04
[Yú Shān]

属泰山山脉。在省境中西部，历城区东北部。"喻山在和山之东，距城四十里，尽分于章丘之武家山而在历境者也，见元张泰亨瑕徵神道碑，一称虞山。"这段话出自《济南名胜古迹辑略》，书中提到的喻山就是现在的虞山。海拔 101.5 米。土质多为耐火土。通公交车。

莲花山 370112-21-G05
[Liánhuā Shān]

属泰山山脉。在省境中西部，历城区东南部。因其山形似一朵莲花而得名莲花山。海拔 337 米。土质为黄土，多为石灰岩、白云石，山上多植柏树。通公交车。

围子山 370112-21-G06

［Wéizi Shān］

　　属泰山山脉。在省境中西部，历城区东部。因有农民群众反侵略而造的围子，故名围子山。海拔496米。植被多为侧柏。通公交车。

仙仁堂 370112-21-G07

［Xiānréntáng］

　　属泰山山脉。在省境中西部，历城区东南部。相传清朝中期，当地封建人士利用其地修堂塑神，借以欺骗群众，后被佛门占据，故得名仙仁堂。海拔522米。多青石。通公交车。

劈山 370112-21-G08

［Pī Shān］

　　属泰山山脉。在省境中西部，历城区东南部。因相传沉香劈山救母在此山，故得名劈山。海拔672米。植被多为侧柏、果树。通公交车。

岱崮山 370112-21-G09

［Dàigù Shān］

　　属泰山山脉。在省境中西部，历城区东南部。据传，山上曾有一岱庙，庙内住一山姑，故名岱姑山，后因年久意转沿称岱崮山。海拔452米。土质为红黏土，多青石。通公交车。

狼猫山 370112-21-G10

［Lángmāo Shān］

　　属泰山山脉。在省境中西部，历城区东南部。因此山上有两个山头，一个像狼头，一个像猫头，故名狼猫山。海拔343.6米。植被多为柏树。土质多为红黏土。通公交车。

河流

刘公河 370112-22-A-a01

［Líugōng Hé］

　　小清河支流。位于历城区中部。因此河是刘若金组织开挖的，故名刘公河。发源于港沟街道长海套村，流经冶河村，进入蟠龙水库，出水库北流，经章锦村入神武水库，又经经十东路，向北流穿过胶济铁路，过四凤闸在鸭旺口村注入巨野河，流入小清河。全长30.7千米，宽10~60米。流域面积30.7平方千米，年径流量1 515万立方米，为季节性河流。该河流带动了流域片区的经济发展和建设，减轻了洪水给城市带来的损失，减轻防洪、防汛的压力，对促进经济社会的稳定发展及生态环境保护具有重要意义。

泉

白泉 370112-22-I01

［Bái Quán］

　　冷泉。在省境中西部，历城区中部。据乾隆年间《历城县志》记载："白泉出纸房村北，方十亩，中有大泉，间数刻一发，声如隐雷，多涌白沙，故名。"正常年份，泉群日涌量达18.66万立方米，泉水汇流成河，北流进小清河。常年喷涌。通公交车。

华泉 370112-22-I02

［Huá Quán］

　　冷泉。在省境中西部，历城区北部。因华山得名为华泉。池呈长方形，石砌，长17.6米，宽10米，深3.5米。出露形态为渗流，常年不竭。通公交车。

三泉峪上泉 370112-22-I03
[Sānquányùshàng Quán]

冷泉。在省境中西部,历城区东部。泉以方位取名。水自崖壁10余处小洞穴中涌出,汇为自然水池。泉池为自然土石构造的不规则形,泉深0.12米。为季节性泉,最高水位0.08米,最低水位0.03米,日出水量4立方米,最大出水量1 600立方米。通公交车。

忠泉 370112-22-I04
[Zhōng Quán]

冷泉。在省境中西部,历城区东部。相传隋末唐初,李世民带兵东征,途经历城郭店一带,中敌埋伏,唐军大败。大军奔逃半月,渴死无数,眼看追兵将至,李世民万念俱灰,遂欲拔剑自刎。就在这时,岩间一股清泉涌地而起,唐军人马痛饮泉水,顿时精神大振。李世民大悦,名泉为忠泉。泉池长方形,水泥砌成,长4.96米,宽1.13米。泉深1.2米,呈渗流状,常年不涸,积水成池。是居民的主要饮用水源。通公交车。

响泉 370112-22-I05
[Xiǎng Quán]

冷泉。在省境中西部,历城区东部。因水流急,泉水自池底起一串水泡兼有响声,故名响泉。为三眼石砌圆井,口径分别为0.8米、1.0米、0.75米,深皆2.0米有余。常年不涸,是村民主要饮用水源。通公交车。

滴水泉 370112-22-I06
[Dīshuǐ Quán]

冷泉。在省境中西部,历城区东部。相传唐朝李世民东征时在此歇息,此泉供士兵饮用,故名。泉为石砌井形,直径0.5米,泉深0.9米。泉水呈渗流状态,自岩缝流出,滴落于崖下,清冽甘甜,常年不竭,为居民主要饮用水源。通公交车。

玉河泉 370112-22-I07
[Yùhé Quán]

冷泉。在省境中西部,历城区东部。因位于玉河泉村,故名。泉池为长方形,石砌,长1.7米,宽1.2米。出露形态为涌状,常年不竭。通公交车。

红柿泉 370112-22-I08
[Hóngshì Quán]

冷泉。在省境中西部,历城区东部。此泉水好像熟透的柿子,甘美如醴,故名红柿泉。泉池方形,石砌,长2.6米,宽1.35米,泉深12米。泉水汩汩喷涌,常年不息,顺流而下,注入狼猫山水库。通公交车。

炸鼓泉 370112-22-I09
[Zhàgǔ Quán]

冷泉。在省境中西部,历城区东部。因泉水来势勇猛,响声很大,声如打鼓,故名炸鼓泉。泉池石砌长方形,长1.2米,宽0.96米,泉深12米。泉水常年不竭,积水成池。通公交车。

长清区

山

石麟山 370113-21-G01
[Shílín Shān]

在省境西部,长清区南部。清道光版《长清县志·地舆志·山》载:"石麟山,旧名石虎山,县治东南半里许。昔人晨兴见虎游岩畔,猎人随之,乃石也,遂名。邑候于公璞改为石麟山。"海拔84米。山上植侧柏,灌木有酸枣、荆等，覆盖面积占 90%。通公交车。

大峰山 370113-21-G02
[Dàfēng Shān]

在省境西部，长清区西南。大峰山名起于何时无考。现存明天启四年（1624）邑庠生王世法为之撰碑云："羽士苏守智于此构庙……此山依然大峰山。"海拔 376.2 米。山上植侧柏、刺槐、核桃、毛白杨、柿子、黄栌等，覆盖面积达 90%。出产中药材灵芝。通公交车。

饿狼山 370113-21-G03
[È'láng Shān]

在省境西部，长清区北部。因山顶有一石洞，洞壁有两条小龙似的斑纹得名。海拔 300 米。山上植侧柏、苹果，灌木有酸枣、荆等。通公交车。

玉皇山 370113-21-G04
[Yùhuáng Shān]

在省境西部，长清区北部。玉皇山因玉皇殿得名。海拔 365 米。通公交车。

黄崖寨 370113-21-G05
[Huángyá Zhài]

在省境西部，长清区西南部。因山上有一石崖，呈黄色，故名黄崖山。海拔 426 米。山上植侧柏、刺槐、核桃、毛白杨、柿子、黄栌等，覆盖面积达 60%。通公交车。

唐王寨 370113-21-G06
[Tángwáng Zhài]

在省境西部，长清区北部。唐高祖李渊征伐隋兵至此被包围，于该山筑寨反抗，故名唐王山寨，今名唐王寨。海拔 360 米。山上植侧柏，覆盖面积达 50%。通公交车。

来佛山 370113-21-G07
[Láifó Shān]

在省境西部，长清区北部。国民版《长清县志·地舆志·山》载："来佛山，县东南二十里大彦庄西南角缘。山上庙宇辉煌，重建碑记若干。闻昔者忽来铜佛三十余尊，因以名山焉。"据说，山上忽来铜佛三十余尊，故名。海拔 273.8 米。通公交车。

蟠龙山 370113-21-G08
[Pánlóng Shān]

在省境西部，长清区西南部。因站在该山西北部的远处视之，山很像一条巨龙盘卧而得名。海拔 242 米。山上植侧柏、刺槐，覆盖面积达 70%。通公交车。

孝堂山 370113-21-G09
[Xiàotáng Shān]

在省境西部，长清区西南部。乡人因郭巨孝母受到感动，便于山上建一孝堂而得名。海拔 60 米。山上植侧柏、刺槐等，覆盖面积达 80%。通公交车。

灵岩山 370113-21-G10
[Língyán Shān]

在省境西部，长清区南部。因竺僧朗在此说法，乱石点头，猛兽归服，得名灵岩山。海拔 683.7 米。山上植侧柏、青檀、银杏（又名柏果）、国槐、柿、核桃等，覆盖面积达 85%。通公交车。

五峰山 370113-21-G11
[Wǔfēng Shān]

属泰山山脉。在省境西部，长清区中部。因山体由志仙峰、会仙峰、聚仙峰、群仙峰、望仙峰五座山峰构成而得名。海拔 395 米。山上植侧柏、刺槐、毛白杨、核桃、苹果等，覆盖面积达 90%。通公交车。

青崖寨 370113-21-G12
[Qīngyá Zhài]

在省境西部，长清区中部。因山有青石悬崖，陡高数丈，故名青崖寨。海拔565.4 米。山上植侧柏、刺槐等，覆盖面积达 80%。通公交车。

馒头山 370113-21-G13
[Mántou Shān]

在省境西部，长清区东部。因山形似馒头而得名。海拔408.9 米。山上植侧柏，覆盖面积达 60%。通公交车。

河流

北大沙河 370113-22-A-a01
[Běidàshā Hé]

黄河支流。在省境西部。因流经县境北部，且河床多沙，故名北大沙河。发源于长清区东南部的摩天岭西南脚下。经万德镇、张夏镇、崮云湖街道、文昌街道，在平安店街道的老王府村西流入黄河。长54.3 千米。宽 90~150 米，流域面积 584.6 平方千米。主要支流有三条，东支流发源于历城区南高尔乡清凉台；中支流发源于泰山西麓的桃花峪，中、东支流在万德镇金山铺村西汇流北去；西支流发源于黄巢寨山，在小候集村东与中、东支流相汇北流。在三条主支流之外，还有 20 多条小支流汇积入主河道。

南大沙河 370113-22-A-a02
[Nándàshā Hé]

黄河支流。在省境西部。因流经县境南部，且河床多沙，故名南大沙河。在归德镇董庄流入黄河。长37.2 千米。宽50~110 米。流域面积 406.3 平方千米。有 3 条支流，西支流发源于与肥城市交界的桃花山，中支

流发源于马山镇的焦庄附近，东支流发源于五峰山街道办事处的青龙山。

清水沟 370113-22-A-a03
[Qīngshuǐ Gōu]

外流河。在省境西部。发源于孝里镇南黄崖村南，经南黄崖村、中黄崖村、北黄崖村、胡林村，穿孝里镇后北至老王坡西入黄河。长 13 千米。流域面积 107.8 平方千米。该河源短流急，加之石灰岩地区裂隙岩溶发育，现有拦蓄设施主要起防洪和水土保持作用。有井峪支流、大峰山支流、马岭支流三条支流。

泉

清泠泉 370113-22-I01
[Qīnglíng Quán]

冷泉。在省境西部，长清区南部。因清泉激石，泠泠作响而得名。日涌水量 10 立方米，水温 13.5℃。泉池为长方形，石砌，长 3 米，宽 2 米，深 1 米。该泉是洞真观道士主要饮用水源。通公交车。

晓露泉 370113-22-I02
[Xiǎolù Quán]

冷泉。在省境西部，长清区东部。因泉水澄洁晶莹如晨露而得名。此泉是从山脚下一大石棚的石缝中流出的，泉水常年不竭。日涌水量 144 立方米。丰水期水深 1.5 米。水池面积 16 平方米，上方用 12 根青石柱和石条、石板做围栏。通公交车。

章丘市

山

长白山 370181-21-E01
[Chángbái Shān]

在省境中部,章丘市东北部。南起普集镇,北至刁镇,东临邹平县。西北—东南走向。因山巅常有白云缭绕,云气长白,故名。一般海拔600米,最高海拔826米。主峰为沫糊顶。气候属暖温带半湿润大陆性季风气候。山体于中生代白垩纪由火山喷发和岩浆侵入活动形成,大部为中性岩石。主要物产有苹果、柿子、杏、桃、梨、山楂、核桃。中药有柴胡、远志、枣仁、杏仁等。矿藏有铜、沙、花岗岩、耐火土等。通公交车。

胡山 370181-21-E02
[Hú Shān]

在省境中部,章丘市中部。东邻朱家峪,西接锦屏山旅游度假区,北瞰百脉泉景区。东西走向。因山多槲树,故名槲山,后演变为胡山。一般海拔600米,最高海拔693米。主峰为胡山。名胜古迹有山顶古军事地道、庙宇、砖塔、寺院,多古碑,今部分庙宇、碑碣仍在。山分南、中、北三麓。南、北两麓均为悬崖陡壁,势如刀劈,飞雪不挂。中麓自顶而下,是一条脊状石灰岩分水岭,地势相对较缓,古时上山仅此一条路。北麓山下多清泉,清冽可鉴须眉。山顶亦有泉池,供僧道饮水。西南有巨石隆然挺立,状如数十层高楼,雄奇险峻,俗称落鹰石。气候属暖温带半湿润大陆性季风气候。以侧柏为主要树种,混有少量阔叶树种。 山上有野生中药材黄芩、远志、白首乌、花粉、丹参、柴胡等,有野生动物獾、黄鼠狼、山鸡、兔子、山雀、蛇等。通公交车。

女郎山 370181-21-E03
[Nǚláng Shān]

在省境中部,章丘市中部。传说,古有侯王章亥之女溺死绣江葬于此山,故名女郎山。一般海拔100米,最高海拔116.7米。主峰为女郎山。旧时山顶有山阳洞、玉皇阁、东岳庙、泰山行宫、女郎祠、石大夫祠、鲁班庙等。气候属暖温带半湿润大陆性季风气候。山下土壤肥沃,植被覆盖率高,主要物产有苹果、柿子、杏、桃、梨、山楂、核桃,中药有柴胡、远志、枣仁、杏仁等。通公交车。

河流

绣源河 370181-22-A-a01
[Xiùyuán Hé]

小清河支流。在省境中北部,市境西部。因"芹藻浮动,水纹如绣"得名。发源于垛庄镇。流经埠村、枣园、明水,汇入绣江河。长30千米,宽10米,流域面积6.68平方千米。除雨季外,河道内无径流。2011年实施绣源河流域综合治理工程,规划建设郊野度假、中央游憩、休闲娱乐和生态涵养四大区域,推进沿河保护、滨河开发、跨河发展。

绣江河 370181-22-A-a02
[Xiùjiāng Hé]

小清河支流。在省境中北部,市境中部。因"芹藻浮动,水纹如绣"而得名。发源于章丘市明水东麻湾龙眼泉,流经明水、绣惠、水寨,从水寨辛丰庄北注入小清河。全长32.8千米,流域面积668平方千米。流域内建有绣惠灌区,沿河灌溉、种稻荷、养殖、置水磨等,对促进章丘工农业生产的发展起了重要作用。主要支流有西巴漏河等。

湖泊

明水湖 370181-22-D-a01
［Míngshuǐ Hú］

人工湖。在省境中北部，章丘市中北部。因靠近明水而得名。面积 440 平方千米。平均深度 10 米，最大深度 15 米，蓄水量 2 377 万立方米，集水面积 440 平方千米。是一座以防洪、灌溉为主，兼有供水、养殖等多用途的人工湖。为明水城区地下水位的补给发挥了重大作用。

海山湖 370181-22-D-a02
［Hǎishān Hú］

人工湖。在省境中北部，章丘市西南部。因海山而得名。面积 56 平方千米。平均深度 10 米，最大深度 12 米，蓄水量 800 万立方米，集水面积 50 平方千米。是一座集防洪、灌溉、供水、旅游多功能的人工湖。

杏林湖 370181-22-D-a03
［Xìnglín Hú］

人工湖。在省境中北部，章丘市东北部。因位于杏林村而得名。面积 180.2 平方千米，平均深度 7 米，最大深度 10 米，蓄水量 1 301 万立方米，集水面积 170 平方千米。是一座以防洪为主、兼顾灌溉的人工湖，为实现工业供水、改善农业灌溉、发展生态旅游创造了良好的条件。

白云湖 370181-22-D-a04
［Báiyún Hú］

人工湖。在省境中北部，章丘市西北部。因李开先名句"白云棹罢归来晚"而得名。面积 17.4 平方千米，平均深度 1.5 米，最大深度 3 米，蓄水量 6 000 万立方米，集水面积 15 平方千米。湖中盛产鱼、鳖、虾、菱芡、莲、蒲、苇及多种可食的野生食物。

有藕田千余亩，畜养鹅鸭几万只，养鱼面积 1 200 亩，湖中自然鱼类、野生鸟类 40 多种，水生植物 20 多种。白云湖产的大黑鱼、白莲藕、鸭蛋颇有名气。芦苇质地好，用其编制的各类用品、工艺品畅销省内外。白云湖成为具有相当规模的农业生态旅游风景区。

龙山湖 370181-22-D-a05
［Lóngshān Hú］

人工湖。在省境中北部，章丘市西北部。因位于龙山街道而得名。面积 226 平方千米，平均深度 8 米，最大深度 15 米，蓄水量 1 350 万立方米，集水面积 226 平方千米。是一座以防洪为主、兼顾灌溉功能的中型水库，为实现工业供水、改善农业灌溉、发展生态旅游创造了良好的条件。

泉

胜水泉 370181-22-I01
［Shèngshuǐ Quán］

冷泉。在省境中部，章丘市南部。胜水泉在古代名为圣水泉。相传唐王李世民东征高丽，率军路过章丘时，士兵感染了疟疾，饮用圣水泉水病体痊愈，被御封"胜水泉"。泉水清冽，四季涌流，汇成一条小溪，沿楚峪流出，注入海山湖。夏日雨季，泉水旺盛时，在峪中形成"曲水三叠""楚峪飞瀑"的奇观。通公交车。

太平泉 370181-22-I02
［Tàipíng Quán］

冷泉。在省境中部，章丘市南部。以美好寓意而得名。为天然涌泉，以鹅卵石圈围，水自地石缝涌出，沿河漫流，常年不涸。水质清澈甘甜，白浪翻滚腾跃。2006 年，垛庄镇政府重修太平泉，抬高泉堤，上设护罩，并在泉上修一小亭。通公交车。

救命泉 370181-22-I03
[Jiùmìng Quán]

冷泉。在省境中部，章丘市南部。据说，李世民东征时，军士因饥饿被困于此处。一日，得巨蚁引路，先发现此泉解渴，又得粟解饥，故名救命泉。水自岩缝流出，积于自然水坑中，终年不涸。水盛时沿山谷漫流。近期无开发条件。通公交车。

黄露泉 370181-22-I04
[Huánglù Quán]

冷泉。在省境中部，章丘市中部。因位于黄露泉村而得名。属季节泉，夏季喷水如注，形成瀑布奇观。近期无开发条件。通公交车。

双泉 370181-22-I05
[Shuāng Quán]

冷泉。在省境中部，章丘市中部。因有两股泉水而得名。有南北两方水池，紧紧相依。南池南北两面石墙上各有一石雕龙头。开泉季节清凉的泉水从龙口喷涌而出，注入方池，清澈见底。近期无开发条件。通公交车。

朝阳洞泉 370181-22-I06
[Zhāoyángdòng Quán]

冷泉。在省境中部，章丘市南部。因位于朝阳洞内而得名。池为长方形天然石潭，长2米，宽1米，围护栏。泉水夏季不溢，春节不竭，常存半池碧波，取水片刻后，不闻任何声响，水位又会恢复原样。近期无开发条件。通公交车。

百脉泉 370181-22-I07
[Bǎimài Quán]

冷泉。在省境中部，章丘市中部。因百泉俱出，故名百脉泉。泉池长26米，宽14.5米，深2.2米。已进行开发，属于百脉泉景区一部分。通公交车。

墨泉 370181-22-I08
[Mò Quán]

冷泉。在省境中部，章丘市中部。因泉口黝深，其色如墨，故名墨泉。常年恒温在18℃~19℃。每逢夏秋水旺时节，墨泉喷涌而出，高出地面半尺有余，正常年份最大喷流量为0.3立方米/秒。泉水淳冽甘美，富含多种矿物质和微量元素，可直接饮用。已进行开发，属于百脉泉景区一部分。通公交车。

梅花泉 370181-22-I09
[Méihuā Quán]

冷泉。在省境中部，章丘市中部。因五泉齐喷，恰似一朵盛开的梅花，故名梅花泉。泉水自五孔喷涌而出，汇集成池，入绣江河。正常年份的喷流量为0.5立方米/秒。泉池面积约1800平方米。已进行开发，属于百脉泉景区一部分。通公交车。

龙泉 370181-22-I10
[Lóng Quán]

冷泉。在省境中部，章丘市中部。因泉水从一形似卧龙的巨石下喷出，故名。泉眼直径0.4米。正常年流量0.2立方米/秒。已进行开发，属于百脉泉景区一部分。通公交车。

漱玉泉 370181-22-I11
[Shùyù Quán]

冷泉。在省境中部，章丘市中部。泉水喷涌，水落池中如片片碎玉纯洁无瑕，故名漱玉泉。泉池圆形，直径约3米，深0.5米，形若圆盘，池底以鹅卵石铺成。已进行开发，属于百脉泉景区一部分。通公交车。

金镜泉 370181-22-I12
[Jīnjìng Quán]

冷泉。在省境中部，章丘市中部。池水清澈，波光粼粼，在阳光照耀下，金辉闪烁，如同明镜，故名金镜泉。盛水期流量大于 0.25 立方米 / 秒。泉水涌出泉口，状如蘑菇，声若雷鸣，终年喷涌，从未干涸。泉池呈圆形，直径 5 米，深 12 米，青石全砌，池畔装石柱铁栏。泉水分别从东西池壁的明渠、暗沟流出，向北注入绣江河。已进行开发，属于百脉泉景区一部分。通公交车。

龙湾泉 370181-22-I13
[Lóngwān Quán]

冷泉。在省境中部，章丘市中部。泉湾东西方向呈扁长形，中间略窄，湾岸弯弯曲曲，高低不平，故名龙湾泉。盛水期泉涌如柱，流量 0.11 立方米 / 秒，汇入明水湖。已进行开发，属于百脉泉景区一部分。通公交车。

眼明泉 370181-22-I14
[Yǎnmíng Quán]

冷泉。在省境中部，章丘市中部。传说，用此泉之水洗眼能治眼疾，故名眼明泉。泉眼在泉池中间，泉水上涌，状如伏在水上的一团蘑菇，正常年份的喷流量为 0.2 立方米 / 秒。泉池为八边形，四周用大理石护栏，池底铺鹅卵石。已进行开发，属眼明泉景区一部分。通公交车。

净明泉 370181-22-I15
[Jìngmíng Quán]

冷泉。在省境中部，章丘市中部。因泉水清澈明净而得名。泉池较小，旁边建有眼明王庙。此泉水冬暖夏凉，寒冬不结冰，雪花落之即融。已进行开发，属眼明泉景区一部分。通公交车。

古海泉 370181-22-I16
[Gǔhǎi Quán]

冷泉。在省境中部，章丘东部。因传说远古时代此处为海岛而得名。在村民房屋墙下和临近的小河沟沟边、沟底，散布着许多泉眼，水长年不断，量较丰，汇为小河，向南流淌约百米，被拦截为面积 2000 多平方米的大水塘，可资灌溉。水塘南侧石坝留有溢洪道，水盛时经此泻入村南小河，流入漯河。长年不断，水量较丰，汇为小河。近期无开发条件。通公交车。

翰墨池 370181-22-I17
[Hànmòchí]

冷泉。在省境中部，章丘市东部。因泉水涌出乌水如墨而得名。池呈长方形，长约 38 米，宽约 22 米，水深约 4 米。水面 856 平方米。近期无开发条件。通公交车。

平阴县

山

黑风口 370124-21-E01
[Hēifēngkǒu]

在省境西部。以其地形地势命名，山口两边为悬崖峭壁，故名黑风口。海拔 108 米。属暖温带季风气候，光照充足，四季分明，降水集中。年均气温 13.6℃，极端最高温 42.5℃，极端最低温 −18.9℃；历年平均降水量 658.4 毫米。土壤为褐土。植被以侧柏为主。220 国道经此。

虎豹川 370124-21-E02
[Hǔbàochuān]

在省境西部。因东有虎山，西有豹山，中央是一边平川，故取名虎豹川。海拔 164

米。属暖温带季风气候，四季分明，阳光充足，降水集中，年平均气温 13.6℃，最高气温 42.5℃，最低气温 −18.9℃。年平均降水量 658.4 毫米，土壤为褐色。有公路经此。

文笔山 370124-21-G01
[Wénbǐ Shān]

在省境西南部，平阴县县城东部。因"城东有山，状如卓笔"而得名。海拔 176 米。土壤为褐色。植被以松柏为主。通公交车。

翠屏山 370124-21-G02
[Cuìpíng Shān]

在省境西南部，平阴县西南部。以其山势奇峭巍峨，松柏苍翠茂密，恰似一道景色秀美的天然屏障而得名。海拔 229 米。土壤为褐土潮土类，植被以松柏为主。通公交车。

大寨山 370124-21-G03
[Dàzhài Shān]

在省境西南部，平阴县西南部。明洪武年间，有许壮士带领一批人马来此占山为王，扎下营寨，故得名大寨山。海拔 494.8 米。大寨山整体呈南北走向，两端向西弯曲，山势成月牙状；山腰以上均为悬崖绝壁。山上分布大面积的侧柏林、侧柏刺槐混交林和栾树、枫杨、黄连木、元宝槭、麻栎、鹅耳枥、黄栌、盐肤木等组成的天然次生林。通公路。

云翠山 370124-21-G04
[Yúncuì Shān]

属泰山山脉。在省境西南部，平阴县西南部。因山高、树木青翠而得名。海拔 474.9 米。这里林深、寺幽，泉清、峰秀。植被以松柏为主。通公路。

狮耳山 370124-21-G05
[Shī'ěr Shān]

属泰山山脉。在省境西南部，平阴县西南部，东阿镇老城西、范庄、东平县旧县乡界处。因其形似狮耳，故名。海拔 250 米。山势俊秀，山上有夕阳洞、虎穴秋风、封国寺、卧龙岗等。土壤为褐土。山上百草丰茂，林木葱葱，生长着菁草、枸杞、北沙参、白薇、远志、益母草、野菊花、地黄、紫花地丁、败酱草、天门冬、当归等上百种药草。通公路。

黄山 370124-21-G06
[Huáng Shān]

属泰山山脉。在省境西南部，平阴县西南部。因建有黄石公庙，遂谓黄山。海拔 115.6 米。山体南北走向。《东阿县志》载"黄石仙踪"为邑八景之一。此庙已不存在，只有遗址。土壤为褐土。植被以松柏为主。通公路。

少岱山 370124-21-G07
[Shǎodài Shān]

属泰山山脉。在省境西南部，平阴县西南部。因在岱宗之西，故名少岱山。海拔 82.1 米。植被以侧柏为主。通公路。

孔子山 370124-21-G08
[Kǒngzǐ Shān]

在省境南部，平阴县南部。据传孔子曾在此施教，后人遂在该山山腰处建孔子庙以作纪念，故得名孔子山。海拔 168.8 米。植被以松柏为主。

河流

汇河 370124-22-A-a01
[Huì Hé]

大汶河支流。在省境西部。取汇溪成河、汇河成海之意。发源于肥城湖屯镇北部的陶山。在孔村镇陈屯村东入境，流经孔村、孝直两个乡镇，在孝直镇展小庄村南进入东平县，在东平县的戴村坝入大汶河。全长49千米，流域面积1260平方千米，径流量（年平均）630亿立方米。汇河沿线以大汶口文化著名。汛期为6~9月。汇河在县域内的主要支流有围河、康王河分洪道、红卫河、小辛河、齐心河、金线河。

泉

白雁泉 370124-22-I01
[BáiYàn Quán]

冷泉。在省境西南部，平阴县西南部。汉王刘邦伐楚带兵路过这里，天气炎热，士兵干渴难忍，四处寻水，忽见一群白雁从山下惊起，王曰必有泉，便令军士察之，果然觅得清泉，故名白雁泉。建有60平方米方池，水深3米，年喷涌量31万立方米。水质甘甜，四季长流，为济水隐流地壳裂隙上涌所致。近期有开发条件。通公路。

拔箭泉 370124-22-I02
[Bájiàn Quán]

冷泉。在省境西南部，平阴县西南部。相传汉王刘邦带兵喝过白雁泉的水后，发现不远有白雁，于是便张弓射去。雁受惊飞走，箭却插在地上。军士将箭拔起，随箭涌出一眼清泉，故名拔箭泉。泉水自龙首山溶洞通过山石缝隙涌出，常年均流量30余万立方米，常年不涸，水质甘甜。石砌大方池，边长19米，深3米。盛水季节，泉水经溢水口泻出，沿河渠流进村庄和田间，兴灌溉之利。近期有开发条件。通公路。

丁泉 370124-22-I03
[Dīng Quán]

冷泉。在省境西南部，平阴县西南部。相传此处为古代二十四孝之一的丁兰故里，故名。泉水自华盖山溶洞通过石板缝隙涌出，最大输出量1400立方米，年喷涌量51万立方米，长年不涸，水质甘甜。近期有开发条件。通公路。

洪范池 370124-22-I04
[Hóngfànchí]

冷泉。在省境西南部，平阴县西南部。公元前11世纪，商纣王的太师箕子仿照大禹治水的方法，在这里修建成池，使原来泛滥横流的洪水就范，故称洪范池。洪范池呈正方形，四周砌石。边长7米，水深6米。年喷涌量36.5万立方米。近期有开发条件。通公路。

扈泉 370124-22-I05
[Hù Quán]

冷泉。在省境西南部，平阴县西南部。因泉水势极盛、跋扈冲天而名扈泉。"扈泉涌碧"为扈泉一大景观。平均涌量达301万立方米。近期有开发条件。通公路。

日月泉 370124-22-I06
[Rìyuè Quán]

冷泉。在省境西南部，平阴县西南部。因泉池水状似太阳与月亮，故名。日月泉规模较小。近期有开发条件。通公路。

书院泉 370124–22–I07

[ShūYuàn Quán]

　　冷泉。在省境西南部，平阴县西南部。因村名而称书院泉。泉水自天池山石缝隙而出，年喷涌量 305 万立方米，水质甘甜。池为边长 7.8 米的正方形。近期有开发条件。通公路。

马跑泉 370124–22–I08

[MǎPǎo Quán]

　　冷泉。在省境西南部，平阴县南部。

传说东汉刘秀骑马途经此处时，已是人困马乏，干渴难忍，他的白色战马突然腾起前蹄，用力刨地，竟刨出了一眼泉，泉水顿时喷涌而出，故名马跑泉。雨水多时，此泉如瀑布喷射而出，数里可闻涌流之声；干旱年份，水量变小，泉流如线，但从不干涸。近期无开发条件。通公路。

五 名胜古迹、纪念地和旅游地

历下区

重点文物保护单位

原齐鲁大学近现代建筑群 370102-50-B-a01
[Yuán Qílǔ Dàxué Jìnxiàndài Jiànzhùqún]

位于济南市历下区跤突泉街道文化西路、广智院街。因是原齐鲁大学旧址，故名齐鲁大学近现代建筑群。1893—1924年建造。均为中西合璧式的钢筋水泥建筑，因常年的风雨侵蚀，加上日常使用、年久失修，部分建筑物遭到不同程度的损坏。现存建筑由山东大学使用，主体建筑保存较好。齐鲁大学近现代建筑群是一组较为典型的中西合璧式的建筑物，基本上都是二三层的楼房，平面布局全部为西方近代建筑形式。是中国近代史上最早的一所教会大学，为济南市城区一组具有重要文物价值、景观价值的建筑群。2013年3月被批准为国家级重点文物保护单位。通公交车。

解放阁 370102-50-B-b01
[Jiěfàng Gé]

位于历下区大明湖街道黑虎泉西路东口。为纪念济南战役的伟大胜利，20世纪50年代初期拆除城墙时，留此一段城基，修建济南解放纪念阁，简称解放阁。1986年建成。解放阁内有阁亭1座、解放济南战役革命烈士纪念碑1通、解放阁修建碑

记1通，总占地面积2 372平方米。整个建筑分为两层，底层为纪念厅，内设群雕和图片，外墙镶嵌八幅石刻浮雕，展示了军民浴血奋战夺取胜利的壮观场面；二层为观瞻厅，内设革命先烈英雄事迹图片和集声、光、电一体的模型沙盘，使济南战役的战斗过程立体、形象地展示在观众面前。台基东、西两侧分别镶嵌着《解放济南战役革命烈士纪念碑》和《纪念济南战役》两块纪念碑。此阁是近现代重要史迹及代表性建筑。1977年12月被批准为省级文物保护单位。通公交车。

济南府学文庙 370102-50-B-b02
[Jǐnán Fǔxué Wénmiào]

位于济南市历下区泉城路街道大明湖路214号。府学为官家办学之统称，是历代济南文化、教育的中心；文庙是祭祀孔子的庙宇，因为此处原为济南学庙合一的府级官办教育机构，故名。北宋熙宁年间始建，元末倾塌，明洪武二年（1369）重建，民国时期增建、重修三十余次，2005年大修，2010年修竣。该建筑群坐北朝南，布局严整，规模宏大。修复后的文庙恢复祭孔的功能，并成为济南历史文化保护区的核心部分。1992年6月被批准为省级文物保护单位。通公交车。

龙洞造像 370102-50-B-b03
[Lóngdòng Zàoxiàng]

位于济南市历下区龙洞庄南。因位于

龙洞山内，故名龙洞造像。东魏天平四年（537）始建。洞外石壁及另一狭窄的天然石洞中，多雕刻隋唐造像。大洞门外雕元代佛、菩萨、天王、力士以及护法狮子等造像龛。共计石刻50余躯，其中有梁师都永隆四年（620）及元延祐五年（1318）题记。是济南地区保存最完好的隋代佛教造像。1992年6月被批准为省级文物保护单位。通公交车。

东佛峪摩崖造像 370102-50-B-b04
[Dōngfóyù Móyá Zàoxiàng]

位于山东省济南市历下区龙洞街道龙洞庄南。因该造像位于龙洞村附近，入口有"佛峪胜景"牌坊，佛像书刻在石壁上，故命名为东佛峪摩崖造像。为东魏、隋朝至明朝时期所建。内有龙洞造像1处多座，东佛峪摩崖造像1处多座，敕封顺应侯牒碑1通。最早雕凿年代可追溯到北朝，其余大部分为隋唐时期作品。位于龙洞内的三尊主佛造像高达4米，系东魏天平四年（537）所造；东佛峪般若寺悬崖披厦下有5尊隋代开皇七年（587）造像，历经1400多年仍颜色艳丽、完美无损，且造像记清晰可辨，是济南地区保存最完好的隋代佛教造像。对研究佛教发展历程具有重要意义。1992年6月被批准为省级文物保护单位。通公交车。

辛亥革命烈士陵园 370102-50-B-b05
[Xīnhàigémìng Lièshì Língyuán]

位于济南市历下区千佛山街道千佛山东麓。因园区安葬有23位辛亥革命烈士，故名辛亥革命烈士陵园。1934年始建，1979年重修，1983年修竣，2011年进行提升改造。陵园为南北纵向，顺山势建成。陵园最南端为纪念塔，是陵园的主体建筑。塔高8米，为四棱锥形，淡红色大理石砌成，占地面积448平方千米。北端有黑色花岗石影壁。影壁南为墓区，主墓3座，呈品字形布局；其余20人的墓室安放在两侧柏林间。对弘扬爱国主义精神具有重要意义。1992年6月被批准为省级文物保护单位。通公交车。

老舍纪念馆 370102-50-B-b06
[Lǎoshě Jìniànguǎn]

位于济南市历下区趵突泉街道南新街58号。此地是老舍旧时居住的地方，后在此设立纪念馆，故名。20世纪30年代始建，2013年修缮。纪念馆内有房屋3栋，门楼1座，井1口，石榴树1棵。老舍旧居正房3间，现为红砖墙、瓦顶，整个四合院整体保存较好。纪念馆主要展示老舍文学作品及同时期济南历山照片。此处故居是济南少有的保存较好的名人故居之一，是近现代重要史迹及代表性建筑。2006年12月被批准为省级文物保护单位。通公交车。

陈冕状元府 370102-50-B-b07
[Chénmiǎn Zhuàngyuánfǔ]

位于济南市历下区泉城路街道鞭指巷内。因其主人陈冕在清末光绪年间中过状元，故名。设立于清末光绪年间。早先的状元府由两座宅院以及花园、旁院组成，现存宅院仅剩两进院落，门楼和庭院依然保持旧有风貌。建筑为砖石结构，保留有精制陶品、石雕制品。四合院布局，是济南老城区遗存较好的一处古建筑。状元府门楼和庭院保持旧貌，对研究济南清代官式住宅典型的建筑具有重要意义。2013年10月被批准为省级文物保护单位。通公交车。

金家大院 370102-50-B-b08
[Jīnjiādàyuàn]

位于济南市历下区大明湖街道原宽厚所街55号。此宅原是清末历城知县金有大的宅邸，故名。1910年始建。如今前院被拆除，仅剩四合楼。整个建筑雅致大方，布局得当，构筑技术高超，装修技艺精细，砖木石雕刻精致。金家大院不同于现在的建筑，有着古人独特的设计理念。那些来自清末的精致浮雕和当初一样栩栩如生。金家大院已有百年历史，是近现代重要史迹及代表性建筑。2013年10月被批准为省级文物保护单位。通公交车。

督城隍庙 370102-50-B-b09
[Dūchénghuáng Miào]

位于济南市历下区大明湖街道。"城"和"隍"原指城墙和护城壕，后"城隍"被神化为城市的保护神来祭祀，俗称城隍爷。由于济南是巡抚、府、县三级治所在，故建有督城隍庙、府城隍庙、县城隍庙，督城隍庙为最大。始建于明洪武二年（1369），明天顺四年（1460）、正德六年（1511）、嘉靖四十年（1561）扩建，崇祯十二年（1639）毁于大火，次年重修，清康熙三十四年（1695）重修。现存建筑多为明末至清代建造。原来有三进院落，占地3600平方米，依次是照壁、山门、二门、节孝祠、戏台、大殿、后殿和东西廊庑等。山门为拱券石门，无木梁，上嵌"督城隍"石匾。大殿坐北面南，单檐歇山顶，黄绿琉璃瓦顶，花脊，殿前抱厦为卷棚顶。戏台为凸字形平面，南面为硬山双坡屋面，北为卷棚歇山顶。成为济南少数现存最古老的建筑之一。是济南等级最高、规模最大的城隍庙。2013年10月被批准为省级文物保护单位。通公交车。

题壁堂古建筑群 370102-50-B-c01
[Tíbìtáng Gǔjiànzhùqún]

位于济南市历下区泉城路街道寿佛楼后街。因吕洞宾题诗于壁的传说而得名题壁堂。嘉庆八年（1803）修建，清光绪三十一年（1905）扩建，2013年10月修缮，2014年修竣。题壁堂是升阳观的一部分，为北方现存最大的清代戏楼。建筑宏大壮丽，为济南现有较完整的古建筑群，也是济南较早的祠堂之一。1979年9月被批准为市级文物保护单位。通公交车。

浙闽会馆 370102-50-B-c02
[Zhèmǐn Huìguǎn]

位于济南市历下区黑虎泉西路东段路北。此处原为浙江、福建两省商人、官宦活动的公共场所，故名。清同治十二年（1873）初建，1988年翻建。现有山门、大殿、戏台，尚有一块金农书石碑，院内大厅、戏台、石碑等保存完好。这是济南现存规模最大的会馆。浙闽会馆主体建筑木结构雕刻、彩绘装饰，为人们研究会馆建筑历史、建筑技术、雕刻彩绘技术、民俗文化等提供了实际数据。是济南唯一保存完整的会馆建筑。1979年9月被批准为市级文物保护单位。通公交车。

清巡抚院署大堂 370102-50-B-c03
[Qīngxúnfǔ Yuànshǔ Dàtáng]

位于济南市历下区大明湖街道院前街1号，珍珠泉宾馆院内。此处原为清代巡抚衙门，故名清巡抚院署大堂。清康熙五年（1666）修建，1949年后重修。整个建筑金碧交辉、宏伟壮观。大堂坐北朝南，面阔五间，进深16米，整体建筑长32米，宽19.5米，歇山九脊，翘角飞檐，前为卷棚式，六根大红柱支撑着错落的云头斗拱。红柱之间为落地槅扇，檐角脊端皆饰吻兽。是传统的清代建筑物，整栋建筑保存完好，对研究济南清住宅典型建筑具有重要意义。1979年9月被批准为市级文物保护单位。通公交车。

崇明寺 370102-50-B-c04

[Chóngmíng Sì]

位于济南市历下区大明湖街道县学街11 号。为佛教寺庙，因佛教崇尚清明，故名崇明寺。崇明寺前者为历城县学文庙。始建于明代，1970 年寺院倾圮，20 世纪 90 年代初重建。寺庙内门楼东西分别为钟楼、鼓楼。正面写崇明寺，背面写文昌阁。崇明寺坐北朝南，两侧平台上分别建鼓钟亭。从旁门而入，院内的主要建筑是大雄宝殿，大殿内供奉着佛像。沿庭院往北走有念经堂。为济南市市中心的宗教都市道场。对研究济南宗教发展历程具有重要意义。2013 年 12 月被批准为市级文物保护单位。通公交车。

风景名胜区

千佛山风景名胜区 370102-50-C-b01

[Qiānfóshān Fēngjǐngmíngshèngqū]

位于历下区西部。面积 11.46 平方千米。千佛山古称历山，因"舜耕历山"的典故，又名舜山和舜耕山。隋开皇年间，山东境内佛教盛行，僧众于山体崖壁上镌刻了大量佛像，并在山腰处修建了"千佛寺"（今兴国禅寺），始称"千佛山"。1995 年被批准为省级风景名胜区。2005 年被评为国家 AAAA 级旅游景区。由千佛山石坊南行至唐槐亭，有上山的东西两条盘道。西盘道沿途娥英池、秦琼拴马槐、齐烟九点坊、云径禅关坊。山腰有兴国禅寺，寺内南崖上有隋代的石窟造像。兴国禅寺东有历山院，内有文昌阁、鲁班祠、舜祠、一览亭。山顶有落云亭、赏菊亭、望岱亭、飞来石等。山南黄石崖上有北魏正光四年（523）至东魏兴和二年（540）的石窟造像。东邻佛慧山，亦称橛子山，有宋代所镌释迦牟尼佛胸像一尊，高约 7 米，宽约 4 米，俗称大佛头。

佛慧山北面谷中有开元寺遗址，内有石龛、造像、题字多处，有泉名"甘露泉"。千佛山东麓有辛亥革命烈士陵园、弥勒胜苑等。弥勒胜苑的主体造像是大肚弥勒佛。佛像通体高 20 米，采用 3 毫米铜板焊接而成，花岗石质的莲花宝座高约 9 米，直径 30 米，坐南面北。景区定位为"佛教历史名山，虞舜文化圣地"，在传承宗教的同时，也具有较高的旅游价值。通公交车。

龙洞风景名胜区 370102-50-C-b02

[Lóngdòng Fēngjǐngmíngshèngqū]

位于历下区龙洞街道龙洞村南。北至回龙山、琵琶山，南至黑峪顶、城墙岭，东至东边山、白云山，西至牛角山、官山橛。因山中有"龙洞"而得名。1995 年由省政府批准为省级风景名胜区。有龙洞峪、鹭栖岩、佛峪、马蹄峪等自然景致；有遗存千年的古塔名刹、佛教造像和摩崖刻字等人文景观。"白云无尽""锦屏春晓"等巨字石刻，字高三尺，其中清光绪二十二年（1896）济南名士柳文洙所题的"壁立千仞"，笔画可容一人。还有金沙泉、白龙泉、黑龙泉、悬珠泉、一指泉、林汲泉、露华泉、壶嘴泉、金龙泉、老君井、凤凰池、白云泉等散布山间。其中林汲泉、金沙泉、白龙泉名列金代《名泉碑》。龙洞风景名胜区内容丰富，是侵蚀—溶蚀石灰岩地貌区，是国家珍稀保护植物的生长区，是济南泉群重要的生态涵养区，是艺术价值较高的摩崖造像群分布区。

大明湖风景名胜区 370102-50-C-b03

[Dàmínghú Fēngjǐngmíngshèngqū]

位于历下区西部，济南古城北部。东至黑虎泉北路，南至大明湖路，西北至护城河。湖面约 1.03 平方千米。大明湖是济南三大名胜之一，素有"泉城明珠"之美誉，该景区以大明湖为主要游览区，故名大明湖风景名胜区。2003年被批准为省级风景名胜区。景区内集湖泊、园林、古迹于一体，其中大明湖南岸有稼轩祠、遐园、明湖居、秋柳园；湖东北岸有南丰祠、张公祠、汇波楼、北极阁，湖北岸有铁公祠、小沧浪；湖中有历下亭、汇泉堂等名胜古迹。济南名亭之一的历下亭巍立于大明湖中最大的湖中岛上，上悬清高宗御书"历下亭"匾额，亭前楹联"海右此亭古，济南名士多"是杜甫的诗句。大明湖历史悠久，景色秀美，名胜古迹周匝其间。尤其它乃繁华都市之中的天然湖泊，实属难得。通公交车。

重要景点和一般名胜古迹

天下第一泉风景区 370102-50-D-a01
[Tiānxià Dìyīquán Fēngjǐngqū]

位于历下区西部的老城区。天下第一泉风景区由"一河（护城河）一湖（大明湖）三泉（趵突泉、黑虎泉、五龙潭三大泉群）四园（趵突泉公园、环城公园、五龙潭公园、大明湖风景名胜区）"组成。总面积3.1平方千米。因趵突泉素有天下第一泉之称，故风景区亦以天下第一泉命名。景区以天下第一泉趵突泉为核心，泉流成河，再汇成湖，并与明府古城相依相生，泉、河、湖、城融为一体，集中展现了独特的泉水水域风光。泉城最负盛名的趵突泉、黑虎泉、五龙潭三大泉群齐聚景区，其数量之多、形态之美、水质之优、历史文化之厚、科普科研之价值，堪称世界之最；大明湖是由众泉汇集而成的天然湖泊，泉水由湖南岸流入，水满时从湖北岸始建于宋代的北水门流出，湖底由不透水的火成岩构成，恒雨不涨，久旱不涸，素有"众泉汇流，平吞济泺"之说，被誉为"泉城明珠"；由泉水汇流而成的护城河，宛若一条玉带环绕古城，全长6.9千米的航道可谓"一河连百景"，沿护城河可一览黑虎啸月、趵突腾空、泺苑齐风、龙潭观鱼、月牙飞瀑、鹊华烟雨、汇波晚照、秋柳含烟、超然致远、曾堤萦水等310余处名胜景观，形成一条资源独特、保存完整、全国独一无二的泉水游览景观带，"不出城郭而获山水之怡，身居闹市而有林泉之致"，成为泉城特色标志区的重要组成部分。除泉河湖泊之外，还有人文景观、建筑小品200余处，重要的人文建筑20余处。其中，历史遗迹10余处、名人故居5处、历史纪念建筑6处。景区常年举办十余项大型传统文化活动，体现泉城济南的民俗文化特色。是济南市集独特的自然山水景观和深厚的历史文化底蕴于一体的精品旅游景区。2013年被批准为国家AAAAA级旅游风景区。通公交车。

兴国禅寺 370102-50-D-a02
[Xīngguó Chánsì]

位于济南市历下区经十一路18号千佛山公园内。因位于千佛山，曾得名千佛寺，后贞观年间以"兴国"冠首，有期盼国运兴隆之意，故名兴国禅寺。兴国禅寺依山而建，地处千佛山北山腰，共有7座殿堂，分四个院落，禅院深邃幽静，殿宇雄伟壮观，殿堂分布错落有致。整座寺庙迤逦山腰，古朴庄严。兴国禅寺的四个禅院习称"东庙"和"西寺"。东庙原是一个佛、道、儒各教混杂的院落，现为兴国禅寺的禅院，院内有大舜庙、文昌阁、鲁班词和碑廊等，反映出我国古代的传统文化和佛教文化相互交融的特色。西寺是兴国禅寺的主要部分。1983年被国务院确定为142所汉传佛教全国重点寺院之一。通公交车。

市中区

纪念地

济南战役纪念馆 370103-50-A-a01
[Jǐnánzhànyì JìniànGuǎn]

位于英雄山路 16 号。因纪念济南战役的伟大胜利而得名。1998 年 9 月 24 日在济南解放 50 周年之际，山东省人民政府批准将济南革命烈士陵园烈士事迹陈列室扩建为济南战役纪念馆。1998 年 9 月竣工。其建筑规模宏大，设计造型庄严雄伟，具有历史博物馆的特征，是一处重要的有地方特色的爱国主义教育基地，成为向群众提供知识和艺术欣赏价值的文化教育场所。1989 年 8 月被批准为国家级重点烈士纪念建筑物保护单位。通公交车。

济南革命烈士陵园 370103-50-A-a02
[Jìnángémìng LièshìLíngyuán]

位于山东省济南市英雄山南麓和五里山西麓。因园区安葬有革命烈士而得名。1949 年 11 月开工，1968 年竣工。占地 32 万平方米，建筑面积 2.7 万平方米。陵园以济南战役纪念馆为中心，形成了辐射全市范围的红色旅游景区。是山东省规模最大的烈士陵园。陵园建筑群体结构分三部分：北部英雄山巅建有革命烈士纪念塔，塔高 34.328 米，全部用乳白色花岗岩砌成；陵园中部建有革命烈士骨灰堂和事迹陈列室；陵园南部是烈士墓地。是山东省规模最大的烈士陵园。1977 年 12 月被批准为省级文物保护单位。1989 年 8 月被批准为国家级重点烈士纪念建筑物保护单位。通公交车。

中共山东省党史陈列馆 370103-50-A-b01
[Zhōnggòng Shāndōng Shěng Dǎngshǐ Chénlièguǎn]

位于共青团路 3 号。因受山东省委党史研究院业务指导，主要负责承办山东省和济南市党史展览，革命历史文物、文献资料的征集、保管与研究，管理和维护山东省委领导机关旧址、王尽美邓恩铭纪念广场而得名。1991 年迁至现址。为三层建筑，占地面积 1 200 平方米，高约 16 米，建筑平面布局以南北方向"巨"形布置。陈列馆馆藏文物 500 余件，展示照片 1 500 余幅。馆内设三个展厅，主要承办民主革命时期的大型党的历史资料图片展览。通过展出照片及实物，生动再现了中国共产党早期组织的发展、壮大及中共山东地方组织的建立、发展状况和党率领人民群众进行革命斗争、社会主义建设和改革开放的历史征程。1995 年 8 月被批准为省级爱国主义教育基地。通公交车。

重点文物保护单位

清真南大寺 370103-50-B-b01
[Qīngzhēn Nándàsì]

位于济南市市中区永长街 47 号。始建于元代，元代元贞元年（1295）迁至今址，公元 1436 年开拓地基，修建院墙，增建礼殿，南大寺始具规模。明弘治七年（1494）陈玺任南大寺掌教，领导济南穆斯林大拓寺基，扩建大殿，立南北讲堂、僻静所、沐浴室等，并将寺门朝向由南改东，南大寺自此始有中国伊斯兰教建筑特色，成为较大规模的古建筑群。此后，南大寺又经明嘉靖、万历，清嘉庆、道光、同治和民国初年的多次修葺扩建逐渐臻于完整。清真南大寺是融合了中西建筑文化的大型伊斯兰教建筑群，为中国伊斯兰教早期著名的清真寺之一，也是济南市历史最为悠久的清真寺。主要建筑包括邦克楼、望月楼、礼拜大殿，占地面积 6 330 平方米。为济南市改革开放的文明窗口和济南穆斯林礼拜敬主完成功课的重要场所，先后荣获全国模范清真寺、山东省文明宗教活动场所、山东省模范清真寺、济南市宗教界爱国爱教先进集体等荣誉称号。1992 年 6 月被批准为省级文物保护单位。交通便利。

清真北大寺 370103-50-B-c01
[Qīngzhēn BěidàSì]

位于济南市市中区永长街 23 号。因别于位于同一条街的清真南大寺而名。始建于明弘治年间，至嘉庆、道光、光绪及民国初年均有修葺。济南清真北大寺系全国著名清真寺之一。占地面积 5 400 平方米，主要包括第一座院落中的南北讲堂各 3 间，第二座院落的南北讲堂各 5 间，配房各 2 间，礼拜大殿、穆华庭纪念碑。是济南西关穆斯林叩拜真主、寄托虔诚心灵的圣地，也是学习伊斯兰教义的宗教活动场所。北大寺曾被评为"全省文明宗教活动场所""山东省模范清真寺""济南市宗教界爱国爱教先进集体""济南市宗教界红旗单位""全市宗教界共建美好家园活动先进集体"等荣誉称号，并赢得广大穆斯林赞誉。1979 年 9 月被批准为市级文物保护单位。通公交车。

长春观 370103-50-B-c02
[Chángchūn Guàn]

位于山东省济南市市中区回民小区内的长春观街 1 号，是一座道教全真派宫观。传说是金代长春道人丘处机修炼之地，故名长春观。北宋大观五年（1111）始建，是济南历史最悠久的道观之一。长春观入门为三开间大殿，大殿共有 4 间，东西长 13 米，宽 15 米，总面积 3 216 平方米，是集修行弘法、教育研究于一体的道教文化中心。1979 年 9 月被批准为市级文物保护单位。交通便利。

重要景点和一般名胜古迹

南上山街教堂 370103-50-D-c01
[Nánshàngshānjiē Jiàotáng]

位于济南市市中区经七路纬一路南上山街 20 号。因坐落在南上山街而得名。1923 年修建。后来原先的旧教堂因年久失修，不能使用，遂将旧堂拆除又建成现在的新堂。1986 年 12 月南上山街正式复堂。是集聚会、礼拜、传教、慈善于一体的综合性基督教文化中心。通公交车。

三里庄教堂 370103-50-D-c02
[Sānlǐzhuāng Jiàotáng]

位于济南市市中区三里庄街 13 号。因位于三里庄街而得名。1939 年创建。占地面积 400 平方米。主堂属典型的希腊式建筑，融合了北京四合院的结构，为中西合璧的独立式院落。是济南市基督教灵恩会（基督教宗派之一）的发源地，历史上有多位著名的中国传道人在此传经布道。属于济南市市中区文物保护单位。通公交车。

济南清真女寺 370103-50-D-c03
[Jìnán Qīngzhēn Nǚ Sì]

位于济南市市中区永长街 29 号，回民小区内。党的十一届三中全会后，为满足女穆斯林宗教生活，将始建于清咸丰年间的饮虎池小寺改为清真女寺。1992 年，由于城市建设规划，添源大街拓宽被拆除，在各级政府关怀支持下，在回民小区建设的同时，建成了这座华北地区最大的，也是唯一一座独立的阿拉伯式清真女寺。1992 年重建，1994 年竣工。新女寺占地近 600 平方米，阿拉伯建筑别具一格，大殿能容纳 400 多人礼拜，穹顶、洁白瓷砖的礼拜大殿为主体建筑，两侧是阿訇室、办公室和接待室，四周青松环抱，环境幽雅。

基本满足回民小区内穆斯林女同胞的宗教生活需求。通公交车。

刘家林清真寺 370103-50-D-c04
[Liújiālín Qīngzhēn Sì]

位于济南市市中区党家街道办事处刘家林村。因建在刘家林村而得名。明朝始建，1997 年重修。是济南市的清真古寺之一，整体建筑为典型的新型阿拉伯式建筑。寺中有大殿、穹顶、殿堂等，总面积 2900 多平方米，南北配有讲堂、沐浴室等。对研究济南宗教发展历程具有重要意义。交通便利。

玉皇山清虚观 370103-50-D-c05
[Yùhuáng Shān Qīngxū Guàn]

位于济南市市中区陡沟街道马家庄村北玉皇山上。具体得名原因不详。北宋大中祥符六年（1013）始建，2005 年 3 月重修。现存破损的古碑有修建清虚观字样。占地面积约 13 000 平方米，建筑面积 2 000~3 000 平方米，清虚观以山门成轴线依次排列有灵官殿、玉皇殿、碧霞元君殿、财神殿、王母殿、三官殿、元辰殿、三清殿等建筑。玉皇山清虚观作为济南市合法开放宗教场所，为信教群众提供了一个合法正信道教场所，破除迷信，抵制邪教，弘扬中国优秀传统文化，引导信教群众爱国正信正行。通公交车。

槐荫区

纪念地

侵华日军细菌部队原驻地 370104-50-A-c01
[Qīnhuá Rìjūn Xìjūn Bùduì Yuánzhùdì]

位于槐荫区经六路纬九路 38 号。因该地作为日军从事细菌战的实验室而得名。

1938 年建立，1942 年迁至此处。是一座砖混结构、带有半地下室的现代建筑，占地面积 673 平方米。该处是日军 1875 细菌部队用来专门毒害、解剖中国人民的场所，是罪恶滔天的侵华日军专门残害中国人民的场所，是见证日军暴行的历史建筑，是有重要教育意义的历史建筑。通公交车。

重点文物保护单位

"五三惨案"蔡公时殉难地
370104-50-B-b01
[Wǔsāncǎn'àn Càigōngshí Xùnnàndì]

位于槐荫区五里沟街道经四路 370 号。因 1938 年 5 月 3 日蔡公时在此处被杀害而得名。2011 年 5 月至 2012 年 5 月，文物部门启动了修缮保护工程，对其进行了全面维修，并建设成蔡公时纪念馆，2012 年 5 月 3 日免费向社会开放。该建筑建于民国初期，是济南现存近现代建筑中建造年代较早、保存较好、建筑艺术较高的典型日耳曼别墅式建筑。建筑立面构造错落有致，平面布局灵活紧凑，内部使用功能完备，建筑质量极佳。建筑营造所采用的西方先进施工技术与中国传统建筑技术完美结合、新型现代建筑材料的利用、建筑立面艺术的处理手段等各方面，均具有较高的历史、艺术、科学价值。2006 年 12 月被批准为省级文物保护单位。通公交车。

兴福寺 370104-50-B-b02
[Xīngfú Sì]

位于槐荫区兴福街道，现济南卫校西校区院内。因该寺的历史资料较少，名称来历不可考。始建于宋，毁于元代。2006 年 3 月，济南市文物局、济南市考古研究所对兴福寺的大殿、后殿及东西厢房等进行全面维修。兴福寺坐北朝南，现有两进院落，仅存大殿、东西厢房、后殿和4棵古树，树龄近千年。寺院原有四进院落，寺内建有山门、正殿、后殿、寝殿及东西厢房，总面积达1900平方米。此庙宇有一最大特点是建筑规格较高，大殿和后殿都为庑殿顶的建筑形式，在济南小型庙宇中仅此一处。对研究济南宗教发展历程具有重要意义。2006年12月被批准为省级文物保护单位。通公交车。

阜城信棉花行东记西记旧址
370104-50-B-b03
[Fùchéngxìn Miánhuāháng Dōngjì Xījì Jiùzhǐ]

位于槐荫区经二路369号。因原商铺商号得名。1909年建成。占地面积4532平方米。建筑主体坐北面南，为砖石木结构，硬山大瓦顶，墙体为砖石混水墙，局部山墙山花部位为青砖墙，居住办公等建筑为红砖墙。现存建筑平面布局基本保持原貌，主要建筑为两层，均由建筑围合形成几个封闭的院落，上层设有悬挑檐廊周圈相交。建筑主要用于居住、办公、储存贵重物品和商业贸易等。东记占地面积1214平方米，西记占地面积1030平方米。阜城信东记、西记是济南市商埠区现存的以传统建筑为主体风格、吸收西式建筑为我所用的近现代代表性建筑，其建筑规模、建造年代、营造技术水平、建筑材料选用等，在济南现存同类建筑中都是屈指可数的，具有较高的历史、艺术、科学价值。2013年10月被批准为省级文物保护单位。通公交车。

宏济堂博物馆 370104-50-B-b04
[Hóngjìtáng Bówùguǎn]

位于槐荫区五里沟街道经二路281号。因创始人乐镜宇先生亲自书写，取"宏仁广布，济世养生，堂正天下"之意而得名。1907年建成。占地面积约300平方米。宏济堂属中华老字号，历史上与北京同仁堂、杭州胡庆余堂并誉为中国"三大名店"。1907年，乐镜宇在济南先后创建了宏济堂乐家总店、西记、中记三家商号，现总店和中记拆除，仅剩西记留存至今，见证了济南商埠区的兴衰发展，具有较高的历史、艺术和科学价值。2013年10月被批准为省级文物保护单位。通公交车。

经三路日本总领事馆旧址 370104-50-B-b05
[Jīng 3 Lù Rìběn Zǒng Lǐngshìguǎn Jiùzhǐ]

位于槐荫区经三路240号。1914年8月日军对德宣战，占领济南后在此办公，故名。1917年始建，1918年2月建成，1928年被炸毁，1939年重建。现存建筑群是一组"老摩登"式的建筑，与早期的领事馆风格相异（西洋古典风格），带有明显的日本特征，是研究日本当时建筑风格与特点的重要实物资料。而其作为日本当时在山东的侵略和统治工具，如今仍具有十分重要的爱国主义教育意义。2013年10月被批准为省级文物保护单位。通公交车。

济南市基督教经四路教堂 370104-50-B-b06
[Jǐnán Shì Jīdūjiào Jīng 4 Lù Jiàotáng]

位于槐荫区经四路425号。因是位于经四路的基督教宗教场所而得名。1924年始建，1926年建成。占地面积13280平方米。由礼拜堂及其他多组建筑物组成，总建筑面积约6725平方米，砖石木结构，墙体有清水红砖墙和混水砖石墙。建筑坐北面南，矩形平面，设半地下室一层。顶部是铁皮覆盖的方锥形塔顶，涂以红漆，两个硕大高耸的尖塔十分醒目。整栋建筑色彩明快，造型质朴、稳重，平面布局合理，是一个完全由中国人自己设计、投资、使用的近代宗教建筑物，具有较高的文物价值。2013年10月被批准为省级文物保护单位。通公交车。

周恩来同志视察北平军事调处部济南执行小组纪念地 370104-50-B-c01

[Zhōu'ēnlái Tóngzhì Shìchá Běipíng Jūnshì Diàochùbù Jǐnán Zhíxíngxiǎozǔ Jìniàndì]

位于槐荫区经三路 240 号。因历史事件而得名。20 世纪 40 年代建造。占地面积 904 平方米，建筑总面积 1 808 平方米。1946 年 3 月 2 日，北平军调部中共首席代表周恩来与国民党首席代表张治中、美方首席代表马歇尔到济南视察。在周恩来、叶剑英、陈毅等的领导下，中共代表团利用济南小组这个阵地，有理、有利、有节地同敌人斗争，揭露了国民党反动派假和平真内战的阴谋，维护了广大人民的利益，维护了暂时出现的和平。该纪念地对于当代依然具有十分重要的爱国主义教育意义。1979 年 9 月被批准为市级文物保护单位。通公交车。

祝阿古城遗址 370104-50-B-c02

[Zhù'ē Gǔchéng Yízhǐ]

位于槐荫区段店镇古城村东。因位于槐荫区祝阿古城而得名。20 世纪 90 年代发掘。面积约 3 万平方米。为龙山文化，商周、汉时期古文化遗存。曾采集有龙山文化夹砂灰陶罐口、夹砂黑陶鼎残片，西周泥质灰陶罐口、豆残片，汉代泥质灰陶盆口沿、罐口沿等。遗址地址与历代文献记载的祝阿故城相符，是济南市商周时期的重要遗址之一。该遗址对研究济南地区龙山时代及商周的聚落具有重要意义。1995 年 12 月被批准为市级文物保护单位。通公交车。

德鑫里胡同 370104-50-B-c03

[Déxīnlǐ Hútòng]

位于槐荫区振兴街街道经六纬十二路路口向东 50 米路北。最初这个里弄有两家人，张家儿子叫小德，闫家儿子叫小鑫，于是两家各取孩子名中的一字，用"德鑫"命名自己居住的里弄。1934 年始建。该院落面积约 1 800 平方米。起初为四个大院，后由于住家的不断更迭，现存建筑布局已有变化，为六个传统四合院另加几处传统民居建筑。其中 265、271 号院落为中西合璧，门楼为西式拱券、山字形女儿墙门楼，正方为四坡顶，带前廊，仿爱奥尼克的西式檐柱，室内为木地板，271 号的正房还带有地下室。其余院落布局均由大门、南倒房、东西厢房和正房组成，建筑均为硬山式，正房五开间，带前廊，木质檐柱，檐柱间有木挂落、雀替等建筑构件。对研究济南典型民居建筑具有重要意义。2013 年 12 月被批准为市级文物保护单位。通公交。

经四路三九四号德式建筑 370104-50-B-c04

[Jīng 4 Lù 394 Hào Déshì Jiànzhù]

位于槐荫区五里沟街道经四路 394 号。因建筑风格为德国风格而得名。20 世纪 20 年代建成。占地面积为 1 200 平方米。为三层西式洋楼，东西长 17.5 米，南北宽 14.9 米。砖石结构，石砌墙基。建筑外立面抹砂浆装饰。建筑具有鲜明的民族特色和时代特色，是市级近现代重要史迹及代表性建筑，具有重要的建筑研究意义。2013 年 12 月被批准为市级文物保护单位。通公交车。

峨嵋山古建筑群 370104-50-B-c05

[Éméi Shān Gǔjiànzhùqún]

位于槐荫区兴福街道大金庄西峨嵋山上。因地理位置而得名。清初始建，清光绪年间建文昌阁，后逐步形成由大士殿（正殿）、东西配殿、文昌阁、钟鼓楼等组成的寺院。中华人民共和国成立后，殿宇逐渐坍塌，现留残迹，占地面积 2 000 平方米。钟鼓楼是槐荫区保存较好的一处近代石制小品建筑，历经百余年风雨沧桑，至今仍保存于原处，是研究当地民俗宗教与地方史的重要实物资料。2013年12月被批准为市级文物保护单位。通公交车。

天桥区

纪念地

扁鹊墓 370105-50-A-c01
[Biǎnquè Mù]

位于天桥区鹊山西麓。由墓主姓名而得名。具体建成时间不可考。墓为一土丘，封土有一米多高，上面被松软的黄土覆盖着，墓底座用水泥加以保护。墓前有扁鹊塑像。充分体现了扁鹊在人们心中很有声望，另一方面也表达了人们对他的怀念和敬重。交通便利。

重点文物保护单位

原胶济铁路济南站近现代建筑群
370105-50-B-a01
[Yuán Jiāojǐtiělù Jǐnánzhàn Jìnxiàndài Jiànzhùqún]

位于济南市天桥区车站街30号。因地理位置而得名。1915年建成。为胶济铁路的起点站，地处济南商埠区的东北部，是20世纪初济南自开商埠的中心区域。总面积1 560平方米。本建筑群见证了济南乃至全国铁路发展的历史，见证了帝国主义对山东进行的经济掠夺和文化侵略。其建筑在新型材料应用、建筑立面艺术处理手段等各个方面都代表了当时的建筑水平，具有较高的历史、艺术和科学研究价值。2013年3月被批准为国家级文物保护单位。通公交车。

毛泽东主席视察北园公社纪念地
370105-50-B-b01
[Máozédōng Zhǔxí Shìchá Běiyuángōngshè Jìniàndì]

位于济南市天桥区北园街道水屯村，今北园中学院内。因毛泽东主席视察北园公社得名。1970年8月9日，为纪念毛泽东主席视察北园十二周年，于毛泽东主席当年视察过的地方，开辟纪念地一处。当时纪念地占地1.8万平方米，主体部分为黄岗岩毛泽东主席塑像，后为毛泽东主席手书"人民公社好"五个鎏金大字的影壁，影壁长约20米，高7米。毛泽东主席塑像基座后方镌刻有"一九五八年八月九日，伟大领袖毛主席视察北园，并发出'还是办人民公社好'的伟大号召，一九七〇年八月九日敬建"。对于当代依然具有十分重要的爱国主义教育意义。1977年12月被批准为省级文物保护单位。通公交车。

周恩来总理视察泺口黄河铁桥纪念地
370105-50-B-b02
[Zhōu'ēnlái Zǒnglǐ Shìchá Luòkǒuhuánghétiěqiáo Jìniàndì]

位于济南市天桥区北部。为纪念具有重要意义的历史事件而得名。为1958年8月周总理于泺口黄河铁路大桥视察险情处。总面积11 800平方米。体现了我国领导人对人民的深切关怀，对于当代依然具有十分重要的爱国主义教育意义。1977年12月被批准为省级文物保护单位。通公交车。

王士栋烈士纪念地 370105-50-B-b03
[Wángshìdòng Lièshì Jìniàndì]

位于济南市天桥区泺口街道办事处鹊东村。由烈士姓名而命名。为表彰烈士英勇事迹，1967年11月11日，济南市革命委员会在泺口黄河铁路大桥北端、鹊山东麓，修建"王士栋烈士纪念地"。纪念地建有高 1.9 米、宽 3.8 米、条石砌成的石座，上书"完全彻底为人民服务"。石座上面塑有王士栋烈士英勇抢险的立体塑像。对于当代依然具有十分重要的爱国主义教育意义。1977 年 12 月被批准为省级文物保护单位。不通公交车。

中共山东省委秘书处旧址　370105-50-B-b04
[Zhōnggòng Shāndōngshěngwěi Mìshūchù Jiùzhǐ]

在济南市天桥区东南端东流水街 105 号。因中共山东省委秘书处曾在此秘密办公而得名。1922 年设立。1922—1927 年为中共山东省委开展革命活动的中心。它是闻名遐迩的革命纪念地，是人们缅怀革命先烈、接受爱国主义教育的重要场所。1977 年 12 月被批准为省级文物保护单位。通公交车。

张养浩墓　370105-50-B-b05
[Zhāngyǎnghào Mù]

位于水屯北路与西泺河路交叉口东南 150 米。由墓主姓名而得名。具体建成时间不可考。墓园门口牌坊上书有"水月松风"四个大字，园内有麟石一块，石碑数尊，松柏青翠，杂树林立，野草苗苗。深处有一直径 10 米左右的圆形土坟。墓为土筑，墓区占地 0.2 公顷，残高 1.9 米。墓地有亲属墓葬 4 座、明清所立墓碑 4 通、石雕石狮 2 尊、"四奇石"之一的"麟石"1 块、石龟 1 尊。墓地植有松柏、杨柳等树木。各地张氏后裔每年都派专人前来张养浩墓园、祠堂旧址祭扫凭吊，此地已经成为历史文化名城济南的一张文化历史名片。1992 年 6 月被批准为省级文物保护单位。通公交车。

车站街津浦铁道公司高级职员府邸
370105-50-B-b06
[Chēzhàn Jiē Jīnpǔtiědàogōngsī Gāojízhíyuán Fǔdǐ]

位于天桥区车站街。因单位及建筑职能而得名。具体建成时间不可考。原津浦铁道公司是由国人经营的公司，但公司的高层次管理人员和技术人员绝大多数是外聘的外国专家。该府邸是由两座日耳曼风格的别墅建筑东西并排组成。建筑平面是短肢的"T"字形，两层，有地下室，总面积 422 平方米，建筑外形以高而陡的缓曲线屋面为主要特征。2013 年 10 月被批准为省级文物保护单位。通公交车。

重要景点和一般名胜古迹

五龙潭公园　370105-50-D-a01
[Wǔlóngtán Gōngyuán]

位于济南市天桥区制锦市街道朝阳街 24 号。因内有五龙潭而得名。1985 年辟建。占地面积 5.44 公顷，其中水面 0.8 公顷。五龙潭公园内，散布着形态各异的 28 处古名泉，构成济南四大泉群的五龙潭泉群。公园的建园风格兼具南北造园精华，是一座由潭、池、溪、港等景观构成，并以质朴野逸为特点的园林水景园。五龙潭公园风景秀丽，柳丝醮波，鸣禽啾啾，荇藻漂浮，锦鱼嬉戏，风景幽雅，独具特色。是一处以自然风光为依托，有深厚的历史文化底蕴的旅游景区。2013 年 9 月被批准为国家 AAAAA 级旅游景区。通公交车。

张东木故居及东元盛染坊旧址
370105-50-D-c01
[Zhāngdōngmù Gùjū Jí Dōngyuánshèngrǎnfáng Jiùzhǐ]

位于济南市天桥区制锦市锦缠街。是当年民族工业"东元盛"的创办人、民族实业资本家张启垣和其子张东木的故宅，故名。1916年，时局动荡，东元盛总号前往济南，1920年于锦缠街建厂，七七事变后张东木担负起厂里的生产管理和技术工作。1954年东元盛实行公私合营，成为济南第一家公私合营工厂。1966年，东元盛染厂成为国营企业，济南东元盛印染厂更名为国营济南第二印染厂。总面积575.9平方米。布局规整，北屋五间，青瓦抱厦，木格窗棂，雕梁画檐，为民族古建之经典。东元盛印染厂是山东近代著名的民族企业之一，在济南近代工业发展史上书写了不可或缺的一笔。通公交车。

历城区

纪念地

历城区革命烈士山陵园 370112-50-A-c01
[Lìchéng Qū Gémìnglièshìshān Língyuán]

位于济南市历城区鲍山街道赵家庄东南。因埋葬济南战役中英勇牺牲的华野九纵解放军指战员而得名。1950年筹建，1954年破土动工，1955年正式落成，2003年改造。总面积约300平方米。陵园对纪念解放济南战役中的先烈及教育后代具有重要意义。通公交车。

重点文物保护单位

洪家楼天主教堂 370112-50-B-a01
[Hóngjiālóu Tiānzhǔ Jiāotáng]

位于历城区洪家楼街道东南，洪家楼广场北侧。因教堂坐落在洪家楼街道而得名。建于清光绪三十一年（1905）。是一座典型的哥特式建筑。教堂坐东面西，呈多角多棱、多门多窗、前窄后宽形状。正面有两个尖顶分立式钟楼，教堂后端也矗立着两个高约55米的尖塔，前后四塔相对相应，别具一格。正门两侧一对高大的钟楼通贯多层墩柱。教堂内，设两排纵柱，地面用青条石铺就，圆顶和墙壁上绘有精工图案、雕饰和文字。教堂的窗是用彩色的玻璃镶嵌而成。据载，该教堂是依照德国科隆大教堂的模式建造的，冲天的众尖塔和飞扶壁都是典型哥特式教堂风格，飞扶壁在中国国内哥特式教堂建筑中是较典型的一例。该教堂可容纳千余人做弥撒，不仅是济南规模最大的天主教堂，也是华北地区较大的天主教堂之一。2006年5月被批准为国家级文物保护单位。通公交车。

大辛庄遗址 370112-50-B-a02
[Dàxīnzhuāng Yízhǐ]

位于历城区王舍人街道大辛庄村东南。因遗址所在地理位置而得名。大辛庄遗址为商代古遗址，于1935年被当地农民发现，并由当时在齐鲁大学任教的英国人林仰山（F.S.Drake）教授最早将这一发现公之于外。1984年、2003年、2010年和2014年曾进行过四次大规模考古勘探和发掘，出土了大批精美陶器、青铜器、玉石器、骨角蚌器和珍贵的商都殷墟以外的首片商代甲骨卜辞等生活、生产、军事遗物，取得了一系列重要的考古成果，为全面认识大辛庄类型商文化的内涵提供了丰富资料。遗址长600米，宽500米，总面积约30万平方米。文化层较厚，可分早、晚期两个文化层。该遗址是一个范围大、灰层厚、遗存十分丰富的商代遗址，确定保护重点区域为110 960平方米。是迄今发现的商代中期中原地区商文化向东推进最远的据点，对商文化及商代夷商关系的研究具有极为重要的意义。2013年3月被批准为国家级文物保护单位。通公交车。

毛主席视察省农科院纪念地

370112-50-B-b01

[Máozhǔxí Shìchá Shěngnóngkēyuàn Jìniàndì]

位于历城区全福街道祝甸村南省农科院东的试验田。1958 年 8 月 9 日、1959 年 9 月 21 日,毛主席两次来此视察棉花试验田,因此得名。1958 年设立。该纪念地现为省农科院试验田,对研究中华人民共和国农业发展史及重要历史事件具有一定的价值。1977 年 12 月被批准为省级文物保护单位。通公交车。

房彦谦墓 370112-50-B-b02

[Fángyànqiān Mù]

位于历城区彩石镇西彩石村村北。因房彦谦死后葬于此,故名。房彦谦墓为唐代古墓葬。墓为土墓,高约 5 米,直径 15 米。墓前有石碑"隋监察御史房公彦谦墓"及唐代雕刻的石虎、石羊等。墓南有"唐故徐州都督房公碑",由唐代著名书法家欧阳询书,为省内仅有的初唐书法石刻珍品。房彦谦墓为研究唐代名人墓葬建筑形式提供了实物资料。1977 年 12 月被批准为省级文物保护单位。通公交车。

华阳宫古建筑群 370112-50-B-b03

[Huáyánggōng Gǔjiànzhùqún]

位于历城区华山街道中部。因其殿宇名称而得名。金代兴定四年(1220)首建,明清时期扩建。主要殿宇有四季殿、双忠殿、泰山行宫、龙王庙、观音殿等,被誉为"济南巨观"。华阳宫古建筑群内遗存了 300 余平方米古壁画,四季殿内柱上的盘龙浮雕为我国龙雕珍品。是济南历城庞大古老的道教宫观,也是济南市保存较为完整的古代宗教建筑之一,对研究古代建筑艺术及宗教文化具有一定历史价值。2006 年 12 月被批准为省级文物保护单位。通公交车。

闵子骞墓 370112-50-B-b04

[Mǐnzǐqiān Mù]

位于山大路街道东部百花公园西门北侧。因闵子骞死后葬于此,故名。闵子骞墓为宋代古墓葬。宋熙宁七年(1074),济南太守李肃之在墓前立碑并建立祠堂。2000 年 9 月,市文物局又重新修葺墓苑并对外开放。原墓为土墓,后用砖石等对闵子骞墓进行修葺,坟墓呈圆形,高约 3 米,直径约 5 米。墓背面有"闵子骞墓"石碑,墓东有二十四孝碑廊,墓西有从各地收集来的石碑,四周还有多尊石羊、石马、石狮、石龟等石像。闵子骞墓不仅是济南市区范围内一处重要的宣传中华民族优秀传统文化的场所,也成为一座石刻艺术博物馆和孝文化博物馆。2013 年 10 月被批准为省级文物保护单位。通公交车。

重要景点和一般名胜古迹

济南蟠龙山省级地质公园 370112-50-D-b01

[Jǐnán Pánlóngshān Shěngjí Dìzhìgōngyuán]

位于济南市历城区彩石镇旅游路。因园区内蟠龙山而得名。蟠龙山是构造侵蚀和溶蚀地貌的低山丘陵群。蟠龙山地质公园是济南重要的地质公园,能够向人们展示地质的演变过程。2006 年 9 月被批准为省级地质公园。通公交车。

济南华山省级地质公园 370112-50-D-b02

[Jǐnán Huáshān Shěngjí Dìzhìgōngyuán]

位于济南市历城区华山街道。因园区内华山而得名。面积 90 000 平方米。主要景点有华山、华阳宫、华阳湖等,为旧时济南八景之一。华山奇峰林立,象形石、瀑布及泉水广布,同时分布有崩塌等地质灾害遗迹,具有国内外独特的岩浆岩地质遗迹,有极高的科学研究和观赏价值,集地学科普、观光旅游及休闲娱乐于一体。2007 年 4 月被批准省级地质公园。通公交车。

长清区

重点文物保护单位

孝堂山郭氏墓石祠 370113-50-B-a01
[Xiàotángshān Guōshìmùshící]

位于长清区孝里镇孝堂山山顶。相传为汉代孝子郭巨墓石祠，故名。就祠内题记和画像风格判断，建筑年代约为东汉初期，1999 年进行了维修扩建。石祠为全石结构，单檐悬山式。石祠南向，祠内东西宽 3.80 米，南北进深 2.08 米。石祠除内壁刻满画像外，在八角柱、山墙上、瓦当上以及内部石台上均刻有蕨纹、垂帐纹、菱纹等简朴装饰，雕刻多为平地阴线刻法，少部分采用凹入平面刻法，风格劲利，在汉画像石中独具特色，为研究汉代政治经济、文化艺术乃至民风民俗提供了宝贵的资料。是迄今唯一一座保存较完整的画像石祠堂，也是我国现存最早的地面房屋建筑。1961 年 3 月被批准为国家级文物保护单位。通公交车。

明德王墓地 370113-50-B-a02
[Míngdéwáng Mùdì]

位于长清区五峰山街道东菜园村东北青崖山南麓山坡上。环山坡东、南排列着明英宗次子德庄王朱见潾及其嫡裔德懿王、德恭王、德定王、德端王等七人的陵寝，故名。1992 年曾抢救性发掘了德庄王墓。分布面积近 300 000 平方米，各陵园平面均呈马蹄形，有内外院墙、陵门、金水桥、院落、配殿、享殿、封土等依山势向北对称分布。德王墓群是目前所知规模最大、保存最完整的明代亲王家族墓地，具有重

大的历史、文物和研究价值。2013 年 3 月被批准为国家级文物保护单位。通公交车。

四禅寺遗址 370113-50-B-c01
[Sìchánsì Yízhǐ]

位于长清区张夏镇土屋村北。以传统名称与文化遗产类别组合得名。据《八棱碑》载："大宋熙宁己酉岁五月"。《慈氏殿碑记》载："阜昌二年动工，五年竣工。"考，公元 1069 年建寺，公元 1131 年刘宋阜昌二年重修。现存钟楼和宋代经幢各 1 座。经幢青石质，呈八角形，高约 4 米，由幢础、幢身、宝盆、露盘、刹顶等组成，幢身镌刻般若波罗蜜多心经。寺北山坡上有宋代石佛龛 1 处，龛内有佛造像 5 尊，龛外建有明代单檐方塔 1 座，保存较好。1995 年 12 月被批准为市级文物保护单位。通公交车。

史元厚烈士纪念堂 370113-50-B-c02
[Shǐyuánhòu Lièshì Jìniàntáng]

位于长清区马山镇潘庄村。为纪念抗美援朝烈士史元厚而兴建，故名。1954 年修建。纪念堂分东西两院，占地约 1 200 平方米，西院为烈士纪念堂，东院为烈士亲属居住地。纪念堂坐北朝南，为四合院式建筑。为青少年爱国主义教育基地。1995 年 12 月被批准为市级文物保护单位。通公交车。

卢故城 370113-50-B-c03
[Lúgù Chéng]

位于归德镇国街村西。因此地为汉代卢国故城，故名。东汉永元二年（90）分泰山郡置济北国，设为济北王都城。20 世纪 80 年代曾发现过汉代砖、瓦等建筑材料。城址平面呈方形。边长约 1 千米，城墙轮廓清晰。由于地势低洼，城内黄河淤土堆积较厚，故文化堆积厚度不详。2007 年 3

月被批准为市级文物保护单位。通公交车。

丰施候庙 370113-50-B-c04
[Fēngshīhòu Miào]

位于马山镇驻地西2千米处的马山顶。由事件传说得名。建于元延祐元年（1314），保存至今的建筑遗迹多为明代重修。建筑群分三组，山门为石拱券成，前后贯通，面阔3间，有前檐立柱。今立有龟首蟠螭碑2通，残倒碑4通，为元明清遗物。2013年12月被批准为市级文物保护单位。通公交车。

重要景点和一般名胜古迹

灵岩寺旅游区 370113-50-D-a01
[Língyán Sì Lǚyóuqū]

位于万德镇驻地。因景区内灵岩寺而得名。景区以佛教文化为主。保存最为完好的、规模较大的古建筑千佛殿，内有40尊宋代彩色泥塑罗汉像。灵岩寺的形象标志辟支塔建于宋代，距今有900多年的历史。极具旅游休闲价值，对研究济南宗教发展历程具有重要意义。2001年10月被评为国家AAAA级旅游景区。通公交车。

五峰山风景区 370113-50-D-a02
[Wǔfēng Shān Fēngjǐngqū]

位于五峰山街道办事处驻地。因景区内的五峰山而得名。五峰山作为江北第一道教圣地，道观规模尤为宏大，分南、北两观。北观即洞真观，观内碑石林立，宫观殿宇数百间，主要有玉皇殿、真武殿、三元殿、清泠亭、石牌坊等。南观称元都观，又名玄都观，是明朝德王府的陵园。极具旅游休闲价值。2001年10月被评为国家AAA级旅游景区。通公交车。

自然保护区

长清寒武纪地质遗迹 370113-50-E-b01
[Chángqīng Hánwǔjì Dìzhì Yízhǐ]

位于张夏镇和崮云湖街道。由馒头山保护区段、虎头崖-黄草岭保护区段、唐王寨-范庄保护区段三部分组成。总面积262公顷，其中缓冲区面积19.5公顷，试验区面积242.5公顷。济南张夏-崮山华北寒武系标准剖面，地层连续，三叶虫等生物化石保存完好。1995年，原地质矿产部明确了该地是华北地层寒武纪馒头组、张夏组、崮山组和炒米店组建组剖面所在地。2001年4月被批准为省级地质遗迹自然保护区。主要保护对象为寒武纪地层结构。四条剖面构成了寒武系完整的地层剖面，其露头佳，地层单位间接触关系清楚，岩石类型、层面层理构造现象极为丰富，化石丰富、保存完整，是进行层序地层研究、地层多重划分的理想剖面。是地质教学、科研科普的有利地区，是不可多得的"地学实验室"。交通便利。

章丘市

纪念地

匡章墓 370181-50-A-c01
[Kuāngzhāng Mù]

位于章丘市绣惠镇北女郎山西山坡上。因战国名将匡章而得名。1990年被发掘。该墓为甲字形土坑竖穴，上部为夯筑填土，现存墓口南北长13.15米，东西宽12.58米。出土的彩绘乐舞俑形象地再现了战国贵族的生活场景，为研究战国时期齐国的文化艺术、乐舞服饰等提供了极其珍贵的实物资料。通公交车。

大冶清真寺 370181-50-A-c02

[Dàyě Qīngzhēn Sì]

位于章丘市埠村街道大冶村东路南。因所在村和宗教而得名。明正德、嘉靖年间始建。是一组较完整、古朴、严谨的古建筑群，其建筑全部为砖、石、木结构，硬山顶。整座寺院南北长，东西宽，布局合理，古朴大方，历经沧桑，至今仍保持着它的原始风貌，具有极高的社会文化价值。通公交车。

洛庄汉王陵 370181-50-A-c03

[Luòzhuāng Hànwánglíng]

位于章丘市枣园街道洛庄村西1千米处。因位于洛庄村而得名。1999年6月被发现，1999年6月至2000年底进行发掘。面积约40 000平方米，墓葬方向为东西向，平面结构呈"中"字形。墓室东西各有一条墓道，墓室的深度约20米。墓室面积约1 300平方米，是境内发现的汉代诸侯王土坑墓中最大的一座，出土文物3 000余件。为研究汉代诸侯王陵的埋葬制度提供了新的资料。通公交车。

重点文物保护单位

城子崖遗址博物馆 370181-50-B-a01

[Chéngzǐyá Yízhǐ Bówùguǎn]

位于章丘市龙山街道境内。因地处高阜，宛若城垣，故名城子崖。1994年9月建成。总占地面积20 000平方米，主体建设面积4 000平方米。馆内陈列了西河、北辛、龙山等文化时期出土的珍贵文物，突出展示了西河遗址、城子崖遗址、东平陵古城3处国家级重点文物保护单位的文物精品，是山东省第一座史前遗址博物馆。1961年3月被批准为国家级文物保护单位。通公交车。

西河遗址 370181-50-B-a02

[Xīhé Yízhǐ]

位于章丘市龙山街道龙山三村北约500米处。因遗址西部与北部为巨野河支流西河环绕而得名。自1991年6月起共经过三次勘探和发掘。其主要文化遗存为西河文化时期遗迹，还有少量大汶口文化、龙山文化及部分汉唐时期遗迹和遗物。遗址南北长约400米，东西宽约300米，面积约120 000平方米，距今8 400~7 700年。西河遗址填补了山东地区旧石器时代向新石器时代过渡的空白，是山东境内新石器时代早期文化中一处保存较好、面积较大的典型聚落遗址，对研究黄河下游地区新石器时代早期考古学文化的面貌特征、年代与分期、经济生活、社会性质及聚落形态等提供了重要的科学资料。2001年6月被批准为国家级文物保护单位。通公交车。

齐长城 370181-50-B-a03

[QíChángchéng]

在章丘市境南部。因是春秋战国时期齐国为防御他国入侵，在齐、鲁两国交界处修筑的防御设施，故名。现存长城为清代咸丰十一年（1861）为抵御捻军入侵而重修的。城墙高6~7.5米，垛口间隔1.2米，墙阴马道依稀可辨。具有重要的考古价值。2001年6月被批准为国家级文物保护单位。通公交车。

东平陵故城 370181-50-B-a04

[Dōngpínglíng Gùchéng]

位于章丘市龙山街道驻地东北约0.6千米处。是汉代济南国济南郡平陵县治所遗址，故名。1975年进行探测、发掘，搜集到大量遗物。城址略呈方形，边长各约1 900米，总面积约360万平方米。由古城内挖掘的遗物可以断定，东平陵城是汉代政治、经济、手工业高度发达的重要城池。东平陵故城城址保存较好，四周城墙犹存，是山东保存最好的一座古代城址。2006年5月被批准为国家级文物保护单位。通公交车。

小荆山遗址 370181-50-B-a05

[Xiǎojīngshān Yízhǐ]

位于章丘市刁镇茄庄村南约500米处。因地处小荆山而得名。1991年发现并进行抢救性发掘，1993年秋进行第二次发掘。总面积约24万平方米，主要为西河文化遗存，具有明显的氏族部落特征。该遗址是山东目前所知为数不多的新石器时代较早时期遗址中较为重要的一处，填补了山东地区北辛文化以前考古学文化的空白，对了解和认识海岱地区乃至国内同时期文化面貌具有极为重要的价值。2006年5月被批准为国家级文物保护单位。通公交车。

李开先纪念馆 370181-50-B-b01

[Lǐkāixiān Jìniànguǎn]

位于章丘市埠村街道东鹅庄村南，经十东路南侧。是为纪念李开先的历史功绩和他对文化事业的贡献，在李开先墓前修建的纪念馆，故名。1992年修建。馆内设有3间陈列室，陈列有李开先画像、墓志铭及各种版本的李开先作品和研究资料，为章丘地区地上建筑保存最为完好的墓葬。1992年6月被批准为省级文物保护单位。通公交车。

赵八洞石像 370181-50-B-c01

[Zhàobādòng Shíxiàng]

位于章丘市官庄镇赵八洞村南800米处，在偏西山峰之下，东、南、西三面是山崖峻岭。原名龙堂洞，又名龙藏洞，后因位于赵八洞村而得名。隋唐年间始建，为章丘最大的石窟造像。洞口朝北偏东，高5~20米，宽约8米，深50米，十分宽阔，可容千余人。进洞不远，在右侧高10余米处有一天然洞窗，方阔2米左右，日光可透窗而入。洞顶朝天通透之圆孔，天然造就，直径约2米。白昼艳阳朗照，穹隆通明；夜间皎月穿窗，满洞清辉，景观奇特。洞内南侧有一高约3米的平台，夏秋有山泉沿平台流下，冬春则平滑洁净，人称"龙床"。西南角有石床、石桌，再往西南有一深洞，洞口狭窄，向前几米便窄小难进，再向前深不可测。进洞5米处，南北两壁有宋、元、明代雕琢的浮雕造像85尊。距洞口1.5米处南壁有一石匾，上书"通天透地"4个行书大字，落款是"明嘉靖己酉岁四月雪蓑子苏洲为中麓山人龙洞题"。其笔势狂而不乱，熟而不俗，气贯长虹，神韵俱佳，是不可多得的书法精品。洞里钟乳嶙峋，地上水洼清冽，清凉沁骨，是一处绝好的避暑胜地。1979年9月被批准为市级文物保护单位。通公交车。

张氏牌坊 370181-50-B-c02

[Zhāngshì Páifāng]

位于章丘市文祖镇郭家庄村内。是清道光年间，郭家庄为表彰郭允修其妻张氏上孝公婆、下抚幼子，报请朝廷批准建造的孝恩牌坊，故名。建于清道光十二年（1832）。牌坊坐北朝南，全为花岗岩建筑，总高7.8米，宽3.35米，南北深1.67米。此牌坊造型美观，石刻精湛，有极高的欣赏价值，是章丘唯一保存完整的石牌坊。2013年12月被批准为市级文物保护单位。通公交车。

重要景点和一般名胜古迹

百脉泉景区 370181-50-D-a01

[Bǎimàiquán Jǐngqū]

位于章丘市明水街道。因景区内有百

脉泉而得名。东至湖东街，西至车站大街，南至汇泉路，北至龙泉大道。总面积20万平方米。整个园林划分为自然风光区、龙泉寺、李清照故居、清照词园四大部分。自然风光区以万泉湖为中心抒发诗情画意，夹岸、水中，掇山叠石，峭拔岩峻，玲珑空透。湖面烟波荡漾，清澈如镜，重青浅碧，拖练柔蓝；湖中水草袅袅，鱼翔浅底，绿叶红鳞，相映成趣。明景泰元年（1450）始建的龙泉寺，泉畔古柏森郁，竹影婆娑，鸟语蝉鸣，是泉水文化、历史文化、宗教文化有机融合的名胜景点。为纪念宋代女词人李清照而修建的李清照故居，是一座集中国南北园林风格于一体的园中园，建有易安楼、海棠轩、吟风榭、感月亭、溪亭、燕寝凝香、漱玉堂、碑廊，是景区的核心景点，依据李清照诗词意境及其生活年代的风土人情立意，借助"山明水秀"的自然风光而生趣，构筑由风、花、雪、月四大主题组成的泉水园林景观。园内还建有李清照展馆、赵明诚展馆、大戏台，文化设施齐全。百脉泉景区已成为人们业余休闲娱乐，瞻仰清照文化的理想地。清澈的泉水寄托了人们无限的情思，是章丘市的一张靓丽名片。2005年9月被批准为国家AAAA级旅游景区。通公交车。

济南植物园 370181-50-D-a02
[Jǐnán Zhíwùyuán]

位于章丘市埠村街道埠西村西南丘陵地段。因公园性质而得名。占地面积3 333 000平方米。是以湖、溪、瀑等形式构成，兼具观赏、灌溉、游乐功能的生态水系。园区水系、植物展览区、游览区由圣地山逶迤东延，形成山水相依、清新湿润、环境宜人的游览环境。是一所具有植物科学研究、种质资源保存、植物知识普及、新优植物推广、游览观赏休憩、生态示范展示等功能的新一代综合植物园。2007年被批准为国家AAAA级旅游景区。通公交车。

朱家峪旅游度假区 370181-50-D-a03
[Zhūjiāyù Lǚyóu Dùjiǎqū]

位于章丘市官庄镇政府驻地西南3.7千米。因位于朱家峪而得名。较完整地保留着原来的古桥、古道、古祠、古庙、古宅、古校等古建筑物。古村自然风光秀美，三面环山，空气清透，沁人心脾。被专家誉为"齐鲁第一古村，江北聚落标本"。2007年被批准为国家AAA级旅游景区。通公交车。

锦屏山休闲旅游度假区 370181-50-D-a04
[Jǐnpíng Shān Xiūxiánlǚyóu Dùjiǎqū]

位于章丘市文祖镇境内。因锦屏山而得名。面积25平方千米，海拔563.5米，森林覆盖率达95%以上，年平均气温22℃。景区内栖息有鸟类80余种，生长有灵芝、何首乌、丹参、穿筋龙等上百种中草药。景区生态环境原始、独特、保护完好，是集观光旅游和休闲度假为一体的综合性景区。2007年被列为国家AAA级旅游景区。通公交车。

七星台旅游度假区 370181-50-D-a05
[Qīxīngtái Lǚyóu Dùjiǎqū]

位于章丘市垛庄镇。因景区内有七栋风格各异的园林式庭院宾馆楼，形成了类似七星北斗的格局而得名。总面积20平方千米，由七星台宾馆、万亩植物园、齐长城三个景区组成，是一处集生态休闲和历史文化特色于一体的游览胜地。2007年被批准为国家AAA级旅游景区。通公交车。

三王峪山水风景园 370181-50-D-a06
[Sānwángyù Shānshuǐ Fēngjǐngyuán]

位于章丘市曹范镇境内。传说，古时有樊柯、魏方、于平三位起义军头领在此安营扎寨，占山为王，打富济贫，对抗官军，故名。景区规划面积 12 平方千米，分山川风光、群泉竞秀、艺术文化、农家村落、休闲娱乐五大区域，由 8 岭、8 山、10 泉、18 湖池组成。是一处集自然美景和生态旅游于一体的风景园。2007 年被批准为国家 AAA 级旅游景区。通公交车。

莲花山风景区 370181-50-D-a07
[Liánhuá Shān Fēngjǐngqū]

位于章丘市西南黄沙埠村北侧。因莲花山而得名。主峰莲花山海拔 763 米，状如莲花。其下诸峰如众星捧月，左右环拱，朗若翠屏。海山湖碧水悠悠。隔水远望，岱北诸峰云烟隐隐。岭间沟壑纵横，佳木葱茏，碑碣夹道，殿阁峥嵘，历来为佛道圣地、人间仙境。莲花山风景区地理构造独特，有地质公园之称。莲花山为青色石灰岩构成，浑然一体，风化沟纹将其雕刻成瓣莲花。山下峪底则由黄色砂岩构成，一直延伸到峪外波光粼粼的海山湖湖底。而大峪两侧的两座小山包却为红色砂岩构成，色泽与莲花山、大峪底形成了鲜明的对比。一区岩石构造呈三色，为其他地方所罕见。景区内胜水禅寺初建于隋末唐初，寺庙僧道数番更替，最后毁于明末清初战火。2005 年开发景区，重建寺院。主要景点有禅林松风、古木神雕、仙洞听钟、莲台参月、刺秋倩影、迎春瀑布、圣水泉、塔林、一炷香道教墓地、秋色红叶区、天然氧吧区等。是一处集佛教文化与旅游观光为一体的综合性景区。2007 年被批准为国家 AAA 级旅游景区。通公交车。

白云湖旅游区 370181-50-D-a08
[Báiyúnhú Lǚyóuqū]

位于章丘市白云湖镇苏码村。因境内白云湖而得名。水域面积 17.4 平方千米。"白云晚棹"为章丘八景之一。白云湖水域广阔，土壤肥沃，气候宜人，农林牧渔业开发潜力大，建有万亩鱼池。每年七八月间荷花盛开时节，举办荷花节，深受当地市民游客欢迎。2007 年被批准为国家 AAA 级旅游景区。通公交车。

平阴县

纪念地

平阴县烈士陵园 370124-50-A-c01
[Píngyīn Xiàn Lièshì Língyuán]

位于平阴县政府驻地南 4 千米。是为纪念抗洪救灾九烈士而建的陵园，故名。1969 年始建，2012 年改扩建。原占地面积 3 500 平方米，安葬着"抗洪抢险九烈士"和"献身国防的英雄战士"等 13 位烈士。在原墓区的基础上，扩建后的陵园占地面积 40 余亩。共安葬抗日战争时期牺牲的中共平阴县委副书记吴鸿渐、马警吾等重要党史人物、解放战争时期牺牲的情报员秦培伦等各个革命历史时期牺牲的烈士 333 名。每年清明或重要节日，有近万名干部群众和青少年进园凭吊瞻仰，已成为对广大干部、群众和青少年进行革命传统教育、爱国主义教育的重要阵地。2014 年 4 月被批准为市级烈士纪念设施保护单位。交通便利。

中共平阴县委旧址纪念馆 370124-50-A-c02
[Zhōnggòng Píngyīnxiànwěi Jiùzhǐ Jìniànguǎn]

位于平阴县孔村镇王楼村东南。1939 年 2 月 1 日，经泰西地委批准，在王楼村王新乾家中建立了中国共产党平阴县委员会，故名。2005—2013 年建成纪念馆。占地 750 平方米。保留完整的房屋原貌，陈列摆放文物，还原平阴县第一届县委成立后的工作场景。作为党史教育基地和济南市爱国教育基地，供广大党员干部、社会团体、人民群众参观学习，弘扬不忘初心的爱国主义情怀。通公路。

廉氏故居 370124-50-A-c03
[Liánshì Gùjū]

位于平阴县城东南 18 千米的孔村镇前转湾村北部。因是廉颇后人的居所，故名。明景泰年间初建，其后人又多次复修改建。宅院东西宽 200 米，南北长 200 余米，东、西、北三面引溪水环绕其外。溪内四面高墙封闭。南面正中开大门，东南、西南开侧门。中轴线上的主体建筑有大门、前厅、中厅、厢房、堂楼、东楼、西楼、花园。东西两侧为跨院，东南为祠堂。廉氏故居，整体建筑布局严谨，符合明清时期的北方建筑风格，建筑遗存也是鲁西和山西乡土文化融合发展的实例，是研究当地民俗与文化脉络的重要依据。建筑材料多是就地取材，尤其台基用料实诚，多为大块长条石料石整齐砌成，是研究平阴附近明清时期石作技术的重要资料，对研究鲁西北民居建筑的特点和建筑工艺技术具有较高的参考价值。交通便利。

重点文物保护单位

文庙 370124-50-B-b01
[Wénmiào]

位于平阴县府前街西段路北。是纪念伟大的思想家、政治家、教育家孔子的祠庙建筑，故名。主体建筑建于宋元符年间。建筑群坐北朝南，南北长 198 米，东西宽 80 米，占地 13 340 平方米。自南向北有棂星门、大成门、大成殿、明伦堂，东侧建有魁星楼、忠义祠、名宦祠、文昌庙、三代宫、东斋，西侧建有节孝坊、节孝祠、乡贤祠等。院内碑石林立，庭院井然。大

成殿是整个建筑群的中心，殿内金柱 8 根，泥柱 10 根，结构严谨。是保存较为完整的县级文庙建筑群。2006 年 12 月被批准为省级文物保护单位。通公路。

孟庄汉墓群 370124-50-B-b02
[Mèngzhuāng Hànmùqún]

位于平阴县城西东阿镇孟庄村南。因是东汉时期的墓群，坐落在东阿镇孟庄村，故名。1986 年首次进行发掘。墓为石结构，现有封土高约 0.5 米，南北长 12 米，东西宽约 7 米，占地面积 85 平方米。孟庄汉墓群原有 10 座，其中的画像石之精美，实属罕见，具有重要的考古价值。2006 年 12 月被批准为省级文物保护单位。通公路。

永济桥 370124-50-B-c01
[Yǒngjì Qiáo]

位于东阿镇老城。名称来历不可考。明弘治十三年（1500）建成，嘉靖三十三年（1554）重建，隆庆三年（1569）重修，万历四十年（1612）改建，清道光三年（1823）重修。长 98 米，宽 7 米。桥栏上有立雕坐狮 8 对，神态各异。石桥的雕刻艺术体现了明朝大气、精致和细微的艺术特色，是将桥梁的实用价值和艺术价值完美结合的典型，在中国建筑史上占有一定的地位。几百年来，永济桥为平阴、东阿的交通运输及经济发展做出了重大贡献。1995 年 12 月被批准为市级文物保护单位。交通便利。

南天观 370124-50-B-c02
[Nántiān Guàn]

位于平阴县城西南洪范池镇云翠山上。道教全真派创始人丘处机曾修炼于此，其弟子在此筑观，名为天观。后因白雁池上有天平观，此观在天平观之南，遂更名为南天观。从宋淳祐八年（1248）始建，元代至大四年（1311）建成，明隆庆年间重修。

主要建筑有玉皇阁、蓬莱仙院、凭虚阁、长春阁、玄帝庙、三观庙、戏楼、看台等。当时是四大观之一。南天观的院落内有元、明、清时期所立石碑十余通，内容多为记述云翠山的风光和南天观的兴衰。其中，西透龙碑文雕俱精，对研究全真教派的发展有着不可磨灭的参考价值。此碑为丘处机的弟子杨道远题写，正面记载南天观建观的史实，背面刻有全真派宗谱。2013年12月被批准为市级文物保护单位。通公路。

于林 370124-50-B-c03
[Yúlín]

位于平阴县洪范池镇洪范池北1.5千米处。是明朝三代帝王之师于慎行的陵园，故名。建于明万历年间。陵园正门外有高大石狮1对，林中有华表2座。牌坊和华表上雕刻的人物、花卉、虬龙浮出，飞禽走兽巧夺天工，惟妙惟肖。于林甬道两侧有石虎、石羊、石马，翁仲相对，且做工精细，形态逼真，令人拍案叫绝。陵墓的中心是落棺亭。落棺亭周围苍松翠柏，遮天蔽日，尤其林中植有万历皇帝所赐白皮松59株，属国家稀有珍贵树木，现尚存44棵。每年清明节前夕，会举行隆重的于阁老祭拜大典，追祖思源，重现传统魅力，凸显文化品位。2013年12月被批准为市级文物保护单位。通公路。

重要景点和一般名胜古迹

玫瑰湖湿地公园 370124-50-D-a01
[Méiguī Hú Shīdì Gōngyuá]

位于平阴县城西郊。因玫瑰湖得名。2005年始建，2012年改扩建，2013年建成。由湖泊湿地、河流湿地、沼泽湿地、人工湿地等组成，总面积600万平方米。属于平原地带，暖温带大陆性半湿润季风气候，

四季分明，阳光充足，降水集中，年平均气温14.7℃。被批准为国家湿地公园试点单位。原生态湿地特征明显，有国家Ⅰ级、Ⅱ级保护动植物30多种，各种树株60万株。主要景点有三湖问鼎、问柳寻花、湖光塔影、隔岸观花、湖月秋坊、月下田花、林湖草隐、碟桥恋花、玛钢文化园、石博园、黄鹤楼等。为市民晨练、休闲、游乐的场地。通公路。

平阴县环秀森林公园 370124-50-D-c01
[Píngyīn Xiàn Huánxiù Sēnlín Gōngyuán]

位于平阴县府前街东端。取环境秀丽之意命名。规划总面积218.87公顷。公园范围内的林木、林地、野生动植物、水域等资源设施均属保护对象。地形为山地。有县城内最高的山峰，属暖温带大陆性半湿润季风气候，四季分明，阳光充足，降水集中，年平均气温14.7℃，年平均降水量671.1毫米。公园植被主要是柏树、核桃树、苹果树、杏树等。为市民晨练、休闲、游乐场地。通公路。

自然保护区

大寨山省级自然保护区 370124-50-E-b01
[Dàzhàishān Shěngjí Zìrán Bǎohùqū]

位于平阴县洪范池镇东南的东峪南崖村东。由大寨山、云翠山两个营林区组成，东至洪范池镇大寨村，西至洪范池镇刘庄村，南部、东南部与泰安市东平县接壤，北部至洪范池。总面积1 200公顷，其中，核心区面积366公顷，缓冲区面积368.4公顷，实验区面积465.6公顷。以地理位置命名。大寨山属泰山西麓浅切割构造剥蚀低山石灰岩丘陵区。属暖温带大陆性半湿润季风气候，四季分明，光照充足，降水集中，年均气温13.6℃，极端高温42.5℃，

极端低温 -18.9℃，初霜期 10 月下旬，终霜期 4 月下旬，无霜期 204 天左右。常年降水量 800 毫米，60%~70% 集中在 6—8 月份。有山泉二十余处，一般出露于山间谷地，多属裂隙下降泉，泉的涌水量大小不一，差异性较大，季节性强，一些泉常年不枯，水量丰富，水质甘甜，清澈透明，泉水流入水库，并成为浪溪河的源头保护区。有维管植物 106 科、380 属、668 种（含 25 变种、5 变型、1 亚种）。其中，国家 II 级重点保护野生植物 2 种，山东特有植物 3 种，列入《中国珍稀濒危植物红皮书》植物 2 种，列入《濒危野生动植物种国际贸易公约》植物 3 种，山东省稀有濒危植物 11 种。保护区内主要树种为侧柏、刺槐。2010 年 9 月被批准为省级自然保护区。该自然保护区以保护浪溪河源头和洪范池泉群的水源涵养区为主，主要保护对象为濒危植物、动物、珍贵墓葬群。大寨山省级自然保护区是一个集环境、资源和人文历史于一身的自然综合体，其典型的森林生态系统和泉系结构及矿泉水的保健作用极具研究价值，其丰富的生物多样性是自然科学理想的教育科研基地。1977 年林场林业科技人员首次发现侧柏新变种圆枝柏，填补了一项国际空白。世界上原有 62 个侧柏栽培变种，而圆枝侧柏为第 63 个，目前科技人员已开展了形态特征、生物学特性的研究，对其遗传性状也做了初步探讨，该栽培变种价值巨大。保护区茂密的森林、良好的环境，对稳定水源、保护水质、促进区域生态安全起到了重要作用。保护区内的侧柏林由于受到长期保护，林相整齐，外貌葱郁，林木苍劲挺立，生长旺盛，已成为山东省少有的侧柏古树集中连片的区域之一，侧柏林具有极高的生态价值，不仅负氧离子含量高，柏树发出的气味还具有杀菌消毒作用，有利于人体的身心健康；古树名木是历史与文化的象征，是森林资源中的瑰宝，是研究社会与自然等诸多学科领域的活标本、活文物，具有重要的科学、文化、经济、生态和美学价值。以栾树、鹅耳枥为主的杂木林面积虽然较小，但其生长旺盛，与保护区内大面积的侧柏林相比，杂木林比较独特，其潜在的保护意义重大。通公路。

济阳县

纪念地

济阳烈士陵园 370125-50-A-c01
[Jǐyáng Lièshì Língyuán]

位于济阳街道经二路 77 号。因安葬牺牲烈士而得名。1951 年始建，1973 年迁至现址。1995 年重建，陵园面积扩至 30 亩。2011 年对烈士陵园进行了整体提升改造，占地面积达 47.8 亩。现有牌坊式南大门 1 处、纪念馆 1 座、英雄广场 1 处、人民英雄纪念碑 1 座、景观湖 1 处、纪念亭 3 座、纪念塑像 3 座、"济阳惨案"纪念碑 1 座、盐店于纪念碑 1 座，有名烈士墓 826 座、无名烈士墓 1 座。1995 年 5 月被批准为济南市第一批爱国主义教育基地。通公交车。

重点文物保护单位

玉皇冢遗址 370125-50-B-b01
[Yùhuángzhǒng Yízhǐ]

位于济阳县回河镇店子街南 250 米处。据《济阳县志》记载，明代曾两次在冢上修建玉皇寺，故名"玉皇冢遗址"。发现于 1957 年。玉皇冢属于原始社会大汶口文化遗址，中间呈台形，东西长 77 米，南北宽 64 米，总面积 4 928 平方米。冢内出土的文物有红陶钵残片，红陶陶器锥形足、凿形足、柱形足，骨箭头、骨矛、石刀、石镰残片等。具有重要的考古价值。1977年12月被批准为省级文物保护单位。通公路。

刘家台遗址 370125-50-B-b02
[Liújiātái Yízhǐ]

位于济阳县曲堤镇刘台村西100米。该遗址中间呈台形，故当地人称为"平顶山"。遗址建成时间为西周。1979年、1982年、1985年先后发掘了墓地中的6座墓葬。出土了大量的陶瓷器、青铜器、玉器、骨器等，尤以6号墓出土器物为最丰富，组合为6鼎5簋，符合诸侯墓级别。刘家台西周墓地出土的文物，对研究周初齐国的社会经济、军事、文化等是不可多得的参考资料。刘家台遗址属于龙山文化遗址，1977年12月被批准为省级文物保护单位。通公路。

卢氏旧居 370125-50-B-b03
[Lúshì Jiùjū]

位于回河镇举人王村中段路北。是北洋上将卢永祥在老家济阳县回河镇举人王村修建的集住宅、宗祠、学校一体的建筑群，故名。卢氏旧居建于1917—1919年，2014年重修。大院为砖石结构，南方式建筑，现存建筑面积1 051.3平方米。2013年10月被批准为省级文物保护单位。通公路。

商河县

重点文物保护单位

小官庄汉墓群 370126-50-B-b01
[Xiǎoguānzhuāng Hànmùqún]

位于商河县韩庙镇小官庄村。以墓群地址和文物年代命名。形成年代为公元前206至公元220年，距今2 000余年。曾出土陶俑头1件、陶鸡数件，多为泥质红陶，外施绿釉。汉墓群分布范围较大，保存较好。对研究商河汉代人文、社会历史文化及葬俗和墓葬等级制度等方面具有较高的历史价值。1992年6月被批准为省级文物保护单位。交通便利。

打狗店商周遗址 370126-50-B-b02
[Dǎgǒudiàn Shāngzhōu Yízhǐ]

位于商河县韩庙镇打狗店村西首。以出土地址和文物年代命名。2008年3月，打狗店村委会修建鱼塘时发现，经济南市考古研究所专家考察认定为商周时期的古村落遗址。该遗址保存较好，出土数量较多的是灰夹砂陶鬲口沿、鬲足、灰夹砂陶片，同时出土较为完整的类似古刀的骨质器物1件，其文化内涵丰富，具有较高的历史研究价值和保护价值。2013年10月被批准为省级文物保护单位。交通便利。

西瓦屋头战国遗址 370126-50-B-b03
[Xīwǎwūtóu Zhànguó Yízhǐ]

位于商河县玉皇庙镇西瓦屋头村西。以出土地址和文物年代命名。形成年代为公元前475年至公元前221年，持续发展约254年，距今已2 000余年。出土部分战国时期的陶器物残片和高足豆柄等。其文化内涵丰富，价值较高，保存较好，是研究当地民俗宗教与地方史的重要实物资料。2013年10月被批准为省级文物保护单位。交通便利。

台子刘秦汉遗址 370126-50-B-b04
[Táiziliú Qínhàn Yízhǐ]

位于商河县贾庄镇台子刘村西北。以出土地址和文物年代命名。形成于秦汉时期，遗址距今约有2 200年。北与麦邱故城遗址相望，高出地面4.5米、呈方圆形状，占地面积 3 600 平方米,高台顶部植有树木、蓬蒿丛生,野生动物常有出没。断面出土残存大量的绳纹筒瓦和饰有几何纹饰的残砖及陶片等。其文化内涵丰富、保存较好,是研究当地民俗宗教与地方史的重要实物资料。2013 年 10 月被批准为省级文物保护单位。交通便利。

东温桥商周遗址 370126-50-B-b05
[Dōngwēnqiáo Shāngzhōu Yízhǐ]

位于商河县玉皇庙镇东温桥村北。以出土地址和文物年代命名。20 世纪 60 年代兴修水利建设工程时被发现。出土较多灰色、红褐色夹砂陶器物残片及部分青铜器、残破陶质器皿,陶质标本纹饰为粗细不一的绳纹、蓝纹和附加堆纹等。该遗址历史研究和保护价值较高。2013 年 10 月被批准为省级文物保护单位。交通便利。

东信商周遗址 370126-50-B-b06
[Dōngxìn Shāngzhōu Yízhǐ]

位于商河县怀仁镇东信村南。以出土地址和文物年代命名。形成年代为商周时期,遗址距今 3 600 余年。断面文化层堆积丰富,底层 1.8 米厚,为晚商文化堆积;中层为周代文化堆积层;上层为汉唐文化堆积层。遗址内文物标本较为丰富,保存较好,历史研究价值和保护价值较高。2013 年 10 月被批准为省级文物保护单位。交通便利。

梁王冢商周至汉代遗址 370126-50-B-b07
[Liángwángzhǒng Shāngzhōuzhìhàndài Yízhǐ]

位于商河县郑路镇梁王村北。以出土地址和文物年代命名。形成年代为商周至汉代,商公元前 1711 至汉代公元 220 年,持续发展 1900 余年,距今 3 100 余年。该遗址采集标本较为丰富,有鬲口沿、鬲足等残破器皿陶片,以及陶拍子、石锛等较为完整的器物。文化内涵丰富,延续年代较长,商河明清县志及民国县志均对其有所记载,历史研究和保护价值较高。2013 年 10 月被批准为省级文物保护单位。交通便利。

耿家冢 370126-50-B-b08
[Gěngjiā Zhǒng]

位于商河县怀仁镇耿家村东北 50 米处。以所在地耿家村得名。形成年代为公元前 206 至公元 220 年,持续发展约 405 年,距今 2 000 余年。呈椭圆形分布,墓葬封土高出地面约 5 米,顶部现有松柏、槐树、榆树等,保存较好。民间传说为大王墓,但一直以来没有资料记载,墓主人不详,经专家考证为汉代古墓,具有较高的保护价值和历史研究价值。2013 年 10 月被批准为省级文物保护单位。交通便利。

六 农业和水利

槐荫区

水库

玉清湖水库 370104-60-F01
[Yùqīnghú Shuǐkù]

　　属槐荫区玉清湖街道。位于槐荫区黄河大堤右岸北店子险工以上堤段的滩内。占地 6.137 平方千米。因位于小清河源头和玉符河交汇处而命名。1999 年开工，2000年建成。水库围坝总长 9 640 米，坝高 12 米，库容量 7 364 万立方米。有助于缓解济南市供水紧张的情况。不通公交车。

天桥区

林场

济南市国有北郊林场 370105-60-C01
[Jǐnán Shì Guóyǒu Běijiāo Línchǎng]

　　属国有林场。位于天桥区北部，桑梓店镇以西 3 千米。总面积 8 716.3 平方千米。因所处地理位置及地片特点命名。1956 年5 月 3 日建场。为生态公益型林场，树种以杨树为主。林场保护和培育了森林资源，发挥了生态社会效益。通公交车。

水库

鹊山水库 370105-60-F01
[Quèshān Shuǐkù]

　　位于济南市鹊山附近。因地理位置得名。1998 年开工，1999 年建成。水库占地面积 9.5 平方千米，蓄水面积 6.07 平方千米，总库容量 4 600 万立方米，调节库容量3 930 万立方米，库围坝长 11.6 千米。主供天桥区生产、生活和东部地区的工业用水，供水量占济南市总供水量的 40%，具蓄水、供水等功能。不通公交车。

渠道

虹吸干渠 370105-60-G01
[Hóngxī Gànqú]

　　位于天桥区南部。起于西沙村，止于小清河王炉庄段。1957 年始建。长度 2.5千米。流域面积 0.05 平方千米。为小型河流，汛期为 6~9 月，最大流量 40 立方米 / 秒，河道平均宽度约 20 米，水深为 0.8 米。是为防止洪涝灾害和利于农田灌溉的人工引黄河道。通公交车。

历城区

林场

济南市历城区国有黑峪林场
370112-60-C01
[Jǐnán Shì Lìchéng Qū Guóyǒu Hēiyùlínchǎng]

归历城区园林和林业局绿化局管理。位于区境东部，彩石镇西彩石村南。总面积 540 平方千米。以所在政区名称和类别命名。1960 年建成。森林面积 8 050 亩，苗圃等其他用地面积 45 亩。场内植被覆盖率 98%，主要以侧柏纯林构成为主。林场为加快森林资源培育、保护和改善生态发挥了重要作用。有公路经此。

渔场

济南市历城区唐王渔场 370112-60-D01
[Jǐnán Shì Lìchéng Qū Tángwáng Yúchǎng]

归唐王镇政府管理。位于区境北部，唐王镇白云湖西岸。占地面积 1 840 092 平方米。以所在行政区域及职能得名。1975 年建立，1996 年改建。有 733 700 平方米养鱼水面、1 066 720 平方米林木花卉。是省级渔业标准化生产示范基地，带动了周围村民的就业。通公交车。

灌区

狼猫山水库灌区 370112-60-F01
[Lángmāoshān Shuǐkù Guànqū]

位于区境东部彩石镇。因地理位置及其职能而命名。1959 年始建，1975 年建成。控制流域面积 82 平方千米，灌区设计灌溉面积 10.4 平方千米，有效灌溉面积 9.333

平方千米。建有总干、分干、支渠、斗渠 14 条，全长 45 千米，各类建筑物 287 座。促进附近农业发展，改善生态环境。通公交车。

长清区

水库

钓鱼台水库 370113-60-F01
[Diàoyútái Shuǐkù]

在长清区五峰山街道东菜园村。因水库多以山体环绕筑坝蓄水所形成，故名。1957 年始建。水库流域面积 39 平方千米，长 0.725 千米，宽 0.006 千米，总库容量 1 086 万立方米，平均水深 13.3 米，最大泄洪量 955 立方米／秒，有效灌溉面积 7 000 亩。是一座以灌溉防洪为主的中型水库。通公交车。

石店水库 370113-60-F02
[Shídiàn Shuǐkù]

在长清区张夏镇石店村。因地理位置而得名。1966 年始建。水库流域面积 40.2 平方千米，长 0.295 千米，宽 0.007 千米，总库容量 1 101.4 万立方米，平均水深 16.7 米，最大泄洪量 878 立方米／秒，有效灌溉面积 6 000 亩。是一座以灌溉防洪为主的中型水库。通公交车。

崮头水库 370113-60-F03
[Gùtóu Shuǐkù]

在长清区马山镇崮头村西。因地理位置而得名。1958 年始建。水库流域面积 100 平方千米，长 251 米，宽 5 米，总库容量 1 530 立方米，平均水深 10.4 米，最大泄洪量 1 779.7 立方米／秒，有效灌溉面积 5 000 亩。是一座以灌溉防洪为主的中型水库。通公交车。

灌区

钓鱼台水库灌区 370113-60-F01
[Diàoyútái Shuǐkù Guànqū]

在长清区五峰山街道东菜园村东。以水库名得名。设计浇灌面积8.21平方千米，实灌面积4.67平方千米，开灌浇灌350亩。灌区总干渠长12千米，分支渠13条，长10千米，沿干渠修建生产桥20座、闸62座、渡槽12处。主要发挥农田灌溉作用。通公交车。

石店水库灌区 370113-60-F02
[Shídiàn Shuǐkù Guànqū]

在张夏镇石店村东。以水库名得名。1972年正式建成通水。设计浇灌面积6.27平方千米，实灌面积4.0平方千米。灌区总干渠1条，长1千米，干渠2条，长13千米，分支渠20条，长15千米，沿干渠修建桥3座、涵洞15座、闸50座、渡槽8处。主要发挥农田灌溉作用。通公交车。

崮头水库灌区 370113-60-F03
[Gùtóu Shuǐkù Guànqū]

在长清区马山镇崮头村南。以水库名得名。1966年正式建成通水。设计浇灌面积5.6平方千米，实灌面积3.33平方千米。总干渠长12千米，干渠10条，长21千米，沿干渠修节制闸6处、泄水闸8处、涵洞7座、生产桥5座、渡槽1处。主要发挥农田灌溉作用。通公交车。

章丘市

林场

胡山林场 370181-60-C01
[Húshān Línchǎng]

属双山街道。位于双山街道胡山脚下。总面积333.3公顷。因地理位置而得名。1917年始建。林木覆盖率达95.6%。山上松柏常青，山下阔叶树种混杂，自然景观和人文景观众多。1995年8月，经山东省林业厅审批为省级森林公园，成为独具特色的森林景观，是章丘市民近郊旅游休闲的场所。通公交车。

水库

大站水库 370181-60-F01
[Dàzhàn Shuǐkù]

位于章丘市枣园街道大站村东。因地理位置而得名。1965动工，1968年建成。水库流域面积440平方千米，总库容2 233万立方米。是一座以防洪、灌溉为主，兼有供水、养殖等多用途的中型水库，为明水城区地下水位的补给发挥了重大作用。通公交车。

垛庄水库 370181-60-F02
[Duòzhuāng Shuǐkù]

位于章丘市垛庄镇政府驻地南2千米处。因地理位置而得名。1966年开工，1968年建成。位于西巴漏河上游，控制流域面积56平方千米。水库建成以来，汛期削减西巴漏河的洪峰，保障了下游大站水库和铁路的安全，减轻章丘市北部地区洪涝灾害。通公交车。

373

杏林水库 370181-60-F03

[Xìnglín Shuǐkù]

位于普集镇杏林村东。因地理位置而得名。1970年始建，1971年建成。流域面积180.2平方千米，总库容1 301万立方米，兴利库容535万立方米。设计灌溉面积2.04万亩，有效灌溉面积1.0万亩，历史最大实灌面积0.80万亩。是一座以防洪为主，兼灌溉、供水为一体的综合利用水库。通公交车。

杜张水库 370181-60-F04

[Dùzhāng Shuǐkù]

位于龙山街道杜家村西。因位于杜张村而得名。1957年始建，1959年扩建。设计总库容1 350万立方米，兴利库容680万立方米，蓄水水域面积达到1.3平方千米，为实现工业供水、改善农业灌溉、发展生态旅游创造了良好的条件。是一座以防洪为主，兼顾灌溉等综合功能的中型水库。通公交车。

朱各务水库 370181-60-F05

[Zhūgèwù Shuǐkù]

位于大站水库下游6千米处。因位于朱各务村而得名。1972年建成，1996年扩建。水面76公顷，总库容437万立方米，兴利库容345万立方米，年调蓄水量1 051万立方米。促进了章丘中部地区工农业生产发展，改善了水库周边地区生态环境。通公交车。

百丈崖水库 370181-60-F06

[Bǎizhàngyá Shuǐkù]

位于垛庄镇西5千米处。因位于黄沙埠村西侧的百丈崖山下而得名。1966年建成。总库容450万立方米，兴利库容300万平方米，流域面积24.5平方千米，灌溉面积1 000亩。是章丘市水源地，促进了章丘中部地区工农业生产发展，改善了水库周边地区生态环境。通公交车。

平阴县

林场

圣母山农业观光区 370124-50-C01

[Shèngmǔshān NóngYèguānguāngqū]

属榆山街道管辖。位于平阴县城西南2千米胡庄村。占地1 100余亩。因圣母山建有天主教圣母堂，故名。建于2003年。拥有来自世界各地的舞美、垂丝、西府、木瓜、贴梗等19个优秀海棠品种。截至2014年底，是山东省种植规模最大、品种最多、花色最全的海棠栽培基地。通公交车。

玫瑰观光园 370124-50-C02

[Méigui Guānguāngyuán]

属玫瑰镇政府管辖。位于平阴县城西南11千米的陶庄村南。总占地面积6.75公顷。以平阴县花玫瑰命名。1959年始建。园内有近30个国内外玫瑰品种，既便于科研人员进行实验，又便于游人观赏。所产玫瑰以花大色艳、香味浓郁著称，被誉为"中国传统玫瑰的代表"。220国道经此。

济南三山峪生态农业园 370124-50-C03

[Jǐnán Sānshānyù Shēngtài Nón yèyuán]

属榆山街道管辖。位于平阴县榆山街道三山峪村。占地100公顷。主营生态农业观光旅游，故名。有大棚早熟桃8 000株、苹果10公顷，建冬暖式大棚9个，有果菜加工车间300平方米。为当地新型农业发展起到示范带动作用。有公路经此。

水利枢纽

平阴 1030 总干渠 370124-60-E01
[Píngyīn 1030 Zǒnggànqú]

位于平阴县榆山街道境内。以所在行政区命名。1970 年始建，1973 年建成。北起田山一级站，终至肥城石横镇保安村西。一级总干渠全长 6.95 千米，二级总干渠全长 8.4 千米。设计流量 18 立方米 / 秒。一级总干渠是土渠以砌石护坡，二级总干渠是梯形浆砌石渠。解决了平阴县、肥城市 81 个村庄 6.2 万人的用水，并为肥城矿区和石横电厂的工业用水提供有利条件。济平干渠通水后，在一级总干渠设闸提水，调水至济平干渠，供济南城市用水。有公路经此。

渠道

济平干渠 370124-60-G01
[Jǐpíng Gànqú]

位于山东省西南部。南起东平湖，北至济南，平阴境内在东阿镇姜沟村入境，经玫瑰镇、锦水街道、榆山街道，从安城镇东张营村出境，与长清区孝里镇潘庄村接壤。1958 年兴建。属平原型河道。工程输水线路全长 90.055 千米。济平干渠等级为 I 级。解决了全城用水困难，为南水北调东线的一部分。有公路经此。

济阳县

农场

济阳县农场 370125-60-A01
[Jǐyáng Xiàn Nóngchǎng]

属济阳县垛石镇管辖。位于垛石镇北辛村以北。面积 0.21 平方千米。以所在地理位置命名。种植的农产品种类繁多，主要种植小麦、玉米、瓜果、蔬菜等。通过农场经营模式经营，提高了工作效率。附近交通便利。

济阳县苗圃 370125-60-A02
[Jǐyáng Xiàn Miáopǔ]

属济阳县济阳街道管辖。位于济阳县济阳街道粮食口村南。面积 0.17 平方千米。以所在行政区命名。20 世纪 60 年代始建。主要产业为林木的培育和种植，苗圃常年供应各种规格的绿化苗木，如速生柳、馒头柳、旱柳、金丝柳、金丝垂柳、垂柳、白蜡、速生白蜡、国槐等。该苗圃大力发展林果育苗，起到了较好的模范带动作用。交通便利。

垛石番茄国家蔬菜标准园 370125-60-A03
[Duǒshí Fānqié Guójiā Shūcài Biāozhǔnyuán]

属垛石镇。位于 220 国道与 248 省道交叉口北行 2.5 千米路东，南邻垛石镇索庙。占地面积 0.1 平方千米。因种植各色品种的番茄而得名。2008 年投入使用。现拥有 23 个冬暖式大棚，其中包括集 18 个番茄品种于一体的旅游采摘示范棚。已成功培育出粉娘、粉贝贝、啤酒番茄、天正 QQ、中原 156 等 18 个新品种，是集番茄采摘、农业观光、休闲度假为一体的观光农业园区。交通便利。

济阳县现代农业科技示范园 370125-60-A04
[Jǐyáng Xiàn Xiàndàinóngyèkējì Shìfànyuán]

属垛石镇。位于济北开发区以北 5 千米，垛石镇省道 248 线两侧，平原水库北岸。总面积 1.7 平方千米。以所在行政区和主要职能命名。主要种植玉米和小麦等粮食作物，少量种植蔬菜、水果及绿化林木，主要产业是智能化育苗、粮食种植示范、大枣种植、葡萄种植、温室蔬菜种植。园区大力推进农业科技进步，在标准化和无公害化农业生产技术推广、农业生物工程技术发展、农民教育培训等方面发挥主导作用，展示特色农业、绿色产品，经济效益和社会效益显著。交通便利。

渠道

徒骇河济南左堤堤防 370125-60-G01
[Túhài Hé Jǐnán Zuǒdī Dīfáng]

位于济阳县徒骇河左岸。起于济阳县太平镇鲁家村以西，止于垛石镇刘家营村以东。1958年始建，同年建成。长54.6千米。主要用于防洪、灌溉、防汛。交通便利。

徒骇河济南右堤堤防 370125-60-G02
[Túhài Hé Jǐnán Youdī Dīfáng]

位于济阳县徒骇河右岸。起于济阳县曲堤镇王家村东北，止于仁风镇芦兰村东北。1958年始建，同年建成。长54.6千米。主要用于防洪、灌溉、防汛。交通便利。

邢家渡引黄总干渠堤防 370125-60-G03
[Xíngjiādù Yǐnhuángzǒnggànqú Dīfáng]

位于济阳县崔寨镇。起于崔寨镇邢家渡村东南角，止于新市镇董家村。1973年始建，1977年建成。长87.6千米。主要用于防洪、灌溉、防汛。交通便利。

词目拼音音序索引